文化管理

2010年东西方文化与管理国际学术研讨会论文集

成中英 孔令宏 主 编

ZHEJIANG UNIVERSITY PRESS
浙江大学出版社   全国百佳图书出版单位

图书在版编目（CIP）数据

文化管理 ：2010年东西方文化与管理国际学术研讨
会论文集 / 成中英，孔令宏主编. -- 杭州 ：浙江大学出
版社，2013.11
ISBN 978-7-308-12415-7

Ⅰ．①文… Ⅱ．①成… ②孔… Ⅲ．①东西文化－文
化管理－管理学－国际学术会议－文集 Ⅳ．①G0-53

中国版本图书馆CIP数据核字(2013)第249328号

浙江省版权局著作权合同登记图字：11-2013-83号

文化管理——2010年东西方文化与管理国际学术研讨会论文集
成中英　孔令宏　主编

责任编辑	陈佩钰（yukin_chen@hotmail.com）
封面设计	项梦怡
出版发行	浙江大学出版社
	（杭州天目山路148号　　邮政编码　310007）
	（网址：http://www.zjupress.com）
排　　版	杭州林智广告有限公司
印　　刷	杭州日报报业集团盛元印务有限公司
开　　本	710mm×1000mm　1/16
印　　张	40.5
字　　数	880千
版 印 次	2013年11月第1版　2013年11月第1次印刷
书　　号	ISBN 978-7-308-12415-7
定　　价	88.00元

序 言

自 20 世纪 80 年代至今，我倡导东西文化比较及整合研究已有 27 年，产生的影响是重大的。中国文化与西方文化的比较，拓深了两个传统间的对话沟通，同时促进了我们对东西传统核心价值的理解，当然也让我们更清晰地看到了东西文化的异同与分别的优劣。以此作为背景与基础，我们可以认识到中西管理理念、制度与精神的异同，由此我们也有理由来创建顺应人性伦理、符合时代需要以及满足科学知识要求的管理原则、规范与方法，或制定个别的管理、治理方案与政策。"管理"本来就是一个含义深广的名词，上可以治理国家政府，中可以经营公司机构，下可以处理具体事务与个案。所要求的是上下一以贯之，左右相互沟通，前后推动有序，进而呈现出情、理、法三者的兼顾，提高效能而不失草率，维护公益而绝不自私，与时俱进而经得起检验。我之提出"中国管理哲学"此一学科的研究与实践的原因，也就不喻而明了。中国当代的管理现实往往缺乏历史文化的价值背景，又未能考察西方先进知识技能的所在，更缺乏来自深思熟虑的智慧运用能力，因而呈现出只有规则而无原则，只有权威而无理性，只有重复错误而无持续改进，只重一时而不思久远，只顾部分而不管全体，只求利己而不顾利人，损人而害己，因私而忘公，见得而忘义。如此因循，上行下效，下行上掩，最后只能走向懈怠停滞、腐化败落之途。"中国管理哲学"讲求的不只是国家各级发展的创新问题，更是如何维护生产价值与人格品质与领导人的道德教育问题了。

2011 年 12 月，中山大学举办"中国管理哲学学科建立三十年学术研讨会"，庆祝、纪念我引进及推动"中国管理哲学" 30 年发展的成果，极有意义。如果中国南方的大学已培养了众多的管理哲学硕博士并能为南方的政府机关、大学院系、工商机构所有效聘用，创造了众多公益与公司利益，我们也就没有理由不相信中西文化与管理的研究与中国管理哲学人才的培养不能推广于全国，为中国的持续发展及国际竞争力的提升创造出一番灿烂的事业了。

在以上的分析说明中，浙江大学人文学院东西方文化与管理研究中心的工作也就显得特别有价值。其于 2010 年召开的东西文化与管理国际学术研讨会也就凸显了当前持续发展东西文化与管理研究的必要。此一论文集的出版也就是此一工作的新见证、再推动。

由于各种原因，这本东西文化及管理的论文集的出版经历了 3 年之久。但最后能够顺利出版，必须感谢东西方文化与管理研究中心支持者的资助，以及有关同仁的支持。

在我作为荣誉主任的主持下，孔令宏教授做了整理工作，其他两位中心同仁陈大柔、吴宗杰，还有中心的博士生王巧玲做了有关的辅助工作，我在此一并致谢。当然，最后要热忱感谢此一论文集的近60位的著者专家，希望他们在中国管理哲学的精神号召下更加深入研究、持续发展！

是为序。

成中英

2013 年 10 月 28 日于生生不息斋

目　录

C理论：中国哲学视角下的决策、领导与管理 [1]

成中英
（美国夏威夷大学马诺阿分校，火奴鲁鲁）

一、引言：对当今管理研究趋势的思考

本文旨在探讨和发展一种基于新的管理理论的新管理理念，该管理理论的来源和基础包括两个方面：一是对中国文化传统与中国哲学的思考；二是对这种传统和哲学实践中具体体现的考察。毋庸置疑，管理附于"理论—实践"双重基础之上，管理研究应该同时具有理论和实践的导向。值得注意的是，迄今为止欧美管理学论著中实证研究明显比理论研究多，而分析性研究则更多。但管理研究中理论探索的重要性同样不容小觑，这一点没人能够否认，理由很简单，管理理论能帮助我们理解和规划。

即使是将管理视为一个实践层面的问题，将管理学视为一门应用科学，管理实践中的理论介入也能迅即展现出其在诸多方面的可靠性，包括对规划、组织、领导的基本原则的理解以及理论认知概念在管理实践各方面、各层次（如组织、领导、决策、人事管理和政策调整）上的运用。[2] 当然，对这种介入的认可在以前有关经理层管理的理论探讨与规范建构中已初见端倪。而现代系统论、决策论的确立和发展则让管理的理论研究显得更为可取、更有价值：为了规范、监管和控制，管理需要并且也应该具有系统思维与决策理论的导向。实际上，正如赫尔伯特·A·西蒙（Herbert A.Simon）所指出的，管理可以理解为一种对系统的规划，也可以理解为一种决策。[3]

按照这样的理解，我们可以说管理就是贯彻实施一系列规范化的或可规范的技巧原则以解决问题、化解矛盾的活动。管理也可以被当作是一般系统论、一般决策论的应用过程。虽然这一管理观在工程领域接受程度比在企业界更高，影响也更大，但企业，无论大小，也都可以像计算机系统地控制机器那样进行组织和管理。[4] 这一点安保公司就是一个很好的例证：为了确保安全，安保规章必须得严格遵守，不允许有丝毫偏差。

对管理的研究，可以说大致经历了两个发展阶段，一个是实证研究阶段，一个是理论研究阶段。之所以这么说，是因为我们看到了管理中关注焦点从实践向理论转变的历史演化过程。也就是说，对实践和对理论的关注是管理研究中两个基本的、不可化约的组成部分。在今天的管理实践中，这两个部分仍然是很容易区分的。即使随着计算机的运用和发展，系统论与决策科学对管理实践的影响越来越大，管理仍然可以是而且也的

确还是一种艺术，一种意识形态。用计算机处理信息只不过是用于决策与设计的手段，个人的风格、个人的信仰与理解方式对管理成败的影响仍然存在。我们想说的是，实现管理研究从实践阶段到理论阶段的转化，不一定要放弃实证研究。我们甚至可以认为，理论认识必须源于实证研究、依赖实证研究。认识到这一点，我们就可以得出这样的结论：作为一种实践活动，管理不仅可以在实证观察中学习，也可以从理论反思中受益，管理者对两者都必须保持开放的态度。

需要指出的是，现在我们已经进入了管理研究与实践的第三个阶段。我们的管理研究不应该限于或实证或理论的单一探索，它必须还要纳入文化、价值观、哲学的综合性研究成果。如果我们承认学习借鉴文化、价值观、哲学研究的重要性，管理实践也应该在此基础上加以引导和改良。自 1993 年以来，中国经济发展取得了巨大成功，如果这一现象说明了中国的管理改革在其产销经济迅猛增长中的重要作用，我们也就不难理解，基于自我文化、价值观与哲学的决策（如推行国企重组、发展私有经济、推进科技进步）如何能够成为一国经济发展的助推器。

在过去的二十年里，我们意识到管理不仅仅是一门科学（从理论的、系统的层面来说），也不仅仅是一项技术，抑或是一门艺术（从个人的、经验的层面来说），它更是一种哲学（从更高的元理论的、形而上学的层面来说）。实际上，我们可以说文化、价值观以及哲学生来就是与管理息息相关的。因此，没有哪一种管理可以脱离其文化、价值观和哲学语境而得以展开，涉及组织、领导与人事安排则尤其如此。在做出决定或是制定政策时，我们的指导原则往往隐藏在与文化、价值观和哲学相关的各种考量之中，无论能否意识得到，文化、价值观和哲学在我们执行这些政策或决定的时候也发挥着同样的作用。

在理论层面，我们十分清楚，任何一种理论，如果没有包含文化、价值观和哲学因素作为一个理论变量，就是不完整的。因此，无论是理论的建构还是诠释，都必须要有文化与哲学的考量。我们现在还有许多价值哲学形态的理论，这体现的是我们对一些特定问题的微妙的哲学信念与意识形态观照。此外，当一个理论在诠释的过程中成了一种真实环境中的实际应用时，这种诠释与应用的条件必须从文化的角度去理解。我们甚至可以说，理论的运用都必须具备文化的、价值观的和哲学的条件。这就是一般系统理论（GST）如何带着一个需要得以实现的目标和证明其有效性的愿望被植入到一个真实的环境之中的。这样一来，GST 就在文化、价值和哲学上得到了证实和具体化，不再只是一个形式上的系统。

笔者将用两点结论来结束对管理研究现今趋势的介绍与考察。其一，管理的实证和理论研究必须包含对文化、价值观和哲学因素的考量与反思，哲学必须成为研究管理的规范与原则的基础，文化和价值观则必须成为运用这些管理规范和原则的基础。文化、价值观、哲学不只是管理思维和管理实践的条件，而是需要确实地成为管理思维和管理实践具体的、明确的语境。考察特定管理行为的潜在预设，质疑政策形成和制定的基础需要哲学的介入。将这种考察和质疑所得出的结论用作完善我们理论的反馈，我们必须将管理看作人面向目标时决策、组织和创新的经验。参照道德社群（moral community）

的基本要求，管理就成了与其相一致，并指向特定目标（如经济发展、公共行政管理的进步）的一种组织和行为。它因此也被归并到政府的法律和规范系统之中，并受其保护，毕竟政府应该对道德社群的提升负首要责任。

其二，管理艺术、管理科学、管理哲学三者的统一明显是存在的。在经验操作层面，管理不仅是一种技巧，还是一门艺术；[5] 在系统与组织层面，管理是一门科学，需要有关客体、主体和管理目标的科学知识；在策略与规划层面，管理必然是一种哲学，需要对人、现实和文化有批判性的思考和透彻的理解。但是，作为一种实践，管理应该是为了某一实际目标、艺术、科学和哲学三者的融通。一位优秀的管理者需要努力将三者整合成一个平衡的统一体，为目标的实现创造最高度的协调、最理想的效率和最强大的力量。现在我们可以将上述的几点用下图表示：

二、管理实践与管理理论：两个层次与两个极点

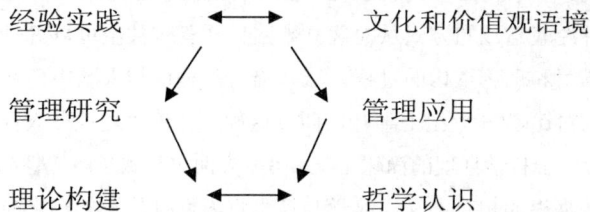

经验实践　　⟷　　文化和价值观语境

管理研究　　　　　管理应用

理论构建　　⟷　　哲学认识

理论上讲，管理有不同的类型，管理理论自然也是如此。但无论理论还是实践，都会有不同的层次。我们注意到，这些理论上与实践中的每一个层次又都处在一个连续体（continuum）上，这个连续体有两个极点，即"理性主义管理"（RM）和"人文主义管理"（HM）。假定一个连续体上的两极为两个不同的层次，我们就能够将其他的各种管理行为与管理理论描述为两极不同程度的联合和杂交。现在我们可以说，RM 的本质是将理性运用到管理之中，HM 的本质是将人性运用到管理之中。与对"理性"和"人性"的理解相关的一个问题是，为什么笔者会将这两个词如此鲜明地区分开来使用？通常情况下，我们可以把"理性"看作"人性"的一种具有自我意识的重要体现与表达，而"人性"也可以被看作"理性"能得以现身的整体存在性基础。

理性具有为人类思维建立秩序和制定规范的功能，人性则是情感上的功能，包括人的感受、欲望、意愿、希望等等，这两者之间应该有着十分紧密的共存关系。然而，在有意识的和无意识的人类活动中，心灵（情感）与大脑（思维）是无法被区分开的，因而它们也都是我们所认为的人的本质属性。这也就意味着，我们有理由将这两者关联、统一起来。而这个所谓的理由，其基础就是孟子、荀子等中国儒家哲人所说的人的本性（"性"）。

人"性"是源于人类经验与人类反思的复杂统一体。[6] 但无论是在古典的还是在现代的欧洲的西方理性主义传统中，人性中的理性经常被剥离出来，脱离人性独立存在。

理性成为了形而上学或神学的概念和规则系统，因而也就成了支配人类思维唯一有价值的形式，这也是西方古典理性主义得以建立的原因。在古典理性主义占据统治地位的背景下，对人类情感、感性、创新思维（与逻辑推理相对）的呼唤使人文主义作为对超自然的上帝绝对统治的一种反抗在 15 世纪的欧洲得以生长。人文主义宣扬人类情感的道德意义，以及个人与社会团体的俗世价值。在 17 世纪中期启蒙运动中，基督教传教士引进了中国儒家人以及其意志的自治的学说，人文主义进而得到了进一步的强化。

人文主义很快就变成了现代理性主义发展的新跳板。在现代理性主义中，理性以科学的名义出现，扮演一个全新的角色。科学的目的是认识和控制自然。然而，科学之所以成为可能依靠的是理性的研究者。他们无须知道现实世界的所有方面，只是下定决心追求生存与发展，智力、理解力、知识都变成了力图实现生命延续与文化发展的有效工具。科学因此也就被看作依靠智商和理解力寻找知识、寻求控制的一项工程，可以说，这也正是现代理性的本质所在。

以这种方式理解理性，理性必然需要将人性作为科学研究的对象，从而使其受到科学的控制。这就产生了对人性的科学化、理性化过程。不幸的是，这一科学思维工程却变成了删减各种经验与致知方式从而确立和固化（有时甚至可以说是僵化）关于某一外在现实的客观描写和理论重构的过程，这些描写和理论与人脑中内在的、不具客观性的东西构成强烈的对比。20 世纪上半叶，西方这种二元的"理性—人性"观一方面导致了将真理简单地等同于科学真理的简化主义，另一方面也导致了将人性当作不可靠的东西，看作矛盾和问题祸根的相对主义。科学与技术将人性排除在外，走向了理性主义者的简化主义，因而也就无法帮助我们解决与人性相关的问题，既然如此，我们就必然会丧失对人性的信仰和对客观性的信赖，这都是由科技的统治带来的压抑感造成的。因此，当我们说理性主义管理的时候，我们指的是通过科学理解和技术控制来管理事务的努力。实际上，今天"管理"一词似乎也逐渐演变出这样的含义，即通过科技手段实现熟练的操纵和控制，在这之中，人时常被当作客体，而非主体。

与 RM 不同，HM 认识到，完整的人和人性是一个具有多重功能的复杂系统，理性功能也包含其中，但绝非是其全部。人有直觉、想象、记忆、感觉等诸多官能，各自都有其独特的位置与作用，但都不应占据支配地位。对这些官能在规划、决策、组织、领导等管理活动中的价值，我们应该要有清晰的认识。换言之，管理不应仅仅只依赖于理性，还要凭借感觉、直觉、记忆与想象。这也就意味着，我们应该认识到这些不同功能在管理中的意义与作用，管理的对象不是简单的客体，而是具有多种不同官能与功能的主体，需要考虑其所具有的独特价值以及其产生行为和实现价值的潜能。

RM 的有趣之处在于，无论是被视为方法还是目标，人性或人文主义的原则都绝不可能从一而终、不折不扣地予以贯彻。自从理性被当作一种工具在西方发现之后，人类（作为主人）就面临着被它（作为奴隶）奴化的威胁，用以实现某种目的的工具最终凌驾到了目的之上。最后，人性被理性侵蚀，蜕变为惯常化的冷漠和不理性。人性被控制的冲动所占据，丧失了创造和行动的主动性。我们或许可以说，在西方，人文主义作为一种整体文化传统的衰退造就了 RM 的弱势地位。希腊的古典人文主义后来被宗教神学的神理性（divine rationality）所支配；现代文艺复兴人文主义则被启蒙运动的浪潮推到了一边。

三、RM 与 HM：五大特征

下面我们来描述讨论 RM 的五大特征，另外我们也将对 HM 的五大特征进行描述和讨论。

RM 的五大特征分别是：抽象主义、客观主义、机械主义、二元论和绝对主义。 [7]

RM 的第一个特征即抽象主义，指的是从具体情境与事件中抽象出概念和思想以及将抽象的观念原则与结构置于具体情境与事件之中的认知思维方式。作为一种思维方式，抽象主义占有优势的领域有两个：定义与建模，它们也都是建立科学知识的必要环节。然而，当抽象主义脱离实际经验与现实，就会变成一种演绎性的、静态的思维，缺乏活力、开放性和关联性，从而导致决策的僵化与政策的空洞。管理中抽象思维的一个典型例子就是用统计数据说话。然而仅有数与量的考量，我们制定的规划、做出的决策可能无法与不断变化的具体现实步调一致。 [8] 事实上，即使数量能帮助我们捕捉到某种大的趋势或布局模式（这当然是十分重要的），它们对于具体现实的各个重要方面的把握还是太抽象了。同样，运用概括化了的系统理论解决具体的管理问题时，我们也可能有类似的危险。

RM 的第二个特征即客观主义，则是说一切事物都被当成独立于人的思维之外的客体。经典物理学就是在这样的客观主义原则上建立起来的。管理中客观主义的运用可以为我们创造出一定的距离（detachedness），从而使我们对物质客体的认识，以及为其提供的客观参照与判断有科学的合理性。然而，这一原则的有效性是有限的。客观主义经常会把我们带入原子论思维，造成对整体以及各种关系的遮蔽。然而，世界并非是静态个体的简单叠加。我们必须考虑非客体，即非原子论意义上的关系和过程。客观主义也要求我们忽略意愿、感觉等活动乃至主体本身，因而也常会导致规划与决策过程中的僵化和偏颇，对其局限性我们甚至都一无所知。

RM 的第三个特征即机械主义，可以从前两个特征中得出来。世界被视为一个由不同的规律支配着的物质系统，这些规律都是恒常不变的，也是不可改变的。世界也是有其自身的秩序的，这些秩序孕育在等级分明的组织中，而组织又是机械地构造出来的。从表面上看，世界也保持着不停的运动。机械系统是从抽象的数理逻辑思维中构建起来的，这种思维又总是以客观化的形式结构或物理结构样态呈现。机械主义的世界观是不能表现现实的，因为它已经包含了不切实际的抽象主义与客观主义原则。

RM 的第四个特征即二元论，在此主要被理解为一种价值导向和一种价值判断。既然 RM 以抽象的、客观化的、机械的思维来定义理性，那么具体地、主观地、非机械地看待事物的方式自然就会被当作是非理性的，甚至是不可理喻的。实际上，RM 根本无法认识到这些看待事物的方式的价值所在，事物的整体本质被这种理性主义观念所遮蔽了。因此，我们也就有了所谓第一性的质与第二性的质的区分,推理与直觉的区分,客观与主观的区分。其实这些区分并不只是对现实的区分,而是对不同价值的喜厌。二元思维导致的结果是管理中思维的封闭和对现实的总体全貌的忽视,面对现实世界及其不断变化很难甚至无法做出调整。

最后,RM的第五个特征即绝对主义,描述的是管理控制中的演绎性、线性、单向性特质。管理的力量在于建立起一个由各层管理人员组成的梯阵,从而构成一个指令传输的流水线。处在管理链上最高位置的人是绝对的"老板",一切都由他预见、决断和领导,无须与这个整体系统形成互动,也不需要来自各个层级的积极反馈。但这并不是说,最高位置的管理者做决定之前完全不会去考察系统的运行情况,也不是说他不会去鼓励参与、互动这样的思维方式,而是说在通常情况下他不会注意到或者会有意忽略系统运行状况可能导致的后果。在他手中,集中了绝对的决策权。其他的人都可以说是他的代理人,所要做的不过是贯彻执行他的政策。对于此,引发2008年金融危机的信贷体系决策者们就是一个极好的例证。这是控制中的绝对主义,或者也可称之为"老板至上主义",这种模式就是带有特定目标的军事命令。因此,管理中的绝对主义者风格带有浓厚的军事色彩:时刻处于警觉状态,总是咄咄逼人(至少潜在如此),总是为完成某一特定任务进行等级分明的组织,但并不一定与现实相匹配。这也解释了RM为避免管理混乱而将被动的发展与扩张视作是势在必行的。然而讽刺的是,RM时常陷入混乱,造成系统的崩溃。这也可以拿2008年金融危机中的金融管理结构做例子。

RM这五大特征之间互相强化,使其成为了一种独特的、卓越的现代和当代管理方式,在欧美国家许多大公司里,或者可能是大多数的大公司里,我们都能够看到它的身影。

无可否认,RM有其自身的优势,它使许多大企业得以成功地建立。这是由资本推动的产品经济的成功,然而,随着社会变得越来越开放,交流越来越整合,与此同时购买兴趣越来越具体化,经济也变得更加市场化、社会化、社区化。由此,RM也走到了其局限性的一面,开始显现出弱势,也变得越来越缺乏竞争力。因而管理研究中也掀起了批评RM的热潮。

20世纪由托马斯·彼得斯(Thomas Peters)与罗伯特·沃特曼(Robert Waterman)合著的划时代之作给我们提供了一个很好的例子。在《追求卓越:美国优秀企业的生意经》(1983)一书中,他们描述了理性管理模式的兴衰,并指出了对理性执迷不悟的情结。他们总结了狭义RM的特征:(1)大即是好;(2)成本是判断一种产品能否生存的最重要因素;(3)分析、规划、预测;(4)制定周密的远景规划;(5)平衡各事项之间的关系比认真执行它们更为重要;(6)对于指向生产的矩阵结构,写下长长的工作说明以便控制一切;(7)只给最佳表现者激励;(8)检查控制的质量;(9)根据财务决算管理事务;(10)好的收入才是市场的保障;(11)保持良好的增长势头,即使需要收购你不甚了解的产业。这些观念的弊端是:(1)范围会变得狭窄,问题会变得简化;(2)生活因素被删掉;(3)从经验中得来的真知灼见被忽视;(4)没有考虑实验与变通的价值;(5)非正式的东西被排除在外;(6)贬低现实价值与文化。[9]从这一背景出发,对HM的研究与倡导就显得越发重要了。

要理解 HM，我们必须要看到上文所说的 RM 五大特征的对立面，HM 的五大特征如下：

（1）具体主义；

（2）主观主义；

（3）有机论；

（4）整体论或非二元论；

（5）相对主义或非绝对主义。

这五大特征恰好与 RM 的五大特征一一对应，它们的含义也主要来源于对 RM 特征的否定以及对被 RM 所否定的东西的关注。RM 否认具体现实中的人性，否认人作为主体所具有的理性之外的各种功能，HM 则强调把对待具体的个人当作一种管理方式，注重考察并且依赖于人理性之外的各种功能（如感觉、意愿、记忆），将这些作为控制和交流的资源。在 HM 传统中这些都表现为具体的、主观的推动力量。当然，我们必须认识到，除了古代亚里士多德的经典理性主义和现代康德的批判理性主义，建构一种人性或者人性观念有多种不同的方式。比如说，从古至今我们有弗洛伊德的、马斯洛的、海德格尔的人性观，也有儒家的、道家的、墨家的、法家的、新儒家的、新道家的、印度佛教的、中国佛教的以及禅宗的人性观。因此，我们最好不要把 HM 传统说成是单一的，不要把 HM 当成是一个封闭的完备的系统，就像我们也不会把 RM 说成是一个完整的封闭的系统一样。

说到 HM 的有机论特征，我们只希望强调一个源自 HM 的基本观念，那就是支配社会经济领域的规律与决定人类行为的变量，比一个机械模型所能容许的都要复杂得多。描述人的行为的模型不应是一台机器，而应该是一种活的生命物种标记。因此，当贝塔朗费（Bertalanffy）首次提出一般系统理论的时候，他特别提到了生物系统和一种生命有机体为该理论的研究对象。[10] 柏格森（Bergson）甚至把不断进行着创造性运动的生命力当作理解时间与万物的基础。[11] 很显然，我们需要引进不同层级的有机性来定义不同类型的有机论。因而，这里我们可以认为 HM 是在最小层级运作的有机生命体，不能将其简化为一个机械系统。HM 的非二元对立特征就体现在它能够把人各种不同的本质功能组织起来，不让理性从人性中分离出去。因此，我们把这一特征称为整体论（holism）。但如何将人所有的功能整合起来构成一个有机统一体，答案可能是多种多样的，这也常是一个争论不下的问题。在实践中 HM 通常变成了简单地把些许人性的东西（而非理性）作为管理中政策规划、决策、组织和行动的决定性因素。比方说，注重预感、直觉及其他一些当代行为心理学家告诉我们的心理、经验的刺激或者策略。

最后，关于 HM 的相对主义特征，很明显，HM 不会采用 RM 中的那种绝对的"老板至上主义"，转而更加尊重人的自主性与自由意志的力量。HM 也关注想象力和情感以及从情感角度出发所做的分工组合带来的巨大力量。在实践中，一名 HM 管理者不会总是对自己的决定抱有绝对的自信，不去咨询周围人的意见，甚至是下属的意见，因为他可能没有足够的经验做某一决定。此外，作为领导，他更感兴趣的是互动，而不是下命令。与 RM 管理人员相比，他也要对变化和调整意见保持更加开放的态度。因为他能看到诸多不同的因素对一项政策的决定性作用，也就会更倾向于归纳性的思维，而非演绎性的思维。当然，这一心理认知框架的不足之处在于，实际操作中灵活性过度，对原则性的坚守不够。比起 RM 管理者，HM 管理者更容易被下属利用，在他们面前会显得不堪一击。

从 RM 的五大特征中，我们可以清楚地看到，笔者在这里想要阐明的 HM 正好处在管理理论与实践连续体上的另一个极点上。但不必觉得 HM 一定就比 RM 好。尤其是，在现有的 HM 实践尚未得到充足发展的情况下，我们不能保证它是一种更好的管理模式。由于其构成的模糊性，实践经验的不足，以及明晰的理论焦点与理论框架的缺乏，我们必须承认 HM 确实往往被滥用乃至误用，作为一种管理模式，也时常不被人认可。

考察西方管理及其理论的发展历史，我们可以清楚地看到这样的事实：所有的或者说几乎所有类型的西方管理实践都引出了相应理论的建立。没有哪一个管理理论不是特定时期成功管理实践的反映，也没有哪一个管理理论不是以理性主义为导向，告诉我们该理论的相关思考过程。实际上，这样的管理实践与理论，其首要诱因就是实施理性的控制。首先，我们看到了弗里德理西·W·泰勒（Frederich W.Taylor）提出的科学管理理论（《科学管理的原则》，1911），这是 RM 的典型代表，为实现生产控制进行工作设计，为实现员工控制进行物质奖励，对这些的强调都包含了理性和强烈的征服欲。科学管理的动机后来在亨利·法约尔（Henry Fayol）等人的经典管理理论（《工业与一般管理》，1930）中得到了详细的阐发。这一理论的全部目标就是发展更有效的生产控制与员工控制，这样的控制通过更趋于理性地控制其组织结构的各个部分来实现。隐藏其中的理论及其合理性都明显地在 RM 的抽象主义、客观主义、机械主义、二元论、绝对主义的原理、规则和实践中有所预设。这一理论成为了西方管理中组织理论的奠基石。它也进一步强化了将理性的人视为受奖惩控制的经济人的观念，有时甚至还会把企业家、金融资本家视为实践理性的唯一典范。

20 世纪 30 年代末，美国出现了基于行为观察的人事关系学派。[12] 这一学派的理论是前期关注社会规范与社会奖励的管理理论的有益补充。但是，这个仍然还是理性主义的管理理论，它把管理视为一种理性的技能，利用有关人的各种客观知识去实现最低成本与最高利润的目标。人事关系只是被用作一种控制的技巧，并不懂得去欣赏人事关系本身所具有的价值。20 世纪 50 年代以后，在美国我们看到了行为科学在管理乃至商业活动中的应用，这一状况一直延续至今。虽然后来新的管理实践和管理理论不断出现（如马斯洛：《动机与人格》，1954），它们都并没有从根本上超出 RM 的框架与方法。实际上，通过吸收更多的心理学、人类学和社会学相关信息，将其转化为实现对员工的理性组织与控制的知识，反而进一步强化了 RM 的框架与方法。但是新的知识也有弱化的作用：管理人需要更灵活更有机的方式与方法，这一意识得到了提高。扩大就业的努力是最主要的结果，就连马斯洛（Maslow）的人的自我实现模式也通过理性思维被泛化了。我们需要看到，这一模式的作用是相对的，不同的人，不同的时代，不同的行业会有所不同。[13] 从以上对西方管理实践与管理理论的综观中，我们得出的结论是：RM 在西方，尤其是现代西方管理中占据了主导地位。

与西方的 RM 传统相对，我们可能会说，HM 则主要地、集中地体现在中国、日本以及其他东亚地区的东方管理传统之中。我们知道，20 世纪日本首先将儒家人文主义哲学运用到明治维新之后从西方引进的工业管理中，催生了"二战"后日本经济的巨大成功。日本的人文主义管理，特别是被称为"日本管理"的新模式促使许多西方学者思考他们自己的理论的合法性与根基。我们越来越清晰地看到，日本管理的主要优势来源于孔子的《论语》及其他著作，以及在明治维新中得以复兴的新儒家传统。涉泽荣一（1840—1931）就是在新企业的组织和管理中运用儒家原则的一个很好的例子。如今，尽管高科技不断发展，儒家价值仍然是日本管理实践中的核心价值。因此，要研究日本的管理理论，我们可能需要最终追寻到儒家的人文主义哲学。

四、C 理论与中国管理哲学

在实践中笔者确信，经历了整个 20 世纪，儒家人文主义哲学已被无意识地接受并应用于中国的各种管理实践中。但是，它管理哲学的身份直到最近才得到真正的关注。事实上，美国对中国管理的大量研究也仅仅专注于其文化与风格。他们虽稍涉及儒家和道家，但却未真正论及中国管理的哲学层面，因而也就无从揭示中国管理体制和风格的意识形态及哲学基础。1991 年，笔者的《C 理论：易经管理哲学》在台北出版，首次对中国管理理论与实践进行了基础性的分析。[14] 此后，这本书又做了大量修订，易名为《C 理论：中国管理哲学》[15]，这是因为中国哲学，作为一种深奥的、形而上的思维方式，源于《易经》并包含于对人类行为判断有重要理论与实际指导的中国哲学流派之中，这意味着如若想对中国管理进行合理阐释，必须要深入研究中国哲学。

理解了《易经》是中国哲学的基础、源泉和起点，我们也就能看到儒家和道家思想与中国个人或集体生活、私有或公有经济中管理实践的关联。以《论语》中孔子的言论为例，人们不难看出"诚"、"忠"、"智"、"礼"及"义"是建立"仁"、"信"道德社群之根本。依据孔孟之道，政府的建立必须以维持和保护这一道德社群为基准原则。尽管他们未曾充分强调政治统治与个人道德修养及其自我管束的必要区别，但清楚无疑地表明了个人自我管束是政治统治的基础。在《中庸》中，我们甚至可以看到以宇宙为导向的生发性自我修养如何能让生活与人和整个宇宙现实之间构成的生活体现相得益彰。《中庸》开篇第一句话就清楚表明人性是天赋予的，因而也就可以促使道德的产生，道德则能产生出更高形式的组织，如作为一个维护世界和平的机构而存在的政府，正如《大学》中所强调的。

这必然会引发对"性"、"心"及"道"、"政"这些中国观念的哲学洞见，实现为经济、社会、政治与教育发展而努力的各个学派的洞见与才智的结合。在 C 理论中，笔者受《易经》和禅宗启发，在一个开放的创造性循环体系中引入并整合了儒家与道、法、兵、墨（包含了体现 RM 的现代科技）等诸家的思想。此外，笔者还在一个整合的全息的动态系统中讨论了十四种功能性的生发力量。有了对儒家修身与统治的哲学基础的理解，我们不仅可以解释中国的各种管理方式，对于受儒家思想影响的整个区域（如韩国、日本、越南）的管理运作也都能有所认识。更重要的是，我们也能看出这些思想是如何让日本、"亚洲四小龙"以及中国在过去的六十年里各自依靠其高效、成功的管理而实现工业与商业的现代化，当然，他们都没有形成一套自觉的理论体系。对儒家修身与统治的哲学基础的理解也将帮助我们说明以《易经》、《论语》、《孟子》、《大学》、《中庸》及其他中国经典所描述的人类社会和人性为基础的管理哲学，是如何被挪移到其他文化语境并在其中发挥其对管理实践的矫正与批判功能的。因此，在全球一体化背景下，面向更为动态的研究未来管理的发展优化必须建立在对管理哲学的理解及其评估细化体系的基础之上，并以此为最高指导原则。

对于现当代中国来说，形势则更为复杂。自1919年"五四"新文化运动以来，科学成为最重要的口号，儒家被定义为非科学而受到排斥。但实际上，在过去的五十年里，儒家思想仍影响着中国大部分改革的基本组织与领导形式。即使在1949年，马克思主义成为中国政治组织、管理、经济生产及分配的决定性原则，中国的根基和思维模式仍然受《易经》和儒家思想的影响。事实上，"文化大革命"时期文化传统遭到极端的破坏之后，自20世纪80年代起，中国又逐渐倒回了儒家的中庸、实用、开放、变革等理念。当前，自2007年胡锦涛主席提出建设和谐社会的政策（包括在宪法中认定私有财产的合法性）以来，我们可以亲眼目睹中国的繁荣昌盛。[16] 值得一提的是，在刚过去的二十年里，中国台湾、中国香港、韩国、新加坡等地的领导人和管理者也依靠儒家伦理实现了经济的迅猛发展。因此，我们基本上可以说HM体现和表述的是大东亚地区的管理实践与理论传统，这一传统来源于中国的"儒学—新儒学"。

我们必须认识到，直到21世纪的开端，中国主流管理并未认真地探究其历史上丰富的HM传统。中国台湾日趋工业化，却逐渐将HM作为其历史传统给予认可和应用，将HR当作未来的规则，我们应当给予这个地区足够的信任。[17]

只有基于这样的发展环境，"中国管理"这一概念才能得以理解。当笔者提出自己的中国管理理论即C理论时，头脑中的想法是，它应该代表一种经过实践检验了的现代中国管理视角。[18] 这一视角以前是没有具体定义的，因而笔者的C理论旨在易经哲学的基础上探究《论语》、《孟子》、《大学》、《中庸》等中国经典哲学语境中的HM传统，笔者认为，易经哲学思想是儒家和道家思想的本源和基础。

之所以命名为"C理论"，原因恰在于它指向的是基于"易经—儒家"模式的中国管理思维的创造性构建力。它还吸收整合了其他经典学派以及西方管理的目标和知识。正是以这样的方式，笔者才能明确地以现代管理理论和管理实践的现代要求为参照阐述HM。C理论的目标是建立一种所有相关要素协调的管理模式，管理的唯一目的是通过和谐的整合发展人的创造力。正如笔者在书中所说的，C理论的"C"代表的是中国管理、创造性的管理、变化的管理和（儒家）仁的管理。因此，我们可以将C理论当作是建立在东亚现代化经验以及对其哲学根基的思考的基础之上的，一种理想化的、理论化的HM模式。

作为本节的结束语，我们可以说麦格雷戈（D. Mc Gregor）的"X 理论"代表西方的 RM 传统，他的"Y 理论"代表东方的 HM 传统。[19] 同样，我们也可以说威廉·大内（William Ouchi）的"A 理论"代表的是西方的 RM 传统，而"Z 理论"代表的是东方的 HM 传统。然而，我们构建 C 理论的工作也有其特定的历史和理论意义。我们并不是想要一种新的 HM，而是要整合西方的 RM 和东方的 HM，因而也就是想要在中国自然主义和人文主义哲学的背景下一方面有 X 理论和 Y 理论，另一方面也有 A 理论和 Z 理论。

五、C 原则与 C 理论

有了 RM 和 HM 两极的建构以及笔者对 C 理论的阐释，对它们之间相互整合的本质、后果等相关问题的讨论就是很自然的事情了。整合与它们之间是如何相互关联的并不是同一问题。正如上文提到的，RM 与 HM 的联系体现在它们是处在同一连续体上的两个点，实际上，它们仅仅代表和象征着这个连续体的两极，而连续体上任何一个实际的位置都不可能恰好是其中一个极点。理论上说，这个连续体上可以有众多不同的点，我们这里提出的整合问题是一个如何让两个极点组合成为一个实质统一体的问题，这个统一体中不存在互相抵触的不协调因素，它有良好的活力与动态性，足以服务于一个更高的目标，即同时容纳两个极点的优势，寻求人类在这个不断变化的世界中的发展。对这一问题的任何一种回答都需要满足以下条件：（1）认识到不仅仅是两个极点之间的连续体的结合，还有这两个极点的结合；（2）消除两个极点各自的劣势，保留它们的优势；（3）让这两个极点的结合服务于以上所说的更高目标。这三个条件也可以说是两个极点进行整合的理想条件。

这是可能的，因为每一个极点提供一些出场程度不一的特征，这些特征出于不同目的进行联合，总是有可能实现的。另外，不同的目标、不同的状况会要求不同的出场和不同特征的应用。为了迎合不同的需求、满足不同的条件，包罗万象的理论框架应该能容纳所有这些不同的组合和排序。但这不是说，这一框架要许可所有的可能性，它所许可的那些可能性要能够代表对人的处境的切乎实际的理解以及人贯彻和维持行为规范的能力。

按照对 C 原则的这种解释，我们可以认为 C 原则代表着一种向心性，或者说一个既能超越又能整合两个极点的中心位置。这一原则意味着中间位置和中间路线，它是我们面对已经充分经历和理解了的现实世界时，对其中各种重要因素的一种创造性的适应。我们把这一原则定义为创造性集中原则（Principle of Creative Centralization），简称 C 原则。在这一原则基础上，整合就变得十分有效了。

依据 C 原则，理性与人文性的整合体现为以下几种统一：

（1）抽象主义与具体主义的统一；

（2）客观主义与主观主义的统一；

（3）机械论与有机论的统一；

（4）二元论与非二元论的统一；

（5）绝对主义与相对主义的统一。

在此，这些统一旨在描绘领悟与实践的总体之中两极的混和与互融。这种混和与互融的原则性功能是为了在两者之间建立起一种互动的、相互依存的关系，两个极点由此互为补充、互为先决条件。这样，统一、融合与混和可以在互存、互动、互补、相生、共存、共生、共享、相互渗透、相互激励、相互提升、相互转化的易经范式中得以表达。[20] 三种关系——内在性、相互性（相互转化）、共同性——使两极构成一个统一的整体，这将胜于两极点的简单相加，也会有利于每一极点各自的发展，两极关系可以转化为非凡的创造力。换句话说，这样实现的统一将是一种具有创造力的统一，一种在创造性生产过程中呈现的统一，可以用来为创新性的目标完成创造性的工作。不仅每一极点的劣势会被消除，它们的优势也会被强化，更高更大目标的管理由此得以实现。

抽象主义与具体主义的统一就是要将抽象思维放到具体的语境之中，让具体的东西修饰、嵌入、修改、纠正抽象的东西。同样的，我们也可以从具体思维出发，然后让抽象的逻辑去修饰、嵌入、修改、纠正具体的东西。最根本的是，我们不能囿于一种线性的、单向的思考、观察与评价的方式之中。我们应该发展、利用两种并存的思考、观察与评价方式，两者在一种动态的关系中，在内在性、相互性和共同性的创造性的统一中合而为一。[21] 因此，我们就可以说具体化的抽象主义和抽象化的具体主义。同样，我们也可以在充满活力的互动过程中融汇整合客观主义和主观主义，以进行创造性的应用。我们因此也可以有主观化的客观主义——让客体为主体所用，但并不把主体简化为客体；将主体当作创造之源来考察，以弥补对待事物的客观化倾向，但既不要让客体也不要让主体一成不变地占据着主导地位。即使是占据了主导地位，也必须从一个以创造性目的构建的统一中去审视。所以，主导必须是灵活的，与统一和创造性目的相关的。我们必须将主观主义客观化，从而组织和规范人，但不能忘记个人处在特定的时代、特定的位置的时候拥有原创的潜能，这种潜能即使是在客观主义者的组织结构中也应该得到充分的挖掘。

至于机械论与有机论的融合，我们必须认识到机械系统或是包含在机械系统之中，或是由较小的非机械的子系统构成。机械论大致可以理解为依靠人力可处理的、可操控的，当系统扩大（这是不可避免的）/萎缩到人力可处理的、可操控的水平之上／下的时候，系统会变成非机械的系统或是有机的体系。换言之，一个机械论的系统中可以含有机系统充当其子系统。它也可以是包含在一个较大的有机论系统中的子系统。因而，机械化就是将我们局限于一种系统观念之中，这个系统处在中间水平；机械化也是把系统限制在一个特定的操作层面之上。机械论与有机论的统一要求我们认识到两者之间的相互渗透，并在同时包含了在更高层次的系统论意义上对二者中的任何一个进行运用。这就像是光的波粒二象性理论：光既是波也是粒子，在相关条件下它会呈现为波，或者呈现为粒子。我们或许还可以说，即使是在处于中间水平的情况下，一个具有机械性的方面总是会有一个具有有机性的方面与之并存。同样，我们也可能在一个明显的有机系统中去挖掘到其机械性的方面。机械论与有机论的互融，就是在相关条件下将一个系统看作既是有机的也是机械的，并在此基础上对这一系统加以运用。

现实世界中，这两者之间存在着一种生发创造力的关系，对这种关系的理解将有助于我们发现和阐释上文所说的相关条件。大致来说，我们应该把机械性视为一个系统中的静态的方面，把有机性视为一个系统中的动态的方面。现代物理学已经认识到，一个结构中的有机过程与有机网络关系首先是由机械原理来定义的。但现代生物学和现代心理学仍然倾向于把机械原理或统计学的结构关系放到生物的生长过程和人的心理发展过程中去阐述。

关于二元论与非二元论的统一，我们只需要指出一点，如果两个极点在创造性的统一中实现了融合，二元论和非二元论就都不复存在了。我们评价、判断与行为的方式就只会是二元统一的，不会导致绝对的、脱离语境的价值区分。一般来说，理性总会被当作是有用的、有效的，但问题是，非理性的东西在适当的条件下为什么不可以也是同样的有用和有效呢？理性的方式或者说以理性为基础的方式是有价值的，但非理性的人文主义者的方式，即以对人的全面考虑为基础的方式，也可以具有与其同等的价值。实际上，我们可以把处于深层结构中的人文模式视为一种更深层次的理性，因而人的理性与非理性的界限就不存在了，我们评价事物的方式以及对价值的理解也将更加开放、更加灵活。发现和发展更好的价值的可能性也会应运而生，这也将是整合二元论与非二元论的最终目标所在。

最后，绝对主义与相对主义的统一意味着任何权威与理性都能够将自己与整个相互关联的系统相比较，在时间上是变通的。自下而上的支持和信任与自上而下的权力和控制同样重要，只有当它们相互比照的时候才能得以维系。这就是与人的调节原则（the principle of human adjustment）相协调的反馈原则（the feedback principle）。与上文所说的一致，通过命令实现的控制会不及系统中相互信任催生的自发行动有效。但一个系统的集体意识，或者说归属感必须首先得以建立。不是最高权威一个绝对命令或是一次性参与就足够的，必须鼓励、维持权威者与组织中不同层级人员的长期接触。因此，绝对主义被相对化，相对主义则被绝对化。以中国管理范式的术语来说，就是在有组织的理性与整体的人性相结合的模式中，法、理、情必须都要有所考虑。法、理、情不是简单的规则，而是实际制定、传达和执行决策过程中激励、互动、劝说、感召的各种方式与方法。

以上我们描述了 RM 与 HM 如何实现整合以及与之相关的五大统一如何发生，我们所做的是为了在本质上说明理性与人性如何互融整合的问题。既然理性是人所固有的，是从人性中生长出来的，我们就必须运用理性去为人性的目的服务，而不是去毁灭人性。我们也必须鼓励理性从人性中吸取营养，就像人性也必须在理性中发展自身一样。理性与人性的互相激励最初来源于人自身的存在，但不幸地遭到了人为地破坏。我们必须修复这种互相激励的良性关系，建立起更为积极和自觉的互动。为了使这成为可能，我们不能把人性看成是静态的，就像我们不能把理性看作是一成不变的一样。人性必须得以扩展，以涵盖整个人类，包括历史上的、现今的、未来的人类。对人性的理解不应仅仅停留在个人层面，还应该上升到人类群体、国家、世界这样的层面。即使是在个人层面，也会有一个人性的维度渗透到人类的整体存在与全部理性之中。

人类是植根于一个更大的系统、更广的过程之中的，他们能够参与这个系统与过程的创造性发展进程中，并作出自己应有的贡献。这一点在中国哲学命题"天人合一"中得到了很好的表达。同样，我们也可以把理性看作是不断演变的，实际上，我们必须把理性放到一个生长与转化的过程中去考察。经典的理性观已不再符合我们对人和世界的理解，甚至连继承了经典理性主义精华的现代理性观也应面对人类创新需求的挑战，朝着更为广阔、更具活力的方向转化。[22]

从这种更广义的理性观来看，很显然，理性必须要人性化，而不是去人性化，理性必须走向多元系统，在一个以人性的总体为基础的更大的有机统一体系统之间，各个系统和谐共处。这当然也不是说现代意义上的理性不再包含其经典意义的精华部分，理性的消极方面，不论它是现代的还是经典的，都必须在理性向人性转化的过程中消除。理性的转化带来的是人性的开启和拓展。

理性与人性相互渗透、相互转化、共同发展的和谐关系是构成 RM 和 HM 五大特征统一的基础。鉴于此，我们可以对 RM 与 HM 的整合做如下的描述：

RM 与 HM 的整合从以下几个方面实现了理性的人性化和人性的理性化：

（1）抽象化的具体主义和具体化的抽象主义；

（2）客观化的主观主义和主观化的客观主义；

（3）机械化的有机论和有机化的机械论；

（4）极端化的非二元论和统一的二元论；

（5）绝对化的相对主义和相对化的绝对主义。

从以上的讨论，我们明显地看到，实现这些统一的整合原则是两极的一种创造性互融，这样的融合构造出一个完整的系统；实现这些统一的整合原则也是一种对特定条件下该系统适时运用的创造性理解，每一个极点或者处在不同程度上的一个极点与对应极点的结合都将产生最大、最合适的创造力与效率。这一整合原则的正当性可以由此得以说明，这一整合原则也正是为笔者所说的 C 理论而建立的 C 原则。C 理论，如上文所述，就是同一理论框架下理性与人性的实际整合。整体的系统观或者系统的整体观是 C 原则，进而也是 C 理论的核心观念，它源于我们对整个系统或系统的整体性适中有效的潜在应用的整合与超越。很显然，系统的整体性提供了统一与整合，应用整个系统的适中性提供了实际运用的关联性和灵活性。换句话说，作为管理理论，C 理论要求我们创建一个能容纳两个极点的整体系统，并且对这一系统进行适中的运用。当对一个整体的系统的适中运用发生时，C 理论的实践才成为可能。C 理论不仅为管理提供了一种有关人与现实世界、理性与人性的理论认识，还为实际的管理活动提供了一种规范或者说规范性的指导。C 原则就是创造一个整体系统以备适中之用的原则，就是适中运用整体系统的原则。

整体的系统观或者系统的整体观预设了一种对宇宙现实的理解，人是宇宙中一个不可缺少的部分。这样的理解实际上与中国古典哲学中的"道"是一致的。具体地说，《易经》以及孔子、老子、庄子的著作中的中国哲学为我们提供了一个对现实的理解和认知基础，整体的系统观就可以从这里得来。正如我们已经看到的，整体的系统实际上是一个由"道"的理念而来的系统。我们或许可以说道就是处于形成过程中的一个整体的系统，它的内容是无限的、创造性的转化，因而包含了不同的层次，而一个整体的系统则是某一特定结构或者情境、语境中道的发现。那么，我们也可以说这样的系统以我们对道的理解为基础。显然，任何相对的两极都可以视为是道的两极：阴与阳。然而，"道"的理念把握到的只是整体系统的过程层面，《易经·系辞》里的"太极"一词把握到了整体系统的源头和发生结构。故而，通过道与太极的理念，整体的系统观才能充分地得以呈现。我们对道和太极的理解越深刻，对整体系统及其创生方式的理解就会越透彻。

"适中"的理念也源自《易经》，并在《论语》和《中庸》中得到强化。这一理念的基本内涵是，我们必须确保我们的任何一个决定、政策、行为都是与具体的情境相切合的，至于是什么样的具体情境，则取决于我们自己对情境作为一个整体系统或者作为整体系统的一部分的理解和把握。"适中"的理念预设了我们对与整体系统相关联的时间及其转化的理解，它也预设了决策者在时间演变的过程中为了开发整体系统中的潜能并由此形成一个新的整体系统的创造性参与。

因而，C 原则可以在易经哲学里有关时间与适时性的哲学原则中得到透彻的理解。理解好了 C 原则，我们也就可以通过一种基于《易经》的整体系统理论，通过一种以管理与决策为目标寻求理解整体系统的理论，通过一种寻求适中地运用整体系统的理论来建立 C 理论。结合上文整合 RM 与 HM 的理论，C 理论包括 C 原则和以下理论成分：

（1）RM（理性）与 HM（人性）整合理论；

（2）整体系统理论，如 C 理论；

（3）以决策为目标的整体系统理解理论；

（4）整体系统的适中运用理论；

（5）适中运用整体系统的 C 原则。

C 原则和 C 理论中的"C"代表的是中国哲学里的"生"（creativity）和"中"（centrality），意在表明其在中国哲学传统中的理论根源和理论基础。此外，"C"也代表着"变化"（change）、"协调"（coordination）之意。"生"使得我们对整体系统的理解成为可能，因为整体系统不过就是一种"生"的系统——生发关联，生发转化，生发发展。"生"既在人的理性中存在，也在其人性中存在。它是道和太极的宇宙整体系统生发的产物，基于此，理性与人性才能得以生发。通过这样的生发性以及道与太极的能量，理性和人性将进一步展开创生性的转化。"生"也意味着在整体系统的形成以及适中运用时的转化过程中人的创造性参与。对于决策和管理，"生"意味着对整体系统富有洞见的把握以及对其朝向更高目标的适中运用。因此，"生"是我们的整体系统观及其适中运用的先决条件。

"中"代表"生"的出发点，一个生发整体系统的建构与转化的出发点，和一个生发适中地运用这一系统及其建构与转化过程的出发点。"生"表明一种动态的建构力量的存在，而"中"则表明一个稳定结构的存在。实际上，"中"是整体系统生发性的源泉，也可视其为对系统稳定性的维持。"中"不是简单的中点或者两极之间的中转站，而是焦点，是处在一个完全均衡的整体系统中两极之间的阿基米德式的点。因此，"中"意味着一个系统的生发潜能，也是正确适中地运用这个系统的那个点。它度量系统中个人所具有的为这个系统生产平衡与动力（生）的能力。正如《中庸》所说的，"中"是一个系统和谐的基础，因为只有立足于"中"的基础上，系统中不同极点的和谐与协调才能得以建立和维持。因此，"中"可以被视为系统中、系统的、为系统"生"的条件。

对于决策与管理，到达一个系统的"中"就是触到那个让"生"成为可能、让适中的运用变得自然的点。为此，我们必须找到整个系统及其源头的所在。在这个意义上的"中"最终不过是"理气"（原理与生命力）与"知行"（行动中的知）的统一，或者是正在履行其生发功能的太极。到达一个系统之"中"的人占据着这个系统的中心位置，在具体情况下能够关注到这一系统中的所有潜能，并将其集中起来，实现适中的运用。能做到这一点的人不仅可以做最终的决策与最高层的管理，实际上他也拥有了生发正确的决策与强有力的管理的力量。关于这一点，庄子曾说："得其环中，以应无穷。"[23]这句话道出了C原则和C理论中"生"与"中"的深远意义。

六、整体系统的适中运用：一个例子

C原则的应用与具体的C理论的建立，极好的例证可以在X理论和Y理论的整合过程中找到，也可以在A理论和Z理论的整合中得以发现。正如上文所述，那些将管理决策建立在人性是自私的、人性本恶的假设上的理论（X理论和A理论）典型地体现了RM的思想；而那些将管理决策建立在人性是值得信赖的、人性本善的假设上的理论（Y理论和Z理论）则充分体现了HM的思想。X理论体现了RM的思想，这一点在经典管理理论中得到了证实，正如泰勒和法约尔的理论一样，所有的经典理性主义管理理论都认为，人是经济型动物，人对工作的兴趣只有在经济回报中才能得以加强。当然，马斯洛将人的需求层次进行了分类，但对他来说，人最基本的、最主要的需求还是物质需求。

我们将这种人性论与孟子的人性本善思想进行一下对比。在孟子看来，即使是在人类生存的最初阶段（人之初），尽管连生存都受到了威胁，人也会表现出自尊并尊重他人的道德情感。在此，我们将X理论当作RM的一个例子，之所以可以作如是观，是因为这与历史的和现实的观察有关。理论上说，将X理论归类于RM思想的一个令人信服的原因是：X理论为理性控制提供了很好的理由，而RM则正是朝着理性控制这个方向被设计出来的，理性实际上被当作了管理的手段。

同样，我们也说A理论典型地体现了RM思想，Z理论典型地体现了HM思想。正如威廉·大内所述，A理论具有机械化组织和线性命令传输的特点，在管理理论与实践中是极为理性主义的；Z 理论注重团队合作、组织宽松、共同决策，在管理理论与实践中则是非常人性化的。[24] 那么，依据我们对 X 理论与 Y 理论以及 A 理论与 Z 理论的这种理解，很明显，我们可以将 A 组织（A 理论中的）运用于 X 员工（X 理论中的），将 Z 组织（Z 理论中的）运用于 Y 员工（Y 理论中的）。这样，也只有这样，才能得到 RM 观点的认可。但这是 RM 抽象、客观、机械、二元、绝对的思维方式引出的结论，在评估和运用这四个理论的时候，缺乏具体的、有机的、相对的、非二元的整体性视角和考虑。

如果我们考察一下人的现实状况与人类的演变，就会发现在不同的条件、不同的背景之下，出于不同的目的、针对不同的目标在运用 Z 理论和 Y 理论的同时，又运用 A 理论和 Z 理论，这是有许多的理由的，也是大有可能的。除此之外，如果我们再考察一下人性所具有的潜能，也会懂得如何根据不同方式的训练和控制，培养和转化人性。显然，我们没有放之四海皆准的原则，一种方法只能对应人性的一种。

C 理论要求我们运用整体性思维设计具体的目标。从人性、人的控制与转化的整体性考虑，也会激活 C 原则和 C 理论中的一些因素，进而形成一套关于人的全息性理论、一套关于组织的全息性理论。更重要的是，基于对人性之全貌的假设而把组织运用于人的一整套的可能性得以建立，随之产生的将是适中运用这个系统的全息的体系。[25]

下表中，笔者将呈现的是将 A、Z 组织理论运用于 X、Y 人性理论的可能性。

人性 ╲ 组织	X 理论	Y 理论
A 理论	AX	AY
Z 理论	AZ	ZY

正如以上看到的，从理性主义的角度出发，AX 和 ZY 明显都是没有问题的。但是我们能否说明 ZX、AY 的合理性呢？考虑人的组织运用于人性所需的（人的）条件，从一套有关于此的全息性理论来看，答案是肯定的。在 ZX 中，就像人文教育一样，信任与宽容可能会将人不好的一面、自私的一面转化成好的、值得信赖的面。同样的，就像军训一样，在 AY 中，通过运用理性的组织，我们也可能将人的、值得信赖的方面训练成为有组织的、高效的生产能力。总之，这四种理论的结合不仅代表了四种实现具体目标的方法，也代表了为这些方法所设定的四种目标。如果我们没有一整套目标系统，一整套方法系统以及一整套用不同方法实现不同目标的系统的话，这些方法和目标就不会被理解，甚至难以想象。当然，由于整体系统包含了广阔的范围，它能够将所有其他的整体系统纳入为这一整体系统的一部分，让它们有机融合在一起。这正是 C 理论对 X、Y、A、Z 理论的诠释与发展，也是说明整体系统功能及其基于 C 原则和 C 理论的适中运用的一个实例。

我们可以用易经哲学来重述以上 C 理论的例子。我们先将 X 理论看作是在说人类的阴，将 Y 理论看作是在说人类的阳，然后在把 A 理论作为与人相处时的刚，将 Z 理论作为与人相处时的柔。那么以上的图表就变成了如下形式：

本性 ＼ 道	阴	阳
刚	阴刚	阳刚
柔	阴柔	阳柔

从表中可以清楚看到，阴刚和阳柔可以很好地协调，但阴柔和阳刚仍然为某一目的服务，需要一定的转化。因此，在《易经》整体系统框架中，我们可以发现善意甚至会源于单纯的阴（例如，坤六二），我们也可以发现努力工作的必要性会源于单纯的阳（例如，乾九三）。坤六二：直，方，大，不习无不利。乾九三：君子终日乾乾，夕惕若，厉无咎。这是因为六二占据了中心位置，而九三处于非中心位置。

七、当代西方理论与未来的管理

基于对当代管理理论的思索，笔者将考察某些理论，以便清晰地讨论管理的未来。当代西方最著名的管理理论的提出者是彼得·德鲁克（Peter Drucker）。考虑社会经济背景下的企业目标、需求和发展，德鲁克提出一个理性的微观经济管理模式。在该模式中，他很大程度上修正了抽象的、机械的理性主义在早期西方追逐利润的企业组织中犯下的过错。作为一种社会存在，企业实体以经济目的为支撑，那么它如何才能可持续发展，这是德鲁克最为关心的。因此，他提到了一个公司为实现可及的目标，其管理执行力的效率问题。他认为一个公司在不断变化的经济和市场中进行的适应性改革，源头是实际的管理操作。因而，他第一个提出为公司发展而进行网络构建（networking），认为其正不断地展开，却也是一个自律的实体。另外，德鲁克还可以说是一个社会理想主义者。他希望能有繁荣的经济来服务和推动所有的公司的发展，每个公司又都服务于自己的员工，都能为更大的公众社会作出贡献，这个公众社会代表的是人文价值，而不是经济利益。尽管德鲁克视野广阔，也很有远见，他的观点被许多美国公司运用到企业重构之中，其目的却是获取利润。换句话说，德鲁克之所以有影响力，是因为他对管理的看法确实能帮助公司赚钱，他备受追捧的主要原因是这个，而非他的理想主义。

这也就意味着他并没有怎么改变美国公司疯狂逐利的作风。他的观点对企业界产生了很大影响，那是它们被当作了有用的工具或者技巧，而不是目标或终极价值。正因为如此，我们可以将 2008 年发生的美国次贷危机追溯到早期不负责任的贷款措施，它们其实都是为公司或者个人利益所设的，而非所谓的社会利益。我们也可以看到，获取超额利润的驱动力有多么强大，完全没有任何崇高目的对其有所限制，就像乔治·索罗斯（George Soros）的方案造成 1997 年东南亚与东亚的金融危机一样。

另一种需要提及的管理理论是彼得·圣吉（Peter Senge）1990 年在他的《第五项修炼：学习型组织的艺术与实务》一书中提出来的。该书的写作旨在推动和发展学习型组织，为企业创造出一种成长的力量以面对环境与世界的变化带来的挑战。学习型组织必须把商业性的企业转变为一个由求知学习型成员组成的有效统一体，他们享有共同的视野与愿景，互相学习，从而形成他们之间的思考系统。这确实是富有建设性的思想，对管理中的各种问题，这是一个具体主义者的有机论视角，它能够尽力避免传统企业那种发号施令、高压独裁式的作风。另外，通过首先提高管理人员的自我转变能力，推动企业运作能力转变机制的建立，这也是圣吉的独特见解。据此他又提出了"个人掌控"（personal mastery）的观点，即超越个人的偏见与无知，从而使我们对新的思维方式、新的目标以及对未来的新的愿景保持开放的态度。我们可以建立自己的"心智模式"（mental models）来构建一个在相互学习中分享的共同目标。但是互相学习（对话性的交流和讨论）必须被看作团队合作，团队中的所有相关成员都去掉了偏见，都充满了善意，相互之间分享知识和理解，让源于每个人心智模式的个人观点最终达成一致。

正是通过企业员工群体之间相互研讨这样一个过程，为适应环境与市场的新挑战而进行改革创新一系列相互协调的想法才会产生。圣吉将之称为"系统思考"，也就是"第五项修炼"，其目标是将前面提到的四项修炼协调整合为一个系统，以形成能够应对时间变化的有效企业发展规划。

彼得·圣吉管理哲学的核心思想本质上就是发展共享思考系统，其目的和方法都来自于一个企业或团体成员之间的互相学习。基于福雷斯特（Forrester）的系统动力学原理，系统思考为企业转型提供一种转化适应力，使其在不断变化的世界中始终保持活力与竞争力，这也是企业和团体中领导的责任所在。

很明显，圣吉的管理理论视角也处于 C 原则的范围之内，因为它的宗旨就在于超越、整合、适应与革新。在改革传统管理方式上，圣吉比德鲁克更接近于 HM。在德鲁克看来，我们应该注意管理中的具体因素，要有效权衡需求和目标，不能思想封闭。但德鲁克并没有主张一个组织与学习的相应总体原则。然而，基于本身就具有超越性和整合性的系统思考这样一个开放的视角，圣吉则提出了一系列新的管理方式。有趣的是，在面对和向经验取经之前，系统思考可以被用作一个演绎性的观念系统；或者对经验因素的理解而导致的结果，这样我们就可以为整体性的整合与组织总结出一个中心／指导性的思想／原则。笔者认为，圣吉在说系统思考的时候实际上指的是后者。但是我们不能忽略建立在人的自我反思以及广泛的道德与历史观察基础上的哲学的或反思性的洞见，由此系统思考更多的是一种开始，而不仅仅是结束。这将成为一个自由和开放的循环系统，领导发布的新信息、做出的新回应或决定都将密切相关，需要整合成一个最小的协调的组织系统，从中新的价值观念能够得以形成。

《第五项修炼：学习型组织的艺术与实务》的不足之处在于，它没有阐明自我超越的基础，这需要关乎人类思维、人性和道德的理论。没有现实可行的哲学基础，我们也可以成为实践中的高手，不必有进一步发展所需的理解力和辩解力。圣吉没有足够强调原因和结果或经验和思想之间"反馈—决定"式的相互作用。将 C 原则运用于具体语境时应严格要求这一点。因为决策的制定、愿景的构建以及行动计划的执行都应该看作是一个由心智洞察力发起的过程，心智洞察力又将这一过程变为无止境的创造循环。然而，学习组织理论必须被视为是包含了对C原则隐性的使用，C原则通过孔子的学习哲学和《易经》的变易与适应哲学实现其影响。

2007年，国际管理专家加里·哈梅尔（Gary Hamel）出版了他的《管理的未来》[26]。在这本书里，他主张管理与组织应该有完全自由的创新，要将管理实践从任何先有的管理理念中解放出来。他认为商业管理就是满怀激情地不断追求创新。事实上，他把管理当作对管理首先要解决问题并为企业组织的发展建立价值观这一模式的一种挑战。他把爱情、正义、美丽、智慧、公正、忠诚、荣誉和快乐设想成商业管理的动机和目的。毋庸置疑，这对未来管理，也许是后现代未来管理，是一个极其浪漫的构想。但是，把管理看作创新也是很重要、很具启发性的，管理由激情来推动，带给我们的是快乐。然而，不应该把这一创新的视角简单地视为HM，因为不管技巧还是思维方式的创新必须源于某一种高新的科技，如网络、生物医学等。尽管可能有人会觉得这种管理风格是由哈梅尔创立的，我们还是必须把它看作HM和RM的一种自由组合。鉴于变化的加速、竞争的激烈化、信息的数字化与知识的商业化，哈梅尔主张价值观的整合和优化。这些在今天确实很盛行，但是我们是否需要如他所说的解除规范、廉价的劳动力、无等级的组织是可以商榷的。

世界经济和市场供求经常会发生波动，我们无法确切地预测会有怎样的变化。但鉴于世界环境的总体稳定性，我们仍然可以有高成本的劳动力与严密的规则，这不仅是一个经济问题，而且也是政治上的，以及宗教、文化等其他层面上的问题。然而，哈梅尔预测世界环境变化的加速，将给我们的经营与管理带来快速而深刻的影响，在这一点上他是正确的。他还将管理效率和管理效能进行区分和对比，认为效能更为重要，在未来的管理中可能会取代效率，在这一点上他也是正确的。但另一方面，如果这里我们将C原则作为一种理解和预测的方法加以运用，很明显，在管理中效率和效能同等重要，只不过两者关注的侧重点不同，一个侧重于实现目标效率的开放性源头，另一个侧重于管理过程中的核心能力。

同样的，我们还必须注意到，正如米尔顿·弗里德曼（Milton Friedman）所坚持的，作为自由社会微观经济活动的一部分，企业的目标是创造最大利润。企业由创造性挑战推动，以激情为基础，为收获的喜悦为目标，如果走向了成功，那么它是否就是无心牟利的呢？这是一个需要认真考虑的问题。[27] 为了生存和延续，社会组建和组织的方式中似乎都带着追求经济目的的固有的趋势和力量。因此，我们必须让管理回到它的那些常规的需要，这些需要是基于理性的，而不仅仅是激情和创新。这也就意味着，我们必须基于经验和知识中的具体东西，将C原则运用于整合自由与纪律、理性与情感（快乐）、革新与整修的过程之中，使得未来的管理既与知识相关，也与创造性的自我实现相关。

八、C 理论——基于 C 原则的中国管理哲学

基于以上有关西方管理理论转型的讨论，我们想问的是：从中国哲学的视角出发，管理理论的内容可以有些什么？之所以引入中国哲学，原因在于我们需要把管理理论和哲学反思结合起来，这样的反思要以一个民族的总体背景与特有传统为基础。即使我们已经进入了世界管理的全球化时代，如何对待历史经验，寻求改革并最终在失败的教训中创新管理模式是一个需要认真思考的问题。因此，我们必须考察中国哲学，建立一套行之有效的管理理论，这可以说是中国哲学的理用（use of reason）对实际问题的现实关注。此外，我们还必须记得中国和西方都面临着依照 C 原则进行超越与整合的问题，因为他们都要面对整合和超越 RM 与 HM 的要求。正是基于此，我们把从德鲁克至哈梅尔的管理理论演变视为 C 原则的形成过程。至于他们有没有自觉地、认真地运用过这一原则，那就是另外一个问题了。

现在我们可以来看一下，对差异的超越与整合是如何构建中国哲学史上的一种传统的。实际上，我们不难发现后期的中国哲学基本上体现了其对汉代以来哲学思想的创造性整合。例如，董仲舒（前 179—前 104）的哲学是经典的儒家思想加入道家和法家的一些要素发展而来的；魏晋时期的新道家（魏晋玄学）是在老子、庄子和《周易》（作为纯粹的占卜术）的基础上建立的；至公元 5 世纪到 10 世纪的隋唐时期，中国佛家天台、华严、禅三宗建立，思想源头包括了印度佛教、道家和儒家。任何对禅宗及其他中国佛学思想的阐释与理解，脱离了"道"、"无"、"有"、"理"、"气"、"心"、"性"等概念都是不可能的。同样，至于宋明时期的新儒家（宋明理学），不提道家与中国佛学，我们根本无法详论朱熹与王阳明的思想。实际上，正是朱熹建立起了一个生发性本体宇宙论（creative onto-cosmology）的复杂系统，这个系统能与儒家、道家和中国佛家相适应的理性原则相互渗透，因为它已经从相互的影响中受益。在王阳明那里，我们有了最高的中国佛学，这在他植根于人的最高心性的知行合一思想中得以体现。我们可以发现，虽然朱熹和王阳明代表的可能是新儒家思想的两个不同的派系，他们的超融应该是终极的哲学与形而上学基础，是现代学习理论和道德社群理论的源头。

当我们来到现代和当代的中国哲学的时候，源于各个中国哲学传统的不同因素之间的互动与融合，加上从古典到现代到当代的不同传统的西方哲学的影响与灌输，提供了丰富的哲学洞见，可以进行全面地整合、有机地系统化并创造性地应用于当代有关决策、领导和管理的理论之中。需要指出的是，在这些发展变化的过程中，易经哲学中有关终极存在（天、道）与人本体宇宙论意义上的异同的原初思想始终是中国主流哲学中永恒的根本指导原则。

这一本体宇宙论的根本指导原则将一切有限特定性的那个超越了有限性的最终源头视为创造性理解力、有序演化以及无休止无穷尽发展创新的本源。当这一原则从本体宇宙论语境中抽象出来的时候，就分毫不差地转化为我们的方法论——C 原则——的内容。从这个意义上说，各个阶段的不同的中国哲学都可以利用通过 C 原则的应用

而构建的C理论来加以阐释，因为他们是不同历史发展进程中各种潜在因素原创性综合的创造性成果。

现在我们可以应用C原则来建构中国管理哲学，一旦我们确定了决策、领导和管理行为所必需的各个决定要素或功能，它也就成了中国管理的哲学。基于观察和研究，我们在建立与实施管理的具体情境中或许真的能够确定管理的以下要素与功能：

（1）为企业目标所做的决策；

（2）以决策为推动力的领导模式；

（3）公开竞争领域中的尝试和发展；

（4）实验性、开发性的产品生产；

（5）员工才能的巩固和共同价值的培养；

（6）反馈作为改良的基础；

（7）自我反思式的改革和重组。

确定了这些企业功能和管理的重点之后，我们可以运用C原则完成这些功能的超融，使其系统化为一个创造性的综合理论，称之为中国决策、领导和管理的C理论，该理论主要在笔者的《C理论：中国管理哲学》一书中有所详述。[28] 这一系统的理论化或者理论的系统化过程把上述的要素和功能转化为该理论的以下几个要素：

C1：生（发性）1缜密计划和责任感；

C2：生（发性）2章程和控制；

C3：生（发性）3竞争与合作；

C4：生（发性）4翻新的创造和创造的翻新；

C5：生（发性）5交流与协调；

C6：生（发性）6理解与流通；

C7：生（发性）7中断与永恒。

对这一理论的系统化，有如下几点重要的考虑：

（1）依据《易传》中"道"的"阴—阳"范式，每一种功能都被视为两个方面：阴与阳，或受动与主动，或结构与过程。

（2）作为五种创生性力量的前五种功能组成一个"五行"生发结构，五行从八卦的自然秩序中得来，八卦源于太极，而太极则是创生性的根源所在。由此，我们就有了包含五种生发性力量的相互平衡和相互作用的一个生发结构。在此，C理论也可以呈现为一种五行的结构样式，这五行，我们就沿用传统中国五行的命名，即土、金、水、木、火。五行体系产生如C6所说的"周流"，以及作为动与静两个超维的"生"和"息"：

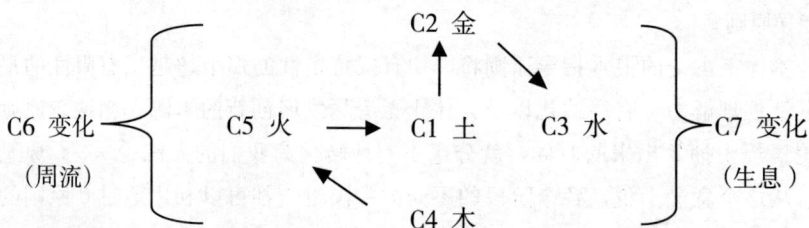

（3）有了代表五种相应管理质态生发性五行结构，我们可以看到管理的五个功能，这些功能相互协调，能够通过一些措施加以效验和强化，如记分卡：

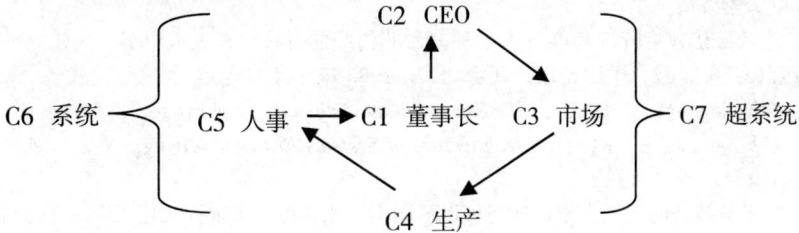

（4）不同程度的整合和互相渗透控制、协调这一全息的有机系统，笔者在专著中以其系统动态学为参照解释了每一种生发性力量的两个维度是如何被协调一致的。在不同的管理位置上平衡协调所有这些生发性的力量既是艺术也是领悟。作为高级管理者的领导者需要把握整个系统的方向，能够与他人一道通过互相学习和培养共享的前景构建或者重建起整个系统。C 理论作为一个超整合的系统，可以吸收德鲁克有关需求与目标的考虑以及圣吉有关在学习中发展与调整的考虑，这是因为整个理论、整个系统被当作了一种协调的理论和一个由相互依存的操作者构成的系统。

（5）笔者在专著中也进一步解释了每一种生发性力量是如何形成的；依据关于其潜在发展与应用的哲学阐释，它们又是如何在不断扩展和深入的理解中被具体化的。这样，C1 与由道家价值实现的管理联系起来了；C2 与由法家价值实现的管理联系起来了；C3 与由兵家价值实现的管理联系起来了；C4 与由墨家价值实现的管理联系起来了；C5 与由儒家价值实现的管理联系起来了；至于 C6，我们将之与《易经》周流的价值联系起来；C7 需要最高境界的领悟，我们将之与禅学最终决策的价值相关联。

（6）依据上述阐释，中国管理的 C 理论一旦深谙于心，就会在运用中变得最为灵活，因为我们可以用这一系统去将现实描画成一系列具有推动发展的潜能的位置与关系，从而产生由 C1 来加以效验的最佳结果。当然这里描绘的系统在操作中是以 C1 为中心的，但我们可以以更好的目的或目标轻易地将系统的中心转移到 C2、C3、C4 或者 C5。

总而言之，从以上的阐释中我们可以看出中国管理的 C 理论是如何体现 C 原则指导下 RM 与 HM 创新性的有机统一的。这一系统和理论可以说符合了哈梅尔厘定的未来理想管理系统的标准——"既实用又有深度"。希望这一系统能成为未来管理的一种象征，因为它得以建立的基础是一个创生性变化与创生性调整的范式，这种创生性的变化和调整处于一个具有创造性转化革新内动力的全息系统之中。

注释

〔1〕本文由英文稿 "The C-Theory: On Chinese Philosophical Approach to Decision-Making, Leadership and Management" 翻译，译者：侯松，浙江大学外国语言文化与国际交流学院博士生。

〔2〕笔者最初曾将管理功能分为七种，而非传统的五种。参见成中英：《建立一个现代化中国管理模式》，载《中国论坛》（台北），1983年9月。

〔3〕参见 Herbert A. Simon, *The Science of the Artificial*, Cambridge: MIT Press, 1969.

〔4〕参见 George T. Kline, *Architecture of Systems Problem Solving*, New York: Kluwer Academic Publishers, 1985.

〔5〕艺术与技巧的区别在于，技巧可以被固定下来，可以实现程式化、机械化与自动化，而艺术至少在理论上说是不可以这样的。

〔6〕在西方哲学传统中，这一人性概念并没有像孟子及后来宋明新儒学（理学）中那样被严格界定，但无疑柏拉图和亚里士多德都是有提过类似概念的，如理智官能（faculty of reason）及其他心智能力。

〔7〕这里的 RM 和 HM 及其特征都是在理想情况下的状态，现实实践中不一定会达到。

〔8〕我们可以借用马克斯·韦伯（Max Weber）的术语来说明这一点：工具合理性（instrumental rationality）最终控制了目的合理性（purposive rationality），成为其主宰，对其用途不加任何限制。

〔9〕Thomas J.Peters 与 Robert A.Waterman 曾在他们合著的 *In Search of Excellence: Lessons from America's Better Run Companies*（New York, 1983）中指出过这一点。

〔10〕见注〔5〕。

〔11〕参见 Henri Bergson, *Creative Evolution* （法文原版 1907），tr. by Arthur Mitchell, New York: Henry Holt and Company, 1911.

〔12〕参照 L. von Bertalanffy, *Modern Theories of Development*, tr. by J. H. Woodger, Oxford: Oxford Vniversity press, 1933. 实际上，因为 GST 并不算是成熟的理论，它在数学模型方面的发展超过了其基本生物系统方面的发展。

〔13〕参照 E. Mayo, *The Human Problems of an Industrial Civilization*, New York: The Macmilla Company, 1933.

〔14〕此书经修订，改名为 "C 理论：中国管理哲学"，学林出版社 1999 年第 1 次出版，而后，中国人民大学出版社 2006 年再版。

〔15〕见注〔14〕。

〔16〕胡锦涛的号召是："创建和谐社会，构建和谐世界。"自孔子时代以来，甚至在孔子之前，"和"与"和谐"就是中国传统的核心价值观，对"和谐"的重视可以说是典型的儒家姿态。从 1979 年开始，笔者一直倡导以"和谐"为导向的思维方式以及与"和谐化辩证法"为伍的思维方式。1985 年，笔者受邀到北京大学做访问教授，自此一直在中国倡导这一观念。2002 年，笔者的中文专著《创造和谐》由中国文艺出版公司在上海出版。笔者回归儒家哲学的主张在中国政治与经济的成功发展中证明了其合理性。

〔17〕参照 Tai K .Oh, "History and Trends"，载 *Industrial Management*, Oct, 1972: 15.

〔18〕虽然一种中国管理哲学（philosophy of Chinese management）可以是中国的管理哲学（Chinese philosophy of management），但这两个概念的内涵是不一样的。中国的管理哲学可能不会聚焦于中国管理（Chinese management），并将其视为管理的特色模型或模式，即，经过完美整合的 HM 典范。在此，我们的 C 理论主要是一种具有可操作性的中国管理哲学，但它同时也是中国的管理哲学，因为中国哲学显然是这一管理理论的基础，我们称之为中国管理理论（theory of Chinese management）。

〔19〕参见笔者关于中国管理的首篇文章《中国管理观的共性和特性》，载《经济日报》1979 年 10 月 2 日。

〔20〕参见 D. Mc Gregor, *The Human Side of Enterprise*, New York: Mc Graw-Hill, 1960.

〔21〕要详细了解易经范式，参见笔者的论文 "On Transformation as Harmony, Paradigms from the Philosophy of the I Ching", in *Philosophy of Harmony and Strife*, edited by Shu-hsien Liu and Robert Allinson , Hong Kong: Chinese University Press of Hong Kong, 1988: 225-248, 修订版载于 *Journal of Chinese Philosophy*, 16（1）: 125-158.

〔22〕这在《庄子·齐物论》中被称为"两行"，参见 Burton Watson 的庄子英译本 *Chuang Tzu*: *Basic Writings*, New York: Columbia University Press, 1964.

〔23〕这有时也被称为"后现代"理性。

〔24〕参见 William Ouchi, *The Theory Z*, Boston: Addison-Wesley, 1981.

〔25〕出于强调整体性考虑(holistic considerations)的需要，我们本可以用"整体性的"(holistic)来替换本段中出现的"全部的"(whole)一词 ，但因其颇具直觉性、阐释性色彩，我保留了"全部的"一词。

〔26〕Boston: Harvard Business School Press, 2007. 哈梅尔应邀在 2008 AACSB 年会与国际研讨会（2008 年 4 月 13 日—15 日，夏威夷）上做了题为 "Inventing the Future of Management"（创造管理的未来）的主旨发言，他认为管理创新是未来做企业必须要面对的。为了保持管理创新的动力，我们可以看到许多商学院也做出改革，试图超越传统管理的局限。

〔27〕在哈梅尔的发言之后，笔者提出了这一问题，他的回答在笔者看来似乎是在为其"超视距"（over-the-horizon）的观点辩护。

〔28〕参照注〔14〕。该书 1991 年由台北的三民书局首先出版；第 2 版 1999 年由上海的学林出版社；第 3 版 2006 年由中国人民大学出版社出版。

道教对现代管理的三点启示

孔令宏

（浙江大学人文学院，中国杭州）

一、道家"道法自然"的智慧与内蕴的管理之道

（一）道与文化

1. 道与人

道家强调"道法自然"。那怎样才能把道法自然的传统智慧跟我们的现代管理结合起来？首先要从道这个范畴入手。道是什么？简单地说，道就是道路。那仅仅只是道路吗？可以说是，但又不完全是。因为道路是形而下的经验世界当中我们看得到、摸得着的东西，而人是生活在意义的世界当中，是有理性的动物，人要思考比经验世界当中更加深刻、更加高层的内容。比如说小孩子，四五岁的时候就缠着爸爸妈妈问，问这样、问那样，很多很多的为什么。其中一个为什么，小孩子会问，我们自己也会问，就是我们看得见、摸得着的万事万物是从哪儿来的，至少小孩子会问我从哪儿来的，有的父母害羞，不好意思回答，就说路上捡来的。我们知道这是不对的，那么我们进一步追问，我们人是从哪儿来的？其他万物又是从哪儿来的？对这个问题的回答，老子提出："道生一、一生二、二生三、三生万物，万物负阴而抱阳，冲气以为和。"这是说，我们看得见、摸得着的万物都有一个共同的源头，这个共同的源头就是道。

那么道怎样创造万事万物？首先，它产生元气，元气分成阴气和阳气，阴气和阳气相互交汇，重叠交叉，形成一个冲和之气，就是中气，这是三；阴气和阳气就是二。阴气和阳气进一步分化，阴气分为少阴、老阴，阳气分为少阳、老阳，再加上中和之气，五个东西就对应"金、木、水、火、土"五行，五行再进一步交叉重叠，就形成了万事万物。这是道家非常天才式的一个回答。大家别以为它不值得留意或是没什么价值，它跟现代西方宇宙学中的暴涨宇宙假说有非常惊人的相似之处。大爆炸宇宙学说就是解释我们这个宇宙是怎么样产生的。它认为，宇宙最初从一个基点产生，这个基点对称性破解，对称就是二，破解就是三，打破原有的平衡关系就是爆炸和膨胀，最后形成了我们今天的宇宙。可以说这跟老子所谈的"三生万物"有非常惊人的类似。这个"三生万物"对管理理念的启发是，要求我们的组织、企业或社会生生不息、恒久长存，始终保持旺

盛的、鲜活的生命力，能够健全地发展。它实际上给我们提出了一个管理上的目标问题，这是道的第一层含义。

道的第一层含义说的是本源，万事万物最初的本源。接下来我们要强调道的第二层含义，它是万事万物存在的最根本的依据，这个用专业术语来说就是哲学上本体论的本体。它是万事万物存在最根本的依据，万物都依赖于它而产生，它创造了万物但又不作为万物的主宰。正因为他创造了万物又不去主宰万物，所以万物都对它心服口服，都归顺于它，它反而成为真正意义上的主宰。

《道德经》说："道大，天大，地大，人大。域中有四大，而人居其一焉。"就是说，人是跟天地并坐而立的，是天地万物当中最有灵性、最高级的动物，能够把握"大"，能够遵循"大"，能够有智慧解决一切的问题。这个"大"，是万事万物存在最根本的依据，你把握好它，依据它去做事，怎么还会有不成功呢！这概括起来说就是"天人合一"。天人合一，简单地说，就是主观要和客观相符合，管理者和被管理者要相吻合，主体与对象也要相吻合。

2. 道与规律

如果从规律的角度来说，道同时还是万事万物运动变化最根本的规律。

道的特性有什么呢？我们可以从几个方面看。第一是循环。《道德经》说："大曰逝，逝曰远，远曰反，反者道之动。"怎么理解？大家都知道马克思主义有否定之否定的规律，"反者道之动"的规律恰好也就是否定之否定的规律。马克思主义所谈辩证法中三大规律：对立统一、质量互变、否定之否定，这三大规律在老子的《道德经》中都已经有非常清楚、非常完整的阐释。而且我还要告诉大家，我们今天所见到的马克思主义其实不是原原本本的马克思主义，是我们中国化了的马克思主义，也是受中国文化的影响所形成的，我们的马克思主义是出口转内销的。为什么这样说？因为在明末清初的时候，基督教传教士进入中国，其中有一个德国传教士叫鲍威尔，我们中文翻译叫白晋，他把中国宋代陈抟所建构的太极图，还有邵雍、周敦颐的几幅与《周易》有关的图，用书信的方式寄给了当时德国的大哲学家莱布尼茨。莱布尼茨看了之后大为惊奇，深受启发，做了两个方面的工作：一个方面就是把它往数学方面去发展，成为二进制算数，经过布尔改进成为布尔代数，布尔代数就是今天计算机技术最基本的原理和前提，比如说01、011、0011这样的代码，包括电报都是用它作为最基本的依据。这个工作应该看作中国的第五大发明，但今天的很多人不了解这一点。莱布尼茨做的第二个工作，就是往哲理方面去发展，形成基本的辩证法和三大规律的基本思想。他的三大规律的基本思想传给他的学生沃尔士，也是一个大哲学家，沃尔士再进一步传授给黑格尔。卡尔·马克思所做的，就是用唯物主义替换了黑格尔的唯心主义，这就把唯心辩证法变成了唯物辩证法。然后再经过苏联传回到中国，在经过艾思奇、毛泽东等一批人的工作后，就有了我们今天教科书上的马克思主义。所以说马克思主义是出口转内销。从管理的角度来说，我们要明白循环的规律，即否定之否定的规律。

第二是成长的规律。怎么成长？就是以弱胜强、以柔克刚，要不断地去发展、去壮大，但是发展和壮大是要讲依据的。再有一个是得与失的辩证法，很多人只是简单地关注"得"而不懂"失"，不知道怎么样先失后得、以失复得。《老子》里面讲了很多的辩证法，如"塞翁失马，焉知非福"，就是说塞外的一个老头子丢了一匹马，一家人很悲伤，因为这匹马是他们家的主要劳动力。老头子想得开，说这不见得是一件坏事。果然，过了几天，这匹雄马从外面带来了一匹母马，一家人又很高兴，老头子说，这不见得是一件好事。果然，再过几天，他儿子训练这匹母马的时候，不小心从马背上摔下来，骨折了，腿摔断了，一家人悲悲凄凄，那老头子很达观，说，这不见得是一件坏事。果然，不久政府发布征兵令，所有的中年男子必须上战场。大家都知道上战场绝对不是一件好事，可能今天出去明天就回不来了。老头的儿子因为从马背上摔下来，腿摔断了，去不了战场，正好避免了一件祸事。所以无论得与失，不能急于一时，要放在一个比较长的时间中去看问题，要明白得与失是相互转化的。

第三是时间。我们前面所说的"道生一、一生二、二生三、三生万物"，本身就体现了一个时间阶段。从这可以看出，规律有时间这一要素。规律是客观的，时间同样也是，而且是不可逆的。在管理中，我们强调要打好基础，抓准时机，见机行事。作为管理者，还要考虑功成身退的问题。

第四是调节。这一点强调人的因素要参与到万物的运动变化当中去，根据我们的目的和客观的规律来做事，在人与对象之间做到和谐折中，懂得在多种规律之间进行调节与利用。我们不强调，也不鼓吹，更不赞成所谓的"战天斗地"、"改造自然"、"改造社会"的提法和做法。无所谓改造，我们只能在遵循规律的前提之下去调节它。

第五，从我们人的主观方面来说，就是要懂得容忍，所谓"小不忍则乱大谋"。我们运用规律，强调有时间要调理，时机不到的时候就要懂得容忍。另外，管理不能过分追求完美，要容忍一些不完美的细节存在。这些都是与管理密切相关的，也是在管理过程当中要涉及的因素。

3. 道与自然

道家崇尚自然。《老子》第二十五章提倡"道法自然"，五十一章进一步说："道之尊，德之贵，夫莫之命而常自然。"第六十四章要求人们"辅万物之自然而不敢为"。东汉时期道教产生后继承了这一理念。东晋时期的道教理论家葛洪在《抱朴子·内篇》中明确断言："天道无为，任物自然。"这对当代管理很有启发。

从管理的理念来看，首先是自然，道是自然的理念，说的是自然最根本的内涵是自然而然，自然而然的前提和含义就是事物按照它本来的面目，按照它的本性去存在，不要试图去改变它，我们可以试图改变自己，但是不要很冒失地、很冒昧地、很狂妄地去想改变他人。按照它的本性去做，顺水推舟，这不是更好吗？顺水推舟你不花什么大力气，甚至不花力气就可以做成事，但是你要改变他人，甚至想要改变社会，改变自然，那纯粹是逆水行舟，结果只能是事倍功半，甚至有可能是劳而无功。所以道与自然的基本理念就在这儿，所以英国的中国科技史专家李约瑟就强调，道家的智慧是禁止反自然的行为。

我们在管理当中同样应当如此。三国时期的哲学家王弼说："法自然者，在方而法方，在圆而法圆，于自然无所违也。"这说的是不违背事物的规律，不违背事物的本性。你搞管理，员工想做什么，你就帮他去做或是提供一个公共的舞台让他去做；你搞管理，你作为最高统治者，老子强调"以百姓心为心"，老百姓想做的事，你创造条件让他去做，帮助他去做，这就是最高明的统治者。切记不要强迫民意，本来老百姓不愿意做的事情，你非要强迫他去做，自以为无所不能，自以为军队、警察的权力掌握在自己手里，他不服就把他抓进监狱里去，砍他的脑袋，这样的管理能够长久吗？肯定是不行的。

同样，一个企业的管理者，简单的做法是，你听我的话，做得好，我奖励你；做得不好，我扣你的奖金，扣你的工资，让你卷铺盖走路，有这么简单的管理吗？如果仅仅是这样，那真的不是一个好的管理者，这样的企业是没有活力的，你这个社会公共管理同样是没办法搞好的。"道法自然"是管理最基本的出发点，一个道一个自然，道是本源是本体，自然就是我们不违背事物的本性。

二、崇尚无为与有所不为的原则

自然是无为的："道常无为，而无不为。"（《老子》第三十七章）无为是管理的重要理念之一。老子强调"无为"，"无为"不是什么事都不做，"无为"从字面意思有人认为是整天吃了睡，睡了吃，当懒汉，但是别忘了，老子强调的这个"无为"后面还有"无不为"，他说"无为而无不为"。"无不为"就是什么事都能做得成功，如果整天睡懒觉，真的能够做成功吗？连傻子都知道是不可能的事情，那么就绝对不是什么事都不做的意思。

什么是"无为"呢？后来《文子·自然》说："所谓无为者，……谓其私志不入公道，嗜欲不枉正术，循理而举事，因资而立功，推自然之势，曲故不得容，事成而身不伐，功立而名不有。"什么意思呢？就是你个人的私利，不能把它拿到公共的事业当中去；不能因为你个人的私利，想得到什么好处就强迫民意，把这个当作公共的项目去做，要把公和私严格地分开。尤其是管理者，不能够自己个人想得到什么好处，就用集体的力量假公济私，这是绝对不行的。第二，控制你的欲望。不能让个人的欲望嗜好干扰了正当的事情的进程。事情该怎么做就怎么做，不能因为个人有什么嗜好就让公共的事业走了弯路。"循理而举事"，就是遵守事物的规律按照规律去办事，不能依照主观的愿望来改变它。"因资而立功"就是根据你自己的资本，个人的资本或者经济的资本等等去做事。"推自然之势"，就是按照社会发展的势头、苗头，顺水推舟。"曲故不得容"，就是要把弯弯曲曲的，干扰事业的疙瘩、纷争、矛盾统统清除掉，不能让那些小人破坏我们正当的事业。还有一点，事情成功了我们不能居功自傲，不能把功劳都归于自己，立了功也不想去占取这个功劳，这样才能做到真正的无为。所以《文子·道原》进一步说：

"所谓无为者，不先物为也；无治者，不易自然也；无不治者，因物之相然也。"所谓"无为"，就是"不先物为"，就是不把个人主观的先见、偏见、成见强加到事物的身上，按照事物的本来面目去客观的、全面的、真实的认识事物。所谓"无治"，要做到"不易自然"，就是不改变事物的本性。所谓不改变事物的本性，就是顺着事物的规律，顺着事物的性质顺水推舟去做事。所以对无为，我们要强者居后，所以老子明说，作为国君，作为统治者，"无不为"，老百姓才能够自己改变自己；我好静，安静，不做错，老百姓反而能够平平安安、正常地去生活；我没有欲望，老百姓反而各个能够朴实无华。

而且，老子明确地告诫管理者"为者败之，执者失之"。无为和不为正好是相对的，如果你违背了无为这个做事的原则，你的事业必定是要失败的。如果你执着于它，非要积极不舍的按照这个有为去做，那结果肯定是想得到的反而得不到，本来得到的也要失去。所以圣人、聪明的人不是有为而是无为，他不为，所以不会失败；他不执着，不想方设法把一个公司紧紧抱着，反而这个公司不会失去。千方百计想紧紧抱在怀里不想失去的，最后终究要失去的。就像我们用拳头捏一把沙子，你捏得越紧，从你的手缝里流失掉的沙子就会越多；你捏得松一点，沙子反而在你的手里能够保存，道理就是这样简单。这是无为和不为的辩证法。

"无为"最终落实到"不刻意而高，无仁义而修，无功名而治"，是说不刻意地去拔高，不搞拔苗助长，不拼命地去强化所谓的伦理道德，去表彰所谓的榜样。比如说汶川大地震，一个女警察看到小孩子没有奶喝，为灾民喂奶，我们马上树立她为榜样，这样榜样的力量完全丧失殆尽了。人家会说，她得了那么多好处，她是为了得好处去做的，那么她这个榜样感人的力量还在哪里呢？拼命表彰所谓的先进，所谓的学习活雷锋、铁人王进喜等等，搞很多这样的榜样，但是这样的榜样教育的作用有多大呢？我们扪心自问，如果真的非常好的话，为什么今天还有很多大家众所周知的非常不满意的情况呢？

"无功名而治"，就是不要太注重名。对名也不要过分地执着追求。在我们的公共管理和企业管理中，搞了很多诸如"五一劳动奖章"、先进工作者、先进车间、先进单位等等"名头"，表面上是要鼓励大家积极向上，但起到的实际效果呢？除了引起竞争、相互间的不团结、不和谐，它带来的负面效应恐怕比正面的要多。

根据无为的理论，庄子明确地提出了"无欲"、"无念"、"无名"、"无功"、"无言"、"无我"的理论。

无欲，就是没有欲望，没有主观的、个人的欲望，作为管理者因为你的工作是管理一个企业或者是管理一个地区，不论是企业管理还是社会公共管理，你作为管理者不能有个人的私心杂念，不能把这个插入到你的管理活动当中去。

无念，就是说不应该有个人的想法，要以被管理者的想法作为自己的想法，在某种意义上就是民主的理念，把老百姓的想法当作自己的想法，把员工的想法当作自己的想法，而不是把自己的想法强加于人，认为自己高人一等，认为自己特别聪明特别能干，你们都不如我，所以你们必须都听我的。如果你抱着这样的理念，能管理好员工吗？在社会公共管理中讲民主，在企业管理中同样也是如此。我们要把众人的智慧拿出来群策群力，因为众人拾柴火焰高，要懂得"无念"的道理。

无名，就是不要过分的强调功名。所谓的先进工作者、模范，先进单位这类的东西，要尽可能少。精神激励并非不能搞，但也要适量、适宜，适可而止。

无言，就是不要文山会海，整天忙着发通知，忙于开会，这儿作一个报告，那儿作一个报告，这里一个重要讲话，那里又是领导讲话，今天一场重要的指示，明天一场重要的指示，没完没了。你想想，所谓的重要讲话，天天讲，哪有什么新意，能够天天有新意，能够天天都发现重要问题吗？很多所谓的重要讲话都是假话、空话、套话、废话。所以，管理强调无言，沉默是金，作为管理者，要尽量少说话，多做事，做实事。

无功，就是不要过于注重所谓的功劳、贡献，有了贡献，众人自然清楚，有一点功劳就在那里叫嚷，反而引起别人的反感，没什么好处。作为一个管理者就很失败。

无我，就是作为管理者，不要把自己看得太重要，不要把自己看得太高，心态平和一点。承认自己并没有太多高人之处，也没有比别人太多聪明的地方。人与人都是差不多的。从生物学中我们也可以分析出，95%以上的人，在基因上，在生理构造上都是一样的。从聪明程度来说，95%以上的人是有差距，但也是几乎小到可以忽略不计的地步，智力奇高的或智力低下的是极少数，不到1%。既然这样，你有什么资格跑到别人面前炫耀，有什么资格把自己看得这么重要、这么伟大呢？所以，平和一点，作为管理者，在现代民主社会，要与被管理者平等相待，要自觉地肃清官本位的历史毒瘤。

拥有上述理念，就能够真切理解"治大国若烹小鲜"。管理一个大的企业或者治理一个大的国家，就要像炒小鱼一样，尽量少翻，这样反而能够把企业、国家管理好。这就是举重若轻的道理。我们要抓住根本性的问题并处理好。在管理学中有所谓的"八二"法则，就是你做好了重要的20%的事情，也就相当于完成了整个工作，其他80%的事情也一带而过，能够处理好。所以，比尔·盖茨告诉美国的年轻人说，一个成功者不在于他干什么，而在于他始终知道自己不干什么。这也是举重若轻的道理。

我们要知道干什么，这很困难，知道自己不干什么，相对来说比较简单的。每个人都应该清楚自己什么可以做，什么不可以做。至少应该知道自己不干什么，不想干什么，如果连这个都搞不清楚的话，那真是大有问题了。一个人要清清楚楚地知道他干什么，怎么干，如何干得好，这是有困难的。但是你首先要知道自己在干什么，要知道自己不干什么，不想干什么，不能干什么。作为管理者同样也是如此，要知道自己的企业或机构的边界在哪里，什么可为，什么不可为。

《老子》强调："侯王若能守之，万物将自宾。侯王若能守之，万物将自化。"就是说如果你能真正的用无为这个理念来进行管理，你的企业自然能够蒸蒸日上，你的国家自然能够兴旺发达。这里的前提就是要相信你的员工、老百姓，相信每一个人都有能力过上自己的好日子，能够自己解决自己的问题。所以，管理最根本的理念，应该是让被管理者自己管理自己，而不是你从一个外来者的角度去强加，去管理被管理者。让员工自己管理自己，让老百姓自己管理自己，这就是管理的最高境界，这是从无为的理念而来的。我们强调，要管得少，才能管得好。因为道生自成，人都是平等的，我们要相信每一个人都能够管理好自己，搞好自己的工作。那么，管得少才能管得好，是不是我们又要把它推向另一个极端，不管是不是最好呢？不是。不是不管，而且要抓住管理的关键。关键在哪里？

无论是管理企业还是社会，基础性的工作就是建章立制。从企业来说，规章制度的建设要与时俱进，不断更新，不断修正。在社会公共管理中，就是法律法规要健全，做到"有法可依，有法必依，执法必严，违法必究"。再有，就是建立合理的预期，即目标，企业管理有特定的预期目标，社会公共管理同样也是。而且目标要构成一套目标体系，不只是一个指标，要用复杂性的眼光来看待问题。不能像过去的公共管理只强调 GDP 的增长，为了 GDP 的增长环境污染可以不顾，老百姓的生活可以不考虑，下岗员工也可以不管，社会福利不顾，这不行！同样，在企业管理中也不只是看一个利润指标，除了经济效益中最重要的利润指标之外，还要考虑社会效益的指标，如员工的幸福、环境保持等很多方面。

三、阴阳统一与相辅相生的原则

自然是阴阳对立统一的。《老子》第二章说："有无相生，难易相成，长短相刑（形），高下相倾，音声相和，先后相隋（随）。"阴阳的两个方面是相辅相成的。《老子》第二十二章说："大成若缺，大盈若冲，大直若屈，大巧若拙，大辩若讷。"后来的苏轼加了"大勇若怯，大智若愚"二句。这种阴阳统一、相辅相成的关系，古人用太极图直观地表示出来了，如下图所示：

太极里面有阴、阳，阴和阳在运动的过程中保持它的平衡，阴中有阳，阳中有阴，阴到了极点变为阳，阳到了极点变为阴。自然界本来就是阴、阳统一的，人类社会也是如此。阴阳互动彰显了辩证法的三大规律：对立统一、质量互变、否定之否定。《老子》中有很多话来阐明这个思想。

我们要强调的是太极图及其思维在管理中的运用。西方企业已经把太极运用到管理当中，称为太极管理。什么是太极管理呢？就是"以正治国，以奇用兵"，就是说治理国家要用正当的手段，但是行军打仗除外，要用一些怪异的方法来出奇制胜。引申到管理当中，就是"奇正相生"的管理战术。"正"，可以称之为原则性的东西，"奇"就是灵活性。出奇不能离开正，不能放掉正，出奇不能违背正道，要合乎规律，出奇的关键在于巧，就是要顺势，另外出奇还要看风险。"奇"主要表现在管理上的方略、策略、艺术，要有一个非常灵活的态度。比如说新产品开发，在激烈竞争的时代，你起码要做到生产线上在生产一个，实验室里面已经在试验一个，然后研发部门已经在做另一个新产品的可行性研究，通俗地说，就是肚子里面消化一个，嘴巴里面含着一个，眼睛还要盯着一个。这样老产品一旦销售降低到峰值的 50%，就应该把实验室中的产品推到生产线上去，这样才能形成一个灵活不断、稳定运行的态势。总之，"奇"表现在以小胜大、以静制动、以退为进、以虚待实、以曲求全，等等。

太极管理的第二个要点是"将欲取之，必固与之"。这也是一种太极相生的关系。要想从别人那里得到东西，首先要给别人好处，你只有给了别人好处你才能得到好处。根据这一点，在企业管理中，你要从消费者那里得到钱，你就要给他需要的好的东西，产品质量要过得了关，要给消费者想要的、喜欢的东西，这样你才能从消费者那里拿到钱。你的企业要赚钱，要从消费者得到好处，你不先给消费者好处，怎么可能呢？

太极管理的第三个要点是，企业的成长壮大之道——"以柔克刚"。老子强调"水之胜刚，弱之胜强"。例如，小企业面对一个强大的竞争对手，怎么办？首先，不要害怕。战略上要藐视他们，战术上要重视他们，要出奇制胜。大企业有它的惰性，开发新产品往往动作比较晚，而小企业船小好掉头，很灵活，就可以搞那些大企业不愿意搞的，搞不了的小产品。举个例子，现在很多人眼睛盯着往国外发展，眼睛只盯着欧美，但是极少有人换一个角度去看，比如说可以到非洲去发展。中国和非洲的关系很好。杭州的一个企业家，到非洲推销中国的日用商品，获利甚丰。

太极管理的第四个要点是出其不意的制胜之策。在管理中，要善于打破思维定势，开放思维，充分发挥人的主观能动性、积极性、创造性，从别人熟视无睹的地方下手，用别人考虑不到的新点子去出奇制胜。老子说得好："葆此道者不欲盈，夫唯不欲盈，是以能敝而不成。"只有脑袋中始终有空间，不拘泥、不固执、不保守，才能源源不断地产生新的想法，接收新的知识和信息，才能不断在管理中常新常胜。

道家、道教文化的管理思想极为丰富，对现代管理的启示也非常多，限于篇幅，更多内容另文阐述。

"器"与"道"之间的张力

——论科技文化与人文文化及其分演逻辑

王治东

（东华大学人文学院，中国上海）

一、文化分演与两种文化的形成

人的生存是不断满足需要的一个过程，人的需要是多层次的，既要有物质需求又有精神需要。美国心理学家马斯洛（A·H·Maslow）的需要层次理论对此有很细致的描述。该理论基于两个基本假设：一是人主要是受满足某种需要的欲望所驱使的需求动物。人类的需要是无止境的，当个人满足一种需求之后，就会产生另一种需求。二是人类所追求的需要具有普遍性，这些需要有层次之分。由此，马斯洛把人的需要分为五个层次：生存的需要、安全的需要、社交的需要、尊重的需要和自我实现的需要。其中，生存的需要是维持人类自身生存的基本需要，是人类最原始、最基本的需要。如衣、食、住、行、性的需要。人需要的层次性和序列性也是马克思唯物史观的一个重要发现。在《德意志意识形态》中，马克思对人的需要对于人的发展的重要性有着充分的认识，但同时他也注意到了需要对于社会条件的依赖性。正如马克思所说的那样："一切人类生存的第一个前提，也就是一切历史的第一个前提，这个前提就是：人们为了能够'创造历史'，必须能够生活。但是为了生活，首先就需要吃喝住穿以及其他一些东西。因此第一个历史活动就是生产满足这些需要的资料，即生产物质生活本身。"[1]

在满足人之需要的道路上人一路前行，不断探索。中西方都有神话传说阶段，这是人类在蒙昧之初、有文字记载之前传承文明发展的一种方式，中西文化传说中都留有人类诞生和发展的痕迹。如关于人类用火的问题，西方有普罗米修斯盗得天火造福人类；而中国有燧人氏教人用火。虽然都是神话传说，但中西方存在很大差异。西方的神话传说是脱离历史的纯粹的神话，而中国的神话传说透露了历史的影子。"而且中国古代历史传说极富哲理性，切近事实，与并世其他民族追述古史之充满神话气味者大不相同。如有巢氏代表巢居时期，燧人氏代表熟食时期，庖牺氏代表畜牧时期，神农氏代表耕稼时期。此等名号，本非古所本有，乃属后人想象称述，与人类历史文化演进阶程，先后符合。此见我中华民族之先民，早于人文演进，有其清明之观点与合理的想法。"[2]无论是有巢氏、燧人氏、庖牺氏还是神农氏所传都可归并为所谓的"术"。正是因为人类有"术",人与动物的最大分化出现了。在满足需要过程中,人首先靠其本能"体力",很快人就发现了其局限,因为人的绝对体力比不过大象,相对体力比不过蚂蚁。因而人转而开发自己的"智力",借助智力形成的诸多之"术"来解决人的欲望问题。人的内在性与超越性在"术"的逻辑分演中得到实现。

在诸多"术"中,可以划归两大类:一是硬件之术——即工具、器物等;二是软件之术——即方法、技巧等。在借"术"达到诸多欲望的过程中,人要直面自然,要从自然中而取。同时,人要直面同类,要将获取的利实现协调的分配,因此要协调多种关系。人要借助于"理"与"礼"。"理"主要是面向自然,调整人与自然的秩序;"礼"主要是面向人类社会,调整人与人之间的秩序。由此形成两个相互关联但各成体系的文化系统,即科技文化与人文文化。

科技文化和人文文化都起源于人类自我生存实现的"术"。科技文化源于"硬件之术",人文文化源于"软件之术"。硬件之术依据工具和器物直接面向自然,调整自然秩序;软件之术体现为方法技巧等面向人和社会、调整社会秩序。无论是科技文化还是人文文化,两者都是人性的展现。科技文化与人文文化使人性的完善有了支撑,人的全面提升得到实现。人解决了人与自然、人与物、人与人之间的关系,不断在创造中寻求自身的生存意义。文化分演逻辑体现在以下结构图中:

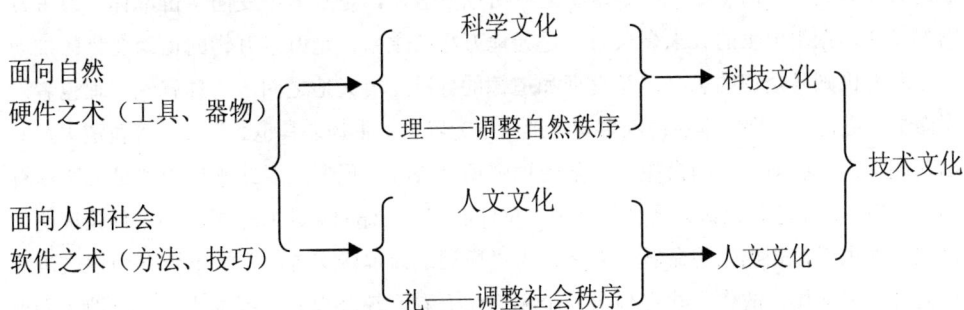

成中英先生指出:"从认识史来看,知识开始于形而上学,再分化为对自然的认识和对人的认识。对自然的认识是自然理性,而对人的认识是人文理性。"[3]自然理性与人文理性的文化形态就形成了科技文化与人文文化。科技文化与人文文化作为人类社会的两种基本文化形态,科技文化是以自然知识为基础的,在人与外在自然世界的两极中,侧重点在于关注外在世界,它体现在开物成务方面,重在人与自然关系方面;人文文化是以社会知识与人文知识为基础的,体现在成人成己方面,侧重人的社会关系调整,注重内在关怀,表现为更多的人性诉求。

两者的关系,在中国古代的"器"与"道"的关系中,可以找到历史的渊源。

二、"器"之文化：科技文化与开物成务

科技文化是现代科学技术融合与渗透而产生的文化形式，是基于现代科学而产生的一种现代文化。科技文化体现的是"器"物层面的文化。

（一）科技文化偏重"理"——调节自然的秩序

"理"是中国古代哲学，特别是宋明哲学的重要范畴。"理"作为哲学概念出现于战国时期，以阴阳为"天地之大理"（《管子·四时篇》）。孟子以人心所具有的道德为理，"心之所同然者何也？谓理也，义也"《孟子·告子上》）。韩非提出理是事物的具体规律，"理者，成物之文也。长短大小、方圆坚脆、轻重白黑之谓理"（《韩非子·解老》）。《吕氏春秋》把理视作判断是非的根据，"圣人之所在，则天下理焉"（《吕氏春秋·劝学》）。魏晋兴"辨名析理"之风。王弼认为理是事物的规律，是万物赖以产生和存在的根据，"物无妄然，必由其理"（《周易略例·明象》）。郭象则认为理是必然性，即自然之理。唐代佛教华严宗提出理、事范畴，认为理是本体世界。

北宋以后，"理"成为程朱理学的最高哲学范畴。张载强调理的客观性，认为"万物皆有理"，"天地之气，虽聚散攻取百涂，然为理也，顺而不妄"（《正蒙·太和》），把理看成气化运动的规律，主张穷理。程颢、程颐首次把理作为最高本体，建立理本论哲学。他们认为理是"形而上者"，是事物之"所以然者"，是永恒不变的宇宙本体，万事万物都是从理派生出来的。朱熹认为理是天地万物的主宰，是万事万物的运动变化的推动者，而太极则是众理的总名，是真理和道德的标准。"天地之间，有理有气。理也者，形而上之道也，生物之本也；气也者，形而下之器也，生物之具也。"（《答黄道夫》）陆九渊提出"心即理"的命题，王阳明也强调"心外无理"。罗钦顺认为理是气所固有的客观规律。王廷相也认为理是气之理。总体而言，宋儒对礼进行了哲学的本体论证明，确立"理也者，礼也"的命题。朱熹认为"厘谓之天理皆文者，盖天下皆有当然之理，但此理无形无影，故作此礼文画出一个天理与人看，教有规矩，可以凭据，故谓之天理之节文"（《朱子语类》卷四十二）。

明清之际的王夫之提出"理者，之理"的学说，认为理是"物之固然，事之所以然也"。他所说的理，一指自然规律，二指道德准则。在葛兆光先生看来，"'理'是理智对世界的整理和归纳的观念，而观念中的世界秩序，其实已经不再是真实实在的世界秩序，而是一个由'心'生出来的'规矩'，是理念的知识和思想，可是，这种知识和思想却会拥有'话语的权力'，反过来影响人们的经验，同时使自身成为'精英与经典思想'，与'一般知识与技术'拉开了距离"。[4]

而"理"在西方文化中是理性、理智，是西方哲学一直探求的至高命题。在西方，哲学是爱智慧，是一种追求道理的方式。在西方哲学中真理的追求具有某种超越性，蕴含在其他事物之中但超越于事物本身。真理自我具有自洽性和合逻辑性，自己能够解释自己、自己能够为自己的合法性存在性进行辩护并不断推动自身发展。这是一种哲学的

内在，哲学就是在追求这种内在性而发展的。当然科学与哲学是具有共通性，这种理性发展到一定程度就是本质主义方法论。哲学的本质主义支撑了整个甚至是全部科学的发展逻辑。这是科技文化的逻辑基础所在。这种逻辑，面对的是客观世界本身，是面向自然而进行思考的逻辑。内在性的理路通过外在化的世界得以表现。

无论中国还是西方，在"理"的思考上都体现了内在化思维的外向化发展。只是西方的"理"通过"理性"的方式展示了自我的强大，形成显现的科技文化来改变世界。

（二）开物成务——反映人与自然的关系

人类生存最重要的物质基础来自于自然环境。"人是物质实体与精神主体的统一体。人是生物体，必须同自然环境进行物质、能量的交换。"[5]迄今为止，科学技术作为人生存的必要手段与生存方式，不断地从自然界中获取人类生存的物质和能量，保证人的繁衍、延续和发展。因此，"对于置身于其间的自然环境的认识直接意味着人对自身生存本质的理解，当然，反过来说，人是否理解置身其间的自然环境，又直接依赖于对生存本质的自我理解"。[6]林德宏教授对于"物质"与"物"的概念进行了细致的区分："物质与物这两个概念各有其内涵，是同一系列的概念，但不是同一层次的概念，两者的关系是抽象与具体、普遍与特殊的关系。"[7]在他看来，物质是哲学上的本体论概念，泛指除精神之外的宇宙中的一切存在。物质对应的是精神。作为物质有的与人发生联系，有的还在人的意识之外。而"物"是同人发生联系的、进入人类视线的物质，换句话，物质进入人的生存活动中则成为"物"。物是相对于人的概念，物是人所需要的物质，人的生存就是不断把物质变为物的过程。没有人也就不存在物。

科技文化就是人类从自然获取物质与能量将之变成"物"的过程中产生的一种重要文化形式。"技术可以说与有形的、物质的东西有千丝万缕的联系。人造物既是技术的手段也是技术的目的。三维实物是对技术的充分表现，就像一幅画或一件雕塑是对视觉艺术的充分表现一样。"但"一项发明的意义并不仅仅是靠它的技术坐标参数来决定的——它不可能是自在自为的东西，可以自己说了算。只有当一种文化把一项发明说成具有极高价值时它才能称上'伟大'。与此相似，它的发明者的声誉也是与其文化价值相连的"。[8]科技文化注重的是科技理性，主要是充分发挥人的主观能动性为自然界立法。

科技文化的功能在于开物成务。"主客体之间的定界导向知识，而知识是主体与客体分化的结果，同时也是分别的主体把握分别的客体的开端。这样，主体自我发展进一步成为可能。故可以说，知识是主观和客观的媒介，人类通过知识来判断、解释和预测外界的变化，以满足自我，把握客观世界。"[9]从盘古开天的神话到"人工自然"的研究，无不是科技文化功能的彰显。《周易·系辞上》对开物成务有所解释："夫《易》开物成务，冒天下之道，如斯而已者也。"明末宋应星的《天工开物》以其包罗万象的传统生产技术和知识作了最好的注释，而今本《易传》围绕易所总结的天下之道，展开出一个包罗万象的道系统，并将所有这些道都由天道、地道、人道来统一于易道。"是故形而上者谓之道，形而下者谓之器，化而裁之谓之变，推而行之谓之通，举而措之天下之民，谓之事业。"在这里"器"是一个自在之物。而寓道于器的过程就是变自在之物为为我之物的过程,这个过程就是开物成务。道是看不见的,它必须外化,必须成器,必须开物成务,造就事业。内在的一切表现出来,通过开物成务把人带入价值领域,并在这一领域中确证自身。

在马克思那里开物成务的彰显是通过"物化"完成的。"劳动的产品是固定在某个对象之中的、物化的劳动,这就是劳动的对象化,劳动的现实就是劳动的对象化。"[10]物化是主客体二分的必然结果,正是通过物化实现了人的本质力量的对象化。这是文化外显的重要方式。文化与劳动是密切联系在一起的。人在创造文化中创造自己。在马克思看来,人创造什么,他就是什么,因为一切创造物都是人本质力量的对象化。人是在创造文化过程中生存的,人所创造的一切都是文化,文化即人化,文化的本质即人的本质。人成为"人"之后,纯生物意义上的进化就基本结束,而人类发展性的进化体现为体外的进化,即文化的进化。人不仅是动物的人同时也是文化的人,人用文化将自身与动物分界,文化是人生存的提升。文化是人生存的产物,是人本质的展示,是人生存的记录和总结。

对于科技文化外显性与效用性,R·舍普等著的《技术帝国》中也有这样的阐述:"对希腊人来说,'技术'是指达到目的的'有效方法、手段和方式'。在希腊文明时期,说话的技术和演讲的技术是至高无上的技术。但今天,在我们的技术文化中,在技术等级中占首要地位的是生产技术。"[11]技术文化依据其文化的强力,不断调整人与自然之间的关系。不断实现人的本质力量对象化。

三、"道"之文化:人文文化与成人成己

(一)人文文化偏重"礼"——调节社会的秩序

"人文"与表示自然界变化的"天文"相对,是指区别于自然现象及其规律的"人与社会"的事务,泛指人类社会的各种文化现象。其核心是贯穿在人们的思维与言行中的信仰、理想、思维方式、价值取向、人格模式、审美情趣,亦即"人文精神"。《辞海》:"人文指人类社会的各种文化现象。"唐代孔颖达《十三经注疏》中有:"圣人观察人文,则诗书礼乐之谓,当法此教而化成天下也。"《后汉书·公孙瓒传论》:"舍诸天运,征乎人文。"对此唐代李贤注释道:"人文犹人事也。"人文就是关于人本身的事,人文文化就是人本身的文化,是内在化的文化。人文文化在某种程度上可以说就是"礼"的文化,调整的是社会秩序。

"礼"承载着中国古代人文文化丰富的内涵。"礼"泛指中国古代的宗法等级制度以及与此相应的礼节仪式和道德规范。[12]"礼,经国家,定社稷,序民人,利后嗣者也"(《左传·隐公十一年》),可见"礼"具有融哲学、伦理为一体的理论基础;有寓意深刻、程序复杂的仪式;有方方面面的制度设计,将上古起就自发产生和发展的,包括原始宗教、

习俗、伦理等一切既有的制度和上层建筑融为一体，成为令后人叹为观止的壮观的文化结晶。"礼是在社会和国家中安排和组织人的行为与努力的原则，在这种意义中的礼就是理性创造和人主要保存的美德。"[13]

中国古代的"礼"渊源古老，可触摸的最早秩序化来自商朝的甲骨文。"殷商时代已经具有了相当完整的空间秩序观念"，而"甲骨文的卜辞中表现了祖灵崇拜及其王权结合产生观念的秩序化"。[14] 其滥觞及基本定型是在古典贵族文化兴盛的周代。周代的"礼"蕴涵了丰富的文化信息，在它发展最高阶段的春秋时期，已经实现了融观察自然和设计人伦为一体，并蕴涵着实现自然和人伦秩序完美合一，个人和家国利益浑然一体的理想。它包括政治、军事、文化、道德、社会生活等各种内容，上古原生的宗教信仰，也被"礼"消融成为自己的有机组成部分。孔子为维护和改造"周礼"提出"仁"—"礼"统一的模式，认为"仁"是"礼"的心理基础。"人而不仁，如礼何？"（《论语·八佾》）"克己复礼为仁。"（《论语·颜渊》）荀子是封建礼制的理论奠基者，在关于"礼"的理论方面有很多建树。"礼者，人道之极也"（《荀子·礼论》），将礼看作人的最高道德准则；认为礼使"贵贱有等，长幼有差，贫富轻重皆有称者也"（《荀子·礼论》）。管仲认为，礼、义、廉、耻是国之四维。"四维不张，国乃灭亡。"（《管子·牧民》）

葛兆光先生认为，"礼"是人类从对宇宙和人生之困惑和探索开始的，是人类思维的产物，也是思想的开端。"礼"维护和凸显社会发展的秩序。秩序的观念在中国古代有着明显的历史发展轨迹。中国古代思想世界一开始就与"天"相关，在初始阶段就产生了宇宙天地有中心与边缘的思想。"由天地四方的神秘感觉和思想出发的运思与想象，是中国古代思想的原初起点，换句话说，是古代中国人推理和联想中不证自明的基础和依据。"[15] 在这里人与人之间关系的调整找到了自然之基础。因此，在中国古代，科技文化与人文文化是一种相容相包状态。

（二）成人成己——反映人与人之间的社会的关系

成人成己是中国传统文化中的核心部分。道教通过学道修行，求得真我，去伪存真为"修真"，其主张"成人之善，如成己之善，去人之恶，如去己之恶，岂可小视耶。忠恕心者，己所不欲，勿施于人，推己及人，视人如己，时时自省，以忠信宽恕之心待人处世。和蔼心者，人无高低贵贱之分，四海之内皆兄弟也。待人皆要和蔼亲近，勿存亲疏，一视同仁"。在佛教中也提倡成人成己。达摩之成人成己最为典型：达摩在中国始传禅宗，一花开五叶，结果自然成，明德明理，成人成己，最终使禅宗成为中国佛教最大宗门，他和他的故事从此也被人们传颂和敬仰。无论是道教还是佛教主张的成人成己都有一致性——即人与人之间的社会关系。

以礼序人伦，这是中国古代社会运行的基本所在，也是人文文化得以繁荣的基础。"就一种意义来说，德与善生来就在人中，人可以依照上天的意志（命）来成就自己。人的这种可能性和培养这种可能性的能力就叫做人的天性（性）。由于人密切地与天（人的生命之源泉和使自己成为完美的型范）相关连，这一事实清楚地使我们知道人必须修养本性来实现德与善。尤有进者，人的秩序是建立在自然的秩序之上，要保存人的秩序之原则就变为人所实际关注的问题。由于有这种关注，就发展了支配人与人之间和人与神之间的关系——礼，把礼视为发展人和维持社会福祉最根本的价值。"[16]人与他人之间的和谐是通过自律与他律实现的。人文文化中尤其是人文精神，具有一种承载人类自我实现的理想和品质，具有成人成己的品格。人文文化是人类社会应该具有的一种精神特质。

当然，人文文化与西方文艺复兴运动中的"人文主义"（humanism）有相关性但也有很大区别。文艺复兴的"人文主义"主要针对前现代的宗教、伦理、政治对于个体的压抑，主张个性的张扬，强调感官、此岸、现实、工具的重要性，主张从宗教的神灵的彼岸的王国，回归到世俗的感官的物质的生活，认为前者是虚幻的，后者才是现实的，才是人本身。而人文文化更多地指向人文精神层面。人文精神是一种普遍的人类自我关怀，表现为对人的尊严、价值、命运的维护、追求和关切，对人类遗留下来的各种精神文化现象的高度珍视，对一种全面发展的理想人格的肯定和塑造；它关注的是人类价值和精神表现。从某种意义上说，人之所以是万物之灵，就在于它有人文，有自己独特的精神文化。

四、合理张力：科技文化与人文文化的现代际遇

科技文化与人文文化之间的关系，是与"道"和"器"关系密切相关的。科技文化是依据道而求器的文化；而人文文化是基于器而求道的文化，两者缺一不可。马克思指出："工艺学揭示出人对自然的活动方式，人的物质生活的生产过程，从而揭示出社会关系以及由此产生的精神观念的起源。"[17]在人类历史上，科学与人文曾完全内在的融为一体，只是在后来母体文化直接同一性消解和文化分工逐步深化之后，科学与人文才陷入关系的外化。确切地说，科学与人文的分离与对立，是随着西方文化的嬗变而不断地加以表现的。尤其是伴随现代化进程和科学理性的发展，科学文化与人文文化不断同体殊途。

现代化与全球化是一种不可逆转的世界性历史趋势。现代化历史进程背后折射着文化层面的价值转换，科学文化与人文文化都将经历一次新的整合。

科技文化以理性而凸显。理性首先是人的自我规定，然后通过人的理性活动而规定世界，而由人的理性所规定的世界是一个标准化、齐一化、同质化、程式化的世界。理性解放了人也制约了人，理性，尤其是科学理性的滥觞带给人类现实生存困境：环境污染、生存危机、价值失落……合理化与合理性成为一切生活的中心价值体系。现代化进程打造了现代工业社会的"铁笼"，这个工业社会使人的生存丧失了内在性、完整性和丰富性，使人的生命世界变成了按工业规律支配的世界。

人文文化因价值而重启。文化的反思与重建在对科技文化的拷问中得以进行，事实上，人类文明活动并不完全是一种纯理性的知识化行为。哲学家对以科学技术为代表的现代化的评价思考体现了深刻性与独特性。新康德主义代表人物文德尔班把现实世界划分为事实世界和价值世界，相应地把知识分为事实知识和价值知识，认为任何知识都离不开

价值，都要以价值为标准，甚至提出社会历史科学也不外是关于价值世界的科学。并相应把科学区分为自然科学和文化科学，强调指出，哲学的对象不是现实，而是具有普遍意义的文化价值和超验价值。至此之后，海德格尔、卢卡奇、弗洛姆、马尔库塞等哲学家从不同角度反思人类理性，尤其是法兰克福学派对科学技术所代表的工具理性进行了深刻的批判。

科技文化与人文文化的关系成为20世纪哲学反思与文化批判的重要主题。21世纪，面对现代化与全球化的时代背景，探讨科技文化与人文文化的时代际遇，仍然方兴未艾，我们仍然走在路上。关于科技文化与人文文化在现时代的关系处理仍然需要哲学的智慧。笔者认为，两种文化有分离的基础，本身的不同功能决定了内在逻辑的相分性；两种文化有融合的可能，人作为目的与价值的统一体，必须协同两者才能实现人类的全面解放。"器"与"道"之间的张力把握在于人本身。

注释

〔1〕《马克思恩格斯选集》第一卷，人民出版社1972年版，第32页。

〔2〕钱穆：《国史大纲》，商务印书馆1996年版，第8-9页。

〔3〕〔9〕〔13〕〔16〕李翔海、邓克武编：《成中英文集》第一卷，湖北人民出版社第2006年版，第172页，第165页，第8页，第16页。

〔4〕〔14〕〔15〕葛兆光：《中国思想史》第一卷，复旦大学出版社2005年版，第142页，第23页，第19页。

〔5〕林德宏：《技术生存与自然环境》，《河南大学学报》2004年第4期。

〔6〕邹诗鹏：《人与自然的生存论关联——环境意识确立的基点》，《江海学刊》2002年第1期。

〔7〕林德宏：《物质精神二象性》，南京大学出版社2008年版，第67页。

〔8〕[美]乔治·巴萨拉著：《技术发展简史》，周光发译，复旦大学出版社2000年版，第3页。

〔10〕《马克思恩格斯选集》第一卷，人民出版社1995年版，第41页。

〔11〕[法]R·舍普等著：《技术帝国》，刘莉译，生活·读书·新知三联书店1999年版，第84页。

〔12〕冯契编：《哲学大词典》上卷，上海辞书出版社2001年版，第800页。

〔17〕马克思：《资本论》，中国社会科学出版社1983年版，第374页。

道家"势"的管理直觉与西方"序"的管理逻辑

——势科学视域中的文化与管理

李德昌

（西安交通大学能动学院，中国西安）

继成中英先生的《C 理论：中国管理哲学》（学林出版社，1999）之后，各种具有"中国模式"的管理相继兴起。具有代表性的有"东方管理"[1]、"和合管理"[2,3]及"和谐管理"[4,5]等。

虽然各种中国式管理都有自己的体系和特点，但共同之处是都基于中国传统文化的社会认同之上，而且认为这种认同是区别于西方文化的逻辑认同的、且具有持久不变性（相比之下，和谐管理理论秉持了较为弱化文化背景的原则），这就可能存在一个问题，在全球化的浪潮中，传统文化无法保持不变性[6]。"肯德基"、"麦当劳"等西方饮食文化已经强烈地冲击着中国的传统文化，聚会时的"AA 制"在老一辈人看来是不可思议的，而在"80 后"的一代中则被视为是理所当然的。要想有一种中国式管理能够始终适应变化着的中国文化，从而能走出国门成为具有普适性的管理科学，就必须在浩如烟海的传统文化中考查是否真正具有逻辑认同的不变性的管理要素。

在各种中国式管理从传统文化中提炼出的众多具有整体性直觉的"词"、"字"中，一个及其重要的镶嵌着内在逻辑且深具不变性要素的"词"或"字"被遗漏了，这就是"势"。什么是"势"？诸子百家都在论势，但没有逻辑的定义，所以传统文化一直不能走向科学。本文将在综合传统文化及现代科学中有关势的本质意义基础上给出"势"概念的逻辑定义，研究势机制对于各学科领域的普适性，在最广泛的意义上论述有关人和组织以及社会成长和发展的内在逻辑。

一、道家文化的"势"感悟

传统文化中有关势的词语比比皆是，诸如：势如破竹、势均力敌、势不可挡、势在必行、声势浩大、因势利导、气势磅礴、蓄势待发、有钱有势、有权有势、审时度势、人多势众；造势、乘势、趋势、形势等等。

老子对于势的直觉最具有概括性："道生之，德蓄之，物形之，势成之"[7]，十二字概括了管理的真谛：无论干什么事要有个道理再去干；干什么都要遵守行业规范和职业道德；干什么事都必须有适当的物质资本才能去干；最后，能否成功还在于"势"。

老子甚至给出了营造强势的基本原则，即"天得一以清；地得一以宁；神得一以灵；谷得一以盈；万物得一以生；侯王得一以天下正"[7]。"得一"就是得到统一，就是要在"差别"巨大的对象中找到内在的统一、同一；就是要把不同的对象事物用同一个道理紧密的"联系"起来，用统一的规律支配世界万物，或者用统一的思想把世界万物统帅起来。有了这样的势，天就清朗，地就宁静，神就灵验，山谷就充盈，万物就生长，侯王就得天下。

二、西方科学的"序"逻辑

西方文化的内在本质是"有序"，然而在西方文化对序的追求基础上建立起来的现代科学中，"序"却恰恰以"势"的概念表达出来。在化学中，是用化学势来表达反应过程有序进行的内在动力。在物理学中，有电势、位势、真空势、量子势和超量子势。真空势推动了宇宙的暴涨产生了世界万物[8]，是暴涨宇宙学的出发点。量子势和超量子势是著名物理学家戴维·玻姆提出的，洪定国教授称为"一级隐缠序的信息场"和"二级隐缠序的泛函信息场"，是"一切量子效应的唯一缘由"[9]。日常人们最熟习的是位势和电势。所谓位势，一般指引力场空间中两个位置点由于高低差别形成的梯度；所谓电势，一般指电场中某点至无限远点之间的场强之差，在数值上等于把单位正电荷从某点移到电势为零的点时，静电场力所作的功。所以，电势有时也称为电动势，往往与"能"和"功"联系在一起。一般而论，造就一种势场，就具备了一种做功的本领。所以，对于一个系统来说，营造信息强势是系统发展的内在动力和对外竞争的基本条件。更重要的是，强大的势场将产生"非平衡非线性"作用，为事物造就内在的创新分岔机制，成为宇宙、社会、组织及人才成长的共同规律。

三、势概念的逻辑定义

综合传统文化与自然科学中各种有关势的本质意义可以发现，势的概念中有两个最基本的概念要素，即"差别"和"联系"。例如，孙子说的"激水之疾，至于漂石者，势也"，就是说，湍急的水，飞快地奔流，以至能冲走石头，这就叫做"势"。实际上，水流急的地方，位置的高低"差别"大，而水作为一种流体又是内在连续（联系）的（流体力学建立的基本假设之一）；在物理中，电场中某点的电势是电场中某点与无限远点之间在场强"联系"中的"差别"，引力空间中的位势是两点在引力场空间"联系"中的"差别"，量子势是微观粒子在一级隐缠序信息场"联系"中的"差别"等。而在世俗社会中人们常说的"有钱有势"和"有权有势"也完整地表达着势概念中"差别"与"联系"嵌套的内在机制：你越有钱、越有权，与别人的"差别"就越大，别人还越想找你，与你"联系"的越紧。当然，在社会生产活动中，我们总是可以体会到钱和权可以将"差别"更大的人紧密"联系"（组织）起来。另一方面，势的一个直观的概念是"梯度"，水流越急，水面的梯度就越大，势越大。因为梯度可以用"差别"与"距离"两个坐标表达为差别÷距离，而距离与联系成反比，距离越大联系越小，距离越小联系越紧。所以我们可以逻辑地给出"势"的科学定义：

$$势＝梯度＝差别÷距离＝差别×联系$$

而梯度即斜率即导数即比例。所以，老子说"势成之"，毕达哥拉斯说"万物皆比例"。在势概念的逻辑定义基础上，研究势的产生及运行机制的科学叫做势科学[10][11]。

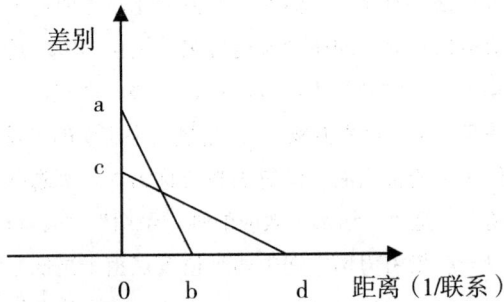

势＝梯度＝差别 ÷ 距离＝差别 × 联系

四、势科学的哲学背景、理论原理及逻辑框架

要找到复杂管理的内在逻辑、从而能将管理丛林的各种理论联系起来，就必须从哲学的高度上来抽象。一般来说，越是抽象的概念回到实践就越有力而越有用，越是抽象的理论就能将更加复杂多样的学科领域统一起来。音乐如此，数学也是如此，您可能听不懂俄语，但"莫斯科郊外的晚上"几乎人人都懂；对于数学来说，当抽象出无大小的点、无粗细的线和无薄厚的面以及无任何意义的纯粹"数"的概念以后，回到实践就能更加强有力地描述现实的事物，而且几乎人人都能理解数学的这种价值。数学和音乐的抽象高度使它们超越了任何国界及文化，可以将全人类的思想统一起来。哲学本来也是抽象的，然而哲学的境遇却是越抽象越远离实践，越无法使用，以致哲学的尴尬使哲学家也感叹道："哲学成了无用的哲学。"这里存在两种可能的原因：其一，哲学的两种功能本来是一方面能将复杂的事物说简单，另一方面能将简单的事物说复杂。然而，在许多哲学家看来，却往往是你若将简单的事物说得越复杂，就越像哲学，如果将复杂的事物说简单了，

那似乎就不像哲学了。由此,导致学者们不遗余力地追求"形而上",而不愿意回到现实世界。其二,哲学的真正抽象程度并不够。哲学的两个基本抽象概念是"差别"和"联系",然而,当哲学家们谈及差别时总是具体事物的差别,谈及联系时总是具体事物的联系。而且哲学家往往顾此失彼,顾及联系的成了本体论,顾及差别的发展成各种学派,以致"有多少个哲学家就有多少种哲学"。哲学要能够真正走向适用,就必须进行彻底的抽象,像数学一样抽象出不涉及任何具体内容的纯粹的概念——"差别"和"联系",而且始终如一地像科学家操作导数(导数=差别×联系)一样不偏不倚地研究"差别"与"联系"的作用(运算)机制,才能有力地回到实践产生真正的应用价值。

势科学正是依据这种科学的逻辑思路,在哲学数学的高度上抽象出纯粹的、不包含任何具体事物和内容的"差别"和"联系",然后将"差别×联系"定义为势,再研究差别与联系的作用机制而产生的。

势科学理论认为,个人、组织、社会以及宇宙的成长、发展及演化都是由各个层次上的势推动的。势科学的主要基石是势科学原理,它由三个势定律组成:

(1)势的运行机制是差别促进联系,联系扩大差别,所以"势趋"不变,宇宙加速膨胀,社会加速发展。

(2)势的稳定增长达到某种临界值,系统就发生非平衡相变和非线性分岔,从而衍生出各种素质、创新和风险。

(3)势在一定层次上的增长极限产生对称,对称形成数学结构的群,无干扰的物质势作用形成物质群,所以宇宙和谐,无干涉的信息势作用形成素质群、组织群及社会群,才能产生素质和谐、组织和谐与社会和谐。

由此可见,势科学研究的主要内容是与"素质"、"创新"及"和谐"有关的、现有理论无法给以科学阐述的涉及复杂系统的内容。

势科学研究的主要对象是理论逻辑缺失的管理学、教育学和社会学。势科学研究的主要方法和数学工具是非线性科学理论和数学群论。势科学研究的可操作性概念是"对称性"。势科学研究的逻辑框架是:

势——对称——群——和谐——进动——势

势科学显然是一个新型的综合性科学或横断科学,像许多新型科学一样,其理论体系只能在不断探索中完善。势科学内容较为详细的论述参见文献[10][11][12]。由于本文的重点是阐述势科学视域中的管理问题,所以有关势科学理论的详细内容无法一一展开。在此,只能在阐述势科学的普适性及科学的内在统一性基础上,根据势科学第一定律和第二定律研究信息人社会的素质形成、管理决策和时代创新的一般机制。

五、势科学的普适性与科学的内在统一性

几乎所有重要的自然科学问题，都可以归结为导数或偏导数构建的势函数问题，本质上就是广义"除"的问题；所有的社会科学问题及管理问题，都可以归结为事与事、人与人以及人与事之间"差别"与"联系"的关系问题，本质上可表达为广义"乘"的问题，而势＝差别÷距离＝导数＝差别×联系，所以，在势科学的视域中，"除"的问题与"乘"的问题是同一个问题可逆的两面，因而有可能通过对势的普适性论证（即逻辑演绎——用同一个道理、原理、假设或规则来演绎各种现象、事物、问题或关系的表述），将自然科学与社会科学真正统一起来。

（一）科学技术势

从牛顿定律到麦克斯维方程，从量子力学的波函数到相对论的场方程，都是由导数和偏导数（某种斜率和梯度）构建的势函数，所以科学是"找势"——将宇宙各个层次上的势结构找到并表达为势函数。而所谓技术势，就是将各种"差别"巨大的物质形态，通过各种工艺技术使其相互转化而紧密"联系"起来营造的信息势。

（二）情感宗教势

情感势是人在认识事物时感受到事物在联系中的差别、或差别中的联系所激励的一种情感梯度。母亲总是喜欢最优秀的孩子或最弱的孩子，是因为在同样的母子联系中，他们与其他孩子的差别更大；在一群同样智力和身体条件的孩子中，母亲总是喜欢自己的孩子，是因为她与自己的孩子联系更紧。在学习中，学习具有普遍意义的理论时激情彭湃，而学习琐碎的专业规程时贫乏无味，因为普遍理论表达的是差别很大的事物之间的内在联系，形成了强大的信息梯度或信息势，在信息势的诱导和激励下就产生情感势（爱）。而专业规程则是一些知识点，就事论事，零散而没有内在联系，无法形成信息势就无法激励情感势。

宗教是情感渊源。宗教的强势在于宗教可以将世俗社会中差别最大的人甚至是敌对的人在宗教的旗帜下紧密地联系起来。而且对于信教者来说，科学找不到的联系在"上帝"那里清清楚楚。宗教站到了一个势的极端，科学可以不断地逼近她，但可能永远赶不上。

（三）管理教育势

1. 管理势

所谓管理势，也叫管理信息势，就是管理过程中要素信息之间的"差别×联系"。管理是沟通。沟通的效用是使"差别"很大的元素"联系"起来，组织中成员的个性化"差别"越大，"联系"越紧，凝聚力越强，组织势就越大，越具有竞争力；管理是激励，激励是使成员感受到未来与现在的巨大"差别"可以通过自己的努力紧密地"联系"起来，

激励越有效, 成员的内在信息势就越大, 积极性就越高。所以沟通是对组织求导, 使组织关系产生梯度, 营造组织发展的动力机制; 激励是对个人求导, 使个人意识产生梯度, 营造个人成长的动力机制; 经营是对市场求导, 使市场中差别很大的经济要素紧密联系起来, 营造组织在市场中的竞争力; 决策是对路径变分, 选择一条最短的路径达到目标, 而组织和个人的成长过程, 则是在不断求导营造信息强势中的积分过程。

制度管理是管理学研究的一个重要方面。制度管理本质上就是以线性的格式化方式营造一种组织信息势, 制度要求不同的人们遵守同一种规定, 就是用同一种格式化的规范将 "不同" 的人们紧密的 "联系" 起来, 在消除信息不对称的基础上, 制度的格式化越强, 营造的势越大, 制度管理就越有效。

文化管理是信息量最大而作用量最小的最经济的管理, 是管理追求的理想。文化是人类生活中最具有格式化效应的元素, 组织文化可以将个性化 "差别" 很大的组织元素在价值观和意识形态上紧密的 "联系" 起来, 组织成员的个性化程度越高, 组织文化的凝聚力越大, 组织文化营造的势就越大, 文化管理就越有效。

团队建设是现代组织管理学意义上的新名词, 一个团队, 其组成人员 "个性化" 程度越高, 对称性素质越好, 业务上 "联系" 的越紧密, 意识上 "凝聚" 的越坚固, 团队的信息势就越大, 战斗力就越强。

"虚拟企业" 是将市场空间距离 "差别" 很大的各种业务, 以核心技术为统帅紧密地 "联系" (组合) 起来。所以, 虚拟企业在企业的发展史上营造了最大的经营势——不办工厂就可以出名牌。

"细节决定成败" 之所以成为管理领域的热门话题, 是因为细节才能将个性化 "差别" 很大的成员 "联系" 起来营造组织信息势, 不注意细节就会在细节的地方得罪人而使联系断裂失去势。一个精明的老板, 在顾客生日的时刻寄一个小礼物给他 (她), 是典型的细节管理, 其目的就是为了将情感和商机紧密地联系起来, 营造组织的信息强势。

就法约尔提出的管理五大职能 "计划、组织、指挥、协调和控制" 来说, 每一项职能的实施基础都基于要素之间的 "差别 × 联系"。计划——需要将未来与现在的巨大 "差别" "联系" 起来, 将组织现有的各种 "差别" 巨大的资源 "联系" 起来; 组织和指挥——其首要任务就是将 "差别" 巨大的个性化成员紧密 "联系" 起来; 而且领导人的综合信息势 (钱、权、知识、情感、艺术和抽象信息势) [12] 越大, 组织和指挥的效率就越高; 协调——更是直白的 "差别 × 联系", 联系得越紧协调得就越好; 控制——只有将 "差别" 巨大的各种问题和要素及人员紧密的 "联系" 起来才能进行有效的控制。由此可见, 五大管理职能的实施过程, 就是在 "差别" 中寻求 "联系" 的过程, 就是组织管理中营造信息势的过程。

所谓势科学视域中的管理系统, 就是指一个要素之间具有差别与联系关系的连续性 (例如政策、制度、法律的连续性和组织思维及个体思维层次上信息的连续性, 显而易见, 我们不可能对一个思维不连续的精神病患者实施逻辑的管理——求导, 而只能实施没有逻辑的管押), 从而可以进行求导营造管理信息势的系统。所谓管理系统的 "逻辑机制",

就是指管理系统的运行具有"求导"的内在逻辑。而在势概念的定义中：

势 = 差别 ÷ 距离 = 导数 = 差别 × 联系

因而，管理系统的逻辑机制充分展现在应用"差别×联系"演绎的求导过程中。所以在本文中，当我们在任何一个地方阐述"差别"与"联系"的作用过程时，我们就是在管理过程中演绎实际的"求导"逻辑——管理系统的内在逻辑。所以，实际上本文的主要内容都是在演绎管理系统的逻辑机制，从而阐明如何在管理过程中营造管理信息势。

2. 教育势

所谓教育势，也叫教育信息势，就是教育过程中有关要素信息之间的"差别×联系"。教育和管理一样是有关人才和组织成长的问题。在传统社会中，学什么用什么而且用一辈子，所以有势（爱）无势（爱）无所谓，机械的传承和记忆就已足够。在信息化社会中，学习者面对的是一个创新的时代，创新则需要创新的素质。在以往的各种研究中，因为没有给素质一个逻辑的定义，所以，就无法对创新以及创新素质进行科学的研究。在势科学的视域中，素质的逻辑定义是"对象结构或功能的序秩（有序）"[13]。空调取热的效率是电炉的八倍，因为空调的结构比电炉更有序；人们的工作效率不一样是因为思维的有序程度不一样。道德素质是行为的有序，行为无序像精神病就无法判断道德；智慧素质是知识的有序。一般来说，消息的有序是信息，信息的有序是知识，知识的有序是智慧。怎样才能有序？非平衡是有序之源（耗散结构）。而势大才能非平衡。大爱产生大的追求，心理"不平衡"才会追求。从自然到社会，每一种"活"的有序结构都是在某种"势"和某种"流"的非线性非平衡作用中形成的：热对流中的benard花纹的有序结构，是在"热力势"与"热流"的非线性非平衡作用下形成的；植物生长的有序结构，是在"生物势"和光合作用的反应"物流"的非线性非平衡作用中形成的；社会运行的有序结构，是在"制度势"和社会"信息流"的非线形非平衡作用中形成的；市场运行的有序结构，是在"法律势"和"经济流"的非线性非平衡作用中形成的；知识的有序结构——智慧素质，是在"情感势"和"意识流"的非线性非平衡作用中形成的（学习过程是在一种向往学习的"情感势"推动下不断去"意识"的过程，"意识"的不断积累产生"意识流"）[9][13]。在管理中只有不断地营造信息势，才能使管理势和管理中各种信息流产生非平衡非线性作用，使组织结构及功能不断走向新的有序。这种有序在动态上就表现为选择分岔和决策创新。

西方教育的竞争优势在于西方的教育文化（专业结构、课程设置、教材编撰和讲授内容）处处营造着信息强势，从《可怕的对称》到《夸克与美洲豹》都是将差别巨大的事物和问题用同一个道理紧密联系起来营造信息强势；东方教育的竞争劣势在于东方教育文化的弱势，从《论语》到《十万个为什么》都是就事论事的典型例证，将零散而毫不相干的问题放在一起，只能得到一些知识点，不能建立信息势，也就不能激励情感势。

教育和管理及科学一样，本质上是一个求导过程。如果科学是对自然求导，沟通是对组织求导，激励是对个人求导，经营是对市场求导，教育就是对思维求导。在思维过程中构建巨大的知识"差别"之间的紧密"联系"，使思维产生张力，建立思维过程中的信息强势，推动思维的有序、相变和分岔，产生创新。科学的数学本质是寻找自然过程中的势函数，管理和教育的数学本质是人工构造某种势函数，并在管理和教育的实践中运行这种势函数。所以，教育和管理在本质上有了内在联系。在一定意义上，现代社会的课堂教学正在变成"育人管理"，新东方教育就是一个典型的例证。

求导必须保证函数的连续性，自然演化在宏观上是天然连续的，所以"可导"；市场的连续性在于法律的规范性和市场信息流传导的宏观连续性（一处的价格变动可以宏观连续的波及其他处），从而经营才能对市场求导；环境、组织及人才的可导性在于国家政策的连续性、管理制度的连续性以及人才职业规划的连续性，从而管理才可以对环境、组织及成员求导；教育的可导性则要求受教育者思维的连续性（逻辑思维）和知识结构的融合性，所以，一方面必须培养逻辑思维能力，一方面必须使已学到的知识融会贯通，教育才可能求导。已有的经验证明，组织成员的逻辑思维能力越好、已学到的知识的融合程度越高，学习能力就越强，也就是教育求导的效率就越高。

3. 信息势

按照信息论的计算，在剔除无用信息的情况下，信息表达为负熵，负熵意味着熵减即意味着有序（这里是指经过整合后的有效信息，限定在科学中的信息范畴，而非哲学中的信息范畴[14]），有序就构成梯度，梯度就是势。所以，可以简单地表达为：信息即负熵即有序即梯度即势。由此可以通过信息论证明，信息势与有效信息量是等价的。因而，如果我们说能够营造强势的组织和管理是好组织和好管理，那就是说能够产生更多有效信息量的组织和管理是好组织和好管理。又因为势＝梯度＝斜率＝导数，所以，也可以说，求导能力最强、综合导数值最大的组织和管理是好组织和好管理。

由于各种事物的描述在本质上都可以抽象为信息层次上的描述[14]，所以，各种"势"本质上都可以概括为"信息势"。例如，科学势是科学信息势，文学势是文学信息势，管理势是管理信息势……由于有效信息量与信息势是等价的，而"钱"、"权"、"朋友——情感"（广义的社会网络关系——社会资本）都是经过社会在一定范围中"融会贯通"的整合以后的有效信息[11]，所以，有钱的人占有的有效信息量大（账户中的货币数字大）势大——有钱有势；权力大的人占有的有效信息量大（权力越大汇报的人越多）[11]势大——有权有势，知识多的人占有的有效信息量大（经过融会贯通的整合后的知识）势大——知识就是力量；朋友多的人占有的有效信息（情感信息）量大势大——人多势众[12]。

一定意义上，管理是消除不确定性的。对一个组织或个人来说，某一时刻占有的有效信息量越大，势越大，能够控制的思维和行动就越有序，能消除的外在不确定性就越多。毋庸置疑，一个组织或个人如果具有无限多的钱、无限大的权力（对于组织来说就是在行业中的话语权）、无限多的知识信息（像上帝一样无所不知），即具有无限大的势，那就没什么外在不确定性了。当然，过多的钱、过大的权、过多的知识又会导致内在不确定[15]。

由此可见，组织或个人占有的有效信息量是他的势——能力（办成事的可能程度）的真正象征。然而各种势的效用的实现程度，与相应的有效信息量的整合程度有关：货币信息的整合效应最高，是在整个社会中"融会贯通"后被承认的，所以钱用在哪都有效。权力信息的整合效应次之，是在权力范围之内整合后被认可的，所以权力只能在特定的权力范围内有效。情感信息（社会资本）的整合是在亲人和朋友以及由友谊构建的网络关系中完成的，所以，依靠情感来办事也只能在这个范围内有效，但情感信息可以将友谊构建的社会信息资源凝聚起来从而办成更多的事。因此，不能否认有钱有权有"朋友"的人实际上就是真正有能力（有势）的人。有知识的组织或个人是否有能力（有势），要看他的知识是否被经过"融会贯通"的整合后形成了势（知识势）。零乱的知识放在一起构不成有效信息量，就没有知识信息势，就没有能力。

一种信息的社会融合性越好，它的"柔性的格式化"程度就越高，这种信息就越好使。

钱的社会融合性最好，所以钱最"好使"，"有钱能使鬼推磨"的比喻，说明钱已经接近上帝那样的柔性格式化（因为"鬼"本来是神和上帝才能指挥的），差不多成了现实生活中的"宗教"，只要有钱谁花都灵。

权力的融合性比钱要差一些，所以权力就不像货币那样好使，不但受权力本身的"局域化"限制，而且往往还要讲究使用的技巧和方法，也就是管理学中所说的管理还需要管理艺术。显而易见，"不会买东西"的人很难找到，而"用不好权"的却大有人在。但由于信息化造就的社会横向个性化和纵向集约化趋势，以及信息不对称导致的不可观测性——知识价值和个人能力准确评价原则的丧失，使人们对权力的依赖程度加强，所以，在权力范围内权力也将变得越来越好使。

对知识来说可就没有这么幸运了，单纯的知识变得越来越不好使。在传统社会，由于社会生产、意识形态以及科学技术的整体对称性，是使用知识的时代，所以，知识的格式化程度很高，掌握一种知识哪里都能用，甚至用一辈子。在信息化社会，由于信息全球化带来的社会的局域化和生产的个性化及人的个性化，知识的社会格式化程度越来越差、局域化越来越强，同一种知识被不同的组织或个人掌握，产生的使用途径和使用价值大不一样。这就像著名的未来学家托夫勒所说的"知识就是力量"的说法已经过时，"知识的知识才是力量"。而"知识的知识"就是经过融会贯通整合以后的有效知识，就是知识之间的联系，也就是知识的有序，是一种真正的知识信息势。所以，在信息化时代，一个组织或个人掌握一种知识以后，必须与其他知识进行内在的融会贯通，从而整合成一种具有"活性"的、成为组织或个人核心竞争力的"知识的知识"，才能真正派上用场。然而，随着经济的全球化、货币的柔性格式化（全球通用化）加强及权力的集约化发展和知识的局域化趋势（不可评价的知识、达不成共识的知识、学不会的知识、被产权所控制的知识等等），知识在货币和权力面前越来越显得苍白无力，不但"认钱不认人"，而且也"认钱不认知识"。

随着信息化的发展，信息势作为人和组织及社会成长和发展的根本动力日趋明显，2008年出版的《信息改变了美国——驱动国家转型的力量》[16]一书全面论述了信息（势）在美国发展过程中的作用，是对信息势作为发展动力的最好阐述。而最后一章的标题："信息时代：连续性与差异性"，几乎接近直白地从"联系（连续性）"与"差别（差异性）"两个向度表述了信息势概念的内在逻辑。

六、势科学视域中的一般决策

管理史上，西蒙认为管理就是决策，但决策的本质是选择。世界万物在选择中诞生、在选择中成长、在选择中发展。而选择的基础是"势"。

要在一堆粉末的混合物中，选择出金属粉末，是一件非常困难的事，但如果在其混合粉末中建立一个磁势（磁场），金属粉末即刻就被选择出来。空调之所以在同样的能耗下产生出比电炉高八倍的热量，在于空调不是将电能直接变为热能，而是先用电能来营造"热力势"，再用热力势对高动能分子进行有效的选择。化工中的分离过程，也是通过搅拌的均匀化和格式化营造一种溶解梯度势，从而才能将有效成分"选择"出来进行实际的"分离"过程。

计算机网络通过搜索选择从而帮助决策，已成为信息化时代各种学习和决策的重要手段，就在于计算机营造的是前所未有的信息强势。它通过程序语言将各种对象抽象为可进行逻辑计算的"比特"，将"差别"巨大的事物在信息层面上"紧密"联系起来。随着软件技术的不断发展，计算机创造的信息势越来越强，帮助选择和决策的功能越来越大，各种管理软件的蓬勃发展不断地验证着"信息势决策"的效率。计算机网络创造的这种决策和选择环境在现代文坛上被称为"赛博空间"，除了超时代的无所不知的"上帝"的大势以外，赛博空间营造了最为强大的时代信息势，而且还不断增加着造势的速率和不断削减着造势的物理距离，使选择决策不断跨越时间和空间的障碍。

其实，我们生活中熟悉的许多选择或决策都是在某种势场中进行的：要在众多的商品中选择一件好而贵的商品，必须在足够的货币信息势场中才能进行，就是说要有足够多的钱才能买下；要在一群优秀的管理者中选择一个最优秀的，或者在一组好的决策方案中选择一个最好的方案，决策者必须具有足够的管理信息势（管理知识），才能判断哪个更好而进行选择。就像要在许多现代技术中选择一个最好的技术，必须将这些技术放在一个足够强的科学信息势场（科学知识）中才能做到——这就是通常进行的专家鉴定。所以，我们常常看到，钱越多势越大越有决策权；权越大势越大越有决策权；知识越多势越大越有决策权。

文明的发展史证明，是由于人类理性的觉醒激发了情感势，才具备了对于科学的选择性。一般来说，情感信息势产生对于科学的选择（科学产生于对事物进行抽象的激情），科学信息势产生对于技术的选择（技术发展的水平决定于科学发展的程度），技术信息势产生对于经济的选择（发展什么样的经济及经济发展的水平决定于当时技术的水平），经济信息势产生对于文化的选择（经济的发展改变人们的文化生活和民风民俗），文化信息势又影响情感的选择。基督教文化造就的是易于冲动和追求抽象的"激情"，所以就产生了科学；实用主义文化造就的是"天动地动心不动"的中庸和"无情"，所以在实用主义文化的土壤中就无法产生科学，只能产生工匠。明显的历史对比是"$a^2+b^2=c^2$"显示的科学精神和"勾三股四弦五"导致的工匠式文化。

强大的势产生好的选择，好的选择又增强势（例如组织选择了好的成员就增强了组织势，个人选择了有效的信息和知识就增强了知识势），但在落后文化中选择又可能削减势。我们的科学技术以及课程教材等等，是来自于西方科学的翻译引进，后来又进行进一步的改编或选择。但就在按照所谓的国情改编和选择的过程中，实用主义文化的渗透就使得原创科学具有的信息强势被削减——丰富的生活描述和深入的未知探索统统被删除，只保留公式和定理的教材最后与手册没什么两样。若遇到的教师只会照本宣读，教书就变成了念经，课堂就变成了教堂，而教堂与教徒及和尚有关，与科学无缘！

事实上，可以毫不犹豫地说，谁能营造最大的信息势，谁就可以得到最好的选择。由于信息在运行中实际的自由链接速度总是大于人类对信息进行整合而形成的链接速度，也就是说，实际运行的信息势总是大于任何一个社会、组织或个人掌握或营造的信息势（结构性信息不对称），所以，现代科学和管理不但不能进行完全准确地选择，而且科学和管理的选择越来越面临着时代的挑战，准确地选择人才和知识成为管理和科学的世界难题。

七、势科学视域中的时代创新

创新的本质是系统过程在大势作用下的非平衡相变和非线性分岔。当作用中势不太大的时候，过程是平衡的线性的，只有当系统势超过某个临界值，非平衡相变和非线性分岔才能发生，创新才能实现。例如，当电压（电势）不太大时，电压与电流的作用是平衡的线性的，而当打雷的高电势发生时，电流的闪光就出现像树枝一样的分岔，如下图所示。

在传统社会，由于物理阻隔、信息阻隔、技术稳定、产品单调、消费不变、心理趋同，许多事物、问题和信息既差别不大，又联系不紧，而不能营造信息强势产生相变和分岔，因而创新稀有、发展缓慢。由于科学不发达，不能将差别很大的事物联系起来；由于交通不发达，不能把不同的经济资源联系起来；由于通讯不发达和没有网络，不能把不同的文化风俗、经济成分和信息差别紧密地联系起来，因而不能营造信息强势。在不大的信息势作用下，过程是线性的平衡的，没有过程的相变和分岔，就不可能有技术的突变和管理的创新。

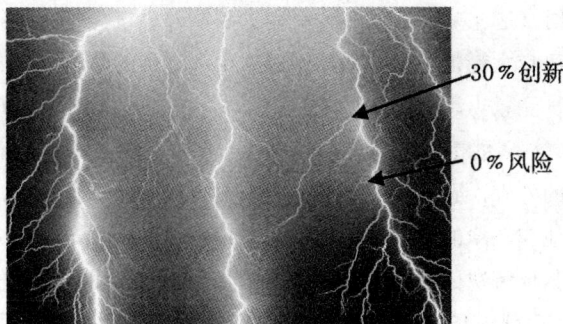

高电势产生的电流闪光分岔：创新与风险的逻辑机制

现今时代，科学的高度发展找到了更多的规律，将差别巨大的事物联系得越来越紧，同时交通的迅速发展和以计算机为核心的信息化、网络化，在技术层面上将许多极不相同的、相距甚远的事物即刻联系起来，全球化将世界不同的经济成分紧密地联系起来，所有这些都营造了前所未有的信息强势，使信息化社会成了真正的非线性社会，各种非平衡相变和非线性分岔不断涌现，社会各个层面上越来越多的决策创新和创业成为时代的基本特征。仔细分析创新和风险的系统特性，则可发现成功的创新（创业）占30%，失败的风险占70%，如上图所示。这也正是风险投资的普遍规律。

在科技领域，创新的一个重要方面来自学科之间的交叉，而学科交叉的本质就是在更深的层次上将"差别"更大的事物和机制"联系"起来，营造更强大的科技信息势，催生更多的技术分岔，社会层面上的表达就是科技创新。

在能不能创新的问题上，人们在不同的领域差别很大。同一个人，在某个领域可以连续创新，而在别的领域则一事无成，而另外一个人则可能恰恰相反。归根究底在于不同的人由于个人爱好、兴趣特征和知识背景的不同，对于不同领域的留意和关注程度不同。长期的留意和关注就会抓住某些有关细节的信息，将差别很大的问题和事物联系起来，营造信息强势而产生创新。著名数学家陈省身在微分几何领域的成就举世闻名，然而他说自己对音乐没有感觉，跑百米不如女生。而且面对记者采访交流之际，他说自己此时此刻脑子里想的还是数学。在2007年11月中央电视台音乐频道"寻找贝多芬"的节目中，"新东方学校"的徐小平说，像贝多芬这样的人，不可能去休闲打高尔夫球。围棋大师聂卫平说，这些人不可能有什么业余生活，就像他下棋一样，无论什么时刻想的都是棋。马云曾在"赢在中国"的创业大赛中点评时说"创新与学历无关"，重要的是持久的激情。这话虽然有点偏悖，但的确表明了创新的根本就在于持之以恒的热情和一如既往的倾情关注营造的信息强势和情感强势。

实际上，网络化和信息化为我们提供了各种各样寻找联系和加强联系的工具，营造了一个人人可以创新的平台，创新不再是学者的专利。说句轻松的话，在信息化的这个平台上，人们只要倾情关注、一如既往，真有可能"一不小心就创新"！

在信息化和全球一体化的基础上，财富的集中、权力的集中、知识的集中都为创新提供了条件保障。财富越集中（钱越多）势越大越能办大事，权力越集中（可以调动更多的人齐心协力）势越大越能办大事，知识越集中（越多的学科交叉整合、融会贯通）势越大越能办大事，注意力越集中势越大越能办大事。没钱没权没知识又不能持之以恒一如既往的倾情关注，则可能一事无成。

剥去创新神秘的外衣，看看生活中越忙的人往往就是势更大的人、创新路子更多的人。因为势大以后他与环境的信息作用成为非线性和非平衡，产生许多相变和分岔，宏观上就呈现出许多需要解决的问题或需要干的事（创新），而且这些事都能够干成，会带来效益。所以，信息化时代的六维信息人（钱、权、知识、情感、艺术和虚拟（抽象）信息）[15]信息人，占有的信息量大，信息势大，从而分岔多、相变多，创新多。信息化时代成了一个创新的时代。而使我们感到惊奇的是，传统文化中有关势的成语：蓄势待发、势不可挡、势在必行、势在必得、势如破竹等早已形象的描绘了创新及创业过程的势科学机制。

科学化和信息化发展到今天，由于时代的信息强势为社会嵌入了创新机制，人类社会的可持续发展将是不言而喻的。科学化营造了二维信息强势：一方面，科学的专业化发展使事物在纵向上联系的越来越紧密，营造着纵向上的信息强势；另一方面，科学的交叉性和融合性发展使事物在横向上联系的越来越紧密，营造着横向上的信息强势。信息化也营造着二维信息强势：一方面，信息化使技术和各种交流突破空间的隔阂，将全世界紧密地联系起来，在物理空间上营造了信息强势；另一方面，信息化使技术和各种交流突破时间的障碍，越来越可能实现紧密的同时性联系，在物理时间上营造了信息强势。科学化和信息化造就的四维信息强势推动着时代进入非平衡非线性社会，因而相变和分岔将成为时代的基本特征。科技创业、管理创新将是发展的基本模式，人们担心的环境问题、能源问题都将在连续不断的、越来越快的创新格式化中得到解决，过去由于技术的长期稳定造成的生产收益的边际效应导致的不可持续发展的时代将一去不复返。

八、结　语

基于势科学理论基础上的中国管理学研究，有可能成为一种管理理论的逻辑在于以下几个方面：

（1）科学的历程证明，越是具有普适性的理论，其抽象要素的个数就越少，该理论的抽象要素只有一个，就是"势"。

（2）在漫长的人类历史的演化过程中，人性在演化[6]、文化在嬗变，但"差别促进联系、联系扩大差别"的势机制不会变，而科学就是研究不变性的。

（3）真正有价值的理论必须具有可操作性，牛顿力学有"加速度"，相对论有"等效变换"，量子力学有"不对易关系"，控制论有"负反馈"，信息论有"信息熵"，协同论有"序参量"，突变论有"吸引子"，耗散结构有"非平衡"。势理论的可操作性概念是"对称性",势的运行机制是"差别促进联系,联系扩大差别",由此差别越来越大,联系越来越紧,差别最大是相反,联系最紧是相同,既相反又相同就叫相反相成,即"对称"(杨振宁称其为"对称性支配相互作用"[17]),而对称则构成数学结构的群,成为宇宙万物及社会和谐的数学模型。实际上,势的运行机制既产生"对称"形成群达到和谐和稳定,又促进"对称破缺",产生更高层次上的有序和更高维数的对称,形成更高层次和更多阶数的群,从而螺旋式推进发展。

(4)势科学视域中的管理理论通过"差别"与"联系"两个向度,上与哲学的思维接轨,下与科学的方法融通。

(5)迄今为止,几乎所有能成为重要科学的理论,其理论的逻辑形式都是与导数联系起来的,势科学视域中的管理理论正具有这样的逻辑形式:势=梯度=斜率=导数,而且通过"求导"、"梯度"、"有序"、"负熵"、"信息"及"数学群论"这些最为普遍的数学、物理和信息科学的概念和方法,使该管理理论的研究从根本上与实证科学的概念和方法统一起来,构建了一个较为系统的逻辑体系。

(6)势科学理论符合科学评价的六个标准——新颖性、创造性、自洽性、包容性、简明性、实践可检验性。

由于势的运行机制产生对称,对称以后势最大,所以管理就需要对称化管理。对称化管理及对称性元素基础上构成群的机制,实际上成为管理家直觉的最重要工具,《易经》之所以在一定的程度上可以用来预测,就在于《易经》本质上是一个泛化的群[11]。

势科学理论的深远意义还在于它从更加抽象的层次上揭示了人类文明发展的符号逻辑:人类第一次文明始于整体直觉认识了"能"(mah)并学会利用自然能,产生了原始文明,使人类从自然的束缚中解放出来;人类第二次文明始于逻辑分析认识了"力"(ma)并学会了使用人工力(牛顿定律),产生了工业文明(物质文明),使人类从繁重的体力消耗中解放出来;今天,我们通过整体直觉到逻辑分析认识"势"(a),即导数的本质——信息,也就是认识信息的物理直观和管理直观,并充分地利用势(信息),则将实现人类的第三次文明——管理文明(信息文明、精神文明),使个人或组织格式化地只专注于营造信息势而不再拘泥于勾心斗角地相互揣摩以及挖空心思地相互算计(无为而治的管理),进而才有希望从复杂的管理纠缠和思想困惑中彻底解放出来。从"mah"→"ma"→"a"的逻辑符号演进中,剥离了距离h、剥离了阻尼m,抽象出真正的核心价值"a"即"势",即"信息",揭示了人类应对风险和不确定性从而实现真正的自由和文明的逻辑过程,就是一个不断通过智慧性抽象从复杂走向简单的势科学过程。

注释

〔1〕彭贺，苏宗伟：《东方管理学的创建与发展：渊源、精髓与框架》，《管理学报》2006年第1期，第12—18页。

〔2〕黄如金：《和合管理：探索具有中国特色的管理理论》，《管理学报》2007年第2期，第135—143页。

〔3〕李京文：《创新发展有中国特色的管理科学——兼评〈和合管理〉》，《管理学报》2007年第2期，第141—143页。

〔4〕和谐管理研究课题组：《和谐管理理论的研究框架及主要研究工作》，《管理学报》2005年第2期，第145—152页。

〔5〕席西民，葛京，韩巍，陈健：《和谐管理理论的意义与价值》，《管理学报》2005年第4期，第397—405页。

〔6〕李德昌，崔延红：《人类本性的嬗变——信息人与信息力学之一：从物质人、生物人、社会人到信息人》，《理论月刊》2005年第5期，第90—94页。

〔7〕邵汉明，陈一弘，王素玲译注：《百子全书·老子、庄子》，辽宁民族出版社1996年版，第48页。

〔8〕李元杰："谁主宰了宇宙"（学术报告），2008年6月于西安交大。

〔9〕戴维·玻姆著：《整体性与隐缠序——卷展中的宇宙与意识》，洪定国，张桂权，查又梁译，上海科技教育出版社2004年版，第11—14页。

〔10〕李德昌：《新经济与创新素质——势科学视角下的教育、管理和创新》，中国计量出版社2007年版，第5页。

〔11〕李德昌：《信息人社会学——势科学与第六维生存》，科学出版社2007年版，第12—66页，第174—118页。

〔12〕李德昌：《势论》，《系统科学学报》2008年第1期，第35—39页。

〔13〕李德昌，田东平，薛宇红：《素质与序秩——基于耗散结构理论的教育学原理探晰》，《系统科学学报》2006年第2期，第71—74页。

〔14〕邬焜：《信息哲学——理论、体系、方法》，商务印书馆2005年版，第491—526，23—31页。

〔15〕李德昌：《信息人与不确定性》，《西安交通大学学报（社科版）》2005年第4期，第44—54页。

〔16〕阿尔弗雷德·D·钱德勒，詹姆斯·W·科塔达编：《信息改变了美国——驱动国家转型的力量》，万岩，丘艳娟译，上海远东出版社2008年版。

〔17〕宁平治，曾月新，李磊主编：《杨振宁科教文选——论现代科技发展与人才培养》，南开大学出版社2006年版，第290—292页。

无序之序：公共组织文化建构的新思维

李少惠

（兰州大学管理学院，中国兰州）

当前，我国正处于社会转型和体制转轨的变革时期，公共行政面临着从价值理念到管理模式的彻底转变，作为对公共行政活动具有价值先导作用的公共组织文化也必须不断变革。本文尝试借助混沌理论的视角来探讨在不确定环境下公共组织文化变革的基本路向。

一、混沌理论的新视角：线性与非线性的思考

最近几十年来，自然科学领域出现了一个以"新科学"命名的聚焦于不确定性、不稳定性、不可预测性和复杂性问题的研究领域，其中包括混沌理论、量子理论、新进化理论等。混沌理论是新科学的重要代表，秉持着与经典牛顿力学的线性逻辑分析殊异的特殊原则。所谓混沌是指事实的无序性，混沌理论主要是研究系统的非线性特征，即着眼于非线性系统如何随着时间的推移而发展变化，并揭示这种不确定性、不稳定性、不可预测性和复杂性。故其研究的重点是时间、变化和不确定性，它显示非线性系统可以完全改变自身，使之成为全新的更加复杂的形式。[1]

混沌理论在公共行政学领域的应用，开辟了行政学研究的新视野。与其他社会科学学说一样，传统的公共行政学也深受牛顿力学的逻辑影响，利用线性的理论模型来建构理论框架，它十分强调组织系统的确定性和秩序，然而却忽略了公共行政的不可预测性和复杂性。它非但不关注与公共行政相关的系统变化发展过程中的复杂性和不确定性，反而把变动和环境看成一种威胁。在公共行政学发展史上，这已成为主流思想。如马克斯·韦伯（Max Weber）创建的官僚科层制意在保持组织系统的秩序和稳定性，伍德罗·威尔逊（Woodrow Wilson）将政治与行政的关系视为可以彻底分离的两个部分，一如机械论的观点。传统行政学对变化的认识也主要是基于渐进和微调，认为整个行政体系始终处于均衡状态，即使有变化也只是渐进的，公共行政中各变量之间的关系是稳定的和线性的，现有的结构不会发生根本性改变。显然，这种传统的线性思维方式和均衡观已不能真正反映行政机构和公共管理变化的现实。混沌理论的引入则为我们认识传统公共行

政的固有局限、重新发现变化及其对组织系统的重大作用提供了新的研究视角。

混沌理论强调复杂性、非线性和动态，这种非线性特征要求我们在分析和研究事物时，要改变那种简单和直观的传统的线性思维模式，而要从宏观上看待客观事物所表现出来的复杂性，多样性及非周期性。混沌理论研究的这种非线性系统，其内部关系的呈现，并非像线性系统的内部关系那样严格呈比例的。实际上，公共行政组织往往处于一种非线性的动态中。具体而言，现实中的公共行政组织并非像主流理论假设的那样，每一个方面都是可以控制的，管理者可以很容易地得到关于组织无论是在微观还是在宏观层面上运行的数据或知识；或者即使组织形态和环境是复杂的，人们还是可以通过理性化的过程来使组织变得可控，以使复杂性变得简单；更不像理论预设的那样，整个组织是处于线性系统中，具有稳定性和可预测性。显然，与主流公共行政相比较，公共行政组织的实际状况更加符合混沌理论的假设。公共行政更主要呈现为非稳态的特性。作为社会大系统中的一个小系统，公共行政系统必须不断适应整个社会大系统的变化发展，这种变化与行政过程呈互动状态。当今急剧变化的外部环境无疑是造成行政组织内部波动的重要变量，突发事件层出不穷，种种内生和外生力量都会影响行政过程，打破既有的均衡和稳态，表现为复杂性、非均衡性和非稳态结构。行政组织本身成为一个远离平衡的非线性系统：公共资源投入与产出的非相关性，行政效能的不确定性，组织自发的变迁等特征都使其更加符合混沌理论的假设。因此将混沌理论运用于公共行政的研究不仅是可行的，而且对于我们深入思考公共组织文化建构的意义与方向是一种积极有益的探索。

二、无序之序：公共组织文化的变革

混沌理论所揭示的行政组织的复杂无序特征，无疑给人们带来了如何建立新秩序的困惑。人们将如何应对混沌、无序、混乱与非均衡状况呢？混沌理论不仅提出问题从而对所谓组织的稳定性和可预测性这一主流公共行政的理论假设来了个釜底抽薪，更为进一步解决问题即引导公共行政组织的变化提供了新的途径。其理论建树在于它提出了非线性动态管理的哲学理念。作为对公共行政学中的混沌理论做出开创性研究的当代行政学家，道格拉斯·基尔（Douglas Kiel）提醒人们组织的无序因素未必是破坏性的，无序中蕴含着深层次的秩序。[2] 混沌理论的核心在于指明了运动过程中非线性的运动机制，即随着时间的推移，非线性系统可以完全改变自身，使之成为全新的更加复杂的形式。换言之，无序可以导致多种可能性的出现，甚而形成一种新的组织，创造出新的结构和秩序，故其对秩序的形成至关重要。不均衡性作为公共行政组织的典型特征，也是公共行政发展的关键因素。正是有了不均衡性，才有可能使公共行政组织及其人员打破既有的结构、程序和思维定势，在处理偶然事件中创造新的反应模式，推动公共行政组织的变革与发展。因此说，重建公共行政新秩序的答案应从组织不断进化的结果中去寻找。

公共组织文化是人们在行政管理实践中产生并反映行政管理实践的观念意识，是客观行政过程积淀于社会成员特别是行政人员心理结构当中的态度、价值理念和行为准则。它是社会文化在行政管理活动中表现出来的一种独特的文化形式。公共组织文化作为公共行政体系的深层结构与精神内核，深刻影响着公共行政系统。公共组织文化是一个非线性的、动态的体系，同时也是一个开放的系统，公共组织文化的塑造与变革即是一个主动制造不稳定和无序的过程。如当前中国社会服务型政府的构建及服务型公共组织文化的塑造，无疑从观念、制度、行为等方面触动了旧的管理模式，在政府内部制造了某种震荡、变动和不稳定。"要想通过政府组织将服务维持在稳定的水平上，就有赖于系统的不稳定性，这样他们就能够根据新环境而改变。"[2]组织的无序，意味着它本身含有接受变化的潜力，并促发人们去改变它，实现组织创新。其实，这里一个关键问题就是思维方式的转换，要用一种新的秩序思维来替代传统的稳定思维。要从根本上认识到任何系统不稳定都是好事，稳定是静态的、被动的，往往与活力相矛盾；秩序则是动态的、主动的，内部包容性强；不稳定就会继续演变，我们所要做的就是了解演化的方向，进行相应的调整，推迟系统的崩溃，为新的创造赢得时间。而用新的思维重建秩序正是公共组织文化建设的重要使命之一。公共组织文化作为公共行政体系的深层次结构，影响和制约着公共行政制度、结构程序、管理方式、决策过程以及行政人员的行为、态度、价值等。好的组织文化会引导组织变革和发展，成为行政体制改革的核心动力。要想促使动态的不平衡导向发展而不是走向系统崩溃，那么就必须在组织中推行一种宽松的文化氛围，包括人力资源和物力资源的宽松，从而有余地应对突变。由此引出下一个问题：对管理控制的新认识。

三、控制：管理悖论及其求解

控制作为管理的五大职能之一，自从组织出现以来就在发挥其特定作用。传统管理理论及实践都强调通过正式和非正式的约束措施来实施控制。在传统的公共行政组织中，同样也是通过控制来进行管理的。毫无疑问，在组织中，控制机制是必要的，没有它的组织将会是没有任何公共责任和效率的组织。然而问题在于，行政组织对管理控制的依赖如此之大以至于使控制模式走向极端，完全忽略了控制悖论的存在：具有提高效率价值的控制措施本身就包含着它们自我破坏的机制。组织系统中集中控制的程度越高，就越不合个人的偏好；越是为了提高效率而使行动一统化，则满足实际需要和允许个人酌情处理的灵活性就越低。[3]当控制没有灵活性或控制标准缺乏现实性时，所产生的后果是，人们丧失了识别组织整体目标的能力，不是组织在行使控制职能，而是控制在管理组织。由于任何控制系统都存在缺陷，因此当一些个人或组织中的部门想使控制成为规则秩序建立的主要手段时，问题就产生了。美国联邦人事制度在改革前要求工作人员必须遵守的所谓规定细则曾多达两万多条款，使得公务人员因为过于强调遵守程序或害怕触犯规则而变得谨小慎微，甚至连仅仅回应公众的需求都变得十分困难，从而造成组织目标的位移或置换。诚如罗伯特·莫顿（Robert Merton）所言，固守规则开始作为一种手段而出现，但最终却转化为目标本身了，即终极价值被工具价值所取代，只顾遵守程序而淡忘了公共行政组织服务大众、服务公共利益的根本目标，从而将公共行政组织陷入合法性危机。这无疑已成为沉重的教训。

我们必须承认，在社会发展进程中，控制职能的制度化加速了现代工艺技术的发展，但大量的规则、制度、程序以及制度化的其他措施又可能对个人和组织两者都造成机能失调的情况。就组织的目标而言，其结果就是机能障碍。就组织中的个体而言，则会导致人的异化、过度服从或自主性的丧失。以往的管理思想及其制度，常常以避免错误的发生作为出发点，强调管制的功能，它对于建立规则和秩序起到了积极作用。但人从本质上说是能动的，过多的管制，无疑会在一定程度上束缚人的个性和创造性。基尔也深刻地认识到这一点："加强管理控制可能会阻碍存在于组织中的那种改善组织的广泛的潜力。" [2] 他同时指出，在非线性的组织中，"即使在一个事务性的或者简单的系统中，通过控制来管理都不可能是一种完全的胜利。组织越是大，越是复杂，通过控制来管理就越困难"。 [2] 这就是我们在现实生活中常常看到的管理控制的两难境地。当人们过分追求稳态时，往往会导致组织僵化和内部活力的丧失；试图在不确定性中进行控制，又会导致控制成本越来越高，造成恶性循环。那么这种两难困境是如何形成的呢？借助混沌理论的视角，可以清晰地看出，这种管理思想是建立在理性主义哲学和机械论的逻辑假设之上。

对理性的崇尚是自古希腊时代以来西方思想文化的一个重要组成部分，由此成为西方自然科学发展的基础乃至西方社会发展的精神底蕴。理性主义哲学信仰理性，认为事物、现象之间的因果关系是确定的、必然的，影响事物的各种变量关系是稳定有效的，因此可以根据归纳演绎等形式逻辑来建立理论进行解释和预测。坚信世界的确定性、秩序性和统一性，并由此形成二分法的思维模式及工具理性，为自然科学奠定了基础，推动了科学技术的迅猛发展，牛顿机械力学也正是建立在此基础上的。然而我们在前面已分析过其对事物的认知是不完整的，不能体现世界的真实图景。混沌理论作为一种反机械论的模式，它对组织的复杂性、不确定性、不稳定性和不可预测性的揭示也足以打破理性肆意扩张的霸权。如果将其与人本主义哲学做一比较，更可明显看出两者的差异。理性主义哲学的思维序列是沿着"世界是什么"——"世界是怎样的"——"如何认识世界"的逻辑进程展开的；人本主义哲学则是沿着"人是什么"——"世界是什么及怎样"——"人的存在、人的意义和价值"等问题而延伸的。如果说，它关注的是人本身，将人作为其出发点和归宿点，人内在于世界，并由此追问人存在的意义和价值，从而唤回人的尊严，实现对人的终极关怀。那么，理性主义哲学则是从物到物，人只是理性演进或体系的一个环节，人受制于外在的关系。这也因此影响并导致了自泰勒古典管理理论以来所盛行的见物不见人的管理通病。与此相关，管理控制显然也是将人视为达到组织目标的一个环节，强调必须服从组织需要。

由此看来，传统的管理控制手段非但难以奏效，反而制约了组织的活力，造成机能失调。因此，现代管理理论和实践必须超越管理控制的思维定势。

针对公共行政管理者倾向于将组织的变动和环境看成是一种威胁，力求回避不确定性，并致力于通过加强管理控制来保证稳定的传统意识，我们恰恰应转换思维观念，不确定性之所以被认为只会给组织带来负面影响，是因为不确定性来源于预期的不完全性和人类解决复杂问题能力的有限性。但是混沌理论提示我们，不确定性也是组织创新的源泉。因此，对不确定性的处理，既需要在组织结构的设计方面缓冲不确定性所带来的冲击，又需要利用不确定性获得组织结构创新。实践证明，在当今充满不确定性变数与动态的社会环境中，只有那些具有高度自组织特性和高度灵活的网络型结构的组织，才真正具有利用不确定性和应对复杂性的能力。非政府组织即是一个组织创新的典范。在当代治理结构中非政府组织凭借其自组织特性，能够自发、自主地形成结构过程，从而跨越了传统官僚组织的边界，使传统组织所固有的清晰边界变得模糊、职能界定形成交叉。正是源于其模糊的组织边界，使之与政府、公共部门、私营部门乃至国际性组织之间有着千丝万缕的联系，这些多样性联系为组织的跨界合作提供了可能，从而使不同性质、不同使命与类型的社会组织可就某一项目的合作达成协议。往往社会环境要素越不确定，组织跨界合作治理的重要性越突出，可能性也越大。非政府组织以无边界、无等级、高度灵活的特点，来处理动态环境中社会的复杂性诉求与不确定性因素，从而凸显出独特的价值与功能。对传统组织架构的创新及其组织间"伙伴关系"的新理念的确立不仅打破了传统社会纵向一体化的治理格局，更因此促使我国社会由"单中心"向"多中心"的治理结构转型。可见，以非政府组织和网络组织为代表的新型组织，之所以能够改变"命令—控制"的管理模式，正是源于组织自身所具备的自我更新的能力，从而使其能保持动态的不平衡，这种动态的不平衡恰是自组织适应环境变化的需要。由此不难设想，如果政府等公共组织也能通过混沌最大程度地鼓励竞争和创造性，同时又建立了有序的合作机制，能够下放权力，公平地分配责任、权利和利益，在保持根本目标和原则不变的前提下，能够从形式上和功能上不断进行自我调整，使组织成员的才智与创造力得到充分发挥，那么重新恢复其自我组织、自我管理、自我发展的功能也就指日可待了。这意味着政府公共组织的变革，同时更意味着这种变革需要先进的文化价值理念的支持。

四、前瞻性：公共组织文化变革的基本路向

混沌理论的运用，引发了我们对公共组织文化建设的意义与发展路向的思考。长期以来，中外行政管理学存在着以工具理性为指导原则，将公共行政管理简化为一套行政程序、管理技术、生产工艺的倾向，将其功能仅局限于执行法律和实施政策，缺乏对其基本价值、目的及目的合理性的探讨与反思。这种致思路径显然是对工具理性和价值理性二者关系的割裂。实际上，公共行政管理不仅是一个执行法律和实施政策的过程，而且还是一个实现价值关怀的过程。公共组织文化及其伦理价值体系理应承担起对行政管

理进行价值建构和理性思考的任务。试想公共行政若只关注技术、效率等工具性层面的东西，而无组织文化、伦理哲学等价值层面上的批判性思考，这样的理论研究无疑是不健全的，公共行政实践也将是短视而危险的。

当今人类已进入一个"全球风险社会"，公共危机事件频发，复杂性、不确定性和风险性已成为社会常态现象。同时中国社会也在面临整体转型，公共行政管理如何在这种情况下去规范社会和正确地引导社会前行，首先取决于政府自身的行政改革。显然，传统公共行政的"命令－控制"模式已经过时，它既有悖于人类的本性，形成了对社会机体的伤害，又难以应对日趋复杂和多样化的社会需求。政府必须根据社会转型的要求去重建自身。在新的历史条件下，政府需要增强自身在社会治理过程中的灵活性，需要让行政人员拥有更多自主性；随着社会自治力量的出现，需要努力与社会自治力量谋求共识，在信任和协商的基础上共同建构合作治理的体系。而公共组织文化应担负起时代赋予的使命，为公共行政的实践提供先导性的理论准备和实践安排。鉴于此，公共组织文化的变革应立意于战略层面，更具有前瞻性，充分发挥出价值理性的引领作用。在此借鉴一般文化体系建构的框架，从精神层面、制度层面和行为层面及物质层面，结合公共组织文化的特质，探求公共组织文化的变革方向。需要加以说明的是，公共组织文化的物质层面不在本文论述范围，故而将前三个层面的问题聚焦于价值导向、责任机制和创新能力几个维度展开论述。

（1）价值导向。迪莫克（Dimock）在《公共行政管理前沿》一书中指出，价值问题直接关系到政府行为目标的实现，公共行政呼唤一种行政哲学，以便更加高效地、令人满意地服务于公众，因为公共行政中包含着忠诚的美德和诚实、热情、谦虚等有益的品质与行为。在对传统公共行政理论和官僚科层制度的反思中，人们首先从价值层面分析了价值中立的不可行和工具理性的错误逻辑，弗雷德里克森（Frederickson）指出，纯粹的价值中立不仅在学术研究中不存在，而且会对行政学研究产生误导作用。他提出以社会公平作为公共行政的核心价值。[4]登哈特（Denhardt）则看到了以效率为导向的工具理性只会引导人们关注达成既定目标的手段，而忽视对目标本身的观照，他为此建立了以民主、公民权和公共利益为基础的新公共服务理论框架，呼唤公共行政转向倡导服务的价值和实质的正义。[5]正是对传统公共行政的反思和超越，当代公共行政强调行政价值的重建，并将价值观视为公共行政的本质特征之一。同时价值观作为公共组织文化的精神内核，主导着人们特别是行政人的日常行为，帮助行政人确立理想目标，达成组织共识。

随着公共行政理论的发展和社会治理模式的演变，公共行政价值也经历了由效率到公平的变迁，并呈现出复杂和多样化的趋势。公平、正义、民主、法治、效率、人本是当代公共行政的价值追求。而在多元化的行政价值体系中尤要强调以公共利益为基本指向。公共利益是行政人运作一切公共体系、公共政策规划及公共管理活动中的作为与不作为以及如何作为的基本目标和方向，故每一个行政人都应把实现和维护公共利益作为自己的价值导向。公共利益所提供的主要是一种思想态度、一种观念、一种精神。从形而下的层面视之，即在公共行政实践中，表现为重视和尊重全体公民的权利和义务的态度取向。它能使行政人准确地定位自己的角色，以服务为行动指南，切实满足社会公众的需求，并将其作为公共行政合法化的途径。从形而上的层面来看，则应确立为公共利益与公共愿景服务的使命感。

（2）责任机制。责任可划分为客观责任和主观责任，客观责任源于法律、组织机构、社会对行政人的角色期待，具有外在强制性含义；主观责任却根植于我们自身内在的良知、认同的价值观或信仰，是对公共利益的自觉。在公共行政系统中一个重要的问题是如何落实行政人维护公共利益的职责，一般借助内部控制和外部控制两种途径，即自律和他律。

官僚制度下的政府组织在整体性责任方面，一定程度上实现了较为完善的责任监控体制，而在行政人员的责任担当方面，理想的设计并未达到预期的效果，其原因就在于因制度作用所产生的行政人员人文价值和道德信仰的缺失。等级制的权力分配方式和循章办事的职责规定固然杜绝了人治的随意性，但也造成了对制度的技术性依赖越来越大，降低了自主的积极性和主观能动性。丧失了自主的思考和判断、只知遵守定规、执行上级或组织的意志的个人最终只能成为行政官僚机器的附属物，成为按程序运行的机件。因而说官僚制通过纪律和规范化的管理而实现对理性化秩序的追求必然导致人的异化，其片面追求技术理性的逻辑，迫使每一个本体的人的价值理性完全屈从于体制的技术理性而去满足提高组织效率的功能，对工具的合理性的追求换来的是价值的非理性。在客观责任和他律机制得到强化的同时，主观责任和自律机制却相应丧失，最终官僚制遭遇绩效危机，组织效率低下也就成为必然。

在管理思想中存在着一种由来已久的假设：对组织目标的内在参与会减少外部控制手段的需要。当我们对控制概念在工业革命以来直至后工业时代的演化过程进行梳理和追踪时，发现自科学管理产生之日，就力图使组织目标内化为既是一种激励措施，又是一种控制手段。当代企业文化理论再次提出了人应该把组织目标内化为自己的目标，并把它们看作满足自己需要和愿望的一种手段。人本管理理论更是从人出发，强调人的核心价值，要求实现目标的内在化和自我控制。这表明任何责任都不是一种纯粹的外部性设置，任何责任只有通过将外在的要求化为个人具体的信念才能发挥作用并得以践行。在对行政主体内在责任的思考中，弗雷德里克（Friedrich）认为，在复杂的现代政府机构中，用外部控制来维持一种负责任的管理形式是不合适的，他呼吁培育"内部督查"的方式以实现内部控制，即主动承担责任，并自觉地认同这些责任。[6] 这表明公共行政研究对伦理价值的自觉，标志着外在制约向个体内在责任机制的转变。这同样也符合个体道德发展从他律到自律再到自由的过程的总趋势。

（3）创新能力。创新意愿和能力的形成既源于外部世界的压力，又与公共行政组织及其成员在治理结构中的主体地位和自主意识密切相关。传统官僚组织严格的等级观念、机械的规章制度及无所不在的控制，从根本上扼杀了行政人员的创造性和积极性，使行政组织中的个体陷入只知执行命令、丧失了价值判断能力而成为"单向度的人"，从而也使行政系统难以灵活应对新的挑战与机遇。美国前总统克林顿在国家绩效评价结果发布时强调，政府表现不佳并非是文官团队的无能，而是因为旧有的系统未能赋予管理者适当的权力与弹性。只有当公共行政系统以充分的授权确立行政人的主体地位，以信任而不是以畏惧和控制为原则进行管理，同时发挥公共组织文化固有的人文精神，培养积极的行政人格，方能使行政人以其作为治理主体成员的自觉意识，秉持公共利益至上的坚定信念，并将执著的价值追求创造性地转化为现实的行政行为，而不仅仅囿于循规蹈矩，按章办事。因此说创新能力不仅关乎行政效能的提高，更关乎公共行政的合法性及其终极目标。

以前瞻性为发展路向的公共组织文化坚持行政人的主体地位和以人为本的理念，强调人的主观能动性和自主性。这种自主意识并不意味着任性的创造或者混乱无序。[7] 行政人的主观性的发挥是在一定的环境系统中进行，因而主观的意向应与环境的变化趋势和需求相一致，其行为是基于共同的目标和原则，是以实现公共利益最大化为诉求。以人为本的理念和价值追求使行政人能够顺应人类精神及人性的发展规律，在进行决策时充分考虑到社会成员的不同意愿和需求，自觉摒弃传统的自上而下的决策模式，而代之以"共识性的决策"，从而使作为最直接反映公共利益的公共政策的制定与执行过程成为一个社会各种价值整合的过程，体现出社会互动的结果。行政人在坚持正确价值的同时，还要帮助公众了解他们自己的需求，帮助公众明确表达并实现其公共利益。登哈特指出："如果公共组织被界定为试图表达社会价值，那么成员就承担着尽其所能审视、理解和解释公共价值的责任。"[5] 也就是要求行政人以积极主动的姿态回应社会和公民的多样化需求。不仅如此，自主性还使其对社会问题保持高度的敏锐，善于发现潜在的问题及政策制定的可适用性，能够有意识、有目的地对公共事务与危机采取行动，避免成为被动的救火队员，从而能够做到未雨绸缪，防患于未然，并能创造性地开展工作，这正体现了对实现公共利益的自觉。

加里斯·摩根（Gareth Morgan）指出，未来公共行政管理的关键在于学会驾驭高度复杂性与模糊性的局面。[8] 为此，政府等公共组织必须坚持变革、创新，善于接纳并培育多样性、复杂性，并在演化过程中调整方向。同时要致力于开发和提升组织及其成员的学习能力，以进一步培养组织自我更新、实现组织绩效和提升服务的能力。在非线性组织状态中，管理实际上就是一个不断学习和改进的过程，通过不断地学习来进行管理显然要比传统的通过控制来进行管理的方式更为有效。学习不仅可以解放思想，培养才智，有助于形成正确的判断力和预见性，而且能够带来组织改进和发展的新机会，最大限度地释放组织与个人的创造性能量。从公共行政的终极目标和发展趋向来看，政府作为公共行政组织，承担着管理国家事务和社会公共事务的重任，在经济全球化和知识社会业已来临的新时代，面对复杂多变、充满不确定性的公共治理环境，政府也必须不断加强自身学习、提高行政能力，推进公共组织的变革与发展。

基于上述价值导向、责任机制和创新能力的维度分析，可以这样认为，公共组织文化的创新将促进公共行政系统的变革，反之，公共行政的变革也必然有赖于公共组织文化价值理念的支持。因此，公共组织文化的建设不应以维系组织的平稳为目的，而应促使组织和组织中的行政人员都具备一种积极创新、求变的精神。要用持续创新、追求卓越的精神面貌去克服和改变行政组织中的形式主义、机械僵化等弊端，积极回应社会公众的多样化需求，并在与社会的互动中确立和适时调整变革的方向。只有公共组织文化这一行政体系之深层结构不断创新，才能推动公共行政朝着良序、健康的方向发展。

注释

〔1〕马骏，叶娟丽：《西方公共行政学理论前沿》，上海人民出版社1997年版，第37—38页。

〔2〕Kiel, DouglasL. *Mannaging Chaos and Complexity in Government*. San Francisco:Jossey-Bass Publishers, 1994:4-5.

〔3〕丹尼尔．A. 雷恩：《管理思想的演变》，中国社会科学出版社1986年版，第543页。

〔4〕乔治·弗雷德里克森：《公共行政的精神》，中国人民大学出版社2003年版。

〔5〕罗伯特·登哈特：《新公共服务：服务，而不是掌舵》，中国人民大学出版社2004年版。

〔6〕Friedrich, Carl J. "The Nature of Administrative Responsibility". *Public Policy*, 1940（1）:3-24.

〔7〕武玉英：《变革社会中的公共行政》，北京大学出版社2005年版，第91页。

〔8〕加里斯·摩根：《驾驭变革的浪潮》，中国人民大学出版社2002年版，第105页。

执行力管理与《周易》德性系统权变论窥探

郭　刚

（南京信息工程大学公共管理学院，中国南京）

一、执行力从"为何"重要到"何为"重要

在当前急遽变化的市场环境中，执行力对于一个企业的生存与发展至关重要，只有那些能够对市场环境变化及时作出应变的企业，才可能在变动不居的环境中赢得先机。一个企业在没有战略时，是战略决定成败；一旦有了战略以后，是执行决定成败。战略可以模仿，而执行力不可复制。《财富》调查表明，世界 500 强企业的任何一家，在技术领先、服务增值和执行高效这三个方面，至少在执行力方面表现突出，足见执行力是企业成功的法宝。企业这样，事业亦如此。

执行力是确保有效战略的根本保障之一，为管理战略的一部分，而且为根本性的部分。美国 ABB 公司董事长巴尼维克曾说过："一位经理人的成功，5% 在战略，95% 在执行。"在当今中国的各种形式的组织管理中，执行力被相当多的管理者和经营者视为提升效益和改善性能的关键。他们坚信，只要执行力得到提升，能够做到岗位责任明确、权限配置适当、信息传递通畅、机制科学合理以及执行快速高效等，就会摆脱困境，或避免困境的出现，这就是所谓的在竞争中必胜的"赢在执行"。但是，通过系统分析和全面权衡之后，我们不禁要问，这是不是陷入了一种误区，一种没有考虑到在执行过程中的"以人为本"及其与人的管理（如文化管理）相关的权变思想，而简单地对执行力过度迷信。于是，我们也不由地进一步质问，是否有了执行力，一切问题皆可迎刃而解了。事实上，这是对执行力的形式简单的痴迷，而没有深深体味到其内涵丰富所在，在管理中不仅有理性管理，而且还有德性管理；其中，能够以德性系统权变思想组织执行力是其关键。

从发生学的角度来看，执行力和权变管理理论皆起源于 20 世纪七八十年代的西方，且随着经济全球化浪潮的向前推进，已经普及而成为世界性的发展理念，并作为基本的管理原则受到管理界的普遍认可和运用。尽管说这些理论源于西方，但作为一种哲学思维，执行管理和权变思想在人类社会早期时代便已存在，譬如说，这在中国源头文化——群经之首的《周易》思想中早已存在。

众所周知，追求利益最大化的管理是所有企事业单位或团体管理的目标，这点不可否认，但它强调生产效率而导致视人为物的倾向，是造成现代管理过程中的弊病之源。

当前中国执行力不强的主要表现有领导者的人事组织能力有限，协调能力差，团队工作涣散，领导者投机取巧，经常会出"邪招"、"歪招"，为了自身利益而做一些损人利己的事；不考虑以市场环境变化的本质出发，对员工的实际利益置若罔闻，出台制度随意性强且变化太快；而且，部门之间经常出现推诿扯皮的现象；等等。鉴于此，通过查阅国内外企事业单位在执行力上的管理经验，尤其是借鉴中国人的管理现状，本文认为执行力管理必须在人（事）的整体的动态平衡中来考察执行力管理的过程，主要把握三个因素，那就是"以人为本"管理、整体协调管理和与时俱进管理（以人为本的动变整体性的管理），但这三方面的管理都必须遵循着权变理论；当然，还必须依据于一定的基本原则。可以说，诸如执行力管理的这些特征在《周易》思想里可以梳理出其雏形。

二、执行力因素与《周易》德性系统权变理论关系

执行力虽然旨在执行，但缺乏必要的管理，执行力的实施是有问题的。执行力管理必须在一定的制度化下完成，确保目标明确是执行力的核心，这个是前提。可以说，执行力管理是使得制度的可能性转化为现实性的根本保障。所以，制度是前提，执行是关键。执行力管理要求在做到定位准确、具体量化、合理分解的同时，要因时制宜地管理和实施。而且，在管理过程中，相对于制度的完善，"以人为本"管理、整体协调管理和与时俱进管理是执行力管理的内核，而且这三方面的管理都与《周易》德性系统权变理论相契合。

（一）"以人为本"管理

提高执行力，人是最重要的因素。相对于制度的固定样态，人是活的有机体，同时由人组成的团体和组织也是灵活的。如果每个人都能堂堂正正做人，踏踏实实做事，敬业奉献工作，那么，就会产生极强的凝聚力，执行力就会在无形中得到提升。这实质上就是能够为每个人提供在人生价值实现上充分展现的舞台，其前提便是"以人为本"。而"以人为本"的实施就是人格化的管理或人性化的管理，又称情感化的管理，它是以满足每个人的物质和精神需要为前提的。于是，这种管理抛弃过去那种单纯说教式、命令式和家长式的管理形式，而把情感注入和渗透到管理活动中，以理服人、以情动人、以物（物质和精神的）满足人，能够在管理过程中做到待之以礼、交之以诚，通过感情的联系与沟通，使得团队得以和谐融洽，进而提升执行力。

1.德性本位

绝大多数学者和管理者都认为，确保强有力的纪律与秩序是执行力的关键。从形式上来看，这种观点没有不合理处，但从管理的内涵上却忽视了实施执行力的是具体性的、社会性的和情感性的人。人心所望应是执行力管理的关键，它能使得每个个体都能忠信于团体，忠心于工作，如此，那么一切皆可顺利进行了。这种管理在《周易》中体现的

便是德性原则，其能给现代社会管理培植与之相适应的执行力的心理素质提供精神支撑。

《周易》提倡人们在德性上"与天地合其德"，强调培养人的德性来确保人际关系的和合，尤其对"君子"（尤指统治者）提出了保有德性的必要性。德性管理是执行力管理遵循的不变之理，是为常道或恒道。表现于现代社会中，领导者不必人为地强求或以主观意志想当然地指使他人，而是以德性亲近下属，与下属建立起亲密的关系，且能事必躬亲，做到德性而德行。而且，"圣人久于其道，而天下化成"（《恒·象》）；"恒其德，贞"（《恒》）。在执行力管理过程中，领导者若能恒久其德，拥有着敦厚朴实、谦虚、处下、宽容、精进、自强不息等品行，则团队就会生机勃勃；团体一旦同心同德，一切问题则可顺利进行。《周易》把那种缺乏恒德的行为提出来引人警示，指出"不恒其德，或承之羞"（《恒》）。如果领导者因自己的尊贵地位、高高在上，而过分地专横暴虐，或单靠行政命令行事，或简单粗暴地对待被管理者，视下级或民众为奴仆等，都是不以德性为本的表现。领导者只有克服这些缺陷，才能取得被管理者的拥护和爱戴，相对地被管理者才会恭谨勤勉，与管理者一条心，这样就可以上下各得其所了。

在以德性为本位的管理中，诚信贵可重要。诚信是为人处世之本，在《周易》中，"中孚"象征忠心诚信，其中《中孚》一卦专讲诚信之德。它隐含着人对任何事物都要诚信，而且人只要有忠信之德，就没有什么险难不能克服，自会吉利亨通。人不仅要做到诚信，还要谦恭，虚心接受别人的意见和建议。《周易》专设《谦》来阐明谦虚的道理，教育人们要培养谦虚的人格，内心知道抑制，外表要柔顺，并且要施与于人。

因而，通过德性而健康优良的人性管理，是《周易》折射出的管理智慧，应该成为人们的行为准则。当然，更要看到《周易》中蕴含的理性与德性协调一致的精神，这在执行力管理中更富有智慧。《周易》有"天行健，君子以自强不息"（《乾·象》），以及"地势坤，君子以厚德载物"（《坤·象》）相结合的精神资源。它隐含着乾具有的健性、知性、生性、变性、灵性等特性，能够为员工共同工作并为他们提供鼓舞人心的精神动力；坤具有的柔顺、德性、宽阔、包容等特性，能够使员工具备厚德载物、虚怀若谷的胸襟。两者共同成为员工们认同性的文化行为（内部环境），一方面能够确保团体产生无穷的活力，使得管理者和员工们在执行中自强不息、刚健有为；另一方面能够让整个团体"阴阳合德，刚柔有体"，使得人人都和谐相处，团结一致，同心同德。可以说，这是将自强不息、厚德载物完美结合、刚柔并济的体现，它将成为执行力管理不竭的动力。

2. 良知质性

追求利益的最大效率是任何企事业单位或团体孜孜追求的目标，然而，能够极好地体现"以人为本"的管理理念，也就是在和谐平衡中注意人性的开发和自我的（自组织）实现，把人性和理性制度结合起来，更为重要。只有那些拥有对企事业高度关心，并以一种积极姿态发挥个体作用的人，才有可能培育出充满活力的执行力。它的根本要求就是一定要让身处其中的人真切地感受到自己是对社会有责任心的、有价值的人，单位是对社会有责任心、有用的单位，并具有普遍意义的道德原则和修养水平。一个有责任心、有良知的企事业单位，这种组织中的个人都会负有强烈的责任心，成为有良知的人，做任何事情都有着"良知"的标尺，都有着做事的分寸和原则。事是灵活多变的，人也是灵活多变的，但良知和责任心是不变的质性。

良知需要培养。在权变管理中，拥有良知和责任心，是企事业单位永葆青春活力的象征。能够做到不坑蒙拐骗、不投机取巧，形成求真务实之风，而且保持艰苦奋斗的作风，团队的成员就会有诚实感、节约感、凝聚感、安全感和团队精神，就能够致力于完成任何复杂和挑战性的工作，进而还能够增强创新意识和能力。因此说，良知是执行力管理的出发点。

当然，关于人性的执行力管理思想极为丰富，譬如它不排斥习惯造就性格，性格决定命运。又如，《周易》提倡人们培养"以茂对时育万物"而"无妄""仁爱"的习惯，蕴涵着"万物并育而不相害，道并行而不相悖"（《中庸》）之理，旨在保障众人在和平融洽的良好气氛中，各尽所能，各安其所。对于此，中国的管理一贯强调"修己以安人"，即既要有自觉认同和自愿承当的责任心，又要有"己所不欲，勿施于人"的"推己及人"的处事原则，有着强调管理要遵循人与人相处的道理，即所谓的以"忠恕"之道待人的思想。

（二）整体协调管理

执行是制度和人的活动相协调的集中表现，执行力是人的能力，集合每个人的能力就是整体协作。执行力的整体协调管理，能够使得执行者提高配置执行资源的能力。

1. 上下级关系协调

《周易》思想里有着上下等级之别，提出社会组织成员依据贤、不肖形成尊卑等级划分，即所谓的"上下之分，尊卑之义，理之当也，礼之本也"（《周易程氏传·履》）。因此，《周易》有层级制的组织管理制度。这种上下等级划分是社会分工的结果，体现在执行力上就是将个体能力进行整合，形成一定的合力，有利于开展工作。应该看到，经过协调凝结成的组织（部门或团队）能力，它更多表现为能力体系。在这种能力体系中，个体间既有分工又有互补，但任何背离能力体系的个体能力对执行力都是无益的。

《周易》的整体协调是以阴阳相交为基质的，有着交则通泰的思想，如"天地交而万物通也；上下交而其志同也"（《泰·象》），就蕴涵着交易交通的互相渗透、相互感通、相互影响的关系。天地交合，万物各畅其生；上下交合，志趣合同。这在执行力管理中，体现着领导之间、上下级之间的变通关系。领导者和被领导者在相互认同、相互适应、相互配合、相互理解、相互影响等方面达到和谐的境界。同时，《周易》指出"天地不交而万物不通，上下不交而天下无邦"（《否·象》）。这实质上是提醒领导者应该具备整体协调一致的素质能力，能够有开阔的胸襟、博大的情怀，虚怀若谷，"容民畜众"，而且做到礼贤下士，要像大地容纳、承载千山万水一样，容纳广大员工，蓄积广大员工，与员工同心同德；还要能够培植整个团队的凝聚力，协调整个组织的运营能力，等等。

应该说，这些都是人力资源管理的基本内涵之一。相对应地，《周易》把那种视一己之利为最高的甚至唯一的行为准则的人，称之为"小人"。这样的人极少考虑他人的利益和感受，必然导致整体秩序的破坏。

而且，在处理上下级关系时，《周易》主张作为统治者还要善于得"比"，所谓"比，吉也，比，辅也，下顺从也"（《比·象》）。能够做到亲密比辅，在下者则能顺从并亲辅于上，整个团队则会和谐相处，便能获得吉祥。这要求领导们之间不可推诿扯皮、互相拆台，而要做到有"以建万国亲诸侯"的亲密关系。具体言之，就是各级各层的管理者要亲近联系，相互感通，互相给予精神鼓励和信任，并善于正确处理好集权与分权的关系。不过，《周易》强调的"比"并非"比而不同"，而是既要"和同"，又要"合睽"，强调在处理上下级关系时异中求同、同中存异。如此说，若能做到"比"，便是上下和谐一条心，达到"和"的境界了。

还应该晓得，《周易》对于各种不同情境中的吉凶休咎的分析，都是以"和"的境界作为最基本的价值参照，以达到"保合太和"之境作为目标的。这种价值目标是以上级对下级的仁爱理念、领导层的团结理念、下级对上级的忠心理念、团队协作理念为内容的，都是在一定规范制度下的协调关系的处理，运行着天时、地利、人和的道理，体现着整体协调管理理念以及对和谐境界的认同。在此情境中，无论处于什么结构层次的人员，执行力管理的核心应该落脚于态度与能力的结合上；其中，态度是集忠诚、责任、信念、思维方式于一体的个性原则的体现。

2. 系统性管理理念

执行力管理更讲究整体有效地、有序地配置。《周易》含有阴阳搭配、各爻间的相互承、乘、比、应的关系，这种关系总揽于整个系统中，并对各爻起支配作用，使得各爻所象征的主体行为不得不置身于其中。《周易》中的宇宙系统是开放性的，阴阳势力与爻位的配置错综复杂，随时推移，有的配置得当，有的配置不当；换言之，既有阴爻占阴位、阳爻占阳位，又有阴爻占阳位、阳爻占阴位；是既可当位，又可不当位，这些皆是宇宙系统的表现形式。但这些变化若都以整体为本，就会和谐而吉。这种系统性的配置构成了团体变化的关系网络，对执行力系统管理有着很强的启发意义。

于是，在执行力权变管理中，注重把握一定的基本原则，那就是在特定系统中的全面权衡性，以及系统内的各个子系统的通融性、互易性，而不能以个体的发展影响系统的整体利益。因为，对于一个有机的统一体，它由各个相互联系的部分组成，是相对稳定的、封闭的系统。但是，这个系统同时又与外界系统相联系，又可被视作"开放系统"，如可能构成于比其大的系统之中，而成为其中的一个小系统。这样，系统之间和系统内部存在着相互联系、相互作用的关系，它不是固定不变的，而是变化不已的。所以，执行力管理的优先性就是保障系统的相对稳定性，在某种意义上说，保障了系统的整体性就是保证了质量，其质量的权衡标准在于效率，而其高效率的实施在很大程度上依赖于整个系统；也就是说，执行力的有效性则是最大限度地通过组织、协调和综合地使系统高效运转，把系统内的人、财、物等要素有利地整合起来，发挥到最大极致。

若从宇宙生成论的角度可以看出，《周易》在解释世界时也是把宇宙看作一个系统开始的，并逐渐层次化的表述这一系统，从爻与爻之间、卦与卦之间以及卦与爻之间都体现着这种关联性的系统。它给予人们的信息是，系统一方面是相对稳定的、封闭的，但另一方面则是动变的、开放的；但若没有相对稳定的系统，人们则无所适从；若没有开放的系统，执行力便不会有活力。因此，执行力管理是要遵循着系统内在演化的规律，既有开放性又有稳定性，如此才能保障执行力的良序进行。

（三）与时俱进管理

权变作为《周易》思想的要义，既有适时而变，又有权宜机变，是为通权达变。在现代管理学里，我们将这种"通权达变"的管理方法称为权变管理，就是依时间、地点、条件的变化而权变的管理。在这一理论指导下，管理理论和管理科学不存在一种最优的方法适用于所有的情况，而是在"普遍原理"与"因时权变"之间有一个折衷地带，应根据实际情况确定具体的管理手段和方法。但是，权变的目的旨在于和谐有效的管理，并遵循一定的原则，这个原则就是把握不偏不倚的"中庸之道"。因此，与时俱进管理需要守"中"达"和"。

1. 权变操作

变易原则是《周易》思想的核心。从《周易》字义看，周，周遍；易，变易；因此，整本《周易》有周流变化之意。《周易》的权变思想是丰富的，曾有"变通者，趣时者也"（《系辞下》）。趣即趋，是主动适应之意；时是时机时运，为执行的外界条件。所谓"权"是指在尊重规律前提下的灵活变通，有适其时和得其宜之意。由于宇宙的变化，包括人类及其形成的社会形态，都是一切生命流布的现象与过程，有着一定的可被人认知的、并赖以遵循的特性，所以《周易》提倡人们"与四时合其序"，做到"损益盈虚，与时偕行"（《损·象》）。只要人们"察时变"，寻找规律性，循规律而行，才不会墨守成规，才能不断排除盲目性，而接受新事物，解决新问题。用《老子》的话说，只有察道之变而应时俱变，把握事物变化规律，这样，万变俱在其中，则无不满足矣。

正是基于"不可为典要，唯变所适"（《系辞下》）的理念指导下，《周易》揭示了整个宇宙生生不息的动变历程。于是，《周易》给人们提供了"生生之谓易"的与时俱进的思想。既然任何一个系统都是开放的系统，不能脱离外界环境而孤立地存在，又由于环境变化存在许多不确定性因素，那么原有的计划就不可能固守不变，需要调整相关要素，使其内部机制更能适应这种变化，保证目标的最终实现。在现代化的市场经济中，环境的变化则是极为迅速，这就要求管理者必须全面地收集信息，掌握市场动向，采取变通的方法去主动适应，并采取对策。

《周易》还有"穷则变，变则通，通则久"（《系辞下》）之说，它阐述的是变通的道理，是指事物发展到了极点就要变，变了才能通达，通达才会长久。"穷则变"是物极必反的道理，"变则通"则意味着在执行过程中充分发挥管理者的主观能动性，适时达变以达到由穷变通。所谓因时制宜，因地制宜，就是揭示变易的道理，也就是权变思想根源之所在。所以，依据环境自变量与管理技术因变量函数的变化，把原有的制度措施因时因地适当调整，则是权变的关键。

然而，权变的关键，全在主体是否识时，需要培养"日新之谓盛德"（《系辞上》）的品格。《周易》反复强调适"时"的作用和意义，指出"与时合序"是人类赖以生存和基本生活的前提。《周易》有"随时之义大矣哉"（《随·象》）、"应乎天而时行，是以元亨"（《大有·象》）、"时止则止，时行则行，动静不失其时，其道光明"（《艮·象》）的说法，它要求人类不但遵循四季的更替变化而做到春生、夏长、秋收、冬藏，而且遵循天道规律来调节生产生活。这在执行力管理过程中，首先必须见微知著，随时察觉系统内外的创新因子，并密切关注其发展。其次，准确把握事物量的积累，做到胸中有数。特别是在事物发展到极点时，应及时把握变化，实施创新，开拓新的增长性的业绩领域。尤其对于执行力管理的创新来说，就是必须把握创新的时间和机会，将创新理念建构在以当时当地的环境和条件转移上，一切从当时当地的实际出发，切忌死守制度和盲目轻率而一刀切。

2. 守"中"达"和"

权变管理以"权"、"变"为核心，认为没有固定的管理模式，而主张在"变易"中研究管理，提倡根据具体情况灵活掌握之。执行力管理理论的主旨是强调管理活动应与组织所处的具体环境相适应，否认存在某种适用于一切情况和一切组织的普遍管理原则和方法，旨在提出"一定环境条件下，可采取的最适宜于实现组织目标的某种管理模式"[1]。但是，权变管理不是不要原则，而是要把握好系统的内在关系，抓住做事的原则，那就是守"中"；换言之，这就是在讲究把握基本原则的前提下的权变。

《周易》重视守"中"的重要性，提倡"龙德而正中者"、"刚健中正"等思想，是指把事情做到恰到好处、平衡和谐的状态。这个"中"是执行力管理中的不变的原则，即恒久的原则。所谓"恒，久也。……天地之道，恒久而不已也"（《恒·象》）。《周易》认为，事物发展的义理是恒久不变的，那就是凡事必须适时适度，中正当位，执两用中。实际上，只有基本不变的事物，没有绝对不变的事物，因而变易也是恒久的表现之一。于是说，变就是恒，恒蕴涵着变，变与恒是辩证统一的。

可以说，有着适度的精神便是守"中"的理念显现。在价值实现理念上，《周易》思想折射出的适中原则是有分寸的。"管理就是一个平衡的'调适'过程。而如何调适，又取决于管理者对环境与管理变量的认知程度和价值判断。""权变管理理论通过分析组织的各子系统内部和各子系统之间的相互联系，以及组织和它所处的环境之间的联系，来确定各种变数的关系类型和结构类型。"[2]"中"就是得其之所适宜，就是"和"。《说文解字》说："和，相应也。""和"是从差异中追求系统的统一与平衡。

而且，执行力管理还应以决策为指导，在整体的动态性中权衡处理，做到"正确地做事"

与"做正确的事"相结合。"正确的事"如果不能被预期执行，"正确"也就失去了意义；同样，辛辛苦苦、极富效率地去做一件"不正确的事"，后果也许更可怕[3]。因此，与制度完善相伴随，执行力的权变必不可少，但不能偏离基本原则，必须与基本原则保持一致。总之，执行力管理的适"中"原则是以整个组织、团体的利益为前提，能够做到"志行"守正，"柔得中而上行"，"刚中而应"，亨通而中正，守中而达和，则会元亨利贞。这要求执行力管理必须有协作的精神，能够在内外合作协同中不断寻求合作的机会，达到组织系统内外的平衡，在合作中发展壮大自己的力量，从而赢得管理中的成功。

三、拥有《周易》德性系统权变理论的执行力管理意义

从西方科学管理的角度考虑执行力管理问题，虽然讲究系统内部结构关系的和谐的重要性，但这种和谐的意义在根本上是服务于提升高效率的。虽然，西方的管理在理论上也是认同以人为本的观念，并积极地彰显把人作为资源价值，但在骨子里却很难真正摆脱以人为规范、程序和成本的偏见，往往在实践中出现把人性关注（如注重人的健康生存）与业绩对立起来的倾向。由于人文环境、文化传统的差异，事实证明仅用西方的执行力理论难以解决中国的执行力问题。因而，中国应具有不同于西方特色的执行力理论，其中《周易》的思维模式奠定了中国传统思维模式的基础。中国传统管理是把"以人为本"的和谐安定当作管理活动的最高目标，业绩观念从属于这一目标，应放在德性为本的安人中完成。这是因为中国传统式的思维模式更加注重人性管理思想中的系统协调原则，是以虚怀若谷、宽恕、克制、容忍、诚信、谦让、精进、自强不息等为内容的自我约束和规范管理。

在当代中国，执行力管理是个战略性的问题，是综合性、整合性的管理过程。它既是领导者的艺术，又是团体的合作精神，还是动变不已的管理。这种执行力的软实力与其说是文化的管理，毋宁说是精神的管理。它是在保证绩效测评、有效的控制系统基础上的创新性的、动态性的、集体性的管理活动；它是既包括物质性的、有限理性的之态，又包括精神性的、理性情感充分发挥的状态。而且，它主张按照不同的情境、组织类型和价值目标，采取不同的管理方式，强调组织的多变量性，并力图了解组织在变化的条件下和在特殊环境中运转的情况，其最终目的是要提出最适宜于具体情况的组织设计和管理行为，这打破了对管理中的"最佳模式"、"普遍原则"的盲目追求，有助于人们对复杂组织和动态环境的更深刻的认识，从而提高了作出正确管理行为的可能性。[4]可以说，这是建构在《周易》权变理论基础上的当代社会执行力管理模式，是融德性精神与知性（理性）精神的统一，具有灵活性（权变性）、原则性、统一论、过程论、系统论的统一，有着积极的现实指导意义。

注释

〔1〕文博，姚炜：《哲学视野中的权变管理理论》，《苏州大学学报》（哲学社会科学版）2005 年第 2 期。

〔2〕彭志忠，柳进：《权变管理理论与〈易经〉哲学思考》，《周易研究》2006 年第 5 期。

〔3〕王成珉：《组织执行力体系解析》，《学术论坛》2009 年第 10 期。

〔4〕胡爱本：《新编组织行为学教程》（第三版），复旦大学出版社 2002 年版，第 286 页。

第三代新儒家视域下的全球文明对话

奚刘琴

（淮阴师范学院政治与公共管理学院，中国淮安）

迄今为止，现代新儒家的发展共历三代，"第三代新儒家"指 20 世纪 70 年代末、80 年代初以来活跃于学界的新一代新儒家学者。[1] 其中之佼佼者，即杜维明、成中英、刘述先、蔡仁厚，他们是现代新儒家发展史上，在国际、国内已拥有崇高声望和学术地位的第三代新儒家的"领军人物"。在学术上，他们一方面继续继承了第一代和第二代新儒家诸学者的思想旨趣，致力于儒家思想的传承与发扬；另一方面，他们普遍深契西学，又复归儒学，他们从多元文化的价值取向出发，以"一阳来复"的心态积极关注世界伦理、宗教、科学、民主、人权、女性等问题，注重儒学与世界各大宗教、各大文明传统的交流，积极参与中西文明对话与文化重建，通过著述、讲学等方式为中国文化谋求在世界文化中的一席之地而不懈努力。

一、第三代新儒家与全球文明对话

众所周知，在全球化时代，不同宗教与不同文明之间发生着频繁的或碰撞、或摩擦、或交流、或互动的关系。然而，是冲突还是融合？是对抗还是对话？不同文明之间的差异性与矛盾性是否代表其缺少相通与同一的一面？解决不同文明之间冲突的重要途径，是进行必要的包括宗教对话在内的文明对话，还是进行硝烟弥漫的文明对抗？美国学者福山曾说过，没有一种文化主张可以判断为优于其他的文化主张。在精神美德等级中，宽容雄居高位，而道德主义——即试图以自己的道德或文化准则来评判他人——则处于次要地位。[2]文明对话不仅是各种文明自身存在与发展的前提，也是不同文明之间相互理解、相互融合的方式。新儒家的学者们正是看到了在全球化背景下进行宗教与文明对话的必要性。他们致力于阐释儒学思想中的核心价值所具有的普适意义，关注儒学与世界各大文明和宗教的交流，并在理论上与行动上积极参与普适伦理建设、进行全球文明对话。

作为第三代新儒家的领军人物，杜维明先生在此方面的努力是提出了"新轴心时代的'文明对话'"的构想与理论。20 世纪 40 年代末，德国哲学家雅斯贝尔斯（Karl Jaspers）提出，在公元前 8 世纪至公元前 2 世纪间，人类文明经历了以孔子、老子、释迦牟尼、苏格拉底以及犹太教的先知为代表的中国、印度、希腊、以色列文明所构建的"轴心时代"，经过了两三千年的发展，这些轴心文化都已经成为了人类文化的主要精神传统，并延续至今。杜维明认为，在当今新轴心时代中，一枝独秀的宗教环境已不存在。[3] 面向 21 世纪，各种不同的族群、不同的文明体系之间，应该有更多的沟通、交流，"我们肯定 21 世纪所有第一次轴心文明时代的大传统都是不可消解的，而且仍然是有极大的塑造力的文明。我们不能想象，面向 21 世纪时，犹太教、希腊哲学的基本理念、兴都教、耆那教、锡金教、佛教、儒家、道家、基督教、伊斯兰教会失去影响，这是不可能的"。[4] 因此，作为文明对话的重要部分，宗教之间的对话与会通尤为重要。然而，杜维明既反对丧失自我特性的文化交流，又反对排他性很强的"原教旨主义"，他认为对话必须遵循一个原则，即一方面，它（对话）是开放性的，吸收外来资源以转化自我；另一方面，它又有强烈的自我认同，通过转化以后，不仅没有被淡化，反而内容更丰富。……要多元，不相对；要开放，不封闭；要使得认同深化，不淡化。[5] 以这样的心态，进行各种文明平等基础之上的互动，相互吸收、融会，甚至产生新的价值，这才是真正意义上的文明对话。正是因为在新轴心文明的建构当中，各大文明都必须对全球和平和人类生存有所作为，杜维明将"考虑生态环保，社群整合，文化多元及相互参照的可能"视为文明对话的主旨。此外，就文明对话的领域而言，文明对话不仅可以在各个文明传统的互动互补中展开，即使是同一文化圈内部，也可以进行分支或流派的对话，比如文化中国的儒学与东亚文明圈的儒学的互动互补。一句话，新轴心时代的文明对话应该具有"平等、多元、多层次"的特征。事实上，杜维明不仅是文明对话的倡导者，也是其实践者。杜维明本人以多元开放、广结善缘的心态不断与欧美、亚非——包括基督教、印度教、佛教甚至伊斯兰教在内的学者们进行着深入有效的对话。

　　第三代新儒家的另一位代表人物成中英先生在"文明对话"方面也做了不少努力。成中英首先区分了"文明冲突"与"文明挑战"的不同。他认为，文明挑战既包含负面的因素，即"文明的冲突"，又包括正面的东西，即"文明的理性"。正是"文明的理性"促使了世界各大文明的产生，并为其进行对话提供了可能。成中英接着强调了语言作为对话的工具在文明对话中所起的作用。成中英认为，本着"毋意、毋必、毋固、毋我"的态度，进行自我的反省以求自我批判与自我超越是进行文明对话的先决条件，而语言——则是文明对话的重要媒介。伽达默尔曾说："语言是沟通的媒体，而不只是工具。"[6] 成中英十分赞同这一看法，语言将各种文化系统表露出来，语言的翻译又为文明的理性的整合与价值的创造提供了可能。他说："在语言的理解与沟通中，文明才有对话的可能。"[7] 当然，对话并不是单纯的语言行为，而是持续的运用、理解与开发语言的过程。在这一过程中，既必须对自身的语言深入理解，又必须对对方的语言深入理解。人类文明的理性是多元与多样的，消除隔阂需要理解，化解矛盾需要对话，这就需要更加开阔的视野、博大的胸襟和全人类休戚与共的意向。成中英进行文明对话的最大成果，就在于他的"本体诠释学"的提出。

　　本体诠释学（Onto—Hermeneutics），产生于西方哲学传统与中国哲学传统的交汇处，简而言之，即实现方法论与本体论的融合，主张方法与本体深度与多层次的结合，用方法来批评本体，同时再用本体来批评方法，在两者的相互批评中显示真理。根据成中英的一贯主张，中国文化尊重自然，重视整体的和谐，具有内在人文主义的倾向，重视道德，理性趋于具体化，讲求人格的修养；西方文化是机械的自然主义，重视分析的差异，是外在的人文主义，重视理性，理性趋于抽象化，提倡实用的功利主义。表现在本体论和方法论上，中国人重本体而轻方法，西方人重方法而轻本体。然而，本体与方法是哲学中紧密相连的一体之两面，既相互排斥又相互需要，须臾不可分离。成中英将两者相结合，在海德格尔、伽达默尔"哲学解释学"的基础之上，提出了建基于《易经》与西方文化整合基础之上的"本体诠释学"。不难看出，本体诠释学是中西文明对话的成果。一方面，它既发挥了中国哲学注重整体定位之优点，又将其一直处于潜隐状态的理性方法突显出来；另一方面，它既汲取了西方哲学中理性方法之优长，又显发了西方哲学传统中理性方法背后的隐性本体论。它完全可以成为沟通中西哲学并进而建构未来世界哲学的哲学参考方法。

第三代新儒家的另外两位代表人物刘述先先生和蔡仁厚先生则注重于从"宗教会通"的角度进行各大文明传统之间的对话。刘述先认为，当代新儒家完全有向基督教学习的地方。首先，儒家虽然不必要转向基督教"纯粹超越"的道路，但儒家也可以在天人合一的强调之外，多讲一点天人的差距。基督教强调纯粹的超越，显然有了另一个偏向，但却可以提醒儒家不要听任天的超越性失坠，而任何人的成就提升到了天的绝对层面就必定造成灾祸。[8]其次，在对于现世的态度上，基督教采取否定的态度，信仰和知识分离，促进了西方科技发展的突飞猛进。中国传统思想拒绝形式与内容的分离，无疑具有深刻的睿识，但抽象的思考不能充分发展，忽视试验，导致了近代中国的落后。中国人也可以学习这样的睿识，为科学在中国的发展开辟新途。再次，在对于人的观点上，儒家道性善，常常被认为是人性持过分乐观的态度，缺少对人性阴暗面的深刻了解，缺少权力制衡的观念，不利于民主、法治的发展。另外，儒学将天命内在于人生，失去了对于超越的敬畏，也缺少了上帝隐退时人性的空虚与战栗的体会。而事实上，现实的人性是可以沉沦到极低点的。因此，"基督教的体会可以重新提醒我们对于超越的向往，以及对于缺乏超越的现实的沉沦的体会"。[9]蔡仁厚则认为，各大宗教中，最具有普适精神的，或者说最明通畅达而没有形式之限制性的，还是儒教。蔡仁厚提出"人人皆可以成为基督吗"、"耶稣是神而人，还是人而神"、"人不通过耶稣就不能得救吗"、"是耶稣独尊，还是与孔子释迦同尊"、"非基督宗教必须让位吗"、"是基督教中国化，还是中国基督教化"六大问题作为儒、耶会通存在的最大分歧的总结。只有这六个问题得到儒、耶双方的共识，中西方的宗教会通与文化会通才具有了可能。

二、对话透显的致思特征

第三代新儒家以开放的心态积极提倡并推进文明对话的进行，杜维明的努力是将文明对话置于新轴心时代的大背景下进行，成中英在中西哲学对话与整合的基础之上建立起了本体诠释学，刘述先和蔡仁厚则专注于作为"内在超越"宗教特征的儒学与世界其他宗教形态的对话、交流。他们的理论，呈现出以下几方面的特征：

首先，体现了融摄西学、多向建树的趋势。第一代的新儒家学者们如梁漱溟、熊十力等，他们获得了有关西学的讯息，但尚缺乏深入的了解；第二代的学者牟宗三、唐君毅等人在吸纳西学上远远超过前代，但他们仍然是站在护教的立场上，与西学之间缺乏完整的沟通与往来；第三代新儒家却完全不同，他们成长在一个全球化浪潮席卷各领域的环境之中，信息日益发达，各国交往频繁，中西文化与哲学进一步融合。杜维明、成中英、刘述先，包括余英时等人都具有留学海外的经历，接受过西方文化与哲学的熏陶。严格的西学训练使得他们能够更加清楚地认识到中西方文化的差异。刘述先就明确地说："我们都主张道德和其他的负担不必那么重，应该更进一步开发，吸纳西方多元化的方式。"[10] 可见，立足于中国文化的本位和多元文明的格局，第三代新儒家在传统与现代、儒学与西方关系的处理中各立自说，既独树一帜，又多元开展，一时成为现代新儒学发展的多样化格局。

其次，第三代新儒家学者们表现出了充分的对话意识。第三代新儒家坚信，作为多元文明中的一极，儒学必须在进行内部深刻反省的前提下，注入民主、科学、自由、理性等现代价值，同时注重与其他宗教传统、文化思想的交流，在求同存异与对话沟通中实现儒学的现代化和世界化。第三代新儒家普遍有深入西学的经历，他们以开阔的视野和活跃的思维，与西方学界进行必要的对话和沟通，他们的努力促使儒学在国际上的影响一步步扩大。杜维明以"儒学创新"、"文化中国"、"文明对话"和"启蒙反思"为其基本理论框架，以极大的热忱代表中国文化与北美、东亚、西欧乃至全世界的文化进行交流和对话，并产生了巨大的积极影响。立足于对中西哲学的反省、诠释与融汇，成中英创立本体论与方法论合而为一、贯通中西的"本体诠释学"，这是成中英进行世界文明对话的最大成果。刘述先择取儒学"仁与生生"的精神本质，提出将"仁与生生"的理念与现代、后现代的要求结合起来，掌握传统固有的慧识，加强与西方哲学的交流，他的具体措施就将儒学置于与基督教和伊斯兰教为主的世界其他宗教的对话之下，以补充和发扬儒学。蔡仁厚取最关心基督教与中国文化之会通，他主张放弃基督教唯我独尊地位，认为各种宗教和文化可以和平存在，互相交汇、摄取，而不必强求其同。此正是第三代新儒家学者致思路向的重要特征。有学者就认为，杜维明、刘述先等人"拓展了儒学的论域以及走向国际学术舞台的空间，为新儒学发展乃至中国文化的建设提供了动力"。[11] 再次，他们视儒学为世界多元文化中的一元，是对儒学地位确认的转变。现代新儒家的第一、第二代的学者们，时时流露出"坚持儒学独一无二地位"的护教心态，几乎都把儒学看成是人类文明发展的唯一"正道"。与他们相比，第三代新儒家的学者们尽管并没有放弃儒学本位的立场，但他们的心胸和视域则显得更加客观平和、宽广全面，他们的思想也更具有开放性。"他们除了主张要对自己的传统进行鞭辟入里的检讨之外，同时又在世界文化大背景下为儒学定位，即把儒学作为多元中的一元，主张此'一元'在当代自有其不可弃处，而不应受到轻视，它在解决人的安身立命及全球性问题上可以作出相当的贡献。"[12] 他们不再简单地断定儒学是人类最伟大最崇高的精神资源，不再轻率地以儒学为最高判教标准来融摄西方哲学，也不再一味企求儒学能够全面安排人类的秩序、解决现代和后现代带来的所有问题。他们以开放的心态反省与重构儒学，在坚持儒学立场的同时，致力于儒学能够为世界发展提供精神资源的论证。他们将儒学视为世界多元文明中的一元，并积极进行儒学与西方宗教和文化的交流，这是第三代新儒家对儒学一尊地位立场的转变。毋庸置疑，新时期的儒学面对当前多元文化背景的世界，必须以平等的姿态致力于寻求与世界上其他伟大思想传统的对话。放弃儒学独尊的地位，而将之定位为多元文化中的一元，因而也成为了第三代新儒家学者的共识。他们在世界多元文化发展的浪潮中进行儒学的诠释与创新，显示了理性、客观、科学的态度。

三、结　语

　　坚持传统文化的优越至上地位显得十分幼稚，全盘西化地学习国外的一套亦是异常不妥，第三代新儒家的学者们意识到了这两种倾向的危险性，他们一方面重回中国文化和儒学内部，深入挖掘儒学的时代价值以及能为人类前景所能提供的精神资源，另一方面他们普遍凭借深契西学的经历，坚持儒学与西方文明和宗教的交流。以杜维明、成中英、刘述先、蔡仁厚等学者为例，第三代新儒家的学者们看到了全球化背景下进行宗教与文明对话的必要性，他们关注儒学与非儒学的交流，注重儒学与世界各大文明的对话，在理论与行动上积极参与全球文明对话。不可否认，他们在此领域均取得了不俗的成就。杜维明以他对西方现代人类学、社会学、比较宗教学、神学、分析心理学、存在主义、现象学、诠释学、新马克思主义和历史学的深刻理解，通过对韦伯、帕森斯、哈贝马斯，宗教存在主义者马丁·布伯、保罗·蒂利希、马塞尔的批评吸收，通过与斯密斯、列文森、史华慈、陈荣捷、狄百瑞、艾律克森、罗伯特·贝拉、赫尔伯特·芬家勒特等思想家师友的切磋问难，反过来检视、批评并创造性转化儒家思想的价值内核，其中最突出的成就之一就是通过对亨廷顿"文明冲突"论和"中国威胁论"的反驳，提出并发展了他的"文明对话"理论。成中英立足于对中西哲学的反省与对话之中，创立了整合、融贯中西的"本体诠释学"。"本体诠释学"理论系统所彰显的是整体意识的本体与部分意识的理性自觉、自我规定的方法相结合的过程，不难看出，成中英将儒家认知之学提升到本体论的地位，他的努力使为儒学与西方文明进行平等对话提供了契机，也拓展了儒学的论域以及走向国际学术舞台的空间。刘述先对"理一分殊"的思想进行了创造性的阐释，并将之作为自己进行文明对话的基本思路和方法。在刘述先看来，超越的"理一"是贯通古今中外的，具有普遍性，但它的表现则依不同时空条件下的具体实际的情况而有所不同，因此，在"理一"的原则之下进行各"分殊"文明之间的对话显得非常必要。一言以蔽之，第三代新儒家的学者们，以深厚的学术功底和开放的文化心态，不约而同地对全球文明对话理论进行了肯认和理论上的阐述，并积极参与全球文明对话。融摄西学、多向建树的趋势、对话意识的加强以及对儒学地位确认的转变是他们在进行文明对话时体现出来的三个重要特征。

因此，"刘述先、杜维明等'第三代'新儒家虽然到目前为止尚未从根本上克服前辈新儒家的局限性，但他们确实具有了较为开放的心态，使儒学逐渐契接上了当代社会的多元架构"。[13] 事实也证明，他们的思想具有相当的合理性和可行性。置身于全球化的学术交流和文明对话的浪潮之中，儒学必须加快反省、革新、创造性转化和重新建构的过程，从而获得与其他伟大文明相当的世界性的话语地位，真正实现儒学的"现代化"和"世界化"。

注释：

〔1〕奚刘琴：《第三代新儒家对儒学的诠释与创新》，《现代哲学》2009 年第 3 期。

〔2〕［美］弗朗西斯·福山：《大分裂》，刘榜离等译，中国社会科学出版社 2002 年版，第 18 页。

〔3〕杜维明：《自序：新轴心时代的文明对话》，选自郭齐勇、郑文龙编：《杜维明文集》卷 1，武汉出版社 2002 年版，第 9 页。

〔4〕杜维明：《儒家与自由主义》，选自哈佛燕京学社编：《儒家与自由主义——和杜维明教授的对话》，三联书店 2001 年版，第 31 页。

〔5〕杜维明：《自我认同的谱系：兼论儒家与自由主义》，选自郭齐勇、郑文龙编：《杜维明文集》卷 5，武汉出版社 2002 年版，第 277 页。

〔6〕伽达默尔：*Truth and Method New York*，*The Continuum Publishing*，1975 年版，第 345-351 页。

〔7〕成中英：《文明对话的价值层次：自我评判、理性认知、伦理整合与价值创新》，选自李翔海、邓克武编：《成中英文集》卷 1，湖北人民出版社 2006 年版，第 79 页。

〔8〕刘述先：《当代新儒家可以向基督教学些什么》，选自景海峰编：《儒家思想与现代化——刘述先新儒学论著辑要》，中国广播电视出版社 1992 年版，第 305-306 页。

〔9〕刘述先：《当代新儒家可以向基督教学些什么》，选自景海峰编：《儒家思想与现代化——刘述先新儒学论著辑要》，中国广播电视出版社 1992 年版，第 309 页。

〔10〕刘述先：《当代中国哲学论：问题篇》，美国八方文化企业公司 1996 年版，第 26 页。

〔11〕景海峰：《文明对话与当代新儒学的发展》，《深圳大学学报》2005 年第 2 期。

〔12〕姚才刚：《终极信仰与多元价值的融通——刘述先新儒学思想研究》，巴蜀书社 2003 年版，第 287-288 页。

〔13〕姚才刚：《终极信仰与多元价值的融通——刘述先新儒学思想研究》，巴蜀书社 2003 年版，第 88 页。

人之初，性本善

张文贤

（复旦大学管理学院，中国上海）

一、引　言

古今中外的管理学家和经济学家提出的各种理论，无论是就业理论、激励理论、竞争理论、学习理论、协调理论、权威理论、权变理论、组织理论，还是产权理论、人际关系理论、博弈理论，几乎都是以人为核心的理论。更不用说以人性假设为基础的 X 理论和 Y 理论，与我们中国古代的性善论和性恶论，也有异曲同工之妙。

在管理中，特别强调"以人为本"的思想。从管理心理学的角度观察，以人为本就是一切以人为出发点，充分体现人性。文艺复兴时期意大利诗人但丁通过其不朽的诗篇《神曲》抒发了他对人性的观点。"我实实在在敢说：人的高贵，就其许许多多的成果而言，超过了天使的高贵，虽然天使的高贵，就其统一性而言，是更神圣的。"文艺复兴时期最有成就的剧作家莎士比亚和其他人文主义者一样，认为人有追求幸福的权利，获得个人幸福是人生的目的。他相信全人类都有共同的天性，不论帝王将相，贩夫走卒，智愚贤不肖以及种族信仰各方面的差异，人性则是相同的。莎士比亚认为人性中最可贵的品质是仁慈。他的许多剧本，尤其是晚期剧本，都以和解、宽容为主题。被马克思和恩格斯高度评价为"英国唯物主义和整个现代实验科学的真正始祖"的培根，提出了一条意义极为深刻的原则：知识就是力量，为着控制自然，就要认识自然。他认为，人的知识和人的力量这两件东西是结合为一体的；工作的失败都起因于对因果关系的无知。18 世纪法国启蒙运动的主要思想家之一孟德斯鸠是理性与人道的宣扬者。他认为理想的社会应该是个人利益与公众利益的统一，重视家庭教育，信仰宗教。宗教的要旨是爱人类。德国古典哲学的集大成者黑格尔在《美学》中体现了他关于人道主义的基本论点。他认为，艺术的真正主题是人，所以人物性格的研究成为他的美学的中心。只有在人的自觉的生活里才能有艺术美。被列宁称为"俄国革命的镜子"的托尔斯泰认为一切人都是兄弟，艺术的使命是促进人类友爱与联合，是拯救世界的药方——人人追求道德上的自我完善。

管理学上的以人为本，其实是哲学家对人的本质这一基本哲学问题研究过程中提出的关注人的存在，即哲学上的人本主义。

二、管理的本质就是人的问题

罗杰·福克尔（国际企业管理咨询公司主席）指出："管理的本质就是人的问题"。纵观西方管理理论发展的历史，无论是美国的泰罗，还是法国的法约尔、德国的韦伯以及后来的美国人古利克和英国人厄威克，都是古典管理理论的代表人物。如泰罗等人倡导的科学管理，主要探讨了在工厂中提高劳动生产率的问题。他们认为：当时工人提高劳动生产率的潜力是很大的。于是他们在科学试验的基础上，进行动作分析，制定出所谓标准的操作方法。用这种标准的操作方法对全体工人进行训练，并据以制定较高的定额。这就是所谓工作定额原理。

法约尔的管理理论主要包含在1916年发表的《工业管理和一般管理》一书中。他认为，管理不同于经营，只是经营的六种职能活动之一。经营的六种职能活动是：技术活动、商业活动、财务活动、安全活动、会计活动和管理活动。这六种职能活动，是企业组织中各级人员多少都具有的，只不过由于职务高低和企业大小的不同而各有侧重。至于管理活动，则又包括五种因素，即：计划、组织、指挥、协调、控制。法约尔对管理的五种因素进行了较详细的论述，并提出了十四条管理原则，即：（1）分工；（2）权限与责任；（3）纪律；（4）命令的统一性；（5）指挥的统一性；（6）个别利益服从于整体利益；（7）报酬；（8）集权；（9）等级系列；（10）秩序；（11）公平；（12）保持人员稳定；（13）首创精神；（14）集体精神。法约尔还特别强调管理教育的重要性，认为可以通过教育使人们学会进行管理并提高管理水平。

韦伯的研究主要集中在组织理论方面，他的贡献是提出了所谓理想的行政组织体系理论，这集中地表现在他的代表作《社会组织与经济组织理论》一书中。韦伯主张，为了实现一个组织的目标，要把组织中的全部活动划分为各种基本的作业，作为公务分配给组织中的各个成员。各种公职和职位是按照职权的等级原则组织起来的，每一位有明文规定的权利和义务，形成一个指挥体系或阶层体系。组织中，人员的任用完全根据职务上的要求，通过正式考试或教育训练来实行。管理人员有固定的薪金和明文规定的升迁制度，是一种"职业的"管理人员。管理人员必须严格遵守组织中规定的规则和纪律。这些规则和纪律是不受个人情感影响而在任何情况下都适用的。组织中人员之间的关系完全以理性准则为指导。这种不偏不倚的态度不仅适用于组织内部，而且适用于组织与外界的关系。韦伯认为，这种理想的行政组织体系能提高工作效率，在精确性、稳定性、纪律性和可靠性方面优于其他组织体系。

古典管理学派从泰罗等人开始从事管理的实际试验和理论研究算起，距今已将近1个世纪。他们的理论不但在当时起了重要的作用，对以后管理理论的发展也有着深远的影响，其中许多原理和做法至今仍被许多国家参照采用。当代西方有些管理学者还提出"回到泰罗去"的口号，表示要对古典管理理论重新深入研究。

泰罗以前的企业管理基本上把工人看做机器的配件、会说话的工具。这大大挫伤了工人的劳动积极性，严重影响劳动生产率的提高。为了改变这种状况，泰罗用定额奖惩的办法，即大棒加胡萝卜的办法来刺激工人提高劳动生产率，在当时也收到了一定的效果。但在第一次世界大战以后，工人阶级的觉悟进一步提高了，他们逐渐认清资本家剥削工人的一套手法，因而用更多的罢工、怠工等各种形式来进行斗争。于是泰罗的所谓科学管理开始失灵了。这时，许多西方管理学者为了挽救资本主义危机，就把西方的社会学和心理学等引进企业管理的研究领域，提出用调节人际关系、改善劳动条件等办法来提高劳动生产率。

行为科学早期的代表人物有原籍澳大利亚后来移居美国的梅奥和美国的罗特利斯伯格。他们从20世纪20年代后期开始，在美国进行了有名的霍桑工厂试验，并以实验的结果为依据，提出了以下几条原理：（1）工人是"社会人"，是复杂的社会系统的成员。所以，工人不是单纯追求金钱收入，他们还有社会、心理方面的需求，即追求人与人之间的友情、安全感、归属感和受人尊重等。因此，必须从社会、心理方面来鼓励工人提高劳动生产率。（2）企业中除了"正式组织"之外，还存在着"非正式组织"。所谓正式组织就是具有一定的目标，并且由规章、制度、方针、政策等规定企业中各成员之间相互关系和职责范围的一定组织体系。所谓非正式组织就是企业成员在共同工作的过程中，由于抱有共同的社会感情而形成的非正式团体。这些团体有自然形成的规范或惯例，其成员必须服从。古典管理理论所注意的只是正式组织的一面，而梅奥等人则认为还存在着非正式组织，并强调它同正式组织是相互依存的，对生产率的提高有很大的影响。（3）新型的领导能力在于，通过对职工满足度的提高而激励职工的"士气"，从而达到提高生产率的目的。所谓满足度就是工人的需要得到满足的程度。工人所要满足需要中，金钱只是一部分，更多的是情感、安全感、归属感等。梅奥等人通过在霍桑工厂的试验了解到，工人并不是把金钱当作刺激积极性的唯一动力的"经济人"，而是在物质之外还有社会的和心理的因素的"社会人"。所以，新型的领导能力就是要在正式组织的经济需求和工人的非正式组织的社会需求之间保持平衡。他们认为，这样就可以弥补古典管理理论的不足，解决劳资之间以至整个"工业文明社会"的矛盾和冲突，提高生产率。

三、以人为本：东方管理哲学

1988年1月，全世界诺贝尔奖获得者发表宣言称："如果人类要在21世纪生存下去，必须回到两千五百年前，去吸取孔子的智慧。"被誉为"日本工业之父"的涩泽荣一感慨地说："我的经营中虽然饱含着辛苦和惨淡，但是由于常遵孔子之教，据《论语》之旨，故使经营获得了成功。"

孔子和孙子是中国古代管理思想的杰出代表，是取之不尽、用之不竭的精神财富，是我们伟大民族的骄傲。

孔子（前551—前479年），名丘，字仲尼，鲁国陬邑（曲阜东南人）。相传其先世为宋国贵族。他是春秋末期思想家、政治家、教育家、儒家管理学派的创始人。孔子少"贫且贱"，"故多能鄙事"。及长，在鲁国，曾任"委吏"（司会计）和"乘田"（管理畜牧）

等小官。学无常师，相传曾问礼于老聃，学乐于苌弘，学琴于师襄。中年，聚徒讲学，从事政治活动。年五十，鲁定公时，升为司空、司寇，行摄相事。后率弟子们周游卫、宋、陈、蔡、齐、楚等国，传弟子三千人，著名者七十二人。晚年致力于文化教育，总结上古至战国这段历史时期社会在政治、经济、军事、科技、文化、教育等方面的管理经验、思想、观念、行为，将它们加以抽象，进行哲学的思辨。

孔子整理《诗》、《书》等古代文献，删修《春秋》，宣传"仁"即"爱人"，提出"己所不欲，勿施于人"，"己欲立而立人，己欲达而达人"等论点，即所谓"吾道一以贯之"的"忠恕"之道。又以孝悌为仁之本，以为"仁"的执行要以"礼"为规范，他说"克己复礼为仁"，又说"非礼勿视、非礼而言、非礼勿动"。强调"礼"，但认为"礼"须从属于"仁"。"仁"是品德素养，恭（庄重）、宽（宽厚）、信（诚信）、敏（勤敏）、惠（慈惠）的总称。他也表示了对管理主体价值的重视。提倡"博施于民而能济民"，并尊重管理者的独立人格："三军可夺帅也，匹夫不可夺志也。"在管理世界观方面，相信有人格意志的"天"，"获罪于天，无所祷也"，但又把天看成是自然之物，"天何言哉？四时行焉，百物生焉，天何言哉？"在孔子看来，整个管理世界的哲学依据是二重的，一方面是世界彼岸精神的派生，另一方面是自在之物，人们可以认识思考；在管理规章和礼仪上，重视祭祀，但不怀疑鬼神的存在，认为"祭如在，祭神如神在"，"敬鬼神而远之"；对于管理规律的认识，相信"天命"，强调"知命"，"不知命无以为君子"；但又主张管理者充分发挥能动性。在管理决策上，采取积极的态度，表现了"发愤忘食，乐以忘忧，不知老之将至"的乐观精神。提倡为实现"仁"的最高管理道德境界而献身。在管理认识论和方法论上，承认主体决策"生而知之"，"惟上智与下愚不移。"强调"学而时习之"，提倡"知之为知之"，"不知为不知"的求实态度。重视管理思维和实践的结合，提出"温故而知新"等命题。反对主观和墨守成规，"子绝四，毋意、毋必、毋固、毋我"，又说"非敢为佞也，疾固也"，并自称"无可无不可"，表现出复杂的管理活动的灵活性，但认为整个社会管理发展有某些不带根本性的变化。"殷因于夏礼，所损益可知也；其或继周者，虽百世可知也。"从管理思想和管理行为的角度，肯定周代管理制度不能永存，对于周朝的管理规章、制度亦有所"损益"；在"百世"的管理历史中，后代对于前代都是有所损益的。在管理教育方面，首创私人讲学风气，主张"有教无类"、"因材施教"的教育方法，并有"学而不厌，诲人不倦"的精神。竭力反对培养言行不一、阿谀奉承的"乡愿"式的人物，但轻视"学稼"、"学圃"等农业生产管理知识，等等。

孙子，本名孙武，字长卿，春秋末期齐国人，被誉为"武圣"、"兵圣"。其所著《孙子兵法》被誉为"武经"、"兵经"、"兵法之兵法"、"兵学圣典"、"世界古代第一兵书"。《孙子兵法》十三篇包括：计篇、作战篇、谋攻篇、形篇、势篇、虚实篇、军争篇、九变篇、行军篇、地形篇、九地篇、火攻篇、用间篇。

《孙子兵法》论述精辟，结构严谨，全文仅 6097 字，把两国运筹千里之斗智，两军短兵相接之斗勇，描述得淋漓尽致，使人看了如睹廊庙君臣密室筹划之谋，似闻沙场相扑厮杀之声。从春秋末期到今天，两千五百多年来，《孙子兵法》在中国各个历史时期，都有着深刻的影响。战国时期，《孙子兵法》十三篇，已在民间流传开来，在我国历史上，学习、研究和运用《孙子兵法》的军事家、政治家、文学家、史学家、商业界人士等都从中得益匪浅，都给予了很高的评价。

　　《孙子兵法》早在唐代就传至日本、朝鲜。日本人推崇孙武为"百世兵家之师"，将《孙子》誉为"兵学圣典"，并将《孙子兵法》视为朝廷的秘密文宝，世代相传。后来传到法、俄、美、英、德等国，拿破仑在战争时期经常批阅《孙子兵法》，用于指导战争实践。第一次世界大战时的德皇威廉二世，在战争失败被废黜后曾阅读法文版《孙子兵法》，他禁不住发出"倘若早二十年读到这本书，就决不会遭到亡国痛苦"的叹息。第二次世界大战后，英国军事战略家利德尔·哈特在《孙子兵法》新译本序言中说："人们早就感到需要有一个《孙子兵法》的新译本，更完整、更准确地解释孙子的思想，在可能导致人类自相残杀和种族灭绝的核武器研制成功以后，这种需要变得更为迫切。"1963年英译本《孙子兵法》被联合国教科文组织列入中国代表作翻译丛书。1991年海湾战争爆发，进驻沙特的美国海军陆战队官兵，都带着一本《孙子兵法》英译本和一盘翻译性录音带。美国记者从前线发回报道称："如果陆战队进击科威特海岸，《孙子兵法》将与他们同在。"美国第三十九届总统尼克松和第四十届总统里根都阅读过《孙子兵法》，并认真研究，给予很高的评价。美国哈佛大学把《孙子兵法》列为学生的必修课。美国最大的汽车公司——通用汽车公司董事长罗杰·史密斯称："公司经营得以发展，全靠运用了中国古代《孙子兵法》的原理。"日本经营之神——松下幸之助，之所以能够把日本松下电器公司在家电行业确立了不可动摇的地位，主要得益于《孙子兵法》，松下是日本《孙子兵法》派的名将。日本井植岁男也是通过运用《孙子兵法》，成功地将三洋电机公司发展成为大企业而扬名国际市场的。日本的麦当劳代理人藤田是运用《孙子兵法》名言"智者之虑"的代表人物。日本造船大王土光敏夫是运用《孙子兵法》"兵闻拙速，未睹巧之久也"的典型。日本一家公司组织中层以上干部学习班，一月一期，一年十二期，学习《孙子兵法》，联系公司实际，研究如何把《孙子兵法》运用到现代企业经营管理中去。据不完全统计，中国自先秦至今，以及外国的《孙子兵法》注释本、白话本和翻译本共四百二十多种，有关介绍《孙子兵法》和孙武的系列电视剧已经拍摄并播映。《孙子兵法》这颗古代明珠，必将永远闪耀光芒，绚丽多彩！

　　孙子曰："夫将者，国之辅也。辅周则国必强，辅隙则国必弱。"意思是将帅为国君的主要助手。如果辅助得好，国家就会强盛；如果辅助得不好，国家就会变弱。唐太宗十分重视用人，他既能知人，又能用人。他对群臣讲："人君必须至公无私，才能服天下人心。"他认为选用贤才，不该按关系的疏亲，资格的新旧来确定官职的大小。他说："如果疏人新人中有贤才，亲人旧人中有庸劣，怎么可以舍贤才而取庸劣。"魏征讲："用人必须才德兼备才可用。"唐太宗同意这个观点。唐太宗重用忠臣，不用奸佞，不用庸人，不用阿谀奉承之人，而善于重用才德兼备、忠于国家之人，善于使用敢于在皇帝面前直谏的人，不用两面派察言观色的人，他认为善于直谏的人是忠臣。

（1）将为国辅。这是《孙子兵法》治军理论中夺取战争胜利的保证。孙子认为，贤将是国家之宝，将为国辅，辅佐得好，国家就强盛，辅佐得不好，国家就衰弱。在《孙子兵法》十三篇中，几乎每一篇都强调将帅的地位和作用，将帅论是孙子治军理论的重要组成部分。

（2）视卒如子。这是《孙子兵法》治军理论的根本之道。他认为，对士卒关怀备至，就可与将帅共赴深渊，不畏艰险，同生死共患难。孙子讲："齐勇若一，政之道也。"只有使部队齐心奋勇如一人，才是管理的根本之道。军事管理是以人为核心的管理，行政管理也是以人为核心的管理。

（3）以法治军。《孙子兵法》把"法"、"法令执行"列为"五事"、"七计"的重要内容之一，足见其法在治军中的重要地位，而其法是具有法律性质的规范。强调军队的管理，包括日常管理都要有明确的规范。只有以法治军，才能保证军队的正常行动和战斗力。

（4）知者必胜。这是《孙子兵法》治军理论之方法论。《孙子兵法》十三篇，每篇都讲到"知"，要知军、知兵、知胜等，一般人都应知，将帅要知在人先。知，就是唯物主义可知论，世界是能够认识的。

（6）谋略取胜。这是《孙子兵法》治军理论中军争之生命。《孙子兵法》在战略战术的论述中，凝聚了计谋和策略。《孙子》认为运筹深远，则其计所得者多，故不战而先胜；谋虑浅近，则其计所得者少，故不战而先负。

（7）求之于势。这是《孙子兵法》治军理论关于战略决策的最高原则。孙子认为战争应求之于势，不责于人。善于指挥作战的将帅，依靠必然取胜的客观趋势，选择适当的人才，调动一切积极因素，造成必胜的态势，战而胜之。

（8）以变应变。这是《孙子兵法》治军理论战术思想之基础。以变应变，灵活机动，是贯穿于《孙子兵法》十三篇中论述战术的基本思想。孙子认为，一切要从当时当地的实际情况出发，针对不同的实际情况，采取灵活适用的办法，把握战斗的主动权，甚至可以"君命有所不受"。

四、人本主义管理的基本理论：激励理论

员工激励是许多企业界管理者和理论界学者经常探讨的课题。激励所牵涉的理论很多，唯有追根溯源，理论联系实际，才能够触类旁通。挖掘企业员工的潜能，鼓舞员工斗志，激发员工创造力，留住并不断吸引人才等是激励的目的和意义，这是众所周知的。

我们在探讨激励理论之前，首先给出激励的理念：

（1）激励的概念：掌握企业员工的需求，创设满足员工各种需要的条件，激发员工的动机，使之产生实现组织目标的特定行为的过程。其核心是心理过程。

动机是指人们从事某种活动、为某一目标付出努力的意愿。激励员工的动机就是要

设法使员工看到自己与企业的伙伴关系，清楚地知道自己的需求与组织目标之间的相关程度，使员工处于一种驱动状态，并在这种驱动状态下激发出热情和创造力，所付出的努力不仅满足员工自身的需求，同时也通过完成的工作绩效而实现组织目标。

（2）激励的过程：

需求 → 紧张 → 目标 → 行动 → 报酬 → 满足感

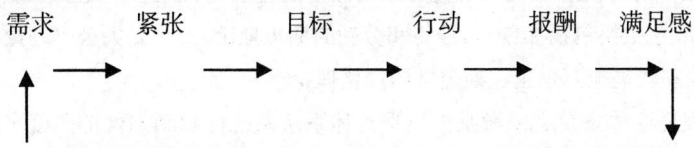

（3）激励的作用：通过激励来挖掘人的潜能，通过激励来激发人的创造性，通过激励来吸引人才。而对人的激励是管理的核心。

薪酬体系及其管理机制与激励之间是一个良性的互动过程。有效的薪酬机制必然激励员工创造性工作，而创造性工作又必然给员工带来更高的薪酬以满足员工的需求。员工的能力和天赋并不能直接决定他对组织的价值，其能力和天赋的发挥很大程度上取决于动机水平的高低。而通过建立内在激励型薪酬体系，创新激励机制，充分激发员工的工作动机，则是本文的出发点。

激励并不是无条件地简单满足员工的任何需要，而是要以能在一定程度上导致组织绩效提高的方式来满足员工需要，要对需要满足的方式和程度予以控制。员工也许有些需要很迫切，但是如果方式不妥当，满足后对于员工的工作业绩没有明显的促进效果。例如员工在上班时间有社交的需要，他可能通过打电话聊天来满足这种需要，这种需要的满足不仅不会导致组织绩效的提高，反而对组织有害，而且有些需要被过度满足后反而会导致绩效下降。

正确的激励原则，能充分调动人们的积极性，促使组织目标的顺利实现。不正确的激励原则，尽管也能调动积极性，但容易偏离方向。因此，要在正确的激励原则指导下制定激励措施。基于管理实务的要求，企业薪酬管理基本思路也随企业发展的不同阶段进行调整。然而，薪酬管理的技术和方法是一个不断完善和发展的过程。企业薪酬管理理论也随着管理实践的发展而不断发展。诸多的理论虽然散见于各种管理学理论著作之中，但却深刻地影响着企业薪酬管理基本理念和基本风格的变迁；同时，现实中丰富多彩的管理方法和管理技术又都不同程度地折射出这些理论的精髓。从工业革命给早期工厂制度带来冲击开始，发展到今天知识经济对管理变革的全面渗透，指导企业薪酬管理实践的薪酬理论也在不断发展。内在激励型薪酬理论是在基本激励理论的研究基础上结合实际产生的。因此，对一些激励的主要理论进行分析，对设计内在激励型薪酬体系是十分重要。

（一）内在激励——激励理论发展的新趋势

已有的激励理论主要是从心理学和组织行为学的角度来展开研究的，激励被认为是通过高水平的努力实现组织的意愿，而这种努力以能够满足个体某些需要和动机为条件。因此，流行的管理激励理论可以分为两类。一类是以人的心理需求和动机为主要研究对象的激励理论，这包括默里的需求理论、麦克利兰的成就激励理论、马斯洛的需求层次论、阿德佛的 ERG 理论、弗雷德里克·赫茨伯格的双因素理论；另一类是以人的心理过程和行为过程相互作用的动态系统为研究对象的激励过程理论。这种理论以系统和动态的目光来看待激励，这主要包括弗鲁姆、波特和劳勒的期望理论、亚当斯的公平理论、迈克尔·罗斯的归因理论和轨迹控制理论、斯金纳的强化理论。

激励过程理论体系较之于激励内容理论体系从系统性和动态性的角度来说是一种巨大的进步，但从根本上来说仍以对人的心理特征和以此为基础的行为特征为出发点。而人的心理需求难以加以观察、评估和衡量，属于内涉变量；同时心理特征必然因人、因时、因事而异，并处于动态变化之中，各种激励方法实施的可重复性差，由此而难以把握；再次随着人们对于激励条件的适应性，任何激励因素都会变成保健因素，致使管理组织激励资源的稀缺性和激励因素（如工资、奖金）的刚性之间存在着严重的冲突，使得管理激励难以持久。因此，激励往往被认为是属于管理艺术和领导艺术的范畴，是一种令人敬而远之、望而生畏的工作。

激励，尤其是对企业经营者的激励一直是世界性的难题，以往的激励理论和实践中所存在的种种问题就是最好的说明。但激励是现代企业经营管理工作的一项职能，并依附于其他职能（如决策、计划、人力资源开发、指挥、控制）及其衍生的目标，激励归根结底是在对其他职能履行状况的评价的基础上促进其他职能更好地开展的职能。因此，激励工作的真正科学性在于以企业经营管理工作的性质和规律为依据，设置合理的激励机制和约束机制，对企业经营者进行有效的激励和约束。

事物的性质和规律是指事物本身所具有的、区别于其他事物的特征和联系。管理工作的性质和规律是指管理工作本身所具有的、区别于一般劳动和其他工作的根本属性和内在联系。目前，已经探索和归纳出企业经营管理工作的九种特性，即权力性、知识性、成果无形性、效果的间接性、效益的滞后性、随机性、创新性、信息不对称性和二重性。企业经营者只有遵循其管理工作的性质和规律才能做好企业经营管理工作。

同时，对企业经营管理工作性质和规律的研究，也给我们提供了解决激励和约束问题的方法论。我们可以从企业经营管理工作的性质和规律出发，设计对企业经营者的激励和约束机制。如根据企业经营管理工作效益的滞后性，即企业经营管理工作主要是决策、计划和人力资源开发，与一般劳动和技术工作相比，管理工作的时效更强，其效益具有滞后性，企业管理工作的成果与失误可能经过若干年后才能显示出来，企业当前的效益可能得益于当前管理决策的正确，也可能是以牺牲今后的长远效益为代价的。我们可以设计出年薪制、远期收入制、股票购买权、长期雇佣制、资产连带制、决策责任制等激励约束机制。又如企业经营管理工作具有权力性，管理就是通过其他人来完成工作，是筹划、组织和控制一个组织或群体的工作。凡是直接生产具有社会结合过程的形态，而不是表现为独立生产者独立劳动的地方，都必然会产生监督劳动和指挥劳动，管理工作具有权力性，即指挥别人的权和强迫别人服从的力。管理要通过各种职能机构和人员的职、权、责活动来进行，管理机构和管理人员，无论职位高低、责任轻重，都拥有一定的权力。人们除了拥有对企业的控制权力以外，还不同程度地对企业资产享有剩余索取权（包括股权、债权、红利、奖金、薪金），合理地拥有权力是做好管理工作的有效激励因素。因此，又可以设计出团队生产、民主管理、参与式管理、工作扩大化、工作丰富化、股份合作制、管理激励和产权激励的适度结合等多种方法方式。目前内在激励理论的逐步形成和发展已成为激励理论发展的一个新趋势。以下将进一步分析内在激励理论。

（二）两种激励模型

物质激励与非物质激励共同组成了整个内在激励系统，物质激励与非物质激励是一个有机的整体。非物质激励是激励的核心，物质激励是激励的基础。当员工处于较低层次的需求时，员工的需求主要集中于物质方面，因此以物质激励的手段为主。当员工处于较高层次的需求时，员工的需求主要集中于非物质方面，因此以非物质激励的手段为主。因此内在激励系统是建立在员工的需求之上的一种激励方式，它并无固定的套路。基于马斯洛的需求层次理论建立一个简单的内在激励模型，用来解释内在激励系统的机理。

物质激励从员工的经济角度入手，为员工提供物质需求方面的满足。物质激励满足了员工基本生活需要、社会经济地位及经济安全感等方面的需求。物质激励是公司对员工劳动付出的物质回报。物质激励是现代企业最重要的激励手段。物质激励的体现方式是公司付给员工的物质报酬。如下图所示：

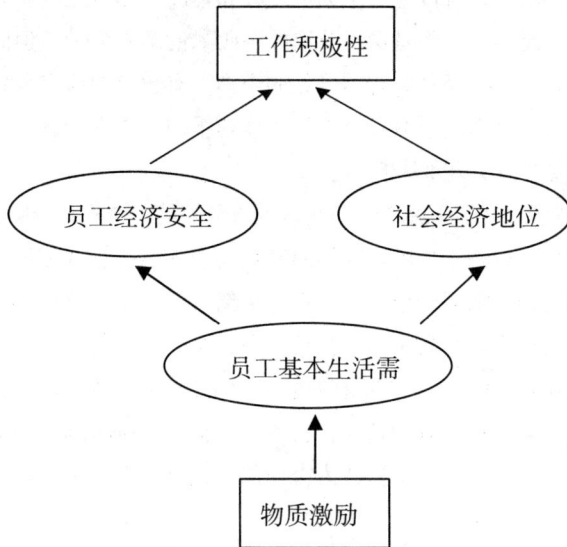

物质激励模型

非物质激励从员工的社会性角度入手，为员工创造一种人性化的工作环境及工作氛围，在工作的设置与分配时充分考虑每位员工的个性，让工作本身成为吸引员工的重要手段。公司强调积累公司的企业文化，让企业文化熏陶组织中的每一位成员，以文化吸引人。非物质激励是一只无形的手，能从感情上赢得员工对企业的忠诚。如下图所示：

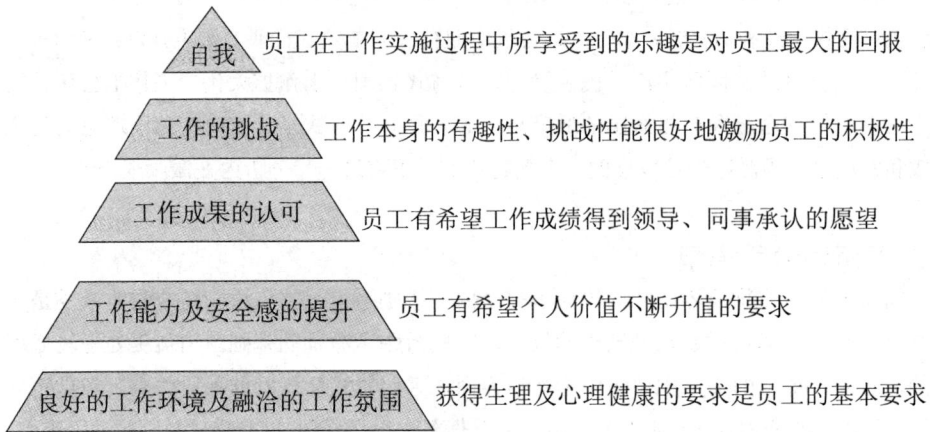

自我　员工在工作实施过程中所享受到的乐趣是对员工最大的回报

工作的挑战　工作本身的有趣性、挑战性能很好地激励员工的积极性

工作成果的认可　员工有希望工作成绩得到领导、同事承认的愿望

工作能力及安全感的提升　员工有希望个人价值不断升值的要求

良好的工作环境及融洽的工作氛围　获得生理及心理健康的要求是员工的基本要求

非物质激励模型

从上图可以了解，非物质激励主要是通过企业文化及工作自身两方面来实施对员工的激励。

企业文化是企业价值的体现，是现代企业的核心竞争力之一，是实现企业可持续发展的土壤，它用企业价值观引导员工个人价值观。企业文化体现于公司形象，好的企业文化有利于树立良好的公司形象，好的公司形象有利于树立员工对公司的自豪感。企业文化是企业运转的润滑剂，可以为员工创造一种和谐的工作氛围。企业文化的建设是一个长期的循序渐进的过程。工作是员工获取经济收入的基本来源，但同时也是员工体现个人价值的主要方式。员工都是具有差异化的个体，有自己的特点与兴趣，工作的设置与员工的个性相结合，将有利于激发员工的工作热情与工作潜力。工作本身的趣味性、挑战性是员工自我实现的动力和基础。

人类的忠诚、热情、干劲、承诺、负责以及自信等等，全都是情绪变数。所谓激励，也是一种情绪的力量。再进一步说，我们的理智创造力以及艺术创造力，也无不是一种牵涉到情绪因素的过程。如果一个人完全没有情绪作用，也就不可能被激励。情绪会影响一个人的行为，包括影响其思考力、推理力和决策。管理者的任务，就是要及时发现有关人员的有利的情绪，而抑制某些不利的情绪。因为不利的情绪往往会歪曲事实。比如，过激的批评往往会影响被批评者的情绪，会导致被批评者强烈的"自卫反应"。在这种情况下，即使批评的都是事实，也会认为批评的话完全不对。由于情绪的作用，人们很难使自己变成"理性的机器"。

人的行为具有明确的目标是人的一个本质属性。人的需要是人的行为的基本因素。需要引起动机，动机支配行为。人的需要是多层次的、立体的。一般来说，人只有在低层次的需要获得基本满足之后，较高层次的需要才能显示出其重要性来，才能成为"行为的激素"。人的需要又是多变的，变得越来越多样化和越来越精细。在文明程度不断提高的情况下，精神需要具有越来越重要的意义，而物质需要的意义则逐步下降。审美的需要，在人身上培养按照美的规律建设生活的需要，对于创造性劳动的需要，对于社会工作的需要，对于同他人、同集体交往的需要，对于提高教育和文化的需要，对于国内外生活的广阔而可靠的信息的需要，在人的行为要素中占有愈益重要的地位。

在劳动人事管理中，可以把人的需要作为管理的杠杆。按照人的行为规律进行激励。激励是要使劳动者自觉自愿地采取有效的行为。为此，要使每个劳动者自己感觉到在这个组织中不是可有可无的，而是有相当影响力的，为组织成员之间相互融洽相处创造条件，及时沟通信息。对职工进行技术培训，提高其完成任务的能力；为职工创造完成任务的条件，帮助他们克服工作中的困难；重视工作效果的及时反馈，不断把情况和意见告诉工作者，以便及时修正行为，弥补缺陷。

人的行为要素是一个系统。在这个系统中，各个环节是互相联系、互相制约的。这根链条表现为：环境——需要（理想、利益、愿望、意图、欲望、目的）——意识——动机——决定——行动——环境……人的行为的过程是一个系统循环的过程。人的需要尽管受本能的支配，但主要是由环境决定的。在发明火以前，人们似乎还没有吃烤鸭的需要；有了制冷机，引起了吃冰淇淋的需要。需要产生意识，这种意识以一定的形式表现出来。意识引起动机，动机引出决定，决定以后付诸行动。行动的结果是影响环境，改变环境，同时也改变行动者自己。然后又以改变了的环境为起点，新的环境产生新的需要，新的需要产生新的意识，如此循环往复，以至无穷。

五、结　论

人本主义以人文关怀为特征。同时又使人文关怀与生存竞争实现高度统一。达尔文的进化论学说，揭示了生物的起源、变异和发展的规律。他认为，生物界具有悠久的历史，它不是一成不变的，更不是"上帝"创造的，而是在自然条件作用下，从简单到复杂，从低级到高级，逐渐发展而成的。他还认为，生物在发展进化过程中，一部分适应于生存的得到保留和产生后代，一部分则消亡。这种过程叫做"自然选择"。"自然选择"是生物进化的主要手段，是生物本身固有的规律。就这样，达尔文以生存竞争、自然选择的原理第一个科学地、系统地揭示了有机界的发展规律，从而使生物学建立在科学的基础之上。后来，有人将达尔文的生存竞争、自然选择的原理应用到人类社会，出现了社会达尔文主义。相当一段时期内，社会达尔文主义受到批判和否定，把生存竞争、自然选择说成是大逆不道、违背人性的异端邪说，进而把竞争当作是资本主义所特有的"怪胎"而加以唾弃。活生生的事实告诉我们，不管你承认也好，否认也好，竞争是客观存在的。否认和排斥正当的竞争，实质上是容忍和支持不正当的竞争。在正当的竞争条件下，商品生产者为了取胜，就得在降低消耗、提高质量、技术革新、改善经营、增加花色品种方面下工夫。不正当的竞争是扭曲的竞争，拉关系、走后门、弄虚作假、尔虞我诈，也算是"竞争"。我们这里所说的,当然是指正当的竞争。

心理学的研究表明,竞争有助于培养人的个性心理品质。它能促使人们精神焕发,情绪饱满,努力克服各种困难和障碍,全力以赴地去夺取胜利。竞争能增强人的体力和智力效能,促使人的感知觉敏锐准确,记忆状态良好,注意力高度集中,反应灵活,想象丰富,操作能力提高。研究数据显示,在竞争条件下进行滑雪、游泳等运动,参加者中有 82.2% 的人提高了自己的成绩;在体操竞赛中,运动员肌肉的用力精确度提高 30% 至 50%。因此,在社会生活的各个方面引入竞争,有利于充分发挥和调动人的积极性和创造性,有利于提高科学文化水平。

简论管理学规律、文化之理论关系

——管理学基础理论的哲学建构之四

谭人中

（广州铁路集团公司信息技术所长沙分所，中国长沙）

一、前　言

　　管理活动在实现其目的的过程中，对人之复杂与不确定性在此间所起到作用的认识，始终都处于混沌的状态。

　　人们常常会奇怪，一些很简单的事情，经过人的处理，反而会变得异常的复杂！例如看似简单的火车票发售，因资源（运能）相对紧张，加之人为的投机炒作行为，弄得"一票难求"。实际上，这就反映出事物在发展过程中，一方面会受到规律层面的影响，另一方面还受到与人之复杂与不确定性直接相关的文化层面的牵掣。这是因为事物的存在和发展，会遵循某种规律，例如事物终将趋向于秩序或混乱。这种客观性即表现出了规律的特征；而人的行为，客观上受到环境文化的左右，在这种影响下，人之文化范畴内的"复杂和不确定性"，将通过其行为表现为遵从或不遵从管理需求下事物发展的规律。所以，当我们把由规律和文化分别主导的不同变化内涵予以区分，复杂表象下事物发展的线索，就渐次变得清晰起来：规律下事物的发展，若未受管理需求之外人为因素的影响，就总会呈现出单纯、理性的发展趋势：例如商场内人们有序的购物缴款；又例如通过各种经计算机软件控制的纯业务性工作流程等。而文化环境下，人的行为受到价值观、阅历、素养诸文化因素影响，则往往会表现出与理性单纯相悖的"复杂、不确定性"：如上述的火车票发售，以及诸如社保基金案类的腐败案件；又如海尔的日清日结、远大的文件管理等，就表现出人之复杂和不确定性在环境文化的左右下，对有序或无序的抉择。从管理学的愿望而言，管理活动是既需要遵从自然规律的客观理性，又希望受人之"复杂与不确定性"支配下的行为，也能回归到遵循规律的理性要求上。这就从理论上产生了需要有一个将两者联系起来的环节，使事物在发展中，既能满足环境文化对人行为的某种约束，又能遵循自然的发展规律。那么，管理活动受文化层面牵掣的问题，由这一环节的调适，也许就能获得较好的解决。

　　而这个所谓的"环节"，从理论上说，就是在管理活动中，将事物发展的规律，作为人类行为的准则，并借此营造、建立起人们行事的文化价值氛围。通过营造这种氛围，将两者有机地衔接在一起，即有可能解决长年以来对两者不加区分，在人们内心业已形成的难以客观、理性对待的"简单事物复杂化"趋向；亦可能因此而厘清长年以来，人们在认识事物现象的过程中，由于两者的混淆而留下的诸多混乱或疑惑。

二、简论管理规律和管理文化间的理论关系

因此，从事物发展的客观性而言，管理活动除受到管理规律的作用外，还与植根于工作环境中的文化影响分不开。

什么是文化？这一个看起来非常容易回答的问题，事实上，正是最难回答的。[1]目前社会文化人类学对文化所持有的基本认识是，文化指的是系统协调的整体，是由信仰、知识、价值观念和实践构成的一个稳定的系统。[2]那么，从管理文化的立场而言，其应是一种渗透到人们内心的文化理念、一种价值观，是对人积极性产生直接影响的所谓之文化氛围。在管理活动中，管理规律和管理文化，两者相辅相成，促使管理活动按照人们的预期目标进一步向前发展。

（一）管理规律和管理文化的理论定位

管理规律，应该是统一的，是放之四海而皆准的，是管理的一种刚性的规定，它是客观的、科学的、不以人们意志为转移的、同时也是不能违背的。

但管理文化，就不一定了，东、西方文化价值观念不同，所产生的行为准则就会不一样。可是对管理而言，在遵循统一的管理规律方面，各方又不能自行其是。怎么办呢？唯一的办法就是在管理实践的同时，在管理环境中营造一种以管理规律为价值观的文化氛围，使人们的思想通过价值观统一到这种文化氛围中，自觉地在实现这一价值的过程中，遵循管理的客观规律，以帮助其达到管理之目的。

譬如排队购火车票，从管理的规律层面而言，就是要使购票队伍有序，那么"有序"就是管理所谓"放之四海而皆准"的规律，因为在任何地方购票，都需要在有序的工作环境下进行，这从售票过程中对有序的依赖，或通过售票方式的改变，例如通过网上售票等人类文明创造出的最新成果提供的实质性的秩序，都可以体现出来。因此，就购票而言，秩序就是管理所关注的"规律"。但是"怎样使队伍有序"？"四海各方"却未必尽然一致：如在中国春运期间，有序购票目前是要组织大量的人力才能达到的目的；而在一些发达国家或我国的一些条件较好的城市，却已实现或正在实现网上售票。于是我们不难发现，"大量的人力"和"售票方式的改变"，都会是出自于管理文化这个背景：因为"大量人力"的投入，旨在说服或影响人们让其遵从秩序；而"售票方式的改变"，则更是从遵从秩序的基本点上，用人类文明创造出的最新成果，来适应人类秩序行为对人性化服务的需求。而所有这一切，本质上都是在为形成"有序"创造条件、营造氛围，

使人们的行为能遵循管理的客观规律，达到管理之最终目的。

由此观之，就管理理论的基本面而言，管理文化应体现在协调各种文化差异，使具有不同文化背景的人们，在遵循统一的管理规律方面，能步调一致。这应该就是管理文化在管理活动中的本质作用，及其在理论上应有的定位。

（二）管理规律、文化在管理活动中的作用

因此，管理文化在其活动中就应具有以下内涵：（1）以管理规律为其价值观，营造管理的文化氛围；（2）形成的管理氛围，旨在调动人们在管理活动中的积极性；（3）具有对不同文化价值观的协调功能，以及服务于管理规律的属性特征。

从这个意义上，譬如管理活动中对"人"的管理，从规律层面，它让人们关注的是，人的行为在管理活动中是趋向于"有序"还是"无序"；以及活动是否受到"耗散理论"[3]给予的相关约束。但对人在这些行为背后因思想、品质、兴趣、爱好等有可能产生违背管理规律的意向，或竟至于在管理活动中去有意制造混乱，从而产生无序或复杂管理现象这一层面，却是要靠管理文化来协调或规范的。

例如，就"设备管理"而言，从规律层面，我们已经知道只须把握住"购置、调入、发放、异动"这四个环节，在远离平衡态条件下使之有序，就能掌握设备的来龙去脉；倘若在这些环节的背后，有人并不愿意让人们知道设备的来龙去脉，他亦只须从无序的意义上封闭住这四个环节的真实信息，于是设备对于除这个人（或小集团）以外的人们就是迷雾一团了。

那么管理文化的作用是什么呢？研究中我们发现，文化的作用应该是在肯定管理规律的主导价值前提下，在环境中营造的一种文化氛围，譬如：（1）在工作环境中营造出封闭"这四个环节真实信息"的做法是错误的，管理应在"开放、远离平衡态"的自然规律约束下，朝着秩序的方向发展；（2）营造的氛围，旨在提高人们践行这一价值观的积极性，即形成以"有序为荣，无序为耻"的管理价值氛围；（3）整个工作氛围将让欲行无序之举的人，在开放状态下，不得不转变到有序的轨道上来。

因此，管理文化氛围的形成，旨在使人们遵循管理规律，而管理行为符合其规律性，将使管理活动具有如下趋势：

（1）遵循管理规律，将令其活动趋向秩序；反之，就会趋于混乱。

（2）管理活动部分遵循规律、部分不遵循规律，将使管理趋向于秩序与混乱的混合状态。

由此，我们便可领悟到：遵循规律是管理活动发展的方向，这是规律的客观本质所决定的；而能动地促使人们作出"遵循规律"的方向抉择，却又取决于管理文化。而管理文化之所以会产生让人遵循规律的效果，则又是源于人与文化间所具有的本质联系。换句话说，管理规律是管理达到目的、在践行中所必须遵循的方向；而管理文化则是围绕这个方向，向人们的秩序行为提供价值依据的管理理念。

遵循规律，将获得实现管理目的的最终预期；而由于文化的原因，则有可能使管理

在遵循规律时徒生"众多歧义"——因文化的不同，导致管理价值观的不一致，使人们对管理在理解上不尽相同，从而使其管理行为亦会有不一致的表现。这便是管理在效果上产生千差万别的根本原因之一。

（三）人行为、思想意识的精神范畴决定了文化由来的途径

1. 文化源起、及文化与人精神范畴的联系

这种文化的作用，若细究起来，本质上就是文化理念对人行为产生的影响。所以，国际上自彼得·圣吉的"学习型组织理论"[4]问世以来，在我国也悄然兴起了从传统文化中发掘诸如"东方管理"[5, 6]理论的思潮，其实，所有这些，表达的就是一种管理的文化理念。

为什么会出现这些文化理念？在分析中，我们不难得知文化理念的出现，一方面说明当下环境中人们对"管理"的期盼，在价值观上形成了某种一致性，即有着所谓"应运而生"的意涵；另一方面则因伴随"管理"这一主题出现的众多"理念"，并不曾如人们所预期能对管理的内涵给出清晰的界定，这种预期带来的失望，便导致了更多疑惑的出现；而对疑惑的质疑，更促成人们对文化的源起及文化与人存在的关系，产生了探寻究竟的愿望。

目前，对人与文化间关系的研究，国际上学者多停留在：承认文化是一个连续过程的阶段；而最新的研究动向，在层次上，亦只涉及于文化对个体的传承关系；或个体与文化间发生的所谓"濡化"过程等范畴。[7]尚未见有对文化源起、文化与人之间关系更深层次的研究。因此，这个研究课题提出的本身，对管理学及社会文化人类学领域而言，无疑是件极富挑战的事情。

对文化源起及其与人之间关系的研究，首先面临的困难，莫过于对文化范畴的界定。因为在人类生存环境中，文化几乎是无所不在，却又无法确认其何以存在的现象！因此明确其范畴，是展开研究的前提。经长期深入的思考，留心文化存在的形式，并尝试着将其进行归类分析时，一个偶然间的视角，即当把研究的视线，稍稍停留在人与自然界其他的动物，并对其进行类比分析时，笔者豁然间发现：文化其实是一个不能脱离人存在的现象！用浅显的比喻来说：文化就犹如人类活动的"痕迹"，例如文物的遗存、文本的存在，这都是人类活动留下来的痕迹；较之于鸡、鸭、狗、猫类动物，这些动物的活动，就既不可能产生诸如文物遗存、文本存在类的事实，亦不可能形成与这些痕迹发生直接关联的概念。这个现象留给我们一个简单而重要的启示：文化是人类所特有的现象！这就明确地将文化界定在与人相关联的范畴内。

从这个逻辑出发，在对人与文化间关系的思考中，我们很自然地会发现人之活动的痕迹，是基于人类的精神活动所形成，这是人类行为系由其精神活动主导这一事实所决定的，譬如文章的写就、文物的形成，无一不是通过人的精神活动所酿成。而就精神活动而言，人能与这一范畴相关联的，则应该是人之所谓的"意识"层面。

继而，就人的意识而言，又因其仅仅在其行为和思想方面才能反映出所谓"意识"的能力，所以，精神范畴内人的意识，显然地就表现在其"行为意识"和"思想意识"这两个方面的活动内涵中。

2. 社会文化人类学对"意识"的定义

那么"意识"是什么？洛克曾说，意识可以定义为："运动中的思维，既认识到它自身的形态，又能在遇到冲击和变化时维持这一形态。"它包括感觉、认知、情绪、情感、倾向性的个人态度状况以及叙事结构，而且它是具体的：思维不能脱离躯体而存在。或许意识最独特的特征是它能认知自己：我们意识到自己的意识。不过，这样的定义无法囊括关于意识本质的各种各样相对立的假设和结论。[8]

3. 我们对"意识"的领悟和定义

有鉴于此，我们在对意识活动的内涵进行反复分析研究，对人类行为、思想、意识间相互关联、彼此所表现出的错综复杂性进行不断地思考、归纳、总结的基础上，从而产生了新的认识，并尝试着对意识给出新的定义：意识是环境或既有经验（记忆）对人在思维方面所引起的某种触动或刺激，并使大脑发生思维性联想或识见的活动。

4. 人类"行为意识"的定义，及文化源起逻辑原点的发现

在对"意识"定义的基础上，我们不难概括出人类"行为意识"的内涵：人在环境或既有经验中，因受到某种触动或刺激，在行为上将做出相应反映：它是人内在文化因子在行为中的具体表达，体现着人对环境的理解，并在行为上做出的回应。这种"理解"，表现出人自身的经验、文化、素养、品位及世界观对环境所形成的看法；而"回应"，则是以其对环境的理解、看法为理由，从行为动作上做出的反应。

于是，在对人类行为意识的种种归纳中，给出的行为意识定义如下：人的行为意识，系指人在环境或既有经验（记忆）条件下，受到某种触动或刺激，激发出与其内在文化因子相关联的行为反应。这里所谓人内在的"文化因子"，就犹如人们头脑中一个想法的闪念、一个观点的萌动、甚或一个因事而发的感悟等等。这些便是人所特有的文化潜质，其将通过思想的形式表现出文化的内涵。

因此，当人内在的文化因子，以具体的行为做媒介，从文化的意义上表现出相应潜质时，便揭示出人的行为意识是人类文化起源逻辑原点这一事实。

5. 文化因子的定义

由此，我们给出文化因子的定义：文化因子是人类文化潜质的历史积淀，始终处于被遗传、复制、传递、及更新中，是人自身行为的本原反映；其除存贮（记忆）于大脑，供思维进行意识活动外，亦将因意识的升华，以文本、文物形式存在于人类的生存环境中。

6. 人类"思想意识"的定义

找到文化源起的逻辑原点，意味着文化发端问题有了解决的可能。在这个基础上，你若能细心体察，并认真思考人类自身发展中的活动规律，你将会发现所谓人的行为意识，本质上恰恰又是受制于其"思想意识"的。因为人的活动在行为意识的支配过程中，不定期地会受到来自思想意识的修正；而从发展的意义看，正是这些"修正"，引导着人类在其目标的实现中，从行为上更趋准确、成熟。

循着意识活动逻辑规律演绎下来，我们概括出人类思想意识的内涵如下：人类的"思想意识"，是一种思维性活动，是既有知识和经验（记忆）与现实世界、环境，在思维上的一种接触、碰撞、乃至升华。在一般情况下，其将以经验、文化的形式存贮于人的大脑中，当这种贮存受到某种启发或感动，很自然地萌动出创造或形诸文字的表达冲动（意识升华）。

基于这样的认识，人类思想意识即可定义如下：思想意识是人既有知识和经验（记忆）与现实世界、环境，在思维上的一种接触、碰撞、乃至升华的活动。所以，就思想意识而言，"升华"的本质就是人类文化形成（进化）的逻辑过程。

7. 人类文化的起源、形成和发展的逻辑过程

由此，我们可以认识到，人类的行为、思想意识，对人类文化的源起和发展有着非常重要的意义，它体现出这样的内涵：文化发端于人类的行为意识，形成于思想意识，最终却又在发展的意义上（从发端到形成间就是一个发展的过程），通过文化的形态，反哺到行为意识，进而影响到人的行为。这就把文化对人行为发生影响的内在逻辑，通过意识层面的活动给予了展现。表达出文化发展在逻辑意义上的一种自循环。当然，文化在形成的过程中，亦会受到来自环境属性的制约，并因这一制约而分别具有了环境内涵的本质属性。因此，文化也就具有了情境意义上的属性之别。这样，我们从文化源起的意义上，对文化的发端和形成，从逻辑上给予了简单的展开。上述分析结论的提出，将使我们对文化与人类的行为、思想、意识间的关系，具有了更为本质的认识。

8. 文化概念的定义

意识的思维性特征、文化因子最为本原的人类学观念，以及人类文化进化（升华）的内在逻辑，让我们认识到，意识的思维活动是文化产生的源泉；文化因子则犹如经久的思维活动（意识）存留下的"结晶"；所谓的文化，正是意识通过对文化因子的思维加工，令其升华为有价值导向功能、并在逻辑关联意义上汇集而成的文化理念。令人关注的是，正是这些汇集而成、具有价值导向的理念，引导了人类的行为方式。基于这个基本认识，我们获得了重新定义文化概念的机会：文化是人类行为价值导向理念的集合，是基于文化因子被遗传、复制、传递、更新的基础，由思想意识升华而成，具有情境意义上开放、封闭、孤立的属性。

这一定义的给出，使人类行为受文化影响的特点，从理论上找到了理解的基础。例如，

人们在广泛的文化概念下，将很难理解何以还会有饮食文化、茶文化、旅游文化、厕所文化，以至于管理文化的区分？通过这一定义，便能让人们理解：这些在"文化"前冠以的称谓，无一不是代表着人类行为在这一领域的价值导向。譬如我们对"管理文化"就可解释为：管理文化是以管理规律为价值导向，向人们的秩序行为提供价值依据的文化理念。

当然，目前对"文化是什么？"的阐释，仍存在很多分歧。若以跨文化心理学家 Rohner（1984）的看法："真正描述一个文化，在于它能否较全面地理解当地人的行为"[9]，来看待这一最新定义，也许就能获得对现实文化现象较为客观的认识。

（四）传统文化对人之"复杂与不确定性"行为作出的化解努力

从人类行为的复杂、不确定性角度，我们也不难得知其复杂、不确定性的根源就在于：人类有着太多诸如由文化方面产生的素养、品位、精神等知识层面的积累；以及阅历、事故、技术、技巧、世界观等经验层面的累积。这些囤积下来的复杂因素便导致了复杂行为的产生。因此，倘若管理活动被这种最复杂、且最具不确定性因素的思想意识所左右，其局面就会难以控制。

如何改变这种状况呢？通过以上分析，我们从人类思想行为的发展进程中不难发现，能够约束、规范人类行为、思想意识的理念，其实都包含在人类自己创造的文化思想里面。例如，中国传统文化中的"克己复礼"[10]思想，就是源于"礼"这一中国古代社会秩序建构基本思想。因为实现"礼"的建构，首先，要让人们在思想上能对"礼"这一价值给予认同；有了这个基础，才能引导人们通过"克己"，而达至"复礼"。也就是说，欲构建"礼"的社会基本秩序，是要通过创建"克己复礼"的文化氛围，来影响人们的思想意识，使之先对"礼"在思想上有接纳的意识，继而才有令其在行为上规范到"礼"的秩序建构之中的可能。因此，就这个意义而言，克己复礼的本质内涵就在于：以"礼"为价值观，营造一种约束人行为的文化氛围，以使其行为符合"礼"的秩序规范。事实上，这也为我们将管理理论界分为规律和文化两大范畴，从理论上奠定了认识的基础。

（五）一以贯之的"秩序"现状，佐证了"元管理思想"久已存在的事实

稍加考量，则不难发现，所谓"礼"正是中国古代社会形态，在管理意义上追求的一种统治秩序，例如君君、臣臣、父父、子子……有趣的是，这种秩序的观念，恰好从本源上契合了秩序管理思想。难道这是巧合吗？当我们沿着人类社会发展的轨迹，纵观古今中外的思想文化史，例如，在中国古典典籍《礼记》中，其《乐记》对此就有深刻的论述："乐者，天地之和也。礼者，天地之序也。和，故百物皆化。序，故群物皆别。乐由天作，礼以地制。过制则乱，过作则暴。明于天地，然后能兴礼乐也。"[11]礼（秩序）与乐（和谐）就构成了延绵中国两千多年的传统文化，成为维系中国古代社会形态最重要的管理思想和精神文化的支柱。

早期希腊哲学研究天体现象和整个自然界时，也发现自然界是有秩序的。认为秩序

意味着安排、结构的完善与美，透出的是自然界将各安其位，和谐相处之意。并曾用"科斯摩斯"[12]（kósmos，cosmos）一词表示"秩序"，后来（大约在公元前 5 世纪初期），这个词被用以表述"世界－宇宙"，"科斯摩斯"就从原来的"秩序"，转变为"世界秩序"或"有秩序的世界"。其时，这种思想便逐渐在希腊哲学家中流传开来。

而普利高津在"耗散结构"理论中，更是将"有序与无序"作为了理论永恒的主题，并在长年的研究中，把这一主题的应用范围，推广到世界范围内几乎所有的领域。由此观之：从文化思想发展的脉络来看，秩序管理思想从古至今，是一脉相承、一以贯之的；而从其思想的本源看去："礼者，天地之序也！"、"科斯摩斯"、"有序与无序"……那么，"秩序管理"应该就是人类社会久已存在着的"元管理思想"！

由此，我们从浩渺的历史时空中，为事实上久已存在的管理思想，找回了它原本辉煌的经典意义。尽管对于这个问题，现代的人们至今尚未能从理论上认识并意识到，伴随人类社会成长的"秩序管理"思想，就是自然界久已存在着的管理规律！尽管如此，在人类漫长的历史进程中，其管理的状态形式——秩序，却在不期然之中，已潜意识般"潜"入了人们的思想意识之中。不然，在两千多年以前的中国古代，为什么会出现"礼"的管理规律（秩序）？并随之又产生了"克己复礼"的管理文化？在近现代，英国"过程哲学"的创始人阿尔弗莱德·怀特海也曾说出，"我们很少谴责人们的'有秩序的行为'"[13]。潜意识中，就包含着人类社会对秩序行为的接纳、肯定、认可和推崇。此外，中外那么多的国家、企业，在不经意中，也都因其在管理上朝着秩序的方向发展，而获得了成功，如像美国、日本、新加坡等国家，又如海尔、远大、白沙集团等企业。这会是偶然的吗？

当然，现在看来，就中国而言，古代与现代的管理思想，从秩序的意义来说，虽属同宗，但在关注点和操作条件上是有区别的，其区别就在于：中国古代的秩序思想，因封建的本质属性，决定了其从整体上追求的是一种类封闭、孤立的"准平衡、平衡态"系统[14]，其在发展中，不可避免地会在封闭、孤立的环境中，趋向于"五百年必有王者兴"[15]的历史宿命循环——即由初始稍稍的有序，继而渐次趋向于混乱的宿命规律；而现代的秩序观念，却着眼在建立起开放、有效、为管理目的服务的工作秩序，在科学的意义上，是遵循辩证法和耗散结构理论等自然规律的约束，来保障其目的实现的有效性，并试图从管理的最基础层面构建起社会整体而开放的秩序架构。

（六）秩序管理思想的现实意义

1. 管理文化在实际管理活动中的意义

当我们讶异于中国古代传统文化、古希腊哲学家于两三千年前对秩序就有了这样深刻的见解，近现代怀特海、普利高津从理论上对秩序本质从科学内涵方面所怀有的深刻认识，于现实中，更坚定了我们对秩序管理思想的认同。

但在管理活动中，要让具有"复杂、不确定性"的人，及其行为意识在遵循管理规律方面，能步调一致，却又涉及了管理文化的影响。因为遵循管理规律，从人行为意识的本质意义上，就是通过人所具有的文化价值观和所处环境文化氛围，对其行为施加影响来给予协调和约束的，即通过对人们各自归属的文化理念、价值观念的协调，以消除因文化差异带来的行为意识的不一致。

例如在交通路口遇红灯，西方人会待红灯熄灭，绿灯亮起后从容通过；而国人就不一定，虽也看见红灯，但多是见无汽车，便"聪明"地"相机而行"了。这就反映出西方人、国人在文化方面存在着的差异：西方人一般遵守秩序（规律）；而国人的秩序意识就较为淡薄。

又例如西方管理理论在中国"水土不服"的问题，实质上也是一个在不同环境文化下，人们能否按规律办事的问题。对于这个结论，我们不妨结合一个具体的管理事实来说明：譬如做空调产品，德国西门子做空调；日本东芝做空调，我们的海尔亦做空调。那么，在管理的意义上，这些公司会有何不同之处呢？稍作分析，我们即可得知其在技术上或许会有些许差异，但技术方向上却不会有什么不同，起码在结果上都会有让其产品能调节温度的要求！那么围绕这个方向，这些公司各自都会形成实现其生产目的的工作流程（秩序）！这是我们通过分析，从这些公司发展出来的诸多头绪中找到的共同点。但不难发现，围绕这个共同点，这些公司在实施过程中，却未必尽然一致。因为这将会与各方实施者所处的环境文化氛围相关联：德国、日本在其开放性的文化氛围中，其国民素有严谨之名，因此，对其工作流程的遵循就不会有太大的问题；可中国的海尔却是在"不许在厂区内随意大小便"的环境下走过来的企业，其不按流程作业，随机行为发生的可能性就比较大。基于这样的分析基础，我们不难得出如下判断：西方人推崇环境文化的开放性，产生的理论，将能促使其情境下的人们按规律行事，并取得指导管理实践的预期；而国人却因环境文化自身的封闭性，和几千年来积累下来的太多的封建意识、无序陋习以及依附于封闭性，产生的众多盘根错节的关系、潜规则及其遗存，这事实上便已前提性地形成了阻碍其按规律办事的路径。因此，当开放性环境产生的理论，被用来指导封闭性环境下的管理实践，显然地就会表现出对其理论水土不服的症状。

再例如社会上偶有发生的"哄抢"行为，本质上反映出社会最基本管理文化（价值观）底线的沦丧。这一底线丧失的直接后果，便导致了人们无序行为的肆无忌惮。因此"哄抢"行为，乃具有社会环境文化出现问题之"晴雨表"的标识性意义。

由上述分析我们可知，文化的作用，就在于其具有对人"价值导向"的作用。而当"规律"成为了人们行事的一种价值观，便能让"相机而行"或"无序而为"的"聪明"人，在这一价值的导向下，克服那种自鸣得意的"变通"意识，笃实诚信地加入到遵从规律的秩序性行为中来。这便是由这个话题，从文化意义上带给我们的重要启示。

2. 中、西方文化对管理规律的适应能力分析

就管理而言，建立一个秩序就是管理规律性的表现。因此，西方文化对管理规律的适应性显然比较强，因为其文化的开放性能较快地接受和适应管理的规律法则，因此他在效果上显然占有了先机；而在我国，要让人们遵循管理规律，还得先从封闭的传统文化中，通过改变以往的意识习惯、生活陋习开始。这样，相对西方文化而言，便多出了

一个将封闭逐渐转化为开放的过程。那么相对于西方国家，从效果上就处在了劣势。

从根源上明白了我们在管理方面的"软肋"，这对于管理下一步发展是极有裨益的。首先，明白了自己在管理方面"先天"的弱点，将能使我们今后执著于管理规律的遵循；继而，也让我们明白了管理最质朴的一个道理：即管理效果的好坏，管理水平的高低，实质上是取决于其按管理规律办事的程度。而这个"程度"，本质上取决于管理文化在开放意义上对人产生的影响。

仍如上例，在交通路口，若管理文化的开放性使每位行人、司机都意识到遵守交通规则的重要性，从而使人们都能遵守交通规则（程度高），那么可以断言，交通事故是能被控制住的；而如果管理文化并没形成开放的、让人感觉遵守交通规则的重要性，反而从封闭的潜规则意义上，让诚信守法者觉得太犯"傻冒"；或使"聪明"的相机而行者，充满着因投机成功产生的"自豪感"，如此一来，不仅会让交通规则在这些聪明者眼中形同虚设，亦会令诚实的守法者，因怀疑自己行为的价值取向而向投机演变。这种后果将让投机者，越加藐视制度规章、鄙视秩序的正常性，并导致人们在遵守交通规则方面，"变通、随意"行为呈不断增长之势（程度愈趋低下），那么事故发生的趋势将会无以遏制。这个道理可广泛验证于管理工作的方方面面。

3. 中国传统文化在调动人们管理积极性方面的作用

话说回来，要让人们遵循管理规律，也就意味着要去改变人们以往既有的、不适合管理规律的意识习惯。而改变以往的意识习惯，人们又显然地会产生抵触情绪。因此，在我国，针对人们这种心理状况，若通过传统文化去规范人的行为意识，譬如应用中庸思想，使其能在"执两用中"的和谐气氛中，既取得改变旧行为习惯的效果，又能调动其工作的积极性，就不失为一种帮助人们克服意识习惯，给管理带来积极影响的好方法；通过这种文化的涵养，培养出遵从管理规律的人文氛围，这就成为我们在管理活动中追求的一种文化境界，于是管理文化就应运而生了。它实际上就是通过意识形态的影响，来规范人们的行为意识，让文化在意识形态的渗透过程中调整人们的价值观，使其在行为上，统一到遵循管理规律的意识上来。

但就目前来讲，当下纷呈的文化现象，并不是管理这一"意识"催生的产物，主观上仍是人们在对管理科学进行探索时，试图从文化的层面开创出新局面的尝试。其在探索的过程中，通过传统文化或由一些文化层面反映出的某些理念、观点，因在管理活动或在某些领域范围，能部分解释或解决某些管理的问题，这就使得这些文化现象，在表达管理理念时又呈现出公说公有理，婆说婆有理，于复杂纷纭而又莫衷一是中，形成了新的"管理理论丛林"现象 [16-18]。

通过以上的分析探讨，若我们认定，基于管理基本状态所归纳、总结出来的管理原理（管理原理是基于秩序与混乱状态间的辩证关系，在同一性和开放、远离平衡态条件下，由能量贯通其间促使管理实体形成秩序、实现其目的的活动。它适用于人类的一切活动范围。），就是人类在管理活动中所应遵循的客观规律，那么管理的方向也就明确了，人们至少都知道自己在管理活动中该做什么。那么剩下的，就应该是怎样去营造遵循管理规律的人文氛围，及如何提高人们在管理工作中的积极性。而这种人文氛围的营造和积极性的提高，又使得管理充满了对诸如艺术、中庸、平衡、人性、和谐、愿景式的文化理念的需求，而能够从理念上满足管理在这方面需求的，就非文化也就是非管理文化莫属了（实际上，这就是管理文化为规律服务的主导价值，从方法论意义上，累积起来的文化理念）。因此，尽快地为各文化属性的人们，创建整理出与之相适应的有归属感的管理文化，亦是管理学面临着的一项刻不容缓的任务。

（七）管理理论研究朝基础理论层面展开的契机

从本质上来讲，管理规律和管理文化，都是客观认识管理活动的世界观和方法论，前者是通过现象存在的状态，来认识管理世界的真实面目、遵循的规律、应受到的约束条件、及发展的趋势；后者却是从管理活动应遵循管理规律这个价值理念出发，在活动中营造出与之相适应的行事氛围，来调适人在其中的行为规范，促成其活动能遵循科学规律，以实现管理目的。

所以，他们都是在科学的世界观、方法论意义上，构建起来的管理思想体系，整体而言，这个理论是科学的。

但管理规律和文化的属性是什么？是物质的，还是精神的，抑或是其他？这就又从哲学的层面提出了理论建构的更为根本的问题，因为这个问题，本质地关系到两者是否遵循辩证法对立、统一规律。因此，对这一问题作出明确的回答，显然就成为管理研究向更深入的基础理论层面展开的契机。

三、简论管理规律和管理文化的对立、统一性

列宁在谈到辩证法时曾说："可以把辩证法简要地确定为关于对立面的统一的学说。"[19]那么，管理规律和管理文化在哲学上是否具有对立统一性？这其实就关系到两者在管理实践中是否遵循辩证法规律的问题，其意义是重大的。

（一）从"规律"的定义，理解"管理规律"的内涵

1. "规律"是什么？

若要解决这个重大的问题，首先要明确"管理规律"和"管理文化"在哲学上分别属于什么范畴。是存在、还是意识？是物质的、还是精神的？而要搞清楚这个问题，我们不妨先弄清楚"规律"是什么？恩格斯曾说："自然界中的普遍性的形式就是规律。"[20]辩证法认为："规律是事物发展中，本身所固有的本质的、必然的、稳定的联系。"简言之，"规律是事物的本质联系"。[21]海德格尔在论及现象学之基本问题时曾说："仅当我们

领会了存在，我们才能把握作为存在者的存在者本身。"[22] 可是，海德格尔虽提出了"存在与存在者"这一对哲学概念，并对其作了较大篇幅的阐述，但终究并没能对其究竟是怎样一种"存在建制"，作出明确的规定。也就是说，海德格尔尽管已认识到："无论一个人于存在者处把握到的是什么，这种把握总已经包含了对存在的其种领会。"[23] 但却也未能对存在与存在者的最本质内涵，从现象学的意义上给出明确的定义。

而今天，当面对海氏这一未成定论的概念，我们基于对现象在状态层面思考的积累，以及对现象、状态、和现象本质间逻辑关联的认识，在经论证得出秩序与混乱是世界存在基本状态的视野之中，再去联想海德格尔所阐述的存在：它"似乎作为另一个世界遮掩在所熟知的存在者背后"[22]。这种在诸多现象（存在者）后面显现出来的意涵，显然与我们认识到的现象本质，在逻辑上发生了某种吻合。当这种吻合，清晰地表现出了"存在"的最为贴切的本质意义，并从概念上赋予其真实的内涵时，这个所谓之的"存在"，便在我们一再地叩问下，揭开了遮掩在所熟知的存在者背后的尊容：存在既是事物间的本质联系，亦是掩藏在"存在者"背后的所谓之"规律"。由此，我们不难理解这种"本质联系"，从方法论的意义上，极有可能要在领会了"存在"（规律）的基础上，才能"把握存在者的存在者本身"。于是，由海德格尔所代表的"存在论"这扇神秘的理论大门，就在我们的面前被徐徐地打开了。

在这一理论思维下，例如，苹果从树上掉下来的现象：在苹果、大地、苹果树这个系统中，苹果受到地心引力的作用，存在一个向下的作用力；苹果树又给苹果一个相反的牵引力，使其挂在树上；苹果从苹果树上掉到地下，说明苹果所受到的地心引力大于苹果树给苹果的牵引力。这里"苹果树系统"就构成了所谓的"存在者"，而存在者背后的"存在"是什么呢？自然科学的发展，让我们不难领悟到：系统中存在着的力的联系体系——即万有引力规律，就是"遮掩在所熟知的存在者背后"的所谓之存在！因此，万有引力定律，在"苹果、大地、苹果树"这个系统间所提供的"本质联系"，显然就是在系统中发生联系作用的所谓之"作用力与反作用力"。

基于对存在与存在者概念的重要认识，我们从"存在论"的意义上，亦总结出世界存在基本状态的定义：存在者由于存在而被关联，从一般性意义上论证了世界相互关联的事实；存在的规律性体现在有序与无序的本质联系中，则逻辑地论证了世界存在的基本状态就是秩序与混乱。

2. 探索管理实体（存在者）背后的规律（存在）

回到管理学范畴，我们在对"存在"或"本质联系"的思考中，就管理的环境体系而言，管理实体显然就是所谓的存在者；而就其本质联系而言，所指的应该就是管理实体内各管理个体（事物）之间存在着的本质联系。进一步追问：管理个体（事物）之间存在着的这个"本质"联系又是什么呢？在《初论管理理论的"研究对象"》等文章中，笔者已就此问题给出了明确的回答：这个本质就是在管理诸多个体、现象间发生着联系作用的"无序或有序"。套用海德格尔的话来说，就是遮掩在所熟知的管理实体（存在者）

背后，发生着本质联系的无序或有序（存在）。这样一来，我们就可推知：管理规律就是管理实体内，存在于管理个体（事物）间"无序与有序"的本质联系。

（二）对"管理规律"物质属性的论证

1. 论证思路

那么这种联系（即规律），是否能体现出管理规律是一种物质的存在呢？出于对这种联系认定的本质要求，要证明管理规律的物质属性，在我们思想上很快就产生了这样的思路：即管理规律物质属性是否存在，首先，要看"无序与有序"是否确实是管理实体内的一种本质联系；其次，要看这种联系形成的状态是否与管理现象的"基本状态"相一致。前者将说明规律与物质间关系的同一性；后者对其基本状态能给予认定，其未曾脱离世界基本状态的事实，从"存在"的意义上，即说明了其非精神领域的物质范畴意义。

因此，这两个条件若能成立，就为确定管理规律的物质属性奠定了基础。在这种思想主导下，我们很自然地会想到借助案例分析的方法，来进行相关的探讨。

2. 论证"无序与有序"是管理实体内的一种本质联系

例如在"购物"这个管理实体内，就有着"购物队伍、商品出售、购物环境"诸个体现象组成的管理环境体系。那么在这些管理个体现象内，以及各管理个体之间存在着怎样的"本质"在其中发生"联系"呢？由秩序管理思想给出的答案，不难得知这个联系本质就是"无序与有序"！

于是，我们不难发现上述管理个体，如购物队伍、出售商品、购物环境在管理学的意义上，确实都存在着"无序与有序"的本质联系。例如"购物队伍"，若管理不善就存在着队伍秩序的混乱（无序），而当管理到位，其队伍就会秩序井然（有序）；就"出售商品"而言，售出商品的数量、品种是否清楚得当，也是"无序与有序"的一种反映，其清楚得当便是有序的，否则便会是无序的；而"购物环境"，则会存在在管理整体布局中，因杂乱无章而形成的无序，或有条不紊而构建的有序等诸如此类的结果。

又例如"设备管理"这个管理实体，在"购置、调入、发放、异动"诸"信息控制"环节中，"无序与有序"就是这诸多环节内或环节间的本质联系。各环节在管理过程中，都会趋向于"无序或有序"之中，并由管理的这一本质特征，将相关信息联系到一起。

譬如"购置"环节内，若购置是在一个有序的环境中进行，反映在信息资料收集基本面的情况，就会全面而准确；当购置处于无序状态，基本面反映出来的就会是信息的丢失或遗漏。同样"调入"在程序上若是有序的，信息方面的反映将会准确无误；若处于无规则可言的随意，反映出的信息势必会是无序的混乱。当然，发放、异动环节，也会面临"无序或有序"的发展趋向，并导致两种不同的结果：有序使信息准确；无序会带来信息的混乱。

当然，在诸如此类的环节之间，也存在着无序与有序的本质联系。

3. 论证管理"本质联系"与其"基本状态"的一致性

那么，这些管理个体或环节间，由"无序与有序"将其联系，所形成的"管理实体"会是怎样一个状态呢？我们仍就"购物管理实体"所具有的这种联系形式，来说明其可能存在的状态：我们已经知道，购物管理实体由购物队伍、商品出售、购物环境等管理个体组成，各管理个体在管理过程中产生的信息，将统一由"信息控制"特征环节管理。于是，当我们要得到一个正确的商品货物信息，各管理个体就要在协调一致的基础上有序运作：

(1) 购物环境中商品、货物存放，应分门别类（有序）；

(2) 出售商品应依序摆放（有序）；

(3) 购物应按序排队购买（有序）。

由"有序"贯穿始终的管理实体，其"信息控制"环节反映的信息一定是准确的，它表示管理实体从整体上处于秩序状态。

反之，若在管理实体中，管理个体出现无序现象，例如：

(1) 物质置放位置不确定，引起货物销售的混乱（无序）；

(2) 销售混乱将出现发错货、售货速度降低等问题，继而引发购物争执（无序）；

(3) 速度降低，势必引起购物队伍的不稳定，如拥挤、插队、加塞现象的出现（无序）。

由"无序"贯穿始终的管理实体，"信息控制"环节反映的信息一定是不准确的，它表示管理实体整体上处于混乱的状态。通过以上购物过程的演绎，管理实体内各管理个体间，将因无序或有序的本质联系，而分别形成与其相对应的秩序与混乱状态；同样，由若干个"信息控制"特征环节组成的管理实体，例如设备管理实体，其购置、调入、发放、异动等"信息控制"环节，在管理的过程中，也会因"无序与有序"的本质联系，而相应的反映出其秩序与混乱状态。上述论证，使其状态的存在与世界存在基本状态发生了吻合，说明其状态与世界存在的基本状态是一致的。

4. 循"无序与有序"的逻辑线索得到的认识

所以，循着"无序与有序"这样两条管理的逻辑线索，我们将可以看到这样的事实：

(1) 在所有的管理活动中，因管理规律而将管理个体／环节联系起来的本质只有一个，即"无序与有序"。

(2) "有序与无序"在管理个体／环节（事物）间的联系，前者（有序）反映的是一个严密的逻辑过程；后者（无序）则恰好相反，并没有逻辑关联。两者形成的是管理所特有的两条活动脉络，并最终导致成功或者失败这两种管理结局。

(3) 管理环境内所有的管理个体／环节，由管理现象本质"无序与有序"联系，构成管理环境体系——管理实体，决定了其处于"秩序与混乱"基本状态、非精神领域的物质范畴意义。

综上所述，"无序与有序"的确是管理实体内的一种本质联系，这种联系反映出的状态，与世界存在基本状态恰好一致。

5. 对"管理规律"物质属性的论证

由此，我们可以看到管理规律，确实体现着管理个体／环节间"无序与有序"的本质联系，这也许就是海德格尔声称的："也许除去列出的（自然、上帝、空间、数）之外并无其他存在者存在，也许仍有某某，它虽不存在，却依然在一个尚待规定的意义上有。"[22]因此，这是一种客观存在。就如同一批钢笔，不论你有意或无意，也不论你将其置放于何处，其无序或有序的联系"本质"，总是与这些钢笔同时存在，并使其表现出"混乱（无序）"或"秩序（有序）"的状态。

恩格斯在19世纪80年代，对物质的哲学观念曾作过如下表达："实物、物质无非是各种实物的总和，而这个概念就是从这一总和中抽象出来的。"[24]辩证法也指出："规律同物质一样，是不以人们意志为转移的。"[25]这就从两个方面说明了规律的属性特征：第一，物质是从实物中抽象出来的，却与规律被视为同等概念，也就意味着否定了规律的精神属性，说明其是独立于人主观意志的一种客观存在；第二，由钢笔例子得到启示，说明规律"不以人们意志为转移"的特征，是依附在物质之上由其"本质"的联系给以体现的，如上述钢笔随意摆放的例子，其无序与有序的"本质"，总是与这些钢笔同时存在，并表现出"混乱或秩序"的状态。这种蕴含于管理实体中，并与物质"同一"的性质，表现出的就是"物质"的属性。而从另一个意义上，亦说明事物现象（物质）只有通过状态的形式，才有可能体现出其规律性的存在。

由此我们便可以得出这样的结论：管理规律是物质的，属于物质范畴。规律是物质范畴这一结论的成立，一方面说明了事物自身具有的物质属性；另一方面，从联系的意义上亦揭示了规律依附于物质，将"存在论"有关"存在与存在者"的范畴，定位于物质领域的事实。由此，我们便从存在论的意义上，得出了事物现象的物质性定义：存在与存在者统属物质领域。事物现象的物质属性由两方面内容构成：（1）物质的自身质地（物质自身）；（2）物质自身质地内部或外部间以"秩序或混乱"规律性关联起来的整体。这个推论，亦是作者对由《哲学的故事》[26]（布莱恩·麦基著，季桂保译）一书中，引述的亚里士多德的著名问题"什么是存在？"给出"事物并不只是物质性的东西"的结论，所作出的回应。下面仍借原书中的案例给出如下回答："造一所房子需要砖瓦、木材等材料，这便是房子所谓的物质自身质地；当房子造好了，也就意味着物质自身质地间发生了秩序（规律）性的关联，使房子反映出了物质的属性；当然，房子一旦损毁，其砖瓦、材料的混乱（规律）性存在，亦从无序的意义上表现出破损房子的物质性"。

这样，两者最终又都从事物存在的意义上，表达出秩序与混乱是世界存在基本状态这一事实！值得注意的是，这一问题的提出和回答，延续的是一个存在了两千多年的哲学公案，这是哲学界长期争执、却又未曾解决的问题。在《哲学的故事》这本书中，对唯物主义有偏见的作者，是这样质疑唯物论者的："粗鄙的唯物主义坚信，只有物质才能够存在，对此，亚里士多德的论证无疑是摧毁性的，前者一直未给予正面还击。从亚里士多德时代以降，粗鄙的唯物主义者一直有。不过，除非他们能够反驳亚里士多德的思想，否则他们的立场就不值一提。"

而亚里士多德对物质"摧毁性"的论证思想，则是（亦是借上述建筑材料与房子案例阐述的）：若所有的建筑材料是物质的，那么房子是什么？或者房子是物质的，那么建筑材料又是什么呢？因此，亚里士多德给出的重要结论为：事物并不只是物质性的东西。

因此，对这一问题的回应，或许就让"回答者"成为了"粗鄙的唯物主义者"；但问题真正的意义，也许仍在于解读这一问题时，所依据的对世界存在基本状态"秩序与混乱"这个最基本结论的认同。

（三）对管理规律、文化属性范畴的认定

而管理文化是什么范畴呢？钱穆先生在《中国文化史导论》的《弁言》中，论及文明和文化时曾说："大体文明文化皆指人类群体生活而言，文明偏在外，属物质方面；文化偏在内，属精神方面。"[27]之前，本文在"简论管理规律与管理文化间的关系"一节中亦已论及："文化发端于人类的行为、思想意识，且是一不断进化（升华）的逻辑过程。"因此其是精神的，毋庸多论，属于精神的领域。于是我们就可以得出这样的结论：管理规律是"物质"的领域，而管理文化则属于"精神"的范畴。这就把我们所研究的问题——"管理规律与管理文化"，归属到哲学研究的最基本的问题上，即"物质和精神"，或者说是"存在与意识"这一对最基本的哲学领域。

（四）管理规律与管理文化间联系本质的解析

1. 问题原点：文化与人、规律与人

那么面对"物质与精神"在哲学上具有的对立、统一关系，管理规律和管理文化如何体现并遵循其"对立统一"的规律呢？仍然回到对"规律是事物的本质联系"的把握上。显然地，欲证明管理规律和管理文化遵循"对立统一"规律，关键仍要找出两者间在"规律"的意义上，是否存在着"本质联系"，以及这个"本质"究竟是什么。首先我们来看管理文化：管理文化是精神的范畴，精神是怎么产生出来的？精神乃是因为"人"而得以产生。管理规律呢？管理规律是物质的范畴，但管理规律意义上的物质（管理实体），一定包含有"人"的因素，因为任何管理事物都离不开人，管理事物离开了人就毫无意义。事实上，这就从解决这一问题的出发原点，提出了"文化与人"以及"规律与人"这一对哲学问题。

2. 文化与人之间关系的认定

"文化与人"的问题，本文在"简论管理规律与管理文化间的关系"一节中，已就文化源起于人的"行为、思想意识"，作了简单的阐述。毫无疑问，"文化产生于人"

的这种本质关系，决定了"文化与人"这种关系事实上的存在。

3. 规律与人之间关系的论证

而"规律与人"，对管理理论而言，本质上是通过"物质与人"的关系来体现的。辩证法指出："意识不过是物质这个世界唯一本原的产物和特殊的表现。"[28]如果我们再仔细思考一下这句话，不难发现其阐述的内容，实际上就是"人与物"之间哲学关系的表达：因为"意识"产生于人；而物质的本原在人的意识中才能表现出"产物"的形态。将两者联系起来，我们便不难看出：所谓的"人与物"，就是人通过其意识将物质联系起来的一种关系，它表达的乃是人与物之间存在着的一种哲学关联。

譬如在管理活动中，人和物之间的关系，就可以被描述为：物是其在人头脑中的映象（产物）。譬如我看见一支钢笔，这支钢笔就在我头脑中产生了映象；而我想使用这支钢笔，这映象中的钢笔，在现实的环境中就承载了我的主观意愿；而"使用"实际上也就是一种管理的意味，钢笔被"管理"了，这其中就体现着人性因素的主观。

由此，我们可以得知，从"物质与人"的意义上，管理实体物质属性的定义就可以被描述为："管理实体"（物质）是一种既具有物质的属性，也承载着"人"主观意愿的"同一"性物质。因此，我们即能断定"物质与人"这种关系，在管理环境中事实上也是客观存在的。

实际上，我们所见到的世界万物，正是通过人的视界显现出人类视域"世界万物"的存在；换一个视界，例如狗、猫、鸡等动物，它们的视界呈显出来的世界会是怎样的呢？例如一所房子，在人的眼中，这所房子将会具有房屋的地点、功能、结构、布局等丰富的人文信息内涵；但在这些动物的视域里，或许会有这所房子的影像，但在意识层面上却不会有诸如地点、功能、结构、布局等概念的产生。所以，人类视域中具有的这一人文信息内涵，便构成了人在层次上区别于一般动物的意义。因之，人的意识是由人的视域提供的一种具有人文信息内涵的视觉影像，它与人是同属于"物质"的存在者，但从联系的意义上，却又反映出一种关联关系，即从中透露出物质与人之间的关系，是通过意识而关联起来的。这就是人具有类似于物质——同属存在者，却又有别于一般物质的差异之处。

有关"物质与人"的关系，海德格尔曾将其区分为："自己的此在这一事实的'事实性'在存在论上却根本有别于一块石头事实上搁在那里。"所以"第一步就应当看到作为生存论环节的'在之中'与作为范畴的现成东西的一个对另一个的'在里面'（Inwendigkeit）这两者之间的存在论区别"。[29]

海德格尔区别的这两者，就是所谓人与物"存在论"的区别。但我们认为这两者的区别并不在存在论的意义上。因为这两者无需考证地都具有"存在者"的地位！真正的区别乃在于前者（人）具有所谓"智慧或灵"的一面；而后者（物）却是无灵的存在者。而正是这个"真正"的区别，从理论的意义上产生了相对于存在论，去建构人文精神范畴领域的理论需求。

通过对管理规律和管理文化与人之间关系的分析论证，我们已从其内涵的本质联系中，认识到两者间的确存在着一种本质联系，而且这一联系的本质显然就是——人。

（五）简论人之"复杂与不确定性"与管理基本状态矛盾性的同一

1. 从传统文化对人性之"善、恶"论争中，解读人的矛盾性

人性善恶说的历史悬案

人是最复杂且最具不确定性因素的。人的"复杂与不确定性"，若从"人性"这个角度去分析，亦是一个非常重要的切入点。古今中外对于人性的认识，曾有过几千年的思考和争论。中国传统文化中，最有代表性的就是孟子[30]的"性善论"和荀子[31]的"性恶论"。且这种性善恶的取向，历来又因其所持论点各有偏颇，而互不予认。因而成为了自古以来理论界未有定论的一个悬案。

对人之趋利性的判断

其实战国时期告子在这个问题上所持的观点[32]，对人性大体上已给出了较为客观的回答："生之谓性，性无善无不善也"；"性犹湍水也，决诸东方则东流，决诸西方则西流"。但这一观点，因其自身存在着一定的局限性，例如其对人性基本的行为趋向是什么，就没有给予正面回应；而回避人性的行为趋向，去偏执地专注于所谓性善、恶取向，势必使探讨的主题趋于虚幻。这一思维障碍所带来的后果，终使告子这一观点未能被学界所接受。

虽然"人性究竟是性善抑或是性恶？"也许是个一时难以作出判断的问题，但人行为存在着"趋利性"的事实，却为历来的人们所共识。譬如司马迁早在两千多年前就已指出："天下熙熙皆为利来；天下壤壤皆为利往"[33]，这就对人的趋利本性作出了最基本的判断。有人说，单单凭司马迁的一句话就确定了人性的本质特征，是不是有些太草率了？这种由科学严谨性意义发出的质问，无疑是有道理的。但我们能否这样去理解：古人的话，通过千年之久而能流传至今，事实上就不应该是个人之言了，口口相传能历经千年，意味着其被历代人们一直认可，这就是一个群体的意义了。另外，就这一认识能被肯定至今，从实证的意义上，也是能讨个说法的。例如我们可以视其为一个"纵向（历史）"的实证过程，在这个过程中，司马迁这一表述至今仍被广为引用的事实，无疑具有了实证结果的意义。稍作一比较，这个纵向的实证过程，相对"横向（现代）"进行的实证，前者较后者显然要有力得多！因此，就历史的结论而言，古今中外对人性善、恶的争辩，是一个延续了几千年的话题，但最终仍没有一个结论；而司马迁有关人趋利性的这一表述，确为历代人们广为引用，这种事实上的是、非、对、错，便是在历史过程（时间箭头）中形成起来的结果。

由以上对人之趋利性"由来"的纵向剖析，我们即可认识到：对人之"趋利性"的认识，是一个历经两千多年所形成的共识（观念），从认识论的意义上，其跨越千年时空却未改其意涵的事实，足以证明其认识是深刻的。在这个基础上，我们可以进一步推断：

趋利性是人性的一种本能！因为从人的行为趋向去看，我们不难看出，"利"是人行为背后唯一的动力源。人们借助这个动力源的支配，或趋向高尚，或趋于低贱：例如雷锋的利是以人民的利为利；海尔张瑞敏的利，则是以将海尔打造成世界 500 强为利；反之，陈良宇、郑筱萸之流，则暴露了其是通过对社保基金、药品监管的无序运作，从中得利而以为利！所以"利"的确也是有其属性分别的：历史上岳飞、文天祥的利何在？秦桧的利何在？不都是很清楚吗？因此，从哲学层面来讲，所谓"利"的内涵，本质上将表现为公利或私利两个方面，于是，我们得出人的趋利性定义如下：人的行为因利而动。"利"在哲学上表现为公利或私利两个范畴，是驱动人行为的唯一源泉。

围堵湍水之"堤坝"的解读

时至两千多年后的今天，若我们不再拘泥于上述争论上的偏执，于这一问题，便有了领悟先人思想之精微的条件。例如告子所谓人性"湍水"之说，如今我们便可领悟到其意无非表示环于湍水之外，乃有一"围堵"湍水意义上的"堤坝"存在！而这一存在着的堤坝，就是湍水存在的"环境"。这时我们不妨设问一下：在这一环境条件下，水除了反映"决诸东方则东流，决诸西方则西流"的趋向外，还会有其他的表现吗？稍加思考，我们就会发现：水除了反映"决诸"后的外流趋势外，亦表现出了"水流湿"趋下的态势。对这个细微末节的关注和发现，让人很快联想到之前我们对人行为作出的"趋利性"判断！于是，当我们面对湍水，极为自然地将其"趋下"的本性，与人之"趋利"秉性发生联想，那么，当湍水被告子视之为人性时，其"趋下"的性状不就可以视之为人性中之趋利秉性吗？水之趋下与人之趋利，就性质而言，反映的是这两者与生俱来所遵循的一种规律，这种规律在告子的湍水说中，却是蕴含于湍水之内，而实现于决诸的预期中；将这一规律延伸到人性的善、恶学说中，其"湍水"所谓之的"堤坝"，也就成为我们今天称之为的"文化氛围"，那么人性的善、恶，不就是人之趋利性在其环境文化氛围中的产物？

人的善、恶取向，是人趋利性与所处环境交互影响的结果

所以，当我们将人之"趋利"秉性，与告子"人性湍水说"发展起来的水之"趋下"发生联想，则我们对告子有关人性的理解，便得到了这样的延伸：人性本无所谓善与恶，其不可避免会具有善、恶取向，实质上是人之趋利秉性与环境文化氛围的影响。而环境文化氛围的形成，则不可能脱离"世界存在基本状态"这个价值观。所以一旦出现对"堤坝"作出决诸的决定，亦意味着受文化氛围影响的人们对无序或有序作出的取舍，亦即在现实中被反映为"决诸东方则东流，决诸西方则西流"的结果。而这恰恰与之前我们在论及管理规律与文化特征时，与时下的探讨在认识层面发生了某种吻合：譬如将"管理规律"与"人性规律"作一比较，我们会发现，不论管理趋向于"有序或无序"，或者人性之"趋利性"取诸"善或恶"，两者竟然会一致地"决诸"于所在的环境（文化氛围）！由这样的认识基础，我们就可以看出，所谓人之趋利性下发生的"善、恶"行为，便犹如人性趋向的一种规律性，其所表现出的善、恶取向，实际上是人之趋利性与所处环境文化

交互影响下发生的结果。

所谓人性善恶先天、后天性辨析

当然，我们在认识到人之趋利性的同时，也不应忽略文化对人自身的影响。这种影响，事实上就有后天教育的成分在内；而就人的趋利性而言，其趋利本身是带有一种先天性趋向的，这从婴幼儿在意识到糖是甜的那一刻起，所拥有的"据为己有"的本能，即可得到论证。由上述分析，客观地看，人之趋利性便承载了先天与后天施予的综合特征。这种特征，将使人之趋利性在诱导取向上（由环境及自身文化施予），发生不同程度的变化，亦因此而产生了人品质间的差异。那么，就这个意义而言，所谓人性善恶是先天、后天的问题，便本质地表现在人之趋利性，因环境或自身文化先天与后天施予，而发生变化的这个环节上。为后续讨论的方便，这里暂不作这方面的深入。

论证人之趋利性下的善、恶行为，与管理规律无序与有序在矛盾上的同一

顺着这一思路，我们不妨继续留意于管理规律下事物发展所具有的状态；以及人之趋利性"取诸"善、恶，或可引发状态的矛盾性，在现实环境中的真实表现。前者无疑是趋向于混乱与秩序状态；而后者在趋利性"取诸"的善、恶中，或竟会趋向于怎样的状态呢？

怀特海在对秩序与混乱、善与恶的观察中发现，"在秩序与善之间，存在着自然的亲和性。我们很少谴责人们的'有秩序的行为'"[34]。

借助怀特海对上述问题的看法，使我们对秩序与善、混乱与恶，在矛盾的同一性方面产生了某种联想，进而依据混乱与秩序是世界存在基本状态这一结论，作出猜想：人之趋利性下，"取诸"善或恶，所能形成的状态会不会就是混乱与秩序呢？不由就想到了海尔的张瑞敏先生，其"趋利性"下"个人事业心"善的追求，倡导出"日清日结"的管理模式，在企业形态上的表现不就是秩序的状态吗！而陈良宇、郑筱萸之流在其趋利性下，上演的一幕幕腐败剧，已表现出恶的出发点，其通过运作社保基金、医保项目所实现的状态，恰好就是无序的混乱！由这一思维逻辑，结合已有的论证结果，我们推断：管理规律和人性规律下发展出来的状态，同属秩序与混乱的基本状态。

所以，人之趋利性受到文化氛围影响和管理规律支配，其在发展过程中所具有的行为指向，在客观上都是趋向于世界存在基本状态秩序与混乱！这就论证了：人之趋利性下的善、恶取向，所引发状态的矛盾性，与管理规律趋向于无序与有序的矛盾性是同一的。因此，在管理规律和人性基本规律支配下进行的管理实践，必定会在无序与有序的基本矛盾中，通过管理过程中的博弈行为而展开，最终统一在其博弈的结果：由主导能量决定，所形成的相应管理活动的状态上。当然，这一状态绝非静止，因为事物的发展，将始终遵循秩序与混乱状态相互转化这一规律而循环不止。

2. 历史悬案的解读

所以，对人的趋利性和人所处环境文化氛围的认识，就成为今天我们得以解读这一历史悬案的关键所在。告子的判断在认识的方向上是对的，不足之处仅在于其对"水的本性"，亦即人之"趋利性"缺乏认识，所以在对人性之善恶问题的回答上，并未能准确地把握住问题的本质！而当我们认识到"人之趋利"这一本性，便整体地推动了对人性善、恶的客观认知。我们认为：决定人之善恶取向的根本，仍在于人之趋利性与周边环境文化的结合！也就是说，人之善恶，是人的趋利秉性，在与当下环境文化之善、恶氛围的结合中酝酿而成的。换句话也就是说，人之善恶，是人的趋利本性在一定条件下形成的。这就如同水的本性，会受地球重力作用趋下一般，人之趋利性所会受到的"一定条件"，便是当下环境文化中的善、恶之氛围。环境是善之氛围，人之趋利性下"善"的成长性就看好，于是人就有趋向于善的可能；倘若文化环境系由恶为主导，而人的趋利性下的"恶"又正逢其时，则人的取向就更可能趋向于恶。譬如发生哄抢事件，其环境文化集聚着的便是恶的氛围，倘若当事人受其诱惑而见利忘义，便能在无任何道德约束的环境下，让人性中的"恶"得到充分的释放，而令其人在行为上趋向了恶！

所以，就人性而论，人之善恶，并不构成人之本性之说。理论上讲，这种善恶，实际上是受价值观影响后的"取向"行为。所谓取向，相对本性而言，是人之趋利秉性受环境文化氛围影响，产生的短暂的价值行为。因此，善、恶并不存在亘古不变的"本性"意义。于是，我们可以得到有关人性的结论如下：人之趋利性，表现出人在利益面前，其本能的"趋向"性，具有恒常的意义；而人之善、恶，则是人趋利性受到环境文化影响后，发生的短暂价值取向行为。因此，所谓的人性，其实就表现在人的文化性上。这就是我们对人之善、恶，由人性分析得到的一个全新的认识。另外，从现实生活中，例如一些有关"狼孩"的故事中，常常也能获得对这一观点的支持：如在狼群中生存的孩子，本质上虽然是人，但人的趋利性在这样的环境中，就衍化为与生存息息相关的掠食行为，并具有了"狼"的一些本能，这就是环境对人性改造的有力证明；其他，从诸如"时势造英雄"、"近朱者赤，近墨者黑"的说法中，也不难体悟到环境具有对人的造化功能。

3. "世界之事变"中人的善恶观

王国维论及人性之善恶，曾说"善恶之相对立，吾人经验上之事实也。自生民以来，至于今，世界之事变，孰非此善恶二性之角斗乎？"[35]这就把人的这种性善恶的取向，推向一个更为广泛的、具有普遍性、一般意义的矛盾范畴。怀特海在论及经验的基本特征时，将清晰与模糊、秩序与混乱、善与恶作为问题与主宰经验相关的基本样式。其通过秩序与善，以及数学与秩序间的关系，阐述了这些相关的基本样式，他认为"善与恶的生动体验的出现，依赖于对精确的限定形式的直觉"。这种对限定形式具有的直觉能力，便是基于其所在环境文化氛围所产生的感觉。因此很自然地，他会"将明晰和秩序与善的获得联系起来，把模糊和混乱与恶联系起来"[34]。结合之前的论证结论，于是"秩序与混乱"、"善与恶"，便在"有序与无序"的本质矛盾中联系在了一起。

4. 善与恶、秩序与混乱、有序与无序矛盾同一的实践意义

于是，我们即可推知：人之善、恶，秩序与混乱，以及有序与无序在矛盾上是同一的。但"善、恶"具有"目的性"的意义，"秩序与混乱"则有着"环境"意义下的现实内涵，而作为环境中现象本质的"有序与无序"，却又具有了方法论意义上的"手段"意味。在这样分析的基础上，我们可得到如下基本认识：人的趋利性在环境文化的诱导下，将通过无序或有序的方式实现其价值，这个价值从哲学的意义上就表现为善或恶。从管理学的意义上，"善与恶"就是我们所谓的管理目的。因此，任何以善、恶为最终目的的复杂性管理问题，在秩序或混乱的环境氛围中，必然地会通过有序或无序的手段去实现之。这就将善与恶、秩序与混乱、有序与无序的基本矛盾，通过这种整体性的逻辑思维，去推断、演绎，在现实的应用层面给予了统一。

譬如，管理好社保基金、药品监管项目，这就是管理"善"的最终目的。同样，通过这两个项目的"管理"，去谋取个人私利，亦是管理目的经嬗变后产生的"恶"。而"善、恶"目的是怎样达成的呢？显然"有序或无序"就成为了其目的实现的手段。若选择"有序"，其将在有序的环境（秩序）状态下实现善的目的；而倘若选择了"无序"，这种"管理"便发生了质的改变，就如同现实中的陈良宇、郑筱萸一般。首先，其必然地让这两个项目的管理环境趋向于混乱；其次，在谋取利益的过程中，其亦会以无序作为实现目的之手段；最后，审视一下其实现的"目的"，就会发现这个目的，相对人民的利益而言，就是"恶"！

这亦从事物发展的基本逻辑上，进一步印证了人之善、恶行为，所形成的就是管理的基本状态：秩序与混乱。

5. 人之善恶说解读，对社会学理论的贡献

因此，通过以上对人性的分析论证，事实的结果已关涉到了一个非常重要的社会学概念：社会善、恶目的的实现，是人的趋利性，通过社会环境（文化氛围）的塑造而最终形成的。这一概念得以明确，即摆脱了人性善、恶论的天命思想，从而有可能借此而寻找到解决这一问题的治本之策。天命带有让人不可知的无从根治意味，但对人之趋利性，及环境文化氛围对人影响力的认定，却为人之善恶趋向，从理论上奠定了认识的基础。这一基本认识，将有助于我们去实现社会善的目的，根治恶的行为。由此，我们不难得知，社会之善、恶，关键在于环境的构建：社会环境风气淳朴，人性的善良秉性才有立锥之地；否则社会风气败坏、环境颓废，人性之恶毒便会四处弥漫，社会的正义、正气、正直的善良品质便难以续存。

因此，如何将人之趋利性，在"湍水"被围堵并于"决诸"的预期中，塑造成为社会善的趋向，势必成为解决问题的重要途径。

6. 有关"复杂、不确定性"、"秩序与混乱"趋向特征的辨析

关于"复杂和不确定性"的思考

我们知道，人是最复杂且最具不确定性因素的。关注这一问题，将使我们产生人为

什么会具有"复杂与不确定性"的疑问？对此，我们也曾在分析的基础上有过这样的认识：人类有着太多的诸如文化、素养、品位、精神等知识层面的积累，以及在阅历、事故、技术、技巧、世界观等经验层面的累积，这些囤积下来的复杂因素便导致了复杂行为的产生。

这种根源于"积累"产生的所谓之"复杂"，让我们在思想上幡然醒悟：复杂其实是一个历史累积的过程，在历史的原点上，一切复杂都将表现出其简单的原形。这便是基于复杂是相对于简单这一辩证关系发展出来的觉悟。例如波音747飞机，其技术是复杂无比的。若追溯其历史的原点：莱特兄弟制造的第一架飞机与其相比较，不就显得非常的简单了吗？又例如，武广高速铁路上运行的高速列车的复杂性，由其历史原点：世界第一台蒸汽机车看去，于今天看来也会是挺简单的事情。由此我们得到一个重要的结论：人类社会的复杂性，亦会是一个由简单而复杂的历史进程，任何脱离了这种历史进程的发展逻辑，去研究所谓的复杂性，都会是徒劳且不科学的。延续着这样的哲学理念，去思考所谓"不确定性"问题，那么在事物"不确定性"方面，是否存在有"确定性"的另一面呢？辩证地看，这个结论也是成立的。例如，今天晚上我看了新闻联播（确定性），但明晚是否看新闻联播还不一定（相对前者就出现了不确定性）。于是，我们可以推出：复杂和不确定性，也一定是相对于简单和确定性而言了。

因此，当我们受到复杂和不确定性的困扰，由这种思维带给我们的哲学启示，便让我们产生了对简单和确定性的追寻；这种追寻从目的的意义上来说，又正是为着解决复杂和不确定性问题；而其追寻的途径，显然就是基于历史逻辑，和相对确定的认知线索决定了的路径。

这就是我们通过理论分析，对复杂与不确定性，在探索路径上得到的认识。

秩序或混乱趋向特征的辨析

由以上思想基础，我们不难得知：秩序与混乱也是有着简单与复杂之分的，值得注意的是：纯粹的秩序与混乱都有一个非常重要的特征，这就是其都具有确定性趋向。例如，简单的售票秩序，队伍的有序性，将使其实现购票的预期，具有确定性；反之，若队伍无序，其实现不了购票的预期，亦是具有确定性的。"神六"升空，是非常复杂的系统工程，其工程若能按设计步骤（秩序）进行，其目标达成将是一确定趋向；反之，若不按设计步骤进行，哪怕发生一丁点无序紊乱，将给系统带来可怕的后果，亦是具有确定性的。近期发生的"日全食"现象（2009年7月22日），若日、月、星球都是有序运行，那么各观测点（成都、武汉、铜陵、天荒坪）的天象奇观，都能在预期中逐一实现（确定性）；反之，若星球彼此间都呈混乱运行状态，则日全食现象发生的不可预知性，亦是一确定性的结果！由此可知，秩序或混乱状态，分别具有事物发展确定性的两个不同方向。

混乱与秩序混合态趋向的辨析

既有秩序又有混乱的混合状态，则是不确定性的源头。这是基于两者共存，带来的不确定性方向所决定的事实。仍以上述案例说明：购票过程混合态的出现，意味着排队购票，与插队、加塞儿购票并存的局面。这种购票在时间或结果上，就是一个不确定的事情。"神六"工程若出现了混合状态因素，整个工程将面临不确定性！当然，作为日全食现象，若星球彼此间存在着有序与无序的混合运行，那么，有无日全食现象，本身就是一个不确定性问题。

上述分析表明，纯粹的秩序或混乱状态，显然与事物发展的确定性趋向相关联，但两者确定性的方向相反；而秩序与混乱的混合态，则与事物不确定性趋向关涉在了一起。换句话，所谓不确定性，实则就是事物在秩序与混乱的混合状态下，产生的不可预期性；而确定性，则是对纯粹秩序或混乱状态，在发展趋向上作出的可预期性展望。于是，我们可以认为：所谓"复杂、不确定性"，实际上就是历史发展进程中，在秩序与混乱混合态下，产生的不可预期性问题。这应该是我们通过研究分析，对"复杂、不确定性"问题的一个基本认识。

（六）秩序管理理论为解决复杂问题提供的途径

于是，我们可以看到在解决复杂性问题上，整个秩序管理理论体系为我们提供了三条途径：

（1）提供了"由状态而现象"的观察视界，避免陷入"由现象而现象"的丛林视角。

（2）从开放的耗散结构理论意义上，通过形成"远离平衡态"下的非线性机制，使复杂的管理问题，在拥有对有序认同的环境氛围中，脱离无序的羁绊。

（3）由管理现象存在的基本状态，认识到人之"复杂与不确定性"所形成的状态，与管理现象基本状态在矛盾上的同一，从而将解决复杂问题的出路，定位在对"无序与有序"基本矛盾作出取、舍的抉择之中。

而通过简单与复杂辩证关系的分析，以及秩序与混乱趋向特征的认识，让我们进一步明白了：

（1）任何复杂事物，其历史原点一定会是简单。

（2）纯粹的秩序或混乱状态具有确定性趋向（两者方向相反）；而秩序与混乱的混合态，将从趋向上为管理带来不确定性。

上述分析和认识为复杂性问题的解决，从理论上指明了方向。有必要提及的是，人类行为的不确定性，往往嵌入在封闭性的环境中，其以或公开或隐蔽的方式，通过有序与无序兼而有之的手段运作，而徒增了其复杂、不确定性内涵。这便从理论上揭示了"封闭环境"，是人之复杂与不确定性存在的主要原因和条件。因此，如何规避其为管理活动带来的不确定性，便成为管理需特别注意的一个重要问题。

总之，上述讨论将悬疑在人类社会几千年的人性善恶说、复杂与不确定性的问题本质，从解决问题的基本面上逻辑地联系在了一起。使管理理论的研究，有可能突破复杂与不确定性理论瓶颈，让人们从漫无边际、空泛、复杂的思考中，回到简明、有实质性、界定明确、十分具体的解决问题的路径上来，让因人的复杂与不确定性、人性善恶无由来之说，使学术、思想界长期陷入的无所适从的窘境[36]状况，从哲学的层面给予了疏通和廓清。

（七）复杂行为与管理基本状态矛盾性的同一，在管理实践中的指导意义

因此，复杂问题解决途径的归纳，为我们有效避开管理可能陷入的问题陷阱，从理论上指出了可行的实践方向。譬如上海社保基金案、药品监管案。案发前，人们对这些项目的管理，出于对其性质——社会保障、药品监管这些事关国计民生重要性的认识，从管理常识的基本面，是会明确规定这些基金的应用方向、药品监管的基本尺度。若按这些规定、尺度进行管理，是会形成有序的管理状态的（从理论上说，这并不是一个管理难题）。但为什么仍然发生了这些案件呢？由案件主要责任人陈良宇的被查处 [37]、郑筱萸的被判死刑 [38]，我们不难得知，原因就在于：执掌着这一管理责任的官员，出于一己之私利，在管理中形成了类封闭、孤立的"准平衡或平衡态"体系，并通过否定"有序"行为，才发展成了贪腐的、管理混乱的状态后果。

由此，我们可以知道，管理实体按常理（也就是出于人的正常行为动机），是能朝有序发展的，之所以发生混乱，乃系贪腐心使然。人之"复杂和不确定性"于其时，就具体体现在将管理实体结构成类封闭、孤立的"准平衡或平衡态"，使管理环境趋向混乱的无序，使其有了从中浑水摸鱼的条件；而出于同样的理由，人们若将其"复杂和不确定性"的内涵，表达为开放的"远离平衡态"，譬如海尔张瑞敏先生的"日清日结"，远大张跃先生的"文件管理"，就能将事物的发展，引向与上述情况截然相反的非平衡态下的耗散结构，从而使管理实体在运作上趋向秩序，并在有序中走向了和谐。

因此，我们可以清楚地看出人的复杂和不确定性，在管理活动中所反映出的状态形式，本质上仍是秩序与混乱的基本状态。其复杂和不确定性表现出的矛盾性，与现象本质特征"无序与有序"的矛盾性是同一的。

（八）管理活动中人的复杂和不确定性，与文化、能量间关系的剖析

1. 研究"人之复杂、不确定性"和"有序与无序"矛盾同一性的意义

这种对人的复杂和不确定性，与现象本质有序与无序矛盾"同一性"的确认，对管理研究的意义就在于：人的复杂和不确定性的矛盾，被明确地界定为简明的有序与无序的基本矛盾。这是管理理论研究对人行为思想本质认识在理论上的一个重大突破。它具体地体现出管理的价值观，通过人所具有的文化形态介入并融入到管理活动中的基本事实，并且其将无可避免地会在事物现象发展规律的作用下，表现为对现象本质"有序与无序"的取、舍。

2. 文化借能量途径与管理发生关联

这就从"能量交换"的意义上，表现出文化是让管理活动生动起来的内涵：因为能量驱动管理的前提条件，在于其对有序与无序的"取"或"舍"（当然，在现实的管理活动中，其表现的仍是一种博弈关系）；而能让其作出取、舍之行为决断，反映的却是

一种行为意识的结果；这种行为意识，却又深深地受制于能量持有者本身文化价值及环境文化氛围对其的影响。所以，这种取舍从管理学意义上便表现出：权力在文化范畴对有序与无序抉择意志产生的驱动管理活动的能动性。因此，这种取、舍之间所表现出的决断态度，将能动地把管理活动，预设到其能量所欲驱往的基本轨道。由此，我们即可得到管理能量的定义：管理能量是由管理活动中的强制力，对有序与无序抉择产生的能量形态。在管理学的意义上，它是权力在文化范畴对有序与无序抉择意志下产生的能动性形态。这一能动性，是驱动事物发生状态变化的动力源泉。由人的趋利性角度看去，权力在文化范畴对有序与无序抉择意志下产生的能动性形态，正是权力持有者受其趋利性与环境文化氛围的影响，对有序与无序产生抉择行为的结果。进一步，我们亦能知道，文化就是通过能量这个途径与管理发生关联的。

在对权力与能量间关系的考量中，权力所具有的能量内涵，将从联系和发展的意义上体现为人对其的把握：人在其中抑或是能量（权力）的"拥有者"、"支配者"、"传递者"甚或"携带者"，正是在这些"把握"的进程中，具有价值观特征的文化，通过人的行为意识，获得了融入能量的机会，并在对"无序与有序"的抉择中，表现出文化意义上的无序或有序能量的特征。

3. 能量"取向"具有文化介入管理的标志性意义

于是，我们可以看出，管理能量取向在未确定前，也就是在未和"无序与有序"发生关联前，能量是无所谓有否文化意义的；而一旦与无序与有序发生关联，取向被确定，能量便被赋予了文化的内涵。因为有序与无序概念的本质，就在于其体现着规律的意涵，对管理学而言，规律除表现出事物的本质联系外，亦从文化的意义上，通过人这个联系本质，被作为管理的价值观定位在了管理文化的范畴。所以，当人的价值观通过能量（权力），表现为对有序与无序规律性作出抉择时，就体现出能量"取向"具有文化介入管理的标志性意义。实际上，这也体现出人在自然规律与管理事物间，通过文化扮演着的一种媒介关系；亦说明管理是人类才具有的事业。从这个意义上，管理文化应该是推动管理发展的泉源！

（九）通过实践论证管理规律与管理文化遵循辩证法对立统一规律

1. 论证管理规律、文化间矛盾的对立、统一性

通过以上的演绎分析，我们论证了管理规律和管理文化是辩证的统一，而"人"就是两者间的本质联系；其"复杂和不确定性"在管理实践中，本质地反映出"有序与无序"意义上的矛盾性。正是这种表现在管理活动中的矛盾性质，使管理规律和管理文化具有了遵循"对立、统一"规律的内涵，从而为管理理论科学属性的界定、遵循的自然规律，从哲学上奠定了基础。我们仍列举两个简单例子，以论证之：

交通秩序中管理规律与文化间关系的演绎

"交通秩序"实质上就是我们所谓之的"管理规律"。遇红灯，在管理规律的指导下，行人即意识到："红灯是不能通行的"。因此，行人遇红灯，下意识中，就会驻足等待。这就是管理规律在行人意识中的反映。而行为个体的这种意识，反映的就是管理规律对交通路口人们行为的指导作用：该做什么。

当管理者通过宣传、教育等手段，使人们普遍接受了"红灯是不能通行的"这种意识，即让所有的人们遇红灯，都会驻足去等待绿灯亮起后再行通过，事实上，这便形成了遵守交通秩序的管理文化，其在管理意义上阐述出的就是"该做什么的文化氛围"。

显然，管理文化是服务于管理规律的。当交通现场通过红、绿灯在管理规律的意义上，有了"该做什么"的警示，与管理文化所阐述出的"该做什么的氛围"在主题上相一致时，管理规律和管理文化就表现出两者间的同一性；当交通现场通过红、绿灯阐释出"该做什么"的警示，而现场管理文化反映出的却是与之相反的否定"该做什么"的氛围，那么管理规律和管理文化就会表现出两者间的对立性。譬如现场红灯已清楚地表明：红灯是不能通行的；但人们却无视交通规则去闯红灯，就明显透露出现场存在着对"该做什么"执否定的文化氛围。所表现的就是管理规律和管理文化间的对立性。

萨斯（SARS）事件规律和文化间关系的演绎

2003年春的萨斯事件期间，管理规律在疫情管理这一主题上体现出的宗旨就是：疫情应有序管理。若各管理个体（北京市内所有的医疗机构）普遍认同"疫情应有序管理"，就表现出了管理文化氛围的内涵。因此，当疫情一发生，管理规律对事件指导作用体现出"该做什么"的意涵就是：使疫情管理在有序的原则下进行；而这一原则若被所有的管理个体认同，即形成了"该做什么的文化氛围"，这时就体现出管理规律和管理文化之间的同一性；而若疫情发生，尽管管理规律对事件的指导作用，要求疫情管理有序进行——其"该做什么"的原则是确定的；但各部委、各军兵种医疗机构之间，相互独立和彼此封闭的现实，使之并不接受疫情应"有序管理"理念，则管理规律和管理文化就表现出两者间的对立性。因此，当管理规律表现出"该做什么"的原则，与管理文化所营造的"该做什么的文化氛围"相一致时，就表现出两者间的同一性；而若管理规律表现出的原则，与管理文化形成的环境氛围不相一致时，就表现出了两者间的对立性。

2. 由规律的不易性、文化的变易性，掘出管理活动中的"问题源"

由上分析，显而易见的是：规律具有不易性特征；而文化却因人的"复杂与不确定性"，表现出其变易性的特点。

规律的不易性，与文化变易性分析

可以看到，秩序作为管理的规律性，在上述案例中已表现出了恒常的不变性，这就论证了规律是"放之四海而皆准的"不可变更的科学管理原则；比较于规律的不易性，在管理活动中能变易的只有两种可能：（1）人具有的变易性；（2）管理环境中存在文化氛围的变易性。由此，不难看出：在规律的不易性下，管理活动的变化动因，便体现在人与环境文化氛围的变易性上。

人的趋利本性在环境（文化）氛围中的抉择取向

这就使我们与之前讨论过的人性话题又联系了起来。那么，人性在上述例子中又会作如何表现呢？譬如交通路口遇红灯，人的趋利性此刻的趋向会是什么？稍作分析，人的趋利本性，于此刻或表现为情急下办事赶路之急切、或为使其行为免受约束，以释放出不受约束的散漫、或以闯红灯来赢得片刻自由的快感。倘若周边环境正好是一片混乱，此其人也，便在"躬迎乱世"中获得潇洒走一回；但若周边环境乃是井然有序，那么其趋利本性就会要考虑：迈出这无序的一步，所付出的代价后果值不值，是否会遭遇罚款，或受到人们的指责。而若遇到的是萨斯事件，人的趋利性也会有类似的特点。譬如疫情有序管理并未成气候，人的趋利性就会考虑：将疫情披露出去对自己是否有利，会不会承担某种责任或受到社会媒体的质疑、监督，以及会否带来额外的工作量等等。若不会承担上述后果，那么不报出疫情，就会成为其趋利性的必然选择。

而当疫情有序管理已成气候，人的趋利性所要考虑的将会是：不将疫情报出去，可能承担丢官、降职的后果，那么其趋利天生的避害本能，将会选择将疫情有序管理落到实处。

人之趋利性与文化环境之变易性的结合，是管理问题的肇始之源

因此，就理论而言，规律的不易性，昭示出管理活动中发生的变易性，一定是基于人的趋利性与环境文化变易性的结合，也就是说，规律明示了我们"该做什么"的原则，那么，在这个基本点上，当发现事物并没有按这个原则（方向）发展，我们就会意识到其问题就出在：人之趋利性的主观，与变易性环境文化的客观，于现实中酿成了违背管理规律的行为。这就是我们通过对管理规律、文化遵循"对立统一"规律的论证，从两者间表现出来的变易、不易性中，发掘出管理问题的肇始之源。它对我们认清管理问题的由来，继而能有针对性地去解决管理实践中出现的具体问题，有着重要的理论指导意义。

管理规律和管理文化，通过世界存在基本状态，与人性行为引发状态的同一性，论证了其遵循对立、统一规律。由此可见，在世界存在基本状态的前提下，人的行为无可厚非地将表现为对有序与无序的抉择。因此，对人行为这一规律性的总结，便揭示出了人性行为最为本质的特征。

四、结 论

综上所述，管理规律和管理文化是管理理论的两个不同范畴，但它们是有内在联系的：管理规律关注管理活动的本质特征和自然规律对管理活动的约束条件。即注重现象的有序还是无序、其活动是否处在"远离平衡态"自然规律的约束下，从而为管理活动

在发展上，给出了明确的方向。而管理文化则是以管理规律提供的价值方向，作为其文化的价值内涵，关注于"人"在管理活动中，由价值观引导所发生的行为活动，从而使人的复杂行为和不确定性因素，服从价值观的引导，规范到管理规律所要求达到的行为准则之中。因此，两者间的关系应该是同生互动的，即没有管理规律，也就无管理文化的核心价值观；而没有核心价值观的文化氛围，是无法令管理活动按管理规律的要求，实现管理的最终目的的。这是一个连续的逻辑自循环过程。所以，从管理学的意义上明白了两者间的辩证关系，就明白了两者在理论上所具有的不同内涵；而其在管理学理论上的统一性，也就意味着管理规律和管理文化，在实践意义上遵循辩证法对立、统一规律，而这正是管理学理论建立的哲学基础。

综上所述，我们从哲学的层面对管理规律与文化间的关系作出如下概括：

（1）管理规律是"物质"的领域，管理文化则属"精神"的范畴。

（2）人是管理规律和管理文化间的联系本质；而人之"复杂与不确定性"，反映的却是管理现象本质"无序与有序"意义上的矛盾性。

（3）文化是通过"能量"这个途径与管理发生关联的，因此对管理而言，"能量取向"具有文化介入管理的标志性意义。

（4）在管理活动中，规律和文化遵循辩证法"对立统一"规律。

管理规律与管理文化范畴的提出，旨在告诉人们管理是有规律可循的。这就明确了管理遵循规律的发展方向：即明确了"该干什么"；而管理有了方向，使人们面对违反这一方向的惯习、杂念，有了抵制、排除其干扰的依据条件，即有了从文化意义上去创建或形成"应该干什么的文化氛围"的可能。因此，从理论的现实意义而言：两者间关系的厘清，既让人们明白了事物之所以会陷入复杂性境地的真实原因，也从根本上解决了在管理活动中长期以来规律和文化间关系的混淆、抑或根本就无视规律的存在，于不辨文化与管理究竟是何关系的糊涂观念中，给事物现象在认识上带来很大的混乱和困惑。

客观地说，这一混淆的理论关系，并不仅仅存在于管理学的范畴。在人类发展的过程中，其在科学领域的存在也是由来已久的，例如卡尔．R．波普尔在1985年为《科学知识进化论》一书写的前言，就很直白地说："我的著作是想强调科学的人性方面。科学是可以有错误的，因为我们是人，而人是会犯错误的。"[39]这无疑与当今管理学界陷入的将规律与文化混为一谈而不自知的状况，在形式上如同出一辙！这种对科学与人性在概念上的混淆，导致了人们对科学认识的巨大困难。至今人们对科学没有一个准确的定义，就源于人们在科学的内涵中，掺杂进了复杂的人性的影子。而在这种认知模式下，当人们无法从科学的内涵中，厘清复杂人性所具有的"科学意义"，就造成了科学发展史上迄今无确切"科学"定义的现实。而当我们觉悟到这两者间所具有的不同内涵，并将其分而视之，我们就很容易看到科学所包含的规律性意义，以及人性中所含有的文化内涵。而当我们进一步地把人性的诸多因素，从科学的光环下剥离开来，我们发现：科学其实就是探索和遵循自然规律的一门学问。这个剔除了人之复杂因素的定义，将能使"人为错误，令科学代过"的局面得到改观。因此，当我们将事物发展所遵循的规律（科学）

视为客观存在，人性（文化）便是一主观的属物；而让文化意义上人性的主观，服从于科学的客观，既促成了科学目的在预期中的实现，亦从联系和发展的意义上，将事物在运动中的真实活动脉络给予了本质的区分。

当然，在对规律和文化的深入研究中，从理论的实践层面看，值得注意的仍然是"人"在管理活动中，对现象本质"无序与有序"所做出的取舍态度，这是影响管理活动最终结果极为关键的因素。因为在现实的管理环境中，我们不难发现，但凡一些大案、要案的发生，或一些卓有成效的管理方法的出现，都是人的"复杂与不确定性"在其间的反映。而这种反映，在本质上仍是对"无序与有序"在态度上的一种取舍。而正是这种取舍态度，对管理结果产生了最终影响。如陈良宇、郑筱萸案的发生，表现出其对无序的青睐；张端敏先生"日清日结"管理方法的提出，则是其在意识上对有序的推崇[40]。这就是我们在对人的"复杂与不确定性"，以及管理现象本质特征"无序与有序"的矛盾性进行分析研究后，所得到的一个值得关注的结论。

注释

〔1〕杨中芳：《如何理解中国人》，重庆大学出版社 2009 年版，第 103 页。

〔2〕奈杰尔·拉波特，乔安娜·奥弗林：《社会文化人类学的关键概念》，鲍雯妍，张亚辉译，华夏出版社 2005 年版，第 79 页。

〔3〕湛垦华等编：《普利高津与耗散结构理论》，陕西科学技术出版社 1982 年版。

〔4〕彼得·圣吉：《第五次修炼》，郭进隆译，三联书店 1998 年版。

〔5〕苏东水主编：《东方管理》，复旦大学出版社 2003 年版。

〔6〕杨先举：《三国管理学》，中国人民大学出版社 2005 年版。

〔7〕杨中芳：《如何理解中国人》，重庆大学出版社 2009 年版，第 55-92 页。

〔8〕奈杰尔·拉波特，乔安娜·奥弗林：《社会文化人类学的关键概念》，鲍雯妍，张亚辉译，华复出版社 2005 年版，第 56-57 页。

〔9〕杨中芳：《如何理解中国人》，重庆大学出版社 2009 年版，第 103-113 页。

〔10〕陈成国点校：《四书五经·论语·颜渊》，岳麓书社出版 1991 年版，第 39 页。

〔11〕陈成国点校：《四书五经·礼记》，岳麓书社出版 1991 年版，第 567 页。

〔12〕汪子嵩等：《希腊哲学史》第 1 卷，人民出版社 1997 年版，第 343 页。

〔13〕阿尔弗莱德·怀特海：《思想方式》，华夏出版社 1999 年版，第 70-73 页。

〔14〕中共中央马、恩、列、斯著作编译局译：《马克思了恩格斯选集》第二卷，人民出版社 1973 年版，第 2 页。

〔15〕陈成国点校：《四书五经·孟子》，岳麓书社出版 1991 年版，第 84 页。

〔16〕曾仕强：《中国式管理》，中国社会科学出版社 2005 年版。

〔17〕李占祥主编：《矛盾管理学》，经济管理出版社 2000 年版。

〔18〕高乾源：《简易管理》，东方出版社 2006 年版。

〔19〕中共中央马克思、恩格斯、列宁、斯大林著作编译局编：《列宁选集》第二卷，人民出版社 1972 年版，第 608 页。

〔20〕中共中央马克思、恩格斯、列宁、斯大林著作编译局编：《马克思恩格斯选集》第三卷，人民出版社 1973 年版，第 554 页。

〔21〕李秀林等主编：《辩证唯物主义和历史唯物主义原理》，中国人民大学出版社 1982 年版，第 100 页。

〔22〕马丁·海德格尔：《现象学之基本问题》，丁耘译，上海译文出版社 2008 年版，第 11-22 页。

〔23〕马丁·海德格尔：《存在与时间》，陈嘉映，王庆节译，三联书店 2009 年版，第 3-47 页。

〔24〕中共中央马克思、恩格斯、列宁、斯大林著作编译局编：《马克思恩格斯选集》第 3 卷，人民出版社 1973 年版，第 556 页。

〔25〕李秀林等主编：《辩证唯物主义和历史唯物主义原理》，中国人民大学出版社 1982 年版，第 101 页。

〔26〕布莱恩·麦基：《哲学的故事》，季桂保译，三联书店 2009 年版，第 34 页。

〔27〕钱穆：《中国文化史导论》，商务印书馆 1994 年版，第 1 页。

〔28〕李秀林等主编：《辩证唯物主义和历史唯物主义原理》，中国人民大学出版社 1982 年版，第 38 页。

〔29〕马丁·海德格尔：《存在与时间》，陈嘉映，王庆节译，三联书店 2009 年版，第 61-70 页。

〔30〕陈成国点校：《四书五经·孟子·告子上》，岳麓书社出版 1991 年版，第 115 页。

〔31〕江天一主编：《传世藏书·荀子·性恶》，华艺出版社 1997 年版，第 541 页。

〔32〕陈成国点校：《四书五经·孟子·告子上》，岳麓书社出版 1991 年版，第 115 页。

〔33〕江天一主编：《传世藏书·史记·货殖列传第六十九》，华艺出版社 1997 年版，第 2432 页。

〔34〕阿尔弗莱德·怀特海：《思想方式》，华夏出版社 1999 年版，第 61-77 页。

〔35〕王国维：《王国维文集》，北京燕山出版社 1997 年版，第 350 页。

〔36〕黄速建，黄群慧：《管理科学化与管理学的科学性》，《经济管理》2004 年第 18 期。

〔37〕新华社北京 7 月 26 日电："陈良宇被开除党籍和公职"，《长沙晚报》2007 年 7 月 27 日。

〔38〕田雨，李薇薇等："郑筱萸被执行死刑"，《长沙晚报》，2007 年 7 月 11 日。

〔39〕王晓林：《证伪之维——重读波普尔》，四川人民出版社 1998 年版，第 202 页。

〔40〕刘鸿儒：《海尔集团的企业兼并与管理、技术创新》，《中外管理》1999 年第 1 期。

中国文化转型期人性变迁与人力资源
管理模式选择机制

李长江

（浙江师范大学经济与管理学院，中国杭州）

一、问题的提出

中国人学习和应用的人力资源管理理论与方法大多来自西方发达的资本主义国家。西方人力资源管理理论对于中国组织的适应性已经成为理论和实践界一直关注的问题。借鉴发达国家人力资源管理经验是必要的，但是创建适合中国经济与文化转型特点和发展趋势的人力资源管理理论和方法更为关键。当前，人力资源管理的职能，手段所依赖的政治、经济、社会、文化、技术背景都发生了演变，组织需要结合中国特色重视和解决若干现实的人力资源管理问题，如不同人力资源管理政策彼此冲突而造成的组织决策困境、人力资源协调难而造成的高成本、人力资源管理政策顾此失彼的偏差问题、人力资源全面职能发挥的政策统筹问题等等，这些都对学术界提出了一系列新挑战。

"人是研究人类、组织和管理的基本分析单位。"人性观问题自然而然地成为了人力资源管理理论的核心问题。只有正确地认识人性，才能有效地指导人力资源管理实践，实现管理目标。制定人力资源管理策略、人力资源管理模式的最终的、最根本的依据是对人性和人的发展的科学把握。改革开放至今，中国社会在各方面都发生了巨大变革，中国社会主流文化（生活方式）发生位移，人们对自己和社会的要求日益提高，其人性本质已经变得复杂而难于琢磨。单纯坚持某一种人性假设都不完全符合中国现阶段的社会经济发展水平和人们的生活方式，人们在不同的时间、地点及事件上会重复、交替表现为不同的人性特征，即使在同一时期，也会表现出不同的人性特征。因此，要建立中国科学的人力资源管理理论，需要准确把握人性变迁规律、人性质态及不同质态人性之间的相关关系。

二、中国文化转型诱致人性变迁的客观性

文化的形成是一个过程，是人类在认识世界和改造世界中逐渐积淀并不断发展的过程。文化的形成必然有其内在规律，而且，开放状态和封闭状态下，文化的形成各具特征。文化既是人类活动的结果，同时又指导人类活动，一定程度上说人是文化的产物。

文化与管理，同属集体劳动的产物，既相互联系，又不完全等同。管理观念、管理措施和管理结果分配制度，虽然有时无法得到所有人赞许，但被大多数人所接受。那些被大多数人所接受的管理观念、管理措施和管理结果分配制度实则是组织文化的核心内容，管理就是文化，并受文化制约。然而，文化范畴比管理范畴大，一些文化不属于管理范畴，而且，文化演进决定着管理思想的发展，管理发展史是一部人类文化的演进史，文化演进促进管理创新。管理始于对人性的认识，管理人性自然是文化的产物。

中国上下五千年的文化，虽然自成一体，但也不断经受世界文化的影响，尤其自20世纪80年代的改革开放之后，受到的影响更大。中国的政治、经济、社会、文化、环境都在发生转型。其中，文化转型始终被看成是社会整体转型的关键和最终体现，并为经济、政治、社会和环境的转型提供不懈动力。随着媒介技术的进步、改革开放程度的提高和生活条件的改善，中国的文化转型进入加速轨道，中国人的社会生活方式将发生更大变化，中国文化转型对人性的影响程度在放大。人性随着文化转型而变迁，而且必须随着文化转型而变化，适应文化转型要求的人性变迁，就是适应时代发展要求的变迁。倘若文化发生了转型，而人性不变，则会变得陈腐、落后。中国文化正处在转型加速阶段，人性必然会随之发生变迁。中国任何组织需要结合文化的转型特点科学把握当代中国人的人性变迁特征，才能选择合理的人力资源管理模式。

三、人性网络特征的真实性

管理的中心是人，管理本质上是对人的管理。毋庸置疑，管理理论必然要建立在一定的人性观基础之上。人性观是建构管理理论的逻辑起点，出发点和理论基石。正如周三多先生所说："中国历代的思想家……反复论述的基本主题就是人的本性以及人们之间的社会关系。"在管理人性的论述上，中国的研究成果较少，且多为古代思想家提出的人性论，如孟子的"性善论"、荀子的"性恶论"，适合中国本土化的现有管理人性理论体系尚不成熟不完善。中国管理人性观的研究大部分是借鉴西方管理理论，而且定性研究成果多，定量研究成果少。

西方管理学家们却都是从特定的人性观出发，严密地、符合逻辑地展开其整个管理理论体系的。西方学者对人性的研究成果丰富，他们在长期的管理理论和实践研究中，先后提出了 X 理论、Y 理论、超 Y 理论、Z 理论，以及经济人、社会人、自我实现人、复杂人、理性人、决策人、文化人等人性假设，进而构建了相应的管理模式。

美国心理学家沙因、摩尔斯和洛斯奇在前人研究基础上，提出了复杂人的概念，认为人性是复杂的。沙因认为，没有一套适合任何时代、任何组织和任何个人的普遍的行之有效的管理方法。根据"复杂人"假设，沙因提出了一种新的管理理论，即"超Y理论"。沙因认为，无论是"经济人"、"社会人"还是"自我实现人"的假设，虽各自有其合理性的一面，但并不适用于一切人，其根本弊端在于"过于简单化和过于一般化了"。因此"复杂人"假设就是为了弥补它们的缺失，在充分考虑到人性、工作性质、组织情境等管理过程本身固有的复杂性后提出来的一种权变和发展的观点。但这种因人、因时、因事而异的权变管理具有辩证思想，显得过于空泛，无法把握具体的人性。摩尔斯和洛斯奇认为人的社会性是复杂的，人的需要是多种多样的，不仅是追求高工资的经济人，还是有情感、社会需求的社会人，不断变化的环境对人的影响加大。人在同一时间内的各种需要和动机会发生相互作用并结合为统一的整体，形成错综复杂的动机模式。而且由于人的需要不同，能力各异，对于不同的管理方式会有不同的反应。摩尔斯和洛斯奇虽然提出了人性的复杂性和不同人性组成的错综复杂的整体，但其没有更好的方法判断这种复杂性。依据瑟斯顿的研究范式和现代的复杂科学方法，完全可以测量人性质态及不同质态人性之间的相关关系。

西方人力资源管理模式演变的历程，正是从高度抽象的人性假设模型出发，探索在一定情境下的人力资源管理行为模式，继而逐渐放宽模型的约束条件，约束条件每放宽一级就会向真实的人性靠近一步，从而发展出相应管理情景下的人力资源管理行为模式和理论。因此，为了保证管理方案合乎人性，就不能只抓人性中的一个片断作为立论的依据，而应该对丰富的人性予以全面的尊重和准确把握。

四、中国人力资源管理模式的完善之处

管理学家赵曙明指出，现代人力资源管理理论吸取了各种相关理论的研究成果，形成了不同的理论，如资源依赖理论、工作成本理论、人力资源战略理论、制度化理论和行为理论。20世纪60年代以来，人力资源管理理论得到了前所未有的发展。同时，他也质疑西方学者的相关研究成果在中国的适应性。综观中国学者的人力资源管理模式研究现状发现，具有广阔应用前景的系统性人力资源管理理论基本上没有，绝大部分研究成果都是以概念性思路为主，或者案例研究。

有的学者基于中国企业以劳动密集型和资源密集型为主体而缺乏自有技术和品牌的状况，提出中国企业引入职能资格制度，充分挖掘、稳定、发挥企业内人力资源的优势来提升企业竞争力。在中国传统文化背景下，职能资格制度可能还有一席之地，但在当前，中国文化已经发生重大变化，这种人力资源管理方式就很难发挥它的作用。

有的学者基于企业的信息结构及传递方式角度提出适应性人力资源管理模式。他们认为，对以纵向信息结构为主的企业应该采取外部化人力资源管理模式，而对以横向信息结构为主的企业应该采取内部化人力资源管理模式。然而，如果既有纵向信息结构，又有横向信息结构，应采用哪种人力资源管理模式呢？对此，这类学者没有展开分析，回避了人力资源管理的复杂性。

有的学者提出了基于顾客价值的人力资源价值链管理模型，他们主张把顾客价值最大化作为企业人力资源管理活动的起点、驱动要素和归宿，这个研究虽然丰富了人力资源价值链管理的内涵和来源，优化了人力资源开发与管理系统，但是，随着职业的市场化发展和人们的能力和经济收入的提高，人们日益成为重要的利益相关者。在这种情形下，管理者既要重视顾客价值的提高，也要重视员工价值的提高，内外利益都需要兼顾。为了做到这一点，有的学者提出了基于组织支持的人力资源管理模式，认为感知到的组织支持对组织人力资源管理措施和员工绩效的关系具有重要的影响。在高水平的组织支持环境下，根据互惠原则，员工就会对组织的人力资源政策做出积极的反应。不仅如此，为了反映社会化要求，有的学者提出了基于组织与个体互动的社会化策略的人力资源管理模式。他们认为个体与组织的匹配不是一种既有的静态存在，而是一种在个体与组织的互动动态发展的过程。一方面，个体与组织可能通过"吸引——选择——损耗"过程形成人与组织的匹配，另一方面，个体进入组织后的组织社会化过程也会影响他与组织的匹配形成。其次，组织社会化不是组织单方面的事，而是组织与个体双方互动作用的过程，如个体对人与组织匹配的重要性认知及其积极主动的组织适应策略都可能与组织社会化策略交互作用，调节组织对个体进行社会化的效应。这些研究成果比较好地反映了一些实际情形。当然，如果将人与组织匹配的视角建立在复杂人性基础上，则更能解释当前中国的人力资源管理本质。

亚洲一些国家的文化，在某些方面跟中国相近，他们许多的人力资源管理经验都值得借鉴，尤其以韩国和日本为典型。韩国文化进行了两次很好的改造。第一次是实学运动，批判式地吸收了儒教的精髓，大胆消除了儒教的弊端，积极促进了社会组织的民主化与合理化，建立起新的伦理观。第二次是开化派运动，对西方文化的资本主义精神进行了扬弃，使韩国完成了东西方文化的结合，进而加强了以儒教为主体的国民道德教育和民族精神的文化传统。在此基础上，形成了有韩国特色的新儒教文化体系，并最终形成了韩国企业文化的特色，即注重个体精神与整体精神的互相促进、权威和温情兼备、浓厚的创新精神、重视教育和培训，使得管理者更加注重以人为本，使得韩国的人力资源管理更加接近人性发展要求。当然，韩国的人力资源管理要完全达到人性发展要求，还需要针对性探究人们的内心要求和不同质态人性之间的复杂影响。

五、基于人性网络特征的人力资源管理模式选择机制

（一）单一质态人性特征显著的人力资源管理模式选择机制

单一质态人性特征，是指组织中的个体表现出某一种人性特征。当然，整个组织中

的不同个体可以表现出不同质态的人性特征。如果整个组织的不同个体都表现出同一种人性特征，则该组织可以被看成是纯粹的单一质态特征显著的组织，其人力资源管理模式的选择就在于围绕这一种人性特征进行，这种情形的人力资源管理模式的选择，比较简单。倘若整个组织的不同个体具有不同质态的人性，即使单个个体表现出某一种人性特征，整个组织的人性特征就变得复杂多样，其人力资源管理模式的选择，需要判断不同质态人性的地位及其相关关系，根据相关关系的大小对不同质态人性排序并进行取舍。在这两种组织中如何发挥个体的作用，关键在于判断个体的人性质态特征。

（二）两种质态人性特征显著的人力资源管理模式选择机制

两种质态人性特征显著，是指组织中的个体同时表现出两种质态人性特征。如果组织中不同个体的两种人性特征都相同，则该组织可以被看成是纯粹的两种质态人性特征显著的组织，那么这种组织的人力资源管理模式的选择关键在于准确把握两种质态人性的不同地位及其相关关系，根据相关关系的大小对不同质态人性排序并进行取舍。如果组织中不同个体的两种人性特征不尽相同，则该种组织的人力资源管理模式的选择，不仅要判断不同质态人性的不同地位，还需要找到不同质态人性两两之间的相关关系，根据相关关系的大小对不同质态人性排序并进行取舍。在这两种组织中如何发挥个体的作用，关键在于判断两种质态人性对个体的影响作用大小。

（三）多种质态人性并存的人力资源管理模式选择机制

多种质态人性并存，是指组织中的个体同时表现出两种以上的人性特征。如果组织中不同个体的多种质态人性特征都相同，则该组织可以被看成是纯粹的多种质态人性并存的组织，那么这种组织的人力资源管理模式的选择关键在于准确把握不同质态人性的地位及多种质态人性两两的相关关系，根据相关关系的大小对不同质态人性排序并进行取舍。如果组织中不同个体的多种质态人性不完全相同，则该组织的人力资源管理模式的选择，不仅要判断不同质态人性的不同地位，还需要找到不同质态人性两两之间的相关关系，根据相关关系的大小对不同质态人性排序并进行取舍。在这两种组织中，如何发挥个体的作用，变得复杂，原因在于个体的不同质态的人性发生相互作用，相互影响呈网络状。发挥个体作用，需要判断不同个体的不同质态人性的相对地位及不同质态人性两两的相关关系，根据相关关系的大小对不同质态人性排序并进行取舍。

本文基于中国文化转型导致人性变迁的客观现实，提出了人性质态测评及基于人性质态网络特征设计人力资源管理模式的科学命题。上述三种人力资源管理模式的选择机制，都可以用数学模型表达，结合人性质态调查问卷所得来的数据，可以对数学模型求解。如果加入时间变量，则上述人力资源管理模式选择机制会变得更加复杂。所有这些设计，将是本命题的后续研究。

人性的解放与善端的发明

——管理伦理的"道""用"之思

王建光

（南京农业大学人文社会科学学院，中国南京）

一、管理的本质应当是对人性的继续解放

人类社会的发展史即是人的解放史。在文明前的社会及其此后的原始农业社会阶段，人类生命价值的实现和生命意义的展示都受到了自然界的制约，诸如洪水、火山、饥荒、疾病等成为压迫人的主要力量。在一个相当长的历史时期，这种压迫都是不可抵抗的。正是生产力的发展使人从自然力量和宗教神学的压迫中解放出来。随着工业化进程的加快和其对社会生活影响的日益深入，工业的力量在社会中便得以快速增长，并成为一种控制社会的有效力量。为了从自然界获得更为彻底的解放，为了得到更大的物质利益，对社会化大生产活动的管理方法也越来越受到人们的重视，于是众多的规则与方法被发明、被创造、被应用，这即是我们今天所说的"管理"。它不仅包括对一个特定生产经营单位的管理，也包括对社会的管理，即对社会生活和元素进行控制和建构秩序。

以机器大工业为代表的现代生产活动的过程及其所造成的社会性影响早就引起了马克思主义经典作家的注意。马克思和恩格斯在《共产党宣言》中曾经对资本主义生产关系中的工人阶级的地位作出了深刻的分析："由于推广机器和分工，无产者的劳动已经失去了任何独立的性质……工人变成了机器的单纯的附属品。"而且，"现代工业已经把家长的师傅的小作坊变成了工业资本家的大工厂。挤在工厂里的工人群众就像士兵一样被组织起来。他们是产业军的普通士兵，受着各级军士和军官的层层监视。他们不仅仅是资产阶级的、资产阶级国家的奴隶，他们每日每时都受机器、受监工、首先是受各个经营工厂的资产者本人的奴役"。[1] 这种"组织"即是在资本主义生产关系中对劳动力进行的精密组合，并从中获得更高的剩余价值。

当然，我们今天意义上所言的"管理"及其社会背景与上述状况是不同的。但是这种以流水线为标准对人进行的排列组合以及因之而造成的对人性进行的标准化建构却影响到现代工业生产和管理模式，影响到人的主体性价值的实现。这虽然对社会的物质生产有着促进作用，但是又往往容易使人成为"管理"的对象，成为机器的伙伴。今天，

我们都生活在一种具有强烈工业化特色的"管理"之中。虽然工业化使我们从自然中解放出来，但是我们在许多时候却又因为工业化的深入而落入一种名为"管理"的窠臼之中。在现代管理的严密而高效的调控之下，我们都被解构并塑造成了现代社会大系统中的一个螺丝钉。虽然这种螺丝钉有着明确的体积和美丽的三维形象，但是却没有主体性；它有物的价格，但是失去了人的价值；它确实是在现代工业生产中起着重要的作用，但是这种作用是一种外在于本我的活动，是一种类似于在管理力量的调控之下一种本能的或自发的"反应"和反应性活动，而不是一种体现了历史主体性的实践活动。甚至可以这样说，越是"标准化"的管理，对人的自由及自主创新能力和精神就越是一种伤害。不容否认，现代管理在一定程度上强化了人在现代工业化劳动中的一种异化的性质，并使劳动者最终不得不成为那种具有"一种单向度的思想和行为模式"的人。[2]八十年前，查理·卓别林的电影《摩登时代》对此有着生动形象而令人辛酸的展示。这种批判即使在今天的工业环境之中，仍然有着十分现实的意义。

现代社会是建立在对人的解放和工业文明进步的基础之上，其本身应当是一个对人性和价值高度重视的社会。随着工业化进程的加快和社会分工的日益细化，随着"管理"行为的纯技术化形象的确立，"管理"已经成为一种强大的力量，具有了一定的主体性品格，甚至有着一定的意识形态色彩。海德格尔曾经写道："技术统治之对象事物愈来愈快、愈来愈无所顾忌、愈来愈完满地推行于全球，取代了昔日可见的世事所约定俗成的一切。技术的统治不仅把一切存在者设立为生产过程中可制造的东西，而且通过市场把生产的产品提供出来。人之人性和物之物性，都在自身贯彻的制造范围内分化为一个在市场上可计算出来的市场价值。"[3]

值得指出的是，随着社会多元化进程的加快，充斥其中的是多种声音、多种力量和多种利益在进行着符合规则的或不符合规则的力量博弈，这已经明显地影响到我们对生产经营单位的生产管理和对社会生活的秩序性维护。今天的社会生产和生活越来越表现出系统化的特色。其中，具有重要意义的元素越来越多，因此对现代社会的管理与调控也已经与传统农业社会有着极大的不同，那种人对人的生动的管理已经让位为机器、程序或章程的管理。这种管理方法越来越成为一种"科学"和"技术"。现代社会的发展也正是建立在一系列的所谓的社会科学的基础和力量之上的。

更为重要的是，这种受到了管理模式改造过的人或将一种失去个性化尊严的人的品质传导到更为广泛的社会生活之中。马尔库赛曾如是说："科学——技术的合理性和操纵一起被熔接成一种新型的社会控制形式。"[4]虽然现代企业管理和社会管理有着某种相似性，尤其是在对目标的追求过程之中，两者都表现出了一种过分看重效率的倾向。但是它们在管理目标、管理对象和管理方法上却有着根本的不同。在许多时候，我们对其中的区别却没有作出应当有的区别对待。我们过分地强调它们之间的诸多共性，尤其是在对效率的追求上更加强调其中的一致性。我们往往把对人类社会发展的目标控制和对生产经营活动的管理方法不经意地等同起来。而且，这种异己力量的传导对个人的人生内容也有着重要的影响，并对现代社会中人的个性进行重新的塑造。以致有人说，在今天，"个人的基本个性包括两个部分，一是能够逃离统治体系并能够幸存下来的要素，一是统治体系残害它的成员时所留下的伤痕。统治体系的基本原则总是以一种极其夸张的形式在这些特性之间不断重复着：对财富的贪婪以及在想象的疾病中毫无反思能力的自我持存"。[5]

管理是人的管理，管理是对人的管理。虽然人与物及其人与物的关系组合都是现代管理学的研究对象，但是管理伦理中的精神应当贯彻一种伦理的原则，这即是对人性的一种尊重，对人的价值的一种发挥。这种尊重是让被管理者有尊严的生活和有尊严的工作，这就要求对劳动者进行配置必须建立在一种道德哲学基础之上。只有重视人在被管理中的价值和尊严才能真正地发挥人的主体性，不论是多么精确的数字化管理系统和公正有效的规章制度，都不能代替对人的一种尊重。因为在程序化的管理系统中起主导作用的是规则和数量，而在有人参与的管理之中起主导作用的是人的情感与价值选择。虽然在一些时候，个人的情感因素会失去某种公正性。

从工业化流水线中解放出人的尊严，不是把人看成是物化的对象或者智能化的工具，而是把人看成是一种具有神圣属性的历史主体，应当是现代管理伦理的重要特色。因此，伦理学的方法和原则必须贯彻现代管理学的过程的始终和目标的确定之中。

今天的管理在其本质上即应当是对人性的最大限度的解放。在这种解放之中，得以释放出个体的劳动力价值，得以体现生命的尊严与意义。因此，现代管理学应当是一种对人在工业过程中价值实现的学问，应当是关于人的学问而不是关于实现效益的技术，应当是一种关于人的解放的理论。它并不以研究如何对人的工业价值进行最大化，也不是功利地探讨如何挖掘人的潜能和价值，而是研究对人的价值进行最优化和最伦理化的配置。在此基础上，人的工业价值的最大化和对人的潜能和价值的挖掘仅仅是它的一种副产品。从这个意义上说，现代管理学是一种对人的解放学说，致力于对人性的继续解放和彻底解放。

二、管理的过程应当贯彻"道""用"一致的原则

现代社会大生产的多样化、多主体化和社会生活的多元化和非中心化越来越对现代社会的管理理念和方法提出更高的要求。在效率、章程、工作内涵以及人的主体性价值等诸元素之间如何取得道德上的一致性，这并不是一个形而上学的问题。传统上，中国古代先贤即有着"百姓日用即道"的思想，西哲也强调将"为了大多数人的最大幸福"视为道德的行为。但是在今天日益精密的管理科学的实践中，对于这门越来越成熟和有效的管理科学本身而言，我们都不能忽视这种"道"与"用"之间仍然存在并且日益明显的尴尬关系。管理之"道"与百姓之"用"之间的丰富内涵在当代如何做到完美的统一仍然是一个有着实践价值的问题。

现代意义上的管理过程主要处理三种关系：第一，区别对人的管理和对物的管理。

严格说来，这本来不是问题，但是由于把管理看成是效益的倍增器，把管理理解成企业或社会的多元关系中的一种物化的关系，这往往在管理中即会出现一种将人等同于物的管理态度。在这种管理过程之中，思想的东西往往被用数量的关系加以体现，人性的东西往往被用价格或成本来证明与解释。第二，管理不仅是对人与物的离散式或关系式管理，也是对人与物的关系的组合和最优化配置。长期以来，对包括人力资源在内的生产资料及其与人的关系的配置，往往被简化成一种探讨如何进行最优化配置的数量性关系，而忽略了在人的管理和资源配置中应当体现出的一种伦理原则。虽然这种原则不一定必然地与物的优化配置成为因果关系或矛盾关系，但是在一些时候它可能会对数量的关系优化有着潜在的影响。第三，管理工作更多的是从利益的角度对人的关系的协调与重塑，理想的状态应当是用一种价值观对人际关系的建构与优化，但往往被代之以章程和工作规范。

在上面三种关系之中，应该各有其不同的要求。第一，物与物的关系配置，追求最少的投入，最合适的过程和最大化的效益。这本质上是一种数学的关系。第二，人与物的关系配置，追求人的一种主人翁精神和主体地位，物的重要性必须通过人加以体现。这是一种社会学和经济学的配置。第三，人与人的关系配置，追求人与人关系的和谐，它要使人的关系组合不仅是有效益的，也是有价值的，更是符合伦理，这个过程使人的价值和主体性得到体现，并展示出劳动的意义。工业和技术使人从自然的奴役中解放出来，但是为了有效地配置工业与技术这种复杂而又强大的社会性元素，我们发展了"管理"。随着管理的科学化和技术化，我们的个性又在"管理"的力量下受到影响。现代管理学所强调的不应当是对人的管理，更应当是对人的解放，探讨的是人如何从工业化的力量和规则中获得解放，从受到工业文明为特色的社会管理学中解放出来。而这应当体现出一种政治学的方法和原则。

现代工业社会的技术性控制过程，已经形成了一种强有力的社会力量，有着成为一种意识形态化的特色，展示出自己的革命性发展力量。在这种价值坐标的引导下，人类把社会的全面发展往往等同于技术的进步，并进而把技术的进步窄化成一种更快、更舒适或索取更多的生活方式。在这种把技术管理化、把管理技术化的过程之中，造成了人的被动化、非主体化。在这个庞大、复杂而又精密的管理系统之中，被管理者在强有力的管理力量的作用下，只能成为一个被支配的被动性元素。本来在生产控制和社会管理方面的复杂内容也因之被简单地理解成一种对量的最大化的追求与实现，随之应当蕴含其中的伦理和价值的内涵也因之被抽空。正是在这种进行更优化的资源配置和对利润的最大化追求过程中，形成了一系列的制度化建设。管理的内涵和工作的过程也因之被简化成一个在规则基础之上的"刺激——绩效——奖励或惩罚——刺激——"的周而复始的循环。在这种循环之中，本来的一种反馈的力量便显得愈发的弱小。规则也成为了一种异己的力量，淡化了其中的伦理性内涵。在这种管理模式之中，劳动仅仅是一个被动的、适应性的活动。具有丰富品质的社会性劳动最终就会被理解成仅仅是一种谋生的手段，劳动者的主体性劳动也失去了丰富的内容。

我们还没有达到一个以劳动为最大享受的社会历史阶段，甚至仍然有不少人想不劳而获或少劳多获。这必然会妨碍我们管理中的对一种美好原则的贯彻。《韩非子》说："凡治天下，必因人情。人情者有好恶，故赏罚可用。赏罚可用，则根本禁令可立，则治道具也。"（《韩非子·八经篇》）不论是以什么态度来看待管理，循因"人情"而为都是一个基本的原则。今天，这种"人情"更应该被引导成一种对人本性的尊重。但是，循因人情却是一个内容复杂的问题，是循人之私欲还是尚人之善德却反映了管理过程的不同。如果我们相信人性之善，那么，我们就会选择一种"道之以德，齐之以礼"的管理模式，如果我们相信人性之恶，则会采纳一种"道之以政，齐之以刑"模式。也许，"齐之以刑"可能会更高效，使规则更为有序，但是却可能离对善端的发现与培养更为遥远。因此，伦理的方法也应当是将来管理模式中的重要方法。

《韩非子》在论述明君如何治理天下时曾经指出："明主之所导制其臣者，二柄而已矣。二柄者，刑德也。何谓刑德？杀戮之谓刑；庆赏之谓德。为人臣者，畏诛罚而利庆赏。故人主自用其刑德，则群臣畏其威而归其利矣。"（《韩非子·二柄篇》）在这种管理模式中，我们看到的是对"用"的无限追求，是为达到一种"量"的目标时的"刑德之用"。只是这种"德"仍然是一种可加以量化的"庆赏"。刑、赏是两种不同的管理方法，虽然它们可以互为补充，但却不是必然地能够互为促进和保证，更没有体现出一种"道"的力量。被管理者之所以按照一定的要求而工作，那是一种规则性和体制性的力量在起作用，不然即会受到体制性的惩处。在这种过程之中，被管理者并没有得到道德上的提高，他只要做到一种工作义务、负起一种岗位责任即可。而这种责任的认定是用"是"与"非"和有效与无效来评价的，而不是善与恶，更不属于快乐与痛苦的范畴。劳动者在整个活动中的表现只是对一种对规则的遵守，在更多的时候这种规则都是不需要从善恶之境加以考虑的。海德格尔也曾经强调指出，威胁人类的并不是原子弹这一类东西，在人的本质中威胁人类的而是那种认为人类可以通过自己的意见而对自然和能源进行改造、储藏和控制的出自意志的意见的固执，是一种甘愿受技术摆布的一种观念，是一种认为"技术的制造使世界井然有序"。其实恰恰是这种井然有序把任何一种"秩序"（order）即任何一种等级都拉平为制造的千篇一律，从而自始就把一个从等级和出于存在的承认而来的可能渊源的领域破坏掉了。[6]

随着人对技术依赖和对技术性管理依赖的加深，技术也愈加改变着人的主体角色。马尔库赛曾经用一种单向度的权力来比喻现代资本主义工业社会中的控制性力量，他并把这种社会称为"单向度的社会"。在这种社会之中，"社会控制的现行形式在新的意义上是技术的形式"。[7] 单向度权力观的重要代表人物达尔也曾经指出，所谓权力，就是表现在某个主体能够促使另一个主体去做一件原本不会去做的事情。[8] 在管理学的语境之中，这种权力正是通过规则或章程所展示出的资本和知识的力量，这种力量能够实现的原因正是建立在那种看起来劳动者具有天然服从品性的基础之上，这是一种对遵章守纪或岗位责任的倡导和惩罚性阻吓，其背后的根本原因正是反映了被管理者对自己和家庭生活压力的屈服。在此情况下，被管理者的活动不是一种具有主体自觉力量的社会性活动，而是一种对基本生存需要的考虑。在绝大多数的时候，这都是一个劳动者坚持站在流水线上履行职责的最根本原因。正如哈贝马斯所言："只有人是创造者（homo faber），那么，他不仅能够第一次完全把自身客体化和同他的产品中表现出来的特立活动相对立；人作为被创造者（homo fabricatus），如果能够把目的理性的结构反映在社会系统的层面上，那么人也能够同他的技术设备结为一体。"[9] 福柯也曾指出，维护权力地位需要"相应地建构一个知识领域"。从此意义上说管理也正是这样一个知识的领域，只是这个知识领域是为了维护工业和产品的权力，是为了维护这种权力对社会生活的建构与解释。而以马尔库赛为代表的批判学者则更为深刻地指出了这种知识性的领域和权力的意识形态因素。在大多数时候我们重视的都是这种对管理的技术性和知识性构建，以及对其权力运作方法和功效的研究，而忽视了其中所存在的伦理的意义和善的力量。

在马尔库赛所说的由一种单向度的思想和行为组成的单向度的社会中，个人的观念、行为、愿望和目标一类的个性化的东西都是由那种既定制度的合理性及其量的延伸的合理性来重新定义的。而且，这种行为趋势也被认为可能和物理学中的操作主义和社会科学中的行为主义发展有关。[10]

在管理过程中，伦理原则的贯彻与管理目标的达到也并不必然的即是矛盾的关系。在中国文化的语境中，事实上"道"与"用"并不矛盾，先哲们从来都不否认并高度弘扬这种"道""用"之间的一致性。中国的思想家们早就强调说："天道远，人道迩。"（《左传·昭公十八年》）《荀子》中也说："道者非天之道，非地之道，而人之所以道也。"管理之"道"不论多么复杂都是与我们的生活密不可分的。按照《中庸》的观点，道本由性而出，"道也者，不可须臾离也，可离非道也"。张载也说："德者，得也。凡有性质而可有者也。"[11] 换言之，没有"用"的"道"肯定不是真的"道"，没有"道"的"用"也一定不能达到其真的"善"用。所谓"道不远人"正是说的道与人的日常生活并不是绝然分开的。

这里并不是说在现代大工业生产中不需要管理或是要淡化管理，也更不是否认管理在现代工业社会中的积极意义。而是要强调，只要我们转换视角，重视从"善"的角度来理解管理的伦理本质，实践一种更为人性化、道德化的管理模式，尊重个体的尊严和个性特色。使"被管理者"在这种管理的活动中不是失去其生命的光彩而是绽放出个人的风采，不是使生活的内容单调化而是使其内容更为丰富多彩。如此，就能将管理从一种"用"的层次升华到"道"的阶段，并在此基础上实现"道"与"用"的完美统一。

三、管理的目标是对善的追求与实践

有效的管理是现代大工业和社会发展的重要推动力。有学者将管理与能源和传播一起作为影响人类未来发展的三大因素，并强调说，在现代社会中，管理涉及许多方面，诸如决策、计划、组织、用人、控制、协调、领导等内容。[12] 但是，必须指出的是，一种道德性力量也应该成为现代管理活动中不可或缺的重要内容，甚至应该成为一种原则或精神动力。在现代社会中，管理中的道德因素变得越来越重要。这可能也是当代一些媒体和组织经常关注的"最具道德感企业"的内容之一。可以这样说，最具道德感的企业也正是在企业的经营管理中贯彻道德精神相对成功的企业。正如霍尔巴赫所说的："一个理性动物，应当一切行动都以自身和同类的幸福为目标。"[13]

海德格尔曾经指出："现代科学和极权国家都是技术之本质的必然结果，同时也是技术的随从。"而且，"不仅生命体在培育和利用中从技术上被对象化了……归根到底，这就是要把生命的本质交付给技术制造去处理。今天人们极其严肃认真地在原子物理学的各种成就和状况中去寻找证明人的自由和建立新价值学说的各种可能，这正是技术观念占了统治地位的标志。而在技术观念的统治展开的时候，个体的个人看法和意见的领域早就被弃之不顾了"。[14]尽管在许多时候现代技术性管理更为重视对功利的追求和对量的扩张，但现代社会中的工业生产管理和社会控制的过程并不是必须得消融人的个性。因此有人说："人类解放就是个性的解放，但它同时又是能够给人类带来解放的社会机制的结果。"[15]事实上，造成一种价值丧失或淡化的主要原因是因为我们对"量"的崇尚造成了对人性的压抑。相反，一个伦理的管理更可能促进人的解放和个性自由，更能体现出劳动的快乐。

因为一切善的行为都在我们的日常行动之中，我们根本不需要在行为之外再去寻找一种能够发明善端的活动。《中庸》曾说："子曰：道不远人，人之为道而远人，不可以为道。"只要我们发明本善，即能达到化生万物的目标。《中庸》的"诚"对此有着丰富的表达。"诚"是《中庸》中的重要概念，也是作为"人道"的第一原则。所谓"诚"，实为"君子之所守也，而政事之本也"。（《荀子·不苟篇》）《中庸》更是对"诚"的道用关系及其善之所能作了系统的发挥，如"诚则形，形则著，著则明，明则动，动则变，变则化。唯天下至诚为能化"。《中庸》还强调说："唯天下至诚，为能尽其性；能尽其性，则能尽人之性；能尽人之性，则能尽物之性。能尽物之性，则可以赞天地之化育；可以赞天地之化育，则可以与天地参矣。"虽然对于"诚"的内涵在诸家那里有着并不完全相同的复杂理解，但是，诚的内涵即包含有成己成物，合内外之道的意思。

现代社会是一个高度重视人的社会，重视人的全面发展，重视人的价值的实现，现代管理伦理不能以效率为唯一的目的。尽管在现代管理之中已经表现出了十分技术化和功利化的倾向，但是管理决不必然地意味着它仅仅是一种在技术的或在量的含义上的一种功利目标，在本质上它与"道"和"善"并不矛盾。相反，它本身应当贯彻的是一种对生命的理解，应当是一种对善的追求过程。管理应该是发明本善，或者是提供一个发明本善的机会。由小善至大善，由一善至于众善，最终达于至善。因此，管理之中伦理的弱化，仅仅反映了我们在管理中对伦理的一种态度。在某些意义上我们也可以将管理分为"消极管理"与"积极管理"两种形式。"消极管理"是把管理作为一种单纯的技术性活动，以量的最大化追求为目标，伦理可能被排除在管理和生产过程之外，或者被认为是一种与管理无关的东西。"积极管理"是在管理中对贯彻一种伦理的原则的坚持与实践，并在这个过程之中将一种伦理的原则发扬光大，使劳动者得到价值的实现、道德的提升和身心的愉悦。

冯友兰曾将人生的境界分为自然境界、功利境界、道德境界和天地境界。受其启发，我们也可将管理的境界分与之相应的四个境界。管理的自然境界是一种自发的、低技术层次的管理，这种管理更接近于自然生产状态。功利的境界是一种对精确、复杂、有效的控制境界，这是一种为了最大的功利目标而进行的生产和经营控制，是一种以利益的最大化为目标的。道德的境界应当是在管理中充分体现出一种道德的精神，以发明本心，扩大善端。在这种境界之中，管理者和被管理者、管理过程和实现目标都是以一种道德原则而结成的关系，其过程和目标的控制是以追求最大的善和正义为原则的。在这种境界之中，"求自己的利的行为，是为利的行为；求社会的利的行为，是行义的行为"。[16] 在天地的境界之中，管理与道德根本不是要不要结合在一起的问题，而是它们本来就是内在的同一的，管理即是善的一个内容。在这种境界之中，管理者、管理过程和被管理者诸多因素本身即充满着道德的光辉。这种境界体现出了管理者和被管理者之间的一种生命的平等性，体现了两个相对应的主体间的完美统一性。这种管理不仅是一种社会的物质性活动和技术性活动，本身也是一种善的活动。这也正如亚里士多德所说的那样，本身即是善，达到自身善的那种手段也是善的。[17]

管理伦理的最高境界应该是一种"善"：善的方法、善的过程和善的结果。我们不是仅仅要以某种功能化的哲学去指导管理，而是要在管理之中体现一种"善"的人生哲学。只有在这种善的管理思想之中，机器才不会成为工人的异化力量，管理也不再仅仅是一种对岗位责任的维护，管理者和被管理者也都能于其中得到一种"快乐"，并在这种快乐之中，每个人都能够实现自己的人生价值，能够体会到生命的快乐，都能达到善的境界。

人是历史的主体，社会的进步来源于人的社会性活动。因此，有效的管理和良好的社会控制有助于推动这种历史性的进步。不论是具体的企业经营管理还是社会的宏观管理，人都是其中主要的目标，也是管理的主要内容。但是，管理只是保障人类社会生活的一种有用的工具，这种工具不应当异化成人类的一种力量。管理的目标也不是对人的约束，而是创造一个有序的环境让人发挥出自己的价值。人应当成为管理过程的主人，而不是管理力量所施加的对象。也正是在这种贯彻道用一致的原则之中，我们才能达到那种"道"与"用"相统一的最高境界。

注释

〔1〕马克思，恩格斯：《共产党宣言》，中央编译出版社 2005 年版，第 32—33 页。

〔2〕赫伯特·马尔库赛：《单向度的人：发达工业社会意识形态研究》，刘继译，上海译文出版社 2008 年版，第 11 页。

〔3〕马丁·海德格尔：《诗人何为？》，见《林中路》，孙周兴译，上海译文出版社 2008 年版，第 264 页。

〔4〕赫伯特·马尔库赛：《单向度的人：发达工业社会意识形态研究》，刘继译，上海译文出版社 2008 年版，第 117 页。

〔5〕马克斯·霍克海姆，西奥多·阿道尔诺：《笔记与札记·宿命》，见《启蒙辩证法》，渠敬东，曹卫东译，上海人民出版社 2006 年版，第 225 页。

〔6〕马丁·海德格尔：《诗人何为？》，见《林中路》，孙周兴译，上海译文出版社 2008 年版，第 266 页。

〔7〕赫伯特·马尔库赛：《单向度的人：发达工业社会意识形态研究》，刘继译，上海译文出版社 2008 年版，第 11 页。

〔8〕高宣扬：《后现代论》，中国人民大学出版社 2005 年版，第 324 页。

〔9〕哈贝马斯：《作为"意识形态"的技术与科学》，见《作为"意识形态"的技术与科学》，李黎，郭官义译，学林出版社 2002 年版，第 64 页。

〔10〕赫伯特·马尔库赛：《单向度的人：发达工业社会意识形态研究》，刘继译，上海译文出版社 2008 年版，第 11 页。

〔11〕《张载集》，中华书局 1978 年版，第 32 页。

〔12〕成中英：《中国文化的现代化与世界化》，中国和平出版社 1988 年版，第 245 页。

〔13〕北京大学哲学系外国哲学史教研室编译：《西方哲学原著选读》下卷，商务印书馆 1985 年版，第 192 页。

〔14〕马丁·海德格尔：《诗人何为？》，见《林中路》，孙周兴译，上海译文出版社 2008 年版，第 262 页。

〔15〕马克斯·霍克海姆，西奥多·阿道尔诺：《笔记与札记·宿命》，见《启蒙辩证法》，渠敬东，曹卫东译，上海人民出版社 2006 年版，第 224 页。

〔16〕冯友兰：《境界》，见陈来编选《中国哲学的精神》，上海文艺出版社 1998 年版，第 292—297 页。

〔17〕亚里士多德：《尼各马科伦理学》，中国社会科学出版社 1990 年版，第 8 页。此处原文是："善显然有双生含义，其一是事物本身就是善，其二是事物作为达到自身善的手段而是善。"

五行六气与社会管理

马保平

（甘肃省人民政府参事室，中国兰州）

五行六气是我国古人总结出的天地之气按四季运行而形成的大气环流周期与周期运转节律的变动法则，其中蕴含着如何认识与把握事物变动的周期与节律，如何把握阴阳五行循环交替运转及生克制化和动态平衡等方法与思想。本文试用古人的思想方法分析研究现实社会管理中所存在的问题，并提出个人浅见，仅供参考。

一、大气环流中的五行六气与生克制化

古人认为，随着天地的复合运转（指地球自转与围绕太阳公转而形成的周天运转），天地间的阴阳二气也在不停地流转，而且形成了与天地复合运转相适应的自身的流转周期与周期节律。

（一）升、降、沉、浮律

古人认为，天地间的阴阳二气始终都处于流动之中，由冬至到夏至阳气上行、阴气下行，由夏至到冬至阳气下行、阴气上行。古人以阳气为主、阴气为从，所以把阳气上行称为"升"，把阳气下行称为"降"。古人把一年之中的大气环流视为阳气流转的圆运动周期，用八卦代表夏至、立秋、秋分、立冬、冬至、立春、春分、立夏八个节气，同时又分别代表天顶（夏至）、地底（冬至）、云层（立夏与立秋）、地下水层（立冬与立春）和地面（秋分与春分），形成了与圆运动相应的时空区间，完整地表述了大气环流的周期与周期节律。一年之中，夏至为阳极，阳气上升达极顶；夏至后阳气开始下降，立秋降至云层；立秋后透过云层下降，秋分降至地面；秋分后透入地面在土层中下行，立冬降至地下水面；立冬后在地下水中下沉，冬至沉到最底部；冬至后，阳气开始上行，立春升出地下水面；立春后在大地土层中上升，春分升到地面；春分后升出地面在地表空间上升；立夏升至云层，立夏后穿透云层浮于天空之上；夏至升到极顶又开始下行，进入下一个循环。

（二）大气环流中的阴阳交合

六十四卦中有一卦，名为"水火既济"，该卦的上卦为水（即坎卦）、下卦为火（即离卦），表示水在上、下行，火在下、上行，使水火交融，故命名为"既济"卦。在大气环流过程中，每年立冬后阳气沉入地下水中，到冬至沉到最底部。冬至为阴极，阴极阳生，故冬至后阳气开始上行、阴气开始下行，至立春升出地下水面。冬至到立春期间，元阳之气（喻为火）由地下水底上升，大地的元阴之气（古人认为大地的元阴之气存于地下水中并喻为水）下行。水在上、下行，火在下、上行，使元阴与元阳在地下水中交合，故称"水火既济"。风水术中把这种阴阳交合之气称为"生气（炁）"，晋人郭璞在《葬经》中提出了"乘生气"之说，成为阴宅风水中最主要的基础理论依据（"乘生气"是指死者的灵元残骸能通过生气的携带，并依赖生气作用于后世子孙的生命元气）。古中医学认为：天人之气同律，每年冬至，天的元阳之气沉入地下水底，人的心火正阳之气也沉至海底（会阴穴）；冬至后元阳之气上升并在地下水中与大地元阴交合，人的心火正阳之气也由"海底"上升并在膀胱中与肾气交合；故称之谓"心肾相济"。立春后，阳气透出地下水层在土层中上升，至春分升至地面，同时地表空间中一个冬天的寒阴之气也降至地面。此时，大地阴气由上而下，天之阳气由下而上，二者再次形成交合，称"地天交泰"（十二辟卦中，泰卦对应春分点）。风水术中把这种两次阴阳交合之气称之为命气（炁），并作为阳宅风水中"调元理气"的主要依据。在一年的大气环流中，每年秋分，阳气降至地面，阴气升至地面，阴阳同样相交，但天之阳气在上、地之阴气在下，因阳的性质炎上，阴的性质润下，故交而不合，不能达到"冲气以为和"，形不成"生气"与"命气"，所以称"天地否"（十二辟卦中，否卦对应秋分点）。

（三）五行六气

五行指木、火、土、金、水五气的运行。五气源于阴阳二气，阴阳二气按其成长期与极至期分为少阳、太阳，少阴、太阴，即所谓"两仪生四象"。四象之中少阳为木、太阳为火、少阴为金、太阴为水、四象之综合为土，即所谓"四象化五行"。"六气者，厥阴风木、少阴君火、少阳相火、太阴湿土、阳明燥金、太阳寒水也。"其中，木、土、金、水各一气，而火气有二，原因是在一年的大气环流中，火气分为上升之火（即生气与命气）称"君火"与下降之火（即当年阳气与暑热）称"相火"。

每年春分至小满，由地下升出的阳气主要是天阳与地阴交合后的"生气"与"命气"，其中内含阴阳，加之春分后地面之上阳气为主、阴气为从，火为阳，所以称"少阴君火"。由于"生气"与"命气"是大地生物与生命的主要能源之一，古人喻之为"君"，所以称"君火"。小满至大暑，阳气已升过云层，地面空间笼罩的阳热均为当年太阳所照射，其对生物与生命仅起助长作用；古人喻之为"相"（指辅助），且地表阳热处于增长期，所以称"少阳相火"。大暑至秋分期间，当年阳气穿透云层下降，推动雨水落下，同时将当年暑气压入土内，雨水经暑气蒸腾使大地土层阴湿，故称"太阴湿土"。秋分后，阳气降入土层，使大地土层形成燥金之气，地面之上秋高气爽有阳明之象，故称"阳明燥金"。小雪至大寒期间，阳气在地下水中封藏，地表之上天寒地冻，元阳之气存于地下水中，故称"太阳寒水"。大寒后，天地之气已完成阴阳交合，形成"生气（炁）"，立春后在土层中上升时，遇草木之根则活木命，遇动物则生命复苏。但"生气（炁）"是冬至后在地下水中形成的有"厥阴"之象（厥阴指阴极生阳），且"生气"在土层中上升时推动草木生发，引动地面微风变暖，故称"厥阴风木"（风字本身就有阴阳交合的含义）。一年之中的大气环流：春气属木、夏气属火、长夏（大暑至秋分）之气属土、秋气属金、冬气属水；由木生火、由火生土、由土生金、由金生水，这就是一年之中五行六气的循环周期与节律（仅指中国大陆气候）。

（四）五行制化与五行乘侮

五行制化有两层含义。一是指五行在正常情况下的生克功能，其中"制"为克制，"化"为化生；化生与克制相互为用，事物生中有克、克中有生，才能相互协调维持其相对平衡。二是指相互间潜在的交叉制约功能，因五行之中每一行的所生之行必能克制克己之行，如金克木、木生火、火能克金，而金所生之水又能克火，以此类推。所以明代张介宾在《类经图翼》中说："母之败也，子必救之。如水之太过，火受伤矣，火之子土，出而制焉；火之太过，金受伤矣，金之子水，出而制焉。"余者类推。

在五行之气的运转过程中，也常会有不平衡现象的发生，古人称其谓"五行相乘"与"五行相侮"。五行相乘是指符合五行相克顺序的克制太过，从而引起异常的相克反应使整体失衡。"乘"有恃强凌弱、乘虚侵袭的含义，其具体情况有两种：一是五行中的某一行本身过于强盛，因而对其所克者造成克制太过；二是五行中的某一行本身太弱，造成克其的一行相对亢盛而克其太过。"五行相侮"是指与五行相克次序发生相反方向的现象，也有两种情况：一是某一行在特别强盛的情况下，不但不受克而且会伤损应克其的一行，如木太过强盛时不但不受金克，而且反过来伤金，古人称其"木强侮金"；二是某一行过于虚弱，不但无能力克其所克，反而被应能克者所伤，如金过于虚弱时不仅克不了木，反而被木所伤，古人称其"金弱木侮"，余者类推。

二、五行六气与社会发展

早在4700多年前，我们的祖先黄帝就设置了五行官制，并用五行生克制化的法则来管理社会（黄帝时的治国大法《洪范九畴》中就明确表述了五行官制与五行制化的管理思想）。2300多年前，齐国的上大夫邹衍就将阴阳五行理论应用到了社会管理的各层面之中，而且还以五行配五德对社会朝政的更替与社会未来的发展进行了推演与测算。

（一）社会发展中的五行构成

根据当前我国的社会管理模式，把直接作用于社会进步的主要方面可归纳为五大因素、六大链条。其五大因素为：民主、法规、权力、经济、文化；其六大链条为：民主状况链、法规制度链、权力系统链、经济产业链、教育科技链、文化思想链。按照古人的对应原则，根据现代社会条件下其各因素的功能与效用，可与五行六气相对应。从五大因素上看：民主有养育化生之功效、属土，法规有肃杀、收敛之功效、属金，权力有浸润万事与流动等功效、属水，经济有生发、增长之功效、属木，文化有光明、照耀之功效、属火。从六大链条上看：民主状况链，代表着各阶层万民百姓的政治地位，牵动着朝局与各级政权，犹如大地土层、属"太阴湿土"（君为阳、民为阴）；法规制度链，约束着社会规范运行、肃杀着各种不正之气，法制代表着清秋气朗有阳明之象、属"阳明燥金"；权力系统链属于社会朝政，权力系统无所不在、无所不有，权力行使之时寒气袭人，但其中内含有人民当家作主的正阳之气，属"太阳寒水"；经济产业链承载着生产力的实现，生产力的每一次进步与发展都要历经诸般艰难困苦，犹如正阳生于厥阴，产业与经济的发展犹如草木生发、欣欣向荣有风木之象，属"厥阴风木"；教育科技链为生产力的摇篮，是推动社会发展的主要能源，属"少阴君火"；文化思想链是先进文化的载体，能促使社会朝气彭勃，对经济的发展起辅助作用，属"少阳相火"。

（二）社会管理中的五行生克

民主与法制是一对孪生兄弟，没有民主就没有实质意义上的法制，民主的程度决定着法规的合理性（指法规对民众权益的维护性）与法制的层次（指法规的权威性与严肃性的程度），只有在真正的民主制度下才能生成合理的法规，形成真实意义上的（法律面前人人平等）法制秩序，此所谓"土生金"。法规是社会权力的具体规范与权力行使的保障，是形成权力系统的依据，此所谓"金生水"。权力系统是维持社会秩序、保障人民生活、促进经济发展的机器，中国共产党作为执政党，其首要任务就是促进生产力水平的提高、推动产业与经济的发展以满足广大人民日益增长的需求，而且中国共产党本身就代表着先进生产力的发展要求，此所谓"水生木"。经济是文化的基础，经济与产业的发展是文化、艺术、科技、教育发展的前提与客观基础条件，先进文化能诱发先进生产力的产生，但只有生产力水平的提高造成了经济与产业的发展，才能大力推动文化的发展和先进文化思想的形成与发展，此所谓"木生火"。民主是在民主思想与民主文化的推动下形成的。只有先进的文化思想发展到了一定的程度才能产生与形成现代意义上的民主思想与民主文化，只有当民主思想与民主文化广泛传播，得到绝大多数人认同时，才能实现真正的民主，此所谓"火生土"。

民主是对权力系统进行监督与约束的最佳手段，只有广泛地实行民主监督，实施民主对决策、执行、检验与评判和校正等权力的有效制衡，才能保障权力系统规范有序地运行，才能保障执政为民与为人民服务的宗旨完全落到实处；只有加强民主对权力施行的检查、督促和约束的力度，才能使权力运作更加规范与高效，此所谓"土克水"。党政权力系统理应约束与规范文化思想，使其始终沿着先进文化的方向前进，并引导社会文化健康地发展，才能保障我党对先进文化方向的代表性，此所谓"水克火"。

随着社会经济与文化的发展，会不断地改进落后的体制与机制、不断地用先进的思想去更新落后的习惯与规范。同时先进的文化思想会对合理不合法现象进行不断地抨击，以促使其法规、制度不断地改进与完善，而且文化领域中的公众舆论也是对法律与制度能否公正执行的最有效监督与保障，此所谓"火克金"。法规制度是约束经济行为、规范市场行为的根本保障，只有建立规范的经济运行秩序与严格的市场运营规则，才能形成真正的市场经济、保障公平竞争，只有健全有效的经济法规，才能规范与促进经济与产业健康有序地发展，此所谓"金克木"。经济的发展能有效地约束某种民主过当。一般情况下，大多数的民众都会过于看重眼前的利益，而对社会前瞻性的认识总是少数精英提前预知，但又常常不被大多数民众所接受。只有在先进生产力的推动下使经济发展得以实现并带来社会财富的增加后，广大民众才完全接受。因此，民主并不是万能法宝，一味地强调民主必然会产生民主过当，使社会发展走向弯道。所以应以先进生产力发展的要求与经济发展的需要来规范与校正民主的行为，此所谓"木克土"。

（三）社会管理中的六气循环

社会发展最根本的动力是生产力，先进生产力犹如天地阴阳交合后的"生气"与"命气"，推动着各产业部门与经济部门的进步与发展。作为生产力载体的经济产业链犹如"厥阴木风"之气推动草木生长一样推动着社会的前进与发展。经济的发展必然促进教育与科技投入的增长，而教育科技链的发展如同"少阴君火"之气，必能促进先进文化与思想的产生，并引导社会向更高层次地进步与发展。文化思想链就如同"少阳相火"之气把阳热撒满大地一样，把文明与进步的成果广播给民众，并能促进社会的民主进程。而民主意识与民主程度的提高如同"太阴湿土"之气，发挥其长养化育之功能，调动广大民众的主观能动性、激发他们的创新性、增长社会整体的活力，同时也会促进社会法规制度的进一步健全与完善。而法规制度链不仅能保障广大民众的创新活力的发挥，而且能发挥"阳明燥金"之气的收敛作用，通过各项法规与经济运行规则归纳民众创新活力的成果，并去粗取精、去伪存真，把民众的创意与民主的整体成果按规范的渠道移交权力系统链。而权力系统链会将民主的成果根据先进生产力发展的要求，通过"专利"、"奖惩"、"开发"、"修正条例法规"等运作方式，发挥"太阳寒水"之气的"水火既济"之功效，把社会民众的创新与活力孕育为"生气"来生发经济产业链的"厥阴风木"之气。

上述的五大因素与六大链条，相互之间在客观上存在着既能相互补、生，又能相互制约与校正，同时又循环运转、生生不息，维持着社会整体运动过程中的动态平衡。从大自然上看，五行生克平衡、六气运转正常，天地间自然会风调雨顺；如五行生克失衡，六气运转反常，则不仅大自然气候反常，而且会形成天灾给人体生命与大自然的各类生物都带来疾病与灾难。从社会整体角度观察，五大因素协调平衡，六大链条循环有序，社会发展就平稳正常；如五大因素生克制化协调不力使总体失衡，六大链条循环无序，社会就会出现振荡而难以稳定，社会发展也会出现较大的起伏与波动。这就是自然法则（即

动态平衡律）在社会现象中的体现，类似于凯特勒（比利时数学家，《社会物理学》的作者）
所说的"社会物理学"法则之一。

三、当前我国社会管理中的不足

纵观对应于五行六气的五大因素与六大链条，对照我国社会发展的现实，运用五行
制化与六气循环的方法进行分析研究，有助于我们从社会整体角度对现实问题的认识与
辩证分析和进行校正时的宏观把握。我国目前，社会整体欣欣向荣，各项管理有条不紊，
但在局部方面也还存在着某些不足，如：地方高校的经济窘迫问题、社会财富的集中趋
向问题、权力链条过长形成的隐性失控问题、市场行为扭曲问题、社会道德下滑问题等
均需予以校正。

（一）"木生火不足"造成科技教育链脆弱

经济产业链属木，科技教育链属火，由于经济对科技教育的投入不足造成科技教育
链脆弱（木生火不力）。这里讲的脆弱主要是指部分地区的地方科技部门与地方高校，
其主要表现为：一是地方科研系统由于经费严重短缺，致使科研院、研究所机构的各种
花费都挤占科研项目经费，使有限的科研费用不能用于科研的主战场；二是地方高校由
于前几年盲目扩张，造成负债累累，银行利息的压力已造成入不敷出，校级领导多数被
迫为钱奔忙，无法把重点真正放在教学科研上，使教育教学质量呈现下滑趋向；三是由
于投入不足，促使科研教育部门自行消化，从而加大了"知识商品化"与"教育产业化"
的负面作用；四是由于投入不足，形成经费紧缺时，支出会朝着权力方向倾斜（火弱造
成水的相对亢乘）；五是科研与教育系统的党政化管理体制与运行机制以及人事、职称、
职务等制度的陈旧与落后产生了某些"职称科研"、"权力立项""关系评审"、"领
导获奖"等不规则现象（金强侮火）；六是社会道德底线的失守，在高校与科研机构产
生了"学术作假"与"学术腐败"。现实需要加大对科技教育的投入（以木生火）与逐
步改革科研教育系统的管理体制及运行机制与人事职称评定制度与程序（消金之亢气）。

（二）"水克火不力"形成文化思想链松弛

由于教育系统与社会教育的虚浮，使社会的文化思想链松弛，造成崇高的政治思想失
去了基本的人格支撑。其表现为：党员在各次思想教育过程中，表态文辞越趋华丽，思想
觉悟越趋崇高，但奉献意识与为公意识有降低趋向；干部与公职人员在历次学习中其文辞
水平与语言水平越趋提高，但权位意识有增无减，责任意识与服务意识有降低趋向；民众
的经济意识越趋提高，但公共意识有下降趋向；社会整体的权力意识、文凭学历意识、关
系意识等均不断提高，但道德意识有下降趋向，而且社会道德底线正逐步失守。现实需要
把崇高的政治思想教育建立在人格的基本道德教育之上，因为缺乏基本道德素养之人的政

治思想与党悟再高，也只能是假象。权力系统应注重对全社会进行做人的基本道德、做事的基本行为准则与基本职业道德、干部与公职人员的责任意识、民众的社会公德意识等基础方面的教育与培养。孔子说"君子如风，小人如草"，说明社会的风气取决于党员干部的风气。因此，现实需要在全党、全社会自上而下地求真惩假、求实制虚、求效治浮，以清澈透明的权力之"水"克制文化思想中的"邪火"。

（三）"水多木漂"形成经济链失衡

权力系统链属水，经济产业链属木，由于水生木过度（指在整个社会意识中，"权力价值观念"太强），形成经济链失衡。由于权力的经济作用过度造成：财富流向朝着垄断行业倾斜，而非垄断行业渐落弱势；财富流向朝着国家大企业倾斜，而中小企业渐落弱势；财富流向朝着"资方"倾斜，"劳方"渐成为不同类型的弱势群体；财富流向朝着掌握一定各类权力的少数人群体倾斜，而广大民众渐落弱势；财富流向汇集于城市，而广阔农村已成弱势。现实需要加强民主，"以土治水"，同时规范法规制度"以金制木"。如：合理规定国家垄断行业与国家大型企业的白领阶层收入上限；减少垄断、扩大市场；银行、工商、税务等部门对不同所有制企业及大、中、小型企业应政策一致、公职人员办理业务对上述企业应同等对待；修订与完善劳资利益的相关政策与法规；等等。

（四）"金弱木侮"使市场出现扭曲现象

市场是经济产业链的关键环节。法规制度属金，经济产业属木，"金克木"要求以健全完善的经济法规来严格约束与规范市场行为。如市场法规不完善或执行不力，就会使市场行为发生扭曲变形。目前市场之中，欺诈、拐骗、假冒、伪劣、非法垄断、权力与资本结合等现象时有发生。究其根源，有些是市场法规不完善或执行人员不尽职甚至失职、渎职造成，属于"金弱木侮"，而在权力与资本相结合的情况下，就会形成"木强侮金"使法规制度失效。现实需要健全与完善各项市场经济法规，提高执行人员与司法人员的职业道德水准与责任意识和专业素质，杜绝权力与资本的结合。

（五）"水泛沉渣"使权力系统链不规范

法规系统链为金，权力系统链为水。"金生水"，说明任何权力都应该是法规授予的。当法制不健全时，所生之水与就难保清澈。目前我国权力系统链中存在着：权力链条过长，五级（中央、省、市、县、乡）政府制，难保不出现政策折扣造成权力隐形失控；党权不规范、没有明确界限；公共权力不透明、没有广示民众；民主权力未落实如：选举、评优、表决等大多流于形式、没有落到实处；有些环节责权不对等，有决定权者不是责任人；个别地方、部门与环节出现了特权。解决这些问题的根本途径就是加强民主与法制。民主为土、权力为水，唯土能克水。所以，无论党内与党外都应大力张扬民主，才能逐步消除特权、透明公权、落实民权；同时大力加强法制建设，使金宜生清澈透明之水，才能使党政分工明确、规范各层次与各不同事业单位的党权与政权；明确规定出各种不同公共权力的公开与透明的程度与程序；取消上级对评优、选举的意向指定，落实民众对评优、选举与表决的自主权等。

除上述之外，其他枝叶问题依然众多，本文不再详述。归纳各类问题其共同点为"权力之水"不够清澈透明，其根源在干部制度。现实需要对干部的选拔、考核、评价、奖惩、任用、调换等体制机制的改革，对干部的升迁与重用应实施真正的公开竞争，真正通畅民众实施民主监督的路径与渠道；大张旗鼓地张扬民权、消除特权、透明公权、规范党权、对等责权。此乃改善社会管理的根本之所在。

从道体观论道家管理的哲学基础

张博栋

（中国人民大学哲学系，中国北京）

一、前　言

中国春秋时代的天道是天之道，老子认为道比天更根本，天出于道。[1] 老子的道论是最早谈及宇宙万物根源的学说，认为探索本根之究竟是谓道。张岱年指出："老子是第一个提起本根问题的人。在老子以前，人们都以为万物之父即是天，天是生成一切物的。到老子，乃求天之所由生。老子以为有在天以前而为天之根本的，即是道。道生于天地之先，为一切之母。"[2] 至于，人与天的关系，"道大，天大，地大，人亦大。域中有四大，而人居其一焉。人法地，地法天，天法道，道法自然"（《老子·第二十五章》）。老子的四大说，除了将自然、天、地、人条贯一体，更确立了人在天地万物中的独立地位。换句话说，人可以"通天知地"，自觉与内外环境互动，为永续的生存价值与发展前景，发挥想象力、创造力、执行力。

道家的管理思想，是以"道"为最高明的管理境界，"自然"为核心的管理价值，"无为"为管理的原则和方法。"道体观"为道家管理思想的基本假设，也是统摄管理整体，即管理环境、组织运作，以及管理个体，即管理主体、管理客体，两者相互依存、相互影响、相互发展的管理关系本体论。本文将环绕道家管理的三大核心概念，即"道"、"自然"、"无为"，分析相关文本意涵，阐述"道体观"的整体结构思维，以及如何据以发展道家管理哲学的理论意义。

二、道可道非常道

"道"对于中国思想文化的发展，关系深远，影响重大。金岳霖说："中国思想中最崇高的概念似乎是道。所谓修道、行道、得道，都是以道为最终目标。思想与情感两方面的基本的原动力似乎也是道。……不道之道，各家所欲言而不能尽的道，国人对之油然而生景仰之心的道，万事万物之所不得不由，不得不依，不得不归的道才是中国思想中最崇高的概念，最基本的原动力。"[3]

《老子》第一章开宗明义言："道可道，非常道；名可名，非常名。"王弼注曰："可道之道，可名之名，指事造形，非其常也。故不可道，不可名也。"[4]河上公解为："谓经、术、政、教之道也。非自然长生之道。常道当以无为养神，无事安民，含光藏辉，灭迹匿端，不可称道。谓富贵、尊荣、高世之名也。非自然常在之名也，常名谓如婴儿之未言，鸡子之未分，明珠在蚌中，美玉处石间，内虽昭昭，外如愚顽。"[5]王弼认为名言设说的目的，在有利于人从概念形式上区别和认识"可道之道"与"不可道之常道"，所谓"常道"不受一事一物一形所限，故不落言诠，非笔墨所能形容，"道"和"名"是万事万物共有的本质，偏向形而上的。至于河上公的说法，"常道"乃是自然生长之道，"常名"乃是自然常在之名，"常"是自然的，是体用合一的实践存在。显而易见，两家注释的旨趣分殊不同。

"有物混成，先天地生。寂兮寥兮，独立而不改，周行而不殆。可以为天下母，吾不知其名，字之曰道。强为之名曰大，大曰逝，逝曰远，远曰反。"（《老子·第二十五章》）庄子释"道"曰：

> 夫道，有情有信，无为无形；可传而不可受，可得而不可见；自本自根，未有天地，自古以固存；神鬼神帝，生天生地；在太极之上而不为高，在六极之下而不为深，先天地生而不为久，长于上古而不为老。（《庄子·大宗师》）

"有情有信，无为无形"，即《庄子·齐物论》所说的："若有真宰，而特不得其朕。可行己信，而不见其形，有情而无形。"道可以为人之情所感知，故实存也；道是体现于万物，成德于万物，有其信，故实有也。对人心而言，道确实是本体实在的，自本自根、圆满自足。"凡物有朕，唯道无朕；所以无朕者，以其无常形势也。"（《淮南子·兵略训》）"朕"即征兆、痕迹。道无朕，即说明道体运行无形无状，无以复加，无以应对。人何以可能体会和理解道？老子指出，道是"视之不见"、"听之不闻"、"搏之不得"的无形混成之物，因创生天地万物，而使万物有所得于道，遂有其形，以呈现道；因畜长天地万物，而使万物经德之内化为性，遂有其名，以认知道。王弼释曰："混然不可得而知，而万物由之以成，故曰混成也。不知其谁之子，故先天地生。寂寥，无形体也。无物之匹，故曰独立也。返化终始，不失其常，故曰不改也。周行无所不至而免殆，能生全大形也，故可以为天下母也。"（《老子注·第二十五章》）

"道生一，一生二，二生三，三生万物，万物负阴而抱阳，冲气以为和。"（《老子·第四十二章》）老子的"道生一"说，刘笑敢认为非就万物产生的实际现象过程来描述，而是以理论化、抽象化、模式化的表述来阐释宇宙的生发过程，反映世界有一共同的起始点，即共同的根源。[6]林安梧阐释，道原乃天地人我万物通而为一的总体，浑沦不分，"道生一"说正是指道体之由隐、显、分、定、执的历程，且此乃由道之根源性、整体性、对偶性、定向性、终而成就其为对象性也。[7]按刘、林两人的说法，从道的创生或显扬功能、过程、发展的视角解释其与万物的关系，避免了直接由语言臆测和论证出指涉物件为何的困难和认识分歧，殊有贡献。惟恍兮惚兮的道，要为人所认知和体会，以利规范人的道德行为，却似乎也不得不经过显象化，使道成为可说之物，这也是传统河上公与王弼对"道生一"的注解，为何以"气"的常变分和来体现道体的创造力的原因。"道生一，一生二"之"一"，是"元气"，指明道之创生万物。

> 昔之得一者，天得一以之清，地得一以之宁，神得一以之灵，谷得一以之盈，物得一以之生，侯王得一以为天下正。（《老子·第三十九章》）

"一"即指道之本体，盖道不只是事物存在之本原、本根，同时也是事物存在之根据。道化生万物之后，又作为天地万物存在之根据而蕴涵于天地万物之中，成为天地万物之本质。道为万事万物之本体，相关概念的阐述，《老子》书中有：

> 道隐无名。（《老子·第四十一章》）
> 大道泛兮，其可左右。（《老子·第三十四章》）
> 视之不见名曰夷，听之不闻名曰希，搏之不得名曰微。此三者不可致诘，故混而为一。其上不皦，其下不昧，绳绳不可名，复归于无物。是谓无状之状，无物之象，是谓惚恍。迎之不见其首，随之不见其后。（《老子·第十四章》）

关于道为万事万物之本体的主张，庄子进一步发挥为：

> 天不得不高，地不得不广，日月不得不行，万物不得不昌，此其道欤？（《庄子·知北游》）

道是天地日月万物得以生存与发展其本性的活水源头，天地万物遂其本性自然，皆由道为之成之。

> 山以之高，渊以之深，兽以之走，鸟以之飞，麟以之游，凤以之翔，星历以之行；以亡取存，以卑取尊，以退取先。（《文子·道原》）
> 凡道，无根无茎，无叶无荣，万物以生，万物以成，命之曰道。（《管子·内业》）

生于天地中间的难得之人，如何体会道之大用？《管子》指出，人唯有透过内在心灵的自觉感知能力，透过仰观俯视外在变化，体验道，掌握道，并结构成自我的知识价值体系，同时实践于立身处世之中，方能守道不失：

> 道也者，口之所不能言也，目之所不能视也，耳之所不能听也；所以修心而正形也；人之所失以死，所得以生也；事之所失以败，所得以成也。（《管子·内业》）

韩非讲求道之"法"、"术"、"势"之统合管理为用，所作《解老》、《喻老》两篇，充份发扬了个体体验道之本体，而具体表达其理解的道理之深致：

> 道者，万物之所然也，万理之所稽也。理者，成物之文也；道者，万物之所成也。故曰："道，理之者也。"物有理，不可以相薄；物有理不可以相薄，故理之为物之制。万物各异理，万物各异理而道尽稽万物之理，故不得不化；不得不化，故无常操；无常操，是以死生气禀焉，万智斟酌焉，万事废兴焉。天得之以高，地得之以藏，维斗得之成其威，日月得之以恒其光，五常得之以常位，列星得之以御其变气，轩辕得之以擅四方，赤松得之与天地统，圣人得之以成文章。（《韩非子·解老》）

从万物得之于道的创生解释而言，万物的本身虽然各有形体，却尚无自身的本性，因其性得自于道，故万物的本性，也可称之为道性，即所谓"道通为一"，而道之本体即由万物之体获得体现。道作为万物的本体，其本身不可限量，"道可以弱，可以强，可以柔，可以刚，可以阴，可以阳，可以幽，可以明，可以包裹天地，可以应对无方。"（《文子·微明》）故老子说道"无常操"。"无常操"指的是随时而感，随处而化，故不可限量。

综上所述，从道体观的视角诠释，我们可以将道的基本涵义组构如下：

（一）道是宇宙万物化生的根源

> 道冲而用之或不盈。渊兮似万物之宗。（《老子·第四章》）
> 道生一，一生二，二生三，三生万物。（《老子·第四十二章》）

（二）道是自本自足圆满的实体

> 有物混成，先天地生。寂兮寥兮，独立不改，周行而不殆，可以为天地母。吾不知其名，字之曰道。（《老子·第二十五章》）
> 视之不见，名曰夷；听之不闻，名曰希；搏之不得，名曰微。此三者不可致诘，故混而为一一。其上不皦，其下不昧。绳绳不可名，复归于无物。是谓无状之状，无物之象，是谓惚恍。（《老子·第十四章》）

（三）道是无为动态体现的过程

> 夫物芸芸，各复归其根。归根曰静，静曰复命。（《老子·第十六章》）
> 反者道之动；弱者道之用。（《老子·第四十章》）。

（四）道是自然整体发展的目的

> 为学日益，为道日损。（《老子·第四十八章》）

天之道，不争而善胜，不言而善应，不召而自来，繟然而善谋。天网恢恢，疏而不失。（《老子·第七十三章》）

我们认为，由于"道"具备深刻的本体诠释意涵，使得"最为天下贵"的人感知"道"之生生不息、循环往复，展现出想象力、创造力、执行力；同时，从"道"之"玄德"所赋予的内在"德"性，开显出"人性"的自由尊严和道德意识。"道"是自然的规律，也是人性自觉的内在发展动力，在人们日常的工作、学习、生活层面，能够有效能及有效率地促使人们管理好自己的人生，实践与创造自己的人生价值。因此，"道"可说是至高无上的管理哲学，其在"天"的层次，所呈现的管理本质是"自然"、"无为"、"无用"；而在"人"的层次，所呈现的管理功能是"人为"、"无不为"、"无不用"。至于，"天人合一"、"无为而治"是"体道致用"的精神与原则，即是由"道体观"所启发、引导、追求的广大精微的管理境界。

三、道法自然

老子心目中的"道"，正是透过"自然"和"无为"，以及相关概念，协助人们理解自己在天地万物中的存在地位，决定自己与其他人、事、物、鬼、神、天地之间的关系，因此，我们可以说"道"是我们存在的意义基础，或是规范一切的价值伦理。[8] 我们将"道"视为老子认识和诠释存在界的方法与原则，唯老子理解一切万象万物的关系意义，其目的不在从因果规律或实体存在中探问"天地万物为何存在？"而是从价值意义和实践发展的观点，借由"道"来说明"天地万物应该如何维持其存在？"

老子的最大功劳，在于超出天地万物之外，别假设一个"道"。这个道的性质，是无声无形，有单独不变的存在，又周行天地万物之中；生于天地万物之先，又却是天地万物的本源。……道的作用，并不是有意志的作用，只是一个"自然"。自是自己，然是如此。"自然"只是自己如此……道的作用，只是万物自己的作用，故说："道常无为"但万物所以能成万物，又只是一个道，故说："而无不为"。[9]

胡适的这段文字，重点陈述了"道"的本质特征，及其与"自然"和"无为"概念的关系。胡适认为"道"是自己如此在作用，"自己如此"为"自然"；万物的自己如此之作用，即是"道"的"无为"作用，又可称为"自然"；至于，"道"能够使得万物自然作用、成就万物，是"无不为"的。此处的"自然"，被视为万物生长发展的规律，或是"道"的生化功能，意涵单一，若我们更深入探究《老子》文本，应可获得更多元层次的意义之表述。而此处的"无为"，也只简单说明了"道"之于万物的生发关系，其实也还有更结构丰富的意涵，留待我们去解析。胡适的短文扼要勾勒出《老子》通篇的三大核心概念：道、自然、无为，却为其见解殊胜处。

"人法地，地法天，天法道，道法自然。"（《老子·第二十五章》）老子透过一层一层地向上追索，企图表达人的主体参与、理性选择，在天地之中应该如何安顿身心？应该如何自觉生命的意义与价值？此处老子阐明，人道，即人世间做人做事的原理原则，必须体会天道、效法天道，以天道的规律为最高的道德判断标准。而道自身是否有其他可资遵循的对象？或者，其本身独立运行的规律为何？老子的答案是：道法自然。

《老子》书中，"自然"一词仅五见：（1）"悠兮其贵言，功成事遂，百姓皆谓我自然。"（《老子·第十七章》）；（2）"希言自然。"（《老子·第二十三章》）；（3）"人法地，地法天，天法道，道法自然。"（《老子·第二十五章》）；（4）"道之尊，德之贵，夫莫之命而常自然。"（《老子·第五十一章》）；（5）"以辅万物之自然，而不敢为。"（《老子·第六十四章》）

"百姓皆谓我自然"，依王弼阐明国君和百姓的关系，说："国君居无为之事，行不言之教，不以形立物，故功成事遂，而百姓不知其所以然也。"（《老子注·第十七章》）国君的治国恤民，并非毫无作为的，然而其作为的选择方式是无为、无言、无形的，对百姓潜移默化，使之自然而然地接受，且不自觉地受用，因此，百姓会认为一切的好的改变皆是事物自己如此发展的自然结果，也不去深究其原因何在。

"希言自然。故飘风不终朝，骤雨不终日。孰为此者？天地。天地尚不能久，而况于人乎？故从事于道者，道者同于道，德者同于德，失者同于失。"王弼对"希言自然"的注解为："道之出言，淡兮其无味也，视之不足见，听之不足闻，然则无味不足听之言，乃是自然之至言也。"（《老子注·第二十三章》）"希言"指的是合乎自然的至理名言，听起来平实，没有高深的道理。河上公注云："希言者是爱言也，爱言者自然之道。"此处把"爱言"解释成珍爱其言，具体表现为少说话。陈鼓应指出"希言"视同于"贵言"和"不言"，其相反者为"多言"，"希"指"少"，"言"指"身教法令"，"希言"按字面的意思是少说话、不说话，用以形容"自然"的属性，若诉诸国君的言行标准，即为少施加政令扰民，或者，默默进行，不大肆宣传，使民不知有之。[10] 王弼注解"道法自然"之义，说："道不违自然，乃得其性，（法自然也）。法自然者，在方而法方，在圆而法圆，于自然无所违也。自然者，无称之言，穷极之辞也。用智不及无知，而形魄不及精象，精象不及无形，有仪不及无仪，故转相法也。"（《老子注·第二十五章》）王弼所提的"在方而法方，在圆而法圆"为"法自然"之工夫，"无入而不自得"，而"自然"的范畴是言诠不尽的，是无知、无形、无仪（规律或方法）的。我们可再往其内外延伸义来解读：其一，自然是在道之上或等同于道的更广大圆满的自本自根之价值境界，道在天地间的周流常变，依循自然之本源，而发展变化不离其宗，因为道无时不刻在体现和完善自然的本质。其二，自然本身的规律总是能够顺应和包容万物的内在驱动力和外在适应力，当方则方，要圆即圆。所以，道作为万物总根源，又以自然为根源，自然是道之可道而非常道的，取得老子思想体系中的核心价值地位，其来有自。

"道之尊，德之贵，夫莫之命而常自然"，老子强调，道是生长化育万物的总根源，故曰"道生之",其后"德畜之",以因循顺任万物本性的态度,引导、辅助其生存与发展,没有占有、居功、控制的意图,所以能够发挥至为深广的德用价值,故曰:"生而不有,为而不恃,长而不宰,是谓玄德。""命"是指由国君赏赐、认定、赋予的意思,成玄英注云:"世上尊荣必须品秩,所以非久,而道德尊贵无关爵命,故常自然。"道的尊崇地位和德的珍贵价值,是源自于自本自根的本质属性,与时俱进,历久弥新,不因天地万物幻变而改变。

"是以圣人欲不欲,不贵难得之货,学不学,复众人之所过,以辅万物之自然而不敢为。"道家的理想人格典范——圣人,其所追求的人生价值是符合天道与本性的发展规律,必须借由修身的"四不"来达成,即:"不欲"克制自己的感官欲求,避免心乱神迷,发展谦和良善本性;以"不贵"克制自己的物质欲望,避免役使于物,实践人的存在价值;透过"不学"克制自己的知识崇拜,避免盲目轻信,培养独立思考能力;以"不过"克制自己的恣意作为,避免骄傲狂妄,保持谦逊平和心态。圣人能够体会万物原本自身的发展趋势,避免掺杂自为的私心,谨慎地协助其排除过多过大的外力干扰,使万物自在成就应有的生存状态。

老子之"自然"是根源的动力、实体的存在、动态的发展、圆满的目的,有"原来如此"、"自己如此"、"通常如此"、"势当如此"等层次意涵[11],若以管理思想视之,则有利于管理者进行管理活动时遵循自然的管理大道:

(1)自然管理的根源动力是"原来如此",促使管理者反思管理的本质、目的及其意义。

(2)自然管理的实体存在是"自己如此",促使管理者认知和了解管理主体理性判断和自由选择的能力,以及如何透过遂行管理功能与管理客体建立目标指向的关系。

(3)自然管理的动态发展是"通常如此",促使管理者掌握管理实践过程中,管理理念、管理愿景、管理使命、管理模式与管理目标之间的动态平衡。

(4)自然管理的圆满目的是"势当如此",促使管理者持续印证管理的创新发展,以及创造人性化的管理价值。

四、无为而无不为

"道常无为而无不为,侯王若能守之,万物将自化。"(《老子·第三十七章》)老子认为,"无为"是"道"运行的方法与原则,也是"道"本质所彰显的"常"态,对于万物而言,万物依循本身的自然,自行生长、自在归灭,是顺应"道"周遍流行、内在实现的结果,"道"势作无为,万物却无非是经其自然成就的,故说"无不为"。张岱年说:"无为即自然之意。无意于为,虽为亦是无为,故无为则能无不为。"[12]盖由"道"分出和化成万物,并非是有意志、有目的的作为,而是以自然的方式,因物成物,不妄为,因此,唯有"无为"可以使万物得其自我,自在成长,自我化育,丝毫没有一点勉强。然而,是否"无为"即是老子在道体观的层次上所说的"无"?

"天下万物生于有，有生于无。"（《老子·第四十章》）冯友兰认为，"道"等同于"无"，道家思想只有"有"和"无"两个重要范畴。至于，"有"和"无"的关系，有三种不同的解释：

第一种说法，带有原始的宗教性。《老子·第六章》说："谷神不死，是谓玄牝，玄牝之门，是谓天地根。"原始宗教对天地万物生成的理解是借由人的生育类推得来，"牝"为女性生殖器，"玄牝"指的是女性的生生不息的化育能力，"谷神"可视作无中生有、涵容造化的神奇现象，是持续不断的，故言"不死"。至于，何以看似无中可以生有？老子指出："天地之间，其犹橐籥，虚而不屈，动而愈出。"（《老子·第五章》），"橐籥"是煽火用的风箱，中间是空虚的，当鼓动起来，可以生风助火，即"动而愈出"。"玄牝"和"橐籥"中间是空虚的，有说是"无"，却可以无穷无尽地创生"有"，即称为"有生于无"，唯说法粗糙，像原始宗教。

第二种说法，承袭第一种"有生于无"的思考，唯不限于因果推敲，而突显出"有"和"无"这两个高度抽象的概念。

第三种说法，把"无"解释为"无名"。"无名天地之始；有名万物之母。"（《老子·第一章》）关于真实的道，我们无法说这浑然一体是什么，只能够说"道"不是什么。因为，当我们定义"道"是什么，"道"即有一定名，将沦为万物中之一物。"有物混成，先天地生。"（《老子·第二十五章》）"道"这一混生之物，是无象之象，无物之物，是"无"也是"有"，是天地万物的根源，勉强称为"道"，却常隐以"无名"之。"道"、"无"、"有"的关系，真是恍惚之至，玄之又玄。[13]

"道"或"无"是无物之物，被视为一切物的共相，可称为"有"，说不是这种物，也不是那种物，可是又是这种物，也是那种物。实际上，并不存在这种"有"，因此，"有"即成为"无"，"有"和"无"是"异名同谓"。至于，如何解释"有"和"无"之间"异名同谓"的关系？冯友兰阐释：

> "有"是一个最概括的名，因为最概括，它就得是最抽象，它的外延是一切的事物，它的内涵是一切事物共同的性质。事物所有的那些非共同有的性质，都得抽去。外延越大，内涵越小。"有"这个名的外延大至无可再大，它的内涵亦小至无可再小。它只可能有一个规定性，那就是"有"。"有"就是存在。一切事物，只有一个共同的性质，那就是存在，就是"有"。一个不存在的东西，那就不在话下，不必说了。但是，没有一种仅只存在而没有任何其他规定性的东西，所以极端抽象的"有"，就成为"无"了。这就叫"异名同谓"。"有"是它，"无"也是它。[14]

任继愈指出："老子的'无'，不是停留在描述性的'没有'的认识阶段。'无'并不是消极的存在，而是有它实际多样肯定性的涵义，有现实作用，有可以预测的后果。"[15]陈鼓应称："'有'和'无'本是道体的一体两面，共同指称道体（'同出而异名'），二者间原本并无本末先后的问题，但今本'有生于无'导致了本末先后的判断，给老学体系带来了不一致的解释。"[16]

刘笑敢引庞朴的考察，说明"无"的观念与其文字的产生和发展经过了三个阶段：首先是以"亡"为代表的无，意指"有"的消失或未现；其次是"舞"所指代的"无"，意指实有似无的东西；最后是"无"所表示的绝对的空无。老子所讲的"无为"的"无"显然不是第一个有而复失、或无而待有的"无"，因为老子的"无为"是一个一贯不变的行为原则，不是时有时无的，也不是某一个阶段的特殊表现。"无为"的"无"也不是绝对空无的"无"，因为"无为"是可以有实际效果的，即"无不为"的境界，这种结果是真实存在的。老子的"无为"之"无"应该属于第二个阶段的"无"，即实有似无的"无"。[17]

王邦雄阐述，道家是从"无为"讲"无"，从"无不为"讲"有"。"无为"是功夫，"无"是境界，通过"无为"的工夫，开显"无"的境界，再由"无为"的"无"，去朗现"无不为"的"有"。"无不为"的"有"，即天地自成天地，万物自成万物，人自成为人，每一物每一人都自在自得，这就是"有"。[18]

当老子目睹周文疲弊、礼崩乐坏的政治社会，人性恣意妄为，生命焦躁不安，其思想的主要关怀，在于思考如何解放遭人为道德礼法拑制人心？如何重建生活和生命依存的价值秩序？牟宗三指出，回归自然，虚静无为，为其答案。

从"无为"再普遍化、抽象化而提炼成"无"。无，首先当动词看，它所否定的就是有依待、虚伪、造作、外在、形式的东西，而往上反显出一个无为的境界来，这当然就要高一层。所以一开始，"无"不是个存有论的概念（ontological concept），而是个实践、生活上的概念；这是个人生的问题，不是知解的形而上学之问题。[19]

"无"没有存有论的意味，但当"无"之智慧彻底发展出来时，也可以涵有一个存有论，那就不是以西方为标准的存有论，而是属于实践的，叫实践的存有论（practical ontology）。[20]

按对照比较冯、刘、王、牟四人之说法，"无"与"有"之概念意涵，以及两者的关系简述如下：

（1）冯友兰所言的"无"和"有"，皆为指涉"道"这一存在实有的名言符号，"无"为"道"体的内涵之全称；而周遍形用，见诸于万物，则为"有"。"无"与"有"是"道"的"体"和"用"之分别。

（2）刘笑敢认为"无"是"似无实有"，"无为"可以产生"无不为"的境界，具有实质效果，因此，"无"是真实存在的"有"，即使不为人所意识到。

（3）王邦雄剖析"无"是有待"无为"工夫去开显的境界，"有"是"无不为"实现的结果，"无"所含涉的道之本质，内在于万物之中，使万物有"德"。

我们认为，上述三家的论点，基本上是大同小异的，即视"无"为道之体，"有"为道之用，而从"无"到"有"之间，冯、王两人认为透过"无为"、"无不为"的"用"，可创造出"无"和"有"的对等境界；至于，刘说则将"无"和"有"当作连续发展体，"无"是"有"，"有"也是"无"。按"无"非字面意的"空无一物"，"有"承袭自"道"

的变生发展潜质，"有"可以生于"无"，或"有"势必复归于"无"。

牟宗三的说法，一本其以人为实践主体，关注人的主观亲证的主张，"无"是人观照所得心知境界，其智慧的发扬，唯有透过人的生活实践，使得"无"经过"无为"可以衍生"有"，证成实有存在的价值。按牟说以人的主观诠释"无"的存在意义，不同于前述三人把"无"当成客观对象加以思辨，故我们可将牟说视为"主观境界"说，其余各说则归类为"客观实存"说，甚且无论哪一种说法，"无"必得以人的"无为"去体现"道"的内在动力与根源意涵。对于万物的创生，"道"只是形式上的触发，顺应万物本然，自行化育，看似"有为"而"无所不为"，却仍善持冲虚静守"无为"的原则。

自然是道之本性，亦可称为道体；无为是道之运作，是人之所应效法者，亦可称为道用。

> 善行无辙迹，善言无瑕谪。善数不用筹策。善闭无关楗而不可开。善结无绳约而不可解。（《老子·第二十七章》）

"善"者，善于发挥事物之长处。善于"行"、"言"、"数"、"闭"、"结"的人，其之所以能够认知事物的长处，进一步促其发扬光大，全属顺任事物自然的结果。故王弼说："顺自然而行，不造不始，故物得至而无辙迹也。"（《老子注·第二十七章》）无为之事任是以体现自然为价值的，"莫之为而常自然"（《庄子·缮性》）。道之天性，无非自然，无非无为，是谓"无为为之之谓天"（《庄子·天地》）。至于如何掌握天、人之际的互动关系，庄子指出：

> 牛马四足，是谓天；落马首，穿牛鼻，是谓人。故曰："无以人灭天，无以故灭命，无以得殉名。谨守而勿失，是谓反其真。"（《庄子·秋水》）

成玄英曰："无为为之，率性而动也。天机自张，故谓之天。此不为为也。"（《庄子疏·天地》）天之道，顺应万物自然之性之情之形，无所为而为，不以人为破坏自然，不以造作毁灭性命，不以贪欲求取声誉，如果能够守住自然无为的道理，即为对人性的返本复初。庄子认为，人之所以痛苦受累，无法逍遥自在，实肇因于"人皆求福"，追求短暂幻变的财富名权贵，成为了自见者、自是者、自伐者、自矜者。"自见者不明，自是者不彰。自伐者无功，自矜者不长。"（《老子·第二十四章》）人与人之间，为名利竞争倾轧，甚至以身相殉，终究难免招致不测之灾。"人皆求福，己独曲全，曰：'苟免于咎。'"（《庄子·天下》）成玄英曰："俗人愚迷，所为封执，但知求福，不能虑祸。唯大圣虚怀，委曲随物，保全生道，且免灾祸。"（《庄子疏·天下》）

> 道生万物，理于阴阳，化为四时，分为五行，各得其所。与时往来，法度有常，下及无能，上道不倾，群臣一意。天地之道，无为而备，无求而得，是以知其无为而有益也。（《文子·自然》）

　　道创生万物，调理阴阳二气，使四时五行自然运作于天地之间，万物各禀其性，自在发展。道无为，却使天地万物的生存周备完整；道无求，却使天地万物的发展各得其所。因此，无为的效益，显而易见。"无为之益"的事实经验与生命体验，《老子》通篇所在多有，若强为析义，简要归类，可得如下：

（一）无为以修身进德

　　　　道常无为而无不为。侯王若能守之，万物将自化。（《老子·第三十七章》）
　　　　上德无为而无以为。（《老子·第三十七章》）
　　　　为学日益，为道日损。损之又损，以至于无为。无为而无不为。取天下常以无事，及其有事，不足以取天下。（《老子·第四十八章》）

（二）无为以治国安民

　　　　是以圣人之治，虚其心，实其腹，弱其志，强其骨。常使民无知无欲。使夫智者不敢为也。为无为，则无不治。（《老子·第三章》）
　　　　无有入无间，吾是以知无为之有益。不言之教，无为之益，天下希及之。（《老子·第四十三章》）
　　　　我无为，而民自化；我好静，而民自正；我无事，而民自富；我无欲，而民自朴。（《老子·第五十七章》）

　　我们认为，"无为"是似无实有的"为"，从人的主观视角而言，是"守"是"静"是人得以于天，体之于"道"的"德"性；葛荣晋说："'无不为'是天地万物以'无'为价值的'为'之自然表现，是'冲'是'动'是人所发挥的内在创造动力，若以'道'观之，'无为'与'无不为'是谓'道'的辩证统一。"[21]

五、结　语

　　老子的"道体观"肯定人凭着观察和理性思考，即能够摆脱人格化或神格化的天的命令和控制。人的所作所为，所追求的人生大道，透过理解"道"内蕴的多元的、开放的、整体的、动态的、自然的、发展的规律和动力，可以使自我的思维、态度、行为贯通一致，有效能和有效率地全面发展自己的潜能，或是为社会创造福祉。从"自然"和"无为"相互辩证的"目的—手段"层面，"道"的体与用的统合价值，可以直接印证于管理活动当中。

　　管理者借由"知道"、"体道"、"得道"、"先修己后安人"，一方面探索自我的内在动机，培养崇高的人格，活出生命的意义与价值，使得管理成为自然而然的思想与行动，使自己承担组织交付的任务和使命时，能够做好自我管理；另一方面，持续调整合精进其管理理论和工具，激励他人协同合作，自己看似无为，却成就团队无不为。换言之，管理者在从事管理活动中，透过不断地思辨与实践的回馈，将认识管理大"道"之于个人管理工作的意义在于：（1）确认管理所追求的价值；（2）培养理想的管理人格；（3）营造有意义的管理人生。同时，也将理解管理大"道"之于组织管理的价值在于：（1）设定合情合理合法的管理目标；（2）施行以人为本的管理模式；（3）达到人人自动自发、自我管理的高明境界。

老子的"道"在管理哲学中具有核心的指导地位，是动态发展兼独立不改之管理实践的价值取向，透过"无为"原则与德性，以及体现的"自然"规律与价值，"道"实周遍流行于管理活动的全部过程，即从管理主体的思想、观念、动机，以迄外在表现的管理行为。当管理主体认识、理解、体悟管理大"道"时，实有助于其创造和涵养高超的管理智慧，建立永续发展的管理体系。

注释

〔1〕张岱年：《中国古典哲学概念范畴要论》，中国社会科学出版社1989年版，第24页。

〔2〕张岱年：《中国哲学大纲》，中国社会科学出版社1982年版，第17页。

〔3〕金岳霖：《论道》，商务印书馆1985年版，第16页。

〔4〕楼宇烈：《王弼集校释》，华正书局2006年版，第1页。

〔5〕《河上公注老子道德经》，世德堂刊本，五洲出版社1980年版，第1页。

〔6〕刘笑敢：《老子古今：五种对勘与析评引论》，中国社会科学出版社2006年版，第439页。

〔7〕林安梧：《关于〈老子道德经〉"道、一、二、三及天地万物"的几点讨论》，《东华汉学》2008年第7期，第15-16页。

〔8〕袁保新：《老子哲学之诠释与重建》，文津出版社1991年版，第102页。

〔9〕胡适：《中国古代哲学史》，台湾商务印书馆1986年版，第52页。

〔10〕陈鼓应：《老子今注今译及评介》，台湾商务印书馆2006年版，第139页。

〔11〕老子的"自然"之意涵，据刘笑敢分析，诠释所得为：自己如此、本来如此、通常如此、势当如此。详见刘笑敢：《老子：年代新考与思想新诠》，东大图书2007年版，第89-90页。

〔12〕张岱年：《中国哲学大纲》，中国社会科学出版社2004年版，第284页。

〔13〕胡道静：《十家论老》，上海人民出版社2006年版，第94-95页。

〔14〕同注〔13〕，第96页。

〔15〕任继愈：《中国哲学史的里程碑——老子的"无"》，见陈鼓应主编：《道家文化研究》第14辑，生活·读书·新知三联书店1998年版，第119页。

〔16〕陈鼓应：《从郭店简本看〈老子〉尚仁守中思想》，见陈鼓应主编：《道家文化研

究》第 17 辑，生活·读书·新知三联书店 1999 年版，第 79 页。

〔17〕刘笑敢：《老子：年代新考与思想新诠》，东大图书 2007 年版，第 107-108 页。按刘氏引庞朴《说"无"》一文，见深圳大学国学研究所主编《中国文化与中国哲学》，第 6-74 页。

〔18〕王邦雄：《老子的哲学》绪论，东大图书 2006 年版，第 17 页。

〔19〕牟宗三：《中国哲学十九讲》，学生书局 1983 年版，第 91 页。

〔20〕同注〔19〕，第 93 页。

〔21〕葛荣晋：《中国管理哲学导论》，中国人民大学出版社 2007 年版，第 357 页。

论墨子尚同观对管理思想的启示

——兼与涂尔干之社会团结观比较

康 蕾

（广东广语外贸大学国际商务英语学院，中国广州）

一、研究背景

所谓现代管理思想和理论，主要是对西方管理思想发展脉络的延续。因此，当中国的经济不断发展，本土企业不断涌现，中国企业家们开始选择运用管理方式和手段时，等待他们的是已经有着完善体系的西方管理思想和理论。然而，当全盘引入西方管理思想的做法，在日趋复杂的经济社会中屡遭失败之后，中国的学者和管理者们开始尝试在西方管理理念的影响下，探究适合中国本土的管理理论和模式。学者甘阳指出：中国思想从全盘否定西方，到全盘接受西方，再到开创自己的道路，开始经历其第二次的转变。这位作为倡导中国吸纳西方思想的先锋人物，曾经痛批"中国精神冠于全球"是文化阿Q主义的学者，其自身思想的转变恰恰反映出：当前中国社会经济、文化科学的发展，迫切要求中国的学界和业界，从新的角度来重新看待自己的文化和历史，重新审视自己的传统和精神，探索总结出适合中国实际情况的理论模式。这种基于比较文化视阈的研究，可以使我们把不同文化形态的差异性和同一性作为理解文化的基本出发点，从一种世界文化的整体性观念来研究文化冲突和普遍性，体现东西方文化之间的互补性与互动性。人们对传统文化思想的研究提出了许多新解，从中提取了许多养料，来滋养现代管理理念。

在倡导新时期和谐社会的今天，在对先秦思想重新认识的过程中，两千多年前的墨子及墨家思想再次吸引了研究者。在解读墨子思想的过程中，我们似乎看到一位对当今西方社会思想发展有着重要影响的社会学家曾跨越时空，与墨子进行过思想交汇。他就是与马克思、韦伯齐名的社会学家涂尔干。墨子与涂尔干一个明显的思想共鸣是对于社会群体的认识和提倡。两者都强调了人与人之间结成协调一致的组织关系的必要性，但在如何维护社会团结方面却存在很大不同。遗憾的是，涂尔干理想主义下的社会团结理念在当时的历史和社会条件下成为一个无法实现的空谈；相反，视现代社会的结构形式为牢笼的韦伯所提出的理性化组织结构，即行政科层（官僚）制度，却在近代资本主义的商业实践中得到推行，成为基本的组织结构理论。同样是对社会理性化的忧思，涂尔干和韦伯却得出不同结论。正如王星所言：涂尔干和韦伯的不同取向"无意中演绎和触及了西方社会科学的分化斗争的困境与根源——如何'观社会'"。笔者从中国古代先哲思想中探求与西方"观社会"的不同视角，进而认为：墨家思想恰恰是涂尔干和韦伯之间的弥合剂。墨子主张人与人在组建成为联合体后一定需要"尚同"的思想和措施来确保行动的一致性，以达到有效管理。在以往对墨子思想的剖析中，许多研究者仅仅针对墨子尚同观点进行整体性释义，而笔者则基于对墨子《尚同》篇的解读，将墨子的尚同思想分为行为尚同观和道德尚同观，再分别与涂尔干的社会团结理论进行比较分析。

二、社会群体的个体整合：行为尚同

墨子的思想体系主要由兼爱、非攻、尚贤、尚同、非命、非乐、节用、节葬、尊天、明鬼几大部分构成。在中国思想史上，墨子是第一个提出靠劳动生产创造价值的思想家。墨子重视人的劳动能力，认为不应以血统、宗法、权力或金钱来支配或操纵社会生活。墨子提出非命，即否认天命论，认为一切取决于人的努力与否，没有什么命运，而人的作用也在中国第一次被提到崇高的地位。胡子宗和李权兴等在《墨子思想研究》中指出："墨子认识到人类在自然界面前的弱小无力，决定了人们在物质生产过程中，要结合成一定的联合体，即生产关系。墨子代表的是小手工业者等劳动阶层，他希望这些劳动者可以联合力量，结成组织。"

墨子早已经认识到，人的需求多样性决定了人价值观的多样性。因此，在个体结成的社会群体中需要集中统一的管理，即"尚同"。墨子说："古者民始生，未有刑政之时，盖其语，人异义。是以一人则一义，二人则二义，十人则十义。其人兹众，其所谓义者亦兹众。是以人是其义，以非人之义，故交相非也。"如果没有统一的管理，人们不同的价值观与态度必然导致不同的行为，从而无法整合一致，完成共同的任务，达到共同的目标。如果社会群体缺乏对行为协调一致的认同，结果便是："是以内者父子兄弟作怨恶，离散不能相和合；天下之百姓，皆以水火毒药相亏害。至有余力，不能以相劳；腐朽余财，不以相分；隐匿良道，不以相教。天下之乱，若禽兽然。"（《尚同上》）

在墨子的尚同思想中，一个基本内涵是实现行为尚同，其措施有二：首先，行为之所以能够达到统一，其制度保障是建立有效的组织架构。墨子特别强调管理的首要任务是从天下之贤可者中选择领导人；确立了领导之后，再选择核心管理层，然后逐步建立其他管理层次，正如《尚同上》中提出："夫明虖天下之所以乱者，生于无政长，是故选天下之贤可者，立以为天子。天子立，以其力为未足，又选择天下之贤可者，置立之以为三公。天子、三公既以立，以天下为博大，远国异土之民，是非利害之辩，不可一二而明知，故画分万国，立诸侯国君。诸侯国君既已立，以其力为未足，又选择其国之贤可者，置立之以为正长（行政长官）。"在这种层层管理的体制下，需要做到上下协同，才能够使得整个社会管理有效进行。同时墨子认为由上而下的管理才是最有效的。

上层设置行为标准，从下级逐级向上协同，进而保证行为一致，因此管理和被管理的排列次序是"无从下之政上，必以上之政下"（《天志上》）。这样既得到上天、鬼神的福佑，又得到百姓的便利支持，还能努力做事，如此崇尚统一为政。

其次，除了建立有效的管理层次和组织结构外，墨子认为确使行为上下一致的另一个影响因素是沟通，主要体现在命令的一致性和政令如何沿着组织架构流动（命令链）。墨子在《尚同上》中提到："正长既已具，天子发政于天下之百姓，言曰：闻善而不善，皆以告其上；上之所是必皆是之，上之所非必皆非之；上有过则规谏之，下有善则傍荐之；上同而不下比者，此上之所赏而下之所誉也。"对比霍布斯的专制主义学说，墨子的"尚同"学说并非取消人民个人的意志，而是强调下情上达，"上下情请为通"。在《尚同中》中，墨子还提出："先王之言曰：非神也，夫唯能使人之耳目助己视听，使人之唇吻助己言谈，使人之心助己思虑，使人之股肱助己动作。"这里充分展示了如何运用管理手段使得下属按照管理者的意图来实现管理意图，这句话在现在，被美国管理学者 Follet 用类似的语言表述出来，即"管理就是通过他人来完成工作"。所以，在《尚同下》中墨子说："上之为政也，得下情则治，不得下情则乱。"去私服公，在行动上统一，尚同则上级与下级同心，万民与天子一意。"治天下之国若治一家，使天下之民若使一夫。"（《尚同下》）所以，综观墨子"尚同"的内容，贯彻了集思广益、民主集中的原则。下情上达，政令有了合乎实际的保证；思想统一，是非一致，赏善罚恶的准确无误有了保证；匡过荐贤，避免失误有了保证；上同而不下比，令行禁止有了保证。

墨子之所以提出行为尚同观念，是因为"天下之乱，若禽兽然"。涂尔干生活与著述的时代恰值西欧各国社会转型时期，当时工业化的进程推动了经济结构、社会关系和文化价值观的深刻变迁，传统的价值观念、信仰乃至社会关系与社会秩序都受到了强烈冲击。如何重建社会秩序便成为这一时期学者们研究的中心。涂尔干认为整合（即将个人融入社会秩序中），或者说社会团结（social solidarity），对于维持社会平衡至关重要。

涂尔干的社会团结是指人与人、群体与群体之间的协调、一致和结合的关系。在涂尔干看来，以前的社会中体现出来的是一种传统的联系，他称其为机械团结。由于传统社会中人与人没有分化，因而社会保持高度的一致性，人与人之间保持着相同或相似性：情感类似、价值观类似、信仰类似；这就使得个人的行动总是自发的、不假思索的和集体的。这种机械团结随着现代工业和社会分工的发展而逐渐削弱，取而代之的是一种基于劳动分工，各个功能之间更高程度的联系，一种新型的社会团结纽带，称为有机团结。有机团结在涂尔干看来是现在发达社会应呈现出的一种团结，是建立在社会分工和个人异质性基础上的一种社会联系，其特征主要是：社会上个人与群体之间存在显著差异，并且差异不断发展；社会分工错综复杂，社会的基本任务由人们以各种方式共同完成；专门化分工使人们更多地依赖于不同的职能之间的合作，以提高生产效率。

然而，在个人异质性凸显的社会中，难道仅依靠越来越细致的专业化分工就可以构建社会团结吗？现实的资本主义世界里，我们并没有看到涂尔干所提出的有机团结，看到的却是工业化和劳动分工所导致的各种社会弊政。涂尔干也看到了这一点，但他认为这种社会的分裂以及不稳定性主要根源并不是劳动的分工，而是所谓的"社会失范"（anomie）。这种道德沦丧是因为社会规范和道德规范的缺失或是混乱，比如由于大范围的经济萧条、商业亏损，以及快速却不均衡的经济发展，会导致社会规章制度的变革，进而导致对社会团结的破坏，社会关系的紧张，以及社会凝聚力的侵蚀。

人们可以用什么方法重新使个人和社会群体整合成一体呢？涂尔干认为，这种工业化所导致的道德沦丧是可以从三个方面进行防止和解决的，即创建社会中间团体、组织化和道德化。笔者认为，涂尔干所提出的这三个解决途径具有由易到难、由表及里、由末至本的层次性：第一个途径，也是最容易在社会中推行的，就是创建社会中间团体。涂尔干力图证实：家庭组织、宗教组织和政治组织（如国家）这三类组织中，没有一种能够提供既给个人以安全，关注个人，又要求个人完全服从相互关系的社会环境。唯一有利于个人与集体融合的社会组织是行业协会。涂尔干称之为行业协会的是一些职业性组织，它把雇主和雇员聚集在一起，与个人密切相关，能促成纪律的培育。这些组织能够驾驭每个人，赢得盛誉和权力。此外，行业协会适合以经济活动为主导的现代社会。涂尔干在解释这种职业协会的重要性时曾论述：只要形成这样的一种群体，道德约束也就随之自然形成。这种职业规范对于职业群体成员的行为有着指导和制约作用，可以继续对社会团结作出贡献，加强人们之间的功能性和相互依赖性。福山在对不同社会信任度高低程度的讨论中印证了这一点：在信任度高的社会中，恰恰是由于出现了许多"自发性组织"，使得社会管理成本下降，增进人与人之间的互助互利，有利于构建繁荣社会。第二个途径是组织化，是指通过建立完善、理智的组织把个人整合于社会架构和群体之中以控制社会的经济活动。第三个途径即道德化，包括：首先，依靠社会权威，制定各个阶段欲望与目标的上下界限以及培养普遍的道德意识；其次，使人们尊重与接受社会确定的界限。

因此，我们可以看到，随着社会文明程度不断提高，群体中的个体差异性会越来越凸显。然而，个体差异性与群体同一性不应该是截然对立的。并且涂尔干的有机团结社会仅仅靠社会分工来维系是远远不够的。从他对有机团结的维护措施来看：社会分工这一社会事实导致的社会结构性团结也必须依靠社会管理力量来进行维系和调节，才能实现所谓有机的团结，也就是在日益增加的差异性中，寻求仍能指导群体行为的同一性。从这里我们不难看出，涂尔干的上述三种措施都体现了墨家思想：创建社会中间团体呼应了墨子所认为的劳动者应该结合成为一定的联合体的必要性；组织化体现了行为层面的尚同；而道德化则是注重道德层面的尚同，这一点将在下面论述。

三、社会群体的集体良知：道德尚同

墨子倡导没有差别的兼相爱，强调在交往中相互得利，希望人民勤劳自强，赖其力者生，提倡生活节俭。在吸纳了儒家思想的许多精华之外，墨子出于儒而不止于儒，对儒家某些观点提出了批评。兼爱是墨子思想的核心，是墨学的根本观念。墨子称儒家所主张的"爱有差等"为"别爱"，是导致当时社会混乱的一种"偏爱"型的价值取向。虽然兼爱未必抓住了社会混乱的最深层次的原因，但是至少是指出了人与人关系上所普遍存在的流弊，让人们意识到道德的巨大社会作用。基于"偏爱"这样一种存在厚此薄彼，具有偏差性的人际交往观念，儒家所倡导的"和"，无论是指以和平、调和方式，最终达至和谐的方法论，还是指追求最终和谐的价值取向，都存在令人质疑的地方。孔子在《论语·子路》中说：君子和而不同，小人同而不和。陈望衡认为"和与同在这里的重要区别，在于原则性；承认原则性，就是承认差异，有差异性的统一才是'和'"。也就是说，既善于协调、统一各种不同分歧意见，又能形成新的意见，最终达成共识，而决不是盲从附和，这样的人才是君子；而小人则追求毫无原则性的统一。方克立指出，真正的团结不是没有意见分歧、思想交锋的一团和气，而是通过不同意见的交流、对话、切磋、讨论，从而达到互相理解，互相容忍，协调统一，和谐互动。然而，在存在远近亲疏，内外有别的差等性仁爱理念中，如何构建真正意义上的"和"？

正如墨子在《尚同中》所说："今王公大人之为刑政则反此：政以为便譬、宗于父兄故旧，以为左右，置以为正长……是故上下不同义。若苟上下不同义，赏誉不足以劝善，而刑罚不足以沮暴……"，墨子清晰地指出，"上下不同义"必将导致管理的失效。仁者心中爱人，义者行为利人。义是对仁发于内而形于外的必要补充；利人，是义的本质的体现，是一种高尚的精神境。如何能够"同义"呢？墨子强调人与人之间兼爱、相互依存、互利互益，才能达到最根本的同乎义理，如"故古者圣王唯而审以尚同，以为正长……助之视听者众，则其所闻见者远矣；助之言谈者众，则其德音之所抚循博矣；助之思虑者众，则其谈谋度速得矣；助之动作者众，即其举事速成矣"。在兼爱的基础上，墨子反而提出"尚同"的观点，而此时的"尚同"则更多体现在群体成员对道德认可的同一性上，这样才能实现组织内部上下一心，拥有助视听者、助言谈者、助思虑者、助动作者，从而实现组织有效管理，培养集体思考力和执行力。

在《尚同中》，墨子继续论述：如若不能做到管理层层尚同，最终同于"天者"，则会导致天下混乱的局面，即"失范"状态："夫既尚同乎天子，而未上同乎天者，则天灾将犹未止也……""天"在中国古代是一个内涵特别丰富的词。冯友兰曾对古代典籍中的"天"含义进行了概括："曰物质之天，即与地相对之天；曰主宰之天，所谓皇天上帝，有人格的天、帝；曰命运之天，乃指人生中吾人所无可奈何者，如孟子所谓'若夫成功则天也'之天是也；曰自然之天，乃指自然之运行；曰义理之天，乃谓宇宙之最高原理。"这里墨子所谓的"天"，是冯友兰所归纳的五个含义中的最后一个含义。因此，在墨子眼中，导致社会失范的主要原因有二：其一，主要是管理策略方面，管理上下层之间不能协调一致，不能有效上传下达；其二，也是更重要的方面，就是管理者缺失义理，不具备利人之心，为他人好的道德。因此，古代的君王必须"明天、鬼之所欲……听狱不敢不中，分财不敢不均，居处不敢怠慢。曰：其为正长若此，是故上者天、鬼有厚乎其为正长也，下者万民有便利乎其为正长也"。据此，墨子所谓"尚同"，不仅体现在组织管理中，要求组织成员行为和目的一致，更加体现在成员遵循一致的兼相爱、交相利的道德原则中。

然而，社会群体中具有一致性的道德原则吗？涂尔干把社会进化看作是实现从机械团结的部落社会到有机团结的工业社会的伟大转变的推动力。他认为强烈的集体良知（collective conscience）是原始社会的一个重要特征。他把"集体良知"定义为"一个社会的一般公民所共同拥有的信仰和情感的共体"。与马克思认为劳动分工的发展将会导致异化的观点不同，涂尔干认为劳动的分工却能够使个人主义在社会中的作用和地位越来越突出，只有劳动分工才能够增强社会团结以及促进个体道德的发展，成为构建道德秩序的基础。这导致集体良知出现相应的下降，社会不断向有机团结社会转变，而有机团结社会以社会角色之间的相互依赖和个人缺乏自给自足的能力为特征。

社会得以团结的精神基础正是所谓集体良知。涂尔干认为机械社会的集体良知具有强大的社会强制力，社会生活的每一个行为都由集体良知来强行规定，如宗教；但在有机社会团结中，集体良知并没有消失，而是在社会整体层面上保持着一致的基本信仰和价值观，进而在社会的各个具体层面中，则是由劳动分工导致的具体职业规范来指导和制约职业群体的行为。因此，涂尔干乐观地认为通过权威的社会管理力量，来设置整个社会认可并遵守的职业道德和法律准则，即组建行业协会等更加完善的职业群体，确立公共制度，以期维系职业伦理，这就是拯救日益败落的社会伦理道德的根本途径。涂尔干基于社会集体良知的道德建设任务就完全交给了职业群体。

然而，现实告诉我们，由于社会等级的存在，涂尔干所提出的对社会失范的干预手段并不能有效实施。正如阿隆所说："涂尔干则是盲目乐观。尽管涂尔干有着民主的社会价值观，但他的社会学回避了支配与反抗之间的交锋。我从涂尔干那里学会欣赏团结和道德调控的机制，把现代社会文化看作神圣的宗教文化，但他忽视了压迫的呼声和阶级斗争……"

与涂尔干不同的是，墨子并不否认社会等级的存在。现代经济社会出现的混乱和无序，恰恰是因为西方经过18世纪启蒙运动之后，人道主义与自然神论主义思想家所强调的"人权、自由、平等"，导致人与人之间的竞争和比较成为理性的产物所造成的。既然人类享有自由平等的权利，那么人人对资源配置都认同，对资源的占有都要公平。因此，新教教徒们认为追求利益最大化，对物质财富的求索是天职，是正当而理性的行为，从而鼓励人们为为达目的，不择手段进行各种竞争的行为和风气，为资产阶级无尽地敛财行为作出了充分的辩护。然而，中国的思想家始终认同社会等级存在的自然性。在这种社会等级中，人们各司其务，各尽其职，各享其得。墨子虽然代表的是社会劳动阶层，但他并不认为需要消除统治阶层，相反他认为社会要和谐发展，消除社会混乱和弊端，除了以兼爱为基础外，仍需要依靠"尚贤"和"尚同"的手段。这虽然体现了墨子思想的历史局限性，但是也反映出集权管理与民主管理的辩证关系。墨子的道德尚同观要求实现的不仅是涂尔干认为的达到行业协会设定的职业道德，而且要求职业道德伦理的设置必须同社会集体良知契合，例如在中国道德文化中，就存在为多数人所认可的儒家伦理基德。因此，各个层次的管理者既要遵守政令，更应该遵循这些义理基德，"同乎天者"，才是真正的尚同。

可见，早在墨子所处的时代，社会群体已经出现了多样性，代表了不同价值观的阶级已经使墨子所处的社会感受到了分崩离析的威胁。墨子所倡导的"尚同"理念，就是以涂尔干所希望的，在现代社会里通过组织内的个体整合以及行业道德规范来创建有机社会团结，以韦伯强有力的组织行政管理手段来维护组织关系，以社会认同的道德文化来加强组织生命力，从而实现对组织和社会的有效管理。

我们运用墨子的"尚同"思想，来看现在西方社会学家涂尔干的社会团结论，会有新的感悟。涂尔干所提倡的民主的社会价值观，有机的社会团结，需要有效的执行措施才能得以实现。在组织内部，除了职业道德的约束之外，蜕化成社会整体层面基本信仰和价值观的集体良知同样具有行为约束力，而不应被忽视或弱化；相反，管理者应该充分运用管理工具来使组织上下形成一致的道德认同。个体化越鲜明，个体道德的发展越成熟，社会整体性越大，对于管理者而言，越是需要尚同的精神来实现一种有意识达成的集体良知，以确保组织乃至社会整体的运作。

四、对现代管理思想的启示

在社会学理论引领下，西方管理学的各种理论也应运而生。随着 20 世纪 50 年代人本主义的兴起，构建和谐的人际关系，倡导体现核心价值观的组织文化，营造具有社会责任的企业氛围都成为提高管理绩效的有效手段。当我们无法掌控整个社会的阶级构成与发展时，至少在组织这个微型的社会群体当中，可以引入社会学的理论。强调组织成员的协同增效（synergy），其实就是墨子的尚同思想和涂尔干的社会团结理论的现实体现。在组织管理中，现代行政管理之父法约尔曾经提出十四项管理的基本原则，其中包括命令链（chain of command）和命令一致性原则（unity of command），强调管理层次（managerial levels）的必要性，要求管理者做到统一管理等。无论是韦伯的行政科层组织理论，还是扁平化组织理论，要实现一个高效的组织管理，就需要尚同的思想，来达成组织中的协同团结。这样才能确保所有人力朝向同一个目标，相互依存、共同努力，共同实现目标。在现代管理思想中，探讨提高群体和团队绩效时，特别提出目标协同（superordinate goals）这种做法，要求团队内部成员统一思想、一致行动。然而这并不意味着打消一切异议，摒弃不同思路和想法。相反，这一做法强调：在策略尚处讨论和研究期间，所有成员应尽力表述各种不同观点，力求在充分讨论后消除异议；然而一旦决策做出，进入执行阶段，就需要全体成员摒弃不同，全力以赴，按照既定的目标和策略，上下协同，以保证取得最好的执行力。

然而，虽然行为尚同可以通过组织制度、纪律约束或者激励、沟通等不同的刚性和柔性管理手段来实现，但是道德尚同却不是轻而易举的。道德层面的尚同必须立足于组织领导者本身的价值观与道德原则的选择，经过细致缜密的战略思考，运用准确合理的策略来培养组织道德文化，从而实现社会群体是个体的良性整合，群体行为是个体行为的协同增效，才能促进组织乃至社会的和谐发展。如果没有体现本真的道德领导力，没有营造良好的组织道德文化，管理行为只能沦为或高明、或拙劣的玩弄权术，无法形成个人与个人、群体与群体间真正的团结，从而无法实现共同目标。例如，在现代西方组织管理研究中，Liden等学者曾经针对领导力，提出领导—成员交换模型（Leader-Member Exchange）。该理论中提到，领导会按照员工的态度、人格特点、能力以及个人偏好，在下属中形成所谓圈内（in-groups）和圈外（out-groups）员工。而员工的某些特点会影响领导对其划归圈内或圈外的决定。一旦入选圈内，这些员工会得到更多的信任，与领导有更多的互动，通常会有更好的表现。这一模型深刻地指出，在组织管理中，领导者与员工的行为是相互促动的。如果员工运用印象管理（impression management）等政治行为手段，有效地影响了领导者的决策，成功地成为圈内人士，那么这样的结果将会进一步强化组织内部的类似行为，导致组织文化凸显内部权力和政治行为。因此，如果作为组织的领导和管理者对组织内部其他成员持有"别爱"或"偏爱"的观点，组织赖以生存和发展的群体相互依存性，即信任的根基，就会缺失。而在这种基础上所追求的"和而不同"只能是表面上的一团和气。

因此，追求组织内部道德层面的尚同对于领导者本身提出了很高要求。除了领导者自身具备合乎社会基德的价值观之外，如何有效地引导组织成员认同组织基德，构建组织道德文化的集体良知，同样是十分重要的。

五、结　论

费孝通晚年强调社会学要对"心"进行研究，对于管理思想的研究更是如此。"心"具有很强道德伦理的含义，而且"心"所具有的内、外关系的推导性，是和"天人合一"的本体论相符合的。费老满怀希望地认为对中国传统文化的发掘"也许是中国学者对国际社会学可能作出贡献的重要途径之一"，如果"真正在这方面获得突破，将会是社会学发展的一个重要跃进"。涂尔干和韦伯的社会道德理论对于解释转型过程中的中国道德事实具有很强的现实意义。然而，针对同样的社会问题，两者的结论却不相同。我们希望体现中国传统文化的墨家思想能够为涂尔干和韦伯的"握手言和"提供新的视角。墨子的兼爱精神体现了管理之道，尚贤思想体现了管理之本，尚同理论体现了管理之法，而节用的倡导是贯穿管理始终之魂。墨子的论说中，体现出朴素的民主思想。虽然其许多观点仅仅停留在理想化的论说层面，但是这样的历史局限性无法抹杀墨子思想所体现出的以人为本的理念，如"官无常贵，民无常贱"这样的观点虽诞生于两千年前的社会中，却对现今的人类社会依然有指导意义。相信人性，关注人类群体中道德的引领和规范作用，是中国先哲与西方思想家跨越时空的精神契合；崇尚行为与道德价值观的协同一致，是墨家思想对现代管理理论的一次给养。

反观中国社会与企业管理现状，在经济快速增长的三十多年后，即使不能说社会和组织道德文化缺失，至少也是在各种价值观冲击下，体现出较为混乱的局面。正是担心这种"社会失范"可能导致的各种严重后果，中国政府倡导"和谐社会"，从而希望加强可能被侵蚀的社会凝聚力。而墨子及墨家思想在两千年前希望通过构建微观层面的"和谐组织"，进而实现整个社会的有效统治，即"故古者圣人之所以济事成功，垂名于后世者，无他故异物焉，曰：唯能以尚同为政者也"。我们从墨子"观社会"的角度，结合西方社会组织理论，来重新认识"尚同"思想，对于现代管理者们如何在行为与道德层面实现有机团结，具有现实启迪意义。

风水视域下的管理之道

——以《雪心赋》为例

王巧玲

（浙江大学哲学系，中国杭州）

从哲学的角度来考察，管理是一个复杂的过程，它具有一定的发展阶段，分为不同的层次，并形成一个整体的系统，以达到一个综合的管理目标，而预测与决策则是整个管理活动的灵魂。[1] 而道教风水实践也是一个复杂的过程，也具有立向、察砂、观水、点穴甚至后世应验等各个阶段，也有不同的层次和考虑面向，从而形成一个整体的环境系统，风水活动所要达到的综合的管理目标就是选择和创造一个风水宝地，而其中预测与决策也是整个风水活动的灵魂。由此可知，风水与管理在本质上有具共通性。

《雪心赋》是唐代道士卜应天的地理学名著。卜应天，唐朝人，字则巍，号昆仑子，又称濮都监。卜应天世居赣州，荐太史不就而入道门，为黄冠师。因自许"心地雪亮，透彻地理"，而将其著作取名《雪心赋》。《雪心赋》是中国堪舆学中的名篇名著，是形势法（峦头法）风水的经典作品。该书不仅在道教中颇有影响，而且在整个风水理论中也占有重要的地位。明代地理家徐试可（字之镆）曾说："地理诸书，世传充栋，求其术臻神妙者，而《葬书》为最；理极深悉者，而《发微》为优；欲知作法之详活，无如杨公之《倒杖》；欲识星形之异态，无如廖氏之《九变》。至若星垣贵贱，妙在《催官》；理气生克，妙在《玉尺》，数者备而峦头、天星尽是矣！《雪心赋》词理明快，便后学之观览，引人渐入佳境。"该书强调了地理风水的操作的具体法则和注意事项，对于理清风水理论的脉络有重要的作用。另外，该文也蕴含了丰富的人生哲学和美学理论，对于我们今天的管理者来说也不无裨益。现梳理如下以俟方家。

一、风水理论重视全面、辩证地观察与思考

（一）观察与思考

《说文解字》曰"观，谛视也。"《易经·系辞下》以"仰则观象于天，俯则观法于地"来解释八卦的产生。中国古人就是从观察大自然并进行简单模拟后逐渐形成了自

己的宇宙观。中国传统哲学"形成的过程是一个长期观察、体验、认识宇宙的过程，经过了充分的考察、观察和认识。这种认识的可能性是由于它所认识的对象宇宙是一个整体。所谓'观'的认识是由整体到细部，再由细部到整体，就是通过整体与部分之间的融合来了解事物"[2]。风水作为中国古人选择环境的一种方式，自然非常重视观察的作用。《雪心赋》作者在开始就指出"存乎人者，莫良于眸子；眛于理者，孰造于玄微？"（《雪心赋》第二章）"眼不明徒费力，到底模糊"（《雪心赋》第四章），这就是说在风水实践中，人眼的观察是最重要的，同时也要静虑思考，才能参悟其中的玄妙。这两者是不可或缺的，关键是要有敏锐的洞察力。洞察力之所得，一方面是要眼睛观察，一方面要心灵感悟。因为风水理论"诀以言传，妙由心悟"（《雪心赋》第三章），风水口诀可以口头传授，但是如何领会应用却需要个人的体悟。而一旦自己参透了风水的真谛，自然就会游刃有余，"会之于心，应之于目。三吉六秀，何用强求。正穴真形，自然默合"（《雪心赋》第六章）。观察作为一种认识事物的方法，有宏观和微观两种方式。人们观察事物首先总是从宏观出发，了解整体；然后再从整体来了解部分，也就是微观。

观察的作用引申到管理中来，就要求管理者具有敏锐的洞察力，如及时了解市场动态以趋利避害、及时掌握员工的情绪并加以调动激励等，但是这个洞察力从何而来？应该从实践中观察而来。所以我们应做到善于观察体悟，人非生而知之者，人现有的知识都是通过学习和思索而得的，管理者的管理技能和洞察力自然亦非一蹴而就，必定经过一段时间的观察与思索后而得，这也是风水理论对我们的启示。关于学习风水要观察什，卜应天认为"追寻仙迹，看格尤胜看书；奉劝世人，信耳不如信眼"（《雪心赋》第十一章），不道听途说而是实地察看以往风水大师所设立的气穴格局，比看书更为重要。其中"信耳不如信眼"对管理者来说也同样适用，"信耳"指的是从旁人处获得二手信息，而"信眼"则是指下到基层直接获得企业的第一手资料。所谓"必援古以证今，贵升高而望远。辞楼下殿，不远千里而来；寻祖问宗，岂可半途而止"（《雪心赋》第二章），援古证今是说要真正参悟风水的精华，不仅要参究古人之相地理论与经验，来证明今日法式的可行性与否，更要实地观察古人留下的风水作品，推敲其中奥妙，看他们是如何选用龙脉，如何立向。升高望远就是讲寻龙脉时要登高，站得高才能看得远看得全，才能找到真龙脉。辞楼下殿或指离开书斋实地察看，或指攀登跋涉大小山川。这些都启示我们看问题要通盘考虑，追本溯源，把问题放到全体中去考察，在管理中尤其不能"头痛医头，脚痛医脚"，因为事物都是普遍联系的。"祖宗耸拔者，子孙必贵；宾主趋迎者，情意相孚。右必伏，左必降，精神百倍；前者呼，后者应，气象万千"（《雪心赋》第二章），因而必须站到一定的高度上去考察问题，而这种能力的取得一是要广泛地获得已有的间接经验，二是实践中出真知。"山峻石粗流水急，岂有真龙；左回右抱主宾迎，定生贤佐。取象者必须形合，入眼者定是有情；但看富贵之祖坟，必得山川之正气。"（《雪心赋》第十一章）风水所观察的地势包括山、石、水以及总体形象的和谐有情，因此管理者的观察必须包括从细节到整体的各个部分后才能下论断。风水理论还讲求验证，强调把风水成穴的主人后代的情况考察一下，是否人丁兴旺，是否仕途亨通，"何年兴，何年废，鉴彼成规；某山吉，某山凶，了然在目。水之祸福立见，山之应验稍迟。地虽吉而葬多凶，终无一发；穴尚隐而寻未见，留待后人"（《雪心赋》第十一章），以此来验证该穴到底是吉是凶以及当初风水师预言的准确与否。学习风水非常重要的一点是要广泛听取其他人的意见。"毋执己见，而拟精微；须看后龙，而分贵贱。"（《雪心赋》第十章）风水的精妙隐微之理事很难搞清楚的，不能固执一己之见，应多看看各种资料，听听他人的看法，综合分析后再下结论。这其实也正是管理者要培养自己的素养所需要观察和思索的内容。现在许多企业培养干部都讲究"下基层"或者"从基层做起"，这与道教风水理论所强调的"远着脚头，高抬眼力"（《雪心赋》第十四章）不谋而合。一个强调看风水要到处实地奔走且要细致观察；一个强调只有实际参与基层的实践才能了解基层的具体情况。一般来说，如果这期间被培养者能够有意识地多看多想，了解公司企业中各个岗位的实际情况，了解相关员工的想法和需求，了解市场的有关动态和走势，那他在以后的管理岗位上自然能够了如指掌，当然，如果这期间能发现问题提出相应的解决方案最佳。总之，道教风水理论强调"巧凭眼力，妙在心思"（《雪心赋》第十六章）；"既造玄微，自忘寝食。亟称水何取于水，谁会孔圣之心。尽信书不如无书，还要离娄之目"（《雪心赋》第二十章）。这里揭示出，任何工作都离不开观察与思考，管理工作也应当从其中感悟到这个真理，乐其中，才能达到高境界。

（二）辩证与全面

但并不是观察了就万事大吉，观察也有方式与方法，这个方法在风水理论中就是要全面地看和辩证地看，站在高处看。事物是千变万化的，"水固切于观流，山尤难于认脉"（《雪心赋》第六章），"惟阴阳顺逆之难明，抑鬼神情状之莫察。布八方之八卦，审四势之四维，有去有来，有动有静"（《雪心赋》第一章）。其中，"阴阳"、"鬼神"、"四势"、"四维"、"来去"、"动静"等概念源于《周易》等上古文献，在风水理论中又得到进一步的阐释和发挥，是中国传统哲学思想的体现。如风水理论中将传统的表述"阴阳凝聚之气聚散变化"的"鬼神"，变为"以山川奇秀吉气合局者为神，山川丑恶凶气破局者为鬼"。而风水中讲究的"有来又去"和"有动有静"尤其体现了辩证看问题的思维。"来去"、"动静"用来指山水的变化。"山本静，势求动处；水本动，妙在静中。静者池沼之停留，动者龙脉之退卸。"（《雪心赋》第三章）山脉本来是静止不动的，但是从山的走势来看，却蜿蜒起伏，彷佛在游动前进或逶迤而去，此即为"静中有动"；水本来是流动不止的，表现出来是一种动态，但是若它汇入深渊或者湖泊中却凝静澄澈，彷佛静止不动，这就是"动中有静"。风水这种从自然事物角度出发而得出的社会生活实践，启示我们在管理活动中要注意看到事物的两面性，或者要不时换位思考，看看在其他人的立场上有何不同，这样才能全面地了解事物。

风水理论讲究辩证地看问题。盖"凶中也会藏吉，吉处也会藏凶，皆自然之机，亦一定之理"[3]。可知吉凶祸福是相辅相成的，因此要辩证地来看。"元辰当心直出，未可言凶；外面转首横栏，得以反吉。以之界脉则脉自止，以之藏风则风不吹。水才过穴而反跳，一文不值；水若入怀而反抱，一发便休。"（《雪心赋》第五章）风水上一般以"直木水"为凶相，但是如果穴前之水直出而外面又有山水横拦，这不但不是凶相反是吉相了。因为这正好符合藏风得水的本旨。同样"死绝处有生成气局，旺相中审休废踪由。弃甲曳兵，过水重新营寨；排枪列阵，穿珠别换门墙。游龟不顾而参差，是息肩而传舍。连珠不止而散乱，似假道于他邦"（《雪心赋》第六章）。风水喜生气而厌死气，但是生死的界限并不十分绝对，而是可以相互转化的。凡龙脉转皮换骨，闪迹偷踪，板结呆滞，可称之为"死相"，但是看起来"死相"的龙脉，如果天上星辰和周围五行相生之气的帮助，就可以绝处逢生了。星峰各有旺相，但是若被它星所克则可能由旺转入休废。因此，查看龙脉不能只看到龙脉蜿蜒仿佛败兵丢盔卸甲之相，应该看到它穿田渡水之后，是否再起峰坡，结成堂局，如果是那样就可称得上重整旗鼓，别有一番生机了。因此要仔细查看龙脉的起停转合，才能发现真龙之处。因为有的时候"亦有穴居水底，奇物异踪；更有穴在石间，剥龙换骨"（《雪心赋》第七章）。穴的好坏也需要辩证地看待，"穴太高而易发，花先发而早凋。高低得宜，福祚立见。虽曰山好则脉好，岂知形真则穴真。枕龙鼻者，恐伤于唇；点龟肩者，恐伤于壳。出草蛇以耳听蛤，出峡龟以眼顾儿。举一隅而反三隅，触一类而长万类。虽然穴吉，犹忌葬凶。"（《雪心赋》第九章）像龙鼻一样的山形固然好，但鼻与唇相近，若立穴于鼻可能会伤及唇，因此要避免，可知考虑事物要全面不可执一而论。因为"一来一去，有福有灾。一急一缓，有利有害"（《雪心赋》第十八章）。事物都是普遍联系，相反相成的，虽然需要高人才能找到这些宝地。"水底必须道眼，石间贵得明师"（《雪心赋》第七章），也反衬出风水要善于辨别真假和辩证地看待问题。

全面看待问题要处理好"显"与"隐"的关系。许多龙脉表面上看不出来，因为它们大多"或隐显于茫茫迥野，或潜藏于淼淼平湖。星散孤村，秀气全无半点。云蒸贵地，精光略露一斑。瞥于后必应于前；有诸内必形诸外。欲求真的，远朝不如近朝；要识生成，顺势无过逆势。多是爱远大而嫌近小，谁知迎近是而贪远非"（《雪心赋》第六章）。真脉常常不显示出踪迹，只有全面地考察，才能找出山水之间的关系。"何精神显露者反不祥，何形势隐拙者反为吉。盖隐拙者却有奇踪异迹，显露者多是花穴假形。"（《雪心赋》第十四章）更因为有的时候显露在外面是假象，要细加考虑，"外貌不足，而内相有馀，谁能辨此。大象可观，而小节可略，智者能知"（《雪心赋》第十四章）。

风水理论强调要注意观察，辨别真假情况，不要被假象所迷惑。"是以潜藏须细察，来止要详明。山聚处水或倾斜，谓之不善；水曲处山或散乱，谓之无情。取小醇而遗大疵，是谓管中窥豹；就众凶而寻一吉，殆犹缘木求鱼。"（《雪心赋》第三章）山水变化真龙难寻，凡是真龙并不是那么显露，一眼就能看出来；相反，真龙往往是藏踪闭迹，这就需要细细观察才能知其隐微。另外山水组合情况千变万化，不能说有山有水就是吉地，一定要全面考察山水的向背形态，了解山水的性情，"向背者，言乎其性情也。夫地理之与人事不远。人之性情不一，而向背之道可观。其向我者，必有周旋相与之意；其背我者，必有厌弃不顾之状。虽或暂焉矫饰而真态自然不可掩也"（蔡牧堂《发微论·向背篇》）。山的性情隐藏于其形体之中，因此要细辨其吉凶，才能"辨真伪于造次之间，度顺逆于性情之外"（《雪心赋》第三章）。考察山脉要考虑到其远近，"欲求真的，远朝不如近朝；要识生成，顺势无过逆势。多是爱远大而嫌近小，谁知迎近是而贪远非"（《雪心赋》第六章）。可知近处之朝山虽然低小但有情，因而可取；远处的朝山虽然高大但却无真意，不可取。朝山的取舍要以有情与否。龙脉也有真假，假的龙脉就像虚而不实的花蕊不会结果一样，"滚滚桃花，随风柳絮，皆是无蒂无根，未必有形有气"（《雪心赋》第六章）。轻浮之脉也是没有根基和生气的，因此不可不仔细辨别真假。另外各种奇特的山水形状中也有真假龙穴，如"当生不生者，势孤援寡。见死不死者，子弱母强。鹤膝蜂腰，恐鬼劫去来之未定。蛛丝马迹，无神龙落泊以难明"（《雪心赋》第七章）。龙脉当以活动从容为有生机，而以孤单急硬为死绝，龙有首尾，一般结穴于龙首处，但是如果另起山形，气流它处，就会造成"当生不生"的情况。如果来脉没有飞动之势，可是在龙首之处却又聚气结穴，这也可谓"见死不死"。而诸如龙脉所过之处中间大两头小的"鹤膝"，中间很细彷佛要断掉的"蜂腰"，分龙或来或去，散乱不定，生气损耗彷佛经过大"劫"的一些龙脉都是应当避而不用的。结合风水中的取相喝形的做法，更要注意辨别具体情况，如"或取斜曲为钗，四围不绝。或求横直为剑，两畔不包。文笔画笔，二者何分。衙刀杀刀，两般无异。若坐山秀丽，杀刀化作衙刀。或本主贱微，文笔变为画笔。尖枪本凶具，遇武士以为奇。浮尸固不祥，逢群鸦而反吉。鼓笛非神仙不取，无道器则出伶官。印剑非天师不持，有香炉则为巫祝。葫芦山现，术士医流。木杓形连，瘟疾孤寡。或是胡僧礼佛，错认拜相铺毡。或是尸山落头，误为谢恩领职。形如囚狱，与祥云捧日何殊。势耸幡花，与风吹罗带何异。出阵旗见劫山为劫盗，死笔遇杀水为杀伤"（《雪心赋》第十七章）。风水实际操作中经常会碰到似是而非的情况，表面上看起来非常相似，实际上却分属不同的类型，因此必须仔细分析辨别真假。

引申到管理上来，就涉及决策所需信息的收集与选取的问题，这种辩证的思维方式可以帮助管理者区分真假信息。管理者通常需要仔细研究市场和社会环境，分析国家的有关政策乃至于世界大背景来做出决策，这就需要具有辨别分与合、显和隐的动态思维方式。"决策包含了确定目标与实现目标两个方面，确定目标就需要分析环境和各种条件，这是一个分化的过程，而又隐含了融合的可能性；在实现目标则要投入到实践当中，结合主客观条件加以实现，这是一个融合的过程，而又隐含了分化的可能性。前一个过程就是计划，后一个过程就是实行。"[4] 作为一个管理者就要有自己独立的辩证思考，不能盲目跟风而上，跟风而上的企业罕有成功者。

二、风水理论要求抓住关键点

风水理论讲究重本，本是与末相对的，风水理论在处理本末关系时，强调以本为主，不能舍本求末。比如在龙穴砂水四大要素中也要分清主次，"迢迢山发迹，由祖宗而生子生孙；汨汨水长流，自本根而分支分派"（《雪心赋》第二章），并且"有真龙有正穴，则砂之吉者吉也，凶者亦将为我所制，譬如朝廷有道则奸雄化为纯良"[5]。这就是说如果来龙是飞现潜跃之态的真龙，落穴是有情势的正穴，在这两个大前提下，即使周围的砂有点缺陷，都是可以调整和修正的，都是可以被制住。观察龙脉时要认准祖山，讲究来龙去脉和分支，在察水时也要注意山的情况，分清主次，因为徐试可认为"两山之中一定会有水，而两水之中也一定会有山，山之本同而末异，则水随之分，水之本异而末同，则山随之而会"。正因为山水之间存在着这种相扶相依的关系，所以了解了山的情况那水就自然明朗，在平地上，掌握了水流的走向也可以反推出山的脉络。

正因为要分清主次，所以风水理论强调处理问题要抓住重点和关键，如水口和明堂就是整个风水形势的关键点。"入山寻水口，登穴看明堂。"（《雪心赋》第二章）"夫水口者，一方众水所总出处也。昔人谓：入山寻水口。又云：平地难得者水口。盖局之大小，山之贵贱，咸于是乎别也。"（《古今图书集成》卷六百七十所收《葬经异·水口篇》）因为水口包容的面积与它所能造福的能力是成正比的，"自一里至六七十里或二三十里，而山和水有情，朝拱在内，必结大地；若收十余里，亦为大地；收五、七里，七、八里者，为中地；若收一、二里地者，不过一山一水人财地耳"（《入地眼图说》卷七《水口》）。可知水口越包容的地面越大，它所造福的涵盖面也越大，水口的大小因而至关重要。另外水口也有各种形状，不能不详细辨别。"必祖龙开障，展作罗城。罗城余气，去作关阑，重重关锁，缠护周密，或起捍门，相对特峙，或列旌旗，或出禽曜，或为狮象，蹲踞回互于水上；或隔水山来缠裹，转大折不见水去，方佳。若在山中，必得交互水口，方为有力，若结都会或帝王陵，必有兆辰尊星坐镇水口，高昂耸异，望之惊愕者始合……此总水口也，亦名大水口。若中间祇结一地，余皆为用着，其近身比当有小水口……昔人谓：大水之中寻小水者，指此。盖水口乃地之门户。"（《古今图书集成》卷六百七十所收《葬经异·水口篇》）因为水口就是宅地的门户，相应地注意门户就是抓住了重点。

明堂的关键亦是如此。"寻得真龙舆的穴，须把明堂别。明堂贵乎能聚气，散气却非宜。凡是穴前平垣处，便是明堂位。"（《明堂入室歌诀》）风水上的明堂是指穴前之地，这里是众水朝拱之处，生气聚合之所，自然非常关键。与水口一样，明堂也有大有小或者是内明堂、外明堂之分，这些在《明堂入室歌诀》也有详细介绍并强调了不同明堂所侧重点不同。"小明堂在圆晕下，立穴辨真假。中明堂在龙虎里，交会要推详。大明堂在案山内，必须四水舍。小明堂详入门篇，入式不重宣。中明堂不重形体，妙在雌雄喜。大明堂要水口栏，真气聚其间。辟栏譬如为纫锁，勾廉亦其内。或是山脚亦田垄，锁结喜重重。更有横龙来作穴，背后要堂塞。"风水明堂理论讲究明堂构筑不能太宽也不能太窄，必须是宽窄适中，方圆得当者为吉，"明堂光明照万方，宽阔始为良。好砂好砂常聚面，种种皆可见。若然狭窄岂能容，犹如坐井同。明堂宽阔人轩豁，聪明且特达。若然狭窄人蠢顽，畏衰更贪坚。古云堂宽容万物，亦忌广且野。外栏若在渺茫间，虽阑如未阑。万山取宽为正法，平洋则取狭。万山若狭平洋宽，此格不须看"（《明堂入室歌诀》）。由此可知明堂的美观与否决定了居住者的吉凶祸福。《雪心赋》第五章曰"所贵者五户闭藏，所爱者三门宽阔。垣局虽贵，三门逼窄不须观；形穴虽奇，五户不关何足取。""水口则爱其紧如葫芦喉，抱身则贵其弯如牛角样。交牙截水者最宜耸拔，当面潴水者惟爱澄凝。"也就是说出水之口应紧闭，最忌直去无收，明堂最喜天门宽阔，嫌其逼窄急促。这里一方面蕴含了山水美学中讲究均衡匀称、方正美观的观念，同时又表明抓住问题关键点的眼光。引申到管理中来，管理者在处理事情时一定要分清主次，针对不同问题决定其轻重缓急，考虑其对全局将会产生的影响后再采取相应的对策，而在采取对策时候，要抓住问题的关键点，从而牵一发而动全身。

三、风水理论注重各种事物间和谐有情与普遍联系

（一）和谐有情

道教经典《道德经》中提出"万物负阴以抱阳，冲气以为和"后，道教风水理论也将其继承和发扬下来，非常强调"中和"、"和谐"、"有情"。例如色彩是各主吉凶的，但是如果只有一种色彩，即使是一种吉祥的色彩，风水上也认为是凶的。所谓"无间色，灾生不测不须疑，此皆是青红黄白不润黑带湿滞，若是中和何妨？"[6]也就是任何纯色的气都有其不吉的一面，但是这些色彩调和后就是吉。在风水气论中也是这样认为的，认为即使是"生气"也要调和和保持一个适度，否则"太旺则凶暴强悍，太弱则孤苦伶仃，旺极者斩后必速，弱极者终亦绝嗣，久暂虽殊，同归一致"[7]。又如在论砂时候强调："主衰则宜生宜扶，主旺则宜克宜泄，扶其弱，抑其盛，总归中和。"[8]也就是说主龙如果弱就应该用砂来扶持它，如果主龙强，那就用砂克制它，这样才能达到中和而不至于走极端。

这种重视"中和"、"和谐"理论是风水美学的体现，在风水伦理上就表现为要求山水环抱有情。"交锁织结，四字分明；穿割箭射，四凶合璧。撞城者荡业破家，背城者拗性强心。发福悠长，定是水缠玄武；为官富厚，必然水绕青龙。……水才过穴而反跳，一文不值。水若入怀而反抱，一发便休。"（《雪心赋》第五章）可知风水讲究水流环绕曲折或盘织如丝，不喜直来直去，认为这是穿心、射箭、割脚等不好的征兆，讲究要与山构成协调有情的才是吉相。"水外要四山来会，平中得一突为奇。细寻朝对之分明，的要左右之交固。堂宽无物，理合辨于周围。水乱无情，义合求于环聚。"（《雪心赋》第七章）它也追求一种统一中的变化的审美理念。平洋之地微微露出一点山脉，或圆或曲，圆者好像星珠，曲者好像玉带或玉几，这就是奇穴。朝山案山相对，青龙山和白虎山回环，明堂外水曲折环抱彷佛有情，这就是吉地。"蜂屯蚁聚，但要圆净低回。虎伏龙蟠，不拘远近大小。"（《雪心赋》第七章）只要穴周围的小山聚而不散，品相端正，两边护卫之山环抱有情，不论远近大小，就是吉地。"当求隐显之亲疏，仍审怪奇之趋舍。"（《雪心赋》第七章）可知风水相地突出的就是对穴的围护之情，所谓"若有生成之龙，必有生成之穴。不拘单向双向，但看有情无情。若有曲流之水，定有曲转之山；何用九星八卦，只须顾内回头。"（《雪心赋》第九章）山形呼应彷佛儿孙围绕在父母周围充满深情，此为也要求周围环境的美观，尽量寻则端正圆净者而去除奇斜破碎者。值得注

意的是，风水所追求的和谐并非同一，而是冲突之后的和谐。风水环境的各个要素都有其个性和特点而非一致，这是个体，而和谐是许多个体所构成的整体效果。风水理论允许其中部分有不完美的情况，只要从整体上看来是和谐的就好。

（二）普通联系

风水认为万事万物是密切联系的，因为风水的理论基础——《易经》哲学中最根本的思想就是宇宙是一个整体，是一个动态的、开放的，而又内外、上下、左右各部分相互联系、相互贯通的整体。因此风水理论也强调一个气穴在空间上虽然是很小的，但必须由小而见大，既从大环境上来考虑气穴的布局，落实到后龙上，也好讲究天干地支的配合，用步伐测量龙穴格局的"步量"等因素，即"三吉锺于何地，则取前进后退之步量。劫害出于何方，则取三合四冲之年应。遇吉则发，逢凶则灾"（《雪心赋》第十二章），从而达到气穴与天地自然万物之间在时间和空间上的协调平衡，这就是一种全局的整体的环境观。阴宅和阳宅的的建筑基本理论在古代是大致相通的，都是从宏观的角度来考虑建筑格局。"明堂平旷，万象森罗。众水归朝，诸山聚会。草盛木繁，水深土厚。墙垣篱堑，俱要回环。水圳池塘，总宜朝揖。与夫铁炉油榨，水碓牛车。立必辨方，作当依法。水最关于祸福，山宜合于图经。"（《雪心赋》第十九章）与现代人相比，用风水作指导思想的古人不是考虑个体孤立的舒适生活，而是注重人与自然的交感，所以即使是水车牛棚都要考虑其方位和法式，所以无论阴阳宅都不能脱离自然环境形势而存在，它们成为自然的一部分。我们现代有些建筑观念一味求奇特和怪异，与周围格格不入自以为美，在风水理论的关照下，现代建筑理念确实值得反思。

因为风水理论考虑到万物间的普遍联系，因此在万物间存在一种动态的平衡。"先破后成，多是水来生木；始荣终滞，只因火去克金。木为祖，火为孙，富而好礼；金是母，木是子，后必有灾。"（《雪心赋》第四章）先破后成，是对木星山体的点穴法。因木星体势雄健，气脉急硬且带杀，当用逆杖之法以破杀，这就是所谓"先破"，杀即破，刚稍减，柔与之相济，就能使生气有成，这就是所谓"后成"。金星之穴，开初能发福，即"始荣"，但如果"后龙"是火星，就会克金，这样最终就有灾滞。如果结穴两旁有土砂，培土以生金，就能避免灾滞发生。木与火是相生的关系，金与木是相克关系，相生之穴发福，那么相克之穴自然就有灾了。这种五行之间相生相克的关系，在风水理论中有广泛的应用和发挥，反映的就是这种事物间动态的平衡观念，其中包含了丰富的辩证思想。

风水的这种整体的普遍联系的宇宙观，因为正确地表达了宇宙的内在特性，体现了人与自然之间以及人与人之间的相互交往和互动的关系，因此具有普遍性和共通性，也可以为现代管理理论所采用。这就要求管理者一定要认识到企业内外部各个因素之间的密切关系，认识到每个事件都不是孤立的，而是都有一定的背景和网络，别的事物影响着它，它也影响着别的事物。作为管理者就是调和这一切，使之"谐和有情"。这种"谐和有情"不仅是企业内外有条不紊地运转，同时也包括企业员工的整体精神状态。山水之间的"环抱有情"启发管理者要尽量营造出企业的凝聚力和向心力，培养职工的归属感和对企业的忠诚感，同时要去除欹斜破碎者的不利因素，无论是在视觉上还是心理上，这些因素都会影响企业的进一步发展。这种调控反映在风水上就是趋吉避凶，在管理上就是趋利避害。

四、风水理论讲究趋吉避凶和灵活创新

（一）趋吉避凶

    任何事物在其发展过程中，都存在这样一种情况，就是有的能够得到机遇而充分发挥其内在的创造力而得到发展，有的却不能获得相应的机会致使其内在的创造力受到限制，这就产生了一个好坏利害吉凶祸福的问题。世间万物都有趋利避害的本能，风水作为古人选择居住环境的一个指导方法，自然不会例外。风水活动的主旨就是寻得一块能够藏风得水的风水宝地，而其中的藏风就是避开恶风的吹袭，得水就是临水获得生气，推演开来，风水的各个方面都讲究趋吉避凶。如立向是风水活动中的一个重要方面，风水师认为立向必须考虑"官"与"禄"的问题，原指做官与食禄被转换为风水中的山为官，水为禄，立向要坐到山水两兼顾，即"立向贵迎官而就禄，作穴须趋吉以避凶"（《雪心赋》第二章）。穴就是选定的地址，而作穴中的"趋吉避凶"主要强调穴周围的砂水环境要吉和美观，风水学上把主龙四周的小山叫做砂，它们根据方位的不同有不同的名称，如"两边鹄立，命曰傅砂，能遮恶风，最为有力；从龙抱拥，命曰卫砂。外御凹风，内增气势；绕抱穴后，命曰迎砂。平低似揖，拜参之职，面前特立，命曰朝砂，不论远近，特来为贵"（《古今图书集成》卷六六六引黄妙应《博山篇·论砂》）。这些穴旁之砂形态各异，有美有恶，风水上讲究避恶而向美。"犀角虎牙之脱漏，名为告诉之星；骊珠玉几之端圆，即是贡陈之相。"（《雪心赋》第七章）相地时，如果看到砂尖利像犀牛的角或者像老虎的牙，这都是象征这口舌是非，因而有狱讼之祸，如果周围的砂圆整端净彷佛朝拱的珠玑，那就有情有意，大为吉利。"玄武不宜吐舌，朱雀切忌破头。"（《雪心赋》第十四章）诸如穴前的砂太长而形似吐舌、前山有崩裂破碎彷佛头破血流等形象也是不雅的，也是没有情的，这些应该尽量避免。砂上的植被也以秀嫩、光浮、圆厚、涌动者为吉，以枯老、臃肿、破碎、直硬者为凶，应选择植被茂盛者而避开植被稀疏者。砂旁的水也千姿百态，有清有浊，因此趋吉避凶也要求选择迎向清水而避开浊水，而因水之大小不同导致的清气的多少也有不同，宜用其多而弃其少。另外穴中土色也有不同，反映在风水观念上就是以鲜明、光润、坚实为吉，以昏暗、枯燥、松散为凶，以红黄之热颜色为吉，以青黑之冷颜色为凶。可知，风水的实践操作过程就是一个不断的选择过程，"山外拱而内逼者，穴宜高。山势粗而形急者，穴宜缓。高则群凶降伏，缓则四势和平。山有恶形，当面来朝者祸速。水如急势，登穴不见者祸迟。趋吉避凶，移湿就燥"（《雪心赋》第九章）。选择就是趋吉避凶，反映在管理上，就是在企业内部要重视发挥优势消除劣势，在企业外部要避开威胁重视机会。

（二）灵活创新

风水理论讲究灵活运用，不可拘泥条例框框。《儒门崇理折衷堪舆完孝录》中讲到"地理本静也，古人制作每于静中求动，故多用变。夫变者，权也"[9]。正是因为地理环境是相对静止的，风水活动应该用变化的眼光来看待环境，从而进行协调。正如成中英所说："整体性不能用封闭的态度去了解，因为整体包含着时间和空间，包含着时间的流动和空间的整合，所以不应该有任何的限制。整体不应该限制于任何固定的格局，而应该打破格局。"[10] 所谓"会之于心，应之于目。三吉六秀，何用强求。正穴真形，自然默合"（《雪心赋》第六章），只要能够仔细观察，细心体会，自然能够找到风水的奥秘，而不可拘泥于三吉六秀等固定的框架，只要符合风水的要求就是好穴。因此风水书经常告诫"权非圣人不能用，时师而无用之，其不败乃事几希"[11]。权变这种诀窍不是一般风水师就能掌握的普通技能，没有能力而乱用，肯定有害无益。《雪心赋》作者因而非常反对理气派所谓的卦例，反复强调"是以潜藏须细察，来止要详明。山聚处水或倾斜，谓之不善。水曲处山或散乱，谓之无情。取小醇而遗大疵，是谓管中窥豹；就众凶而寻一吉，殆犹缘木求鱼。诀以言传，妙由心悟；既明倒杖之法，方知卦例之非"（《雪心赋》第三章）。理气派中的有些人往往以卦例硬套，认为和"三吉"或"六秀"的就是贵格，没有看到不同的部分讲究不同的形态，如垄龙以跳跃起伏为贵，支龙则以牵连屈曲为奇，风水对不同的部分有不同的要求，要灵活操作，不可强求，关键在于整体要和谐有情。"骨脉固宜剥换，龙虎须要详明。或龙去虎回，或龙回虎去。"（《雪心赋》第八章）龙虎砂在风水中地位非常重要，但是自然情况下，穴两旁的青龙山和白虎山或者左右两砂大都不会刚好一样长短，或左长或右长，这就需要用水势来进行弥补，"或有龙无虎，或有虎无龙；无龙要水绕左边，无虎要水缠右畔"（《雪心赋》第八章）。而这正体现了风水理论在针对具体实际情况时的灵活运用。又如"单山亦可取用，四面定要关栏；若还独立无依，切忌当头下穴。风吹水劫，是谓不知其所裁。左旷右空，非徒以益而有损。石骨入相，不怕崎岖；土脉连行，何妨断绝；但嫌粗恶，贵得方圆。过峡若值风摇，作穴定知力浅。穴前折水，依法循绳，图上观形，随机应变"（《雪心赋》第九章）。如果穴四面有围栏，那即使是单山也是可以采用的，只有独立无依的时候不能点穴。穴前非常空旷受风吹，这地是不能要的，如果形态端正，哪怕是嶙峋的石山也可以采用，只要龙脉在土中运行而不绝，那也是可以采用的。可知风水相地的关键在于气穴能否与周围相呼应并且视觉上美观。因此那些墨守成规者反倒不足取。"胶柱鼓瑟者何知，按图索骥者何晓。"（《雪心赋》第十四章）"一坯土居正穴之前，未可断为患眼；一小山傍大山之下，未可指为堕胎；或作蟠龙戏珠，或作灵猫捕鼠；贵通活法，莫泥陈言。"（《雪心赋》第十七章）不能因为穴前有小砂而断定必有瞎眼之灾，或许此为盘龙所戏之珠也未可知，关键在于如何灵活解说。所以风水"不可一途而取，岂容一例而言"（《雪心赋》第十七章）。大自然的现实情况，决定了风水实践允许在不违反自然的大格局的情况喜爱，允许对那些不美不利生存的山水形体进行适当的调整，"土有馀，当辟则辟。山不足，当培则培"（《雪心赋》第十九章）。对于那些尖利妨碍建筑的砂石可以推除，必要的时候填土造山，使之更加协和有情，这其实就是灵活操作的源头。"法度固难尽述，机关须自变通。"（《雪心赋》第十九章）因为自然情况千变万化难以罗列，全靠人为适当的积极变通。风水理论强调的变通实际上也是一种创新精神，虽然要学习前人的经验，但是不能迷信盲从，要有自己的见解，因为前人未必全都正确。"或前人着眼之未工，或造化留心以福善。"（《雪心赋》第九章）世上自有许多风水宝地，关键看如何开掘，或者前人点穴不准确，或者做工不精细，或者造物主为了将宝地留给修善有福的人而暂时未能显现。因此要本着自有主见的精神而行事。"细看八国之周流，详察五星之变化。截气脉于断未断之际，验祸福于正不正之间。更有异穴怪形，我之所取，人之所弃。若见藏牙缩爪，机不可测，妙不可言。"（《雪心赋》第九章）

五、风水理论强调积善行德和职业操守

（一）积善行德

虽然风水活动的目的是选择好的风水宝地，但是同时古人也认为好的风水宝地是属于善人的，因为美好吉利的宝地是由神明掌管的，"允臧吉地，乃神之所司，善人必天之克相"（《雪心赋》第三章）。行善积德的人，天一定能看出来并赐予其风水宝地。卜地择居这类活动虽然是由人来进行的，但能否得到善地却由神明做主，因此人应当以积善为本。古来的将相公侯这些当大官的人，是怎样获得荣华富贵的？无不是由于前世修善积德。"将相公候胥此焉出，荣华富贵何莫不由。知之者不如好之者，毋忽斯言；得于斯必深造于斯，盖有妙理。"（《雪心赋》第三章）由此可知尽管后世的江湖风水师不顾职业操守，将风水作为谋生的手段而妄为人择址，风水本初是重视伦理教化功能的。《儒门崇理折衷堪舆完孝录》也说："惟有吾心为真主吾心，果善人自杰而地自灵，念虑稍亏地不庇而神不佑。"[12]也就是说一个人只有自己心地良善才能获得福佑。引申到现代管理领域，一个企业必定要重视企业的社会义务，所谓"君子爱财，取之有道"，不能为了追求经济利益而丧失了道德底线，生产假冒伪劣产品危害社会。正如善地是由神明所掌管那样，企业的生存和发展最终也由市场和消费者所决定，如果一个企业违背道德底线，虽然有可能短时获得利益，从长远看来必定要受到人们的唾弃而走向消亡。正如好的风水宝地落入到恶人手中也会变成凶地一样，多行不义必自毙。所谓"贪谋诈求之计枉自劳心，或侵掘己祖又如剜肉以充饥，或偷葬人茔无异于盗铃而掩耳"[13]。这些都是自欺欺人的行为，天理昭昭，"奉劝世人，无如守正培心，地乃为得"[14]。所以企业不仅在企业行为中要重视良心道德，更要充分发挥企业的社会作用，多举行公益事业和活动，为社会多提供就业岗位。虽然慈善不是企业的本旨，但是适当范围内对社会作贡献为企业未来的发展会提供诸多帮助。"赋禀虽云天定，祸福多自己求。智者乐水，仁者乐山，是之取尔。天之生人，地之生穴，夫岂偶然。欲求滕公之佳城，须积叔敖之阴德。积德必获吉扦，积恶还招凶地。莫损人而利己，勿丧善以欺天。穴本天成，福由心造。"

（《雪心赋》第二十章）世上的风水宝地是要积善行德之人才能获得，风水人士自身所作所为也是自己祸福之来源，这个道理在今天仍然有其积极意义。

（二）职业道德

风水理论强调职业道德和操守。"地理精粗，包括殆尽。切记宝而藏之，非人勿示。慎传后之学者，永世无穷。"（《雪心赋》第二十章）这是因为风水理论者看到了风水活动是与人民的日常生活密切关系，占卜、择日、择居、择址等都需要风水活动来指导，如果学术不精，就会谬误百出甚至百出，所谓"相山亦似相人，点穴犹如点艾；一毫千里，一指万山"（《雪心赋》第九章），"左掌右臂，缓急若冰炭之殊；尊指无名，咫尺有云泥之异"（《雪心赋》第九章），"未知真诀，枉误世人"（《雪心赋》第三章），因此研究风水必须有高度认真负责的精神，"全凭眼力，斟酌高低，细用心机，参详向背。内直外钩，尽堪裁剪，内钩外直，枉费心机。勿谓造化难明，观其动静可测"（《雪心赋》第九章）。细心体会，静心参究，这样才能"莫向无中寻有，须于有处寻无"（《雪心赋》第九章）。究其原因，是因为客观的自然环境变化万千，很容易出错。"物以类聚，穴由形powerful。虎与狮猊相似，雁与凤凰不殊；一或少差，指鹿为马；浑然无别，认蚓为蛇。"（《雪心赋》第十七章）对于同一个山体环境，不同的人有不同的解说方式，导致后来风水理论众说纷起，如理气派的卦例说，以八卦作为基本法象来衡量地之善恶吉凶，虽然风水离不开卦论的指导，但是脱离形势而空谈卦例，就有些故弄玄虚，因此《雪心赋》对其加以批评。"既明倒杖之法，方知卦例之非。"（《雪心赋》第三章）"水若屈曲有情，不合星辰亦吉。山若欹斜破碎，纵合卦例何为。"（《雪心赋》第十五章）可知风水讲究的是环绕有情，端正美观，而那些星辰卦论过于死板和绝对，不可为据。据此卜应天认为风水师应该提高自身的素质和道德修养，认为"山川有小节之疵，不减真龙之厚福。年月有一端之失，反为吉地之深殃。多是信异说而昧正言，所以生新凶而消己福"（《雪心赋》第十章）。自然山川虽然有可能有不完美之处，但是仍旧可以调整改善仍不失为吉地，但是对于占卜的时辰年月若有失误，那即使是吉地也会变为凶地，所以这就显示出风水师在相地和占卜时的重要性。当然这是古代风水对待时间和空间的看法，天体的运行对事物的发展必然产生各种影响，而不同时间不同地点的不同人所受天体的影响是不同，因此才有占卜时日选择"良辰吉日"的必要，当今科学发展证明风水的这种观点不无道理，值得我们深入探讨。

由上可知，《雪心赋》中包含了许多现代管理之道的因素，如重视观察与思考，强调辩证全面地看待问题，抓住问题的关键点，趋吉避凶灵活创新，以及重视职业道德等，都值得我们重视的。但是《雪心赋》也仅仅是浩瀚的道教风水文献之一种，其他尚待我们挖掘的还有很多。但是不得不承认，道教风水文献中也包含了各种思想精髓，只要我们有心去挖掘，那中国传统哲学宝库的璀璨思想一定能够发挥其在新时代的作用。

注释：

〔1〕成中英：《C 理论：中国管理哲学》，学林出版社 1999 年版，第 3 页。

〔2〕同注〔1〕，第 29 页。

〔3〕《儒门崇理折衷堪舆完孝录》卷一，第四章"论气色真假""续道藏"第 35 册，第 585 页。

〔4〕同注〔1〕，第 32 页。

〔5〕《儒门崇理折衷堪舆完孝录》卷一，第六章"论天地气机"，《续道藏》第 35 册，第 586 页。

〔6〕《儒门崇理折衷堪舆完孝录》卷一，第四章"论气色真假"，《续道藏》第 35 册，第 585 页。

〔7〕《儒门崇理折衷堪舆完孝录》卷一，第四章"论气色真假"，《续道藏》第 35 册，第 585 页。

〔8〕《儒门崇理折衷堪舆完孝录》卷一，第十章"论砂"，《续道藏》第 35 册，第 588 页。

〔9〕《完孝录几例》，《续道藏》第 35 册，第 580 页。

〔10〕同注〔1〕，第 23 页。

〔11〕《完孝录几例》，《续道藏》第 35 册，第 580 页。

〔12〕《儒门崇理折衷堪舆完孝录》卷一，《续道藏》第 35 册，第 582 页。

〔13〕《儒门崇理折衷堪舆完孝录》卷一，《续道藏》第 35 册，第 582 页。

〔14〕《儒门崇理折衷堪舆完孝录》卷一，《续道藏》第 35 册，第 582 页。

〔15〕《儒门崇理折衷堪舆完孝录》卷一，《续道藏》第 35 册，第 582 页。

〔16〕《完孝录几例》，《续道藏》第 35 册，第 580 页。

寓金蕴玉　博鉴约取

——"四子"文化与管理

杨先举

（中国人民大学商学院，中国北京）

魏万磊

（中国青年政治学院，中国北京）

一、学习"四子"优秀管理文化

成中英教授就中西方文化融合问题提出了一个著名的"C理论"观点。这是一个哲学理论问题，也是个管理理论问题，确切地说，是一个哲学的管理理论问题。该理论提出了一个十分重要的讨论命题，就是如何使"中国管理理论科学化，科学管理理论中国化"。成教授认为要做到这一点，应该把中国的优秀传统文化中的七家思想——易学、儒学、道学、兵家、墨家、法家、禅学等吸收、融合、渗透到管理功能、整体管理体系中来。本文愿意为此提供某些看法：向"四子（老子、孔子、孙子、韩非子）"学管理，起个抛砖引玉的作用。

我国优秀传统文化，有文字记载的有五千年，分布在几百万公里土地上，可谓源远流长，博大精深。我们需要学习优秀传统文化，这是因为，她是文明，是瑰宝。她具有以下两个特点：第一，文明、瑰宝是因传承而存在的。我国优秀传统文化有很强的生命力，我国人民又具有学习传统优秀文化的美好品德，如此，她就一代一代被传承下来了。第二，文明、瑰宝是流淌的，如流水，如"逝者如斯夫"的江河，昨流到今，今流到明，刀割水不断，棒打不分身，奔腾不息，流向辉煌。

国家需要发展，社会需要进步。为了发展，为了进步，我们必须团结、动员、汲纳各方面力量并为之服务。需要今人的力量，古人的力量，本国人的力量，外国人的力量。优秀传统文化是一股重要力量，必须团结之、汲纳之、利用之。

什么是优秀传统文化？她是一个含义十分广泛的词，属糟粕的不算，包括哲人哲言、名人名言、经典文籍、史集文献、诗词律赋、明君治国经验、良相安邦艺术等。

本文所说的优秀传统文化，主要是哲人哲言方面，又主要集中于四位哲人，即先秦时期人物，他们是老子、孔子、孙子和韩非子。

二、学习老子

老子姓李名聃（生卒年月不详），道家的宗师，所著《老子》（又称《道德经》、《德道经》），有两个本子：通行本与古本。通行本，是以魏晋时期王弼注释的为底本，"道经"在前，"德经"在后，故称《道德经》；古本，"德经"在前，"道经"在后，故称《德道经》，以 1973 年在湖南长沙马王堆汉王墓里出土的帛书本，1993 年在湖北荆门郭店出土的竹简本为底本。通行本与古本内容有出入，有些出入还较大。本文主要基于通行本。

《老子》内容博大精深，梳理之，其精深处主要有以下几个方面：关于"反者'道'之动"方面的论述，关于"道可道"方面的论述，关于"为无为"方面的论述，关于"有生于无"方面的论述等，现逐条论述如下。

（一）"反者'道'之动"

《老子》通书充满辩证哲理思维，通书讲矛盾，"反者'道'之动"（《老子·第四十章》）讲的就是关于辩证哲理思维问题，矛盾问题。"反者'道'之动"的"反"，作"反正"的"反"解，作"相反相成"的"反"解，作"物极必反"的"反"解，作"反（返）朴归真"的"反"解。这些解讲的都是辩证哲理思维问题，对立统一问题，矛盾问题。

管理的一切问题都与矛盾有关。管理问题是由矛盾引起的，因此解决的办法也需要通过解决矛盾问题予以消解。矛盾的普遍性，反映在管理领域中，如有有关生产力方面的矛盾，有有关生产关系方面的矛盾，有有关上层建筑方面的矛盾，以及它们之间相互交叉的矛盾。

《老子》一书中讲了很多很多矛盾问题，即对立统一问题。列数之有：如道与名，一与万，变与常，为无为，无与有，虚与实，阴与阳，柔与刚，反与正，静与动等几十对。

管理中有有关生产力、生产关系、上层建筑及其相互交叉的矛盾，就很需要据老子所言的去"反者'道'之动"一番，去"有无相生，难易相成，长短相形，高下相盈，声音相和，前后相随"（《老子·第二章》）一番，才能予以解决。比如，在你的管理中，遇到了如周瑜要诸葛亮在几天内造出十万支箭那样的事，在正思考制造不得的情况下，就不妨"反者'道'之动"一番，利用"大雾向曹军借箭"的办法予以解决。

（二）"道可道"

《老子》第一章，首语说了一句十分有名的话"道可道，非常'道'；名可名，非常'名'"。此语该作如何解释呢？是说，"道"这个东西，如果是可以被表述清楚的，那就不是常恒意义上的"道"；同理、可以去解释"名可名，非常'名'"句的含义。此语后面还有这样的话："'无'，名天地之开；'有'，名万物之母。故常'无'，欲以观其妙；

常'有'，欲以观其徼。此两者，同出而异名，同谓之玄。玄之又玄，众妙之门。"

解释一下何谓"道"、"名"。在老子的心目中，"道"主要有三义，一作人类生活准则讲，一作事物运动规律讲，一作构成事物的本原讲。上述三种解释中以第三种为主要解释。"道可道"句中所说的第一个"道"字，就是作上述第三种解释讲。关于这个"名"，实际说的也是"道"，或者说天地万物。"道"，是天地万物的本源，它凌驾于万物之上，又着落于万物之中，是天地之始，是万物之母，一切被它包容，一切被它归纳。

《老子》的话，为我们思考管理问题提供了哲学思路。它启示着我们怎样去探究管理事物的源与本。举个例说，我们说管理文化的文化问题，管理优秀传统文化的文化问题。细究，什么是"文化"呢？"文化"与"文明"有什么区别呢？就不太说得清楚了，用老子的话说，就是很不可"道"的了。假如真的被你"道"了一下，你的"道"也只是其中一个"道"而已。据说，关于"文化"这个词，在当今社会中其"道"就有上百种之多。

本文作者中的杨先举写过一本书《企业文化新绿》，就给"企业文化"下了一个定义，说"企业文化"的真义是"价值观"，是企业自然求索、社会交往中的"价值观"。关于何谓"企业文化"，其定义在社会上也不计其数。杨先举认为"企业文化"这个"道"的"道"，也只是一个"非常'道'"的"道"而已，绝不是常恒意义的。常恒意义的"道"有没有呢？理论上说应该"有"，从实际说却是"无"。或者这么说，它促使我们去"道"，去追求，去研究，逼近其真理地去"道"，向"非常'道'"方向去道，以此去"观其妙"，"观其徼"，实现"众妙之门"。

世界上绝对真理是没有的，相对真理是有的。但我们可以去探究事物的绝对真理。老子上述的话可贵，就在于它揭示了上述的理。它敦促我们去研究绝对真理，无限地去研究真理，使之完善更完善，真理更真理，比如无限地去研究"优秀传统文化"，"企业文化"。

（三）"为无为"

《老子》一书中十次以上使用了"无为"这个词。在第三章说："为无为，则无不治"，第三十六章说："为无为"等。

关于"无为"，有人以为老子是不主张作为的。但实际上老子是主张有为的。《老子·第三章》说得很清楚，"为无为，则无不治"。这里所说的"为"是目的，"无为"是手段。此话是说，你真的做到了无为，那么你的无为就可以取得无不治的效果。此外，在第六十四章老子又说"圣人无为故无败"，你无为了，你就可以取得"故无败"的业绩。还有，第四十八章说"无为而无不为"，无为了，"无不为"。第五十七章说"我无为而民自化"，无为了，"民自化"。第四十三章说"知无为之有益"，无为了，就可以做到"之有益"。所有这些话都说明着这样一个道理："无为"绝不是一无作为的"无为"。

由上述讨论，我们可以得出这样一个结论，老子的"无为而治"，实际却是"有为而治"，是治的一种最高境界。

现在让我们联系管理实际来讨论"无为而治"问题。现实生活中有这样的领导，事事有为，事必躬亲，既抓眉毛，也抓胡子，把自己陷入日常事务之中，不得自拔。但也有这样领导，领导时刻注意"无为"：一，"君道无为，臣道有为"，当领导的把不少的权分割给下属，无为些，抓要事；二，"君抓大事，臣抓小事"，君属领导层的人，领导人就要抓大事，把小事放手地让管理层、操作层的人去干。

"无为"了，就能大治。春秋时期楚庄王在位三年，不发令，不施政。他"无为"着，静观形势，细想问题。半年后，他"无为"转化为"有为"了，下令做了很多"有"的事，成为"一鸣惊人"的人。再说一位，三国时期诸葛亮，在 27 岁前，他静卧卧龙，"无为"着，他看天下，想问题，做着"春"的梦。27 岁时，应刘备之请，出山了，"大梦先觉"，卧龙升天了，为刘备建功立业做出了巨大成绩，一飞冲天。

（四）"有生于无"

"无"与"有"是一对矛盾。在这对矛盾中，它们互含，你中有我，我中有你。常眼只认识"有"，不认识"无"；慧眼却认识"无"。"有"中蕴涵着"无"，"无"中生育着"有"。这叫"'有'生于'无'"，"有无相生"，如上面说的那样，"无为"生育"有为"。

"有"都是从"无"中来的。当然"有"是不会无缘无故出现的，是经过"为无为"而产生的。"有"很重要，因为我们生活在"有"中，没有这个社会，就没有我。但"无"也重要，"无"的作用也不能忽视。例如我们居住房子，要是没有其中的"无（空隙、空间）"，你就得露宿在街头之中，房子的价值首要的就在于它有"无"。

你懂音乐吗？音乐所以好听，抑扬顿挫，其中有"无"的功劳，那"抑"，那"顿"，就是"无"。你喜欢京剧吗？京剧中有时人物出场，先有叫板出来，此刻在台上，人是"无"的，音却"有"了，这样造成强烈的听觉效果。

管理中"无"的作用也极大。如思维，如知识，如规划，如谋略等，这些东西都是不见之于形的，是"无"，但其价值要比现实的"有"大。知识资本要比货币成本、物质成本作用大，无形财富要比有形财富作用大，无形资产要比有形资产作用大。例如你是厂家，你生产的产品有好的品牌，好的社会声誉，这些都是属于"无"的东西，你经营之就会收到很好的经济效益。

老子思想中还有很多精辟观点，如"治大国若烹小鲜"句，"柔弱胜刚强"句，"上善若水"句等，都是值得一说的，因为篇幅原因从略。

三、学习孔子

孔子名孔丘（前 551—前 479）是儒家的宗师，儒圣。在我国优秀传统文化中，在先秦诸子百家中，最负盛名的是两个子，老子与孔子；是两个家，道家与儒家。有人还这样讲，我国优秀传统文化好如一棵参天大树，长有好多好多的树干、树枝。其中最为重要的是两个干，那就是道学老子思想这个干，儒学孔子思想这个干。

孔子思想主要集结在由他的弟子及再传弟子所编撰的《论语》一书中，主要以语录的形式出现。这里重点讨论孔子关于"天何言哉"的话，关于"为政以德"的话，关于"仁者爱人"的话，关于"有教无类"的话等。

（一）"天何言哉"

孔子在《论语》一书里二十余处讲到"天"，大致讲了两个方面的内容：自然状态的天，春夏秋冬、风霜雨雪、日月升降等；观念状态的天，给天以人的意志、感情，或成为神明化的天、或成为人格化的天。本文主要讲天的自然态。

关于天的自然态，孔子讲得最为著名的是"天何言哉？四时行焉，百物生焉，天何言哉"（《论语·阳货》）句。这句话的可贵处有三：一，唯物，天独立于人而存在，客观的，不迷信；二，揭露了天的天象状态，四时在行，百物在长；三，天人相分，天是天，人是人。

孔子不迷信，在那个年代里，孔子能做到这一点很不容易。在《论语·述而》中曾有"子不语怪、力、乱、神"。《论语·先进》也说"未能事人，焉能事鬼"。

由"天人相分"观想到，天一般是处于自变状态中，人是被动地应变的，天下雨，人撑伞。但人绝不是完全处于被动地位中，人完全可以去做一些关于"天人合一"方面的工作，比如主动地做保护自然生态环境的事，使气候与人不闹矛盾。《论语·述而》说："子钓而不网，弋不射宿。"孔子就是一位主张保护生态环境的人。我们可以学习孔子的关于天人合一、天人协调的思想。

（二）"为政以德"

孔子在《论语·为政》中说："为政以德，譬如北辰，居其所而众星共之。"是说，为政要依靠德，犹如北斗星高照，其他众星就会共同地拥戴它。

孔子重视"德"，在《论语》一书中他多次讲"德"，如"道之以德，齐之以礼"（《为政》）等。孔子讲"德"常同"仁"、"义"等词联系着说。孔子十分重视"仁"，孔子的德治的最高境界是实行"仁"。关于这，孔子的再传弟子孟子在他的著作《孟子·离娄上》说："不以仁政，不能平治天下。"

百善德为先。我们要讲"德"，也主张实行德政，并且赋予新的名词："以德治国"，并同"依法治国"一起作为治国方略并实行之，取得了良好的治国效果。

"德"，道德。道德是对某事物、某行为所持的一个观念，是一种规范，软性地约束人们去做什么，不做什么。它是调整人们相互关系行为规范的总和，是人类社会的一种独特范畴，是由经济关系决定的。它依仗着人内心世界的信念、觉悟、认识以及传统习惯、社会舆论，对社会现象、事物作出判断，判其真伪、善恶、美丑、是非等，然后做出相应的行为举止。但是，需要指出，道德的判别不是一成不变的，它会随着社会阶级关系的变化、经济关系的变化、科学情况的变化等做相应变化。

我们要讲三种"德"：社会公德的"德"，讲五爱：爱祖国，爱人民，爱劳动，爱科学，爱护公共财物等；职业道德的"德"，讲爱岗敬业，恪守诚信，服务人民；家庭美德的"德"，提倡父慈子孝，尊老爱幼，夫敬妇爱，男女平等，邻里和睦。

我们讲"为政以德"，还要讲"齐之以刑"。既要讲"以德治国"，还要讲"依法治国"，做到德法互济，恩威并施。

（三）"仁者爱人"

上已说，孔子的"为政以德"是以实行"仁政"为核心的。孔子十分重视"仁"，在《论语》一书中，他讲"仁"达 109 次之多。所以，《吕氏春秋·不二》说："孔子贵仁。"

"仁"是孔子的哲学、政治学、经济学、社会学、道德学、伦理学、管理学等的思想基础，是儒学"五常"（仁、义、礼、智、信）的首常。假如实行仁政了，按孟子说法，就可以"王"，就可以"莫能御"（原话见《孟子·公孙丑》："行仁政而王，莫之能御也。"）

什么是"仁"？孔子给出的答案无数，最负盛名的是："仁者，爱人。"（《论语·颜渊》）"仁者，爱人"的"仁"，按《说文解字》许慎的解释："仁，亲也。"我们解释，"仁"的构字是有"人"与"二"为字素组成，这就说明着这样一个理，人与人之间需要仁，需要亲，需要爱。我们的社会是由人组成的，有着人与人的关系。这就需要人人间有爱，有亲，让社会充满爱，让社会美好。假如果然这样了，社会就和谐，天下就太平。

"仁者，爱人"，还体现这样一个思想，孔子重视人，民为贵，做工作要以"人本"为原则去做。

"仁"，孔子还有这样一种解释："己欲立而立人，己欲达而达人"（《论语·雍也》），是说，自己想创立的事帮助他人创立之，自己想实现的事帮助他人实现之，以此树立良好的道德风尚，做到人人立，人人达。

"仁"还作这样解释，十分有名。孔子说："己所不欲，勿施于人。"（《论语·颜渊》）这话提倡着做人要做善人，做善事，不要把自己不想做的事强施给他人。比如，你行商，你讨厌假冒伪劣，那么你不要去搞假冒伪劣。这句话，西方的商人把它视为经商的"黄金法则"，"人民行为的伟大法则"，人类的"永恒的法则"，是"金字塔的最高点"，认为若这样做了，经商就不败。

（四）"有教无类"

孔子是教育家。关于教与学他讲了很多有名的话。

先说关于学。孔子讲了很多，主要有："学而时习之，不亦说乎"（《论语·学而》），人要"志于学"（《论语·为政》），"学而不思则罔，思而不学则殆"（《论语·为政》），

"行有余力，则以学文"（《论语·学而》），"君子博学于文"（《论语·雍也》）等，这些思想对我们搞好自身学习是有帮助的。

再说关于教。孔子说得也甚多，说其主要的。

一如"有教无类"（《论语·卫灵公》）的话。是说，凡是愿意学的，我都要好好地给予教，而不管他身份如何，是否有钱等。这是一个非常正确的观点。教，可以使人懂仁、懂义、懂礼、懂智、懂信，使人知书明理，使人聪明，使人长学问。没有生而知之的人，只有教而知之、学而知之的人。有权有势的人要教，无权无势的人也要接受教；有钱人家的人要教，无钱人家的人也要接受教；年轻人要教，老年人也要接受教，总之，你想学习吗？我教。现在是知识经济时代，通过教，让知识遍及社会上老老少少的人，男男女女的人，假如是这样了，普天下的人懂礼仪，懂知识，有学问，那多好。

二如"循循善诱"（《论语·子罕》）的话。这句话是一句讲教学规律的话，讲学习规律的话。教人学理，学知识要一步一步地教；我学知识，做学问，要一步一步地学与做。迈步先跨这一步，再跨另一步，一步一步来，不能并足走。先懂浅显的知识，才有可能懂深奥知识，一口吃不成大胖子。不搞突击，不搞跳跃，不搞胁从，不搞勉强。在"善"字上下工夫，在"循"字上上工夫，积跬步至于千里，结小流成江海。

孔子还说了"学而不厌，诲人不倦"（《论语·述而》）的话，"不愤不启，不悱不发"（《论语·述而》）的话等。还有，孔子还说了类似"因材施教"的话，"教学相长"的话，都很好，因为篇幅原因恕从略。

四、学习孙子

孙子，原名孙武，生卒年月不详，大致是与孔子同时代的人，兵家宗师，号称"兵学鼻祖"，"武圣"。他写的《孙子兵法》被世人称为"兵学圣典"，"世界古代第一兵书"，名扬四海。据说我国国内有兵书三百来种，其水平没有一本能超越该兵法的。《孙子兵法》中所讲的关于"庙算"方面的思想，"全胜"方面的思想，"先知"方面的思想，"权变"方面的思想等都讲得非常精辟，很可以供我们搞管理时参用，下面我们对孙子上述四个方面的论述逐条作阐释。

（一）"庙算"

《孙子兵法·始计》说："夫未战而庙算胜者，得算多也；未战而庙算不胜者，得算少也。"何谓"庙算"？"庙算"者，决策也。是廊庙之算，祖祠之算，国家根本之算，国家之计之算。国家在出征前，或在迎战前，国君常常会带着群臣，带着祭品，去廊庙那里做祭祀，愿祖先保佑我作战获胜。做庙算，即研究、决策我这个仗该如何打。

孙子认为："兵者，国之大事，死生之地，存亡之道，不可不察也。"（《孙子·计》）如何察？孙子提出，"经五事"："道"、"天"、"地"、"将"、"法"；"校七计"：

"主孰有道？将孰有能？天地孰得？法令孰行？兵肿孰强？士卒孰练？赏罚孰明？"细析，上述"五事"、"七计"，其中各自内容有些是相同的，如关于"道"、"将"、"法"，这可能是孙子为了强调这些因素的重要性而同义反复之说吧！

上述"五事"、"七计"的每个"事"与"计"，构成了"庙算"的决策因素。这"事"与"计"，即庙算因素，可分两个部分：外因素，如天、地；内因素，如道、将、法、兵众、士卒、赏罚等。"庙算"就在考虑了上述种种庙算因素，并与对方的这些相应因素作了比较后算计做出，力求我多得算，多胜算，使我的决策是上算的，上乘的，是有取胜把握的。

孙子说的军争是争，我们认为商争也是争。军争、商争两者其"争"的理是一样的。军争需要庙算，商争也需要庙算。由此我们可以推导得出如下结论，上述揭示的关于军争庙算这些思想、做法等可以借用到企业管理中来，企业竞争中来，使企业管理、商争获胜。

（二）"全胜"

孙子在《孙子兵法·谋攻》中写了这样的话："用兵之法，全国为上，破国次之。"是说作战力求取得全国的胜，破国是次法。由此他接着说："百战百胜，非善之善者也，不战而屈人之兵，善之善者也。"由此接着又说："上兵伐谋，其次伐交，其次伐兵，其下攻城。"这些话说的就是"全胜"问题。

"全胜"有两层意思：战争力求完全的胜；战争力求以最少的损失胜。"全胜"是"庙算"考虑的首要问题。

有两种"胜"：刚胜，力胜；柔胜，谋胜。不是说刚胜、力胜不好，我们也是追求刚胜、力胜的。但它的胜是有条件的，自己的力量必须强大，强大到足可以与对方拼；再，刚胜的胜常常是要付出比较沉重的代价。所以孙子在他的兵书中极力主张柔胜，谋胜，主张"上兵伐谋"，主张"算计"，主张作"不战而屈人之兵"之胜。这样的胜，即使自己的力量不强大也能胜，以弱胜强的胜，以少胜多的胜。即使自己的力量有足够的强了，可以以势、以刚、以力胜他人了，为减少自己损失，也仍然要用谋、计、智、柔等与对方战，以此获全胜。

现代经营与对手作竞争时，也必须持上述态度，用"谋"，用"计"，用"智"，用"柔"，用"不战而屈人"，与对手争。例如，在竞争前，要谋划好产业发展投向，谋划好正确的经营方针，经营方式，创造好的经营条件等。竞争了，尽量避开与对手作正面冲突，谋新，谋其他佳径，如做好广告，用好的经营方式，用好的经营点子等与对手争。

（三）"知彼知己，百战不殆"

关于"知"，在孙子的兵书里讲了好多话，主要的有三处：一处是在《谋攻》中说的："知彼知己，百战不殆"；一处是在《地形》中说的："知彼知己，胜乃不殆"；又一处是在《用间》中说的："成功出于众者，先知也。"

孙子这里所说的"知"，主要指情报、信息。情况明，信息准，作战决策就可能对，作战的胜利才有可能成真。因为"知"的重要，所以作战各方总不遗余力地派探马、细作，甚至派生间、死间等去获取对方情报、信息。"知"不仅要知，而且要"先知"，谁得先知、真知，谁就胜。

主要地有两个方面的"知"，知彼，知己。此外还要知天知地。既知彼了，又知己了，作战就会"百战不殆"。一般情况下知彼难于知己，因为作战中的"彼"是决不会轻易地让你去取得他的信息的，甚至还会制造假象欺骗你，如"能而示之不能"等。另外，还要说，即使让你得到了对方的信息，你还必须以正确的态度去判别，不出现如曹操对蒋干"间"得的"知"做错误判断那类的事。还要正确看待自己，然后与对方比，以做出正确的或你高我低，或你低我高那样结论来，然后采取对策取胜对方。

"知"的问题，在现代仍然得十分重要。我们做任何工作，包括管理，都需要获知，掌握情况。"知彼知己，百战不殆"，我们务必深深地、牢牢地记取这个"真理"，这个"规律"，并在工作中、生活中实践之，获知获知再获知。

（四）"权变"

关于"变"，《孙子兵法·虚实》中说："水因地而制流，兵因敌而制胜。兵无常势，水无常形，能因敌变化而取胜者，谓之神。"此话是说，水是避高趋下的，兵是避实就虚的。没有常态的兵，没有常态的水，能够做到据敌情的变化而变化与之战的人是神。

关于"权"，《孙子兵法·军争》说："悬权而动"，是说作战是根据"权"而动作的。"权"，秤锤。衡量轻重用"权"。权作战的利，权作战的弊，然后战之。《孙子兵法·始计》说得更清楚："因利而制权也。"用"利"作为"权"来考虑问题。

"权变"，就是用利弊作为衡量作战的"权"与之变，或战，或不战，或这样战，或那样战。

关于"变"，还有更深的学问。"变"是世界事物的本源，是事物存在的根据，是事物运动的物质反映。世上事物一刻不停地在变化。可以说，没有变化，这个世界就不存在。

变，总是因他事物的变，引起我的变。同理，我变也会引起他事物的变。我必须主动地去应变，据形势变，据规律变，变被动为自为。

企业竞争，也务必求变，如下棋，你下炮，我相应地下个马以对付你。还要据环境形势的变而变。大环境变了，如国家政策变了，我要变。企业的小环境变了，即具体的工作环境变了，如企业的协作者、竞争者、消费者、原材料供应者、资金供应者、运输条件保障者等变了，我也必须作相应的变。

以上说的是企业问题，我们搞任何管理，国家管理，社会管理，家庭管理，自身管理等也必须据此办。

五、学习韩非子

韩非子，法家代表性人物。他不是法家的宗师，却是汲取、集取在他以前众多法家人物的思想于大成的人物。诸如汲取、集取管仲、商鞅的思想，申不害的思想，慎到的思想等。写有《韩非子》的书，十余万言，其书的主要内容讲"法"。《韩非子》一书中有好多精辟观点，这里拟选择韩非的四个观点予以讨论，即关于"世异事异"的观点，关于"治强者王"的观点，关于"以法治国"的观点，关于"入多出少可为"的观点。

（一）"世异事异"

韩非在《韩非子·五蠹》中说："世异则事异……事异则备变。"是说，时代变了，社会情况就会跟着变化。社会情况变了，你对付它的办法也必须作相应地变化。

"世异则事异"，"事异则备变"，这个观点符合历史唯物主义思想。历史事实证明，世界是遵循"世异则事异"，"事异则备变"规则运行的。石器时代有石器时代的生活方式，铁器时代有铁器时代的生活方式，机器大生产时代、电气化生产时代、电脑操作运行时代等又有各自的生活方式。

韩非在《五蠹》中还说："圣人不期修古，不法常可。"是说，圣人不期望、不羡慕远去的古代的生活方式，不效法过去的恒久不变的生活运行规则。韩非子主张"世异则事异"、"事异则备变"的"变"。世变，事变，是事物的发展规律。社会借此进步，世界借此发展。因此我们要主动地去迎接变，不期修古地变，不法常可地变，往新的方向变。并且"新"好，有新就有生机，就有发展，就有前途，就有美好，让我们"苟日新，日日新，又日新"。

（二）"治强者王"

《韩非子·饰邪》说："乱弱者亡，人之性也；治强者王，古之道也。"这是说，社会动乱、国家衰弱、国家亡，这是人间经验；社会安定，国家强大，则这个国家必定称王于世，这是历史告诉我们的道理。

自私有制以来，战事不断，成则为王，败则为寇。何以如此，根本之点，在于力之强弱。"力多则入朝，力寡则朝于人"（《韩非子·显学》），有力王之，入朝；无力寇之，朝于人。所以韩非说"明君务力"（《韩非子·显学》）。

为政必须治强，务力。王天下，入朝，或亡天下，朝于人，关键是"治"，是"力"，是"武"。人们说，正义战胜邪恶，公理战胜谬误，这话无疑是正确的。但是这是从历史总的发展趋势来说的。从某个局部、某个时段说，谁实力强谁就占了便宜。

韩非十分强调图强，治强，务力，而且提出了四个正确主张：一是"自恃"，二是"内政之有"，三是君臣合力治国，四是治国不失众。

"自恃"。韩非说"恃人不足以广壤"（《韩非子·饰邪》）。强国、广壤靠自己，不看他人脸色，不仰仗他人鼻息。自强不息，把治强的命运牢牢地掌握在自己手里。

"内政之有"。韩非在《五蠹》中说："治强不可责于外，内政之有也。"一心一意"严其境内之治"（《五蠹》），不媚求他人，做好自己工作。

君臣合力治国。这是韩非在讨论"治国倚谁"问题时的观点，治国不仅仅靠君一人治，还要靠众大臣辅佐。

治国不失众。韩非在《观行》中说："虽有尧之智而无众人助，大功不立"，主张治国要靠众多百姓的助。

上述韩非的观点、主张，对今人有启示价值。

（三）"以法治国"

现在我们国家有"依法治国"、"以德治国"的话。"依法治国"就出自管仲、韩非的话。韩非在《有度》中说："以法治国，举措而已矣！"只是现在的提法，把韩非的话"以法治国"改了一个字，把"以"字改为"依"字。

韩非是位集前众法家思想精粹于一身的大成者，把前法家的思想更理论化了，更全面了，更系统化了，更法理化了。

韩非把法的思想讲得更理论化。如他为"法"下了定义："法者，编著之图籍"（《难三》），还说，"法者，王之本也"（《心度》），又说，"治强生于法"（《外储说右下》），又说，"安国之法，若饥而食"（《安危》），又说，"以法治国，举措而已"（《有度》），又说，"明法者强，慢法者弱"（《饰邪》），又说，"臣无法则乱于下"（《定法》），如此等等。

韩非把前法家众名人的观点汇集起来，归纳为三个部分，即管仲、商鞅等人的"法"的思想，申不害的"术"的思想，慎到的"势"的思想，自成体系，更全面，更系统。

韩非法的思想讲得很到位，有这么几个思想值得称道。

1. "法不阿贵，绳不桡曲。"（《有度》）法律不偏袒地位显赫的人，如同木工用绳子做量具不会因为木是弯曲的而迁求。

2. "威不贰错，制不共门。"（《有度》）权威应该归属于君，不能让君臣共享，制度也应该由君制定，而不能让君臣共同去办。就是说法必须有权威。

3. "法如椎锻。"（《外储说右下》）法必须严，如椎锻椎锻物品那样的严。

4. "人主之二柄，刑德也。"（《二柄》）人主是依靠刑与德两个"柄"去做好工作的，有刑无德不行，有德无刑也不行。

5. "赏罚者，利器也。"（《内储备说下六微》）实行法治，要实行赏罚两个利器。

6. "疏贱必赏，近亲必诛。"（《主道》）是说不管是疏贱的，近亲的，该赏的赏，该诛的诛，做到法律面前赏罚人人平等。

7. "发矢中的，赏罚当符。"（《用人》）是说执法要公，谁犯法，谁受过，不冤枉好人。

8. "奉法者强则国强。"（《有度》）用素质高的人治法、执法。

上述韩非"法"的思想，相信对今人在实行"依法治国"方略中仍然有很大参用价值。

（四）"入多出少可为"

韩非在他的著述《南面》中说："举事有道，计其入多，其出少者，可为也……其入多，其出少，乃可谓功。"这是一句关于讲"货殖"方面的话。关于"货殖"韩非讲了很多好的观点，主要有：人需要利；社会存在竞争；人需要"功"；谋"功"要谋长远功；管理有一个分工合作问题；管理要做好预测、计划工作；管理要图新；要做好销售工作；经商，在出售商品时必须做到价廉物美服务好等。

"入多出少可为"这话的意思是，做事要掌握一个原则，做了事后，其所得到的要多，所支付的要少，假如可以做到这一点，那么这件事就可干。什么是"功"呢？入的多，支出的少，就是"功"。

与此有关，韩非还讲了一个思想："欲取之，姑予之"（《说林上》），是说，你要得到些什么，你必须先给些什么，给是为了取。这话的价值是普遍的，政治上、军事上都要注意这样做。我们这里说货殖也同样，你生产商品需要投入，支出成本，但必须考虑这个商品在销售出去了后，所能得到的收入要多，就是说，务求予的少，取的多，是正值，且越多越好。

六、结　语

往昔历史虽然远去，"四子"也早已作古，但优秀传统文化是镇国之宝的事实不变。让我们拥抱优秀传统文化，拥抱"四子"思想精魂。

《老子》无为思想的管理智慧

刘韶军

（华中师范大学历史文化学院，中国武汉）

一、《老子》无为思想为治国者所设

通读《老子》一书，可以看出这部著作的中心思想是为现实社会中的侯王君主提出一种治理国家和管理国家的方案，核心是侯王必须"无为"。第十章向侯王君主提问："爱民治国，能无为乎？"要求侯王君主爱民治国要实行无为的管理智慧。《老子》之所以提倡无为，是因为作者认为侯王的无为可以使民众得以自化、自正、自富、自朴，这在第五十七章说得最为明白——圣人云："我无为而民自化，我好静而民自正，我无事而民自富，我无欲而民自朴。"

这里的"我"，当然是指侯王君主，而不是一般的人。所说的无为、好静、无事、无欲，都是无为的不同说法。侯王君主实行无为政治，就能使民"自"化、"自"正、"自"富、"自"朴。这说明只要侯王实行"无为"政治，民众才能"有为"，不需要侯王君主具体指导民众如何做事，他们就会自动、自然地做到教化、正直、富裕、朴素。侯王君主做到"无为"而民众自然就能"无不为"，《老子》说的"无为而无不为"，"为无为，则无不治"，其逻辑就是如此。按照《老子》的思想，如果整个国家的民众都能自化、自正、自富、自朴，作为国家统治者和社会管理者的侯王君主夫复何求？换言之，能使民众自化、自正、自富、自朴，其国家与社会自然就会长治久安，此即第五十九章说的："有国之母可以长久，是谓深根固柢，长生久视之道。"

在《老子》看来，侯王君主实行无为政治在哲学上自有可靠的理据，也就是第三十七章说的："道常无为而无不为。侯王若能守之，万物将自化。"无为而无不为的道理来自于《老子》所说的道，侯王君主若能遵守实行"道"这一根本原理，万物将自化。万物自化，在社会层面上就是民的自化、自正、自富、自朴。从这里可看出说"我无为而民自化"的圣人，就是《老子》心目中理想的侯王。换言之，《老子》希望管理治理国家和社会的侯王君主应当是具有"我无为而民自化"觉悟的圣人。

侯王君主若能做到无为，使民自化、自正、自富、自朴，民众对这样的侯王君主就会只知在上有侯王君主，而不知这侯王君主对自己有什么干涉与限制，他们就会感觉到最大的自由，来做自己想做的事情，这样的话，社会百业自然就会达到兴旺，社会自然就会安定富裕。所以第十七章里描写这种状态："太上，下知有之，其次亲而誉之，其次畏之，其次侮之。……功成事遂，百姓皆谓我自然。"

关于《老子》无为思想的这种性质，近代思想家严复已经专门指出来了，认为道家思想（以《老子》思想为主）与近代西方治理社会的理论有相通之处："治国宜听民之自由自化。……无心而任乎自化者，应为帝王也。此与挽近欧西言治者所主张合。凡国无论其为君主，为民主，其主治行政者，即帝王也。为帝王者，其主治行政，凡可以听民自为自由者，应一切听其自为自由，而后国民得各尽其天职，各自奋于义务，而民生始有进化之可期。"[1]

《老子》也说到侯王君主有为的不良结果，即第七十五章所说："民之饥，以其上食税之多，是以饥。民之难治，以其上之有为，是以难治。""食税过多"就是"上之有为"，其结果只能是使民饥而难治。中国古代著名史学家司马迁对此也有深刻认识，他在《史记·货殖列传》里说："虞夏以来，耳目欲极声色之好，口欲穷刍豢之味，身安逸乐，而心夸矜执能之荣使。俗之渐民久矣，虽户说以眇论，终不能化。故善者因之，其次利道之，其次教诲之，其次整齐之，最下者与之争。"[2]

太史公是用反面事实说明历史上的侯王君主不能按《老子》所说实行无为政治，影响所至，已使民众远离自化、自朴、自正、自富，侯王君主即使想用强大的说教来教化民众也完全达不到目的，于是他总结出一个道理：作为侯王君主，最高明者是因之，即顺应民众之所欲而给他们自由，让他们皆谓我自然，侯王君主对于民众完全无为，使之自化、自正、自富、自朴。这就是《老子》所说的无为政治及其效果。与严复所说的听民自为自由，而后国民得各尽其天职，各自奋于义务，从而使民生得以正常发展是一致的。其次的做法是以利引导民众，再次是用思想理论教诲之，再次是用法律制度整齐之，最次是与民争利。太史公从历史学的角度证明了《老子》无为政治及其效果的正确性。

太史公还在《太史公自序》中明确说明道家思想对于社会政治的重要作用，可以看作他对《老子》无为思想的深切理解："道家无为，又曰无不为。"这是对道家思想要旨的简洁定性，又以为君主如果不能按照道家思想来治国，"而曰'我有以治天下'，何由哉？"[3] 表明在太史公看来，侯王君主只能遵由道家的无为思想来治国，否则就无由达到有以治天下的目的。

不过从历史上看，虽然有《老子》如此明白的告诫，但现实中的侯王君主即历代帝王却很少有人重视《老子》的无为思想。历史上曾有西汉初年的几位帝王及大臣懂得遵照《老子》及道家无为思想进行治理国家和管理社会的实践，从而取得了文景之治的良好效果。后来又有唐玄宗、宋徽宗、明太祖、清世祖（顺治）四位皇帝曾为《老子》做过注释，表明他们研究和重视《老子》的思想。他们的注解是否合乎《老子》的原意暂且不说，至少比根本不读《老子》的皇帝要显得明智。这四位皇帝读《老子》书，都是为了从中吸取政治智慧以用于治理国家，可以说是理论联系实际的，因此其注释中能够反映他们对《老子》的真切体会。唐玄宗说："其要（指《老子》的根本旨要）在乎理身理国"[4]（理身理国，就是治身治国。唐人避讳治字，用理字代替治字），明太祖说："斯经（指《道德经》）乃万物之至根，王者之上师，臣民之极宝"[5]，顺治说："以之（指《老子》所说的无为思想）治国则国治，以之修身则身安"[6]，不约而同都认同《老子》对侯王君主治理国家和管理社会具有指导作用。

《老子》无为思想有一个默认的前提：实行无为的人必须是"圣人式的侯王"，并不是任何人都可以"无为"的。这一点往往为人们所忽视，因此许多人把《老子》看作个人修身养性的著作，把《老子》及道家思想引向了消极避世的方向，这是对《老子》无为思想的误解。

"圣人式的侯王"，是笔者提出的概念，指"圣人"与"侯王"[7]的统一。圣人与侯王的统一体，是《老子》设计的理想的治国者，这一设想与古希腊的思想家柏拉图所提出的哲学家必须成为国王的思想悄然相通。

《老子》说的圣人，与孔子及儒家说的圣人不同。《老子》说的圣人，是以无为自然为其特征的，孔子及儒家的圣人是以仁者爱人及整套仁义道德理念为根本特征的。《老子》的圣人只能施之于侯王君主，不能施之于普通之人。孔子及儒家的圣人，可以施之于侯王君主，也可以施之于普通之人。按照《老子》的思想，圣人式的侯王是指侯王必须达到圣人的思想高度，而圣人又须身居侯王之位，二者必须合为一体，才有条件实行"无为"政治。从这个意义上看《老子》，就可以理解到《老子》的思想主旨就是向现实的侯王说明：你们应该达到圣人的高度，用无为思想来治理国家社会，因为无为是道的体现，只有无为政治才符合道的根本之理。

以上说明了《老子》无为思想的根本要旨是要求侯王君主实行无为，使民自由自为，从而达到自化、自正、自富、自朴的效果。这一种思想本来是为侯王君主而设的，并非适用于一般人物。因此要求侯王君主首先达到圣人的高度，使侯王与圣人合一，然后才能实行无为政治。以下根据《老子》所说，阐明《老子》无为政治的基本内容与要义，并说明这种思想在今天建设和谐社会中可资借鉴的意义。

二、无为思想的主要宗旨

无为思想及其管理智慧，在《老子》书中仅是一种理论，在历史上也有正面和反面的事实予以证明。正面事例如汉初君臣的实践与文景之治的效果，反面事例如《史记·货殖列传》所说虞夏以来的君主帝王，纵欲享乐，所为过甚，乃至影响了社会民风，虽欲扭转亦不可得。《老子》作为史官，对历史事实非常清楚，他提出无为政治，亦可说是总结历史经验教训的自然结果。为了告诫后来的侯王君主，《老子》并不想向他们大讲"道"的玄妙哲学，而是提到许多具体问题让他们明白如何实行无为管理。综观《老子》书，这方面的内容最多，远远超过关于道的哲学论述。从这个意义上说，《老子》书不是哲学著作，而是关于管理国家与社会的著作。换言之，若仅从哲学方面讲《老子》，并不能把握《老子》的全部内涵。在《老子》中，归纳其关于无为式管理的论述，约略有如下三方面的要旨。

无为思想的第一个方面，是必须要"以百姓心为心"，即第四十九章所说："圣人无常心，以百姓心为心。""以百姓心为心"包括两个方面，一是顺应民心，二是引导民心。在顺应民心方面，就是通过无为式的管理，而让民众能按照自己的心愿从事自己意欲的事业，使民"自富"（第五十七章），使"民利百倍"（第十九章）。

"以百姓心为心"的基础，是要有"爱民"之心为"治国"的意识，即第十章所说"爱民治国，能无为乎？"而所谓"爱民"，第二十七章则有说明："圣人常善救人，故无弃人。常善救物，故无弃物。是谓袭明。"对民有"救"的意识，使民"无弃人""无弃物"，这就是"爱民"的表现，也是"以百姓心为心"的反映。这里提到的"袭明"二字，说明了这种思想的理据。袭者遵也，沿也，即遵循之意，明者道也。这说明圣人式侯王爱民救人乃是遵循"道（即明）"的精神，圣人式侯王"袭明"就必然会做到"爱民"和"以百姓心为心"。如此管理国家，其国必兴旺发达。

"以百姓心为心"的另一面，是"圣人无常心"。无常心，也是无为的一种表现。圣人即侯王，权势既大，万人追捧，常会不自觉之中形成唯我独尊的心理，以一己之心为思考问题和采取措施的出发点。所以要侯王以百姓心为心而不以己心为准，确实很难。现实中也往往是侯王以己心为心，而忘了以百姓心为心。其必然的结果就是在不自觉之中以己心为心，构成了长官意志，要求民众顺合一己之心。但是侯王的一己之心不能保证永远正确，所以常常会因为侯王的一己之心不符合民众的根本利益，不符合客观现实的规律，又不能认识到这一点而一意孤行，造成国家与社会的动乱，则不仅危害了侯王的利益，更危害了广大民众的根本利益，虽欲做一个爱民的君主，也不可得也。所以以百姓心为心的前提是圣人侯王的无常心，在一己之心的认识上做到无为。

在引导民心方面，是要使民"心不乱"（第三章），使民"自化"、"自正"、"自朴"等（第五十七章）。具体而言，如第三章所说："不尚贤，使民不争。不贵难得之货，使民不为盗。不见可欲，使心不乱。"又如第十九章所说："绝圣弃智，民利百倍；绝仁弃义，民复孝慈；绝巧弃利，盗贼无有。"

引导民心的重点是"民利百倍"，"使民不争"，"使民不为盗"，"使（民）心不乱"，使"民复孝慈"，使"盗贼无有"。相对而言，如果做到这些事情，则圣、智、仁、义、巧、利等就真正落到实处了，这比空谈圣、智、仁、义、巧、利更受民众欢迎。换言之，如果只在口头上谈圣、智、仁、义、巧、利等事，而在实际上没有使民利百倍、不争、不为盗、心不乱、孝慈、盗贼无有，则这种圣、智、仁、义、巧、利又有什么实际意义？我们理解《老子》的思想，不能只看字面，一定要完整地把握其思想实质。

如何引导民心？《老子》也有说明，首先是第三章说的，侯王要"见素抱朴，少私寡欲"，只有这样才能做到无为，也对民心起到重要引导作用。否则就是司马迁所说的"虽户说以眇论，终不能化。"这表明《老子》更重视侯王君主的以身作则，而不是他们的空谈圣智仁义等。

其次也是第三章所说："圣人之治，虚其心，实其腹，弱其志，强其骨"。这里的重点是"实其腹"和"强其骨"，即第八十章所说："甘其食、美其服、安其居、乐其俗。"只有让民众实腹强骨、甘食美服、安居乐俗，才能达到"虚其心"和"弱其志"的效果。"虚其心"和"弱其志"，不能简单解释为愚民政策，与《老子》整体思想联系起来看，应该是让民众安居乐业，生活富足，自化、自正、自朴，而没有作奸犯科的念头，"常使民无知无欲，使夫智者不敢为也"，也正是这个意思。这都是使国家和社会得到良好管理而达到和谐融洽的必要条件。

《老子》相信，这样做了，就能"为无为，则无不治"，实现"其政闷闷"而"其民淳淳"，民众"不争而无尤"的效果。这样一幅景象才能称得上管理有方的和谐社会。

历来的治国者总想使用各种制度或法律来限制民众的行为，生怕他们的思想与行动妨害了社会的次序。这是外部的方法，治标不治本。孔子及儒家的方法稍微好一点，他希望人们自觉克制自己的欲望，从而使自己的思想言行符合礼制的等级次序。但这是不容易做到的，因为民众不可能都像孔子式的圣人一样是先知先觉者，具备这样高的觉悟，所以指望人们自觉地克制欲望，从来都是可望而不可及的理想。

《老子》的方法则不同，他不把希望寄托在民众身上。这是很有道理的。因为，一来民众人数太多，就算有一部分人能像孔子所希望的那样，自觉克制自己，但也不能保证所有的人都能如此。二来民众若不自觉，则治天下者又有什么好办法对付他们呢？除了法律和镇压之外，别无他法，而这又容易引起更激烈的矛盾。

所以，老子把希望寄托在治天下的侯王身上，侯王总是极少数的人，从少数人入手，总比从多数人入手容易。而且侯王这种人，手中握有极大的权力，他们的思想言论与行动，都可对民众起到引导作用。只要侯王等人自身搞好了，天下民众就会跟随他们指出的方向去做了。这比对千千万万的民众实行繁琐苛杂的监视与限制，不是轻松得多吗？

《老子》说的"不尚贤"往往为人们误解。崇尚贤才，从民众中选拔贤才，任命为各级官员，这是孔子及儒家大力提倡的管理国家的重要方法之一。但在《老子》看来，这并不是最好的方法。因为侯王尚贤，就会引起人们的争夺之心和欺诈之心。既然与贤才相随的是富贵荣禄，人们为了追求这些东西，就会不择手段。所以实行尚贤政策，所谓的贤才往往名不符实，人们甚至使用阴谋诡计以谋贤才之名及其利益。老子是史官，对历史上的这些事例见之甚多，故对尚贤的弊病了解甚深。所以《老子》主张不要简单地尚贤，一定要看到尚贤的弊端，所以他更重视"使民不争"，同时使民利百倍，获得实际的利益。这对于国家与社会的管理，比侯王尚贤有更好的实际效果。

无为思想的第二个方面，是要求无为政治必须有利于民众的利益，实现安、平、泰的社会，这样才能管理好国家与社会。

《老子》要圣人式侯王治理国家和管理社会，要使"民利百倍"，从根本上说，就是要对百姓做到"利而不害"，让"众人熙熙皆有余"，最终使整个社会达到"往而不害，安、平、泰"的境地。

"安、平、泰"的具体要求，《老子》提出四项标准，即第八十章说的："甘其食，美其服，安其居，乐其俗。"历史上许多帝王也在心中告诫自己要让天下百姓过上这样的日子，但实际上无法做到。原因就在于他们没有按照《老子》所说的实行无为政治，总是有所作为，扰民不止。其实民众的要求很低，就是希望侯王不要干扰他们的生活与生产，让他们有一个自由自然的求生环境，他们自会奋力于其职业，亦不愿作奸犯科，招惹王法。可是，历史上的帝王及其大大小小的官僚，却有自己的私心与私利，总以民众为盘剥搜刮的对象，又往往好大喜功，妄有作为，让民众为他们服役效劳，没有宁日，则民众的生产生活如何得以保证？社会的正常生产不能保证，则社会财富必然会逐步减少，更加不能满足帝王与官僚的各种需求，于是双方的矛盾就会越来越深，社会得不到良好的管理，和谐稳定的理想自然就会成为空洞的口号，不得实现。

《老子》说的"安、平、泰"，是有前提的，即"执大象，天下往。往而不害，安平泰"。大象，就是《老子》说的"道"。道无形无象，所以称为"大象"，即"大象无形"。执大象，就是按照道的自然无为原理管理国家。天下往，是说天下归往执大象以治国者，这是执大象的必然效果。孟子曾对梁惠王说，你若能行仁政，则"天下之民至焉"[8]，这就是"天下往"的意思。《老子》认为，侯王若能按照大道治国，就会使得天下民众自动归往其国，这也就是《老子》所说的"以无事取天下"。侯王以无为治国，得到民众的拥护和归往，他们归往之后，侯王仍能做到"往而不害"，即以无为政治对待他们，使民利百倍，自富自足，这样的世界就是安、平、泰的世界，也就是得到了良好管理的社会。

安、平、泰的社会理想，是《老子》无为思想的必然内容与结果，由此可知《老子》的无为思想其主旨是关心现实社会，而不是消极避世。具体说来，安是安全，平是公平，泰是富足。一个社会，一个国家，如果能让民众享受到这三者，它就是最好的社会和国家，天下的民众自然就会自愿前来归顺，而不须侯王的号召与引导。再结合第五十七章所说的自化、自正、自富、自朴，也可以证明安、平、泰的社会就是使民自化、自正、自富、自朴的社会。

纵观中国的历史，也曾有比较清醒的帝王，如明太祖读《老子》书，就体会到："圣人常自清薄，不丰其身，使民富乃实腹也，民富则国之大本固矣。然更不恃民富而国壮，他生事焉。"[9]他认识到治理国家和管理社会的帝王要在自己的生活上"清薄"而"不丰"，才能使"民富而实腹"，在民富国壮之后，更要明白不能"他生事焉"的道理，做到"既已措安，乃无为矣"[10]。这就是明太祖从《老子》书中得到的最高管理智慧，亦可以作为后世帝王管理国家以求其国安、平、泰的榜样。

无为思想的第三个方面，是要求国家的治理者和社会的管理者必须加强自身建设，提高执政水平与能力，如此才能把国家和社会治理好、管理好。这方面的内容很多，比如理解"上善若水"的深刻道理，懂得"后其身、外其身"的"无私"之道，记住"富贵而骄，自遗其咎"的启示，在生活上不求"五色、五味、五音"及"驰骋田猎"之类的享受，保持"去甚、去奢、去泰"的自觉性，实践"长而不宰"的"玄德"思想，牢记"为天下，寄天下，托天下"的政治责任，认真学习理论，做到"得道"之后的"微妙玄通"，懂得"侯王得一以为天下正"、"抱一为天下式"的道理，实现"百姓皆谓我自然"的管理水平，懂得"道法自然"才能"长治久安"的道理，懂得作为领导应该"不自见、不自是、不自伐、不自矜",作为管理者应该"常善救人、救物,而无弃人、弃物",作为治国者、执政者应该掌握《老子》无为思想体系中的辩证法,如"有与无"、"大道与仁义"、"静与躁"、"知雄守雌"、"知人者智,自知者明"、"无为而无不为,万物将自化"、"为之于未有,治之于未乱"、"其政闷闷,其民淳淳"、"治大国若烹小鲜",等等。限于篇幅,这里只就"上善若水"思想中的管理智慧略加阐述。

《老子》第八章说最高明的"善"就像水一样,它的最大优点是"善利万物",其次是"不争,处众人之所恶"。这种善,有七种具体的特点:"居善地,心善渊,与善仁,言善信,正善治,事善能,动善时。"对于《老子》的上善若水思想,要把它放到治国者加强自身建设的角度理解,才有现实意义,才能化腐朽为神奇。

用水来比喻最高明的善,重点是说这种善要随顺自然,不对客观条件和别人提要求,只对自己提出高标准和严要求,这正是加强自身建设的根本特点。水不管所处的地形如何,有无阻挡,是否有利于自己,它都会顺着不同的地形的起伏而向前流动。水的这种品质就是《老子》崇尚的"不争"。不争,也是无为的一种表现,不仅不争,更要自觉地严格地要求自己甘于"处众人之所恶",这样才能有利于万物,而有利于万物,就是以大局为重,不以一己私利为重。使万物皆得利,则整个国家与社会自然就会和谐而发展,而这就是治国者的最大利益所在。这里面包涵深刻的辩证法。

水之善在具体的应用上,就是"居善地"等七个方面。河上公的解释值得参考:

"居善地",河上公注:"水性善,喜于地,草木之上,即流而下,有似于牝物而下人也。"这是强调水的处下而不争上位,是一种谦逊之德。

"心善渊",河上公注:"水深空虚,渊深清明。"这里包含辩证法:水深如渊潭,却清澈透明,比喻自己虽有深刻智慧与思想,仍能对人坦荡透明,不搞阴谋诡计,用现代的语言说,就是公开透明,襟怀坦荡。

"与善仁",河上公注:"万物得水以生,与虚不与盈也。"这里的重点是"与",也就是奉献与人,而不索取于人。不过,所与之人,必须谦虚而不能盈满,才能接受水的赠与。水惠与万物,体现了博大的仁爱精神,也正是兼利万物的精神。作为治国者常有私爱某某人的毛病,历史上屡见不鲜,其原因就是缺乏兼利万物的博大仁爱精神。

"言善信",河上公注:"水内影照形,不失其情也。"这正是《中庸》所说"诚而明"的意思:对人诚信,才能得到人们的真诚相待,这就是所谓的"诚";与此同时,作为治国者更要注意对人的品鉴与观察,不要被人蒙骗,这就是所谓的"明"。这也正像水一样,其清静可以使人对自己一览无余,同时可以使自己如明镜一般,可以照察别人,得其真相。可知这里面仍饱含辩证法也。

"正善治",河上公注:"无有不洗,清且平也。"以水比喻良好的政治,可以荡污涤垢,冲刷和消除社会中一切丑恶现象与各种腐败污垢,从而使社会清正且公平。作为治国者,应该具有这种意识与能力,才可以称为"正善治"也。

"事善能",河上公注:"能方能圆,曲直随形。"是说作为治国者应该像水一样,能面对和处理各种复杂事物,因事制宜,采取正确的措施,取得就得的成就。而不能能力平庸，遇事无措，使整个国家与社会蒙受因个人能力不足而形成的重大错误及其后果。

"动善时"，河上公注："夏散冬凝，应期而动，不失天时。"作为治国者的最高明的素质，在于能够正确判断形势的发展与时势的转换，识时务者为俊杰，这是能辨识客观时势的关键所在与未来的发展变化，并谋划最正确的方案和对策，这才是最高明的国家管理者。史上总有英主与庸主之分，根本分水岭就在于能不能正确认识形势，而采取正确的对策。在现代社会条件下，管理国家的人必须在这方面具备最高明的素质，否则国家为之受害，人民为之受苦。

无为思想的三个方面是一个整体，相互包容，不能分割开来，孤立起来。以百姓心为心是前提基础，使民利百倍，实现安、平、泰的社会是最终目标，如水之善等的自身建设是必备条件。以百姓心为心，目的是使民利百倍，使整个社会安、平、泰，而离开了治国者的如水之善，又都会变成空谈。三者结合才是《老子》无为思想的精华所在。《老子》所说的圣人式侯王，必须做到这三者，才是名副其实，才有可能把国家治理好，把社会管理好。

三、结语：无为思想是高明的管理智慧

任何时代，都有治理国家和管理社会的任务，而如何治理好和管理好，总是值得思考的理论问题。今天有必要认真阅读《老子》一类古代典籍，深刻体会其中的思想精华，从现代社会的角度，重新理解和诠释《老子》一类古代典籍中的丰富思想，就可以化腐朽为神奇，把中国古代圣哲的思想成果转化为可供现代社会建设所需要的文化资源与精神营养。作为现代国家的治理者和现代社会的管理者，一方面应该学习和掌握最新的科学知识与思想文化；另一方面，也不要忘记了我们的祖先留下的丰富文化遗产。应该好好学习，融会贯通，从中吸取有益于现代社会建设与发展的思想成分，结合现代社会的实际情况，使之适应现代社会要求，在实践中加以灵活应用，这样做的话，相信一定能够提高现代治国者和管理者的素质与水平。这不仅是治国者和管理者本人的问题，更能使整个国家与社会由此而受益。

如果从总结传统文化中的管理智慧的角度来看《老子》的无为思想，就能使《老子》的无为思想得到新的诠释，这也是今天研究《老子》的职责所在。传统文化中真正富有价值的思想资源非常丰富，所以很有必要在现代社会的条件下，根据现代中国的建设需要，挖掘其中的思想资源，用以帮助治国者、执政者和管理者提高执政水平、治国水平和管理水平。从这个意义上讲，《老子》无为思想又不仅是为古代侯王所提供的政治方案和管理智慧，更是一切负有执政、管理、治国职责的人士所应了解和吸取的思想资源。把《老子》无为思想与现代管理思想结合起来，也打开了一条新思路，仿佛打开了一座新的思想宝库，自觉从中受益匪浅。

注释

〔1〕王栻编：《严复集》第四册，中华书局 1986 年版，第 1118 页。

〔2〕司马迁：《史记》，中华书局 1959 年版，卷 129，第 3253 页。

〔3〕司马迁：《史记》，中华书局 1959 年版，卷第 130，第 3292 页。

〔4〕唐玄宗：《御制道德真经疏》，《道藏》第 11 册，文物出版社 1988 年版，第 749 页，释题。

〔5〕明太祖：《御注道德真经》，《道藏》第 11 册，文物出版社 1988 年版，第 689 页，序。

〔6〕清世祖：《御注道德经》，《中华续道藏》，台北新文丰公司 1999 年版，第 9 册，上篇第 3 页，第二章注。

〔7〕侯王，是《老子》的提法，指国王、国君、君主，就是国家与社会的治理者、统治者、管理者。

〔8〕《孟子·梁惠王上》，卷一。

〔9〕明太祖：《御注道德真经》，《道藏》第 11 册，文物出版社 1988 年版，第 690 页，卷上。

〔10〕同上。

以道为本的"道商"研究

齐善鸿　张党珠　李彦敏

（南开大学商学院，中国天津）

一、商人的方向问题

商人在中国古代与现代的定义是不一样的。中国古代工、商、贾是分开的，工是制造业主，商是从事商品流通者，贾是坐商，本文讨论的商人指的是古代工、商、贾的三个概念的集合，包括国有企业、私有企业等所有商人。

知古鉴今，首先来梳理一下中国商人在历史中的命运脉络，从中国几千年的历史大坐标系中找到商人的发展方向。中国历朝政府对待商人的一贯政策就是"重农抑商"，其具体历史时期可以大致分为五个阶段。

第一阶段，先秦时期。出现过范蠡、子贡、白圭、吕不韦等在政界、商界均功成名就的"两栖明星"，当时各国大体上对待商人的政策鼓励的多、抑制的少，这个阶段是中国商业思想的源头。不过晚期也出现了商鞅、韩非两个宣传"重农抑商"政策的核心人物，开启了这一政策的先河。

第二阶段，从秦至晚清前期延续千年的封建社会中央集权时期。以晁错、汉武帝等人为代表制定了"重本抑末"的治国思想，商人阶层在"士农工商"四民的排序中垫底了两千年左右。当然，在此期间政府也短暂地支持过商业活动，也有极少数士人为商人阶层的地位鸣不平。比如南宋时期的叶适就主张"通商惠工，以国家之力扶持商贾，流通货币"，反对传统的"重本抑末"政策。他认为保富为国家之本，为治者不能破富。肯定富人发财致富活动。他强调"富人者，州县之本，上下之所赖也"[1]。

第三阶段，晚清时期至民国政府期间。受清朝早期士人不愿就仕清朝的影响，再加上清朝晚期西学东渐、社会改良、富国强兵等思想的熏陶，涌入商人阶层的人数不断增加，商人的地位得到了改善，生存状态也发生了变化，政府由抑商转变为重商与恤商，期间出现了"红顶商人"胡雪岩、"状元商人"张謇、"面粉大王"兼"面纱大王"荣氏兄弟、化学工业奠基人范旭东、运输航运业奠基人卢作孚以及孔祥熙、宋子文等大批商界名流。不过，在国民党时期，尤其是在晚期，出现过政府频繁地向富商加大征税，甚至勒索的事件，促使商人阶层越来越朝着"官商勾结"的方向发展。

第四阶段，1949—1978 年的解放初期。国家与商人阶层首先是实行"公私合营"；然后实行全部国营，产品实行统购统销，私有的商人阶层几乎消失，出现了"天下无私商"的局面；最后在"文革"期间，新中国成立初期的商人阶层中大部分都得到了"牛鬼蛇神"的待遇，商人阶层受到了摧毁性的打击。

第五阶段，1978 至今的改革开放时期。国家拨乱反正，市场经济得到了长足的发展，中国的商品在国际市场上也占据了越来越重要的地位，同时也培育出了数量惊人的商人阶层及企业家群体，因此商人阶层的地位发生了巨大的变化，他们不但在经济上获得了世人的羡慕与追捧，而且在政治上也得到了党和国家的重视。比如荣氏家族第二代核心人物荣毅仁成为中国国家副主席，香港商人霍英东当选全国政协副主席。

从上论述中，我们可以看出历代中国的商人都不太得势。因此，尽管目前中国的商业经济繁荣、商人的地位有了一定的提高，但商人的归宿却仍然是一个困局。商人除了关心自己企业的发展方向、关心多赚钱、更快扩张外，他们更应该关心的是自己个人的未来发展，即自己的人格、灵魂、心灵的最终归宿。不少商人精于谋他而不擅长谋己，精于作局而不知自己就在人类历史的一个大局之中，自己在局中自娱自乐，乃至自迷而不知如何解局、破局。所以，这就有了两类商人的归宿。

第一类是失败的案例，包括"红顶商人"胡雪岩被清政府抄家；孔宋家族因发"国难财"而受到了国人近百年的唾骂；"天下第一庄"庄主禹作敏因窝藏罪等罪名被捕入狱；"首骗"牟其中因诈骗罪被捕入狱；三次荣登"中国福布斯富豪榜"的黄光裕锒铛入狱。

第二类是成功的案例，包括范蠡"十九年之中三致千金，再分散与贫交疏昆弟"[2]，被后人誉为"商圣"；荣毅仁的祖父荣熙泰曾说："治家立身，有余顾族及乡，如有能力，即尽力社会。"[3] 荣氏家族谨遵教诲，因此打破了"富不过三代"的咒语；李嘉诚说："一个大企业就像一个大家庭，每个员工都是家庭的一分子。就凭他们对整个家庭的巨大贡献，他们也实在应该取其所得。反过来说，是员工养活了整个公司，公司应多谢他们才对。"[4] 这样的经营哲学造就了他华人首富的地位，并赢得了世人的尊重。

失去了方向的船，什么风都不是顺风！失去了方向的商人，他的生命归宿将如大海中迷失方向的一叶扁舟。那么，中国商人的方向在哪里？

二、历史上商人的困境破解

金钱、地位、名誉上的成功，难以掩饰商人阶层内心的脆弱。外表的强势，却掩盖不住他们在内心深处"弱势群体"的地位，因此他们正在通过各种途径寻求自救之路。

第一条路，行贿祈祷。不少商人开始利用非法的手段赚到钱，后来东窗事发，再用赚到的钱去贿赂疏通关系，结果要疏通的关系更多，麻烦就更大。大量行贿之后又内心不安,最后跑到寺庙去烧香拜佛,请求佛祖保佑。这样可以暂时获得心安,却不能解决问题。第二条路,携资外逃。从 2008 年到 2009 年,中国公民到美、澳、加等国的投资移民的申报人数增长了一倍,移民主体不再是知识分子或技术工人,而是富人,其中就有不少是外逃的商人。[5] 到了当地之后,他们虽然有了暂时的安全,由于语言不通,不习惯当地的生活习俗,加上还有被追捕遣送回国的危险,这些外逃商人过着忐忑不安的生活,甚至有的忍受不了这种生活而主动回国自首。[6] 第三条路,学习改进。大量的企业家在学习教练技术,攻读 EMBA,或参加清华、北大、南开等高校总裁班。通过学习,商人们可以提高了自己做人、做事的水平,但不一定能找到自己生命的归宿。

中国历来的学者都有"为生民立命"的传统,商人既然是民的一种,也应该为他们找到自己安身立命的根本。面对这一现实需求,一些专家、学者结合中国传统文化,对中国商人的经营理念与特征做了大量的研究,希冀破解商人的困境,从而引导商人找到正确的方向。

第一种思路,绅商研究。"绅商既可指官员和文士,也可指商人,这是两个不同的并列范畴,同时又不同于'民'和'官'。"[7] 按照这个定义,晚清、民国时期的周学熙就是其中的一位杰出人物,可是他本人同时也是官员下海、利用职务之便以权谋私的代表,其后继者宋子文、孔祥熙之流更是无所不用其极,对国家财富的掠夺到了令人咂舌的地步。以目前我国的国家法律而论,他们都有严重的经济问题。他们大搞官商勾结,运用厚黑学,是没有出路的。第二种思路,儒商研究。儒商要么是"从商者或企业管理人服膺与实践儒家的社会伦理与经济伦理,在一般的社会事物与特殊的经济事务上都能自觉及有恒或系统地履行与表现儒家关切社会和谐、文化创造活动的精神,对于经济事物更要强调儒者重人的风范、人性的关怀与人性的生活安排以及待人处世力求公平公正之道",要么是"只在经济事物上着眼儒家的社会伦理与经济伦理,并将之转化为管理之用"。[8] 第三种思路,禅商研究。"禅商"就是皈依禅门的商人,他们要"悟心灵之源,体万物之道",注重的是空灵无住的慧心妙用,在个体灵魂、智慧照用、生命本相这个层面上强调得更多,超越得更彻底[9]。儒商及禅商的研究,结合中国传统文化及管理智慧,对现实中优秀商人的经营理念和智慧进行了提炼,为商人管理企业提供了有效的指导;对引导商人遵守伦理、道德,树立正确的人生价值观起到了正面作用;对提升商人自我认知能力,转变心智模式,提高人生境界提供了有益的帮助。同时,儒商及禅商研究也引起了我们的思考:现实中,有的企业家将《弟子规》用于指导企业的经营管理,虽然有一些取得了成功,但在实施过程中,很多员工却感受到了道德的说教与束缚;在人们缺少信仰的时代,越来越多的商人从佛学中寻求精神的滋养,有的甚至皈依了佛门,有些商人得到了心灵的提升,不少商人却步入了迷信的歧途。

综上所述,对于绅商、儒商与禅商的研究所面临的问题,我们又不得不重新回到中国传统文化中,去探寻其中更为本质的核心基因,而不是以某些思想学派来划分,引起门户之见,产生不必要的争论,从而真正解决商人的人生归宿问题,也为立志从商者,建立一套商人治心、治企、治家的成功套路。

三、商人的回归——"道商"

人是自然的产物，也是社会文化的产物。人势必会受到自己国家、地区文化的影响，商人也不例外。其中，中坚的核心思想文化的影响是最大的，也是最重要的。那么中国的核心思想文化是什么呢？综合各家观点，中国的核心思想文化是——道。

（一）道

金岳霖先生曾说"每一文化区有它底中坚思想，每一中坚思想有它底最崇高的概念，最基本的原动力。……中国思想中最崇高的概念似乎是道。所谓行道、修道、得道，都是以道为最终的目标。"[10]儒、道两家对道的定义与阐释可谓汗牛充栋，并且存在一定的差异。不过，南怀瑾先生也曾这样说过，"在秦汉以前，现在所谓的'道家'与孔孟之学的所谓'儒家'，原本没有分开，统统是一个'道'字，而这一个'道'字，代表了中国的宗教观，也代表了中国的哲学——包括人生哲学、政治哲学、军事哲学、经济哲学，乃至一切种种哲学，都涵在此一'道'字中"。[11]宫哲兵先生在《唯道论的创立》一文中详细地论述了儒、道、兵、法、墨等各家学派对道的研究后，推出了唯道论的观点，主张"万有唯道所生、万有唯道所成、道在万有之中，万有唯道所主"。[12]可以说，道成为了中华民族思想文化的核心，也成为了社会各个阶层内心追求的最高境界。

"'道'是宇宙的原理和规律。……'道学'的本体论就是'真理'，道学的目的论就是'正义'，道学的方法论就是'智能'。"[13]具体而言，把道投射到天，则有天道；到地，则有地道；到人，则有人道（此处与人道主义的人道不同）。人道再往下延伸，则君有君道，臣有臣道，政有政道，兵有兵道，商有商道。鉴于此，在本文视角下，对"道"的定义为：道是宇宙万物的本原及运行规律，是指导人们认识自己，以及处理与他人和自然关系的基本准则。对于商人而言，其功效在于指导其治心、治家、治企。商人如果遵循了客观规律，懂得了人心之道，做事就会事半功倍。

（二）道的运行方式

既然道是如此的神奇，那么道是如何运行的呢？限于篇幅，本文阐述其核心的三条，论述如下。

一是相反相成。《易传·系辞》中说"一阴一阳之谓道"[14]。《道德经》中说"反者道之动"[15]，"道生一，一生二，二生三，三生万物。万物负阴而抱阳，冲气以为和"。[16]我们可以看到道是变动的、是发展的，也非常清晰地表达了道的对立统一式的正反合三段式思维。用数学符号来表示就是一、二、三＝阳、阴、和＝正、反、合。在哲学上的表述也就是辩证法，即肯定、否定、否定之否定。我们把这种运行方式放到商业领域的某一个具体层面来论述，比如人人都想着在商业上如何获得成功，然后想尽一切办法去获得成功，这是第一步；第二步，就要反着想：这桩生意在什么情况下会失败，你的合作伙伴怎么想；第三步，合：在加强成功的因素的同时，削弱或减少失败的因素，然后合在一起，看清楚他们的搭配关系后，再决定是否实施，并对可能出现的各种情况做好各种预防措施。然后在前面考虑好的三个步骤基础上，不断否定、不断突破，无限地靠近道！

二是柔弱处下。"上善若水，水善利万物而不争，处众人之所恶，故几于道。"[17]不争，是指不争俗，不俗争，虽然柔弱，却胜刚强；处下，就是高明却不以高明自居，胜利却不以强者自居。比如李嘉诚先生在没有发达时拿钱帮助穷人，发达后，随时礼遇不如自己的人，让人都愿意跟他打交道。

三是去意近道，主体思维与客体思维的辩证统一。西蒙曾经论证过人的理性是有限的，人类只靠自己的理性是不能够做出最优化的决策。既然理性有限，可是人又要做决策、提方案、具体实施，怎么办？世界万物皆有其规律，此为道。人类的管理，是典型的人类干预外部世界的行动。因此，基础必须是对规律的尊重，这包括了对自然规律的尊重，对社会规律的尊重，也包括了对人性规律的尊重。以对规律的尊重为前提的管理，我们称之为"以道为本的管理——道本管理"[18]。"以道为本"的管理思想综合体现了"顺道'"、"重人"、尊重规律、依规律办事。[19]所以要"唯道是从"，一切尊道行事，方能破解人的困局，当然也包括商人的困局。古语说"得道多助，失道寡助"，此为几千年来中国管理哲学中的金科玉律。所以商人有道，则易成；无道，则难成；先有道后失道，即从成功走向失败；先无道后有道，则从失败走向成功。

（三）商道

道是万物的规则。道主宰万物又不为主，无亲无疏而又大爱无疆，拥有一切而又从不自恃自居。商道也是天下大道的表现形态之一，那么什么是商道呢？

商道一说，起源于韩国小说《商道》一书，书中主人公林尚沃的商道是"财上平如水，人中直似衡"（视财物如水一样平常，做人如秤一样公正刚直），[20]随后，我国有不少学者专家、及企业家对商道从不同角度做过不同的阐述。比较有代表性的有储小平先生，他认为"商道的实质内涵简单说就是以义制利，以义生利，见利思义，义利合一；己立立人，己达达人。其基本道理就是，以理性道义准则来规范、导引逐利行为，由此构建积累声誉资本，进而可以吸引更多的资源，可以引发更多的商机，从而可以'生利'、增加财富，从而可以在利益面前不会一味地、不择手段地追求，反而会抵御过度的冒险和危险的诱惑，能寻求与交易各方双赢的结果"。[21]海南航空集团董事长陈峰先生认为商道就是"懂本土文化"、"学习别人增长、运用、培养智慧的能力及积攒公德与功底的方法"、"赚取人心与发善心"、"与众生共享财富"。[22]

综上所述，两位专家谈得都有其独到之处。简言之，商道就是道投射在商业领域的映象，商人秉承道的力量行商。道是客观存在的，不以人的主观意志为转移，所以商道同样也是超越了商人的主观意志和主观愿望的。商人要学的就是道的这种根本性的属性，而不要仅仅局限于道的具体表现形态。因此本文把"商道"定义为：商人在经商的过程中，随时随地观察自己、观察利益相关者及周围环境，领悟到利与害的转换真谛，远离无道、逐渐合道，不断突破小我、走向无我，尊道经商的过程。

（四）"道商"

1. "道商"的定义

什么是"道商"？宫哲兵、杨凤岗两位先生提到过道商，认为"……每个宫观的主持身边都有一群皈依的商人与企业家，即道商"。[23] 李海波先生在《道商》一书中把道商定义为"道商就是以道家的精神气质来从事商业经营的人"。[24] 这两个定义，前者只是以皈依道教为依据，后者只以道家言道商，都是用中国文化的某个学派、某个思想、某句话来指导管理实践，这样容易产生门户之争，似乎还是没有找到商人经商的核心密码。

正如《道德经》第一章所言"道可道，非常道"[25]，如果我们能够跳出文字对道的释解，远离其产生的对道意的稀释乃至曲解，以无我之心悟道，方可最接近道的真意。本文尝试着对"道商"做如下的定义：以无我之心皈依道的本意，将商业活动的一切视为道的具体表现，一切按照道的精神本质思考和行动的、以道为本的商人即为"道商"。具体而言"道商"以道治心、以道治家、以道治企，心中有道、手中有谋，其身与心、人与人、人与物三道和谐。其所用治理思想有道家的成分，又绝不局限于道家，破门户之见而汲取其他各家之思想精髓。

"道商"不能是以商谋私利的"饿鬼"，也不能是花点小钱买命的"贱人"，他们一旦觉悟，自当是"无我有道"的"使者"。比如比尔·盖茨的"裸捐"就是其中的典型代表。因为在道的世界里，"物无贵贱"，我与万物同等。无我就是我的眼中有别人，就有了大我，也就有了道。而更进一步，就是《庄子》一书中表达的一个核心思想之一"贼莫大于德有心"，即做了合道的事情，而不以自己有德自居，德心自贱，永远突破精进。

2. "道商"的衡量标准

名义上皈依了道教的商人不一定处处、时时、事事有道，名义上没有皈依的非道家商人也不一定完全没有道。李嘉诚非道家人物，却处处体现了道性，比如他奉行的投资宗旨"好的时候不要看得太好，坏的时候不要看得太坏"、"扩张中不忘谨慎，谨慎中不忘扩张"、"进取中不忘稳健，稳健中不忘进取"。[26] 这些话都鲜明地体现了道的运行规律，揭示了尊道行事的投资原理，李先生因此在商业上获得了巨大成功。所以"道商"的第一条标准就是按照上文论述的道的运行方式经商。

所谓"天之道，利而不害"[27]，旅美道学大家张绪通先生曾提到有道者"全部的计划和所有的决策都以'所有的人都是赢家'为目标。所有的人都是赢家，这是'道的管理学'中的一条金科玉律，是最有价值的原则"。[28] 所以道商经商应该效法天道，其第二条标准就是全赢思维，经商的结果既不伤人也不伤己。

尊道经商、全赢思维，构建了道商的衡量标准。具体到如何尊道行事、如何全赢，为了鲜明地阐述道商的内涵，本文试以"财富观"为焦点来解释"道商"的特质。

第一道坎：视钱。孔子曾说："富与贵，是人之所欲也，不以其道得之，不处也；贫与贱，是人之所恶也，不以其道得之，不去也"[29]，"邦有道，贫且贱焉，耻也。邦无道。富且贵焉，耻也。"[30]说明君子爱财而不恨财，没钱的时候不拜金，有钱的时候，也不挥金如土。

第二道坎：赚钱。有了对钱的正确态度，接着就要想如何赚钱，但是只想着赚钱是不够的，因为大家都想赚钱，所以你应该想着如何帮别人赚钱，你帮别人赚钱，别人愿意找你，你的钱也就赚到了。比如李嘉诚曾说"有钱大家赚，利润大家分享，这样才有人愿意合作。假如你拿 10%的股份是公正的，拿 11%也可以，但你只拿 9%，财源就会滚滚而来"。[31]这就是所谓"生财有大道"，所以要想赚钱，赚大钱，就要"德财兼备"。何谓德？遵循道的规律去做人做事，即是有德。有了德，也就有了财。

第三道坎：花钱。想明白了怎么赚钱，接下来就要搞清楚怎么花钱，因为花钱是一门比挣钱更重要的学问。所以"生财有大道"，同时还要"用财有大道"，用德来生财，也要用德来用财。首先，我们要明白人只有钱的使用权，没有钱的拥有权，因为钱不属于任何人，钱是流通的。其次，李嘉诚先生曾说"钱可以用，但不可以浪费"。[32]用钱要做到不浪费，就既需要艺术，更需要德行了。最后，钱既然不属于我们，我们只能去使用钱，能把钱的效用发挥到最大的方法就是捐赠，因为钱喜欢有美德的人，美德就是"支票"；钱喜欢为人造福的人，造福别人就是价值；钱喜欢愿意为别人花钱的人，越花钱越多！

过了这三道坎，商人基本上就可以"尽可能地赚钱、尽可能地省钱、尽可能地捐钱"了。

3. "道商"的成长历程

既然从古至今，存在着治心、治家、治企都很圆满的"道商"群体，那么，他们是如何做到的呢？所以从这群"道商"群体中简单地提炼出一套"道商"的成长程序，用以指导商业从事者，非常有必要，本文试从修道六步程序来阐述。

因为受了世俗社会不良现象的熏染，许多小商人的心灵已经被世俗名利遮住了双眼、塞住了双耳，完全以自我主观意志为核心而胡作非为，此为无道；无道之人若有幸碰到明师指路或其他机缘巧合，领略了商道的神奇，此为闻道；闻道后，内心有所反省，心智有所开悟，明白了一些商业上俗人所不知道的规律，此为悟道；悟道之后，在自己的日常生活、商业工作中，反复加以实践体验操作，此为修道；道不只是心里琢磨、嘴上说说，而是必须变成手中的利器，经过反复的修道，自己颇有所得，这才叫心中有道、手中有谋，治心、治家、治企都有明显的进步，此为得道；得道之后，不以自己得道为傲，反以贱己自居，永远怀着突破自己的心态，此为合道。第六步合道的实质是人道合一，可随心所欲，为人处世处处合道恰到好处。

四、结论及有待研究的问题

综上所述,中国的商人阶层治心、治家、治企,皆需以道为本,通过修道六步,破掉执着、妄想、分别,给自己的身与心、己与人、己与物形成一种和谐的生存空间,着实解决自己未来向何处去的心灵归宿问题,成为名副其实的"道商"。

此外,由于时代背景不一样,古代"道商"与现代"道商"有何差异?哪些特质可以继承?哪些特质可以经过改良以适合新的时代要求?哪些特质需要抛弃?中国有"道商",我们比较容易推理出受中国文化影响比较大的日本、韩国、朝鲜以及东南亚一带应该也有"道商"的存在,那么西方有无"道商"?这些问题都有待进一步研究。

注释

〔1〕赵靖:《中国古代经济思想名著选》,北京大学出版社 2002 年版,第 325-326 页。

〔2〕司马迁:《史记》,岳麓书社出版社 2001 年版,第 733 页。

〔3〕荣德生:《荣德生文集》,上海古籍出版社 2002 年版,第 22 页。

〔4〕〔31〕李嘉诚:"李嘉诚人生感言",《中外企业文化》,2009 年第 3 期,第 77 页。

〔5〕我国精英移民潮引发思考 专家称系追求安全感.http://news.sina.com.cn/c/sd/2010-07-12/114020659590.shtml.

〔6〕中国十大外逃富豪.http://news.xinhuanet.com/politics/2010-07-07/c_12306989.htm.

〔7〕费正清:《剑桥中国晚清史》(下卷),中国社会科学院历史研究所编译室译,中国社会科学出版社 1985 年版,第 546 页。

〔8〕成中英,麻桑:《新新儒学启思录——成中英先生的本体世界》,商务印书馆 2008 年版,第 120 页。

〔9〕杨林:《论'禅商'的文化指向》,《求索》2004 年第 12 期,第 128 页。

〔10〕金岳霖:《中国现代学术经典·金岳霖卷·论道》,河北教育出版社 1996 年版,第 18 页。

〔11〕南怀瑾:《南怀瑾选集·老子他说》,复旦大学出版社 2008 年版,第 7 页。

〔12〕宫哲兵:《唯道论的创立》,《哲学研究》2004 年第 7 期,第 34-40 页。

〔13〕张绪通:《黄老管理——人生的智慧与成功方略》,东方出版社 2006 年版,第 17 页。

〔14〕刘大均,林忠军:《周易经传白话解》上海古籍出版社 2006 年版,第 281 页。

〔15〕陈鼓应:《老子译注及评价》,中华书局出版社 2007 年版,第 223 页。

〔16〕陈鼓应:《老子译注及评价》,中华书局出版社 2007 年版,第 232 页。

〔17〕陈鼓应:《老子译注及评价》,中华书局出版社 2007 年版,第 89 页。

〔18〕齐善鸿:《道本管理——精神管理学说与操作模式》,中国经济出版社 2007 年版,第 73 页。

〔19〕齐善鸿:《道本管理:中国企业文化纲领》,中国经济出版社 2007 年版,第 232 页。

〔20〕崔仁浩：《商道》，王宜胜等译，世界知识出版社 2003 年版，第 640-641 页。

〔21〕储小平：《商道、商术与民企'短命'现象》，《财富智慧》2006 年第 3 期，第 48 页。

〔22〕陈峰：《商道究竟是什么》，《中外管理》2003 年第 12 期，第 89 页。

〔23〕宫哲兵：《杨凤岗中国道商的宗教经济学分析》，《中国企业家》2010 年第 2 期，第 53 页。

〔24〕李海波：《道商》，中国经济出版社 2009 年版，第 25 页。

〔25〕陈鼓应：《老子译注及评价》，中华书局出版社 2007 年版，第 13 页。

〔26〕王志刚：《成就李嘉诚一生的八种能力》，金城出版社 2003 年版，第 327 页。

〔27〕陈鼓应：《老子译注及评价》，中华书局出版社 2007 年版，第 361 页。

〔28〕张绪通：《黄老管理——人生的智慧与成功方略》，东方出版社 2006 年版，第 84 页。

〔29〕南怀瑾：《南怀瑾选集·论语别裁》，复旦大学出版社 2008 年版，第 155 页。

〔30〕南怀瑾：《南怀瑾选集·论语别裁》，复旦大学出版社 2008 年版，第 345 页。

〔32〕王志刚：《成就李嘉诚一生的八种能力》，金城出版社 2003 年版，第 333 页。

儒家传统文化影响下的澳门华商的企业管理[1]

王春霞

（浙江财经大学法学院，中国杭州）

周生春

（浙江大学儒商与东亚文明研究中心，中国杭州）

一、研究目的

澳门，位于中国东南沿海的珠江三角洲西侧，总面积近 30 平方公里，人口 50 余万人，其中中国籍居民约占 92.3%，葡萄牙籍约占 0.9%，菲律宾籍约占 2.7%。澳门是一个典型的移民都市，来自不同国籍、不同种族、不同出生地、不同宗教和不同祖籍的居民形成了澳门文化多元性特征。[2] 澳门有着几百年的特殊历史，如今是中国的两个特别行政区[3]之一。

本文主要探索在澳门这个中西文化互相交错、互相影响了几个世纪的地方，当地华商的文化认同是否发生变化，其企业管理形态是否有自身的独特性。

二、研究方法

本研究主要采用深入访谈方法为主、调查问卷和参与性观察为辅的方式。文中所引用澳门华商的文化取向和企业经营的具体经验，主要是笔者在 2009 年 8 月至 9 月的深入面谈获得的。笔者一共走访了二十六位华商，平均访谈时间在一小时以上，并且全都进行了录音。访问的地点主要是在受访者的办公室、酒店或餐厅，部分的访问在笔者居住的酒店大厅和房间里。访问主要以普通话和广东话进行沟通，内容采用半开放式，只有访谈提纲，但未提供任何指引性的答案要求。调查问卷包括一份个人基本情况调查问卷，一份企业基本情况调查问卷。在问卷填写时，除一位是访谈后通过传真方式获得外，其余全部当场填写。因为部分华商不愿个人或企业情况外露，所以最后回收的调查问卷中部分内容未填写。另外，笔者还通过参与一些华商的社交场合，进行了实地观察。这些社交场合包括华商举行的艺术展览会、选举宴请、企业周年庆等。

相应地，对上述材料的分析主要运用归纳法。资料呈现的主要手法是"深描"，即"透过缜密的细节表现被研究者的文化传统、价值观念、行为规范、兴趣、利益和动机。"[4]

研究结果以文字的形式呈现，辅以少量图表。不过即使采用统计数据，也是为了描述社会现象，而不对数据本身进行相关分析。

三、研究对象

本研究对澳门华商的要求满足以下两个条件：

（1）出生于澳门的华人；或出生地不是澳门，但青少年时代起就在澳门度过的华人；或在澳门创业二十年以上（含二十年）的华人。

（2）经营规模十人（包括老板在内）及以上。

本研究的访谈对象并非通过随机抽样得来，而是以滚雪球的方式获得。笔者通过浙江大学中联办、澳门同行学者、澳门商会、澳门基金会工作人员等的介绍而认识访谈对象，更重要的是已有的访谈对象往往也会热心地介绍他们的企业家朋友接受笔者的访问。由于联系中介的多样性，我们的研究对象也十分丰富，既有澳门主要产业的成功华商，也有一般行业的中小企业经营者，他们组合在一起为我们勾勒了一幅生动的澳门商业文化的图景。

表 1　澳门华商个人基本情况调查问卷统计

项目		人数	项目		人数
年龄	40 岁及以下 41～54 岁 55 岁及以上	5 11 10	性别	男 女	20 6
文化程度	中学及以下 大学本科 硕士及以上	10 9 7	出生地	澳门 中国内地 东南亚	14 11 1
中小学 教育类型	中式 英式 葡式	20 5 1	宗教 信仰	无 佛教 天主教	19 6 1

华人在澳门一直占据绝对主体地位，华人文化也形成了不容忽视的主流文化。1999年之前的澳门，葡萄牙政府时期实行较宽松的殖民统治，并未强制华人改变自己的文化传统。葡萄牙政府在澳门成立了专门负责华人事务的政府机构，并颁布《华人风俗习惯法典》及设立澳门华人专有法庭。法庭设有一个由六位华人组成的委员会协助工作，在需要时向法官解释华人的风俗习惯。[5] 在这种二元法律管治下的澳门，澳门的华人依然可以按照自己的风俗习惯生活和从事商业活动。葡萄牙统治者更多时候是借用土生葡人[6] 这一中介力量对华人进行治理。因而澳门虽经历了四百余年的华洋杂处，但华人在文化方面几乎

没有什么改变，中西文化在澳门形成了"井水不犯河水"、"汇而不融"的局面。[7] 同时，澳门沦为殖民地后，也没有受到中国内地"新文化运动"、"五四运动"和"文革"等的直接冲击，传统的儒家文化基本没有断流，而是一脉传承下来。

从表1中我们可以看到，大多数澳门华商在中小学接受的是中式教育，也表示不信仰宗教，都充分体现了儒家文化的特点。

表2　澳门华商企业基本情况调查问卷统计

项目		人数	项目		人数
企业类型[8]	个人企业主	4	员工人数	50 人以下	10
	无限公司	0		50 ~ 100 人	4
	两合公司	0		100 人以上	12
	有限公司	20			
	股份有限公司	2			
行业	制造业	5	企业年龄 （截止 2009 年 9 月）	10 年以下	2
	建筑业	6		11 ~ 30 年	15
	运输通讯业	1		30 年以上	9
	批发零售业	11			
	服务业	2	上市公司		0
	文化产业	1			

由表2可知，澳门属于典型的微型经济，企业也多为中小型企业，而且类型多样化。

四、实证分析

（一）澳门华商企业的形态

无论是从所有权角度所论之家族企业，还是从管理权角度所论之家族经营，澳门华商家族企业都引人注目。我们访谈的华商，除了个别合伙制企业外，基本上都是家族企业。

美国学者克林·盖尔希克（Kelin Gersick，1998）提出家族企业发展的三维模型，即 Gersick 模型，揭示了家族成员在企业中工作的生命周期、企业的生命周期与企业所有权的空间关系（见图1），并从所有权、家庭和企业三个维度描述了家族企业随时间的变迁：所有权维度上有一人或夫妻二人控制、兄弟姐妹控制和堂兄弟姐妹控制三个主要阶段，企业维度上有初建、扩展和成熟三个阶段，家庭维度上有年轻的华商庭、子女进入企业、父母子女一起工作和传递领导权四个主要阶段。[9]

从家族企业形态与成长变化来考察，经济学研究者储小平将家族企业成长的简要模型建构（见图2）[10]：

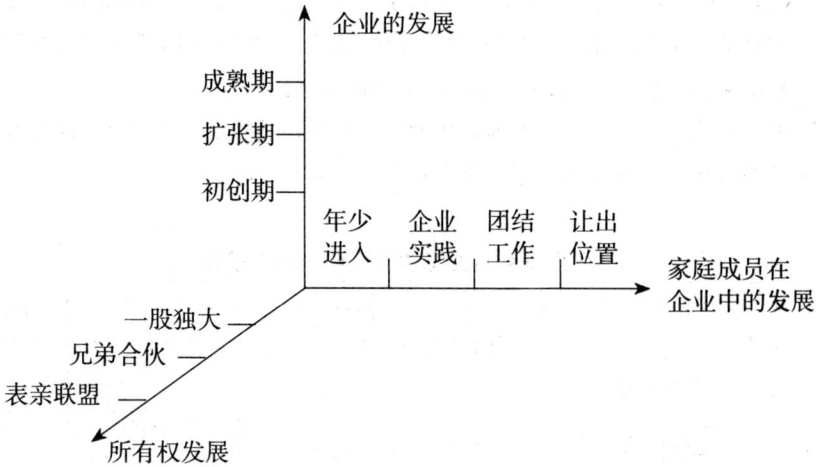

图 1 Gersick 模型示意图

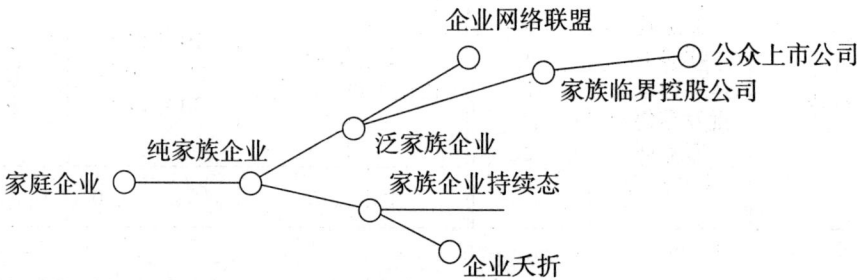

图 2 家族企业成长过程图

结合上述两种模型，笔者将澳门的家族企业的发展形态分成下列几种：

第一种，家庭企业。家庭是中国传统社会中生活与生产的基本单位，也是工商业经营单位。许多规模较小的企业是丈夫经营，妻子做家庭主妇，即典型的"男主外、女主内"模式。有时妻子也会给出意见，间接管理公司事务或夫妻一起经营公司。一些企业在父亲忙不过来的情况下，核心家庭的成员就会共同参与到企业中。如 Y25 先生经营食品批零业，爸爸、妈妈和姐姐都参与经营。而且家庭成员的分工是很明确，Y25 先生说："我爸爸主要是监督，看一些生意幅度的增长和财务管理。财务是最重要的部分。我妈在公司里面做了二十几年，很多年的供应商和客户是她自己在做。我做得比较多的是文件的工作，如电脑的系统啊，零售的系统啊，这些操作我管理得比较多。"

第二种，纯家族企业。澳门因为市场狭小，很多华商开始多元经营以扩大企业，这时会请家族成员进入企业。家族成员在共同经济利益的驱动下合力同心，以应付市场万变的外部环境。L18 先生在澳门重点搞运输业，服务业交给已婚的弟弟来管理。H14 女士说："我的很多兄弟姐妹都在我公司工作，我们是一个家族的企业。（分工是按）公司的不同需要，在财务、生产、行政、服务社会等方面都有不同的分工。"L26 先生在中国内地投资的酒店中也使用了很多亲戚，因为"比较信任亲戚，委以重任"。

第三种，泛家族企业。当企业规模继续扩大后，澳门华商的雇员中增加了有地缘关系的同乡、有学缘关系的同学等，开始演变为泛家族企业。L24 先生的企业中，除妹妹做"行政经理"外，还请了他的同学帮忙管理企业，而且承认这位同学帮他解决了很多棘手的问题。

第四种，集团公司、企业网络联盟。我们在澳门的访问对象中没有上市公司。一些华商的家族企业规模继续扩大，开始走向"集团公司"或"企业网络联盟"。这种由家族成员组成的集团公司，一方面可以使企业走向多元化，降低企业风险；另一方面也能使各子公司走向现代企业经营方式。L17 先生有四个兄弟姐妹，都有各自独立的公司。公司管理人员中只有个别家族成员，主要还是招聘的人才。L26 先生的企业也是如此。作为企业的创始人，L26 先生如今已有十亿澳元的身家，两个儿子也已长大成人。公司在澳门的房地产生意主要由长子负责，北京的酒店生意由次子打理，基本上是"各有各的天地"。W21 先生的公司发展壮大后，也想把公司改革成为"企业网络联盟"。但实际上他的七个兄弟姐妹都在一个公司里，有些成员只是担当一般性的职务。W21 先生认为这是因为澳门整个经济发展水平还较低的原因。

（二）澳门华商企业的代际传承

儒家文化影响下的家族企业的另一个重要特征就是子承父业。在中国传统文化体系中，家族延续的观念根深蒂固，这种延续，不但有生命的延续，即"种"的延续，也有财产、官爵、名誉等的延续。华人华商接受了家族延续的观念，他们把家族持续兴旺的期望寄托在培养子女继承己业的实践中。时至今日，仍然没有迹象显示华人创业家庭也会步某些西方创业家族的后尘，即把业务交给职业经理或信托投资机构，自己则成为"剪息票食利者"。

虽然在西方管理思想的影响下，有的家族企业领导者表示企业的所有权和管理权可以分开，但实际上，从内心深处来看，并不是其真心话。下面一段有趣的对话可以完全反映出来：

问：您会希望子女继承您的产业么？

W21 先生：这个就不是了。他的年代和我的年代也不一样了。我要想办法引进一个比较适合我们的外来管理者。

问：您对您的孩子最大的期望是什么？

W21 先生：他现在才七岁。不过我不想让他在我们这个行业发展，我希望他在环保行业发展，因为我们有一定的实力支持他做这些。

问：还是做企业么？

W21 先生：不一定。他脑袋聪明的话就去做研究，不够聪明的话就去干体力活，种田也可以（指最不需要脑力的工作——笔者注）。这是今天讲讲的话，可能到我五六十岁的时候，我还是叫他"你回来吧"，这个真的说不准。到时候不管他在做什么，我躺在床上还是要他回来接替我们的企业。

为了使子女自愿接替父辈的事业，澳门华商自觉培养他们的家族意识和"孝"的意识。如L17先生事业成功后，便将父母与岳父母都接到身边同吃同住。C10先生在女儿上中学时，专门为她选择了深受儒家思想影响的新加坡留学。因公司发展需要，L26先生的儿子和Y25先生都是在上大学期间被父亲要求放弃学位回到公司。

实际上，澳门华商的企业传承大致可分三种类型。

第一，比较成功的企业一般都希望子女继承。澳门华商第一代创业者大都没有太高的文化素养，为了企业更好地发展，都十分注重子弟的培养教育。他们大都送下一代到西方国家的名校学习现代管理或与企业相关的专业知识（见表3）。在我们访问的九位继承者中，五位都有海外留学经历，另有两位在香港获得学位。

表3　澳门华商第二代受教育情况简表

序号	代称	大学教育	学历	所学专业	家族行业
1	Y25先生	澳大利亚	大学本科		食品批发
2	L24先生	加拿大	大学本科	建筑	建筑
3	W23先生	加拿大	大学本科	机械	五金
4	L26先生	中国内地	硕士研究生	国际政治	多元化集团
5	H22先生	香港	硕士研究生	建筑	房地产
6	C12女士	中国内地法国	大学本科、硕士研究生	设计、语言	纺织业
7	L15女士	美国	大学本科	经济学	多元化集团
8	W21先生	澳门	大学本科	管理学	纺织业
9	H14女士	香港	大学本科		多元化集团

中国传统的家族企业在代际传承之间出现的问题很多。中国传统的诸子均分制成为代继传承的一大难题。每一个子女都必须在企业中拥有一席之地，或者将企业分割，造成财富的分散，或者造成企业管理权力的分散，以至企业的分解。在企业的变迁中，常常可以看到，第一代由一位所有者控制；第二代由兄弟姐妹合伙；第三代由堂兄弟姐妹联营。伴随着亲情的家庭关系与企业利益关系纠缠在一起，处理起来非常棘手。这方面，欧洲、日本的长子继承制，企业代际传承相对好一些，即保持了财富与公司的完整性，又使其他儿子可以自己去创业。不过，上述问题在澳门还不突出，主要原因有四点：一是澳门是一个典型的移民城市，企业的创业时间较短，澳门华商大多都是第一代创业者；二是因为澳门客观条件的限制，大多企业仍是中小型企业，不会引起太大的利益争端；三是除了早期个别家族企业之外，澳门现在的家庭所生育的子女数都很少，更主要的是

儿子数量减少。从目前已经接班的九个企业来看，其中有四个家中只有一个男孩；有四个是由长子接管；还有一个是兄妹共同经营。

第二，小企业主大多不主张子女继续自己的企业，而是选择其他的道路。这些小企业们文化知识相对较低，也许是不得已才经商。他们大多希望子女能接受较高的教育，将来成为各种专业人士。L6 先生告诉我们他大女儿已当教师，小女儿正在国外读大学，也希望将来回澳门做专业人才。Q3 先生只有一个女儿，兴趣是跳舞和音乐。

第三，看子女意愿。L7 先生的企业是搞建筑设计，他对子女是否继承自己的公司表示无所谓，只是希望他们按照他们的意愿发展。

（三）澳门华商企业的员工招聘

1. 重视是否忠诚

营造企业文化与团队精神，是中西企业的共同追求。但较多澳门华商对员工的选择，在忠诚与才干之间，更强调忠诚如此：

L18 先生："我挑人是比较挑剔的，我不要他太聪明，不要太专业，但我要他是忠心的。"

M5 先生："我们请人最重要是稳定，薪水多点无所谓。"

H22 先生："我觉得忠诚是很重要的。"

招聘时甄别员工是否忠诚有两种方法，其一是有三个月的试用周期；其二仿佛是传统的"看相"，即样貌要顺眼。L18 先生和 Q3 先生都表示在看简历上的照片时，如果感觉"不好"，就不会聘用他们。

面对中国内地的劳动力涌入澳门，相比较而言，澳门华商还是偏向于本地劳工。因为本地人流动性小，能够更有效地培养员工的忠诚意识。日本企业员工忠诚度最高，与终身雇佣制紧密相关。澳门华商也不会轻易解雇员工，所以时间长一点的企业大都有老员工做基础。比如：

G2 女士："我们一直会请本地人。一个伙计，如果听话，忠心，对公司有贡献，我们就会留住他。我们尽可能都不会炒掉伙计的，不管经济有多困难，我们都不会炒掉伙计的。"

Z4 先生："我的员工有的是跟我很多年的老员工了，是和我和工厂一起成长的。"

L26 先生："跟我身边的人都超过十年了，十几年、二十年的很多。我们公司人四十岁以上的人很多。"

2. 强调是否"勤力"

澳门属于微型经济，以传统行业为主，所以对员工的学历要求很低，但是却十分关注员工是否"勤力"。"勤力"即"勤奋努力"，更多强调的是一个人的品质，而不是量化的能力。澳门回归后博彩业发展飞速，高企的薪水吸引了大量澳门青年人投身其中，也使社会氛围弥漫着浮躁之气。第一代华商基本上都是靠勤奋努力，一步步积累才达今日成功。所以他们在选择员工时也十分重视"勤力"这一要素。比如：

G2女士："在我看来，每个人都有自己的优点和缺点。有些人虽然小学也没有毕业，但是也能帮忙，比如很勤力的。"

H22先生："我觉得现在年轻人可能受不好的信息影响，认为他靠聪明或者怎么可以瞬间达到一个高位，当总经理或者怎么样。但其实那个过程是很重要的，很多事情需要慢慢累积，慢慢去历练，踏实很重要。而且第二步就是要去落实，要去做，还有持续学习。这几项都很重要。如果你有这几个特质，这一刻你的时机未到，你好好练一练。在人就不肯花时间去学习，浮躁。"

L8先生："我第一位要看德，要有德在先。另外，很主要的就是要努力，做活要勤，要努力学习。因为他来公司的时候很多技术都不懂，需要不计较时间和休息，很努力地学习技术。"

（四）澳门华商企业的"人性化"管理

第一，营造家庭一样的温暖氛围。儒家文化影响下的管理重点是人心和人际关系，因为"人心"常常是长治久安的最基本条件。孟子曰："乐民之乐者，民亦乐其乐；忧民之忧者，民亦忧其忧。乐以天下，忧以天下，然而不王者，未之有也。"[11] 即以人民的快乐作为他自己的快乐，人民也会以他的快乐为自己的快乐；以人民的忧愁作为他自己的忧愁，人民也会以他的忧愁作为自己的忧愁。乐与天下人同乐，忧与天下人同忧，这样还不能使天下归附的事，是决不会有的。笔者与澳门华商的访谈中，也明显感到这一点。比如：

C10先生："我们是一个比较传统的经营方式，好像一个家庭。作为一个家庭，我自己应该作为一个所谓长辈，我希望员工们好。包括他们私人的问题，公司能帮的尽量帮他们。如果员工问我借钱，可以，但是我要问你拿去做什么。如果是用在不好的地方，是万万不可能的，被我发现我是绝对不准许的。"

L17先生的企业已建立了比较完善的现代企业管理制度，但仍然十分重视企业内家庭氛围的建设。他也说："如果员工有困难，我们要去关心他，要让他有家的感觉。最近我的一个生产部的经理出现交通意外，撞车。之前有些企业想高薪挖他，他都在犹豫了。我就说，如果他动心了，这个是我们自己要反思的。我就亲自找他谈，因为对人才要让人家感觉到老板还是很重视的，而且还倾听了他的意见。他出了严重交通意外送进医院后，公司医疗、福利全部都跟得很足，而且我还不断地派管理层包括我的太太去医院看他。他很感动，连医院都感动了。这个就是我们用人的一种方法：公司每一个员工，我们都看成一个家庭的组合，从言行上感化他。你这样做，整个公司都有归宿感。"

G2女士："我对每个员工都很关心的，他家里有什么事情我都会去帮忙。给他们一种感觉在公司能做得很舒服的。不用天天看着他，他也会天天用心做事情。所以在管理方面，只要是我的雇员，我就会保护他。"

Q3 先生："因为现在在澳门我们做的企业是比较小的，人也很少，只是几十人，所以管理方面我觉得比较人性化，会跟员工有很多直接的沟通，包括最低层的员工也是。"

Z11 先生："我做生意这么多年，我的员工也跟了我那么多年。下班之后如果没有什么应酬，就跟员工一起聊聊天。星期天就跟他们一起去钓钓鱼，烧烤，游泳之类的，很开心的。"

第二，信任下属，放手让他们去干。比如：

L26 先生："我的管理是小事基本不管，比如说迟到早退等。只要我吩咐你的事情你做好，大事情你做好，就行了。"

C10 先生："因为员工是公司发展的基础，公司要了解他们的需要，尽量放手给他们做，信任他们。"

第三，员工出现错误时，管理者为了照顾其"面子"，往往较为宽容。

Y9 先生："我这个人不怎么骂人，不喜欢用强硬的态度来对下属，我喜欢讲道理或者和他来讨论清楚该怎么学，我批评人也是以鼓励为主。"

C12 女士："对你的下属要严，但是最重要的还是容忍。他们犯了错，你可以批评，可以严格要求，但是要宽容。你可以批评他，但是你要教他，教他以后你要宽容他。"

Q3 先生："犯错误人人都会有，最重要是弄清楚是大错，小错，故意的还是怎样。错误是有很多方面的，做错了如果能改，就希望他可以在错误中汲取经验。"

第四，在儒家文化的管理语境中，修身是管理者必不可少的基本训练，也是管理成败的关键。孔子说："其身正，不令而行；其身不正，虽令不从。"[12] 即领导人要加强自我修养，以身作则，才能约束下属。通俗的理解是，要做好管理首先要解决做人的问题，身教比言教更为重要。比如：

C10 先生："你本身做一个老板，首先要严格要求自己。我每天都很早上班，以身作则，无形中就变成员工们的榜样。我平时多叫员工们做运动，提供好的条件给他们，像我们公司有篮球场等等。公司这样做的时候，无形中带动一些正面的信息给他们。他们下班以后到社会上，也会慢慢传递下去。"

（五）澳门华商在"熟人社会"中的企业经营

1. "关系"与业务

澳门地域狭小，人口稠密，人与人之间互动频率高。华人移民们成立众多的同乡会、宗亲会等以加强联系，同时为了对抗葡萄牙的统治，还成立了各种类型的社团以维护自身的权利。回归后的澳门政治高度自治，民间社团数量高速发展。目前澳门社团总数已达 4000 以上，是世界上社团密度最高的地区。因此澳门华人社会事实上是一个传统儒家文化影响下的"熟人社会"。一位被访者向我们描述了这一情况："澳门这个地方很小，来来去去都是这些人，基本上是他认识你，你认识他。很多人都是你的同学、你的街坊、你的熟人、你的朋友，都是这样的情况。所以，在澳门跟一个人交往不是一个单一的关系。

澳门社会由于人际关系比较密切，所以比较和谐，这是和其他地方不一样的地方。澳门与一些小城镇有相似的特点，人际关系比较密切，没有吵架打架，因为算起来可能就是朋友的朋友。"

在"熟人社会"中，"关系"就显得相当重要。为了给自己的公司创造更多的商机，澳门华商十分重视建立和扩大自己的"关系圈"。途径大致有以下几种：一是继承父辈已有的关系；二是通过亲戚朋友的介绍，使属于个人的"关系圈"可以在更大的范围内共享；三是通过建立或参加各种社团来认识更多的人，建立更多的"关系"。

毫无疑问，上述"关系"的范畴中包含了政商关系。在澳门，一些有实力的华商往往也会与政府拉"关系"，设法巴结那些政府机构中的实力人物，甚至通过巨额行贿以获得额外利润。虽然澳门实行的是市场经济制度，但土地、人力资源并非由市场调节，而主要是通过政府的"有形之手"来进行配置。[13] 因而澳门的腐败问题主要出现在土地批租和政府工程项目领域。2008年，前运输工务司司长欧文龙因在任内收受澳元八亿零四百万元的贿款，被判处二十七年监禁。澳门商政不正当关系导致的腐败问题，也引起了社会的普遍不满。

2. 熟人与诚信

孔子曰："人而无信，不知其可也。"[14] 这句话充分强调了诚信的重要性，即一个人只有讲信用，才能得到别人的认可。在澳门这个细小的区域里，做生意讲诚信可以起到传统的口口相传的"口碑"作用，从而带来生意。Z4先生的印刷店没有业务员，都是通过自己好的业务水平创造声誉后，顾客自己上门的。G2女士的药店也都卖疗效好的真药，中国内地的游客买到后很满意。因为内地有很多假药，所以他们经常会再次光顾该店。L8先生从事电梯业营销，他也认为做生意一定要讲信用，因为信用是将生意须做长久的最好办法。

如果说因为生意的"口碑"而讲诚信，只是外在物质利益刺激的话，那么因为内心自觉的约束而讲诚信，则具有很强的道德意味了。诚信本身就是一种道德要求，或者说是一种价值观。澳门一些华商就是以内心约束来解释自己讲"诚信"的原因。Q3先生认为："做生意一定要有信用，对客人要有服务的精神，这个最重要。做事情不能随随便便地做，一定要做到最好。一定要先过自己内心这一关，才能给别人看。这是最重要的。"C10先生说："我的公司所做的业务得到客户的赞赏。我们做事要尽力而为，问心无愧，要对得起别人也对得起自己。这些是受到父辈的影响。"

澳门居民中大部分是中国广东省的移民，L20女士认为他们大都保留了传统的价值观。"牙齿当金使"是广东当地的民谚，意思是说过的话一定要信守，这些广东移民在过去做生意时一般不签订合同。如果发生纠纷，一般会请社区中德高望重的人士给予调解。现在大部分澳门华商受到契约意识的影响，慢慢树立了法制观念，签订的合同遇到纠纷，大多会到法院求得解决。不过，即使签订商业合同，华商们仍能把传统的诚信道德融入到合同之中，从而避免合同欺诈行为。L8先生说："我们干这行很讲良心的，很多项目在标书里面列得很清楚。这不仅仅是信用的问题，还是良心的问题。你做什么事情，过了自己那一关就好了。"

五、初步结论

我们认为，澳门虽然历经了几百年的中西文化交汇，但至今仍然保留着较深厚的儒家文化传统。由于澳门属于典型的微型经济，企业多为中小型，创业时间也较短，企业形态以家族企业占主导。受传统文化影响较深的第一代创业者，管理中更多体现了儒家文化为主的传统，从而表现出注重道德和温情脉脉的色彩。企业注重家族成员尤其是长子来接替管理；企业对员工的选择更注重忠诚、勤奋等品行；员工管理的重点是人心和人际关系，同时管理者的榜样作用也得到强调。澳门"熟人社会"的特征使"关系"在企业运作中起到相当重要的作用，诚信也在熟人的监督下得以维护。这些使得澳门这个华洋杂处了四百余年的海滨小城仍然保留了浓郁的传统文化气息。

不过，访谈中笔者也深切感受到澳门社会向现代社会转型的脚步，澳门华人企业的第二代继承者大都接受了欧美的教育，可能会在未来的管理方面带来新的变化。

注释

〔1〕本文为澳门基金会资助项目。

〔2〕周大鸣：《澳门的族群》，《中国社会科学》1997 年第 5 期。

〔3〕1553 年，葡萄牙人来华贸易，取得澳门居住权。直到 1887 年，葡萄牙占领并强行租借澳门，使澳门成为欧洲国家在东亚的第一块领地。1999 年 12 月 20 日，葡萄牙结束对澳门的管理，澳门主权回归中华人民共和国。在"一国两制"的政策下，澳门建立特别行政区，享有特殊法律地位、实行资本主义制度和资本主义生活方式，享有"澳人治澳、高度自治"的权利。

〔4〕陈向明：《质的研究方法与社会科学研究》，教育科学出版社 2000 年版，第 8 页。

〔5〕吴志良：《澳门政制》，澳门基金会 1995 年版，第 43 页。

〔6〕土生葡人（Macaense）是澳门社会中一个独特的居民群体，包括居住在澳门的葡萄牙人的后裔以及葡萄牙人与其他种族通婚在澳门繁衍的混血后代。土生葡人的特点是：（1）具有葡萄牙人血统，信奉天主教，对葡萄牙有归属感；（2）较熟练地掌握葡语和广东话，多在澳门政府机构中任职，担任葡萄牙政府统治华人的中介。

〔7〕参见宋柏年等编：《澳门文化访谈录》，澳门理工学院 2006 年版。

〔8〕根据 1999 年 11 月 1 日生效的《澳门商法典》。

〔9〕克林·盖尔西克等：《家族企业的繁衍——家族企业的生命周期》，经济日报出版

社1998年版。

〔10〕储小平：《家族企业的成长与社会资本的融合》，经济科学出版社2004年版，第7页。

〔11〕《孟子·梁惠王下》。

〔12〕《论语·子路》。

〔13〕娄胜华等：《新秩序：澳门社会治理研究》，社会科学文献出版社2009年版，第92页。

〔14〕《论语·为政》。

现代契约与传统伦理的共生

——企业家中庸理性与家族企业治理模式的选择

何　轩

（广东外语外贸大学国际经济贸易学院，中国广州）

一、引　言

韦伯认为，中国传统的家族制不利于经济组织的形成；著名国学家冯友兰也表示，如果中国要走工业化道路，那么家族主义必然寿终正寝。可是中国今日的经济格局，无疑使人对以上的命题提出质疑，家族企业在经济总量中的比重和地位日渐增强。翟学伟在基于对周庄的研究后认为，中国的家族主义和现代经济组织之间是可以存在一种契合关系的，中国的家族主义是能够生成理性的、契约的以及淡血缘化的关系。那么，这是一种怎样的理性呢？我们认为，中国的家族主义生成的不是一种极致状态的"逻各斯中心主义"的工具理性，它是一种"经"、"权"结合的中庸理性。中庸理性指导着家族企业家的行为，也成为家族企业与其他类型企业在治理方面的特点所在，我们希望通过研究家族企业家对治理模式的选择过程，来论证这种中庸理性的存在，并且展示一幅真实的家族企业图景。

在中国这种社会普遍信任程度较低的文化氛围中，家族成员间基于特殊关系而建立起来的治理模式在家族企业成立初期的确发挥了作用，但是随着发展阶段的变化，产生的边际效用越来越低，甚至还有可能产生负效应。如果是基于工具理性的话，家族企业家就应该把手段安排到最有效的情况去完成目标——对自家人也采取刚性的契约治理，但是在中国情况并非如此。大多数家族企业家是在中庸理性指导下以节制取代效率，兼顾自己与整体、企业与家族的利益。因为如果为了经济利益最大化，而对家族成员"无所不用其极"，其实对于家族和家族企业家的整体效应函数可能会有明显的降低作用。所以出于情感上的原因，家族企业家对自家人还是会有一种辅助支持的心态存在，而不会因为他们目前在企业发展方面已经没有贡献就将其开除出企业，甚至对于有些阻碍企业发展的家族成员采取"养着但是防着"的策略。但与此同时，家族企业家会非常理性地实现企业中内部人和外部人的均衡，从而在"情理兼顾"的和谐状态中获取"恰如其分"的利益。从工具理性发展到中庸理性，才能更好在中国情境下深入剖析家族企业家理性行为。本研究为一些中国家族企业中存在的，但西方理论根本无法解析的现象找到了本土化的根源。

二、理论与假设

（一）工具理性

而企业家在经济发展中无疑是最关键的一个群体，他们的价值观通过影响自身经济行为而影响整个社会的发展方向和进程。行为经济学的奠基人 Tversky 和 Kahneman 提出，个体行为除了受利益驱使之外，同时也会受到价值观、信念和个体特征的影响。作为家族企业的关键控制人——家族企业家，他们的价值观也就会对企业治理产生重要的影响，这也是我们从企业家理性角度出发讨论企业治理模式的主要原因。那么，家族企业家所秉持的是一种怎样的理性呢？

金耀基通过对香港家族企业的研究发现，香港的家族企业家对亲属的雇佣多半是出于理性上的考虑，主要是企业家为了经济目的对于"文化资源"的一种运用。金耀基称之为实用主义支配下的"智性选择"，是一种"理性传统主义"。与此类似的，杨光飞也认为固然存在文化的惯性和组织制度的路径依赖性，但是实际上家族涉入的诸多特点并不是文化影响的结果，而是出于家族企业成员尤其是家族企业权威的"理性选择"。潘必胜更进一步指出，在家族企业中，创业家庭以外的家族成员除了在就业机会上有优先权之外，在经营管理权上并没有优势。他认为向工具理性的转变，是家族企业发展过程中的必经过程，一旦工具理性拥有了对家族血缘的优势，工具理性就会想办法摆脱它。工具理性，即"通过对外界事物的情况和其他人的举止的期待，并利用这种期待作为'条件'或者作为'手段'，以期实现自己合乎理性所争取和考虑的作为成果的目的"。工具理性具有计算性、功利性和推论性。较为通俗的理解就是，持工具理性的人，看重所选行为能否作为达到目的的有效手段，亦即所选的手段是否是最有效率，成本最小而收益最大。工具理性行为者常常把外在的他人或事物当作实现自己的工具或障碍，其典型的表现于人的市场行为中。

我们认同家族企业家是出于理性的角度考虑企业的治理，但并不是工具理性。家族企业是家族与企业的契合体，存在着家族雇员和非家族雇员两类代理人，家族企业家灵活权衡于内部家族雇员和外部职业经理人之间，家族企业治理往往比其他类型企业更具独特性。我们应该从中庸理性的角度出发，这样才能更深入地剖析一些中国本土家族企业中存在的，单纯依靠国外理论无法解析的现象。

（二）中庸理性与家族企业治理

一直以来，国内对于中庸的通俗性谈论不胜枚举，但是严谨的学术研究并不多，相关的定量研究就更为缺乏。美国次贷危机引发的金融海啸，让世界普遍认识到工具理性的泛滥造成了西方经济组织（包括个人）对于成本与收益之间过于线性化的要求，"掩耳盗铃"式的疯狂使用金融衍生工具，使得脆弱的倒金字塔型经济体轰然倒塌。这一切无疑是西方主流经济学"理性经济人"理论假设在现实社会中的悲剧再现，而东方经济体的相对稳定与其秉持中庸理性，追求有节制的效率是密切相关的，这也从另一方面体现出研究我们中华本土文化精髓——中庸的重要性和迫切性。

《尚书》以"中"表示合宜，而首先将"中"、"庸"二字并用的是孔子（《论语·雍也》）。那么如何将"中庸"这个说起来似乎人人都懂，而认真推敲起来又似乎很"模糊"的概念学术化呢？我们很认同余英时先生提出的"将儒家思想日常人生化"。与余先生观点一致的还有近十多年一直在推导中庸学术化研究的杨中芳教授，她提出"在人们的现实生活中，中庸思维其实就是一套指引个体在具体处理日常生活事件时，如何去理解问题，要达到什么目的，注意些什么要点，思考那些因素，以及要用什么准则来选择最佳行动方案等的思考模式"。

中庸思维，首先是一套基本对人、事、物的感知框架，视事事为许多具有价值取向的"一维两极"的动力状态。因为即使是正确的事物，一旦被推向极端都极易产生反效果，而使之走向另一极端。其次，中庸思维认为任何一个行动，其最终目标是要达到一个动态的和谐状态。第三，中庸思维是选择行动方案的思考原则。采用中庸思维的个体在考虑具体的行动方案时，通常采用以下几个原则：追求和睦；整体观；寻求恰如其分；不走极端。第四，中庸的实际行事特点，可以总结为：注重自我约束，不随一己情绪而采取实时行动；细察自己行动所可能涉及的所有其他人，以及自己行动为所可能这些人带来的后果（亦即对其他人及整个局面的影响）；选择以当时的情境而定的"恰如其分"方案；通过"自我反省"、"观察形势"等反馈机制，来修正自己的方案。如此循环渐进，以求达到最佳效果。第五，也是非常重要的一点，中庸思维体系是一个"中庸理性"，而不是"工具理性"。

何轩、陈文婷和李新春在关于家族企业治理模式的研究中，区分了针对不同类型代理人所采取的不同类型的治理模式，并通过数据初步论证了各种治理模式与企业战略绩效之间存在的可能关系。但是，他们并没有涉及是什么因素引致的不同治理模式的产生，亦即并没有对治理模式的自变量进行研究讨论，其实这也是目前在治理模式研究领域中相对欠缺的部分。行为经济学认为，从前提、理论形成以及结果检验三个方面经济学理论都应该有所革新。在理论前提上，行为经济学认为，应该充分借鉴心理学、社会学、人类学、组织理论、决策科学的成果，以增强经济学理论假设的真实性；在理论形成上，应该更强调解释真实观察到的行为，而不是分析行为可能发生的逻辑条件；在理论结论的检验上，应该吸收更多样化的实证研究方法，比如利用调查和实验室数据进行的分析。行为经济学的奠基人 Amos Tversky 和 Daniel Kahneman 在其关键之作中就明确提出，个体行为除了受利益驱使之外，同时也会受到价值观、信念和个体特征的影响。相对于交易成本经济学更偏重于半微观分析的契约现象（semi-micro analytic contractual phenomenon），行为经济学更注重分析微观主体的决策行为，为从个体角度出发研究经济行为奠定了坚实的理论基础。交易成本经济学通过契约关系来解释经济现象，行为经济学则认为应该更加强调的是通过当事人的决策模式和当事人的互动关系来解释经济现象，互动关系是行为经济学强调的重点，这使得主流经济学更贴近现实。所以本文也可以说是在何轩、陈文婷和李新春工作基础上进行的深入扩展，希望可以更深入贴切地展示现实中家族企业治理的生动画面。

（三）假设的提出

在以上理论分析的基础上，我们来讨论中庸理性与家族企业的治理问题，从而提出本文的假设。家族雇员作为家族企业的"内部人"，与企业主之间存在血缘、亲缘等社会联系，生活在有较多重叠的社会网络之中，有长期的交往历史，存在较多价值观的相似性。因此家族企业家会依赖感情维系来融合家族企业内部成员，从而降低合作代理成本，而这样的期望往往在企业的发展初期也能够得到实现。但是随着发展阶段的变化，对于内部人的关系治理产生的边际效用越来越低，甚至还有可能产生负效应。

何轩和朱沆在综合前人研究的基础上就指出，家族中的利他主义的确培养了家族成员彼此之间的忠诚，这一忠诚感为家族成员团结一致创造传承家族集体财富提供了保障。利他主义使在家族企业中工作的家族成员都对集体财富拥有感觉中的剩余索取权，于是他们愿意为家族共同的长远利益而调整自身的偏好和承担风险。利他主义也有助于一些利于家族企业发展的隐秘知识在家族成员之间传递，这样的沟通非常利于家族企业决策系统的畅顺运转。但是在企业动态发展的过程中，这种关系治理的负面效应却往往会被忽略。Schulze的研究团队结合前人关于利他主义和自我控制（self-control）的研究，设计了一个家族企业代理成本的模型，通过模型深入分析，针对性地反驳了Jensen和Meckling关于所有权和经营权合二为一会带来代理成本的降低的论点。他们在布坎南关于撒马利亚人困境研究的基础上发现，因为信息的不对称，家族企业企业主利他主义的给予完全有可能产生"宠坏的小孩"，造成搭便车和偷懒的道德风险存在。而且在信息不对称情况下单方面的利他主义的给予严重影响了家族企业资源的分配，使得企业资源向自己人倾斜，而不是分配给能使资源发挥最大作用的人。随着企业的发展，这种基于利他主义的关系治理模式还可能产生寻租问题等。

既然存在如此多弊病，为何现实中还是有大量的家族企业是采用"内外有别"的非正规化关系治理模式呢？因为家族企业家知道，如果过于工具理性或过于绝情，会引起家族成员的反感与家族动乱，既破坏了中国人追求的"家和万事兴"的理想境界，又可能被视为是一种目光短浅的行为。因为从长远来说，不知道什么时候，家族企业发展可能又会离不开这些目前看似"无用"的自己人。因此，尽管在某个时点，家族企业内部人关系治理不能显著的提高决策质量（因为我们收集到是横截面数据），但这并不能代表这些自家人从此对企业都没有用处。而且在中国人的观念中，"过河拆桥"是极其不利于自身声誉的。如果为了经济利益最大化，而对家族成员无所不用其极，对于家族和家族企业家的整体效应函数反而会有明显的降低作用。所以出于情感上的原因，持有中庸理性思维的家族企业家还是会比较信任自家人，对他们会有一种辅助支持的心态存在，而不会因为他们目前在企业发展中已没有贡献就将其排出企业，甚至对于有些阻碍企业发展的家族成员仍采取"养着但是防着"的策略。因此，我们提出以下假设。

H1a：（虽然）内部人关系治理与企业决策质量不存在显著正相关关系；

H1b：（但是）家族企业家的中庸理性思维与内部人关系治理显著正相关。

何轩、陈文婷和李新春论证了内部人契约治理与企业决策质量之间的正相关关系，外部人关系治理与企业决策质量的正相关关系，以及职业经理人持股与企业决策质量不存在正向相关关系，我们认为这些都与家族企业家所秉持的中庸理性是密切相关的，亦即都是由中庸理性在指导着家族企业家进行相关治理模式的选择。

商人经商是为了获取利润，家族企业家经营企业也不可能完全为了照顾自家人，而不顾利润。所以，秉持中庸理性的家族企业家会通过正规的契约治理来弥补对于自家人关系治理的不足。明确的股权安排与董事会结构可以发挥监督与服务的作用，因为增加监督必然会提高战略决策的质量。此外，对家族成员的契约治理给予了他们在战略决策过程中表达意见的机会，这是在家族企业"家长权威"的关系体制下欠缺的，这会使他们在心理上提高对决策目标的认知。因此，对家族成员的契约治理强化了对其的监督与控制，提高了企业决策质量。

在对于外部人的治理方面，职业经理人持股这种治理模式要发挥提高企业绩效的作用，是需要一定的严格前提条件的。包括外部经理人市场的完善、对经理人职业道德的约束、家族企业内部人治理结构的改善、创业家族成员观念的改变等等。而目前在中国，这些条件都不成熟，相应的机制也不完善。特别是职业经理人市场的不健全和职业道德的欠缺，赋予职业经理人股份可能会造成家族企业被掏空。所以说家族企业家不选择赋予职业经理人股份的契约治理模式，并不只是因为想将企业控制在家族范围内，而是鉴于实际情况采取的理性选择。而在中国特殊的家族文化背景下，对职业经理人进行泛家族化的关系治理，不失为家族企业治理的良方之一。通过关系治理提高职业经理人对企业的背离成本，促生其对企业和企业背后的家族的感情，提高其忠诚感和归属感。

根据以上分析，我们提出以下假设：

H2a：内部人契约治理与企业决策质量正相关；

H2b：家族企业家的中庸理性思维与内部人契约治理正相关。

H3a：外部人关系治理与企业决策质量正相关；

H3b：家族企业家的中庸理性思维与外部人关系治理正相关。

H4a：职业经理人持股与企业决策质量不存在正相关关系；

H4b：家族企业家的中庸理性思维与职业经理人持股不存在正相关性。

三、研究设计

（一）数据收集

本研究所有问卷都是通过笔者自身的和同学朋友的私人关系进行派发，没有借助任何官方和组织的渠道。在问卷发放之前，作者于 2008 年 7 月在山东青岛、潍坊和淄博三地与部分企业家就研究内容进行了深度访谈，选择山东一是因为当地的朋友能通过私人关系联系到比较多的企业家，另外也是为了弥补之前在南方进行访谈和深度案例研究的局限性。山东作为北方经济较发达的省份，同时又是传统文化发源地的中原地区，非常适合本研究的调研。

我们将预研究和案例研究中发现的问题与企业家进行探讨，并在小范围内进行了试测，对测项进行了少量调整。之后我们形成了正式问卷，并从 2008 年 9 月开始派发，一直持续到 2009 年 1 月。在问卷的发放过程中，笔者对山东、广东、北京等地的被测基本采取现场填写的方式。其他地区因调研费用等原因笔者不能亲自到场，笔者都对中间人就研究和问卷内容进行了解析，要求其在被测填写时能够提供咨询，尽可能地保证采集数据的质量。对愿意留下联系方式的、非现场填写问卷的被测，我们通过邮件和电话的方式回访，询问他们是否理解问卷，并对部分题项做抽样核实。在整个过程中，大部分企业家对我们的研究主题非常感兴趣，提出许多改进意见。当然也有少部分企业家并不太积极配合，这与调研期间适逢遭遇金融风暴有很大的关系，他们的确是要对应很多突发的棘手问题，我们也表示非常理解。

我们总共发放问卷 230 份，回收 203 份，剔除缺失关键数据的部分，有效问卷为 178 份，回收的有效问卷率为 87.7%。企业所在地域的比例是，广东 42.1%，山东 24.2%，江苏 14%，北京 7.9%，宁夏 5.6%，上海 2.8%，其他 3.4%。基本情况见表 1。

表 1　样本基本情况描述

		公司成立年数	企业主年龄	企业主性别（0=女，1=男）	企业主学历（1-初中及以下；2-高中；3-大专；4-本科；5-研究生及以上）	是否设立董事会	员工人数
样本	有效	170	161	167	175	172	168
	缺失	8	17	11	3	6	10
均值		9.979	39.120	0.830	3.010	0.470	207.770
标准差		6.800	7.865	0.417	1.155	0.500	556.628
最小值		1.0	20	0	1	0	3
最大值		58.0	59	1	5	1	6000

（二）变量测量

关于针对内、外部人的治理模式测量我们主要在何轩、陈文婷和李新春研究的基础上，改进了内部人关系治理变量的测量。Mustakallio,Autio 和 Zahra 对家族企业公司治理进行研究后发现，关系治理和契约治理是并存的，并共同影响企业战略决策。在他们的研究中家族内部的关系治理包括了社会交往和信息交流的题项，所以我们在本研究中也借鉴了他们的研究成果，改进后的具体题项见后面的探索性因子分析部分。另外，我们还是采用决策质量作为指标考察战略绩效，相关题项采用自 Dooly 和 Fryxell,Mustakallio 等人的研究。

关于中庸思维的测量我们综合参考了杨中芳和赵志裕以及赵志裕的研究，具体操作过程如下：量表共列出 16 题，每题有两种相对的陈述，一种表示中庸，另一种表示非中庸，如果被测选择中庸类则赋值为"1"，选择非中庸则赋值"0"，然后将 16 题的值加总，即得到每个被测样本的中庸思维变量得分。

四、数据分析

（一）探索性因子分析

为检验我们所设计的内部人关系治理、内部人契约治理、外部人契约治理这 3 个变量的结构效度，我们使用 SPSS15.0 对指标数据进行了探索性因子分析。由统计结果得知 KMO 值为 0.863，说明该因素模型较好，因素模型的结构可以很好地解析变量之间的关系。通过 Bartlett's 球形检验（p<0.000），说明矩阵不可能为单位矩阵。通过上述分析，本研究所获得数据是适合进行因素分析的。在进行迭代式多轮主成分因子分析后，发现大于 1 的特征值有 3 个，因此我们提取了 3 因子，并采用方差最大化正交旋转，分析结果如表 2 所示。根据统计数据，旋转后累计解释方差量达到 62.635%。另外我们也进行了判别效度的分析，检验判别效度的最广泛方法是考察是否所有因子的 AVE（平均抽取方差）值均大于因素（潜变量）间相关系数的平方值。经检验，本研究中的各因素基本符合要求（除了中庸理性与契约治理的相关系数平方为 0.360），详见表 3。

表 2　转轴后因子载荷矩阵及结构效度检验

KMO 值：0.863；累计解释方差量：62.635%	因子		
题项	内部人 关系治理	内部人 契约治理	外部人 契约治理
您经常与在企业中工作的亲友交流相关信息	0.842	0.188	0.061
与您"血缘"关系越近的雇员做事越令您放心	0.803	0.047	0.203

KMO 值: 0.863; 累计解释方差量: 62.635%	因子		
企业经营中,家族成员比其他雇员做事更令您放心	0.795	-0.034	0.278
您经常与在企业中工作的亲友面对面的沟通	0.767	0.242	0.137
在企业中工作的亲友之间经常互相拜访	0.751	0.293	0.105
与您有亲友同学等关系的雇员比其他雇员做事更令您放心	0.710	-0.040	0.443
您不担心亲友会利用机会谋求私利	0.654	-0.047	0.106
在企业中工作的亲友有明确的薪酬规定	0.007	0.827	0.189
在企业中工作的亲友有明确的职位权力规定	0.431	0.722	-0.087
在企业中工作的亲友有明确的股权制度安排	-0.031	0.687	0.298
您视跟随多年的雇员为家人,他们在您家族中也有一定地位	0.075	0.051	0.810
把优秀雇员发展为"自己人",有利于他们更好地管理企业	0.301	0.237	0.587
经理人对企业贡献越大我越信任他们	0.228	0.205	0.528
信度	0.896	0.665	0.539
AVE	0.463	0.353	0.540

注: (1)因子抽取采用主成份分析; (2)因子转轴采用方差最大化旋转。

表3 各变量均值、标准差和相关性分析

变量	均值	标准差	1	2	3	4	5	6	7	8	9	10
Age	39.120	7.865	1									
Gender	.830	.758	.098	1								
F-age	9.979	6.800	.256**	-.050	1							
Employee	207.77	556.628	.038	-.024	.332**	1						
DQ	14.719	3.388	.098	-.004	.063	-.118	1					
IRG	27.971	8.968	.308**	.032	.112	-.061	.059	1				
ICG	13.778	3.615	-.027	-.013	-.047	-.094	.168*	.322**	1			
ORG	14.358	2.841	.233**	.054	.051	-.061	.372**	.475**	.368**	1		
OCG	.145	.180	-.166	-.101	-.126	-.130	.047	-.464**	.036	-.100	1	
ZY	14.112	2.542	.119	.027	-.078	.133	.062	.458**	.082	.240**	-.599**	1

注：Age、Gender、F-age、Employee、DQ、IRG、ICG、ORG、OCG、ZY 分别代表变量企业主年龄、企业主性别、企业年龄、员工人数、决策质量、内部关系治理、内部契约治理、外部关系治理、外部契约治理和中庸理性，下同。

（二）回归分析

我们使用 SPSS15.0 进行各假设的回归分析，结果见表 4。H2a 没有得到数据支持，也就是说内部人契约治理对于企业决策质量的显著性提高作用并没有显现出来。H1a、H3a 和 H4a 都得到了数据的支持，特别地内部人关系治理不仅与决策质量之间没有正相关关系，而是存在着显著的负相关关系，这是非常值得学界和业界关注的。H2b 没有得到数据的支持，亦即家族企业家中庸思维对于内部人契约治理的显著正向效应并没有体现出来。H1b、H3b 和 H4b 得到支持，特别地秉持中庸理性的家族企业家对赋予经理人股权这种契约治理模式非常排斥（b=0.615，在 0.01 程度的显著）。综上所述，除假设 2 没有得到支持，其余假设均得到配对性的支持。

表 4　回归分析结果汇总

变量	DQ	IRG	ICG	ORG	OCG
控制变量					
F-age	0.164	0.135	0.002	0.083	-0.160*
Employee	-0.198*	-0.175*	-0.128	-0.120	0.032
Age		0.241**	-0.010	0.251**	-0.054
Gender		-0.007	-0.010	0.034	-0.073
自变量					
IRG	-0.399**				
ICG	0.147				
ORG	0.414**				
OCG	-0.002				
ZY		0.494**	0.075	0.351**	-0.615**
Change R2	0.154**	0.230**	0.005	0.117**	0.352**
Overall R2	0.155	0.329	0.019	0.196	0.391

注：* 表示在 0.05 程度的显著；** 表示在 0.01 程度的显著

（三）同源误差的分析

因为本研究的调查量表均为同一调研对象所填写，数据来源就有可能存在同源误差（CMV）的问题，在此我们借鉴 Podsakoff，MacKenzie，Lee 和 Podsakoff 的相关处理方法。

将问卷中的所以条目放在一起进行因子分析，不进行旋转的第一个主成分就是 CMV 的量，如果这个量不是占大多数，那么同源误差的情况就不足以影响到研究结论。按照上述方法进行操作后发现，第一个主成分是 34.633%（表格省略），不占大多数，因此本研究中同源误差的情况基本不会影响研究结论。

五、讨　论

从数据分析得知，H1、H3、H4 均得到了配对性的显著支持，特别值得关注的是 H1，在对内部人采取关系治理对决策质量有显著负向作用的情况下，家族企业家仍然还是选择了它。我们认为应该从中庸的角度出发全面地看待这个问题。儒家中庸之道的特色在于以整全观的视野、自我节制的心态，求取恰如其分的最佳状态。中庸之道一向是儒家所标榜的德行和行动取向，所以在中国情景下研究家族企业，中庸之道是一个非常有价值的视角。张德胜和杨中芳等学者在 1998 年至 1999 年间大量走访散布于中国大陆、中国香港、中国台湾及新加坡、马来西亚的一些企业家，通过深入闲谈来了解他们的内心世界和经营策略，发觉中庸取向有迹可寻。具备中庸取向的商人，当然也要谋利，但是他们并不像经济人那样以眼前的最大利益为依归，往往也有"情"的考虑。

在中国这种社会普遍信任程度较低的文化氛围中，家族成员间基于特殊关系而建立起来的治理模式在家族企业成立初期的确发挥了作用，但是随着发展阶段的变化，产生的边际效用越来越低，甚至还有可能产生负效应。家族企业家的中庸理性以节制取代效率，兼顾自己与整体的利益，因为如果为了经济利益最大化，而对家族成员无所不用其极，对于家族和家族企业家的整体效应函数可能会有明显的降低作用。如果过于工具理性过于绝情，会引起家族成员的反感与家族动乱，既破坏了中国人追求的"家和万事兴"的理想境界，又可能是一种目光短浅的行为。因为从长远来说，不知道什么时候，家族企业发展可能又会离不开这些目前看似"无用"的自己人。

而在此同时，家族企业家会在中庸理性指导下，合理地取舍权衡其他的治理模式（排斥对企业绩效有负向影响的经理人持股和对企业绩效有正向效应的外部人契约治理）。上述的现象也是符合中庸思维的，因为中庸讲求"经权"，"经"可引申为根本原则，是带有普遍性、绝对性、统一性的客观规定，"权"则是指结合非常情况所采取的特殊对策或临时性、应急性的措施，是应时制宜、应情制宜。从数据分析的结果我们可以看到，对于职业经理人等外人采取关系治理模式实现泛家族化，正是中国家族主义与现代经济组织一种契合关系的体现，可以说是"经"的体现；而没有摒弃对内部人的关系治理，也是我们不可否认存在的一种应情制宜的"权"的现象。

论企业柔性管理思想的几个问题

安应民　祁　娜

（海南大学，中国海口）

　　柔性管理思想本质上是一种对"稳定和变化"同时进行管理的新思维和新战略，它以思维方式从线性到非线性的转变为前提，以"人性化"为标志，依据信息共享、虚拟整合、竞争性合作、差异性互补、虚拟实践社团等方式，实现知识由隐到显的转化，从而改变心智模型，提高学习能力，实现自我超越，主动地适应外部环境的变化，从而不断获取和创造企业的竞争优势。

一、企业柔性管理思想形成的背景

　　随着社会经济尤其是信息技术的不断发展，现代企业管理逐渐走向组织结构扁平化、管理方式柔性化、办公方式分散化的发展趋势，为柔性管理思想的形成提供了认识基础。

　　首先，组织结构扁平化。事实上，组织结构扁平化已成为企业变革的一种潮流。应该说，扁平化组织结构理论是对传统科层化组织结构理论的否定，具有以下几个重要特点：一是讲究系统。认为企业在分工基础上，应当更加强调系统。一个企业组织是由许多相互作用的部分组成的开放系统，管理人员应用系统方法就可以阐明系统目标，确定评价系统工作绩效的标准，并把企业同各种环境系统更好地联系起来。二是减少中间层。组织不良最常见的病症就是管理层次太多，组织结构的一个基本原则就是尽量减少管理层次，努力形成一条最短的指挥链。三是强化影响力。影响力并非完全来自于权威，还受其他因素的影响，如知识、信息、人格魅力等。四是实施分权。20世纪后半叶，"分权"已成为一种潮流。柯达公司总裁罗勃脱说："过去我们的机构臃肿庞大……唯一能使我们发挥协调作用的办法是缩小机构。"五是加宽控制幅度。因为信息化、计算机化等使强化企业管理、加宽管理控制幅度已成为可能。

　　其次，管理方式的柔性化。柔性管理思想是相对于刚性管理思想提出来的。刚性管理思想强调"以规章制度为中心"，凭借制度约束、纪律监督、奖惩规则等手段对企业员工进行管理，这是20世纪通行的管理模式。而柔性管理则强调"以人为中心"，依据企业的共同价值观和文化、精神氛围进行的人格化管理，它是在研究人的心理和行为规律的基础上，采用非强制性方式，在员工心目中产生一种潜在的说服力，从而把组织意志变为个人的自觉行动。因此，柔性管理思想的最大特点在于它主要不是依靠外力（如上级的发号施令），而是依靠人性解放、权力平等、民主管理，从内心深处来激发每个员工的内在潜力、主动性和创造精神，使他们能真正做到心情舒畅、不遗余力地为企业不断开拓新的优良业绩，成为企业在激烈的市场竞争中取得竞争优势的力量源泉。对柔性管理思想进行过深入探讨的郑其绪教授曾这样概括柔性管理的特征：内在重于外在，心理重于物理，身教重于言教，肯定重于否定，激励重于控制，务实重于务虚。显然，在现代企业管理柔性化之后，管理者更加看重的是职工的积极性、创造性、主动性和自我约束的能力。

再次，办公方式的分散化。所谓办公方式的分散化，也就是原来大家聚在一起的办公方式将逐步被分散方式所取代。因为有了互联网，办公地点无论在哪里，都不是一个问题了。互联网"即时通讯，资源共享"的功能，可以使得跨国公司的全体员工的办公方式做到"物理上分散，逻辑上集中"，实现远程互通信息，协同作战。而比较适合远程分散办公的行业是一些基于信息的制造、加工和传播类的工作。如计算机网络系统集成工程师、软件开发人员、网站网页设计和编程人员、工程设计人员、作家、编辑、记者、自由撰稿人、美术家、广告设计人员、顾问和咨询人员等。他们的全部工作或大部分工作既可以在家里完成，也可以通过国际互联网与他人协同完成。根据有关统计，在美国已有3000万人在家中远程办公，占美国工作人口的16%～19%。Olsten公司进行的一次年度调查显示，56%的北美公司永久性或试验性地允许其雇员居家办公，这一比例比上年上升了9%。其中82%的高科技公司、新闻媒体和出版业都推广了居家办公的形式，公用事业和公交公司为71%，保险公司大约有67%，服务和批零公司为62%。随着个人电脑和互联网应用技术的普及，居家办公在其他国家也呈快速增长之势。另据估计，办公方式由集中走向分散，将使城市交通流量减少30%～40%，并大大缓解能源交通紧张和车辆尾气排放而引起的环境问题和社会问题。可见，分散化办公将是未来社会的一种不可避免的发展趋势。对于整个社会来说，提倡符合有关职业性质的员工分散办公，一方面有利于精简机构，提高办事效率；另一方面可以促使相当一部分自由职业者、离退休干部、下岗职工投入就业或再就业的行列，有利于人尽其才、物尽所用和社会安定。同时，有利于减少办公和生活垃圾，保护了环境。而对于公司来说，安排一部分员工实行分散办公和目标考核制度，可以减少昂贵的场租、办公费、通信费和管理费等，提高公司的劳动生产率。可见，分散化办公是对管理者素质和管理方式的一种挑战，从传统的"刚性管理思想"向现代的"柔性管理思想"过渡已势在必行。

二、企业柔性管理思想与刚性管理思想的比较

有一则著名的"蜜蜂思维"与"苍蝇思维"的故事，说的是将六只蜜蜂和六只苍蝇

装进一个玻璃瓶中，然后放平，让瓶底朝着阳光灿烂的窗户。蜜蜂不停地想在瓶底找到出口，直到它们力竭倒下；而苍蝇则会在不到两分钟之内，穿过另一端的瓶口逃逸一空。事实上，正是由于蜜蜂在改变的环境中，依然按照"出口必在最亮之处"的旧思维逻辑行事，全盘皆输；而那些苍蝇则对事物逻辑毫不留意，四下乱飞，结果有无数个创新的方向，获得了自由与新生。这则故事也同样映射了企业刚性管理思想与柔性管理思想的关系所在。企业环境在变，每个人却都严格按照老规则办事，刚性管理发挥到了极致，企业创造力往往便会窒息。在必要的时候，引入一些看似没有规矩的做法，却能让企业焕发新的活力，在新的竞争中崭露头角。

实际上，不论从管理理论还是从管理实践来看，柔性管理思想与刚性管理思想的分歧无处不在。在理论上，泰罗的科学管理理论将人看作"经济人"和"会说话的机器"，强调组织权威和专业分工。而梅奥的人际关系学说则认为人是"社会人"，提高生产效率的关键是满足员工的社会欲望，提高工人的士气，而不是纪律的控制和物质的激励。上述两个管理理论的对立，在一定程度上看其实质则是刚性管理思想与柔性管理思想的对立。同样，在实践上，美国的管理总体上比较重视战略、结构、体制等硬性因素，但却往往忽视组织的共同价值观、作风、人员、技巧等软性因素。而一些亚洲国家（如新加坡、韩国）的企业管理，就比较重视企业的思想、文化及精神等"软件"因素。因此，具体地加以分析，刚性管理思想与柔性管理思想主要有以下区别：一是基础不同。从其定义可以看出，刚性管理思想的基础是组织权威，它所依靠的主要是组织制度和职责权力。管理者的作用主要在于命令、监督与控制。柔性管理思想的基础则是基于员工对组织行为规范、规章制度的认知、理解与内化，它所依靠的是组织的共同价值观和心理文化氛围。管理者的作用主要在于启发、引导和支持。二是适用对象不同。一般来说，刚性管理适用于主要追求低层次需求的员工，即适用于对创造性需求较低的、衡量标准容易量化的工作。这类员工往往希望有正规的组织与规章条例来要求自己，而不愿参与问题的决策并承担责任。而当员工的低层次需求基本得到满足，高层次需求成为主导动机，工作标准不易量化且对革新要求较高时，员工往往欢迎柔性管理的运用，以获得更多的自主责任和发挥个人创造性的机会。

然而，从管理的实际效果看，刚性管理思想的长处主要有以下两个方面：首先，在刚性管理思想中，某项规章制度的严格执行，便于协调员工个体之间以及员工与组织之间的关系，易于维持组织正常的工作秩序。其次，刚性管理往往通过制定一定的工作标准对员工的工作绩效进行量化，极大地方便了考核。但其主要缺陷有：一是严格执行某项规章制度势必降低组织活动的灵活性，影响组织与外部环境的协调。同时由于规章制度的不完善，责权利不可能完全对等，所以在工作中难免会出现矛盾和冲突。二是刚性管理往往将员工置于消极的被管理的状态，缺乏主动参与管理和决策的意识，自律自控能力较低，限制了其积极性与创造性的发挥。三是工作量化的同时也造成了员工的惰性，使员工一味追求完成份内的工作。而柔性管理思想的长处非常明显：一是柔性管理思想满足了员工的高层次需要，能够深层次地激发员工的工作动机，增强员工的主人翁责任感，使其不仅自觉提高各自的工作标准，而且愿意挖掘其潜能，发挥其天赋，做出超常的工作成就。二是柔性管理思想有利于组织内部形成集体主义和相互协作的精神，有利于对种种失范现象形成一种"防患于未然"的机制。当然，柔性管理也有其局限性。一是缺乏严格的工作职责分工，容易形成冲突；二是缺乏明确的工作标准，工作绩效不易考核和评估等。

总之，刚性管理思想与柔性管理思想虽各有其优缺点，在实际工作中两者是相互影响、相互渗透的。刚性管理是管理工作的前提和基础，完全没有规章制度约束的企业必然是无序的、混乱的，柔性管理也必然会丧失其立足点。柔性管理是管理工作的"润滑剂"，是刚性管理的"升华"，缺乏一定的柔性管理，刚性管理也难以深入，二者的有机结合才是高效益管理的源泉。一个企业是以刚性管理为主，还是以柔性管理为主，则完全取决于企业员工素质、工作性质以及企业的文化传统。

三、企业柔性管理思想的本质特点

人既是管理的主体，又是管理的客体。对人的管理既可以凭借制度约束、纪律监督，直至惩处、强迫等手段进行刚性管理；也可以依靠激励、感召、启发、诱导等方法进行柔性管理。笔者认为，柔性管理思想具有以下两个本质特点。

第一，注重人的潜能开发是柔性管理思想的基点。注重人的潜能开发是提高员工素质的一个根本途径。企业管理者好比是一个建筑师，他善于因材施用，将各不相同且还不完美的人，就像对各种石材一样经过精心安排，砌成坚固的房子，即将各自的优缺点相互取长补短，相得益彰，又能因此组合出万千风景的图案，管理者的才能在这里便是珍贵的凝聚剂。再进一步说，企业的经营者又好比是一个球队的教练，他必须具备合理观念，知己知彼，甚至知道整个战局的发展；能够合理调配使用本组织的资源，让每个成员都在合适的岗位上得到表现的机会；善于对各成员给予相应的指导和帮助。员工的素质对于企业来讲至关重要，因此一些公司认为，提高员工的能力便是最好的善待员工，他们将目标确定为让每个员工在本企业工作三五年之后，能力和实力都能跃上一个新台阶。员工在这里感受到的是不努力就会落伍的压力，而不是感受到企业摇摇欲坠、即将破产的恐惧。员工的成长是企业成长最好的推动力，企业能够因才施用有一定才干的员工，让员工在企业中找到自己的归属感和成就感，也就增强了企业的稳定性，降低了企业的人力资源成本，提高了人力资源的使用效率和效益。因此，要真正实行人性化的柔性管理，就必须花大力气加强人力资源开发，夯实企业的人力资源基础。

第二，"员工也是上帝"是柔性管理思想的本质体现。现代西方企业管理学家近期提出了一个颇具新意的观点，认为企业有两个"上帝"：一个是顾客，另一个是员工。美国罗森布鲁斯旅游公司更是标新立异，独树一帜，大胆提出了"员工第一，顾客第二"的口号，并将其确定为企业的宗旨付诸实践，使该公司在短短的十余年时间便跻身于世界三大旅游公司的行列。通常我们只想着顾客是产品的购买者，能帮助企业实现利润，所以只承认顾客是上帝。在很多企业看来，员工算什么？不就是一个被雇佣者吗？我出钱，你干活，天经地义，互不相关。然而，人们已经意识到了员工的重要性，意识到了员工队伍的稳定、创造性的大小、素质的高低、凝聚力的强弱深刻地影响着企业的发展。因此，对于企业来说，员工队伍的稳定是效益稳定的基石。频繁的进进出出，实际上付出最大机会成本的还是企业，或者说员工有可能找到一家适合自己发展的企业，而企业要是没有树立重视员工的理念，那它就永远也不会拥有真正属于自己的员工。员工需要激励，这种激励一方面当然是精神上的，但物质激励在现实工作中往往能发挥更直接的作用。调查表明，员工跳槽的原因中"工资待遇低"仍位居第一。因为人要实现自己的价值，要开掘自己的潜能，所有这些都必须以物质需要的满足为基础。何况给予工的福利待遇并不是企业的施舍，而是员工的应得，或者说是员工付出劳动的报酬。因此，只有摆正了企业与员工的位置，才有人性化管理可言，人性化管理就是要将人当人看。有人指出，中国的企业与西方发达国家的企业在对待员工方面有两点明显不一样：一是西方企业将员工视作企业不可或缺的内在要素，为了企业发展而想方设法笼络人心。中国企业则是将员工看作外在于企业的要素，认为企业是企业，员工是员工。二是在西方企业的决策者、管理者、执行者结构中，管理者与执行者是一体化的，也就是说，管理层员工与一般员工一样得干具体活，都是决策指令的操作者。而中国企业的管理层员工则想方设法让自己充当"次决策者"，不着力贯彻指令，而是将指令放在手心翻来覆去"搓揉"，再交给基层员工，致使指令走样变形。这两种不同的传统，反映出员工在企业中有着不同的地位。

可见，对员工最好的奖赏莫过于重用员工。员工通常具备多种潜能，这些能量能否被全部释放出来，就看企业给不给机会。独具慧眼的领导往往不是等到员工具备各种能力时才去用他，而是只要他具备基本素质，就给他职位、责任、压力，让他在管理实践中磨练，在磨练中展示各种潜能，提高管理技能。但如果员工感受不到管理机制的规范性与合理性，看不到自己的发展前途，那这个企业也就毫无发展前景可言。故对企业来说，只有企业视员工为上帝，员工才会视企业为家园。

四、企业柔性管理思想的五大特征

特征之一：以满足顾客的需求和偏好为经营导向。

传统的批量生产型企业的观念是：供给创造需求。只要能生产，就会有顾客购买，企业就有利润，因而利润由市场和生产能力决定。而在柔性管理时代，不仅要为顾客提供物品，而且要丰富顾客的价值，使顾客在消费一种物品时能够获得更多的超值感受。可见，柔性管理思想就是将顾客的需求与偏好放在首位，使利润蕴含于顾客对物品的需求并能够满足顾客的偏好之中，只要能将顾客的需求与偏好转化为物品或服务，利润就是这种转化的一种必然结果。因此，柔性管理思想的关键在于确定如何创造提升顾客价值的方案？如何解决顾客所关注的问题？以及如何将顾客感知到的但并没有完全清楚表达出的愿望或需求，转化为顾客可明确说出的需求。

事实上，直接定制的营销方式是在简单的大规模生产模式不能满足消费者的多样化、个性化需求的情况下提出来的，它将每一位顾客都视为一个单独的细分市场，根据个人的特定需求来进行市场营销组合，以满足每位顾客特定需求的一种营销方式。其最突出的特点是根据顾客的特殊要求来进行产品生产。与传统的营销模式相比，直接定制主要具有以下几个优点：一是直接定制将目标市场划分到了极限的程度——把每一位顾客都视作一个潜在的细分市场，在这个市场上，顾客不仅仅是产品的被动接受者，而且是产品的设计者，顾客可以根据自己的偏好对产品提出自己特定的要求。这样，企业在生产过程中，可以有针对性地向顾客提供差异性的产品，以满足广大消费者的个性化需求，使他们得到他们真正想要的产品和服务。二是由于产品是在切实了解顾客实际需求的基础上设计和生产出来的适销对路的产品，所以只要质量可靠、定价合理，这些产品就能很顺畅的销售出去，大大减少了广告促销等方面的费用，降低了销售成本。三是在直接定制中，企业与顾客之间直接进行沟通，这样企业就可以根据顾客的喜好以及对产品设计的改进意见直接对产品进行改进，从而达到产品与技术上的创新，并且这种创新始终能与顾客的需求变化保持一致，使企业能不断生产出顾客满意的新产品。可见，这种以顾客需求和偏好为导向的管理，是对管理者能力的一种挑战。

特征之二：以促进学习、激发灵感和洞察未来作为管理的最基本职能。

美国经济学家麦格雷戈在其著作《企业的人性面》中指出，每一位管理者均有自己的一套管理哲学，这种管理哲学取决于其对人性的看法。麦格雷戈将这些传统管理哲学归类为 X 理论和 Y 理论，其中 X 理论认为一般人皆生性怠惰，缺乏大志、厌恶责任、宁愿受人指挥，故员工的行动有赖于指引，管理有赖于说服、奖励、惩罚及控制。而 Y 理论则认为，人的发展潜力、肩负责任的能力、朝向组织目标以及引导其行为的能力，都是其本性所固有的，管理的责任就是要使员工认识其固有的特性，从而自行发展这些特性。柔性管理思想就是以 Y 理论为基础的一种科学管理，而网络时代管理的最基本职能是寻求知识转化的路径与节点。网络时代不确定的市场变化已经把管理的核心作用体现为促进学习、激发灵感和洞察未来。激励、综合、协调一线人员的努力与贡献，以更高的视野兼顾全局，并将一线人员的创新理念整合到企业发展的统一战略框架之中，从而使企业的发展和进化过程成为由发达的部件以最优化的方式组合的有机体。

特征之三：以企业虚拟实践社团建设作为创新的源泉。

因为识别、发现市场的潜在需求与偏好，把握需求与偏好的动态过程，不仅需要大量的信息，更需要敏锐的洞察力，需要智慧与灵感。在市场的需求结构瞬息万变的网络时代，只有通过发挥各个方面的创新力量，才能造就一个智能化的企业，才能不断获得新的竞争优势。如在一个企业里，当一个市场机会出现时，在某一组织机构中有固定位置的人员便会以其专长进入项目工作小组，并在其中扮演团队成员的新角色，与其他小组成员形成虚拟团队，协同工作，直至小组任务完成为止。这种以柔性管理为特色的虚拟团队，在 IBM 中又被称为"市场机会管理流程"。因此，组建各式各样的虚拟实践社团，努力为企业的发展提供创新性的建议与方案，增强企业的适时学习能力，使企业成为一个真正的学习型企业，这是企业立于不败之地的保证。因为虚拟实践社团是"强强"合作，它的本质特点是以顾客为中心，以机会为基础，具有一整套清晰的、建立在战略基础上的发展思路和目标。

特征之四：以新型的网络式组织取代科层组织。

传统的金字塔型结构的科层组织，层次过多，传递信息的渠道单一而且过长，反应迟缓；尤其是各职能部门之间相互隔离，信息流动受边界的限制，上下级之间的信息传递常常被扭曲和失真。因而，按照传统的组织架构，在某一组织机构中有固定位置的人员只能在该位置上执行固定的职能，显然不能适应以满足客户为中心的企业战略的需要。而网络式组织是一种融合共生的关系，不存在分别划定的边界，提高了信息传递的效率，加强了部门之间的相互沟通。IBM 把公司有限的资源集中到最能有效创造客户价值的市场机会中，公司会对进入系统的市场机会通过市场管理流程进行精选，一旦一个机会被选中，就将其纳入流程，相应人员便开始进入流程角色。这些角色包括：机会发现人、机会评判人、机会顾问、机会负责人、机会业务经理、项目建议书设计小组负责人、项目建议书及解决方案框架设计团队、质量控制人、项目实施团队、项目小组负责人、客户反馈收集人和资源协调人等。因此，网络式组织增加和助长了企业与市场反馈的触角，提高了企业的整体反应灵敏度，从而使企业能够更迅速地抓住市场机会。

特征之五：以企业再造为手段，创新管理模式，获取持续赢得竞争优势的能力。

企业再造关注的是企业经营模式的调整，这为企业实现柔性管理提供了机会。因为企业再造是在更高层次上确定企业如何对市场做出反应，如何识别潜在市场与创造新市场，并在这种识别与创造中重新定位企业在市场中的角色，赢得竞争优势。因此，企业再造重视培养人的学习能力，目的是把企业变成一个学习型组织，增强了企业从员工个人到整个组织对瞬息万变的环境的适应能力。企业柔性管理思想就是针对知识经济和全球化经营实际提出的新的管理思维与管理方式，它与传统管理不同的是通过讲求管理软化，以管理的柔性化更加激发人的主观能动作用，从而适应知识经济"刚性竞争"的需要。实践证明，柔性管理能够以柔克刚，是强化企业市场"刚性竞争"的战略选择，是不断获取企业竞争优势的基本途径。

五、柔性管理思想的发展趋势

美国通用电气公司的"无边界组织"创建就是柔性管理思想的一个典型。它的管理者提倡打破一切人为的障碍，直奔最佳想法。任何一位员工都可以不拘形式地提出自己的想法和建议，无论在任何场合，只要是最佳创意，不管是由谁提出来的，一定能够胜出。

正是凭借这样的柔性管理思想，美国通用电气公司无论在什么处境下，都能够找到最好的解决方法，从而使它成为士气高昂、充满活力的国际性企业。那么，只有这样的企业在激烈的市场竞争中，才能够保持永久的活力，灵活的应变。因为在柔性管理方式下，企业已经拥有无限的智慧和永不满足的创意。尤其是在柔性管理方式下，职能、官衔、地位等都不再是障碍，企业成为一个思想碰撞的大舞台，任何人的智慧在这里都能够得到充分的尊重，管理上有着适应需要的弹性和灵活性，从而使企业充满活力。

松下幸之助是日本松下电器集团公司的前任社长，被日本人称之为"经营之神"，享誉全世界。松下幸之助曾经指出，有一种领导者运用超人的智慧与领袖气质，有效地领导部属达成目标。他自认能力不足，自己又体弱多病，所以不同于上述的领导方式，他的方式是向部属求助，请求部属提供智慧。他常对部属说："我做不到，但我知道你们能做到。"松下曾这样说，当他的员工在一百人时，他要站在员工的最前面，以命令的口气，指挥部属工作；当他的员工增加到一千人时，他必须站在员工的中间，诚恳地请求员工鼎力相助；当他的员工达一万人时，他只要站在员工的后面，心存感激就可以了；当他的员工达五万或十万人时，除了心存感激还不够，必须双手合十，以拜佛的虔诚之心来领导他们。实际上，松下的这些管理思想和做法，已充分表达了柔性管理思想的真谛。事实证明，柔性管理对人的智力活动，尤其是创造性活动具有特别重要的意义，这一点对于"视创新为生命"的现代知识型企业尤为重要。笔者认为，企业柔性管理思想具有以下重要发展趋势。

第一，人的创造性的激发越来越依赖于柔性管理的程度。在工业社会，主要的财富来源是资产；而在知识经济时代，主要财富来源是知识。知识根据其存在形式，可分为显性知识和隐性知识，前者主要是指以专利、科学发明和特殊技术等形式存在的知识。而隐性知识则是员工的创造性知识与思想的体现。显性知识人所共知，而隐性知识只存在员工的头脑中，难以掌握和控制。如何让员工自觉、自愿地将自己的知识、思想奉献给企业，实现"知识共享"呢？强行的剥夺是不可能的，显然只能通过柔性管理来激发、来获取、来实现。

第二，柔性管理越来越适应瞬间万变的外部经营环境。知识经济时代是信息爆炸的时代，外部环境的易变性与复杂性，一方面要求战略决策必须整合各类专业人员的智慧，另一方面又要求战略决策的作出必须快速。这就意味着必须打破传统的严格的部门分工的界限，实行职能重新组合，让每个员工或每个团队获得独立处理问题的能力和独立履行职责的权利，而不必层层请示。因而，仅仅靠规章制度难以有效地管理该类组织，只有通过柔性管理才能提供"人尽其才"的机制，才能迅速准确地作出决策，才能在激烈的竞争中立于不败之地。

第三，柔性管理越来越能满足柔性生产经营的需要。在知识经济时代，人们的消费观念、消费习惯和审美情趣也处在不断变化之中。满足"个性消费者"的需求，更加需要生产的柔性化和精细化。"顾客化生产"就是对外尊重每位消费者的需求，对内赋予每个员工以责任，这种生产经营模式可以看作生产经营模式的一种必然趋势。企业生产组织上的这种巨大变化必然也要反映到企业的管理模式上，导致管理模式的转化，柔性管理模式的建立和完善也越来越重要。相信随着知识经济的发展和信息化程度的不断提高，企业柔性生产模式和管理模式还将发生巨大的变革，这种柔性生产管理系统将始终与消费者需求的多元化、多层次、多变性紧密地联系在一起。

第四，柔性管理越来越能整合企业的发展需求。企业的良性发展，说到底一是要看能否很好地整合自己所需要的外部的各种资源，二是要看能否很好的整合企业内部的各种因素，并能持续的与外部因素优化整合。而柔性管理思想是持续实现这种整合的最佳选择。从未来的发展趋势看，首先，柔性管理对企业发展所面临的各种外部资源的整合能力越来越强，能够结合企业实际比较好的对外部资源的各种信息进行识别、选择、分析和整合，直接服务于企业的发展需要。其次，柔性管理可以使企业有效避免各种可能的失误，并通过管理的足够弹性来减弱失误对企业发展所造成的负面影响。因此，柔性管理不仅是企业走向成功的管理，而且是整合内外资源、协调各种关系、赢得市场的战略性管理。

人类学在商业教育中的应用及工商人类学的崛起

蓝雪华

（浙江丽水学院经济贸易与管理学院，中国丽水）

田 广

（美国纽约戴尔大学工商管理系，美国纽约）

一、引 言

目前，公共机构和私营机构都在寻求熟知企业文化的雇员和研究人员。商界的变革，研究方式的根本性改变则要求商业领域的教授对课程设置进行调整，如今，诸如人类学之类的定性的分析方法，正逐渐为越来越多的学者所重视和青睐（Tian and Walle，2008；Emery、Kramer and Tian，2001；Tian，2001）。人类学虽然已在商业实践中作出了显著的贡献（Jordan，2003），但是这种以定性分析为基础的社会科学理论和分析方法尚未有效地广泛渗透到商业教育中（Tian，2002）。

二、何谓人类学？

人类学是一门社会科学，它研究人们赖以生存的社会环境以及人们对环境所作出的情绪、态度和行为等反应。尽管人类学经常被人们误解为"象牙塔"式的规则，但是它对现代社会问题的研究却作出了巨大的贡献，诸如城市生活问题，种族冲突问题和后现代主义问题（Armansyah，2003）。虽然人类学作为一种规则和分析方法最近才被正式应用于商业研究之中，但事实上学者们非正式地将人类学运用于商业领域的研究已经有很长的一段历史了。古典的人类学研究方法（诸如实地研究录、观察法、访谈法等），对商业领域研究的适用性也早已在多方面得到了的证明（Jordan，2003；Walle，2002，2000）。

近几年，在消费者行为研究中占据突出地位的"自然主义分析法"，显然受惠于人类学的实地调查观察分析法（Belk、Sherry and Wallendorf，1989）。自然主义分析法的基本策略是通过参与式观察、研究和解释人们置身于真实环境中的实际行为及其与行为发生相适应的文化氛围和价值等。这种分析法要求研究人员从参观者的角度解释调查对象的行为，而不是依照观察者的感觉或者主观想法作出结论。凭借以观察者为中心的分析方法，研究人员可以更加有效地感知消费者的行为动机及其影响他们行为反应的因素。这种定性分析方法使自然主义分析法获得了广泛赞誉，而人类学的实地参与分析法也在为 Belk、Sherry 和 Wallendorf 所采用的自然主义分析技术中得以体现。

与此相关的是被 Hirschman（1986）称为"人文要素"的营销研究，与人类学的分析法一样，"人文要素"的营销研究也基于定性分析。因此，目前流行研究营销学和消费行为的人类学，可以被视为该领域中定性与人文要素研究过程的一个组成。在此背景下，实地研究录实际上是一种以主观方式描述事物发展进程的一种方法，而这种主观意识来自于观察者对被调查者的感性认识。人类学家对于依据此种感受是否可以得到科学性较强的结论问题，进行了长期的争论。在 20 世纪 60 年代，不同观点的分歧，导致人文要素研究的倡导者与追求严谨性的科学家之间进行了激烈的辩论。

人类学同时还为分析特殊文化提供了有效的方法。Harris 和 Moran（1987）关注到了这么一个事实：文化可以激发人们的自我认识、营造人们的归属感、构建人们的行为规则，并且根据目标的重要性将目标等级化等。根据人类学家的理论，文化提供了一套能够矫正和激励人类行为而又可进行传播的知识体系。近些年来，拥有国际经验的学者们写了众多介绍怎样在外国经营的指南性著作，以便帮助那些跨国企业理解文化的多样性，促使其在不同的文化背景下，为争取利润的最大化而进行更有效地经营实践。

人类学使用文化的概念来描述和分析人类的行为、价值观、选择、偏好、实践、利益和态度等。古典人类学理论认为，文化潜伏于各种社会形态和各类社会生活之中，所有的人类行为都发生在一定的文化背景下。事实上，文化使人类的社会生活和经济合作成为一种可能，并使其富有意义。因此，文化概念对于努力探讨和理解消费行为的学者们而言，具有极其重要的参考价值（Costa, 1995; Harris and Moran, 1987）。

自 20 世纪 30 年代以来，以文化研究为宗旨的文化人类学家关注企业文化及其对生产经营的影响，对产业和企业设置进行了大量研究。例如，在美国 20 世纪 30 年代和 40 年代所形成的人类关系学派，通过系列化的研究，构建了一套显示非正式文化模式、世代群体等如何影响企业组织的人类学理论体系。更多关于企业文化的研究显示，企业内部特殊的价值观结构在很大程度上决定着企业行为的成功与失败。人类学分析法对这方面的研究所做出的显著贡献，是有目共睹的。根据美国学者的研究，目前，人类学分析法和人类学定性分析法已经被越来越多地应用于商业研究中，而以工商管理研究为方向的人类学家，应用参与式观察法这一传统模式，搜集和整理基层企业文化信息，为决策提供参考依据（Baba and Batteau, 2003; Jordan, 2003）。

例如，施乐公司聘请了人类学家帮助公司设计针对技术服务人员的更为有效的培训项目。人类学家在接受了研究项目之后，要像技术人员一样接受培训，并且亲自接听并答复公司服务电话，以便掌握技术人员面对顾客时所发生的种种可能的情况。人类学家的研究揭示，教会人们如何使用复印机是一项很重要的任务，因为大量的服务电话并不是来自具有较高机械操作和运用水平的客户。许多人往往不知道如何操作机器。此项源于第一手参与式观察的研究结论，促使施乐公司在培训技术员时更为强调与客户的关系（Baba and Batteau，2003）。

三、近期案例

根据研究，商业人类学分析法大约于20世纪80年代早期正式开始应用，当时应用型人类学家Suchman和Orr调查分析人们如何与技术要素产生相互影响的问题。从那以后，大量的人类学家开始从事商业领域的研究，他们通常被授予不同的称呼，诸如"知识联络人"、"民族学者"、"评估员"等。近年来，人类学家更多地涉入企业经营的战略性及操作性研究，包括对消费者的研究。人类学家在产品开始大量销售前，对产品性能及其使用者有可能产生的反应进行评估（Walsh，2001）。

商业人类学研究的内容几乎涵盖了从营销策略到企业文化，从产品设计到商业发展的全部领域。例如，加拿大多伦多大学的人类学家Victor Barac博士，与当地一家互助保险公司进行合作，以更新该公司的广告策略，他还与加拿大电影公司合作一个项目，即蹲点剧院观察从购买小吃的模式到海报吸引人们注意的整个过程，并且就服务态度和环境体验方面的问题对顾客进行访谈调查（Mulroney，2002）。

人类学家Baba、Batteau和其他学者一起，在密西根韦恩州立大学的人类学课程中成功地将人类学与商业教育融合在一起（Baba and Batteau，2003）。他们的研究显示国际企业经营失败的原因，往往在于企业不能理解和适应国外异文化的思维和行为方式。众所周知，现实世界是瞬息万变的，决策者们必须熟知这些发展变化及其影响，才能有效捕捉商机。而充分发挥人类学家的才能，并且正确使用人类学分析法是解决此类问题的重要途径。对于工商领袖人物来说，虽然熟知国内企业的文化背景重要，但更为重要的是理解国际文化背景。因为国际文化差异的程度远远大于国内企业的文化差异，而这种国际文化差异性往往会导致不恰当的行为或者错误的决策成倍增加。然而人类学家在研究国内和国外的社会背景时，擅长于发现和解释影响企业战略和操作的行为模式（Bennett，1954），并且事实证明，人类学家的这一特长，完全可以有效地应用于改善企业经营的研究（Baba and Batteau，2003）。

著名的工商人类学家Jordan博士指出，自20世纪80年代以来，人类学在商业类学校的影响力逐渐增强。商业人类学地位的上升，使得在商业教育中对其做出更全面地介绍显得尤为必要，而人类学家在关于消费者的研究中同样扮演着重要角色。例如，哈佛大学的Saltman和McCracken教授、西北大学的Sherry教授、内布拉斯加大学的Arnould教授、韦斯特伯里－纽约州立大学的Olsen教授和犹他州立大学的Costa教授等，都是对商业教育产生较大影响的人类学家。另一方面，商业专业的教授，像Hill和Kaufman-Scarborough博士等，他们在商学院的教学实践中，广泛采纳了人类学实地调查参与分析法，并将其应用于他们的商业研究中（Jordan，2003）。

四、结构主义分析法和后结构主义分析法

从历史发展的角度看，人类学分析法强调社会结构分析，认为文化是构成人们思维、态度和行为的特殊部分。社会化的过程促成了趋于隐蔽的模式化的思考方式，个体则被视为文化的一部分。此类观点在商业和消费者研究领域中十分普遍。因此，该方法设想出某种通常被理解为"民族特性"的模式：即社会中大部分人以相对无意识的方式形成自身的观点并对事物作出反应。无论何时，当人类学学者们谈论某个方面的问题时，他们便会应用各种各样的民族特性模型进行分析，例如，美国文化与日本文化的比较。在微观方面的应用中，人类学家们将此类研究方法应用于对各种组织，特别是对构建"企业文化"的研究。

在相当长的一个历史阶段，社会结构主义分析法，显示了社会科学的发展水平，但是在20世纪90年代，这种分析范式似乎趋于落伍。Walle博士（2002）认为有效的服务促成了现代结构模式的进步。社会结构的存在是不言而喻的事实（即使它们不如学者们所想象的那般强大或者普遍），即使这种方法没有复兴，但是却已经开始盛行。到了20世纪，哲学现象学分析法成为一种观察分析人类有意识的思考并如何将思想作用于行为、情绪和世界观的主要工具。结构主义分析法研究的是在社会化进程中，那些被固化为隐蔽的和无意识的思维模式。而现象学分析法研究的则是有意识的思维，关注的是个体而非群体。

哲学学派地位的提升导致存在主义、后结构主义和后现代主义的诞生，它排斥文化团体，用个体取代团体，因此在社会结构主义者中盛行。哲学学派用研究个体的模型来分析特定群体的反应，并把它和主流群体区分开来（假使这个主流群体存在）。研究差异群体的重要性（尤其是对特定的目标市场），使后结构主义和后现代主义分析法成为在营销研究者当中流行的方法。虽然社会结构主义、后结构主义和后现代主义以及各类研究者的哲学基础存在差异，但是受益于人类学分析法，这些差异不会影响不同的研究组织对人类学分析法的采纳与否。而这些研究组织是通过科学理论来评估分析并寻找适合于研究人类的分析法。

五、消费者行为与人类学

从人类学的角度看，文化是影响营销和消费的关键力量。著名的工商人类学家Jordan博士指出，"人类学家在文化、历史和全球背景下观察消费者行为"（Jordan，2003）。Richins（2000）认为对消费者的研究是一门社会科学，因为消费与个人的健康和福利相关，对经济行为影响很大；很多紧迫的社会问题与消费者行为相关（诸如吸烟、酗酒等会对个人和家庭造成不良影响）。Richins（2000）同时指出，消费及其影响无处不在，并且有力地影响着生活的各个方面。

著名的工商人类学家Koprowskj（1999）认为，无论是在线聊天室还是舒适的商店，

对商业有利的亚文化群无处不在。现代商业人类学家会使用摄像机、录音机和寻呼机等工具进行实地调查。在调查过程中,研究者追踪消费者的购买行为,并帮助企业决策者改进文化敏感型的营销战略。例如,Robinson和他的同伴使用人类学分析法观察和定义消费过程,帮助企业进行新产品的开发设计。他们没有向人们询问问题,而是观察人们的实际行动。通过此项调查,他们帮助一家制药商开发了一种OTC新感冒药;帮助一家大型汽车制造商开发了新式站台货车;帮助箱式背包制造商Jan Sport以全新的方式展示其在运动品商店的产品;还帮助Frito-Lay更好地细分市场。

根据Mulroney(2002)的观点,人类学分析法应用最明显的领域是在零售业中的消费者行为。商业人类学家Newman(1993),验证了经济规律对人们消费模式、生活模式和家庭关系的影响。Anthropologist Paco Underhill(2000)在其撰写的《为何我们会购买:购物科学》中探讨了零售业中的消费者行为。他剖析了为什么消费者原本是为了购买某件商品而进入商店,但结果却购买了另外的商品的原因是因为商店的氛围对购物行为产生了很大的影响。McCracken(1990)在《文化与消费:分析消费品和消费行为特征的新方法》中,说明了消费过程与文化是怎样产生共鸣的。McCracken把消费的定义扩大,认为消费是应该包含消费品和消费性服务的产生、被购买以及被使用的全过程。根据McCracken的观点,文化和消费在历史、理论和实践这三个大背景下神秘地交织在一起。

人类学家Bierck(2001)认为,定性分析法和观察式研究可以帮助决策者提高洞察力,而这是定量分析法做不到的。同时,McFarland(2001)观察到,当消费者对新产品作出反应时,他的同伴会为其作出定性分析,并对消费者的决定产生影响。人类学分析法被越来越多地应用到此类市场研究中,研究影响消费者做出决定的文化趋势、态度和生活模式。

研究消费者行为是人类学家试图探求一件产品在消费者的日常生活中是如何被适应的整个过程,而非简单地寻求问题的答案。例如,Whirlpool最近邀请一位专注于研究内部组织的人类学家做一次关于高档浴缸行业的研究。所采用的战略是人类学家所擅长的研究方式,即分析被调查者的真实感受,而非数据分析。在调查过程中,将定性分析法和开放式采访相结合,观察了消费者实际使用产品的全过程。调查以来自4个不同市场的15个家庭作为样本,采用的分析方法包括入室采访和拍摄参与者沐浴的过程(沐浴时穿着沐浴服),对参与者询问诸如"何时考虑购买浴缸,对浴缸是什么印象"等开放式问题。另外,并告知他们洗浴的照片将刊登在期刊或者杂志上,照片的主题便是"沐浴在浴缸中的消费者";"此类倾向——情绪、文化、符号——很有感染力"。他们还更新了Whirlpool关于高档浴缸的定义。调查组重点强调了参与者认为很重要的对浴缸的分类和感觉。由于该项调查是在参与者家中进行,因而能够有效地激发参与者的真实反应。

根据McFarland(2001)的观点,人类学分析法的真实力量体现于产品开发的前期阶段。消费者人类学家的分析方法是归纳而非演绎。正如一位人类学家所观察到的,"进入消费者家里可以从他们身上发现如何进行产品分类才是有意义的"。例如,牙膏营销往往关注的是牙膏的防蛀和美白效果。但是人类学分析法研究发现消费者对牙膏关注的内容发生了改变。人们越来越多地关注牙龈和舌头——牙刷放入口腔中时的整体感受（他们不再仅仅关注牙膏的防蛀效果）。一些名牌牙膏，例如高露洁，声称"即使刷完牙也能继续发挥效用"，这种口号设计是为了迎合广义的牙齿护理理念。正如 Lacayo（2001）所称："消费者人类学分析法花时间去理解消费者为何使用以及如何使用该产品。"

定性分析研究者在研究消费者行为时，利用人类学分析法创新分析技法（如 Belk、Sherry、Wallendorf 创造的自然主义分析法），目的是为了研究消费者的真实生活状态，以及他们为何做出购买并消费该产品的决定。营销过程包括为产品设定目标客户并对其进行销售，因此人类学家除了要知道特定群体在关注某类产品和产品使用时的感受外，还有义务找出被购买、被定价和被消费的产品的特殊性。通过细致地观察产品对人们生活的适应性，人类学家得到大量无法在正式采访中取得的有用信息。因此，越来越多的人类学家被企业所雇用（Walsh，2001）。

六、商业教育的含义

目前人类学分析法正逐渐被广泛地应用到商业和消费者研究中，营销教授有必要将有关人类分析法适用性问题的讨论融入到他们的课堂中，以便将最新的观点融入到课程教学中。毫无疑问，人类学家正将独特的和无价的方法应用于商业世界，尤其是营销领域。

随着人类学在商业领域中的快速成长，人类学应该被冠以更高的知名度。以往，商业教育被认为过多地应用了定量分析法（Gremler, et. al.，2000），而人类学等定性分析法的使用，在一定程度上改变了这种局面。过去 20 年里，对消费者的研究主要是倡导应用自然主义研究方法。应用于商业教育的人类学分析法顺应了这些倡议，并且特别适合于消费者行为的课程（Tian，2001）。

就像人类学家们在哈佛商学院、西北大学凯洛格管理学院、内布拉斯加大学、犹他大学等教授商业课程时使用人类学分析法，这种应用于商业教育的人类学分析法不是新生事物，而是这种教育方法的复兴。同时，人类学系（如在韦恩州立大学和俄勒冈州立大学）也正在教授商业人类学课程。人类学在商业领域的广泛应用，使得社会对商业人类学家的需求增加，越来越多的商业教育机构正在寻找有商业经验的人类学教授来帮助培训"实践性的人类学家"（Walsh，2001）。

随着人类学在商业教育中的发展，商业教育者有必要将人类学讨论更充分地融入到他们的课程中。商业人类学课程被建议引进商业学校，更多的人类学内容被引入到具体的课程中，反映了商业世界的不断变化。在课堂中介绍人类学分析法是很重要的第一步，因为商业教育中的人类学分析法大部分包含了人类学的分析法。从社会和文化背景的角度对人类行为进行研究，这一观点已被人类学家们广泛接受，商业教育者有必要对此进行适时调整。

与此同时，学生需要理解被商业研究者经常采用的简单方式，即使这些方式不会发生在更具有学术性的人类学分析中。这种精简研究方式如果确实可以为决策制定者提供有用的并具有经济效益的信息，那么是可以被接受的。所有的商业研究都会受到时间和资金的约束，但这些约束不会限制定性分析法的应用，诸如人类学分析法。

教师在学生被派出去参与参与式观察的项目前要对他们进行人类学分析法的培训，同时还包括进行伦理道德方面的教育，告诉他们需要认真严谨地工作，多为顾客的利益考虑，同时强调他们有道德义务。反之，会使问题变得混乱从而产生冲突。美国人类学协会、人类学应用社团和国家人类学实践协会建立了一套如何避免不合适的行为和怎样以一致的方式行事的准则，教师和学生都会因为遵守道德守则受益。

教师要向学生说明，数据在没有进行合理分析前，不能成为帮助决策的有用信息，并教导学生如何有效地展示自己的研究成果，这对于那些展示定性分析研究成果的学生尤其重要。因为他们总是不能与他们的定量分析一样被高估。学生要形成这样的认识：以经验观察为开端的人类学分析应该要进行批评性分析。

多种不同方法的使用为人类学启发式研究作出了巨大贡献。人类学分析法被用来检测诸如家庭、亲属关系、性别和友谊对消费者行为的影响，还用来检测宽泛的文化模式对消费者的影响。学生们也意识到人类学分析法的独特贡献。人类学分析法通过研究消费行为（如消费者怎样看待产品、获取产品和消费产品），为研究象征性消费进程提供参考。

目前，人类学在商业研究领域尤其是消费者研究领域有了很高的地位。人类学分析法也正越来越多地被引入到大学课程中，如消费者行为和营销研究。定性分析法——人文的和定性的社会科学技术，也已经在商业教育中进行教授，这种向人类学转移的态势将注定给这些分析工具以更高的知名度。同样，这种增长趋势导致进行消费者行为和营销研究的教师们有必要越来越多地开设他们的定性分析的课程，诸如人类学和民族学等课程。

七、西方工商人类学的发展与崛起

虽然由于学派的不同，人类学家对自己学科结构的划分与分析有所不同，但是基本上都认为体质人类学、文化人类学、考古人类学与语言人类学为人类学传统的四大分支。人类学因为其研究方法的独特而成为西方上个世纪发展比较快的一个学科。20世纪末，人类学的发展由于受到工业和科技文明的较大冲击而放缓了速度，近几年来又有了较大和较快的发展。特别是以施政和解决实际问题为导向的应用研究——应用人类学的发展更是引人注目，以至在美国许多人类学家将应用人类学列为人类学的第五个分支。其实应用人类学是一个泛称，包括所有以人类学的方法为手段进行施政和解决实际问题的研究领域，比如当我们应用人类学方法研究解决教育领域的问题时，我们就将这类研究统称为教育人类学。同理，当我们将人类学应用于解决城市问题的研究时，我们就将之称为城市人类学（也被称作都市人类学）。

人类学应用于工商管理领域已有较长一段历史，早在20世纪的20年代，美国哈佛大学的人类学家便开始了对座落于芝加哥的西电公司（Western Electric's Hawthorne Works）雇员人际关系与劳动效益的研究。参与该项研究的主要研究人员 Elton Mayo 和 W.Llyod Warner 依据人类学功能学派的理论，应用参与观察等人类学研究方法，得出了一个影响工商管理研究长达数十年的结论，即雇员的劳动效益会随着管理层对他们的关注程度的提高而提高。该项研究成果被誉为人际关系学派的奠基石，标志着工商人类学（当时被称作工业人类学）的诞生（Tian and Lillis，2010）。

此后，人类学家们便开始广泛进行应用方面的研究，从工商管理到妇幼保健，从军事行动到国际援助，从幼儿教育到通俗文化等等无所不及。1941 年应用人类学学社在哈佛大学成立，1946 年 Burleigh Gardner 和 W.Llyod Warner 等脱离了大学环境组建了社会研究合作公司（Social Research Incorporated），开创了人类学工商管理咨询业务的先河。社会研究合作公司的业务囊括了工商管理的各个领域和部门，成功地为数百家大中型工商企业提供了咨询服务，至今依然是美国非常活跃的工商企业管理咨询服务公司之一。

20 世纪 50 年代，著名人类学家 Edward T.Hall 受雇于美国国务院主持一个培训项目，教育将被派往北美以外工作的工程技术人员如何有效地进行跨文化交流。在其著名的《沉默的语言》一书中 Hall 博士首次提出了非言语交流的特性及其重要性，并且指出在跨文化交流过程中，一个很小的失误很可能导致一个工程项目或一个和平协议的彻底失败。他的理论成为 20 世纪中期以来美国从事国际经济贸易的工商企业主管所必须熟识的重要内容之一。后来，人类学家 Gary Ferraro 博士等延续了 Edward T.Hall 的研究，并逐步完善和形成了跨文化交流与国际经济贸易的规范模式（Ferraro，2006）。

到了 60 年代，随着美国军事势力在国际社会的不断扩张，美国国防部开始计划公开招募人类学家为其在拉丁美洲和越南的军事行动服务。此举无疑引起有正义感的人类学家们的批评和抵制，认为有违人类学家的职业道德底线。1968 年美国人类学学会在其会刊上登载了美国国防部的广告，招募人类学家在其越南参谋部与心理学家合作研究越南文化与越南人行为模式，此举当时在全美国的人类学家中引起了强大的反抗和抵制，美国人类学学会不得不撤除该则广告以平息持续不断的抗议。到了 1970 年，有消息来源说有个别人类学家曾秘密受雇于美国国防部，在泰国从事与军事行动有关的秘密研究项目。此消息的确认极大的震动了整个美国人类学界，大家普遍认为作为一个整体的人类学家，正面临着一场职业道德危机。

在这样一种背景下，美国人类学学会于 1971 年表决通过了《职业责任守则》。该守则明确规定人类学家在任何情况下都不得签署秘密雇佣协议，任何人类学研究报告都不得仅交给研究委托方而不提供给普通大众。该《职业责任守则》无疑束缚了工商人类学家的手脚，因为工商人类学研究项目一般都涉及委托方的商业机密，而出资委托研究的厂商家们，是绝对不情愿将研究报告公布于众的。由此，工商人类学便进入了长达十余年的冬眠状态，鲜有成果与进展。

时至 80 年代，由于教育和学术领域的吸收力度有限，从事应用研究的人类学家日益增多，他们当中不乏受雇于工商企业的人类学家。而受雇于工商企业自然就要恪守企业的商业机密。这种现象再次引起了美国人类学界关于职业道德的争论，学会最终同意职业性研究，从而使得工商人类学有了法理依据，更多的人类学家开始了他们的工商管理咨询业务生涯。与此同时，"文化"这样一个人类学最常用的词汇成为社会关注的热点，而大众传播媒体和工商企业家们，也突然变得对人类学的原理和方法有了极大的兴趣。而促使这种变化的直接原因就是日本经济的崛起和日本企业管理模式的成功。

根据工商人类学专家 Ann Jordan 博士的研究，日本的经济崛起加速了全球化的进程，而伴随着日本成为世界经济的重要力量，美国、欧洲，甚至亚洲的其他国家，都对日本文化尤其是日本的企业文化产生了极大的兴趣。出于国际经济贸易的需要，学习研究日本文化和日本企业文化，成为欧美许多工商企业管理层的首要工作。而人类学家对文化研究的特殊本能正好借此机会得以充分发挥。在此期间，许多以人类学研究为主的工商管理学术著作问世，比较著名的有 Richard Pascale 和 Anthony Anthos 所著作的《日本管理之艺术》（*The Art of Japanese Management*），Terrence Deal 和 Allan Kennedy 所发表的《企业文化》（*Corporate Culture*）等等。

1987 年，美国成立了学习研究研究所（the Institute for Researchon Learning），简称 IRL，旨在研究学习的自然过程以及如何建立更加有效的学习环境。虽然该研究所是一个综合研究机构，但其主要研究方法则是人类学的参与观察、深度访谈、及互动分析。IRL 的研究成果被广泛应用于工商企业管理实践当中，以提高工人的学习能力为手段从而提高工人的劳动效率。进入到 20 世纪 90 年代以来，工商人类学家的贡献被越来越多的企业管理高层所认可，成为工商管理研究领域的主体组成部分。特别是近年来，在市场经济高度发展的西方国家，许多跨国的大中型工商企业出于公司赢利的需要，正式雇佣人类学家为公司的管理提供可操作的研究。比如著名的电信设备公司摩托罗拉，著名的电器制造商通用公司，著名的金融跨国财团花旗银行，著名的汽车制造商丰田公司，等都正式雇佣了人类学家，有的甚至雇佣了一个人类学家团队，为企业内部的长期正式从业职员，为公司的战略发展而从事人类学方面的应用研究。

与此同时，越来越多的人类学家以学术为目的而开始参与工商管理领域的研究，比如哈佛大学的 Jerry Asltman 和 Grant McCracken 教授，西北大学的 John Sherry 教授等。此外，越来越多的商学院教授也开始采用人类学方法从事工商管理研究，比如儒特格斯大学（Rutgers University）商学院教授 Carol Kaufman-Scarborough 博士等。澳大利亚沃隆贡大学（University of Wollongong）商学院的 Kathy Rudlkin 博士与 Hemant Deo 博士应用人类学参与观察和深度访谈等方法，在 2005—2006 年对当地数家银行分支机构进行了以提高顾客满意度为目标的研究，并得出结论说人类学的实地参与观察研究方法，对于银行业来说是最为有效的研究方法，应该大力推广。

自 1990 年中期以来，许多人类学系正式开设工商人类学课程，并开始培养工商人类学硕士或博士，比如美国密西根州立大学（Wayne State University），奥尔根州立大学（University of Oregon），北德克萨斯州立大学（University of North Texas），丹麦的哥本哈根大学（University of Copenhagen）。美国的科罗拉多州立大学布尔德分校（University of Colorado at Boulder）更于最近开设了工商管理学与人类学双硕士学位，很受人类学界欢迎。而人类学对商学院教学大纲的影响力，根据 Ann Jordan 博士的研究，自从 1980 年的中期以来在日益增大，特别是在组织行为学、消费者行为、市场营销与管理、商业竞争情报学等课程的教学中，商学院的教授们在其教学实践中，已经大量引入人类学原理和方法，从而提高了教学质量和效果。

2003 年，Ann Jordan 博士发表了她的重要著作《工商人类学》（*Business Anthropology*），标志着工商人类学分支学科的正式确立。工商人类学作为一门独立的课程也开始在一些商学院系开设。目前在工商管理领域比较一致的观点是，人类学的理论和方法在企业研究中，对以下一些特定的方向具有很大的实际意义：企业文化与组织行为、人力资源管理，市场营销、消费行为、产品设计与开发、商业竞争情报、跨国经营管理等。根据某些学者的超前预测，在不久的将来，许多公司都将不得不设立一个新的高层管理职位——首席人类学家，正如同近年来所新出现的首席信息分析师一样，首席人类学家将同公司的其他高级主管一道，为企业的长期发展战略出谋划策，特别是要为企业内部员工之间的和睦相处而尽心协力，从而提高企业员工的劳动效率。

首席人类学家职位的设立，将是一个特别符合中国国情的企业人力资源配置。中国国家领导人不断强调要建立和谐社会，而企业内部员工的和谐相处则是建立和谐社会的基础。所以说，在中国努力发展具有中国特色的工商人类学对于国家利益而言也是具有战略意义的。人类学从总体上来说在中国还是一个有待发展的学科，而工商人类学作为应用人类学的一个分支，目前在中国还是一片有待开垦的处女地，前景广阔。中山大学人类学博士生导师周大鸣教授，以其特有的学术敏感和对中国应用人类学发展的责任感，已经开始组织有关人员从事工商人类学基本教科书的写作，这是值得庆贺的。

我们希望中国的人类学同仁们，都能够充分意识到中国近三十年来的改革开放，特别是具有中国特色的市场经济的大力发展，以及人类学学科本身的不断发展，为工商人类学在中国的兴起和发展创造极为良好的条件。我们有理由相信，中国的人类学界一定能够抓住时机，面临西方国家正在迅速重新崛起的工商人类学，我们决不会落后，也不应该落后，而且我们也有信心后来居上，利用中国经济发展模式的奇迹力量，努力发展具有中国特色的工商人类学，并进而促进人类学整个学科的大发展。

全球化市场中的消费者双重身份认同与品牌定位

郝　佳

（广东外语外贸大学国际商务英语学院，中国广州）

一、引　言

随着市场全球化的深入，信息、通讯、交通、航运等技术的飞速发展，全球性的消费文化逐渐形成。然而，进入 21 世纪以来，这种全球性消费文化并没有再形成一个同质化的全球消费市场，而是沿着两极分化的趋势发展，使全球化浪潮下的各国各地区市场同时变得更加全球同质化（global convergence）和区域异质化（local divergence）（Mooji, 2004）。如果说全球同质化的趋势促成了一批诸如可口可乐、麦当劳、万宝路等标志全球一体化的文化符号型品牌，区域异质化的趋势则使不同地区传统文化的品牌得到蓬勃发展。与此同时，挟裹在全球化大趋势下的各个国家和地区的个体消费者，同时发展出了全球身份（global identity）和本土身份（local identity）两种身份认同（Arnett, 2002）。全球身份认同主要体现在对"全球公民身份"的认同，在发展中国家时常表现为对西方发达国家消费文化或身份方式的认同；而本土身份认同则表现在对传统文化身份和角色的认同。

随着市场化和国际化的深化，中国的城市消费者长期暴露在全球品牌和本土品牌的共同呈现中，产生一种普遍而又特别的消费现象，比如，一个生活在广州的都市白领，既乐于去星巴克消费咖啡，又会在黄振龙购买凉茶。这个现象引起了国内外消费者行为学者、文化心理学者和品牌管理者的共同重视。首先，从品牌管理的角度，无论是跨国公司还是本土企业的营销者面临着这个变化中的多元文化共存的市场，都切实地感到以下几个问题：二元文化的对立的消费市场是否产生了一个新的被消费者感知的品牌类别——文化类别？如果答案为肯定，消费者是根据什么来判断品牌的文化类别的？他们对文化品牌的态度如何？

本文试图从消费者认知和文化心理的角度回答以上的问题，以最为直观的品牌名称（下称品名）为研究对象，旨在回答两个研究问题。第一，汉语品名是否具有显著的文化暗示性；第二，在消费者的二元文化身份并存的环境下，品名的文化暗示性对品牌评价的影响。下文以品名暗示性理论和消费者文化身份理论为理论框架提出两个假设，并以两个实验分别证明了理论假设的成立。

二、文献综述与假说的建立

（一）暗示性品名理论

品牌管理理论认为，品名具有重要的战略意义，因为它作为品牌元素的基本部分，通过语义联想直接且持续地影响消费者的认知、记忆、对广告和产品的态度偏好以及对产品的选择，因此也影响着营销定位和营销沟通的有效性，从而被认为是最直接有效地建立品牌资产的方式之一（Aaker，1991；Aaker and Keller，1993；Keller，2003）。成功的品名利用自己本身所携带的语义或语言特点，无声而持久地向消费者述说着微妙而精确的信息（Huang and Chan，1997；Eckhardt and Bengtsson，2007）。

暗示性品名（Suggestive Brand Name）理论的提出，将品名的语义特点和消费者认知相结合，即指"在一个特定产品情境中可以传递相关属性和利益信息的品牌名称"（Kell er et al.，1998）。也就是说，一个品名的语义中如果含有暗示产品功能或利益的字段或词语，则可以直接刺激消费者产生相关产品类别或利益的联想，并且加强了记忆。比如，"终身"牌（Lifelong）行李箱会让人联想到耐用，而"海洋"牌（Ocean）则不会产生与产品关键性利益有关的联想，因此，前者可以比较有效地提高与产品利益相关的广告回忆。

新加坡学者 Lee 和 Ang（2003）将品名暗示性效应放在汉语品牌中做实证，发现由于汉字的字形和组词的灵活性，其所携带的语义不仅能够清晰地暗示产品的功能或利益，甚至汉字的字根亦可以起到有效的品类或功能暗示作用。可见，品牌暗示性效应在汉语语境中的应用更为灵活和复杂。

国内对于汉语品名的语义研究中，以对老字号的研究最为突出。这是因为老字号品牌不仅具有浓厚的地方文化体色和悠久的历史传承，而且其品名亦体现出对博大精深的汉字体系的驾驭和妙用。笔者在对商务部于 2006 年公布的第一批 430 家老字号品名进行整体用字频数分析后发现，传统汉语品名中对汉字语义的应用不仅注重与产品品类相联系，包含那些直接暗示产品利益的字，比如现代汉语品名中常见的"洁"、"亮"、"久"等，而且超越了暗示产品功能和产品利益，直接指向传统价值观诉求，通过使用具有文化价值观的字，如在传统品名中常见的"仁"、"德"、"和"等，直接引发了消费者关于传统文化的联想（卢泰宏，2004；余青，2007）。

有关"中华老字号"的研究为暗示性品名理论的实证研究提出了延伸性命题，即：品名是否可以暗示品牌的文化类别。本文假定，如果品名中含有暗示文化类别的语素，使消费者可以感知到品牌的文化类别，则该品名可被称为文化暗示性品名（Cultural Suggestive Brand Name），简称为 CSBN。

（二）品牌的文化类别

文化类别的概念是基于范畴化理论（Consumer Categorization Theory）提出的。范畴化理论认为，消费者会自发地根据事物之间的相似性或联系性将产品、服务、品牌或其他营销实体、状况或事件归为不同类别，并各按其类储存在认知系统记忆库里，以后看到类似刺激的时候，便会从这个类别中提取信息并且进行甄别与评价（Loken，2006）。范畴化可以通过原型（prototype）和典型（exemplar）两种方式形成。原型的观点认为一个产品或品牌类别是以抽象形象的方式存贮在记忆里的（Sherman，2001）。原型代表了该品类中成员的普遍的或典型的特点，比如"耐克"可能在消费者记忆中形成"高质量运动装"这种抽象的原型。典型则是通过具体的实例形成类别，比如费者会把具体的"耐克气垫篮球鞋"归入"耐克"的品牌类别。在消费者建立品牌心智表征的过程中，原型和典型的建构方式同时起作用，原型的信息代表品牌类别的抽象概念，典型信息则与具体产品属性相关（John, Loken et al.，1998）。

在多元文化市场中，原型和典型理论很好地解释了消费者如何形成文化类别。在中国市场上，改革开放以来大量全球化品牌的进入以及长期的品牌营销活动，已经使中国消费者形成"外国品牌／西方品牌／洋品牌"的概念。于此成为鲜明对比的是具有传统中国文化特色的本土品牌，在消费者心目中形成"本土品牌／传统品牌／中华老字号"等的概念。"洋品牌"和"土品牌"在消费者认知系统中形成了两个具有差异性的高于个体品牌的品牌文化类别。

Strizhakova, Coulter 等（2008）指出，在发展中国家的消费者的心目中，大部分"全球性品牌"就等同于"外国品牌"或"西方品牌"。尽管在我们国家，已经具有海尔、华为等国际化的品牌，但是一提起"全球品牌"，消费者首先会联想到诸如"可口可乐"、"耐克"、"微软"等典型的西方品牌，此外还会联想到与西方的消费文化和生活方式相关的原型。为了方便研究，避免混淆，本文将研究的对象定在文化立场鲜明的"西方品牌"。

同样的，在"本土品牌"中也存在大量的现代品牌和传统品牌。本文旨在研究文化类别中的典型，因此选择了"中华老字号"品牌作为研究对象，因为一提起"老字号"，人们会联想到中国文化传统、历史感和民族特色等（卢泰宏，高辉，2007），这就是老字号的原型；而那些深入人心的、市场定位鲜明的老字号品牌，比如"同仁堂"、"全聚德"，则属于该文化类别中的典型。

这种基于文化知识结构联想的品牌类别，本文称之为品牌的文化类别（Cultural Category of a Brand）。下文在研究中统一将"西方品牌"用字母"W"替代，将"传统品牌"用字母"C"来替代。

根据上文的理论回顾可以推导出假设一。

假设一：品名中包含暗示中国传统文化的汉字会被消费者感知为 CSBN-C；品名中包含暗示西方文化的汉字会被消费者感知为 CSBN-W。

1. 消费者文化身份与品牌评价

在各地市场全球化的大趋势下，消费者的本土身份和全球身份的重要性迅速凸显（Arnett，2002）。本土身份是由一系列的心智表征组成，在这些心智表征中，消费者忠于并且尊敬本土的传统和习俗、认可本土社群的特殊性，并且对本土事物感兴趣。广义上，本土化意指个体将自己与自己所在的本土社群中的其他人视为一体。全球身份则是由另一系列的心智表征组成，在全球身份的心智表征中，消费者相信全球化带来了积极效应、认可世界各国人民之间的共性而不是差异、对全球事务感兴趣，相对应的，全球化意味着个体将自己与全世界的人视为一体（Arnett，2002）。

本土身份和全球身份跟其他自我身份一样，可以在个体中共存，即个体消费者同时拥有两种身份。在全球化的市场上，标志不同文化类别的品牌同时存在、直接对峙和并列展出不仅使原来没有被注意到的文化差异变得明显，而且使不同国家或文化中的人们都感到文化的不相容性。Chiu and Hong（2006）通过实验法证明了文化差异增强了消费者感知的文化不相容性。他们向美国被试同时展示了标志美国文化的典型性产品（如早餐麦片）和标志中国文化的典型性产品（比如绿茶），结果发现被试对中美文化的不相容性的信念加强了。

在二元文化身份并存的环境下，消费者的品牌态度受到其文化身份的可接近性的影响。而文化身份的可接近性随社会情境而转换（Wheeler,Petty et al.，2005）。一般来说，发展中国家的消费者更加青睐西方品牌和产品。例如，Batra 等人（2000）在对印度消费者的研究中发现，印度人对那些非本土（西方）品牌的偏好度明显高于对本土品牌的偏好度，在越羡慕经济发达国家生活方式的人群中，对西方品牌的偏好效应就越明显。这说明西方品牌以及与之相配合的宣扬西方价值观的广告对于发展中国家消费者相当奏效。此外，发展中国家的年轻消者通过拥有（多半是来自西方的）全球化品牌而想象自己属于想象中的"全球俱乐部"，或是向周围的同伴显示自己的全球化身份。Anholt（2003）则认为，发展中国家的年轻消费者积极寻求改善自己和祖国的经济状况，因此相信购买全球品牌能够帮助自己、本土公司、甚至祖国更加融入全球化的舞台。

然而，发展中国家的消费者也并不总是青睐西方品牌，他们也会通过购买本国品牌来显示自己爱国主义的国别身份（Shimp and Sharma，1987）。一个标志性事件是 2007 中国网民强烈谴责星巴克在北京故宫里开咖啡店。事实上，麦当劳、必胜客、星巴克等全球品牌先后进入中国已近二十年，并得到了城市年轻人群的青睐，若不是开在紫禁城这样一个被国人看作文化标志的敏感地区，唤醒了中国人的本土身份认同，则不会惨遭万人唾骂（Chiu and Cheng，2007）。Fong（2004）把当今中国市场上的年轻消费者描述为"激烈的民族主义与渴望全球化身份的矛盾结合体"。然而，唤醒本土身份认同的不仅仅是民族主义，还包括消费情境的社会需要。Eckhardt and Houston（2002）在对上海消费者选择餐馆的态度调查中发现，当和一大家子人出去吃饭的时候，人们选择去传统的中餐馆；而当和男／女朋友一起出去用餐时，人们则选择去麦当劳。

综上，消费者的文化身份会影响他们对文化品牌的评价。在多元文化市场上，消费者会主动通过选择不同文化标志性品牌来表达自己的文化身份，因此，对同一个文化品牌的态度会根据具体社会环境和消费环境的需要而改变。当中国消费者的全球身份被唤醒时，他们会对西方品牌做出积极的评价；当本土身份被唤醒时，他们则会对传统品牌更为偏好。

以上的理论回顾可以推导出假设二。

假设二：当本土化身份为可接近时，消费者会对 CSBN-C 给予更高的品牌评价；当全球化身份为可接近时，消费者则会对 CSBN-W 给予更高的评价。

2. 研究方法及主要发现

这里通过两个实验分别证明上文提出的假设一和假设二。实验 1 的目的是证明品名本身所含有的文化暗示性语素能够影响消费者对品牌文化类别的判断。实验 2 的目的是检验消费者可接近性文化身份与文化暗示性品名的交互效应对品名态度的影响。

实验 1：暗示性品名的认知显著性

实验设计

实验采取 2（CSBN-C vs CSBN-W）x2（虚拟品名 vs 真实品名）的组内设计。由于消费者对真实品牌的知识是长期营销活动的结果，为了规避采用真实品名会导致的混合效应（compound effect），本研究特别采用了虚拟品名（fictitious brand names）进行测试。以下是对虚拟品名的提取过程：

首先，作者沿袭卢泰宏（2004）、余青（2007）等人的做法，对商务部于 2006 年公布的第一批 430 家老字号品名进行用字频数分析，发现传统汉语品名中对汉字语义的应用不仅与产品品类相联系，包含"洁"、"亮"、"久"等直接暗示产品利益的汉字，还直接指向传统价值观诉求，大量使用"仁"、"德"、"和"等暗示传统文化价值观的汉字，从而易于引发消费者关于传统文化的联想。表 1 总结了老字号品名中常出现的暗示文化价值观的汉字，并总结了这些汉字所代表的核心文化价值诉求。

表 1　老字号品名中常出现的表意汉字

汉字	频数	字义	品名实例
和	12	《中庸》："发而皆中节谓之和。"	祥和堂、通胜和
德	10	德行之得，善美、正大、光明、纯懿之称	德寿堂、德昌祥
同	10	《说文》："和会也。"《易经》："同人亲也。"	同仁堂、同德仁
泰	9	《字汇》："泰，安也。"安定、平和；大之极	安泰堂、鸿兴泰
仁	5	《礼记·经解》："上下相亲谓之仁。"	仁济和、同仁堂
天	5	《说文》："天者，颠也，至高无上。"	天源、天义顺
厚	3	多、大、丰厚、深厚	协力厚、华泰厚
敬	3	《说文》："敬，肃也。"在貌为恭，在心为敬	敬修堂、敬义泰
聚	3	《说文》："聚，会也。"《史记》："聚曰序。"	同聚、全聚德
济	2	众多；济济多士、济济一堂	何济公、济兴成

然后，作者根据原型和典型的理论，参考 Chan and Huang（2001）总结的汉语品名

命名规律，分别从两个不同的数据库中抽取高频汉字作为组合品名的基础，组合成为虚拟品名。暗示传统中国文化的品名（CSBN-C）是由从商务部2007年公布的《"中华老字号"品名库》提取语义暗示传统中国文化的高频汉字组成；暗示西方文化类别的品名（CSBN-W）是由从《牛津高阶英汉双解词典》中列出的"西方常用英文人名的汉语译名"中提取高频汉字组成。对CSBN-W的模拟依据是因为西方品牌进入中国时最保留"洋味儿"的方式就是通过"音译法"，直接选择没有具体意义的表音的汉字翻译成汉语品牌，比如"摩托罗拉"、"立顿"、"埃克森"（Zhang and Schmitt，2001）。

对真实品名的提取是从老字号和现代品名名录中选出的。老字号是真实生活中的CSBN-C，而现代品名则选取了使用拟音汉字的品名，使之和CSBN-W对应。为了防止熟悉度效应，真实品名皆来自其他省份的品名。在滤过了来自广东省的品名之后，其他品名按照随机的原则抽取。此外，还虚拟了四个填充品名以降低实验的"需求效应"。虚拟品名、真实品名与填充品名（filler brands）见表2。真实品名和填充品名中有一半采用了三音节品名，是为了增加老字号和真实品名样本的代表性。

表2　文化暗示性品名实验材料

	虚拟品名	真实品名
CSBN-C	和泰；同德；敬仁；济天	聚乐村；九福；隆顺榕；鑫园
CSBN-W	乔伊；艾迪；莱纳；维卡	天下秀；梦洁；英派斯；晶珠

实验方法和结果

30个广东某高校在校生参与了测试1，回收有效问卷29份（女生占73.3%）。被试看到用随机码打乱呈现顺序的20个品名（表2的8个品名加表3的12个品名），并逐一判断这20个品名是否为老字号品名，并就每个品名用7点量表评价熟悉度。熟悉度测试显示每个品名的熟悉度值均小于2，表明被试对所测品牌普遍感到不熟悉。

在进行数据录入时，将被试认为是老字号品名的编码为"0"，将被试认为不适老字号的品名编码为"1"。表3显示了认知判断的均值和方差值，均值小于0.5表示大部分被试认为该品牌是老字号品名，大于0.5则表示大部分被试认为该品名不是老字号品名。从实验结果看来，CSBN-C中的四个虚拟品名都被认为是老字号品名，"和泰"、"同德"、"敬仁"、"济天"四个品名的t值分别是：4.770，5.477，3.550，3.266，双尾p值均小于0.001，说明虚拟品名的认知显著性很强。相反，在真实的老字号品名中，"聚乐村"反而不被认为是老字号名。CSBN-W的四个虚拟品名都被很清楚的识别为"非老字号品名"，而现代真实品名的判断则没有一定的规律。

表 3　测试 1 数据结果

	虚拟品名				真实品名			
CSBN-C	和泰 0.28 （0.455）	同德 0.45 （0.506）	敬仁 0.31 （0.417）	济天 0.42 （0.509）	聚乐村 0.62 （0.494）	九福 0.38 （0.494）	隆顺榕 0.41 （0.501）	鑫园 0.45 （0.506）
CSBN-W	乔伊 0.97 （0.186）	艾迪 0.97 （0.186）	莱纳 0.86 （0.351）	维卡 0.86 （0.315）	天下秀 0.90 （0.310）	梦洁 0.55 （0.506）	英派斯 0.66 （0.484）	晶珠 0.76 （0.435）

为了更精确地测量 8 个虚拟品名是否能够精确地暗示品牌的文化类别，从另一个侧面证明假设一，作者选择了 20 个广东某高校在校学生（平均年龄 =20.15，女生占 96%）进行问卷调查，要求被试用 7 点量表对表 2 中的 8 个虚拟品名就形象、喜好度、熟悉度、合适度、时尚感、文化感五个问题作出评价。数据显示，首先，从品牌形象上，普遍认为 CSBN-C 偏向中国形象，而 CSBN-W 偏向西方形象。将 CSBN-C 和 CSBN-W 四个品牌形象分值各自平均，然后做 ANOVA 组间分析比较，发现人们对这两组品名的文化形象感知差异显著（MCSBN-C=2.6, MCSBN-W=4.6, F（19）=47.686, p<0.01）。暗示传统文化类别的品名比暗示现代西方文化类别的品名失之时尚。根据对两组品名分值的聚类分析，对 CSBN-W 四个品名的时尚感知显著高于 CSBN-C 四个品名（MCSBN-C=2.90, MCSBN-W=4.61, F（19）=48.119, p<0.01）。品名时尚感与品牌的感知历史传统和现代性有关（高辉，2008）。时尚感的测量从另一个侧面证实了文化品名认知暗示性的存在。

讨论

在人们对虚拟品名做出选择和评价的时候，由于没有其他的线索可以依靠，唯有品名语言特征上的差别会导致消费者的感知差别。实验 1 的数据证明了假设一成立，即文化暗示性品名可以通过语义暗示影响消费者范畴化判断，将不同品名归于不同文化类别。通过从老字号品名名库和西方音译翻译的人名名库中抽取高频汉字组合而成的品名，在没有其他任何营销线索的帮助下，向消费者传达了明显的文化类别信息。测试 1 发现，在熟悉度都非常低的情况下，虚拟的 CSBN-C 品名具有和真实老字号品名一样甚至更高的文化暗示水平，而虚拟的 CSBN-W 品名则清晰了传达"非传统"的差异化信息。在测试 2 的调查中，CSBN-C 和 CSBN-W 品名在文化形象上具有显著性差异，被试仅凭品名本身便可以做出这个品牌"很中国"或是"很西方"的判断，并且影响到对品名时尚性的感知。可见，品名中含有语义的汉字激发了消费者对品牌文化类别的联想，并经由典型性理论机制将品牌范畴化。文化暗示性品名在认知上是显著的。

实验 2：消费者文化身份与文化暗示性品名

实验设计

本实验采取双因素组间－组内混合设计，文化暗示性品名（CSBN-C vs CSBN-W）作为组内变量，感知文化身份（本土身份 vs 全球身份）作为组间变量。对于感知文化身份的操纵，本实验借鉴了在同行内被广泛引用的"视觉诱导法"（visual priming）（Chen, Ng et al., 2005），为了加强被试信息处理的卷入度，本实验设计了两块包含了 10 个图片和 10 组短语的"配对任务"。在诱导本土身份（即中国身份）的任务中，图片选择了包含中国国旗、中国结、算盘、饺子等中国传统文化标志；在诱导全球身份的任务中，图片选择了联合国国旗、地球仪、巴黎铁塔等代表国际化、全球化和科技进步的文化标志。短语部分则对应每一个图片产生一种解释或一种相联系的表述，在两个任务里，图片和短语的顺序被随机打乱，被试必须认真观察和理解图片与短语，然后归纳图片与短语的关联性。为了加强诱导的差异，实验对"本土身份"的诱导任务使用中文表述，对"全球身份"的诱导任务使用英文表述。由于被试是来自外语类院校的本科学生，属于双语人群，使语言诱导文化身份成为可能。运用母语诱导本土心智表征、运用英语诱导西方的心智表征的这种做法已有前人的实证经验（Hong, Morris et al., 2000），是比较成熟的诱导方法。

本实验采用实验 1 中得出的品名作为测试材料。包含有语义汉字的暗示中国传统文化的品名选择为"和泰"、而包含有拟音汉字的暗示西方形象的品名选择为"艾迪"，因为这两个品名在消费者喜好度、感知合适度以及熟悉度上都符合实验要求。这两个品名与其他 6 个填充品名以随机顺序呈现。

被试与实验步骤

42 名广东某外语类院校的大学二年级在校生参加了此次实验（平均年龄 =21.95，女生占 74.4%），回收有效问卷 39 份（废卷原因为漏填）。被试被随机地分到 2 个实验情况中，其中"本土身份"的条件小组的样本量为 18，"国际身份"的条件小组样本量为 21。实验一开始，每个被试拿到一份问卷小册子，并被告知问卷分为三个独立的部分。

在第一个部分中，被试看到一个特定的配对任务，并被要求仔细观察任务中的图片和文字，并将这些图片和文字根据关联性联系起来，被试做配对任务的时间大约有 5 分钟。在第二个部分中，被试被告知某市场调研公司想要对即将进入市场的新品名进行预测试，请被试根据自己的真实想法对 8 个不同的品名做出评价。这些品牌包括了实验测试的目标品牌，其余则为"填充"品牌。为了降低顺序效应，品名的出现顺序是随机的。品牌态度的测量参考了 Lee and Ang（2003）和 Zhang and Schmitt（2001）的测量方法，即要求被试用 7 点量表衡量他们对三个陈述句（"这个品牌非常好。""这个品牌非常令人满意。"和"我非常喜欢这个品牌。"）的认可度。在第三个部分中，消费者被要求写下三个最先想到的政治家的名字。这是作为操控检验的手段，如果被试被成功地诱导为"本土身份"，显著的本土化表征会使被试联想到更多的中国政治家，而如果被成功地诱导为"全球身份"，显著的全球文化表征会使被试联想到更多的外国政治家。最后，主试提醒被试填写个人基本信息，对其致谢后让其离去。经过对被试的口头询问，没有被试对实验的真实目的，特别是三个部分之间的联系产生怀疑。

操控检验

经 ANOVA 检验，性别差异对品牌选择没有显著性影响（$F=1.19, P=0.281$）。两位编码员将第三部分中写下的政治家名称编码，将"中国的"政治家（如毛泽东、孙中山等）和"西方的"、"国外的"政治家（如奥巴马、普京等）分别记为0、1。图1用频次表示了在两种文化身份诱导下对中外政治家名字的唤醒度差异，从图中可以看到，从总量上说，被试联想到的中国政治家名字多于外国政治家名字，这是由于长期可接近性信息导致的。也就是说，由于被试平时接触到的大部分的政治家都是中国的，所以中国政治家名称的可接近性更高，更容易被想起。可喜的是，在全球身份诱导条件下，外国政治家名称被显著地唤醒了。通过 GLM 的 Univariate 检验，文化身份诱导对中外政治家名字的影响效应都十分显著（中国政治家名字联想：$F=5.560, p=0.024$；外国政治家名字联想：$F=5.324, p=0.027$）。然后，用想到的中国政治家数目减去西方政治家数目再加3，得到的数值用 ANOVA 组间检验，发现显著性效应[M-本土身份=3.94, M-全球身份=2.71, $F(1,39)=4.793, p=0.035$]。也就是说，实验采用的"视觉诱导法"对被试感知文化身份的操纵是成功的。

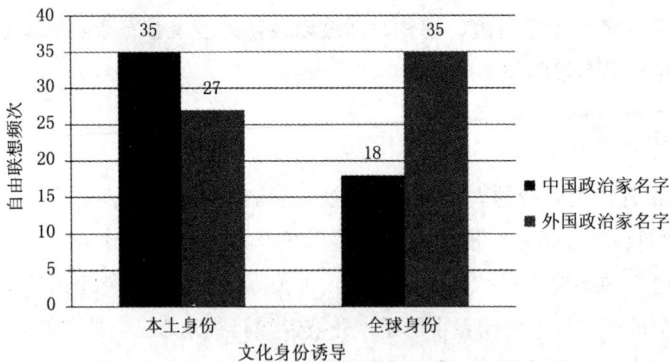

图1 文化身份诱导的操控性检验

实验结果

品牌态度的测量值是取上文提到的三个陈述句的评分值的平均数，根据量表信度检验，两个品名的 α 值分别为：CSBN-C（0.966），CSBN-W（0.940）。具体均值及方差见表4。

表 4　文化身份与品名暗示性交互效应数据结果

	本土身份		全球身份	
	CSBN-C	CSBN-W	CSBN-C	CSBN-W
品牌客观评价（好／坏）	4.61 （1.420）	3.22 （1.166）	2.62 （1.284）	4.61 （0.903）
品牌喜好度（喜欢／不喜欢）	4.49 （0.840）	3.11 （0.693）	2.30 （1.024）	4.19 （1.078）
品牌满意度（满意／不满意）	4.37 （1.102）	3.17 （0.985）	2.29 （1.102）	4.48 （0.814）
品牌总评态度（均值）	4.52 （1.279）	2.44 （1.241）	2.43 （1.146）	3.21 （1.544）

　　品牌暗示性导致的品牌态度差异使用组内重复测量法，感知身份导致的品牌态度差异使用组间测量。品名的暗示性对品名评价则没有主效应，总的来说，被试对两个品牌的评价差不多（MCSBN-C=3.39,MCSBN-W=3.75,F=0.843,p=0.364），这与预测试的结果——两品名之间具有相似的喜好度——相符。对感知文化身份效应的组间检验显示，感知身份对品牌评价的主效应显著，其中包含对 CSBN-C 的品牌总评态度（M-本土身份 =4.52,M-全球身份 =2.43,F=28.964,p<0.001），对 CSBN-W 的品牌总评态度（M-本土身份 =2.44,M-全球身份 =3.21,F=20.176,p<0.001）。

　　可见，CSBN-C 在本土身份显著的情况下得到了更高的评价，而 CSBN-W 则在全球身份显著的情况下得到更高的评价。感知文化身份与品牌暗示性之间的交互效应显著（F=47.783,p<0.001）。图 2 描述了诱导文化身份与品牌暗示性的交互效应关系。从图中可以清晰地看到，两种文化身份对两种品名暗示性的作用方向是相反的，在本土身份显著的情况下，CSBN-C 得到了更高的支持，在全球身份显著的情况下，CSBN-W 则得到更多的偏爱。实验数据支持了假设二。

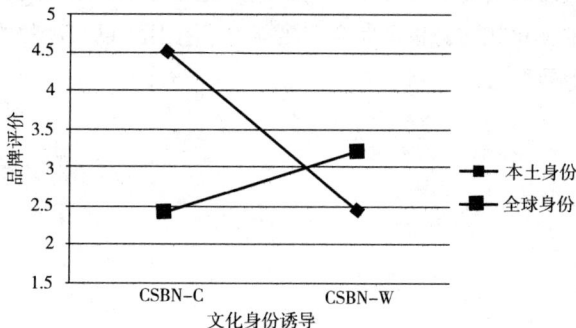

图 2　感知文化身份与暗示性品名交互效应

讨论

实验2成功检测到了品名的文化暗示性效应与消费者感知文化身份之间的交互效应。首先，实验2中操控性检验的成功，说明中国当今消费者确实存在着"本土身份"与"全球身份"的双重身份，而且这两种身份的可接近性是受到外部环境影响的。第二，消费者的情境性显著身份会影响其对文化暗示性品名的评价。实验2的数据证明了假设二成立。

研究结论与营销启示

本研究适逢市场全球化的大趋势，特别是中国作为发展中国家的转型市场，无论是跨国公司还是本土企业的营销者面对纷乱复杂的市场动向，都切实地感到对消费者心理准确捕捉和预测的难度和巨大的需要。本文通过证实了前文的两个假设，对营销理论和实践有如下贡献和意义：

在理论层面，本文将暗示性品名理论放在汉语语境中进行实证，使该理论的应用性得到了跨文化的延伸。此外，本文通过实验2将传统的品名研究从认知语言学领域延伸到文化心理学领域，实现了跨学科的延伸。可以说，本研究充分地发展了品名暗示性理论的外延和内涵。

在营销实践层面，本文的价值有二。第一，为了解和预测全球化转型市场上的中国消费者的文化心态提供了线索。实验结果证明，消费者的心理变化虽然微妙，但并不是没有规律的。营销者必须认识到，在中国市场中以年轻消费者为代表的新一代消费者，已然具备了全球化和本土化双重文化身份的雏形，他们对自我的概念和看法以及价值观体系都是兼容并蓄的。并且，消费者的心态是随着环境变幻的。而这种变幻恰恰为营销者带来了福音，因为他们可以摒弃以往固化的方式锁定一群目标顾客，而是用文化心理作为定位为有需要的消费者提供方便。第二，营销者应当充分了解自己的品名，做到品产品属性或文化定位。营销者需要认真审视自己的品名，如果了解到自己的品名具有文化暗示性，就应当仔细研究如何利用品名自身的文化暗示价值，使之与品牌的定位、整合营销传播的目标相结合，因为通过广告或其他营销沟通手段在短期内调动消费者的文化认知身份是完全有可能的，并且可以与品牌的文化定位互相配合将品牌偏好达到最大化。

超级电容公交车项目的东方管理学范式分析

孙克任

（上海理工大学管理学院，中国上海）

上海奥威科技开发有限公司成立于1998年，总部位于国家级高科技园区——上海张江高科技园区，是一个由专家、学者和技术人员组成的产学研一体化企业，主要从事双电层电容器和超级电容器的开发、生产和销售。奥威科技拥有多项知识产权，在双层电容器基础上研制的超级电容器电源，是一种新型的环保电源，技术水平已经处于世界领先地位，产品用于各种车辆、内燃机的启动、轻型车、电动公交车的牵引，以及工程机械、通讯设备、能源电力等领域。

奥威科技成立了中国第一家"超级电容器研究发展中心"，并以研发中心为依托建成了国内最具规模的超级电容器研发基地，承担了包括国家863计划、上海市无轨电车脱线运行改造及上海市科委二次开发等在内的国家和地方政府、大型机械设备集团的多个超级电容器应用项目。

奥威科技的发展是快速的，并且在自主创新方面所取得的成就是显著的，那么，公司发展的经验是什么？

本文借助东方管理学的分析范式，以奥威科技"超级电容公交车中试及推广应用技术研究"项目的实施发展过程为研究观察的对象，分析了其成功经验和特点。

一、人本管理的观察

东方管理学的理论认为：人本管理哲学是东方管理哲学的第一个层次。其要义是管理要以人为中心，实现人的全面、自由、普遍发展。人本管理哲学可以分解为五个要素：人、勤、道、变、和。

（一）人

"人"要求以人为本，把人的价值作为管理的起点和终点。对应到企业，把企业的价值作为管理的起点和终点。

"科技创新是国家进步的灵魂，是民族兴旺发达的不竭动力。"一个国家、一个民

263

族需要不断创新，不创新就意味着止步不前。自主创新同样是企业发展的生命线，企业没有创新就没有生命力。自主创新，集成创新，吸收国外技术再创新并非易事。世界上发达国家的发展历程，都是一个个企业在自主创新中求生存和求发展的过程。

奥威科技在项目伊始就瞄准了电容车的关键器件、国际上新兴的产业——超级电容器行业，目的是发展我国的超级电容器产业，目标就是和国际上的同行业的先进指标接近或超过国际同行业指标。目前奥威科技共有双电层电容器、动力超级电容器、牵引超级电容器、启动超级电容器等十几个品种40多个规格，主要技术指标，包括比能量、比功率等比俄罗斯高25%，与美国的功率指标接近。北欧的一些国家目前刚开始研究基础原材料——高性能碳材料，奥威科技已经在研究产业化了。所以奥威科技在这一领域的研究水平与发达国家差距不大。这也是奥威科技坚持把自主创新作为企业发展根本的结果。动力超级电容器是国际上一个新兴的行业，在该技术领域中处于领先地位的国家有俄罗斯、美国、日本，这些发达国家已把超级电容器项目作为国家重点研究和开发项目，并提出了近期和中长期发展计划。超级电容器作为军备武器及工业应用中的核心部件，已为发达国家政府、军事部门及工业界所重视。这些事实说明，超大容量电容器作为储能元件，具有极高的战略意义。中国在这方面必须迎头赶上，以与中国在世界上的地位相符合。

（二）勤

"勤"是对人的一种基本要求。企业创新的过程，研发成果转化为生产力的过程是一个艰辛而痛苦的过程。奥威科技提出了"要奋斗就会有牺牲，要创新就会有付出"的口号。为此，奥威人奋斗了十年，始终如一、不言放弃，在攻关的日日夜夜里，许多人吃住在工厂。大家凭着自主创新、发奋图强的精神，依靠多年超级电容器的开发经验，经过几年不懈的努力和对新能源事业的孜孜追求，超级电容器产品研发和应用工作才得以成功。

（三）变

"变"在东方管理学的含义是管理者和被管理者（自我管理者）都要随时随地根据外部变化采取变通的方法，去实现自身发展或为他人服务。

在我国大中型城市，公交汽车的尾气排放是主要的污染源。在我国具有近百年营运历史的电车以其尾气零排放、无污染、低噪音及使用清洁、廉价能源的优势，被誉为"绿色交通"，为城市交通和大气环境友好作出过重要贡献。然而，令人遗憾的是在世界环保呼声日益强烈的今天，无轨电车在我国却遭遇冷落，一些城市相继实施"电改汽工程"，缩减电车规模，有的则干脆将线网拆除，无轨电车在天津、沈阳、南京、成都、福州、重庆、等城市相继退出公交舞台，其主要原因是由于其架空线网造成的"视觉污染"，影响城市景观；旧式无轨电车机动性差，容易造成交通堵塞。因此，随着城市建设步伐的加快和公共交通的迅猛发展，一些城市的公交汽车获得了飞速增长，无轨电车却成了被淘汰的对象。因此急需注入新的技术让无轨电车获得新生。

据报道：1989 年我国无轨电车已发展到 26 个城市，有 4794 辆在运营，每年载客 30
亿人次，占公交车总量 6.7% 的无轨电车承担了 11% 的客运量，而到目前全国尚有无轨电
车运营的城市已由 26 个减少到 18 个，车辆减少了 30%，客运量减少了 46%，占公交车的
比重由 7.1% 减至 1.5%，这种现象与城市环境保护是极不相称的。

在我国，北京、上海、广州、南京、重庆、武汉、杭州等城市开始重新评价和反思
无轨电车，带头加大无轨电车的投资和建设力度，以重振电车雄风。专家预言，新型无
轨电车将成为以"环保世纪"著称的 21 世纪常规城市绿色公交的主力。

（四）道

老子的《道德经》中认为"道可道，非常道"。道的内涵非常丰富，东方管理学理
论认为此处的"道"指的是对应不同管理活动的相通规律，即管理理论具有内在一致性
和普遍适用性。"道"的载体是各种管理活动中的人以及人的行为。

"超级电容公交车中试及推广应用技术研究"项目在实施发展过程中，"道"的发
掘和实践，重要的是表现在项目的选择和方向的把握上，也即未来道路的选择。

1. 项目有强烈的现实需要

改革开放以来，上海的国民经济持续快速发展，取得了举世瞩目的成就。伴随着经
济的发展，能源短缺、环境污染等问题也日趋严重。

目前我国是一个能源净进口国，是世界上仅次于美国和日本的第三大石油进口国，
同时也是仅次于美国的第二大石油消费国。近年来我国经济持续快速发展导致了能源需
求，特别是石油需求的快速增长。商务部统计显示，2006 年我国原油进口 1.45 亿吨，
同比增长 5.7%，支付外汇同比增长 74.1%，我国石油消费对进口的依赖程度已经达到
47.3%。而我国 60% 以上的石油消耗在交通领域，减少交通领域的石油消耗已成为当务之急。

随着国内石油需求量的逐年增加以及世界石油储备量的逐年递减，石油价格居高不
下，同时以石油为代表的传统能源日益枯竭，将严重制约我国国民经济的快速发展，危
害国家的能源安全战略，成为经济社会发展的能源瓶颈，因此减少石油消耗，寻找替代
能源，建立多层次、多元化的能源供应体系意义重大，解决经济发展中的能源瓶颈，保
证社会经济持续、健康、稳定、快速发展已成为我国的首要任务和当务之急。同时，能
源的稳定发展关系到国家的政治、经济、外交、安全，是我们保持经济快速增长，建立
和谐社会的重要保障，也是国家能源安全战略的有机组成部分。

"十五"和"十一五"期间，我国政府将清洁能源车辆列为"863"计划重大专项，
投入了大量的资金推动发展，"超级电容公交车中试及推广应用技术研究"项目的目标
正是为了节约能源、改善日益严重的汽车尾气污染问题。项目符合未来的发展方向，与
国家能源安全问题密切相关。

2. 项目有良好的技术支撑

在上海发展和推广超级电容器公交车已经具有良好的技术基础，目前已经发展到了初期商业运营阶段，有较为成熟的制造技术和运营经验。

从 2002 年开始，上海市科委主持立项，上海巴士电车三公司、上海奥威科技等单位进行无轨电车的脱线运行改造，使用超级电容器作为动力电源驱动电车。科技人员从技术可靠性、经济性、安全性的角度出发，根据超级电容器具有高功率密度、充放电时间短、能量转化效率高、使用寿命长、少维护、适用温度范围宽和清洁环保无二次污染等优点，经过反复的比较、论证和实际使用，最终被确认为可满足有线与无线相结合和完全无线运行要求的新型电源之一，采用超级电容器作为电容公交车的主动力是完全可行的。

2003 年由上海多家企业针对现行无轨电车的弊端进行了攻关。

超级电容电车整车底盘由上海申沃客车有限公司制造，车身长为 11420mm，交流主电机功率为 75kW，空调功率为 15kW，车辆最大质量为 16500kg，有 41 个座位，满载最高时速 ≥ 55km/h。

超级电容蓄能系统由上海奥威科技开发有限公司制作完成。车辆采用的电容蓄能系统由 20 组 30V、4400F 超级电容器组件组成，总重约 950kg。电容蓄能系统最高工作电压为 600V，最低工作电压为 400V。超级电容器比能量达到 10Wh/kg，比功率达到 800Wh/kg，循环使用寿命达到了 10000 次以上，基本达到了车辆要求。

变频调速交流驱动系统由瑞华集团制作，采用交流变频驱动的新概念使电容电车实现了全数字智能控制系统方式，将会自动采集车速、行驶里程、电能消耗与回收等参数以及进行系统故障诊断等。在电容电车制动时，可回收 20% ～ 40% 左右的再生能量，使能量得以循环使用，提高了能源的使用效率，降低了机械制动器的损耗，有着极高的环保、节能效应和经济效益。同时也使电车具有优异的启动、加速和爬坡能力，乘坐更舒适。

电车集电弓由交大神舟制作，主要功能是通过集电弓系统将动力电输送至电车以便对电容电车充电。通过本系统剪式双极受电弓的快速升降，实现与电容电车充电供电线路的快速接触与分离，快速完成对电容电车的充电过程。

景观候车快速充电候车站由现代交通制作，主要功能是给电容电车提供一个快速充电站点，同时亦作为乘客候车站。

动力供电系统是由 380V 动力电接入，然后经地埋式变压器升压，最后通过低压整流柜整流输出 600V 直流电，同时本供电系统提供 220V2kW 交流照明用电。整个供电系统有独立的计量与控制，有多重保护和控制开关确保供电安全。

第二代超级电容公交车于 2003 年底完成系统集成，并在上海张江高科技园区建成了世界第一个景观候车快速充电站系统，这是上海市自主创新、集成创新的成果。以郭孔辉院士为组长的专家评审组认为：电容电车系统是具有我国自有知识产权的新的交通模式，这一系统的出现是对传统电车的革命，具有划时代意义。

电容电车是从 2004 年 6 月 7 日开始正式试车，并通过上海公用事业研究所性能运行试验结果表明：电容电车按公交模式，一次充电续行里程完全满足脱线带空调运行 5.0km；平均车速 25km/h，最高车速为 55km/h；电容器输出能量 4.5kW/h；续行里程测试结束后进行充电测试，充足电时间为 1.5 ～ 3.0min（200A 充电），并在乘客上下站点补充 10 ～ 30 秒对超级电容器充电，完全可以替代现有无轨电车整条线路无线运行；0 ～ 40km/h 加速时间为 12.8s；12.3% 坡道上驻坡后，顺利通过爬坡；7.8% 坡道上上坡或下坡时，采用电制动可靠驻坡；再生制动能量回收 40%。电容电车达到了预期设计性能指标。

经过近两年的努力，完成了世界第一辆具有实际商业运行的电容电车及运营配套的景观候车亭式快速充电站系统。超级电容公交车在上海张江高科技园区稳定试运行期间，关键部件超级电容器性能稳定可靠，经历了高温季节的考验，达到了预定指标。从而证明了采用超级电容器作为电车驱动电源的方案是完全可行的。

（五）和

人本管理哲学的终极目标是人的发展，"和"是实现终极目标之前的中间目标和协调手段。在个人和组织的发展过程中，"和"具有重要的调节作用。

零排放清洁环保超级电容公交车的试验运行引起了国际公共交通行业的极大兴趣，项目组接待了多个国家的代表团：联合国能源署、美国交通部、欧盟能源署、英国东北经济发展署、芬兰国家技术局等有关政府官员来奥威科技进行技术交流；加拿大、日本、德国、法国、韩国、芬兰、瑞士等多家企业和研究所派代表来上海寻找合作途经。

从 2005 年 10 月至 2006 年 7 月，以牵头单位上海润通电动车技术有限公司为依托，制造了第三代 3 辆超级电容电动公交车，并在上海新国际博览中心和磁悬浮（龙阳路）站建设了两个充电站。11 月 4 日，在上海国际工业博览会开幕当日正式投入运营，在工博会期间，上海市市委副书记、韩正市长以及国家各部委的领导乘坐了超级电容公交车，并给予了高度评价。并多次在不同场合要求："要刻苦攻关，早日产业化。增加了我们提升创新能力，增强核心竞争力的信心和决心。"

电容电车被广大参观者评为"最具魅力奖"，而从磁悬浮列车交通站（龙阳路地铁站）到新国际博览中心的电容公交线路也被工博会组委会评为工博会"最经济最环保最吸引人的参观路线"。同时车用超级电容器获得本届工博会"银奖"。两年时间，三辆超级电容公交车运行正常，安全性、可靠性、经济性都达到了设计要求，为进一步制造、推广提供了宝贵的数据及经验。

2006 年 8 月，上海润通电动车技术有限公司在市科委领导下、巴士集团等单位积极配合下，集成了第四代新型电容电车并开通了我国首条超级电容公交车商业运行线。首批 10 辆超级电容公交车，10 座充电站投入使用。8 月 28 日，11 路超级电容公交车正式开始运营，拉开了上海新型电容电动公交车推广应用的序幕，同时也开始了世界上第一条超级电容器公交车的商业化运行线的旅程。

二、人德管理的观察

人德管理哲学是东方管理哲学的第二个层次，即强调道德伦理的作用，管理者通过"修己"树道德之威，在无形之中影响被管理者的行为，被管理者也要通过"修己"实施自我管理，以更好胜任本职工作。不同层次的管理者面临的道德要求是不同的，东方管理理论中提出了三种道德，即"官德"、"商德"、"民德"。人德管理哲学可以分解为五个要素："实、信、效、法、威"。其中"实"、"信"、"效"是对管理活动参与者的基本道德要求，"法"是德的辅助手段，"威"是人德管理哲学的目标。

（一）实、信、效

"实"要求实事求是，"信"要求诚实守信，"效"要求做事有效率。"实"的含义可以拓展出"务实"和"踏实"。"信"还可以拓展出"信念"和"责任感"的含义。

科技创新是对所有科技工作者的一个要求，而不是科研工作的根本目的。如果为了创新而"创新"，科研领域就有可能出现"假大空"的现象。只有踏踏实实地做好工作，在此基础上，不断发现和提高，才能真正地做到科技创新，为中国和全人类的进步和发展作出贡献。

创新也需要动力，崇高的信念、高度的责任感和使命感支持着奥威科技的创业和研发团队。但是面对国内人才短缺、资金不足、关键材料匮乏、人们对新产品认识不够等重重困难，要发展一种全新的产品，与发达国家比高低，谈何容易。在产品研发期间，因为几年的巨额投入，没有回报，个别股东也产生过动摇的念头。但是创新的意念始终没有变，研发团队没有散，奥威人体会到：企业创新的过程，研发成果转化为生产力的过程是一个艰辛而痛苦的过程。"要奋斗就会有牺牲，要创新就会有付出。"为此，奥威人奋斗了十年，始终如一、不言放弃、咬住青山不放松是企业创新动力的内涵。大家凭着自主创新、发奋图强的精神，依靠多年超级电容器的开发经验，经过几年不懈地努力和对新能源事业的孜孜追求，最终使超级电容器产品研发和应用工作取得成功。

（二）法

在东方管理哲学中，"法"一般作为"德"的辅助因素，"德法兼容"是一种务实的选择。

奥威公司经过几年的努力，研发能力和研发手段得到了极大的提高。以"研发中心"为依托，奥威科技建立技术创新体系，制订相应的创新措施，形成有效运行机制，逐步提高技术创新决策能力、研究开发能力、工程化能力、生产制造能力、市场开拓能力、组织协调能力和资源配置能力。2004年，"超级电容器研究发展中心"被浦东新区政府认定为区级企业技术开发机构，并已批准申请上海市"超级电容器技术研究工程中心"。同时企业在自己的下个五年发展规划中立志创建成国家级的"超级电容器技术研究工程中心"。

（三）威

树立道德之威是人德管理哲学的目标。在管理活动中，管理者经常要运用权威来指挥和影响组织成员，权威的来源有两个，一是制度所赋予的，另一是依托于管理者的个人魅力和优秀品质。东方管理哲学更推崇后者。

俄罗斯在超级电容技术领域占有绝对的垄断地位。面对国内人才的不足和关键原材料的缺乏，为了加快项目进程，奥威团队首先想到了技术引进。奥威团队忍受着俄罗斯严寒的天气和恶劣的治安状况，多次赴俄进行谈判，超级电容器技术巨额的转让费用和苛刻的转让条件让人难以接受，更重要的是因为超级电容器这种产品在能源安全、环境保护和国防科技等领域所具有的战略意义，使得俄方限制这项技术的外流和使用。奥威科技成立原本想从俄罗斯引进关键技术，但几年的谈判努力证明：核心技术是买不来的，"莫斯科不相信眼泪"。因此奥威人一头扎到张江搞自主创新研发。最初，为进行超级电容器研制，奥威人把有限的全部财力投入到了科技攻关，但仍然无法满足研发经费需求。上海市科委领导看好超级电容器的原创性发展前景，为奥威送来了启动资金和扶持政策，使奥威人终生难忘。为此更坚定了奥威人坚持自主创新的信念，也为奥威人的自主创新提供了动力。

三、人为管理的观察

人为管理哲学是东方管理哲学的第三个层次，基本思想是：无论管理者还是被管理者都必须注意自己的行为和修养，从为人的角度出发，控制和调整自己的行为，创造一种良好的人际关系和激励环境，充分发挥人的能动性和积极性，使人们能够更好地发展自我，服务社会。狭义的"人为"是一种自我导向的个体心理行为，"为人"是一种他人导向的服务行为，"人为为人"强调个体心理行为与外部对象心理激励的互动性。人为管理哲学分解为五个要素：器、术、筹、谋、圆。

（一）器和术

器，就是才能，东方管理思想强调用人过程中应重器利器，无论是管理者还是被管理者都应拥有"器"，即个体应具有一定的工程、技术等方面的专业知识。

术，即管理的艺术和方法，就是巧妙运术的能力，同样的一件工作，采用不同的管理手段和方法，其效果会截然不同。

无轨电车的回归不应该是老式电车的简单重复建设。采用先进技术促进无轨电车的技术提升、功能完善，将是使无轨电车重新焕发青春的关键。一年多时间里11路超级电容公交车示范运营的成果已经有力地证明：超级电容电动公交车无疑将是现阶段无轨电车技术升级过程中切实可行的方案。

超级电容公交车推广应用技术研究课题的开展，在总结张江电容公交车快速充电站试验系统试验运行的基础上，解决下列主要技术关键：

(1) 无轨电车供电网为快速充电站供电的技术；

(2) 一万伏电网供电的小型变电整流站技术；

(3) 电容公交车与无轨电车兼容运行技术（包括停车、保养、维修）；

(4) 中心城区快速充电景观候车亭的设计、建造技术；

(5) 超级电容器的单体监控技术；

(6) 超级电容器储存电量的平衡控制技术；

(7) 核心储能装置超级电容器的性能优化技术；

(8) 电容公交车整车结构及控制系统的可靠性改进与提升技术；

(9) 公交车快速充电站的设计优化技术；

(10) 超级电容器公交车用双电机系统的研制与开发技术；

(11) 车辆运行管理系统的优化技术；

(12) 线路选择与电网电压优化技术；

(13) 优化车辆、充电站技术指标，降低造价成本、完善技术保障等。

超级电容器公交车充分利用了超级电容器的独特性能，在保留无轨电车优点的同时，克服了无轨电车机动性差、架空线景观污染的缺点，在车站利用乘客上下车的30秒时间即可完成对超级电容器充电，没有尾气排放、机动性好、噪声低、运行成本更低。超级电容公交车是上海市自主创新、集成创新的成果。

（二）筹和谋

筹，就是运筹帷幄的能力，谋，就是预谋决策的能力，谋侧重于预测和把握未来发展的方向，而筹则侧重于根据当时当地的内外部条件，比较各种备选方案。《孙子兵法》中指出：兴兵作战之前，充分估计各种主客观条件，精心运筹帷幄，胜利的可能性要大一些。

《上海中长期发展规划纲要》提出"上海中长期技术创新的主要任务"明确了"生态上海——建设资源节约、环境友好的都市"目标。清洁能源超级电容公交车规模化推广应用项目符合《规划纲要》应用方向，所围绕的应用方向为"能源的高效利用和清洁能源的开发"。超级电容项目的实施将有利于攻克"先进能源动力技术与系统"、"汽车设计与系统集成技术"等关键技术，打造出"超级电容器公交车"这一"新能源汽车"战略产品，提高上海制造业的产业竞争力。该项目符合上海市"坚持集约化发展模式，为满足产品升级换代、产业结构优化和新兴产业集群的需求，打造具有自主知识产权的高端、高效、高附加值和低消耗的精品"的战略要求，把上海建成能源高新技术的研发中心、应用示范区和先进能源装备制造基地。

上海作为国际化大都市和我国改革开放的前沿，现代化的交通取得了跨越式的发展，城市公交汽车和电车总数达到了18214辆，公交线路总数980多条，燃油车、天然气车、无轨电车并存。但是，无轨电车的数量在近十几年的时间里呈现逐步下降的趋势。无轨电车从使用高峰时的1000多辆，下降到现在的477辆，从中可以看出，无轨电车的运行模式与城市公共交通以及城市建设的发展存在比较突出的矛盾。

自 1908 年上海出现第一辆公交电车以来，在 100 年的时间里，电车为上海的公共交通和城市空气质量的保护发挥了重要作用，洁净环保的无轨电车简单的淘汰已成为电车工作者和广大市民的心头之痛，因此急需科技进步为社会进步服务。

《上海城市交通规划研究方案》中指出：在当前环保形势严峻及世界石油资源匮乏的情况下，解决大气污染问题，需要改变交通工具结构，电车应为城市绿色交通的首选。在上海电车规划发展的课题中，超级电容电车具有极好的充放电性能、功率密度大、使用寿命长、充放电过程无噪音、可用于车辆制动时能量回收等特点；利用超级电容作为车载蓄能器的优势，消除了无轨电车机动性差、视觉污染等问题，已具有先进的技术水平，被列入上海公共交通新型能源公交客车的规划课题。2002 年开始，上海市科委、市交通局就结合城市建设和道路状况对新型无轨电车进行了开发，目标是实现无轨电车的全线路脱线运行，减少架空网线给城市造成的视觉污染，同时提高无轨电车的机动性，避免由于无轨电车机动性差而引起的交通阻塞现象的发生，使上海市的天空更蓝、交通更顺畅。

（三）圆

圆，就是要充分考虑与企业各个利益相关人的利益，力图使企业的整个局面圆满合理。电容公交车是经过多家公司联合开发，最终获得成功的。例如超级电容器的研发就结合了清华大学、复旦大学、同济大学、华东理工大学、上海空间电源研究所、中科院有关研究所等国内相关机构和企业，目前已经形成一个由专家和多学科专业技术人才组成的产学研一体化的团队，其之间有非常牢固和紧密的协作关系。为体制创新打下了基础。

奥威科技自主创新成果来之不易，它得到了市府各部门、各级政府的支持、关心。特别是上海市科委、新区政府，为超级电容器产业发展出谋划策；力求自主、持续、集成创新，同时整合上海的科技资源，开展了一系列为电动汽车关键零部件的攻关准备，从而为电容公交车运行系统的成功打下了扎实基础，也为超级电容的产业化创造了条件，对提升上海传统产业结构注入了活力。为了创造一个具有自主知识产权、原创性的产业，多年来市科委领导多次亲自到奥威进行调研，无数次地参加各种具体协调活动并为此竭尽全力。

随着奥威公司超级电容器产品的面市和电容公交车的上路也引起了国内外相关行业同仁和官员的广泛关注。联合国能源署、欧盟能源署、英国东北经济发展署、芬兰国家技术局等有关政府官员来奥威科技进行考察；加拿大、日本、德国、法国、韩国、芬兰、瑞士等多家企业和研究所派代表来奥威科技调研、考察。

在几年的开发过程中，上海奥威科技开发有限公司积极跟踪国内外车用超级电容器领域研究的最新成果，充分发挥自主创新、艰苦奋斗的精神，依靠以"超级电容器研究发展中心"为核心的研发团队，自主开发的车用超级电容器单体容量可达 15 万法拉，能够在 -40～60℃的范围内正常工作，其主要技术指标经查新已经"达到了国际先进水平"。在项目的实施过程中，上海奥威取得了一系列的技术突破和创新成果，共计申请专利 34

项，其中发明专利 16 项，获得授权的 17 项，另有 30 多个专利正在准备申请。上海奥威非常重视专利技术与标准制订相结合，积极参与或主持超级电容器及其应用领域相关技术标准的制订工作，参与主持制订的汽车行业标准《车用超级电容器》标准（QC/T741-2006）已于 2006 年 8 月 1 日正式颁布实施，为规范和促进我国车用超级电容器的产业化发展作出了应有的贡献。

四、结　语

由复旦大学苏东水教授领军的中国学者群"从 20 世纪 70 年代中期就开始探索如何立足于东方文化和现实的土壤，博采古今中外管理学说精髓，创建一门真正适合中国乃至中国文化圈中其他东方国家的管理学说"，目前这个学说已有了雏形："以人为本，以德为先，人为为人"是东方管理学的核心命题；治国、治生、治家、治身为东方管理学的"四治"框架；人、勤、道、变、和、实、信、效、法、威、器、术、筹、谋、圆为东方管理学的十五个哲学要素。

借助东方管理学的分析范式，观察研究"超级电容公交车中试及推广应用技术研究"项目的实施发展过程，分析其成功经验和特点，通过这个完整的、详细的分析过程，我们可以看出"超级电容公交车中试及推广应用技术研究"项目的运作过程体现出了对东方管理思想的学习、实践和应用，可以称其为知识经济时代践行东方管理思想的典范，这应该就是超级电容公交车项目成功之所在。

从学科产生的哲学依据看，管理活动是一个开放系统，不可避免地受到哲学、经济、政治、文化和心理学等各种因素的影响，因此，从具体管理活动中凝练出的管理理论也就有了地域和民族的印记，这是东方管理学派理论产生和发展的哲学根据和逻辑依据。

从管理学的发展经验看，最有希望、最有创造性的管理理论往往产生于经济迅速起飞的国家和地区，现代管理学的发展已显露了向东方回归的端倪。

所以，"超级电容公交车中试及推广应用技术研究"项目的成功实施，既体现了东方管理的魅力，也为东方管理学的发展提供了一个根基。

中国传统文化的管理智慧

——传统乡村管理思想与现代农村管理哲学

王亚民

（吉林师范大学中国思想文化研究所，中国吉林）

一、传统乡村管理思想的发展理路

伴随着早期国家的建立，我国古代乡村管理思想也随之出现。春秋战国时期，各家从不同的角度阐述了这方面的思想主张。为加强包括乡村（野）在内的整个社会的管理，管子主张推行什伍连坐制的管理体制，[1] 有别于管子的管理体制思想，墨子从"尚同"出发，强调人们思想上的高度统一，鲜明地提出了实现"乡治"的思想。[2] 在百家争鸣的情形下，《吕氏春秋》"尚农"篇，充分论述了重农对社会治理与国家利益的重要意义，指出了重农对于乡村控制的重要作用。[3] 由此看来，从完善乡治组织到统一乡民思想，从重视农业生产到控制乡村社会，春秋战国时期的乡治思想已经初步具备了我国传统乡村管理思想的雏形。

汉代以降，中国传统社会出现了文景之治、光武中兴、贞观之治、开元盛世的治世景象。这一历史时期，统治者倡导的休养生息、无为而治、重农抑末、轻徭薄赋、乡里自治等乡村治理思想长期为后人效法。换言之，汉唐时期不仅出现了我国历史上少有的几个盛世时代，而且也奠定了我国传统乡村管理思想的基础。

宋明时代，由于传统社会开始转型以及北虏、南夷两个外来力量的强大压力，乡村社会不仅动荡不安，而且出现了一些前所未有的新问题，这引起了人们的密切关注与深深思考，于是从多个角度加强乡村建设的思想陆续出现，朱熹、王阳明即是其中的代表。有学者指出，"王阳明的乡村管理思想及实践体系是中国古代自秦汉以来乡村管理问题的历史延续，他把乡里体制、保甲制度同乡规民约结合起来，构建了一个集政治、军事、教育诸功能于一体的乡村社区共同体，形成了一套较前人更完备的农村基层控制体系。从思想倾向来看，王阳明的乡村管理思想是儒家道德理想主义同民本思想和王权专制主义相结合的复杂混合体；从实践特性来看，王阳明的乡村管理措施具有宽猛相济、恩威并用的特点，地方官僚在乡村管理中具有主导地位，广大农民则是被控制的对象；从阶级立场来看，王阳明作为官僚地主阶级的思想家和政治家，他关于乡村管理问题的思想与实践旨在维护岌岌可危的明朝专制统治，因而是逆历史潮流而动的。王阳明的乡村管理思想及实践给后人留下了深刻的历史教训与启示"。[4]

晚清以降，随着近现代社会的巨大变迁，自治思潮逐渐兴起，先是"乡镇自治"，[5]然后逐渐过渡到"村民自治"，近现代乡村"自治思想"日益取代传统官方"牧民思想"而成为乡村管理思想的主流，管理的主体随之发生根本性改变，由昔日的官府过渡到今日的村民，基层官府成为"村民自治"事务的指导者、监督者，开始了村民自我管理的新时代。至此，我国乡村管理思想经历了"牧民"到"自治"的历史性演变。

二、传统乡村管理思想的基本内涵与特点

我国传统乡村管理思想来源于政治国家、地方官员、在野士大夫等不同社会阶层，经历了数千年的实践与演变，历史悠久，内容丰富。简言之，我国传统乡村管理思想的基本内涵包括以下几个方面。

（一）思想原则

在庞杂的乡村管理思想中，"教养兼施、先教后刑"的"牧民"思想成为历代乡村管理者的共识，客观上成为传统乡村管理思想的总原则。"教"是指教育、化导、化民成俗，"养"是指休养生息、兴利除弊、消除各类害民势力，"刑"是指刑罚、暴力弹压。在教、养、刑三者的关系上，前人认为，"及民之政，分之有万端，约之只二事，曰：教与养而已。而养又为教之本。此老生常谈，实经世实训也"，[6]不仅如此，而且"为政先教化而后刑责，民得以安居"。[7]在教与养的关系上，尽管"养为教之本"，但是在乡村管理的实践中，"教化"却显得十分重要，我们的先人曾强调指出，"千古治化，全在风俗"。[8]

尽管"教养兼施、先教后刑"成为传统乡村管理思想的总原则，但是"孝治"也不失为另一思想原则。有学者指出："汉朝以来的以孝治天下，宋朝以来的'敬天法祖、勤政爱民'的统治方法，在清朝发扬光大，使得这些儒家经典中已经有的政治观念，成功转变为政治实践，使清朝成为传统政治文化的集大成者。"[9]史载"（清朝）以孝治天下，颁圣谕广训、十六条"[10]，康熙皇帝认为"孝者，治天下之本"，他在千叟宴上语重心长地说："尔等老民比回乡井之间，各晓谕邻里，务先孝悌为重，此城移风易俗之本，礼乐辞让之根，非浅鲜也。"[11]道光皇帝也指出："我朝以孝治天下，凡属丁忧人员，非有重大事务，从不夺情起用。崇孝治，而维风化。"[12]不仅如此，而且前人也指出："孝为百行之原，推其极可以格天地、治神明，驯致乎笃恭而天下平之盛。以尧舜之道，不过孝悌而已。"[13]

（二）官治与民治

纵观古代乡村社会的管理，我们不难发现，尽管"牧民"思想成为官方的共识，但在乡村管理的实践中，所谓的这种"官治"不但没有排斥"民间社会的自治"，反而，民治成为官治的一个有机组成部分，二者对立而统一。

我们觉得，传统乡村善治包括以下三个有机组成部分。其一，必诚必信、与民休息。我们的先贤认为："立法之初必诚必信，凡文告号令，必实在可行者方出之，无朝三而暮四，言必践，禁必伸，万万不可移易。民知在上之不可犯，而教易从。"[14]在管理乡民的过程中，官府还应该高度注意"与民休息"。这是因为，"民气本靖也，使为地方官者，以地方为己任。悉心抚守，与民休息"。[15]其二，官民相亲、以民治民。清人陈盛韶认为，"官民相亲，其事易举，深居高卧，事事委诸书差，未有不作隔壁听者"，[16]这位先人进一步指出，"以官治民难，以民治民易。联甲法行，民自清理，固易易也"。[17]其三，官、民分治。在乡治实践的过程中，知县叶春及深知，"盖耆老里甲于乡里人，周知其平日是非善意，长吏自远方来至，一旦座政事堂，似评往史，安能悉中"。[18]此种情况下，叶春及提出了官民分治的乡村管理思想。这位名宦指出："奸盗、诈伪、人命重事，方许赴官陈告。户婚田土、一切小事，务由本管里甲老人理断。官吏不即杖断，稽留作弊，诈取财物，口以重罪。里甲老人不能决断，致令赴官紊烦者，亦杖六十，仍着果断。循情作弊，颠倒是非，依出入人罪律论。已经老人里甲处置停当，顽民不服，辗转告官，捏词诬陷，正身处以极刑，家迁化外。是以知县钦遵圣制，一切小事付诸耆老。"[19]在乡村管理的实践中，官民分治具有十分重要的现实意义。一方面，各类民间权威人物的地位为官方承认，其主动性得以发挥，诸多乡村社会内部的争斗得以自我解决；另一方面，官府又可以集中力量控制乡村局势，顺利完成各项考成之责，从而达到乡村善治的最高境界。

（三）政、德与情、法

在继承儒家传统思想的基础上，宋人朱熹很好地解答了政、刑、德、礼在乡村管理中作用的问题，他总结性地指出："愚谓政者，为治之具。刑者，辅治之法。德礼则所以出治之本，而德又礼之本也。此其相为终始，虽不可以偏废，然政刑能使民远罪而已，德礼之效，则有以使民日善而不自知。治民者不可徒恃其末，又当深探其本也。"[20]

情与法是乡村管理实践中不可回避的一个难题，在二者的关系上，我们的先人曾严正地指出，"海外反侧地，非树威不足弹压。奸徒无所畏惮，将何以为定乱之资，讵可以仁慈之治治之。吾于就抚者加之恩，力擒者弃诸市，情法分明，任其自择，庶可净尽根诛耳。某非立意嗜杀，无仁人好生之心。正惟好生，不得不以杀止杀。乱贼不杀，害及善良，刑法将安所用？而乱贼尚不可杀，则又何贼不可为？将刑法亦不胜其用！"[21]这就提出了情法分明、以杀止杀的乡村治安管理思想，可谓简明而实用。

（四）动、静与宽、严

在乡村管理实践的基础上，清人蓝鼎元总结性地指出："治安之政宜严不宜宽，将安将治之民宜静而不宜动。"[22] 毋庸讳言，这一治安管理思想为乡村社会的稳定提供了理论上的保证。不仅如此，而且在总结前人的基础上，清朝名吏汪辉祖进一步指出："宽以待百姓，严以驭吏役，治体之大凡也。"[23] 我们觉得，如果说政、德与情、法是乡村社会管理中需要运用的两类基本手段，那么，动、静与宽、严则是需要灵活操作的两种基本技巧。

（五）重农与变通

早在春秋时期，《吕氏春秋·尚农》即论述了重农思想："古先圣王之所以导其民者，先务于农。民农非徒为地利也，贵其志也。民农则朴，朴则易用，易用则边境安，主位尊。民农则重，重则少私义，少私义则公法立，力专一。民农则其产复，其产复则重徙，重徙则死处而无二虑。舍本而事末则不令，不令则不可以守，不可以战。民舍本而事末则产约，其产约则轻迁徙，轻迁徙则国家有患，皆有远志，无有居心。民舍本而事末则好智，好智则多诈，多诈则巧法令，以是为非，以非为是。"[24] 在长期乡村管理实践的基础上，清人陈盛韶指出，"宰邑者所宜贵农重粟，预谋积贮"。[25] 有学者认为，传统重农思想主要表现在以下四个方面：重农、劝农和奖农，轻徭薄赋，抑商政策，整顿农吏。[26]

在台湾出任幕友期间，蓝鼎元提出了变通的乡治思想，"凡事有经有权，似当随时变通"。[27] 县官陈盛韶亦认为，"为政之道，不可拘于成法也"，[28] 他曾经指出，"而执此治诏安之民，令必不行，惟仿义男女婿酌分之律变而通之，更为严禁溺女，董行育婴，劝抚苗媳，怨夫旷女久而渐少，俗亦将变焉"。[29]

作为一种应用性思想成果，我国传统乡村管理思想具有以下几个不同于其他思想体系的特点。

第一，我国传统乡村管理思想理论性弱而实用性强，因而带有简约、综合、实用的历史特征。尽管在理论表达上并没有出现一个核心的命题或概念，然而从思想原则到官治与民治，从政德与情法到宽严与动静，从重农到变通，上述五个方面的内容无疑构成了一个简约而完整的思想体系；另一方面，在我国传统乡村管理思想中，无论儒家的德治、礼治，法家的法治，道家的无为而治，农家的重农，还是传统的民本、乡里自治等思想，均由于在乡村社会的"实用"而杂糅其中，这正如前文指出的那样，"愚谓政者，为治之具。刑者，辅治之法。德礼则所以出治之本，而德又礼之本也"。第二，尽管我国传统乡村管理思想显得十分繁杂，然而总体看来乃属于一种牧民的思想体系。一方面，在这一思想体系里，基层官府及其"委任"的民间权威人物成为乡村管理的主体，是古代乡村社会的主要管理者、参与者，正因为如此，"是以知县钦遵圣制，一切小事付诸耆老"，而对应方的底层"乡民"则处于被动受管制的境地，对此，我们的先人颇有感触地说："民可使由，不可使知，然哉！"[30] 另一方面，在这一思想体系中，"官治"并不排斥"民间社会的自治"，而是相反相成。我们一般认为，我国传统的乡村善治包括官民互信、官民相安、以民治民、官民分治四个有机组成部分。其中官民互信是前提，官民相安是原则，以民治民是关键，官民分治是根本。

三、传统乡村管理思想与现代农村管理哲学

中国共产党十七届三中全会指出，继续解放思想，必须结合农村改革发展这个伟大实践，大胆探索、勇于开拓，以新的理念和思路破解农村发展难题，为推动党的理论创新、实践创新提供不竭源泉。[31] 如此之下，伴随着我国社会主义新农村建设实践的全面开展，思想文化层面现代农村管理哲学问题也理应引起人们的注意。毕竟，我国是一个农业、农民、农村占绝对优势而又快速走向现代化的东方文明古国，来自历史与现实两方面的特殊国情共同要求我们不仅要探寻东方管理哲学与西方管理哲学在这一领域有效结合的路径，而且必须全面考量影响传统乡村管理文化与现代乡村管理文化有机对接的诸多面向。

第一，"管理哲学应从管理实践的现实需要出发，构建科学的管理理念和模式。对于西方的管理理念不能一味简单模仿，而应从中国自身的文化特质出发进行吸收、转化和创造。我们应当对传统的管理理念进行具体研究，以利于在当代管理实践中借鉴运用"。[32] 在东西方文化深入交流而"中国化"日益加强的今天，批判地继承传统乡村管理思想，实现传统乡村管理与现代乡村管理在思想文化层面上的有机对接，进而完成现代农村管理哲学的构建，则有赖于对我国传统乡村管理思想的正确解读。第二，我国传统乡村管理思想历史悠久、内容丰富，不仅有其发展的内在理路与特点，而且富含管理哲学的诸多因子，这其中包括综合而实用的民族思维方式、"教养兼施、先教后刑"的行为习惯、重农的核心价值理念、孝治与官民善治的管理伦理、政德、情法与宽严、动静的辩证法则、变通的发展观念等。在社会主义新农村建设全面开展的今天，构建具有中国特色的现代农村管理哲学，离不开对传统乡村管理思维方式的承接，离不开对传统乡村管理价值观念的择取，离不开对传统乡村管理习惯的继承，离不开对传统管理伦理的汲取，离不开对传统乡村管理辩证法则的吸收等。我们觉得，在中西方文化交流日益频繁的今天，批判地继承我国传统乡村管理思想既是一个需要解决的历史问题，同时也是一个需要解决的哲学问题。

在这方面，我们的先人曾经指出"重建一新的社会构造（新的社会组织），须有待于实际生活的进步开展，其主要的是经济上要进步，而如何使经济进步，则又必靠第一段所说的有其适宜的政治环境"，[33] "至于创造新文化，那便是乡村建设的真意义所在。所谓乡村建设，就是要从中国旧文化里转变出一个新文化来"。[34] 如此之下，我们理应积极汲取我国历史悠久的乡村社会管理文化的智慧，主动吸收东西方各国先进的现代管理文化，深刻思考现代农村管理的终极问题与价值取向，尝试性构建现代农村哲学，为最终创造出与当代城市文化相互辉映的社会主义新农村文化，作出哲学思维上的贡献。

注释

〔1〕管仲：《管子·经言》，《立政第四》，时代文艺出版社 2000 年版，第 25 页。

〔2〕墨翟：《墨子》卷三，《尚同上第十一》，时代文艺出版社 2000 年版，第 62 页。

〔3〕吕不韦：《吕氏春秋》，《土容论第六》，时代文艺出版社 2000 年版，第 560 页。

〔4〕王金洪，郭正林：《王阳明的乡村管理思想及实践体系探析》，《华南师范大学学报（社会科学版）》1999 年 4 期。

〔5〕故宫博物院明清档案部：《清末筹备立宪档案史料》下册，中华书局 1979 年版，第 727-738 页。

〔6〕徐栋，丁日昌：《牧令书辑要》卷三，《农桑》，出自《续修四库全书》，史部、职官类，第 755 册，上海古籍出版社 2002 年版，第 442 页。

〔7〕陈襄，胡太初，王阳明：《州县提纲·昼簾诸论·阳明先生保甲法》，《奉职循理》，中华书局 1985 年版，第 2 页。

〔8〕蓝鼎元：《鹿州全集·鹿洲初集·风俗小序》，厦门大学出版社 1995 年版，第 119 页。

〔9〕常建华：《清代国家与社会研究·序》，人民出版社 2006 年版，第 3 页。

〔10〕《大清会典事例》卷 397，《礼部·风教》，《讲约一》。

〔11〕《清圣祖圣训》卷八，《圣治》，康熙五十二年三月壬寅。

〔12〕《清宣宗圣训》卷七十八，《厚风俗》，道光七年。

〔13〕蓝鼎元：《鹿州全集·鹿洲初集·孝义小序》，厦门大学出版社 1995 年版，第 118 页。

〔14〕蓝鼎元：《鹿州全集·鹿洲初集·与吴观察论治台湾事宜书》，厦门大学出版社 1995 年版，第 47 页。

〔15〕汪辉祖：《学治臆说·民气宜靖》，中华书局 1985 年版，第 19 页。

〔16〕邓传安，陈盛韶：《蠡测汇钞·问俗录》，书目文献出版社 1983 年版，第 93 页。

〔17〕邓传安，陈盛韶：《蠡测汇钞·问俗录》，书目文献出版社 1983 年版，第 138 页。

〔18〕叶春及：《惠安政书九·乡约篇》，福建人民出版社 1987 年版，第 329 页。

〔19〕叶春及：《惠安政书九·乡约篇》，福建人民出版社 1987 年版，第 329-330 页。

〔20〕朱杰人：《朱子全书》第七册，上海古籍出版社 2002 年版，第 67 页。

〔21〕蓝鼎元：《鹿州全集·东征集卷三·与台湾道府论杀贼书》，厦门大学出版社 1995 年版，第 549-550 页。

〔22〕蓝鼎元：《鹿州全集·东征集卷三·复制军台湾经理书》，厦门大学出版社 1995 年版，第 551 页

〔23〕汪辉祖：《学治臆说》，《驭吏役在刑赏必行》，中华书局 1985 年版，第 29 页。

〔24〕吕不韦：《吕氏春秋·土容论第六》，时代文艺出版社 2000 年版，第 560 页。

〔25〕邓传安，陈盛韶：《蠡测汇钞·问俗录》，书目文献出版社 1983 年版，第 68 页。

〔26〕张健：《帝王农本思想对西汉盛世形成的影响》，《北京理工大学学报》2007 年 6 期。

〔27〕蓝鼎元：《鹿州全集·东征集·请权行团练书》，厦门大学出版社 1995 年版，第 573 页。

〔28〕邓传安，陈盛韶：《蠡测汇钞·问俗录》，书目文献出版社 1983 年版，第 90 页。

〔29〕邓传安，陈盛韶：《蠡测汇钞·问俗录》，书目文献出版社 1983 年版，第 87 页。

〔30〕邓传安，陈盛韶：《蠡测汇钞·问俗录》，书目文献出版社 1983 年版，第 85 页。

〔31〕中国共产党十七届三中全会公告，摘自《中国共产党第七届中央委员会第三次全体会议文件汇编》，人民出版社 2008 年版，第 39 页。

〔32〕张玉新，张小慧：《从实际出发创新中国管理哲学》，《人民日报》2007 年 5 月 25 日。

〔33〕梁漱溟：《乡村建设理论·引言》，乡村书店 1939 年版，第 2 页。

〔34〕梁漱溟：《乡村建设大意》，《梁漱溟全集》，山东人民出版社 1989—1993 年版，第 611 页。

论家庭生活的八卦因果链

林国雄

（中华大学国际企业学系，中国台湾新竹）

一、绪　言

工商普查数据之运用研析，已有结构性因果链条思维之萌芽，包括业主报酬率及员工平均薪资之因果链条。其后，新儒学经济思想的开拓，环绕阴阳思想及十六个创化，已有着不少的逻辑与历史之统一的论述；新儒学四象五行之混析与义利之辨及五行解说、五行相生致中和之力、四象结构的会计信息、因果链条的构建理性、新儒学系统论，则大致奠定了四象五行在经营管理上的分析基础；而后，产业与企业经营变量的卦象诠释，则迈进了八卦五行的应用领域。

一个六画卦由两个三画卦相重而成，居下者称内卦、居上者称外卦，如屯卦，内卦为震，外卦为坎。内卦亦称下体、下卦，外卦亦称上体、上挂。王弼《周易》略例说，内外者出处之象，内为内卦，即下卦；外为外卦，即上卦；邢璹注说，内卦是处（居处），外卦为出（出动），可表现出其出处动静[1]。而《坤·文言》说："君子敬以直内，义以方外。"孔颖达疏说："言君子用敬以直内，内谓心也"，"义以方外者，用此义事以方正外物"。这是称己为内，外物为外。

《泰·象》说："内（内卦）阳而外（外卦）阴，内健而外顺，内君子而外小人，君子道长，小人道消。"这是以内外解释泰卦之所以吉亨。程颐《易传》说："阳为君子，阴为小人，君子来处于内，小人往处于外，是君子得位，小人在下，天下之泰也。"易以阳健为君子，以阴顺为小人，内阳而外阴象君子得位，小人处下，各得其所，所以吉亨。《明夷·象》说："内文明而外柔顺，以蒙大难，文王以之。"明夷离下坤上，离有文明之象，坤有柔顺之象。此可用以象征内怀文明之德足以君临天下，而外表仍柔顺而甘居下位的人，周文王就是如此，故蒙大难而能保其身。

《否·象》说："天地不交，而万物不通也。上下不交，而天下无邦也。"这是说上司下属上下之间、父母子女之间、君臣上下之间，甚至上卦下卦之间、内卦外卦之间，若互不交合，则企业离散不成企业，家庭离散不成家庭、天下离散不成邦国。李鼎祚[2]《周易集解》引何妥[3]说："泰中言志同，否中言无邦，言人志不同必致离散而乱邦国。"程颐《易传》亦说："上下之义不交，则天下无邦国之道，建邦国所以为治也。上施政

279

以治民，民戴君而从命，上下相交，所以治安也。今上下不交，是天下无邦国之道也。"

若以甲企业的八卦因果链条作为内卦，乙企业的八卦因果链条作为外卦，那么相应的六十四卦图象也就出来了，当然，这还须以甲企业及乙企业是否互有交易往来作为思考的前提。若以甲企业的八卦因果链条作为内卦，而因家庭的八卦因果链条作为外卦，同样相应的六十四卦图象也就出来了，当然，这还须以甲企业与丙家庭是否互有交易往来做前提。余，可依此类推。若甲企业的规模大，乙企业的规模小，两企业的规模相差非常悬殊，则此时可以用一群乙企业作为外卦；若甲企业的规模大，丙家庭的规模小，两者的规模相差非常悬殊，则此时可以用以邻里乡镇等为单位的一群丙家庭作为外卦。余，可再依此类推。

但是，家庭生活的八卦因果链条内容是什么？这是有待继续予以探讨的课题，也是本文旨趣。于是第二部分进入家庭生活的八卦因果链条之构建。而后，第三部分才进行中国台湾家庭生活在八卦因果链条下的观察与分析。最后，第四部分为本文的结语。

二、家庭生活的八卦因果链条之构建

产业与企业的八卦因果链条[4]为：

$\dfrac{A}{C} \cdot \dfrac{A水}{F金} \cdot \dfrac{F金}{K_1土} \cdot \dfrac{K_1土}{L_1火} \cdot \dfrac{L_1火}{C木}$	（1）乾象
$\dfrac{E}{M} \cdot \dfrac{E水}{F金} \cdot \dfrac{F金}{K_2土} \cdot \dfrac{K_2土}{L_2火} \cdot \dfrac{L_2火}{M木}$	（2）坤象
$\dfrac{D}{M} \cdot \dfrac{D水}{F金} \cdot \dfrac{F金}{K_1土} \cdot \dfrac{K_1土}{L_1火} \cdot \dfrac{L_1火}{M木}$	（3）坎象
$\dfrac{A}{C} \cdot \dfrac{A水}{G金} \cdot \dfrac{G金}{K_2土} \cdot \dfrac{K_2土}{L_2火} \cdot \dfrac{L_2火}{C木}$	（4）离象
$\dfrac{E}{C} \cdot \dfrac{E水}{F金} \cdot \dfrac{F金}{K_2土} \cdot \dfrac{K_2土}{L_2火} \cdot \dfrac{L_2火}{C木}$	（5）震象
$\dfrac{A}{M} \cdot \dfrac{A水}{F金} \cdot \dfrac{F金}{K_1土} \cdot \dfrac{K_1土}{L_1火} \cdot \dfrac{L_1火}{M木}$	（6）巽象
$\dfrac{A}{M} \cdot \dfrac{A水}{F金} \cdot \dfrac{F金}{K_2土} \cdot \dfrac{K_2土}{L_2火} \cdot \dfrac{L_2火}{M木}$	（7）艮象
$\dfrac{D}{C} \cdot \dfrac{D水}{F金} \cdot \dfrac{F金}{K_1土} \cdot \dfrac{K_1土}{L_1火} \cdot \dfrac{L_1火}{C木}$	（8）兑象

式中，各经营变量的意义是：

A= 薪资支出（不含退休资遣抚恤等福利），流量

C= 员工人数常雇当量，用于将异质劳动折算成合理的劳动投入，存量

D= 专业经营利润，流量

E= 综合理财盈余，流量

F= 专业经营附加价值，流量

G= 综合理财生产毛额，流量

K_1= 专业经营固定资产投入（含租用借用部分，剔除出租出借部分，再剔除不提列折旧的空间型土地），存量

K_2= 综合理财固定资产投入（剔除租用借用部分，但含空间型土地及出租出借部分），存量

L_1= 专业经营实际运用资产投入，存量

L_2= 综合理财实际运用资产投入，存量

M= 业主权益，有着资金货币的均质性，存量

式中，均列出木火土金水五行，各别的作用力所附着的经营变量。其中，干象及离象为员工自利的劳动因果链条，坤象及坎象为业主股东自利的资本因果链条，震象及兑象为员工关怀业主股东的关怀因果链条，巽象及艮象为业主股东关怀员工的关怀因果链条。[5]

式中，各经营比例的意义是：

A/C= 平均薪资

A/F= 专业经营薪资份率

F/K_1= 专业经营固定资产毛生产力

K_1/L_1= 专业经营固定比例

L_1/C= 专业经营每员工实际资产

E/M= 综合理财业主报酬率

E/G= 综合理财盈余份率

G/K_2= 综合理财固定资产毛生产力

K_2/L_2= 综合理财固定比例

L_2/M= 综合理财举债比例

D/M= 专业经营业主报酬率

D/F= 专业经营利润份率

L_1/M= 专业经营举债比例

A/G= 综合理财薪资份率

L_2/C= 综合理财每员工实际资产

E/C= 劳动的盈余创化力

A/M= 业主权益的薪资创化力

D/C= 劳动的利润创化力

因为员工劳动 C 及业主权益资金 M，是产业与企业经营的最基本投入，而且还有着员工劳动 C 为阳仪，业主权益资金 M 为阴仪的新儒学阴阳两仪之互动对待，在此对比之下，可设：

P= 作为家庭生活的生存维持基础之自力家庭所得（阳），流量

　= 受雇人员报酬＋产业主所得＋财产所得＋自用住宅设算租金收入

U= 作为家庭生活的综合发展基础之家庭所得总额（阴），流量

P 与 U 皆具有五行的木之外扬作用力。此乃自力家庭所得 P 是家庭生活的生存维持基础，使得家庭就业人口及家庭人口有了生存维持的生活费来源；家庭所得总额 U 是家庭生活的综合发展基础，使得家庭生活的住宅坪数等及家庭计算机数或家庭计算机普及等发展前景，有了综合发展的生活费来源；所以自力家庭所得 P 与家庭所得总额 U，皆具有五行的木之外扬作用力。

上面在计算时，受雇人员报酬指家庭内人员从工作服务处，所获得之本职及兼职的全部收入，包括：（1）本业薪资：指现金收入毛额，含本俸、专业补助费、工作补助费、实收代金、房租津贴、配住租金设算及工资等，但为未扣除公保费、劳保费及所得税前之金额。（2）兼业薪资：指从事各项兼业之现金收入毛额及退休金、退伍金。（3）其他收入：含加班、值班费、差旅费剩余、车马费、年终奖金、非按月发放之考绩奖金、月退或年内退休之三节[6]慰问金、工作奖金、不休假奖金、福利金、雇主代付公保、劳保、健保费或工会费、抚恤金、遣散费、教育补助费、婚、丧、生产补助费及其他各种补助费等。

产业主所得指家庭内成员经营家庭非公司企业，赚得之净盈余，包括：（1）农业净收入：含耕种及禽畜牧收入[7]、林业净收入[8]、渔业净收入[9]。（2）营业净收入[10]：指独资经营商店、工厂、矿场、服务业等之经营净盈余，或合伙企业净盈余之分配。营业决算前，由经营人自企业总收入中提供家庭之生活费，需并入计算。（3）执行业务收入：指自行执业者之业务收入扣除业务费用后之净。如律师之辩护收入、会计师之查账收入、助产士之助产收入、医师之诊疗收入、代书之代书收入、建筑师之绘图收入等。

财产所得包括：（1）利息收入：含定期存款、储蓄存款及各种存款、债券、贷出款、活会及储蓄性人寿保险等之利息收入。（2）投资收入：股票证券等所孳生之股息及投资之红利收入。（3）其他财产所得收入：含土地之租金净收入（须扣除地价税及土地改良费）、权益金净收入（如商标、版权、专利权、或专业执照等出租或出让所取得之收入，且扣除已摊销之成本）、其他租金净收入（如住宅、厂房、运输工具等各项财产出租之实际租金收入，并扣除各项税捐、折旧、及修缮费等）。自用住宅设算租金收入为：由自用住宅及其他营建物设算租金扣除折旧后之余额。

家庭所得总额 U 包括：（1）上面的自力家庭所得 P。（2）经常移转收入，含来自私人的赠款收入、礼金收入、救济金、慰问金收入、聘金收入、向私人借住房屋之租金设算收入、民间社团赠予之奖助学金收入等，来自政府的低收入户生活补助、老人津贴、老农年金、彩券中奖奖金及其他（灾害、急难救助、残障生活补助等），来自公保、劳保、农保、渔保、军保、健保的社会保险受益，来自企业的人身意外灾害保险受益及其他[11]，来自中国台湾外之赠款、礼金等收入。（3）其他杂项收入，如废物变卖收入、卖旧报纸收入，偶尔捡拾林产收入、垂钓渔捞收入及报废家庭设备年内出售之所得款等。（4）自用住宅及其他营建物设算折旧。

接着，因为专业经营实际运用资产投入为阳仪，综合理财实际运用资产投入为阴仪，有着新儒学阴阳两仪之互动对待，在此对比之下，可设：

Q= 生存维持活动之家庭就业人数（阳），存量

V= 综合发展活动之住宅坪数（阴），存量

Q 与 V 皆具有五行的火之上炎作用力。此乃家庭所得总额 U 包含受雇人员报酬、产业主所得、财产所得、自用住宅设算租金收入、经常移转收入、其他杂项收入及自用住宅设算折旧，但皆以受雇人员报酬最为重要，约占所得总额的 58% 左右，所以产生受雇人员报酬的家庭就业人数 Q，在家庭的生存维持活动上，有着五行的火之上炎作用力。而住宅坪数 V 可用以反映家庭综合发展活动的空间，因而亦能用以反映出在家庭的综合发展活动上，有着五行的火之上炎作用力。

所谓就业人口，系指年满十五岁以上人口，凡从事有酬工作达六个月以上，且年内收入达 99,000 元以上者，雇主及自营作业者则不受收入金额限制；或原有职业但因伤病、休假、天气恶劣、灾害、劳资争议、工作场所整修及季节性休闲等原因，暂未工作，而年内领有 99,000 元以上之劳动报酬者，此报酬不含赔偿金及医药费；或在学学生，于课余兼任有酬工作达六个月以上，且年内收入达 99,000 元以上者；或年满十五岁以上，每周工作十五个小时以上，或每天工作三小时以上，达六个月以上之无酬家属工作者；或在学学生，于家庭经营之非公司企业内每周工作十五小时以上，或每天工作三小时以上，达六个月以上之无酬家属工作者。而住宅建坪系指房屋总楼地板面积的坪数，含楼梯间、阳台、走廊。

因为专业经营固定资产 K_1 为阳仪，综合理财固定资产 K_2 为阴仪，有着新儒学阴阳两仪之互动对待，在此对比之下，可设：

R= 生存维持活动之家庭人口（阳），存量

W= 综合发展活动之家庭计算机数 W_1 或家庭计算机普及率 W_2（阴），存量

R 与 W 皆具有五行的土之静止作用力。此乃家庭人口 R 是家庭生存维持活动的全体对象；而家庭计算机数 W_1 或家庭计算机普及率 W_2，大致是家庭综合发展活动所需之各种家庭现代化设备之最合理代理变量，详下文；所以家庭人口 R、家庭计算机数 W_1 及家庭计算机普及率 W_2，皆具有五行的土之静止作用力。

所谓家庭人口，系以与户长同户籍且共同生活为原则。其个人所得 50% 以上提供家用，但在外生活者，或其个人生活费用 50% 以上由家庭供给，但在外生活者，或其个人所得提供金额占该户家庭费用 50% 以上，但在外生活者；只要与户长同户籍，亦属家庭人口；但如该员居住中国台湾或金门马祖地区[12]，虽符合上列条件，不得视为家庭人口，其提供之金额应列为从国外移转收入；而与户长非同户籍，但共同生活且具上列情形者，亦属家庭人口。

在中国台湾"行政院"主计处 2007 年收支调查表中，家庭设备调查项目计有彩色电视机、数字激光视盘机、电视游乐器、摄影机、音响、钢琴（含电子琴）、数字相机、有线电视频道（含小耳朵）、家庭计算机、计算机外设设备、电磁炉、冷暖气机、除湿机、

洗衣机、烘衣机、空气清净机、滤水器、吸尘器、热水器、开饮机、电话机、移动电话[13]、汽车、机车、微波炉、报纸、期刊、上网因特网。本文为何独挑其中的家庭计算机作为土之静止作用力所附着之阴仪代理变量？

此乃人类已是经历过三次的技术革命。第一次发生在18世纪末的英国，以蒸汽机的使用为标志，实现了从工场手工业向机器大工业的过渡。第二次发生在19世纪下半叶，以电力的应用为标志，使人类进入电气时代。第三次发生在20世纪中叶，以原子能技术、太空技术、计算机的应用为标志，使人类进入电子信息时代。劳动者由体力劳动为主，逐步转向以智力劳动为主。机器功能由取代、强化人的体力劳动，逐步转向以取代、强化人的智力劳动为主。劳动资源由物质资源为主，逐步转向以信息资源为主。产业结构由劳动密集、资金密集、资源密集型为主，逐步转向以技术密集[14]、知识密集[15]、信息密集[16]型为主。

前两次的技术革命，本质上是动力革命，主要任务是突破人的体力局限性。第三次的技术革命[17]，本质上是信息革命，主要任务是突破人的脑力局限性。社会高度信息化的主要特征，是信息资源对人类社会的重要性，已超过了能源资源和物质资源，成为社会生产力中起主导作用的因素。这种社会，就是信息社会。信息社会的主要标志，就是以计算机为代表的信息技术，得到了广泛应用。信息资源通过获取、处理、存储、显示、传递、分配、运用等环节，在社会的各个方面、各个层次发挥了作用，家庭生活亦同受影响。

信息资源的重要性，是在20世纪80年代计算机开始大普及以后，充分显示出来。计算机是作为信息获取、处理、存储、显示、分配和运用的重要工具。进入20世纪80年代后期，以光纤通信[18]技术成熟为标志的现代通信，使全球高速、大容量的信息传递成为现实，从而使信息资源的作用如虎添翼。全球信息基础设施可把世界各国，包括上亿个家庭连结起来，图文声像并茂的丰富信息，可在全球快速传递。在这样的基础上，全球也将逐步实现更多的家庭自动化。

家庭人员的就业[19]，为适应企业不断更新技术、提高效率，甚至为适应企业直接采用新技术和新工艺，这些技术和工艺往往离不开计算机的应用。社会上新的工作岗位，现在一般也以来自电子信息、数据处理、网络服务者较多。信息社会还向人们提出一个严峻的要求，那就是要不断更新知识，终身学习。而经济的全球化，更是离不开计算机。分工的深入、国际间的资金往来、国际间的生产关联等，往往需要信息的沟通，当然也离不开计算机。现代化的交通手段、通信手段，同样也常离不开计算机。跨国公司[20]和跨国银行[21]的发展同样也离不开计算机。因而，本文选用家庭计算机数 W_1 或家庭计算机普及率 W_2 作为具有土之静止作用力的阴仪，有其初步合理性。

信息社会是一种不同于农业社会、工业社会的新社会。信息社会的主要挑战，就是要开发利用信息的技能和意会性的知识。其中，保健、教育、休闲、研究、开发、营销、咨询、网络服务等知识密集的服务活动，更是离不开计算机的利用，提供知识及信息服务还成为社会的主流。服务活动的全球化，随着低成本宽带通讯[22]能力的不断增加，服务活动已超越了国界。今天，拥有更多知识的人，就业时可获得更高报酬的工作。今日知识经济对工作制度、学习方式都提出了新的要求，人们必须不断求得新知识，从学校的学习转化为终生学习。终生学习也常离不开家庭计算机。

而网络文化是在联机通信的生长基础和因特网的营养基础上，反映了新时代的社会关系和人类情感的一种新文化。它以人的主体意识为中心，以人的创化性为基础，以沟通人与人的关系为目的，是计算机文化的继续及其当代型态。甚至信息科技已发展到，工人可在家庭计算机前操纵机器，农民可在家庭计算机前管理农场，教师可在家庭计算机前授课。如果说第一次技术革命，极大地摧毁了在家工作，现在的信息革命则又使得人们能够重新返回家中工作。信息科技也使得一个人，能在家里开展与银行[23]的业务往来活动。信息科技也使得一个人，能透过家庭计算机等设备，欣赏着有逼真而优美音响效果的影视节目。信息科技也使得一个人，利用多媒体[24]技术，能在家庭计算机前进行商品的挑选[25]、付款[26]等电子购物活动。由此可见，本文选用家庭计算机数 W_1 或家庭计算机普及率 W_2 作为具有土之静止作用力的阴仪，可以再次确认为确实有其初步的合理性。

在产业与企业的八卦因果链条中，专业经营固定资产投入 K_1、综合理财固定资产投入 K_2、专业经营实际运用资产投入 L_1 及综合理财实际运用资产投入 L_2，皆自企业资产负债表资料整理出来。但家庭生活一般并无其相应的资产负债表。

中国台湾地区曾于1991年办理家庭财产结构及分配统计的财富调查，后来因为成本、效益、人力因素的考虑，未继续办理。其后，为达成1998年新修预算法之规定，"行政院"主计处于2000年，开始改采相关公务档案、调查数据搜集汇编之方式，进行1998年年底财富统计之编制。其中，编制了家庭的资产负债表，编制方法上，系以1988年财富调查统计结果作为基础，利用现行公务登记数据文件及相关调查统计结果等进行推计，有家庭耐久财及半耐久财的毛额及净额资料、家庭的财富毛额及净额资料、家庭的可再生资产毛额及净额资料、家庭的资产负债表（中国台湾"行政院"主计处，2008b），但都是总数资料，没有本文所要求的细项资料，故本文上面 V、W_1 及 W_2 的选用，仍有其初步合理性。

第四，因为专业经营附加价值 F 为阳仪，综合理财生产毛额[27] G 为阴仪，有着新儒学阴阳两仪之互动对待，在此对比之下，可设：

S= 生存维持活动之自力可支配所得（阳），流量

　= 自力家庭所得－利息支出

X= 综合发展活动之稳定性强之所得（阴），流量

　= 自力家庭所得＋社会保险收益＋从企业来之经常移转收入

S 与 X 皆具有五行的金之内敛作用力。此乃在自力家庭所得的财产所得中，减去房屋贷款利息及其他（含合会[28]）的利息支出成为财产所得净额，才内敛成自力可支配所得 S。而自力家庭所得需加进稳定性较强的社会保险收益、从企业来之经常移转收入两项，才内敛成稳定性强之所得 X。所以，自力可支配所得 S 及稳定性强之所得 X，皆具有五行的金之内敛作用力。

计算时，利息支出包括消费性借款利息、典当利息、购置私有住宅贷款利息及死会

利息支出等，其中贷款利息是指扣除还本后的利息支出。在经常移转收入中，社会保险收益包括公保、劳保、农保、渔保、军保、健保保险收益，从企业来之经常移转收入包括人身意外灾害保险收益及其他（如其他保险现金收益、中奖、救济金、人寿保险公司之生日礼金、奖学金等），其稳定性较强，故在计算稳定性强之所得 X 时，均予以列入计算。

而从私人来之经常移转收入包括私人赠款收入、礼金收入、救济金、慰问金收入、聘金收入、向私人借住房屋之租金设算收入、民间社团赠予之奖助学金收入等，从政府来之经常移转收入包括低收入户生活补助、老人津贴、老农年金、彩券中奖奖金及其他（灾害、急难救助、残障生活补助等），从中国台湾外来之经常移转收入包括来自国外之赠款、礼金等收入，其稳定性均较弱，故在计算稳定性强之所得 X 时，未予以列入计算。当然，此处的稳定性强弱还只是一个初步判断。更合理的作法，也许该从经常移转收入的更合理之重新分类做起。

最后，因薪资支出 A 为阳仪，专业经营利润 D 为阴仪之阳，综合理财（阴）盈余 E [29] 为阴仪之阴，有着新儒学阴阳两仪之互动对待，在对比下可设：

T= 生存维持下生命维持之消费（阳），流量

　= 消费支出－烟草－旅游费用－娱乐消遣服务－书报杂志文具－娱乐器材及附属品－十项消费

　= 含主食品、副食品、奶酪类、水果类、其他类、婚生寿庆丧祭宴费、在外伙费之食品费合计＋含非酒精性、酒精性之饮料费合计＋含衣着类、鞋袜及杂用品类之衣着类合计＋含房地租毛额、住宅装修费、水费及随水费征收之垃圾清洁费、自用住宅居家设备及其他营建物保险费之房租及水费合计＋含电费、气体燃料、其他之燃料及灯光合计＋含家具设备、家用纺织类用品、家庭耐久设备、家庭其他用品之家具及家庭设备合计＋含家庭佣人、对家庭服务、其他家庭管理支出之家事管理合计＋含医疗用具设备及器材、住院诊疗及非受雇医院医护服务、医疗用品支出、人身意外灾害医疗保险、健保就诊消费之保健及医疗合计＋含个人交通通信工具之购置、个人交通通信设备使用管理及保养费、搭乘交通设备之费用（车资杂费）、其他通信费、汽机车保险费支出之运输交通与通信合计＋教育费

Y= 综合发展下生活丰富之消费（阴之阴），流量

　= 消费支出

Z= 综合发展下储蓄（阴之阳），流量

　= 家庭所得总额 U －自用住宅及其他营建物设算折旧－非消费支出－消费支出 Y

T、Y 与 Z 皆具有五行的水之下润作用力。此乃生命维持之消费 T，包括食品、饮料、衣着、住房、水电、瓦斯、用品、设备、家事、保健、医疗、交通、通信、教育，相对于社会经济之发展变迁，已皆为家庭的生命维持活动所必需，以实现生命之维持。而生命丰富之消费 Y，除生命维持之消费外，还包括一切其他的消费支出，如旅游、娱乐、消遣、书报、烟草等，但《烟害防制法》新规定已于 2009 年 1 月 11 日施行，以维护民众健康；

生命丰富之消费 Y 皆能使家庭生活更丰富，皆能使生命内涵更发展。而储蓄 Z 则可使未来的家庭生活更加丰富，可使未来的生命内涵更加发展。所以，生命维持之消费 T、生活丰富之消费 Y 及储蓄 Z，皆具有五行的水之下润作用力。

当然，生存维持之活动变量，从自力家庭所得 P、家庭就业人数 Q、家庭人口 R、自力可支配所得 S、至生命维持之消费 T，及综合发展之活动变量，从家庭所得总额 U、住宅坪数 V、家庭计算机数、家庭计算机普及率、稳定性强之所得 X、生活丰富之消费 Y、至储蓄 Z，都随着社会经济的发展变迁而更张。所以，本文不管是生存维持概念或综合发展概念，都是采用相对的概念[30]，并非绝对。

于是在生存维持下，以生命维持消费 T 为目标之家庭生活的四卦因果链条，成为：

$\dfrac{T}{P} \cdot \dfrac{T水}{S金} \cdot \dfrac{S金}{R土} \cdot \dfrac{R土}{Q火} \cdot \dfrac{G火}{P木}$	（9）干象
$\dfrac{T}{P} \cdot \dfrac{T水}{X金} \cdot \dfrac{X金}{W_1土} \cdot \dfrac{W_1土}{V火} \cdot \dfrac{V火}{P木}$	（10）离象
$\dfrac{T}{P} \cdot \dfrac{T水}{X金} \cdot \dfrac{X金}{W_2土} \cdot \dfrac{W_2土}{V火} \cdot \dfrac{V火}{P木}$	（10'）离象
$\dfrac{T}{U} \cdot \dfrac{T水}{S金} \cdot \dfrac{S金}{R土} \cdot \dfrac{R土}{Q火} \cdot \dfrac{G火}{U木}$	（11）巽象
$\dfrac{T}{U} \cdot \dfrac{T水}{X金} \cdot \dfrac{X金}{W_1土} \cdot \dfrac{W_1土}{V火} \cdot \dfrac{V火}{U木}$	（12）艮象
$\dfrac{T}{U} \cdot \dfrac{T水}{X金} \cdot \dfrac{X金}{W_2土} \cdot \dfrac{W_2土}{V火} \cdot \dfrac{V火}{U木}$	（12'）巽象

式中的生活比例有：

T/P= 自力所得的维持消费率

T/S= 自力可支配所得的维持消费率

S/R= 每一人所需之自力可支配所得

R/Q= 扶养倍数

Q/P= 产生自力所得所需之就业

T/X= 稳定所得的维持消费率

X/W_1= 每部计算机所匹配之稳定所得

X/W_2= 有计算机所匹配之稳定所得

W_1/V= 每坪住宅装置的计算机数

W_2/V= 每坪住宅装置计算机的几率

V/P= 单位自力所得所需之住宅坪数

T/U= 家庭所得的维持消费率

Q/U= 产生家庭所得所需之就业

V/U= 单位家庭所得所需之住宅坪数

另一方面，在综合发展下，以生活丰富消费 Y 或储蓄 Z 为目标之家庭生活的四卦因果链条成为：

$\dfrac{T}{U} \cdot \dfrac{Y水}{X金} \cdot \dfrac{X金}{W_1土} \cdot \dfrac{W_1土}{V火} \cdot \dfrac{V火}{U木}$	（13）坤象
$\dfrac{T}{U} \cdot \dfrac{Y水}{X金} \cdot \dfrac{X金}{W_2土} \cdot \dfrac{W_2土}{V火} \cdot \dfrac{V火}{U木}$	（13'）坤象
$\dfrac{Z}{U} \cdot \dfrac{Z水}{S金} \cdot \dfrac{S金}{R土} \cdot \dfrac{R土}{Q火} \cdot \dfrac{Q火}{U木}$	（14）坎象
$\dfrac{Y}{P} \cdot \dfrac{Y水}{X金} \cdot \dfrac{X金}{W_1土} \cdot \dfrac{W_1土}{V火} \cdot \dfrac{V火}{P木}$	（15）震象
$\dfrac{Y}{P} \cdot \dfrac{Y水}{X金} \cdot \dfrac{X金}{W_2土} \cdot \dfrac{W_2土}{V火} \cdot \dfrac{V火}{P木}$	（15'）震象
$\dfrac{Z}{P} \cdot \dfrac{Z水}{S金} \cdot \dfrac{S金}{R土} \cdot \dfrac{R土}{Q火} \cdot \dfrac{Q火}{P木}$	（16）兑象

Y/U= 家庭所得之丰富消费率

Y/X= 稳定所得之丰富消费率

Z/U= 家庭所得之储蓄率

Z/S= 自力可支配所得之储蓄率

Y/P= 自力所得之丰富消费率

Z/P= 自力所得之储蓄率

上面经由家庭生活与产业企业经营之阴阳对比、五行对比、流量对比、存量对比诸对比之下，本文终于初步完成了家庭生活的八卦因果链条之构建。

三、台湾地区家庭生活的观察与分析

第二次世界大战之后，世界各国及地区致力于经济发展及社会建设，一面追求经济成长，一面追求所得分配趋于平均，使经济发展成果能为全民共享。因此，各国莫不致力于办理个人所得分配调查统计，错以明了个人所得分配发展趋势。中国台湾地区个人所得分配调查，始于 1964 年，每两年调查一次，1972 年后改按年办理。本调查采分层二段随机抽样方法，以县市为副母体，村里为第一段抽样单位，村里内之户为第二段抽样单位，在总户数中约抽出千分之二为样本户。1994 年起，为充分表达调查内容，更名为家庭收支调查。

首先，由表 1 至表 3 按行政区域别之家庭生活的八卦因果链条变量可知，作为家庭生活的生存维持基础之自力家庭所得 P，以新竹市为最大，达每户 1,354 千元；台北市第二，达 1,326 千元；台中市第三，达 1,092 千元；桃园县第四，达 1,030 千元；高雄市第五，达 1,004 千元；以嘉义县为最低，仅 526 千元；澎湖县第二低，仅 566 千元；云林县第三低，仅 582 千元；南投县第四低，仅 662 千元；台东县第五低，仅 668 千元；最大为最低的 2.57 倍。家庭就业人数 Q，以新竹县及台南市为最多，均为每户 1.66 人；以澎湖县为最少，仅 0.98 人；最多为最少的 1.69 倍。家庭人口 R，以新竹县每户 3.75 人最多；以台东县 2.88 人最少；最多为最少的 1.30 倍。

作为生存维持活动之自力可支配所得 S，仍以新竹市的每户 1,324 千元为最大；仍以嘉义县的 520 千元为最低；最大为最低的 2.55 倍。作为生存维持下生命维持之消费 T，则以台北市的每户 819 千元为最大，新竹市的 785 千元居第二；则以澎湖县的每户 415 千元为最低，云林县的 430 千元第二低，台东县的 457 千元第三低，高雄县的 460 千元第四低，嘉义县的 477 千元第五低；最大为最低的 1.97 倍，1.97 倍已比上面的 2.57 倍及 2.55 倍明显缩小。

作为家庭生活的综合发展基础之家庭所得总额 U，以台北市为最大达每户 1,653 千元；新竹市第二，达 1,627 千元；台中市第三，达 1,316 千元；桃园县第四，达 1,248 千元；高雄市第五，达 1,236 千元；仍以嘉义县为最低仅 774 千元；云林县第二低，仅 822 千元；澎湖县第三低，仅 823 千元；台东县第四低，仅 905 千元；南投县第五低，仅 905 千元；最大为最低的 2.14 倍。

作为综合发展活动指标的每户楼地板住宅坪数 V，以彰化县最多为 57.07 坪；以基隆市最少，为 30.13 坪；以台北市第二少，为 30.49 坪。最多为最少的 1.89 倍，此 1.89 倍已少于上面生命维持之消费 T 的 1.97 倍。

作为综合发展活动指标的家庭计算机数 W_1，以台北市每户 1.1679 台为最多；新竹市的 1.0977 台居第二；仍以嘉义县每户 0.4488 台为最少；最多为最少的 2.60 倍。作为综合发展活动指标的家庭计算机普及率 W_2，仍以台北市的 0.8089 为最高；台北县第二高为 0.7573；台中市第三高为 0.7327；仍以嘉义县的 0.4009 为最低；最高为最低的 2.02 倍。作为综合发展活动之稳定性强之所得 X，却以新竹市每户 1,448 千元为最高；台北市 1,407 千元居第二；仍以嘉义县 618 千元为最低；最高为最低的 2.34 倍。

表 1 家庭生活的八卦因果链条变数——按行政区域别之一

单元：元（P，S，T，U，X，Y，Z）；人（Q，R）；坪（V）；台（W_1）；无（W_2）

行政区域	总平均	台北市	高雄市	台北县	宜兰县	桃园县	新竹县	苗栗县
P	921,475	1,325,644	1,004,150	933,017	671,047	1,029,565	922,655	804,174
Q	1.50	1.42	1.46	1.56	1.30	1.57	1.66	1.50

行政区域	总平均	台北市	高雄市	台北县	宜兰县	桃园县	新竹县	苗栗县
R	3.38	3.31	3.27	3.48	3.31	3.55	3.75	3.52
S	903,197	1,299,137	976,622	914,273	658,278	1,008,639	906,004	788,753
T	621,325	819,025	641,406	655,697	591,658	644,657	626,228	540,170
U	1,162,366	1,652,624	1,235,685	1,161,741	943,120	1,247,554	1,156,761	1,041,686
V	43.34	30.49	43.24	32.14	46.03	47.50	54.06	54.87
W_1	0.8686	1.1679	0.9063	0.9605	0.6994	0.9640	0.9084	0.8529
W_2	0.6713	0.8089	0.7065	0.7573	0.5671	0.7303	0.6860	0.6296
X	1,010,647	1,406,874	1,103,777	1,018,010	781,296	1,124,279	995,996	906,773
Y	716,094	963,713	739,607	751,125	669,589	746,550	724,042	637,262
Z	207,780	324,090	240,754	161,843	81,281	257,240	186,138	189,278
家庭户数	7,414,281	941,991	555,213	1,293,152	145,647	611,951	145,234	161,658

资料来源：台湾"行政院"主计处（2008），2007年家庭收支调查报告，以下各表同。

表2　家庭生活的八卦因果链条变数——按行政区域别之二

单位：元（P，S，T，U，X，Y，Z）；人（Q，R）；坪（V）；台（W_1）；无（W_2）

行政区域	台中县	彰化县	南投县	云林县	嘉义县	台南县	高雄县	屏东县
P	807,942	737,203	662,004	582,098	526,148	711,178	760,397	768,367
Q	1.61	1.64	1.65	1.48	1.36	1.55	1.47	1.43
R	3.67	3.64	3.57	3.02	3.12	3.27	3.16	3.18
S	795,131	725,859	649,375	575,213	519,652	697,547	749,000	761,616
T	617,421	552,519	531,926	430,327	476,578	538,158	459,973	489,318
U	1,031,715	954,549	905,311	822,293	773,505	909,740	983,850	993,956
V	56.39	57.07	55.30	45.30	43.79	48.40	47.45	48.88

行政区域	台中县	彰化县	南投县	云林县	嘉义县	台南县	高雄县	屏东县
W_1	0.8407	0.7313	0.6320	0.5320	0.4488	0.7034	0.6448	0.6101
W_2	0.7071	0.5825	0.5037	0.4480	0.4009	0.5620	0.5469	0.5363
X	904,899	834,401	760,859	671,297	617,838	788,632	843,241	845,346
Y	695,080	627,431	592,259	501,511	533,186	610,405	517,054	593,006
Z	139,193	148,939	129,951	162,205	105,701	128,458	274,871	203,108
家庭户数	439,087	346,002	163,185	217,200	167,730	350,932	412,585	265,539

表3 家庭生活的八卦因果链条变数——按行政区域别之三

单位：元（P，S，T，U，X，Y，Z）；人（Q，R）；坪（V）；台（W_1）；无（W_2）

行政区域	台东县	花莲县	澎湖县	基隆市	新竹市	台中市	嘉义市	台南市
P	667,700	675,554	566,275	762,416	1,353,579	1,091,679	731,959	946,544
Q	1.22	1.17	0.98	1.31	1.53	1.45	1.29	1.66
R	2.88	2.93	2.99	3.23	3.48	3.42	3.04	3.40
S	652,290	654,847	558,616	745,709	1,324,010	1,067,846	713,356	923,940
T	457,367	499,699	415,161	562,488	785,260	701,054	507,578	618,532
U	904,928	907,082	822,922	1,043,712	1,627,220	1,316,444	941,958	1,151,279
V	44.80	46.55	39.82	30.13	51.47	46.63	48.88	47.92
W_1	0.5627	0.6377	0.5437	0.7732	1.0977	0.9878	0.7233	0.9360
W_2	04345	0.5103	0.4272	0.6441	0.7271	0.7327	0.5873	0.7159
X	754,832	766,066	664,566	884,333	1,447,909	1,180,772	811,386	1,027,241
Y	518,103	566,608	474,657	651,949	933,566	808,437	586,020	704,855
Z	202,357	158,072	169,805	199,559	343,897	240,616	144,019	217,022
家庭户数	77,595	116.072	30,235	141,571	129,193	357,584	90,228	254,997

作为综合发展下生活丰富之消费 Y，以台北市每户 964 千元为最多；以新竹市 934 千元居第二；以澎湖县每户 475 千元为最少；以云林县 502 千元为第二少；以高雄县 517 千元为第三少；以台东县 518 千元为第四少；以嘉义县 533 千元为第五少；最多为最少的 2.03 倍，此 2.03 倍虽稍大于生命维持之消费 T 的 1.97 倍，但已比上面的 2.14 倍及 2.34 倍缩小。作为综合发展下储蓄 Z，以新竹市每户 344 千元为最多；以台北市 324 千元居第二；以宜兰县每户 81 千元为最少；以嘉义县 106 千元为第二少；最多为最少的 4.277 倍，此乃储蓄是所得在消费支出与非消费支出后所留下者，才呈现出 4.277 倍的高倍数。

从自力家庭所得 P、自力可支配所得 S、家庭所得总额 U、家庭计算机数 W_1、稳定性强之所得 X 及储蓄 Z 诸角度来看，新竹市得力于台湾"清华大学"与"交通大学"在新竹市相继复校，加上新竹科学工业园区的设立，其推动家庭生活改善之效果是非常明显的。而台北市本为台湾地区的政经文化中心，自不待言。1979 年 7 月完成的《科学工业园区设置管理条例》第一条开宗明义规定，为引进高级技术工业及科学技术人才，以激励工业技术之研究创新，并促进高级工业之发展，行政院得设置工业园区。并以更优厚的奖励条件，来吸引资金及人才在园区内创设科学工业。

在中国台湾地区，随着社会发展及生活方式改变，在外伙食支出占家庭食品费的比例逐年提高，2007 年时已达 33.3%。又随着平均寿命延长，卫生保健观念增强，医疗及保健支出在家庭消费支出中比重，已由 1991 的 5.4% 持续上升至 2007 年的 14.3%。拥有自有住宅家庭占全体家庭比例，已由 1976 年的 67.36% 提升至 2007 的 88.14%。另因信息发达，计算机渐趋大众化，家庭计算机普及率已由 1991 年的 9.6% 提升至 2007 年的 67.1%。而使用因特网的家庭普及率亦由 1999 年的 19.6% 提升至 2007 年的 61.6%。另一方面，基隆市、高雄县、新竹县及台北县属都市外围的跨县市工作则甚为普遍。

在中国台湾，户内人口已由 1974 年的平均每户 5.38 人持续降为 2007 年的 3.38 人，小家庭化的趋势十分明显。平均消费倾向则由 1974 年的 87.21% 降为 1993 年的 69.26%，然后回升至 2005 年的 78.37%，2007 年则略降为 77.51%。按当年币值计算的平均每户所得总额，已由 1974 年的 101 千元，提升至 2007 年的 1,162 千元。按 2001 年价格计算的平均每户所得总额，已由 1974 年的 259 千元，提升至 2007 年的 1,206 千元，成长为 4.66 倍。

由表 1 至表 3 还知，台湾的家庭户数共 7,414 千户，其中台北县有 1,293 千户，占了 17.4% 为最多；台北市有 942 千户，占了 12.7% 居第二；桃园县有 612 千户，占了 8.3% 居第三；高雄市有 555 千户，占了 7.5% 居第四；台中县有 439 千户，占了 5.9% 居第五；高雄县有 413 千户，占了 5.6% 居第六；而澎湖县只有 30 千户，家庭户数最少。台北县、台北市及桃园县三县市的家庭户数合计共占 38.4%。

其次，由表 4 按农家、非农家分类来看，农家有 580 千户，但只占 7.8%；非农家有 6,834 千户，占 92.2%。作为家庭生活的生存维持基础之自力家庭所得 P，农家每户的 666 千元，只等于非农家每户 943 千元的 68.4%；但家庭就业人数 Q，农家每户的 2.09 人，是非农家每户 1.45 人的 1.44 倍；家庭人口 R，农家每户的 3.66 人，则是非农家每户 3.36 人的 1.09 倍；而自力可支配所得 S，农家每户的 660 千元，只等于非农家每户 924 千元的 71.5%；作为生存维持下生命维持之消费 T，农家每户的 521 千元，只等于非农家 630 千元的 82.7%，此 82.7% 已明显高于 P 的 68.4% 及 S 的 71.5%。

作为家庭生活的综合发展基础之家庭所得总额 U，农家每户的 937 千元，只等于非农家每户 1,181 千元的 79.3%；但每户楼地板住宅坪数 V，农家每户的 53.10 坪，则是非农家每户 42.51 坪的 1.25 倍；而家庭计算机数 W_1，农家的 0.5636 台只为非农家 0.8945 台的 63.0%；家庭计算机普及率 W_2，农家的 0.4696 只为非农家 0.6884 的 68.2%；稳定性强之所得 X，农家的 767 千元只为非农家 1,031 千元的 74.3%；生活丰富之消费 Y，农家的 594 千元只为非农家 726 千元的 81.7%，此稍高于 U 的 79.3% 及 X 的 78.3%；储蓄 Z，农家的 175 千元只为非农家 211 千元的 82.9%。

可知，农家与非农家相比，除每户住宅坪数 V 外，农家的家庭生活显然居于劣势。而所谓农家，是家庭从事农作物之栽培，或从事家畜、家禽及蜂、蚕等饲养生产事业，而经营之耕地面积在 0.05 公顷以上，或饲养一头以上之乳牛、肉牛、种牛、鹿等大型动物，或饲养三头以上之猪、羊等中型动物，或饲养一百只以上之鸡、鸭、鹅、兔等小型动物，或全年出售或自用之自营农畜产品价值在新台币两万元以上者。

第三，由表 4 都市化程度别来看，凡台湾地区各村里的农林渔牧矿业之就业人口比例小于 25%，且服务业就业人口比例不少于 40% 之村里为都市村里，台北市的十二区及高雄市的十一区亦皆为都市村里。凡台湾省各村里的农林渔牧矿业之就业人口比例大于 45% 之村里为乡村村里。凡台湾各村里不属于都市村里，亦不属于乡村村里者，则为城镇村里。总共台湾地区有 44 个都市层、20 个城镇层及 12 个乡村层。都市层家庭户数 6,560 千户，高占 88.5%；城镇层 776 千户，占 10.5%；乡村层 78 千户，只占 1.1%。

表 4　家庭生活的八卦因果链条变数——按农家、非农家及都市化程度别

单位：元（P，S，T，U，X，Y，Z）；人（Q，R）；坪（V）；台（W_1）；无（W_2）

分类	总平均	农家	非农家	都市	城镇	乡村
P	921,475	665,835	943,173	963,958	610,769	442,183
Q	1.50	2.09	1.45	1.49	1.58	1.55
R	3.38	3.66	3.36	3.39	3.34	3.02
S	903,197	660,165	923,825	944,036	604,833	439,283
T	621,325	521,031	629,839	641,308	474,203	405,514
U	1,162,366	937,053	1,181,490	1,205,888	843,019	681,744
V	43.34	53.10	42.51	42.79	48.39	39.47

分类	总平均	农家	非农家	都市	城镇	乡村
W_1	0.8686	0.5636	0.8945	0.9170	0.5218	0.2542
W_2	0.6713	0.4696	0.6884	0.7040	0.4389	0.2312
X	1,010,647	766,726	1,031,349	1,053,474	697,015	531,415
Y	716,094	593,800	726,474	740,001	540,385	454,913
Z	207,780	174,586	726,474	740,001	540,385	454,913
家庭户数	7,414,281	580,057	6,834,224	6,559,778	776,312	78,191

由表4可以知道,乡村层的自力家庭所得P为442千元,只及都市层964千元的46%;乡村层的家庭人口R为3.02人,只及都市层3.39人的89%;乡村层的自力可支配所得S为439千元,只及都市层944千元的47%;乡村层的生命维持之消费T为406千元,为都市层641千元的63%,此比例63%已高于P的46%及S的47%;乡村层的家庭所得总额U为682千元,只及都市层1,206千元的57%;乡村层的家庭计算机数W_1为0.2542台,只及都市层0.9170台的28%;乡村层的家庭计算机普及率W_2为0.2312,只及都市层0.7040的33%;乡村层的稳定性强之所得X为531千元,只及都市层1,053千元的50%;乡村层的生活丰富之消费Y为455千元,为都市层740千元的61%,此比例61%稍高于U的57%并高于X的50%;乡村层的储蓄Z为113千元,只及都市层216千元的52%。而城镇层这些变量的数值,通常则介于都市层与乡村层之间。由此可见,有着乡村层的家庭生活在台湾地区的弱势情势。不过城镇层的家庭楼地板住宅坪数V为48.39坪,却高于都市层的42.79坪,后者再高于乡村层的39.47坪。城镇层的家庭就业人数Q为1.58人,却高于乡村层的1.55人,后者再高于都市层的1.49人。

第四,由表5依可支配所得按户数五等分位[31]分来看,第一分位的自力家庭所得P为188千元,只及第五分位1,992千元的9%;第一分位的自力可支配所得S为183千元,只及第五分位1,963千元的9%。就家庭生活的生存维持活动而言,因为第一分位的家庭有来自家庭外的接济,第一分位的生命维持之消费T为282千元,已提升为第五分位979千元的29%。不过,第一分位的家庭就业人数Q只有0.60人,只及第五分位2.29人的26%,显然有严重的未能就业之情况,其未能就业原因,仍须予以深入探讨。第一分位的家庭人口R为1.93人,只及第五分位4.32人的45%。

表5 家庭生活的八卦因果链条变数——依可支配所得按户数五等分

单位：元（P，S，T，U，X，Y，Z）；人（Q，R）；坪（V）；台（W₁）；无（W₂）

行政区域	总平均	第一分位	第二分位	第三分位	第四分位	第五分位
P	921,475	188,425	517,129	796,136	1,113,859	1,991,825
Q	1.50	0.60	1.14	1.56	1.93	2.29
R	3.38	1.93	2.94	3.65	4.07	4.32
S	903,197	183,033	502,133	776,187	1,091,360	1,963,272
T	621,325	281,653	472,477	617,725	755,773	978,996
U	1,162,366	400,420	733,111	1,0117,091	1,349,591	2,311,618
V	43.34	35.35	39.84	43.76	46.25	51.49
W₁	0.8686	0.2245	0.6121	0.9022	1.1334	1.4709
W₂	0.6713	0.2098	0.5634	0.7662	0.8692	0.9476
X	1,010,647	231,730	593,748	878,341	1,215,079	2,144,334
Y	716,094	313,309	530,417	499,698	868,505	1,168,540
Z	207,780	-1,164	40,711	99,720	201,380	698,251
家庭户数	7,414,281	1,482,856	1,482,856	1,482,856	1,482,856	1,482,857

第一分位的家庭所得总额 U 为每户 400 千元，只及第五分位 2,312 千元的 17%；第一分位的楼地板住宅坪数 V 为 35.35 坪，为第五分位 51.49 坪的 69%；第一分位的每户家庭计算机数 W₁ 为 0.2245 台，只及第五分位 1.4709 台的 15%；第一分位的家庭计算机普及率 W₂ 为 0.2098，只及第五分位 0.9476 的 22%；第一分位的稳定性强之所得 X 为每户 232 千元，只及第五分位 2,144 千元的 11%；第一分位的生活丰富之消费 Y 为 313 千元，已提升为第五分位 1,169 千元的 27%，接近生命维持之消费 T 的 29% 之情况。可见，不论自力家庭所得 P、自力可支配所得 S、家庭所得总额 U、稳定性强之所得 X、在第一分位与第五分位间相差悬殊，但第一分位的生命维持之消费 T 及生活丰富之消费 Y 与第五分位的相对差距，已大为缩小。人饥己饥、人溺己溺，这种社会爱心之发挥，于此大致已可见其一斑。

第二分位、第三分位及第四分位的生活变数数值，则一般依序介于第一分位与第五分位之间。至于家庭储蓄 Z，第一分位为负值的 -1,164 元，第二分位已提升为 40,711

元，第三分位再提升为 99,720 元，第四分位又提升为 201,380 元，第五分位更提升为 698,251 元。

若对表 5 的生活变量观察，改以第三分位作为出发点。自力家庭所得 P 由第三分位至第四分位增加了每户 317,723 元，由第四分位至第五分位增加了每户 877,966 元，后者的增额为前者的 2.76 倍。P 由第三分位至第二分位减少了每户 279,007 元，由第二分位至第一分位减少了每户 328,704 元，后者的减额为前者的 1.18 倍，也大于一（本文初步以一作为判断的门槛）。自力可支配所得 S 由第三分位至第四分位增加了每户 315,173 元，由第四分位至第五分位增加了每户 871,912 元，后者的增额为前者的 2.77 倍。S 由第三分位至第二分位减少了每户 274,054 元，由第二分位至第一分位减少了每户 319,100 元，后者的减额为前者的 1.16 倍，也大于一。

而生命维持之消费 T 由第三分位至第四分位增加了每户 138,048 元，由第四分位至第五分位增加了每户 223,223 元，后者的增额为前者的 1.62 倍，此 1.62 倍已小于上面 P 的 2.76 倍及 S 的 2.77 倍，显示生命维持之消费 T 虽随着所得之增加而增加，但吃饱等有其生理上之上限所致。T 由第三分位至第二分位减少了每户 145,248 元，由第二分位至第一分位减少了每户 190,824 元，后者为前者的 1.32 倍，此 1.32 倍已高于 P 的 1.18 倍及 S 的 1.16 倍，显示第一分位生存维持的家庭生活困境甚为严厉。

家庭所得总额 U 由第三分位至第四分位增加了每户 332,500 元，由第四分位至第五分位增加了每户 962,027 元，后者的增额为前者的 2.89 倍。U 由第三分位至第二分位减少 283,980 元，由第二分位至第一分位减少 332,691 元，后者的减额为前者的 1.17 倍。楼地板住宅坪数 V 由第三分位至第四分位增加 2.49 坪，由第四分位至第五分位增加 5.24 坪，后者的增幅为前者的 2.10 倍。V 由第三分位至第二分位减少 3.92 坪，由第二分位至第一分位减少 4.49 坪，后者的减幅是前者的 1.15 倍。

家庭计算机数 W_1 由第三分位至第四分位增加 0.2312 台，由第四分位至第五分位增加 0.3375 台，后者的增幅为前者的 1.46 倍。W_2 第三分位至第二分位减少 0.2901 台，由第二分位至第一分位减少 0.3876 台，后者的减幅为前者的 1.34 倍。不过家庭计算机普及率因有一的上限，则并不适合于用来进行增减幅之计算与比较。当然，P、S、T、U、V、W_1、W_2、X、Y、Z 大致亦皆有零的下限，但 P、S、T、U、V、、X、Y、Z 并无上限。稳定性强之所得 X 由第三分位至第四分位增加了每户 336,738 元，由第四分位至第五分位增加了每户 929,255 元，后者的增额为前者的 2.76 倍。X 由第三分位至第二分位减少了每户 294,593 元，由第二分位至第一分位减少了每户 352,018 元，后者减幅为前者的 1.19 倍。

而生活丰富之消费 Y 由第三分位至第四分位增加了每户 168,807 元，由第四分位至第五分位增加了每户 300,035 元，后者的增额为前者的 1.78 倍，此比例 1.78 倍已小于上面 U 的 2.89 倍、V 的 2.10 倍、X 的 2.76 倍，显示生活丰富之消费虽随所得之增加而增加，但旅游等亦有其生理上之限制所致。Y 由第三分位至第二分位减少了每户 169,281 元，由第二分位至第一分位减少了每户 217,108 元，后者的减额为前者的 1.28 倍，此比例 1.28 倍已高于上面 U 的 1.17 倍、V 的 1.15 倍、X 的 1.19 倍，亦显示第一分位综合发展的家庭生活困境亦甚为严厉。

至于储蓄 Z 由第三分位至第四分位增加了每户 101,660 元，由第四分位至第五分位增加了每户 496,871 元，后者的增额为前者的 4.89 倍，此 4.89 倍远高于上面 P 的 2.76 倍、S 的 2.77 倍、U 的 2.89 倍、V 的 2.10 倍、及 X 的 2.76 倍，显示储蓄 Z 虽随着所得之增加而增加，但储蓄增加倍数远领先于其他相关倍数，有着富有的家庭未来愈富有的倾向。Z 由第三分位至第二分位减少了每户 59,009 元，由第二分位至第一分位减少了每户 41,875 元，后者的减额为前者的 0.71 倍，已小于一，但第一分位的储蓄 Z 为负值的 -1,167 元，进行此种减额之计算比较，应已无太大意义。

由上面 P、S、T、U、V、W_1、X、Y 的增减额计算及联合比较，所谓"富者愈富，穷者愈穷"的 M 型社会，大致就是上面所刻画的家庭生活的社会结构。

自从两百多年前发生于英国的产业革命之后，在生产资料的私有制基础上，壮大了资产阶级，这就是所谓的"太极动（产业革命）而生阳（资业阶级壮大）"。同时，国民收入中的工人所得份额，不断下降，甚至工人的生活状况和劳动条件恶化，这就是所谓的"动极而静，静而生阴（工人，无产阶级的生活恶化）"。当这样的资产阶级与无产阶级并存时，大致也是这样的"富者愈富、穷者愈穷"的 M 型社会。

19 世纪中期，英国所有的法律皆迁就中产阶级、工业家和商人的利益，而有助于工业的持续发展。且一般来说，中产阶级者之财富则大都以家具、家用设备及汽车等形式持有，但这些资产具有时间性，会随时间之经过而耗损，因此无法长久被继承。20 世纪，各国为克服社会不安，也扶植自耕农，培养整个社会的中产阶级，加强民主政治之推行。这些中产阶级就是工业社会中的一部分人，他们在产业革命中崛起，后来成为企业家和专业人员，中产阶级一般也可以用于描述拥有企业部分所有权的中等阶级。

过去殖民地[32]、半殖民地[33]和民族独立国家中，也有同帝国主义联系较少的中产阶级，他们是在外国资本入侵和本国封建解体中发展起来的。他们既和帝国主义、封建社会有矛盾，又和他们有联系，经济上和政治上曾经非常软弱，具有两面性。旧的中产阶级产生于希腊罗马时代，是介于贵族与奴隶之间的平民阶级。产业革命后，中产阶级是介于大资本家与劳工阶级之间的阶级。19 世纪以后，中产阶级包括自由职业一类。现代一般习惯，对于中产阶级的观念，又有新的趋向，技术人员与经理人员，也成了中产阶级。甚至美国很多劳工阶级的人，在经济地位上已达到了中产阶级。因此，在现代社会变动速度很快的状态中，中产阶级的发展，宜从此种角度加以理解。

此处，资产阶级是占有生产资料，并依靠剥削雇佣劳动以榨取剩余价值的阶级，曾是社会的统治阶级。他们是原来居住在市镇中的商人，随着商品经济的发展所形成的一个阶级。在 14 世纪末，西方随着商品经济的发展，少数富裕的行会师傅和工场手工业主，不顾行会规章的限制，增加帮工和学徒的人数，逐步变为剥削雇佣工人的资产阶级。商人中分化出来的包买商，通过控制原料供应和包销商品，割断独立的小生产者与市场的联系，迫使小生产者依附于商人资本，并最后沦为雇佣工人，于是包买商就转变为最早的工业资本家。资产阶级曾推翻封建政治，大大促进社会生产力的发展。随着这样的积聚和集中，在帝国主义阶段，银行资本和工业资本互相融合，他们操纵国家的经济命脉，日益同国家政权相结合，但也日趋腐朽而最终没落。

而无产阶级则是丧失了生产资料，靠出卖劳动力维生，且受剥削的雇佣劳动者阶级。无产阶级的主体是工人。无产阶级原来为古罗马贫穷无地的自由民。无产阶级成长于产业革命和机器大工业发展以后。随着马克思主义的产生，无产阶级开始作为一个独立的政治力量登上历史舞台。无产阶级同大机器生产相联系，也是先进生产力的代表。由于从破产农民出身的成分占多数，中国的无产阶级和广大农民也有天然的联系。不过在无产阶级取得政权后，他们也成为生产资料的主人和社会建设的领导阶级。而且随着社会的深入发展，也有人把知识分子归入于无产阶级。

后来，由于中产阶级的持续发展，M 型社会的资产阶级与无产阶级的分别趋于消失。但是人类在进入信息社会后，能够充分利用信息优势的人，似逐渐进入表三的第五分位，而没有能力利用信息的人，似逐渐进入表 5 的第一分位。这种由上面的 P、S、T、U、V、、X、Y 的增减额计算及联合比较所描述的 M 型社会，"富者愈富，穷者愈穷"，似已是一种新形态的 M 型社会。

若对表 5 的家庭就业人数 Q 再观察，由第一分位至第二分位每户增加 0.54 人，由第二分位至第三分位每户增加 0.42 人，由第三分位至第四分位每户增加 0.37 人，由第四分位至第五分位每户增加 0.36 人，这些增幅是依序递减的。若对家庭人口 R 再观察，由第一分位至第二分位每户增加 1.01 人，由第二分位至第三分位每户增加 0.71 人，由第三分位至第四分位每户增加 0.42 人，由第四分位至第五分位每户增加 0.25 人，这些增幅也是依序递减的。当然，Q 及 R 的增幅依序递减，则是衬托出上面新型的 M 型社会之一个重要背景基础。

第五，若由表 6 至表 11 按行政区域别之家庭生活的八卦因果链条生活比例可知，自力所得的维持消费率 T/P，以嘉义县的 0.9058 为最高；以新竹市的 0.5801 为最低。自力可支配所得的维持消费率 T/S，亦以嘉义县的 0.9171 为最高，亦以新竹市的 0.5931 为最低。每一人所需之自力可支配所得 S/R，则以台北市的 3.9249 十万元为最高，新竹市的 3.8046 居第二；仍以嘉义县的 1.6656 十万元为最低。扶养倍数 R/Q，则以澎湖县的 3.05 为最高；以云林县的 2.04 为最低。产生自力所得所需之就业 Q/P，则仍以嘉义县的每百万元 2.585 人为最多；以台北市的每百万元 1.071 人为最少，新竹市的每百万元 1.130 人为第二少。

表 6 至表 11 稳定所得之维持消费率 T/X，仍以嘉义县的 0.7714 为最高；以新竹市的 0.5423 为最低。每部计算机所匹配之稳定所得 X/W_1，则以屏东县的每台 1,386 千元为最多；以台北县的每台 1,060 千元为最少。有计算机所匹配之稳定所得 X/W_2，则以新竹市的 1,991 千元为最多；以台中县的 1,280 千元为最少。每坪住宅装置的计算机数 W_1/V，则以台北市的每坪 0.0383 台为最多；仍以嘉义县的每坪 0.0102 台为最少。每坪住宅装置计算机的几率 W_2/V，则以台北市的 0.0265 为最高；以南投县的 0.0091 为最低。

表6　家庭生活的八卦因果链条生活比例——按行政区域别之一

单位：无（T/P, T/S, R/Q, T/X）；十万元／人（S/R）；人／百万元（Q/P）；元／台（X/W1）；元／有电脑（X/W2）；台／坪（W1/V）；有电脑的几率／坪（W2/V）

生活比例	总平均	台北市	高雄市	台北县	宜兰县	桃园县	新竹县	苗栗县
T/P	0.6743	0.6178	0.6388	0.7028	0.8817	0.6261	0.6787	0.6717
T/S	0.6879	0.6304	0.6568	0.7172	0.8988	0.6391	0.6912	0.6848
S/R	2.6722	3.9249	2.9866	2.6272	1.9888	2.8412	2.4160	2.2408
R/Q	2.2533	2.3310	2.2397	2.2308	2.5462	2.2611	2.2590	2.3467
Q/P	1.628	1.071	1.454	1.672	1.937	1.525	1.799	1.865
T/X	0.6148	0.5822	0.5811	0.6441	0.7573	0.5734	0.6288	0.5957
X/W_1	1,163,536	1,204,619	1,217,894	1,059,875	1,117,095	1,166,265	1,096,396	1,063,164
X/W_2	1,505,507	1,739,243	1,562,317	1,344,263	1,377,704	1,539,476	1,451,845	1,440,237
W_1/V	0.0200	0.0383	0.0210	0.0299	0.0152	0.0203	0.0168	0.0155
W_2/V	0.0155	0.0265	0.0163	0.0236	0.0123	0.0154	0.0127	0.0115

表7　家庭生活的八卦因果链条生活比例——按行政区域别之二

单位：无（T/P, T/S, R/Q, T/X）；十万元／人（S/R）；人／百万元（Q/P）；元／台（X/W1）；元／有电脑（X/W2）；台／坪（W1/V）；有电脑的几率／坪（W2/V）

生活比例	台中县	彰化县	南投县	云林县	嘉义县	台南县	高雄县	屏东县
T/P	0.7642	0.7495	0.8035	0.7393	0.9058	0.7567	0.6049	0.6368
T/S	0.7765	0.7612	0.8191	0.7481	0.9171	0.7715	0.6141	0.6425
S/R	2.1666	1.9941	1.8190	1.9047	1.6656	2.1332	2.3703	2.3950
R/Q	2.2795	2.2195	2.1636	2.0405	2.2941	2.1097	2.1497	2.2238
Q/P	1.993	2.225	2.492	2.543	2.585	2.179	1.933	1.861
T/X	0.6823	0.6622	0.6991	0.6410	0.7714	0.6824	0.5455	0.5788
X/W_1	1,076,364	1,140,983	1,203,891	1,261,836	1,376,644	1,121,171	1,307,756	1,385,586

生活比例	台中县	彰化县	南投县	云林县	嘉义县	台南县	高雄县	屏东县
X/W_2	1,279,733	1,432,448	1,510,540	1,498,431	1,541,127	1,403,260	1,541,856	1,576,256
W_1/V	0.0149	0.0128	0.0114	0.0117	0.0102	0.0145	0.0136	0.0125
W_2/V	0.0125	0.0102	0.0091	0.0099	0.0092	0.0116	0.0115	0.0110

表 8　家庭生活的八卦因果链条生活比例——按行政区域别之三

单位：无（T/P, T/S, R/Q, T/X）；十万元／人（S/R）；人／百万元（Q/P）；元／台（X/W_1）；　元／有电脑（X/W_2）；台／坪（W_1/V）；有电脑的几率／坪（W_2/V）

生活比例	台东县	花莲县	澎湖县	基隆市	新竹市	台中市	嘉义市	台南市
T/P	0.6850	0.7397	0.7331	0.7378	0.5801	0.6422	0.6935	0.6535
T/S	0.7012	0.7631	0.7432	0.7543	0.5931	0.6565	0.7115	0.6695
S/R	2.2649	2.2350	1.8683	2.3087	3.8046	3.1224	2.3466	2.7175
R/Q	2.3607	2.5043	3.0510	2.4656	2.2745	2.3586	2.3566	2.0482
Q/P	1.827	1.732	1.731	1.718	1.130	1.328	1.762	1.754
T/X	0.6059	0.6523	0.6247	0.6361	0.5423	0.5937	0.6256	0.6021
X/W_1	1,341,447	1,201,295	1,222,303	1,143,731	1,319,039	1,195,355	1,121,783	1,097,480
X/W_2	1,737,243	1,501,207	1,555,632	1,372,975	1,991,348	1,611,535	1,381,553	1,434,895
W_1/V	0.0126	0.0137	0.0137	0.0257	0.0213	0.0212	0.0148	0.0195
W_2/V	0.0097	0.0110	0.0107	0.0214	0.0141	0.0157	0.0120	0.0149

表 9　家庭生活的八卦因果链条生活比例——按行政区域别之四

单位：坪／十万元（V/P, V/U）；无（T/U, Y/U, Y/X, Z/U, Z/S, Y/P. Z/P）；人／百万元（Q/U）

生活比例	总平均	台北市	高雄市	台北县	宜兰县	桃园县	新竹县	苗栗县
V/P	4.703	2.300	4.306	3.445	6.859	4.614	5.859	6.823
T/U	0.5345	0.4956	0.5191	0.5644	0.6273	0.5167	0.5414	0.5186
Q/U	1.290	0.859	1.182	1.343	1.378	1.258	1.435	1.440

生活比例	总平均	台北市	高雄市	台北县	宜兰县	桃园县	新竹县	苗栗县
V/U	3.729	1.845	3.499	2.767	4.881	3.807	4.673	5.267
Y/U	0.6161	0.5831	0.5985	0.6466	0.7100	0.5984	0.6259	0.6118
Y/X	0.7086	0.6850	0.6701	0.7378	0.8570	0.6640	0.7270	0.7028
Z/U	0.1788	0.1961	0.1948	0.1393	0.0862	0.2062	0.1609	0.1817
Z/S	0.2300	0.2495	0.2465	0.1770	0.1235	0.2550	0.2054	0.2400
Y/P	0.7771	0.7270	0.7366	0.8050	0.9978	0.7251	0.7847	0.7942
Z/P	0.2255	0.2445	0.2398	0.1735	0.1211	0.2499	0.2017	0.2354

表 10　家庭生活的八卦因果链条生活比例——按行政区域别之五

单位：坪／十万元（V/P, V/U）；无（T/U, Y/U, Y/X, Z/U, Z/S, Y/P. Z/P）；人／百万元（Q/U）

生活比例	台中县	彰化县	南投县	云林县	嘉义县	台南县	高雄县	屏东县
V/P	6.979	7.741	8.353	7.782	8.323	6.806	6.240	6.362
T/U	0.5984	0.5788	0.5876	0.5233	0.6161	0.5916	0.4675	0.4923
Q/U	1.561	1.718	1.823	1.800	1.758	1.704	1.494	1.439
V/U	5.466	5.979	6.108	5.509	5.661	5.320	4.823	4.918
Y/U	0.6737	0.6573	0.6542	0.6099	0.6893	0.6710	0.5255	0.5966
Y/X	0.7681	0.7520	0.7784	0.7471	0.8630	0.7740	0.6132	0.7015
Z/U	0.1349	0.1560	0.1435	0.1973	0.1367	0.1412	0.2794	0.2043
Z/S	0.1751	0.2052	0.2001	0.2820	0.2034	0.1842	0.3670	0.2667
Y/P	0.8603	0.8511	0.8946	0.8616	1.0134	0.8583	0.6800	0.7718
Z/P	0.1723	0.2020	0.1963	0.2787	0.2009	0.1806	0.3615	0.2643

表 11　家庭生活的八卦因果链条生活比例——按行政区域别之六

单位：坪／十万元（V/P, V/U）；无（T/U, Y/U, Y/X, Z/U, Z/S, Y/P. Z/P）；人／百万元（Q/U）

生活比例	台东县	花莲县	澎湖县	基隆市	新竹市	台中市	嘉义市	台南市
V/P	6.710	6.891	7.032	3.952	3.803	4.271	6.678	5.063

生活比例	台东县	花莲县	澎湖县	基隆市	新竹市	台中市	嘉义市	台南市
T/U	0.5054	0.5509	0.5045	0.5389	0.4826	0.5325	0.5389	0.5373
Q/U	1.348	1.290	1.191	1.255	0.940	1.101	1.369	1.442
V/U	4.951	5.132	4.839	2.887	3.163	3.542	5.189	4.162
Y/U	0.5725	0.6246	0.5768	0.6246	0.5737	0.6141	0.6221	0.6122
Y/X	0.6864	0.7396	0.7142	0.7372	0.6448	0.6847	0.7222	0.6862
Z/U	0.2236	0.1743	0.2063	0.1912	0.2113	0.1828	0.1529	0.1885
Z/S	0.3102	0.2414	0.3040	0.2676	0.2597	0.2253	0.2019	0.2349
Y/P	0.7760	0.8387	0.8382	0.8551	0.6897	0.7405	0.8006	0.7447
Z/P	0.3031	0.2340	0.2999	0.2617	0.2541	0.2204	0.1968	0.2293

至于表6至表11单位自力所得所需之住宅坪数 V/P，最大为南投县的每十万元 8.353 坪；最小为台北市的每十万元 2.300 坪，第二小为台北县的每十万元 3.445 坪，第三少为新竹市的每十万元 3.803 坪。家庭所得的维持消费率 T/U，最大为宜兰县的 0.6273；最小为高雄县的 0.4675。产生家庭所得所需之就业 Q/U，最大为南投县的每百万元 1.823 人；最少为台北市的每百万元 0.859 人，第二小为新竹市每百万元 0.940 人。单位家庭所得所需之住宅坪数 V/U，最大为南投县的每十万元 6.108 坪；最小为台北市的每十万元 1.845 坪，第二小为台北县的每十万元 2.767 坪，第三小为基隆市的每十万元 2.887 坪，第四小为新竹市每十万元的 3.163 坪。家庭所得之丰富消费率 Y/U，最大为宜兰县的 0.7100；最小为高雄县的 0.5255，第二小为台东县的 0.5725，第三小为新竹市的 0.5737，第四小为澎湖县的 0.5768，第五小为台北市的 0.5831。

而表6至表11稳定所得之丰富消费率 Y/X，最大仍为嘉义县的 0.8630；最低为高雄县的 0.6132，第二低为新竹市的 0.6448。家庭所得的储蓄率，最大为高雄县的 0.2794，第二大为台东县的 0.2236，第三大为新竹市的 0.2113；最低为宜兰县的 0.0862。自力可支配所得的储蓄率 Z/S，最大亦为高雄县的 0.3670；最小为宜兰县的 0.1235。自力所得的丰富消费率 Y/P，最大则仍为嘉义县的 1.0134；最小则为高雄县的 0.6800，第二小为新竹市的 0.6897。自力所得的储蓄率 Z/P，最大仍为高雄县的 0.3615；最小亦仍为宜兰县的 0.1211。

以上表6至表11的观察结果大致亦支持表一对新竹市的看法。此外，从各种意义层面来看家庭生活，当可提升其观察之多面性。

第六，由表12按农家、非农家的经营比例可知，自力所得的维持消费率 T/P、自力可支配所得的维持消费率 T/S、产生自力所得所需之就业 Q/P、稳定所得之维持消费率 T/X、每部计算机所匹配之稳定所得 X/W₁、有计算机所匹配之稳定所得 X/W₂、单位自力所得所需之住宅坪数 V/P、家庭所得的维持消费率 T/U、产生家庭所得所需之就业 Q/U、单位家庭所得所需之住宅坪数 V/U、家庭所得之丰富消费率 Y/U、稳定所得之丰富消费率 Y/X、家庭所得的储蓄率 Z/U、自力可支配所得的储蓄率 Z/S、自力所得的丰富消费率 Y/P 及自力所得的储蓄率 Z/P 这 16 个经营比例的数值，农家皆大于非农家，再次综合显示出农家家庭生活之劣势。

　　农家的每一人所需之自力可支配所得、扶养倍数、每坪住宅装置的计算机数及每坪住宅装置有计算机的几率，因农家人口老化等因素，而小于非农家数值，也从不同层面再次综合显示出农家家庭生活之劣势。

表 12　家庭生活的八卦因果链条生活比例——按农家、非农家及都市化程度别之一

　　单位：无 $(T/P, T/S, R/Q, T/X)$；十万元 / 人 (S/R)；人 / 百万元 (Q/P)；元 / 台 (X/W_1)；元 / 有电脑 (X/W_2)；台 / 坪 (W_1/V)；有电脑的几率 / 坪 (W_2/V)

经营比例	总平均	农家	非农家	都市	城镇	乡村
T/P	0.6743	0.7825	0.6678	0.6653	0.7764	0.9171
T/S	0.8679	0.7892	0.6818	0.6793	0.7840	0.9231
S/R	2.6722	1.8037	2.7495	2.7848	1.8109	1.4546
R/Q	2.2533	1.7512	2.3172	2.2752	2.1139	1.9484
Q/P	1.628	3.139	1.537	1.546	2.587	3.505
T/X	0.6148	0.6796	0.6107	0.6088	0.6803	0.7631
X/W₁	1,163,536	1,360,408	1,152,989	1,148,827	1,335,790	2,090,539
X/W₂	1,505,507	1,632,721	1,498,183	1,496,412	1,588,095	2,298,508
W₁/V	0.0200	0.0106	0.0210	0.0214	0.0108	0.0064
W₂/V	0.0155	0.0088	0.0162	0.0165	0.0091	0.0059

　　第七，表 12 除家庭所得的储蓄率外，当农家的经营比例数值大于（或小于）非农家时，在都市化程度别上，大致亦有相同的规律性，即乡村层的经营比例数值大于（或小于）城镇层，城镇层再大于（或小于）都市层。若我们将异常之家庭所得的储蓄率 Z/U 相关的经营变量等数据排列出来，倍数并以农家或乡村层作为 1.0 计算：

	农家	非农家	都市	城镇	乡村
Z, 元	174,586	210,597	216,240	145,844	112,883

	1.0000	1.2063	1.9156	1.2920	1.0000
U, 元	937,053	1,181,490	1,205,888	843,019	681,744
	1.0000	1.2609	1.7688	1.2366	1.0000
S, 元	660,165	923,825	944,036	604,833	439,283
	1.0000	1.3994	2.1490	1.3769	1.0000
P, 元	665,835	943,173	963,958	610,769	442,183
	1.0000	1.4165	2.1800	1.3813	1.0000

上面非农家的 U 倍数 1.2609、S 倍数 1.3994 及 P 倍数 1.4165，皆大于 Z 倍数 1.2063；都市层的 S 倍数 2.1490、P 倍数 2.1800，亦皆大于 Z 倍数 1.9156；城镇层的 S 倍数 1.3769、P 倍数 1.3813，亦皆大于 Z 倍数 1.2920；但都市层的 U 倍数 1.7688 却小于 Z 倍数 1.9156，城镇层的 U 倍数 1.2366 亦小于 Z 倍数 1.2920，这就使得乡村层家庭所得的储蓄率 Z/U 值 0.1656 小于城镇层的 Z/U 值 0.1730，后者再小于都市层 Z/U 值 0.1793，有违于（农家、非农家）间与（乡村层、城镇层、都市层）间互相呼应的上面规律性，这完全是数字的相对变动所造成。

当然，这种综合观察结果大致也呼应，乡村层的家庭生活在台湾地区的弱势情势。城镇层的家庭生活弱势次之。

最后，由表 13 和表 14 依可支配所得按户数五等分位分的经营比例来看，自力所得的维持消费率 T/P、自力可支配所得的维持消费率 T/S、扶养倍数 R/Q、产生自力所得所需之就业 Q/P、稳定所得之维持消费率 T/U、单位自力所得所需之住宅坪数 V/U、家庭所得的维持消费率 Y/U、单位家庭所得所需之住宅坪数 V/U、家庭所得之丰富消费率 Y/U、稳定所得之丰富消费率 Y/X、自力所得的丰富消费率 Y/P 这十一个经营比例，均由第一分位至第五分位依序递降。这也显示第一分位的家庭生活之劣势，第二分位的家庭生活次之，余依此类推。

另有每一人所需之自力可支配所得 S/R、每坪住宅装置的计算机数 W_1/V、家庭所得的储蓄率 Z/U、自力可支配所得的储蓄率 Z/S、自力所得的储蓄率 Z/P 这五个经营比例，均由第一分位至第五分位依序递升。

表 13　家庭生活的八卦因果链条生活比例——依可支配所得按户数五等分位分之一

单位：无（T/P, T/S, R/Q, T/X）；十万元／人（S/R）；人／百万元（Q/P）；元／台（X/W_1）；元／有电脑（X/W_2）；台／坪（W_1/V）；有电脑的几率／坪（W_2/V）

经营比例	总平均	第一分位	第二分位	第三分位	第四分位	第五份位
T/P	0.6743	1.4948	0.9137	0.7759	0.6785	0.4915
T/S	0.6879	1.5388	0.9409	0.7958	0.6925	0.4987

经营比例	总平均	第一分位	第二分位	第三分位	第四分位	第五份位
S/R	2.6722	0.9484	1.7079	2.1265	2.6815	4.5446
R/Q	2.2533	3.2167	2.5789	2.3397	2.1088	1.8865
Q/P	1.628	3.184	2.204	1.959	1.733	1.150
T/X	0.6148	1.2154	0.8094	0.7033	0.6220	0.4566
X/W_1	1,163,536	1,032,205	953,681	973,555	1,072,065	1,457,838
X/W_2	1,505,507	1,104,528	1,036,116	1,146,360	1,397,928	2,262,911
W_1/V	0.0200	0.0064	0.0154	0.0206	0.0245	0.0286
W_2/V	0.0155	0.0059	0.0141	0.0175	0.0188	0.0184

表 14　家庭生活的八卦因果链条生活比例——依可支配所得按户数五等分位分之二

单位：坪 / 十万元 (V/P, V/U)；无 (Y/U, Y/U, Y/X, Z/U, Z/S, Y/P, Z/P)；人 / 百万元 (Q/U)

经营比例	总平均	第一分位	第二分位	第三分位	第四分位	第五份位
V/P	4.703	18.761	7.704	5.497	4.152	2.585
T/U	0.5345	0.7034	0.6445	0.6073	0.5600	0.4235
Q/U	1.290	1.498	1.555	1.534	1.430	0.991
V/U	3.729	8.828	5.434	4.302	3.427	2.227
Y/U	0.6161	0.7825	0.7235	0.6879	0.6435	0.5055
Y/X	0.7086	1.3520	0.9086	0.7966	0.7148	0.5449
Z/U	0.1788	-0.0029	0.0555	0.0980	0.1492	0.3021
Z/S	0.2300	-0.0064	0.0811	0.1285	0.1845	0.3557
Y/P	0.7771	1.6628	1.0257	0.8789	0.7797	0.5867
Z/P	0.2255	-0.0062	0.0787	0.1253	0.1808	0.3506

　　但这也同样显示第一分位的家庭生活之劣势，第二分位的家庭生活次之，余依此类推。

　　至于每部计算机所匹配之稳定所得 X/W_1、有计算机所匹配之稳定所得 X/W_2，除第一分位至第二分位是下降外，由第二分位至第五分位则依序递升，仍显示出第五分位的家庭生活之优势。每坪住宅装置有计算机之几率 W_2/V，除第四分位至第五分位是下降外，由第一分位至第四分位则依序递升，仍显示出第一分位的家庭生活之劣势。产生家庭所得所需之就业 Q/U，除第一分位至第二分位是上升外，由第二分位至第五分位，则依序递降，仍显示出第五分位的家庭生活之优势。余依此类推。

　　若对表 13 和表 14 的自力所得之维持消费率 T/P 再观察，改以第三分位作为出发点。

T/P 由第三分位至第四分位减幅为 0.0974，由第四分位至第五分位减幅为 0.1870，后者的减幅为前者的 1.9 倍，大于一。T/P 由第三分位至第二分位增幅为 0.1378，由第二分位至第一分位增幅为 0.5811，后者的增幅为前者的 4.2 倍，也大于一（本文在此亦初步以一为判断的门槛）。

表 13 和表 14 的自力可支配所得之维持消费率 T/S、每一人所需之自力可支配所得 S/R、产生自力所得所需之就业 Q/P、稳定所得的维持消费率 T/X、每坪住宅装置的计算机数 W_1/V、单位自力所得所需之住宅坪数 V/P、家庭所得的维持消费率 T/U，单位家庭所得所需之住宅坪数 V/U、家庭所得之丰富消费率 Y/U、稳定所得之丰富消费率 Y/X、家庭所得之储蓄率 Z/U、自力可支配所得之储蓄率 Z/S、自力所得之丰富消率费 Y/P、自力所得之储蓄率 Z/P 这十四个经营比例，像上面的自力所得之维持消费率 T/P 一样，它们相应的增减幅之比较，也都大于一。

即使扶养倍数 R/Q 由第三分位至第二分位增幅为 0.2392，由第二分位至第一分位增幅为 0.6378，后者增幅亦为前者的 2.7 倍；每部计算机所匹配之稳定所得 X/W_1 由第三分位至第四分位增幅为每台 98,510 元，由第四分位至第五分位增幅为 385,773 元，后者增幅亦为前者的 3.9 倍；有计算机所匹配之稳定所得 X/W_2 由第三分位至第四分位增幅为有计算机 251,568 元，由第四分位至第五分位增幅为 864,983 元，后者增幅亦为前者的 3.4 倍；每坪住宅装置计算机的几率 W_2/V 由第三分位至第二分位降幅为 0.0034，由第二分位至第一分位降幅为 0.0082，后者降幅亦为前者的 2.4 倍；产生家庭所得所需之就业 Q/U 由第三分位至第四分位降幅为每百万元 0.104 人，由第四分位至第五分位降幅为 0.439 人，后者降幅亦为前者的 4.2 倍。

由上面 T/P、T/S、S/R、O/P、T/X、W_1/V、V/P、T/U、T/U、V/U、Y/U、Y/X、Z/U、Z/S、Y/P、Z/P 这 15 个经营比例增减幅皆大于一的比较，及由 R/Q、X/W_1、X/W_2、W_2/V、Q/U 这五个经营比例增减幅大于一的局部比较，所谓"富者愈富、穷者愈穷"的 M 型社会，大致就是上面再次所刻画的台湾地区家庭生活的社会结构。不过 X/W_1 由第二分位至第一分位减幅为每台 − 78,524 元，X/W_2 由第二分位至第一分位减幅为 − 68,412 元，W_2/V 由第四分位至第五分位增幅为 − 0.0004，Q/U 由第二分位至第一分位升幅为 − 0.057，皆发生了正负号之变号，并不适合于进行增减幅之比较。

四、结　语

为了使得易经六画卦的应用更加完整，本文在产业与企业的八卦因果链条的既有基础上，进行家庭生活的八卦因果链条之构建。产业与企业的生产活动、家庭生活的消费活动，两者其实也是一种阴阳两仪之互动对待。透过家庭生活内生存维持与综合发展之阴阳互动对待与阴阳对比、五行对比、流量对比、存量对比等，利用台湾"行政院"主计处的家庭收支调查项目，本文终于初步完成了家庭生活的八卦因果链之构建。

本文挑选家庭计算机，作为家庭生活综合发展下土之静止作用力量所附着之阴仪代理变量，此乃特别考虑信息社会信息资源的重要性，已有别于农业社会及工业社会[34]之情况。在产业与企业的八卦因果链条中，专业经营固定资产投入 K_1、综合理财固定资产投入 K_2、专业经营实际运用资产投入 L_1 及综合理财实际运用资产投入 L_2，皆可自其资产负债表整理出来。但家庭生活一般并无其相应的资产负债表。于是，本文对家庭就业人数 Q、住宅坪数 V、家庭人口 R、及家庭计算机数 W_1、家庭计算机普及率 W_2 的变量选用，考虑了数据的可获得性及妥适性，余依此类推。

其后，本文利用 2007 年的家庭收支调查资料，从中国台湾地区家庭生活的八卦因果链条之生活变量与生活比例之观察与分析，特别看到了：

（1）从自力家庭所得 P、自力可支配所得 S、家庭所得总额 U、家庭计算机数 W_1、稳定性强之所得 X、及储蓄 Z 诸角度来看，新竹市得力于清华大学与交通大学在新竹市相继复校，加上新竹科学工业园区的设立，其推动家庭生活改善之效果是非常明显的。对生活比例的观察，可再加强此一见解。

（2）农家与非农家相比，除了每户住宅坪数 V 之外，农家的家庭生活显然居于劣势。而对其生活比例的观察，可再加强此一见解。

（3）城镇层的家庭生活变量介于都市层与乡村层之间。乡村层的家庭生活也是弱势的。余可依此类推。而对其生活比例的观察，可再加强这些见解。

（4）家庭生活变数依可支配所得按户数五等分位分，第一分位的家庭生活困境甚为严厉。经由家庭生活变量增减额计算及联合比较，目前台湾似有着"富者愈富，穷者愈穷"的新形态之 M 型社会，有别于产业革命后资产阶级与无产阶级并存时之 M 型社会。新形态之 M 型社会，似是在进入信息社会后，能充分利用信息优势的人逐渐进入富有的第五分位，而没有能力利用信息的人则逐渐进入贫穷的第一分位。而对其生活比例的观察，复可再加强这些见解。

其中，在产业革命后资产阶级与无产阶级并存的 M 型社会，大致已为中产阶级的兴起所化解。而目前台湾有着新形态之 M 型社会现象，实宜集思广益，来妥适谋求可予以化解之道。

中国台湾"行政院"主计处的家庭收支调查，若依户内人数分、依经济户长职业别分、依家庭组织形态别分、依经济户长性别分、依经济户长年龄组别分、依经济户长教育程度别分等分类数据，皆有足够的信息可用以计算出本文家庭生活之八卦因果链条生活变量，当然也可依样予以观察与分析，或许我们还可看到其他一些有意义的家庭生活现象，然后对症下药，谋求改善。

注释

(1) 左传称内卦为贞卦，称外卦为悔卦。内外卦可以象征事物发展的两个阶段，内卦为小成阶段，外卦为大成阶段。《左传·僖公九年》载："秦伯伐晋，卜徒父筮之，其卦遇蛊。曰：蛊之贞，风也；其悔，山也。"此言蛊卦的内卦巽为风，外卦艮为山。又唐《六典》云，凡内卦为贞，外卦为悔。

(2) 李鼎祚是唐代人，通易，采辑两汉至唐初凡三十五家易说，撰为《周易集解》，流传至今。

(3) 何妥是隋代人，著有《周易讲疏》十三卷，今佚。

(4) 这些八卦因果链条，既可适用于产业分析，也可适用于企业分析，故将产业与企业并列。

(5) Ronald Dworkin 提出关怀与尊重的平等权利（right toequal concern and respect），认为政府不仅应当关怀和尊重它所治理的人民，而且应当平等地关怀和尊重人民。这种观点也可扩及于产业与企业，但其重要的落实，则有赖于从式（5）至式（8）的关怀因果链条切入。至于利害关系人理论（stake holder theory），简称关民理论，认为企业的社会责任并不是像 Milton Friedman 所说的，只增进股东的利润，如式（2）及式（3），而是增进利害关系人的利益。利害关系人包括有直接利害关系的业主股东、员工及经理（可含在员工内），与有间接利害关系的顾客、供货商及地方社会。但间接利害关系的客观量化处理，困难度甚大；而直接利害关系的客观量化处理，则式（1）至式（8）则是一套整体性的尝试。过去利害关系人理论的难处，是如何在关系人间分配利益，但现有的利益关系人价值分析，只以持股人理论为基础，来分配利益，似不如由式（1）至式（8）的切入方式来得整体而完整。

(6) 三节指端午节、中秋节及农历过年。

(7) 凡农业之耕种收入、禽畜牧收入及其他农业生产收入，不论自己消费或出售均须并记，但须扣除成本费，才是耕种及禽畜牧净收入。

(8) 凡自有林产物，包括田埂上种植具经济价值之竹林，其砍伐捡拾出售收入，均属林业净收入。

(9) 凡自己经营渔塭收入及渔捞收入，均属渔业净收入。

(10) 营业净收入含商业盈余、工厂盈余、出租车净收入、自营水泥工净收入、自营药局净收入等。

(11) 此处的其他，指其他保险现金受益、中奖、救济金、人寿保险公司之生日礼金、奖学金等。

(12) 把金门、马祖地区排除在外，系中国台湾"行政院"主计处在2007年家庭收支调查报告上的做法。

(13) 移动电话的通信技术，大致已由第一代的全球行动通信系统 GSM（Global Systemof Mobile Communications），发展至整合封包无线电服务 GPRS（General Packet Radio Services），再发展至第三代移动电话 3G（Trird Genenation MobilePhone）。

(14) 技术密集型产业是指生产过程机械化、自动化程度较高，手工操作较少的产业，如高效组合机床、数控机床、合成材料技术、原子能技术、航空技术等。它们能为各工业部门提供新材料、新技术、新能源、新工艺、新设备，使劳动生产力大幅提升。

(15) 知识密集型产业，是运用先进、复杂的科学技术知识、手段，进行生产的产业，如电子工业、电子计算器工业、飞机制造工业、宇航天空工业、原子能工业等。一般可用高级和中级科学技术人员数占职工总人数的高比重来衡量。

(16) 信息是客观存在的一切事物，通过物质载体所发生的消息、情报、指令、数据和信号中，所包含的一切可传递和交换的知识内容的总称。信息是自然界、人类社会和人类思维活动中，普遍存在的一切物质和事物的属性。信息具事实、滞后、可扩充、可压缩、可替代、可扩散、可分享诸特点。而信息产品具有共享性、差异性、可传性、时效性。至于报纸等则是一种典型的信息商品。有关信息产业，则是利用计算机和现代通信技术生产、加工信息产品及生产、销售相应设备和进行信息服务的产业，含以计算机工业为主的硬件产业、以软件工业为主的信息服务行业及信息和信息处理行业。

〔17〕人类为了获取、传递、转换能量的需要，进行动力技术革命；为了改变工作对象，发生机械加工革命；为了突破原有的材料来源，研制新材料，发生材料合成技术革命；为了根本改变信息的储存、传输和转换的方法和速度，发生信息革命；为了根本改变管理制度和方法，发声管理技术革命。除了本文的三次技术革命之全面影响外，其余的技术革命，在内容上、规模上以及影响的程度上一般是局部的。工厂制度、内燃机、微电子技术、生物技术、激光技术等的出现，都有其重要意义。现代科学革命与技术革命还相互联系，相互融合。

〔18〕光纤通信是以透明介质如光导纤维为传输通道的光通信。与用金属线作为信号信道的方式相比，光纤的衰耗低，传输的信息容量大，且不易受电磁干扰，也不产生电磁辐射，绝缘好，无电火花，重量轻，以及不存在感应电位作用于光发射机和光接收机等优点。

〔19〕就业是家庭人员处于劳动年龄，具有工作能力者，获得职业或参加有报酬或收入的工作。

〔20〕跨国公司一般是通过输出资金，在许多国家设立分公司或控制当地的企业使之成为它的子公司，以从事生产、销售、或其他经营者。它从全球战略出发，安排经营活动。

〔21〕跨国银行是跨越国家疆界，在国际范围内经营业务的银行。目前主要有美国、西欧、和日本的现代跨国银行体系。它们常有业务全能化的特征。

〔22〕宽带网络是指一种快速而高容量的传输管道，远大于传统电话拨接连线的数据带宽。它可以同时传递声音、影像、动画、数据等多媒体信息。

〔23〕电子银行是一种可以不须经由银行柜员之手，而由客户利用既有之计算机设备，配合金融应用软件与通信设备、通信网络软件等，及时享受银行所提供之各种金融信息及资金拨转等服务，达到在家庭，或在工作场所即可享受银行服务之便利性。

〔24〕多媒体，系一种结合影像、声音、图形、文字等各种传播媒体的计算机信息展示格式，通常由计算机、视讯装置、光盘等整合而成，并具有互动交谈的能力。显示适配器、声卡、数字激光视盘、图像处理软件、多媒体播放软件、声音编辑软件等因素，导致多媒体的盛行。

〔25〕企业可将原本提供给买方之产品型录，改制为电子档案，张贴于公司网站供客户查询，或储存于磁盘中供客户索取。

〔26〕电子支付系统牵涉到电子商务的金流问题，涉及资金移转的隐密性及安全性，包括预先付款、实时转账、与信用付账。各种电子银行的通路，可借由因特网、网页技术与客户直接沟通，使得电子付款的管道更加畅通。

〔27〕附加价值与生产毛额的用词不同，只是为了便于区别。

〔28〕合会是民间一种信用形式，手续简便，具有互助性质。若干人凑成一会，约定期限，按期各缴会款若干给其中一人。以发起人会头为首会，其余依次轮流收受会款。收受会款者缴付会款时，须缴固定利息。会头不付利息。

〔29〕利润与盈余的用词不同，只是为了便于区别。

〔30〕相对概念系反映具有某种关系的事物之概念。一个相对概念所反映的事物之属性，总是与另一个概念所反映的事物之属位相比较而存在。此处，相对皆是指有条件的、有限的、特殊的、暂时的。而绝对则是指无条件的、无限的、普遍的、永恒的。

〔31〕统计母体或样本各单位按其在某一标志上数值的大小顺序排列，并分为若干相等部分。五等分位，本处系按可支配所得的大小排列，由户数相等分成五个部分，第一分位的可支配所得最低，第五分位最高。这儿的可支配所得，有别于本文的生存维持活动之自力可支配所得 S。

可支配所得 = 受雇人员报酬 + 产业主所得 + 财产所得 − 利息支出 + 自用住宅及其他营建物设算租金 + 经常移转收入 − 经常移转支出 + 其他杂项收入。

而经常移转支出含：

1. 对私人：
   （1）婚丧寿庆礼金，包括礼金、贺仪、奠仪、聘金等。
   （2）公益慈善捐款，包括对寺庙、学校、财团法人等之捐款。
   （3）其他，包括党费、互助金、救济金等。
2. 对政府：
   （1）房屋税地价税，仅包括自用住宅及其他营建物土地之房屋税地价税。
   （2）综合所得税，包括受雇人员报酬、产业主所得、财产所得、移转及其他收入所缴纳之所得税。
   （3）其他直接税，包括契税、遗产税、土地增值税、私人汽车牌照税
   （4）彩券、购买彩券支出。
   （5）其他，包括罚款、规费、工程受益费、燃料使用费、行车执照费等。
3. 社会保险，包括公、劳、农、渔、军、健保等社会保险费支出。
4. 对国外移转支出。

〔32〕殖民地是在政治上和经济上受宗主国统治、奴役和剥削的国家和地区。其中，被异族征服和奴役的国家，有古罗马在北非的殖民地。近代，有殖民者征服和奴役土著居民，强占其土地，迫使居民从事奴役性劳动以经营种植园，如非洲、南美洲和亚洲某些地区或国家。在帝国主义时期，殖民地是殖民者的廉价劳动力和原料供应地，是商品的销售市场和资本的输出场所，是帝国主义生存和发展的重要条件。第二次世界大战后，殖民地纷纷独立。但由于经济落后，尚不能完全摆脱对宗主国的经济依赖，而原宗主国改以贸易、投资、援助等形式，保持对原先殖民地的影响。

〔33〕半殖民地是形式上独立，实际上在政治、经济、军事等方面受一个或几个帝国主义控制的国家或地区。帝国主义国家有的通过当地傀儡政府进行统治，有的表现在经济上、外交上的附属关系。有的半殖民地甚至没有自己的货币。1984年鸦片战争后的中国，曾是典型的半殖民地国家。

〔34〕工业社会泛指产业革命后，以大机器工业生产为基础的社会，与农业社会相对。工业社会的工业生产与家庭是分开的，分工更加细微和复杂，不仅农业、工业、和畜牧业成为独立的生产部门，而且在工业内部也划分为许多不同的类别和工种，出现大规模的生产方式，实行产品的标准化，管理的科学化和各种事业的企业化。在社会人口中，从事工业生产的人数比农业社会大大增加。城市发展很快，人口越来越集中于城市。但随着生产的发展，工业社会的环境污染日趋严重。

Culture
Management

Symposium on 2010 International Symposium
on East and West Cultures and Management

成中英　孔令宏　主　编

ZHEJIANG UNIVERSITY PRESS
浙江大学出版社　｜　全国百佳图书出版单位

The C– Theory: On Chinese Philosophical Approach to Decision–Making, Leadership and Management

Chung–ying Cheng

(University of Hawaii, Honolulu, USA)

Introductory Reflections on Present Trends in Management Studies

In this article I propose to explore and develop a new concept of management which is based on a new theory of management which is again based on and derived from a reflection on the Chinese cultural tradition and Chinese philosophy as well as from observation on the actual embodiment of such tradition and philosophy in practice. There is no doubt that management can be both theory-and-practice based, and the studies of management should be both theoretically and empirically oriented. It is to be noted that among all published studies of management in US and Europe up to this time there are more empirical studies, and even more analytical studies, than theoretical studies. Yet no one can deny that theoretical studies of management is equally important, if not more important, than empirical studies, for the simple reason that theory of management could and would enable us to understand as well as to plan.

Even granted management is a practical matter and management science is an applied science, the theoretical involvement of management quickly reveals itself in its reliance on understanding principles of planning, organization, leadership and using conceptual tools in various aspects and on various levels of managing such as organization, leadership, decision-raking, personnel control, and policy adjustment. [1] The recognition of this involvement is of course found in a few earlier theoretical explanations and normative proposals on management practice for the purpose of managerial practice. But modern systems theories and decision theories have made the theoretical studies of management even more valuable and desirable: Management practice needs and thereby should become more systems-based and decision-theory oriented in order to normalize, regulate and control. In fact, management practice can be regarded as a matter of systems planning as well as a matter of decision-making as Herbert A.

Simon seems to suggest. [2]

With this understanding of management practice, management practice could be said to be a practice of implementing a set of normalized or normalizable rules or techniques for problem-solving and conflict-resolution. It can be also regarded as a process of application of a general systems theory or a general decision theory. Athough this view on management practice has a strong impact and receptance in engineering fields than in business, large and small businesses could be organized and managed very much like a machine and be system-controlled with the help of large and small computers. [3] A good illustration is any type of security company which must follow strict rules without deviation for security reasons.

For studies of management practice we may see two stages or two phases of development, an empirical stage / phase, and a theoretical stage / phase. I speak of two stages /phases of management, because I see a historical evolution from a predominantly empirical concern with management to a growingly more predominant theoretical concern with management performance. Hence we may speak of empirical and theoretical concerns of management as two essential and irreducible components of management studies. We can easily recognize these two phases in the contemporary practice of management. Even though systems theory and decision science tend to make more and more impact on management practice with technical use of computers, management could remain and in fact still remains an art as well as an ideology. For computerized information is basically used simply as a means for making decisions and creating designs. Personal style and personal background of understanding and belief still make a difference to the success or failure of management practice. What has been so far said indicates that management studies could have advanced from empirical phase to a theoretical phase without necessarily giving up the empirical studies. In fact one may even argue that theoretical understanding has to come from and rely on empirical studies. Recognizing this, we must conclude that management as a practice can learn and benefit from both empirical observation and theoretical reflection and managers should therefore keep their minds open to both.

It must be pointed out that we have now entered a third stage and a third phase of management studies and management practice. Management studies should not be confined to either empirical or theoretical studies, but must embrace holistic studies of culture, values and philosophy. Management practice also could be refined and guided if we become aware of the importance of learning from studies in culture, values and philosophy. Given the phenomenon of great successes in economic development in China since 1993 which shows how reforms in management in China have played a crucial role for China's tremendous economic growth in production and marketing, we can see how decisions and policies in light of one's own culture, value and philosophy could foster a driving force in developing the economy of a nation in terms of reorganization of state owned businesses, formation and engineering of private enterprises and advancement of science and technology. In the last twenty years, we begin to learn that management is not only a science (on a theoretical, systematic level), not only a technique or even art (on a personal, empirical level), but a philosophy (on a higher level, the mete-theoretical, metaphysical-inspirational level). In fact, it can be said that culture, value and philosophy are from the very beginning intimately involved with management, as there is no management not practiced in a context of culture, value and philosophy, particularly with regard to matters of organization, leadership, personnel and leadership. The guiding principle for decision making and policy making is more often than hidden in considerations which have to do with culture, value and philosophy which are factors equally relevant for carrying out decisions and policies, consciously or unconsciously.

On the theoretical level, it is clear that no theory is complete without ranging over factors which are cultural values for certain theoretical variables. Hence for both construction and interpretation of a theory cultural and philosophical considerations must be taken into account. That there are various axiological types of theory in existence reflects subtle philosophical convictions and ideological approaches to certain types of problems. Besides, when a theory, through interpretation, is actually applied to a real situation, the conditions of interpretation and application must be culturally understood. One may even argue that there must be cultural, axiological and philosophical conditions for the application of a theory. That is how general systems theory (GST) has to be concretely embedded or incorporated in a real-time situation with a goal to be realized in time, in order to be useful. In doing so GST becomes substantiated and particularized in culture, value and philosophy, and functions no more as a formal system.

I shall conclude my introductory observations on present trends management studies with two further observations. First, empirical and theoretical studies of management must include considerations and reflections on cultural, axiological and philosophical factors. Philosophy must function as a foundation for a study of norms and principles of management, whereas culture and value must function as basis for the application of such norms and principles of management. Culture/value/philosophy are not simply conditions for managerial thinking and managerial practice, they should indeed become explicit contexts of managerial thinking and managerial practice. To inquire into the presuppositions of a given management practice and to question the basis of policy formulation and policy making is to become philosophically involved. To use results of this inquiry and this questioning as feedback for refining one's theory, one must engage management as an empirical fact of human decision-making, organization and creativity toward an envisioned goal and end. In reference to the basic requirement of moral community, management is developed as a form of organization and action toward specific ends such as economic development or public administrative development in consistency with this requirement of moral community. It is therefore to be integrated into and protected by a system of laws and norms under government which should have the primary responsibility to enhance a moral community..

Second, there exists clearly a unity among art of management, science of management and philosophy of management. On the empirical operational level, management is an art besides being a technique. [4] On the systematic and organizational level, management is a science requiring scientific knowledge of the object, subject matter and objective of the management. Finally, on the strategic and planning level, management cannot but be a philosophy which involves critical thinking as well as an insightful understanding of man, reality and culture. But as a practical enterprise, management should be an interfusion of art, science and philosophy for a practical goal. A good manager should make an effort to integrate all the three into a well-blended unity in order to achieve maximum consistency, efficiency and potency of reaching for the goal.

We may now represent the above mentioned points in the following diagram:

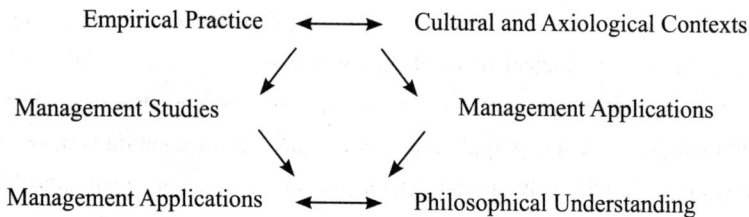

Empirical Practice ⟷ Cultural and Axiological Contexts

Management Studies   Management Applications

Management Applications ⟷ Philosophical Understanding

Management Practice and Management Theory: 2 Levels with 2 Polarities

Even though theoretically there could be many types of management practices and many types of management theories, they belong to different levels of management studies, practice and theory. We notice that on each level different types further fall into a continuum with two polarities which can be respectively called "rationalistic" and "humanistic" management in practice or "rationalistic" and "humanistic" management in theory. Thus, given these two polarities in a continuum on these two levels, we are able to characterize all other types of management practices and management theories as combinations and hybrids of different degrees of these polarities. We can now see that the essence of "rationalistic management" (RM) consists in applying "rationality" to management whereas the essence of "humanistic management" (HM) consists in applying "humanity" to management. Relative to our understanding of "rationality" and "humanity," it can be asked why I use these two terms in such a contrastive way. Under normal circumstances we can regard "rationality" as a significant and self-conscious embodiment and expression of "humanity" and "humanity" as holistic existential basis for emergence of "rationality."

There should be intimate existential relationship and interaction between rationality as an order-forming and norm-setting function of human mind and humanity as functions of feeling, desiring, willing and hoping etc of human heart. But human mind and human heart in their conscious and unconscious activities cannot be separated from one another and as such they all belong to what we have known as human nature. This means that there is some ground for relating and unifying both and this ground is known or conceived by Confucian philosophers such as Mencius and Xunzi as human nature (*xing*) .

It is to be seen that this notion of human nature is a complex although unitary concept derived from both human experience and human reflection. [5] But in both classical and modern European tradition of Western rationalism, rationality in humanity has been often addressed to the exclusion of humanity. Rationality becomes formalized into metaphysical or theological system of concepts and rules and hence dominates in human thinking as the only worthy way of thinking. This is how Western classical rationalism was developed. Against the excessive domination of classical rationalism, call for attention to importance of human sentiments and feelings and creative thinking (as versus logical reasoning) enables humanism to be born in 15th Century Europe as a reaction and an opposition to exclusive and dominating determination and control of a supernatural God. It campaigns for moral significance of human sentiments and secular values of individual persons and social communities, which is further reinforced by Confucian doctrine of autonomy of human person and human will as introduced from China by Jesuit missionaries in the age of enlightenment in the middle of 17th Century.

Humanism soon becomes the new springboard for modern rationalism in which rationality assumes a new role in the form of science. The purpose of science is to know nature and to control it. But science is made possible by rational investigators who need not to know all things of reality, but who make their minds to survive and flourish with intelligence, intellect and knowledge as effective tools for achieving the goals of life-survival and culture-growth. Consequently, science thus conceived as an intellectual and intelligent enterprise of achieving knowledge and control can be therefore said to be the very essence of modern rationality.

With this understanding of rationality, rationality by nature will have to investigate humanity as object of scientific inquiry and consequently subject it to scientific control. This becomes a process of scientific rationalization of humanity. Unfortunately, this project of scientific thinking becomes a process of reducing all forms of experience of experience and knowing to formalized and sometimes rigidified forms of objective description and theoretical reconstruction of an external reality to be radically opposed to an internal existence of human mind which has no objective status. This dualistic approach to rationality and humanity in the West in the first half of the 20th century has led to reductionism of all truths to scientific truth on one hand, and on the other, to relativism of humanity which is not to be trusted and which is seen as mere sources of conflicts and problems. Since we cannot resolve the problem of humanity with humanity-absent rationalist reductionism of science and technology, we have to experience both a loss of faith in humanity and at the same time a loss of trust in objectivity due to sense of suppression under domination of science and technology. Hence, when we use the term "rationalistic management", we mean by it the effort to manage affairs by way of scientific understanding and technological control. In fact, the present day meaning of "management" seems to gradually merge into the meaning of skillful manipulation and control by way of science and technology in terms of which human beings are often treated as objects rather than subjects.

In contrast with the rationalistic management, "humanistic management" recognizes the whole person and the whole humanity as a complex of many functions which includes the rational function but is not confined to the rational function. Man has intuition, imagination; memory, feelings and other faculties, each of which has a role to play and none should dominate. In management, one should pay attention to all functions and all faculties of man and one should recognize the value and role of each toward planning, decision making, organization and leadership. In other words, one should manage not simply by rationality, but by feelings, intuition, memory and imagination. This means that one should recognize the meaningfulness and usefulness of these various functions in management, and regards the objects of management as not simply objects, but as subjects with their various functions and facilities, deserving consideration in terms of their unique values and potentialities for action and realizations of value.

The interesting fact about humanistic management is that the principle of humanity or humanism is never fully and consistently followed through either as a method or as a end. With the early discovery of reason or rationality in the West as a tool, humanity, the master, has been always threatened with enslavement by rationality, the slave: the tool in service of a goal comes to finally dominate over the goal. Humanity becomes eventually eroded by rationality and degenerated or disintegrated into a routinized mode of apathetic and irrational thinking. It became dominated by a single impulse to control and loses its initiative to create and act as a whole. We may suggest that the weakened position of "humanistic management" in the West is due to the decline of humanism as an integral cultural tradition. Classical Greek humanism was later dominated by a theological religion of divine rationality. Modern Renaissance humanism was later swayed aside by the wave of Rational Enlightenment.

RM versus HM: Five Characteristics

In the following I shall explore and describe five characteristics of the "rationalistic management." Likewise I shall also explore and describe five characteristics of the "humanistic management." The five characteristics of the "rationalistic management" are "abstractionism," "objectivism," "mechanism," "dualism," and "absolutism." [6] In the first place, "abstractionism" refers to the conceptualizing way of thinking which abstracts ideas and concepts from concrete situations and affairs, and imposes abstract conceptual principles and structures on concrete situations and affairs. Abstractionism as a way of thinking has its strengths in making definitions and formulating models both of which are needed for developing scientific knowledge. But when abstractionism becomes divorced from concrete experiences and concrete reality, it elapses into a priori and static thinking which lacks openness, dynamism and relevance. It hence causes rigidity in making decisions and emptiness in forming policies. A good example of abstract thinking in management is thinking in terms of statistics of quantities and numbers. But when decisions and planning are made only in light of quantities and numbers, they may not tally with the real world of change. [7] The fact is that quantities and members are highly abstract to catch all important aspects of reality even though they may capture a megatrend or a general pattern of order which of course are significant and important. Yet we should not ignore the fact that each individual entity and event has many conditions for its happening which is not to be described as a number or a set of numbers. Similarly, when one uses generalized systems theory to solve particularistic problems of management, one will run the similar risk of failure to represent reality.

The second characteristic of RM -- objectivism -- is such that all things are perceived and considered as objects independent of and separable from the inquiring mind. Classical physics is formulated in terms of this principle of objectivism. In applying objectivism to management, we can achieve the scientific detachedness in understanding physical objects and in making objective reference and judgment about such objects. But the validity of this principle however is limited. Objectivism often leads into an atomistic thinking and hence is blind to wholes and relations. Yet the world is not simply a sum of stationary individual things. It is a fact that we have to think in terms of non-objects in the sense of non-atomistic relationships and processes. Objectivist view also requires us to ignore the activities of will, feelings and the subject as a whole on the inquirer's side. Hence it leads again to rigidity and partiality in planning and decision making without even being able to become critically conscious of its own limitations.

The third trait of RM - mechanism -- can be derived from the first two traits. The world is seen as a system of objects governed by laws which will remain unchanging and unchangeable in time. The world is seen as having its order in hierarchical organization which is mechanically structured, and is kept in motion externally. A mechanistic system is a construction from abstract thinking in logic and mathematics which is either objectified in formal structures or objectified in physical structures. Hence the mechanistic view of the world will not be able to represent reality as it embodies already the unrealistic tenets of abstractionism and objectivism.

The fourth trait of RM -- dualism -- is hereby understood primarily as a value-orientation and a value judgment. As RM defines (as it were) rationality in terms of abstract/objectifying/ mechanical thinking, it will inevitably regard a non-abstract, non-objectifying and non-mechanical way of seeing things as non-rational or even irrational. In fact, RM would not be able to recognize any value of the non-abstract, non-objectifying and non-mechanical ways of viewing things. The holistic natures of things are blocked from being seen by the rationalistic view. Hence there comes into being the distinction between primary qualities and secondary qualities, the distinction between reason and intuition, and the distinction between the objective and the subjective perspectives. These distinctions are not simply distinctions of reality but those of values for preference or for rejection. The result of dualistic thinking therefore leads to close-mindedness of management and blindness to the totality of reality and consequent inefficiency and inability of adjustment to reality and its continuous change.

Finally, the last trait of RM, absolutism, characterizes the deductive, linear, and one-way nature of managerial control. The power of managing is seen as forming an echelon of managers in a streamlined channel of command. The top man in the management chain is the absolute "boss" who decides, forecasts and leads everything without interaction with the whole system, nor with active feedback from different levels of the system. This is not to say that the top-manager may not make his observations about the operations of the system before making his decisions. This is not to say that he may not encourage interaction and participation as a way of thinking. This is to say that more often than not, he may not or he may choose to ignore possible consequences of the operations of the system. He has the absolute decision making power concentrated and centralized in his own hand. Everyone else can be said to be his agents for carrying out his policies. This is enormously illustrated by the policy makers of financial loan systems which caused our recent financial crisis. This is absolutism of control which also can be called "bossism." The model for absolutism of control or "bossism" is military command with specific goals to attain, and the management in the absolutist mode is hence highly military in nature: always on alert, always aggressive (at least potentially), and always hierarchically organized for specific job or mission, but may not match reality. This explains how RM always regards forced growth and contrived expansion as continuously and constantly necessary lest the management performance falls into disarray. But the irony is that it often does falls into disarray and disorder, causing collapse of the system. This is illustrated again by the structure of financial management in recent financial crisis.

The five characteristics of RM reinforce each other and contribute to making RM a unique and highly distinguished way of modern and contemporary way of management as one sees in many and perhaps in most big companies in Europe and America.

There should be no denial that RM has its merits and has succeeded in founding many big-capital enterprises. It is the success of capital-driven product-based economy. However, as society becomes more open, communication more integrated, and at the same time buying interests more specified, economy also become more market-based and society-based or even community-based. The RM therefore comes to meet its limitations and begins to show its weaknesses in becoming less and less competitive. Hence in management studies a wave of criticism of RM come into existence.

An end of last century work by Thomas Peters and Robert Waterman provides a good example. In their book *In Search of Excellence: Lessons from America's Better Run Companies* (1983), New York, they describe the rise and fall of the rational model and point out the wrong-headedness of hard-head rationality. They characterize the narrow view of RM as [1] Big is necessarily better; (2) cost is most important in judging a products viability; (3) analyze, plan and forecast; (4} do rigid long-range planning; (5) balancing portfolio is more important than implementation; (6) control everything by writing down long job descriptions for matrix structure toward production; (7) get incentives for the top performers only; (8) inspect to control quality; (9) manage everything by reading financial statement; (10) good income guarantees marketplace; (11) maintain growth even by buying industries you don't understand. The shortcomings of this view are: (1) Scope narrowed and issues reduced; (2) living elements of situation left out; (3) insight from experience ignored; (4) No value for experimentation and flexibility; (5) informality excluded; (6) denigrated real values and culture. [8] With this background understanding, the studies of and advocacy for the opposite polarity in the form of Humanistic Management can become more and more significant.

To understand HM, we must see the opposite and contrary qualities of the five characteristics of RM as have been described above. The five characteristics of HM are as follows.

1. Concretism

2. Subjectivism

3. Organicism

4. Holism or Non-dualism

5. Relativitism or Non-absolutism

These characteristics of HM can be respectively contrasted with characteristics of RM. Each of these characteristics derives its primary meaning from negation of the opposite RM characteristic as well as from paying attention to what is negated in the opposite RM characteristic. As RM negates humanity in concrete reality and humanity as a subject with various non-rational functions, HM stresses dealing with concrete persons as a way of managing. It explores into as well as relies on various non-rational functions of man (such as feeling, will and memory) as resources of control and communication. This is experienced as concrete and subjective driving force in the tradition of HM. Of course, one has to recognize different possible ways of formulating a conception of humanity or human nature apart from the Aristotelian (classical) rationalism in ancient time and Kantian critical rationalism in the modern time. For example, there could be a Freudian approach to humanity or a Maslow approach to humanity or a Heideggerian approach to humanity just as we have the Confucian, the Daoist, the Moist, the Legalist, the Neo-Confucian, the Neo-Daoist, the Indian Buddhist and the Chinese Buddhist and even the Chan Buddhist approaches to humanity from ancient time to present day. Hence we better not speak of just one tradition of HM and will not treat HM as a close and fully developed system. Just like we do not speak of RM as a complete and close system either.

As to the organismic characteristic of HM, we wish only to stress one basic view from HM, namely that there are far more complex laws governing things in the social-economic world and far more complex variables governing human behavior than a mechanistic model allows. The model for characterizing human behavior should not be a machine but a living token of a biological species. Hence when Bertalanffy first proposed the general systems theory, he specifically mentioned biological system or a living organism as the object for such a theory. [9] Bergson even regards ever creative moving life-force as basis for understanding time and things in the world. [10] Apparently, we should introduce different grades of organicity for defining different types of organism. Here we may conceive HM as operating on the minimal level of biological organism which cannot be reduced to a mechanical system. The non-dualistic characteristic of HM consists in reorganizing varieties of human functions in human nature and not setting apart rationality from whole humanity. Hence we call this characteristic holism. But as to how to integrate all functions of humanity into a unity, it may have many answers and often remains an issue. Very often and in practice HM becomes simply involved with a trait of humanity other than rationality as the determining factor for decision-making, policy- planning, organization and action. Here we have as examples the stress on hunch, intuitions, and other psychological or experiential incentives or ploys provided chiefly by contemporary behavioral psychologists.

Finally, with regard to the relativistic characteristic of HM it is clear that HM does not adopt the absolute "bossism' of RM and pays more respect to autonomy of the human person and his power of free will. It also pays attention to the power of human imagination and sensibility and the power resulting from affective human grouping and organization. In practice a HM manager would not always place absolute confidence in his own decision without consulting people around him, even people below him, because he may not have enough and required experience to make his decisions. Besides, as a leader he is more interested in interaction than in giving orders. He is also more open to change and suggestion of adjustment than a manager of RM type. As he sees many factors as determining forces of a policy, he is more an inductionist than a deductionist. Of course, the shortcoming of such a mental and conceptual framework is the actual tendency toward overmuch flexibility and lack of persistence on principle. HM managers hence could be more easily taken advantage of and become more vulnerable to his subordinates than his RM counterpart.

From the above characterization of RM, it is clear that HM as I intend to show here, stands on the other polarity of the continuum of management practice and management theory. It needs not to be seen as necessarily a better form of management than RM. In particular, existing HM practice indeed may not have developed in such a manner as to warrant claim to be a better form of management. Because of ambiguity of its formulation and because of its limited experience, and also because of its lack of explicit theoretical focus and framework, it must be recognized that it has been indeed very often subject to abuse and misuse, and often repudiated even as a form of management.

Inquiring into the Western history of management practice and management theory, it is clear that all or nearly all Western management practices have led to the formulation of corresponding management theories. There is no management theory which is not a reflection of a successful management practice at one time or another. There is also none which is not rationalistic in orientation as well as has some relevant work-out of the theory. In fact, the major incentive for such practice and theory is rational control. To begin with, one sees the scientific management theory as proposed by Frederich W. Taylor (*The Principles of Scientific Management*, New York, 1911) as a typical example of RM. The stress on job design for production control and material reward for worker control embodies rationality and will to conquer in its best form. The motif of scientific management was later elaborated on and in the classical administrative theory of Henry Fayol (*Industrial and general Administration*, London, 1930) and others. The whole purpose of this theory is to develop more efficient control of production and worker by more rational control of organization in terms of control of its parts. The underlying theory or theoretical justification is clearly presupposed in the principles, rules and practices of abstractism, objectivism and mechanism, dualism and absolutism of RH. The theory becomes indeed the ground-stone for organization theory of Western management. It also further reinforces the view of regarding rational man as an economic man conditioned by reward and punishment. Sometimes it goes even to the extreme of regarding economic entrepreneur or financial capitalist as the only excellent and admirable model of practical rationality.

In the late thirties there developed in U.S. the Human Relations School based on behavioral observations. [11] This theory complemented the earlier theories by introducing considerations of social norms and social rewards. But it is still a rationalistic management theory in so far as it sees management as a rational skill in applying our objective knowledge of man for minimal cost and maximum profit. Human relations was utilized as a technique of control rather than appreciated for its own value. After forties, one sees the managerial and even commercial use of behavior sciences in U.S. which continue to today. Although new management practices and new management theories have been developed later (See for an example, A. H. Maslow, *Theory, Motivation and Personality*, New York, 1986), they do not essentially go beyond the RM framework and RM methodology. In fact, they tend to reinforce the framework and methodology of RM by incorporating more psychological, anthropological and sociological information as knowledge of the human worker for rational organization and rational control. But the new knowledge does have a softening effect: It raises the consciousness of a need for a more flexible, more organic approach to managing people. Effort for job enlargement is a prime result: even Maslow's self-actualization man model has been rationally universalized. One needs to see the uses of such a model relative to different people, different times and different jobs. [12] The conclusion we draw from this overview of Western management practice and management and theory is that RM dominates and characterizes the tradition of Western management, especially in modern times.

To contrast with the Western tradition of RM, we may mention HM as exemplified primarily and intensively in the Eastern management tradition of China and Japan and other areas of East Asia. It is known that in 20th Century the Japanese was the first one to utilize the humanistic philosophy from Confucianism for industrial management introduced from the West right after Meiji restoration. It is well-known that the successful and fruitful utilization of humanistic philosophy in the Japanese management has produced the well-known phenomenal success of economical development of Japan since the World War II. Hence the humanistic management of Japan specifically known as Japanese Management has prompted many Western scholars to speculate on its theoretical justification and foundation laying. It becomes more and more clear that Japanese Management has derived its major strength from Confucius' Analects and other works of Confucian and neo-Confucian tradition as was revived in the Meiji Restoration Period. A good example of applying Confucian principles in organization and management of new enterprise is Shibusawa Eiichi (涉泽荣一 1840-1931). In contemporary times, despite development of high technologies, Confucian values still remain the core values of Japan management practice. Hence one may finally trace the Japanese management theory to the humanistic philosophy of Confucianism.

C-Theory and Philosophy of Chinese Management

In practice I am certain that the humanistic philosophy of Confucianism has been more or less entertained and to a large extent implemented, although implicitly or unconsciously, in various management practices in China throughout twentieth Century. But then there has been no serious focus in this philosophy as a philosophy of management not until recently. In fact, many American studies on Chinese management only stress the general culture and style of Chinese management with institutional and psychological characteristics. They may touch on Confucianism and Daoism, but have not dealt with the Chinese philosophy schools as integrated dimensions of a philosophy of Chinese management as a whole theory which has powerful contemporary significance. They have not uncovered the in-depth ideological and philosophical basis or foundation of the Chinese managerial institution and styles. In fact, until the publication of my book *The C Theory: Philosophy of Management in the Yijing*(《C 理论: 易经管理哲学》) in Taipei in 1991 there is no account of the deep and essential elements which make Chinese management as both a theory and a practice possible. [13] Later this book has been revised extensively and bears a new title *The C Theory: Philosophy of Chinese Management*. [14] This is because Chinese management cannot be made clear until one goes into Chinese philosophy as a profound metaphysical way of thinking rooted in the Yijing and enfolded in Chinese philosophy schools which, when integrated, have both profound empirical and practical implications for human decisions and actions.

With understanding of the Yijing as base, source and starting point of Chinese philosophy, we come to see the relevance of both Confucian and Daoist ideas for practice of Chinese management in individual and collective lives or in private and public sectors. Consider, for example, Confucian sayings in the *Analects* and one can see how sincerity (*cheng*), loyalty (*zhong*), intelligence (*zhi*), propriety (*li*), rightness (*yi*) are essential and important for establishing a moral community of care (*ren*) and trust (*xin*). According to Confucius and Mencius, government must be formed on the principle of cherishing and sustaining such a community. Although they have not emphasized enough required difference of political rule (governance) from self-cultivation and self-ruling of a moral person, they left no doubt that moral self-rule of individual person is a foundation for political governance. In the *Zhongyong* one even comes to see how a cosmos-oriented creative self-cultivation of oneself could naturally lead to mutual enhancement of life and its realization between the self-cultivating person and the whole cosmic reality. *Zhongyong* further makes clear and explicit in its first sentence that man has his nature derived from the heaven and thus naturally it could develop morality which would give rise to higher forms of organization such as government as world-peace institutions stressed in the *Daxue*. This would lead to Chinese philosophical insights into Chinese notions of human nature (*xing*) and human mind (*xin*) and Chinese leadership (*dao* and *zheng*). This would also lead to incorporation of insights and wisdom of other schools for economic-financial, social, political, and education development. In the C Theory I have introduced and dealt with the Daoist School, the Legalist School, the Military School, the Moist School (inclusive of modern science and technology exemplifying RM) apart from Confucian School in an open system of creative circulation inspired by Yijing and Chan vision. I have dealt with 14 types of functional creativities in an integrated well-connected system of dynamics.

With this insight into the philosophical foundation of Confucian self-cultivation and political government, one will not only be able to account for the ways of managerial practice in China, but also be able to recognize how it could and should function in decisions and actions of management in the entire region of Korea, Japan and Vietnam under Confucian influence. More importantly, one can see how these ideas could be said to have even actually led to industrial and commercial modernization with high rate of success and efficiency in management from Japan, Four Little Dragons and China in their respective developments in the last sixty years, of course without any comprehensive self-conscious theoretical systematization. Furthermore, this insight will also help to show how a philosophy of management based on explicit recognition of human nature and human community envisioned by the *Yijing, Analects, Mencius, Daxue, Zhongyong* and other Chinese classical texts can be appropriated and incorporated in other cultural contexts, and how it could function as a corrective and critique of the managerial practice in other cultural contexts. Studies of improvement of management in a growingly integrated world and for a growingly dynamical future therefore must be based on understanding the philosophy of management and its evaluation and elaboration as a final guiding principle.

For modern and contemporary China the situation is more complicated. Since the May 4th 1919 New Culture Movement science is the slogan and Confucianism was rejected as non-scientific. But in practice Confucianism remains the basic pattern of organization and leadership for most of transformations in China in the last five decades. Even in the highly tense period of the Communist Revolution in 1949 when Marxism became the dominating principle of political organization and management (leadership) and economic production and distribution, deep roots and patterns of Chinese thinking remain Yijing-like and Confucianist. As a matter of fact, after Chinese Marxism has pushed to the extreme of socialization in commune system and destruction of cultural traditions in the period of Great Cultural Revolution from 1965-1976 in China, there has been a gradual swing back to moderation, pragmatism, reform and openness of Confucianism from the 80's on. At present one can witness how China has prospered under a policy which President Hu Jingtao has declared as pursuing harmonization of society which includes constitutional recognition of private properties since 2007. [15]

It should be noted that in the last twenty years leaders and managers in both Taiwan and South Korea, and in both Hong Kong and Singapore, have made successful and quickening economic development possible on the basis of a Confucian ethics background. Hence we could generally speak of the HM as characterizing and representing the larger East Asian tradition of management practice and management theory as derived from the Confucian-Neo-Confucian tradition of China.

We must see that up to the time of the beginning of 21st century, the management mainstream in China did not conscientiously explore the rich HM tradition in history. One must give credit to Taiwan as a more and more growingly industrialized region which has moved toward recognition and applying HM as a tradition from past and as a norm toward future. [16] It is in such a context of development that the notion of "Chinese Management" is to be understood. When I proposed my theory of Chinese Management as the C- Theory (hitherto written as the C-Theory), I have precisely this representation in mind, namely the C-Theory should represent a modern tested Chinese approach to management and all related activities in management. [17] As the content of such an approach was not previously defined, my work in the C-Theory is intended to explore the HM tradition in the contexts of classical Chinese philosophy of Confucius, Mencius, Daxue and Zhong Yong as based on the philosophy of the Yijing which I regard and argue to be the source and foundation of both Confucianism and Daoism. The reason why I titled my position "C –Theory" is precisely that it aims at a creative construction of Chinese thinking on management along the Yijing-Confucian line which incorporates other classical schools as well as Western management by objective and knowledge. It is in this manner I am able to formulate the HM explicitly in light of a modern understanding of management theory and modern requirements for management practice. It is intended as a management by harmony of all relevant factors and its sole purpose is to develop Human Creativity by way of harmonious integration. Hence the C in the C-Theory as I have explained in the book stands for Chinese Management, Creative Management and Management by Change, and Management by Confucian Care. We can therefore see my C-Theory as an

idealized and theoretical model for HM based on the experience of modernization of East Asia
and reflection of its philosophical basis and resources

As a concluding by-remark on this section, we may suggest that the "X Theory"
suggested by D. McGregor represents the RM tradition of the West, whereas his "Y Theory"
represents the HM in tradition of the East. [18] Similarly, we may suggest that the "A theory"
of William Ouchi represents the RM tradition of the West, whereas his "Z theory" represents
the HM tradition of the East. However, our task of proposing and constructing a "C-Theory"
has a specific historical and theoretical significance, it is not intended as another new form of
HM, but instead will amount to integrating both the RM of the West and the HM of the East, and
hence both the X theory and Y theory on the one hand, and both the A theory and the Z theory on
the other, in the context of Chinese naturalist and humanistic philosophy.

The C– Principle and the C–Theory

Given the constructed polarities of RM and HM and explanation of my C Theory, it
is natural to explore into the nature and result of their trans-integration. This question of
integration is different from the question on how they are actually related. As has been
pointed out, RM and HM are actually related in a continuum of positions. In fact, they merely
represent and symbolize two extremes in a continuum. Any actual position may not be an
exact embodiment of a polarity. Theoretically, there could be as many different positions in the
continuum. The question of integration we raise here is one of integrating the two polarities in
an actual unity without inconsistency but with dynamism capable of serving a higher purpose,
namely the purpose of embodying the merits of both polarities at the same time relative to an
understanding of development of human beings in a world of transformation and change. Any
answer to this question hence requires the following conditions: 1) Recognizing the unity of the
two polarities, not only the continuum between them; 2) eliminating the weaknesses of both
polarities but preserving their strengths; 3) making this unity of the two to serve the said higher
purpose. These conditions can be thus said to be the conditions of a desirable integration of the
two polarities.

In order to satisfy these conditions, we need to develop a point of view for understanding
the nature of human person and the nature of reason. We need to achieve a sense of value and
a criterion of adequacy, according to which correct judgments can be made. We need further
develop a theory of system and a way of thinking for applying our understanding of nature
of human person and the nature of human reason. Finally, we need to show how specifically
our systems theory enables us to make decisions and to relate to all major dimensions of
management.

Following our earlier description of my C- Theory, we will simply call the integrative theory of two polarities the C- Theory. The C- Theory hence contains the integration of two polarities, the statement of a criterion of adequacy and its justification, a view on reality in the form of a system, a way of relating the human person to the changing world, and thus a creative way of dynamic thinking. The criterion of adequacy for unifying the two polarities will be called the C- Principle on the basis of which the integration of HM and RM can be actually carried out and practiced. In order for the C-Principle to work out as a principle of integration, it has to satisfy two philosophical conditions, namely transcendence above the two polarities on the one hand, and on the other interfusion of two polarities in a theoretical framework in which the two polarities could still find their places along with many different systems which result from interfusion or interpenetration of the two polarities. This is possible because as each polarity provides a few characteristics with different degrees of presence a combination of these characteristics are always possible for different purposes. Besides, different objectives and different situations may call for different presence and application of different characteristics. The overarching theoretical framework should allow all these combinations and permutations in order to cater to different demands and satisfy different conditions. But this is not to suggest that the framework would permit all possibilities, but rather to allow only those possibilities which represent realistic understanding of the human situations and human abilities to implement and sustain norms and rules of action. With this explanation of the C- Principle we may regard C-Principle as standing for a centrality or central core position of both transcending polarities and integrating polarities. It is a principle representing the middle point and a middle way, a creative adaptation to important factors of reality as reality is adequately experienced and understood by us. It is a principle we may refer as the Principle of Creative Centralization on the basis of which integration becomes effective, abbreviated as C- Principle.

The C-Principle integration of Rationality and Humanity consists in the following unities:

1. Unity of abstractionism and concretism
2. Unity of objectivism and subjectivism
3. Unity of mechanism and organicism
4. Unity of dualism and non-dualism
5. Unity of absolutism and relativism

These unities here are intended to represent an interfusion and blending of the polarities in a totality and wholeness of understanding and practice. This principled function of interfusion and blending is to establish certain inter-active and interdependent relationship between the two so that each polarity becomes conditioned and complemented by the other. Hence the unity, fusion and blending can be expressed by paradigms of interdependence, interpenetration, interaction, inter-motivation, mutual complementation and mutual generation, mutual enhancement and mutual transformation, common grounding, common growth, common sharing and common contribution of the Yiying. [19] The three types of relationships — internality, mutuality (mutual transformability) and commonness enable the two polarities to form a unified whole which will be more than the sum of the polarities, and which will contribute to the development of each polarity as well as transform the relationship of the polarities into creative powers. In other words, the unity thus achieved will be a creative unity, a unity in the process of creative production, and hence can be made to do the creative work for creative purpose. Not only the weakness of each polarity will be eliminated, but strength of each will be strengthened so that a higher and larger purpose of management will be achieved.

Thus, the unity of abstractism and concretism is to embed abstract thinking in concrete contexts and let the concrete modify, embed, revise, and correct the abstract. Similarly, we can start with concrete thinking and let the abstract logic modify, revise and correct the concrete. What is essential here is that we should not be obsessed with one linear and one-directional way of thinking, seeing and evaluating. We should develop and utilize two parallel ways of thinking, seeing, and evaluating to the point that the two parallels become one in a dynamical relationship and creative unity of internality, mutuality and common sharing. [20] hus we can speak of concretized abstractism, as well as abstractized concretism. Similarly, we can fuse and integrate objectivism and subjectivism in a dynamical interactive process for creative application. Likewise, we will thus have subjectivized objectivism - to make object for subject use, but not to reduce subject to object, to explore subject as creative source to complement objectification of things, but not to let either object or subject dominate in a fixed manner. Even domination has to be seen in a context of unity for a creative purpose. Hence domination must be flexible and relative to the unity and creative purpose. We will have to objectify subjectivism for organizing and regulating people, but not to forget that individual persons have potential of initial-taking at relevant times in relevant positions. The potential should be adequately explored in even in an objectivist organization framework.

As to the fusion of mechanism and organism, we must recognize that the mechanical system is either contained as mechanical system or contains a smaller non-mechanical sub-system as a part. Mechanism is basically conceived and designed as humanly manageable and manipulatable. When the system becomes enlarged (which is inevitable) or shrunk above or below than the humanly manageable or manipulatatble level, the system can become non-mechanical or organismic, in other words, a mechanistic system can contain organismic system as a sub-system. It can be also contained as sub-system in a large organismic system. Hence, to mechanize is to limit oneself to a view of a system on a medium level. To mechanize is also to restrict the system to a certain aspect of operation. The unity of mechanism and organicism requires one to recognize the interpenetration of both and utilize each both in a larger sense of system which embodies both. This is like in the case of wave-particular theory of light: Light is both wave and particle, and will realize itself as wave or particle under relevant conditions. One may also suggest that even in the case of medium level, there always exists an organismic aspect side by side with a mechanical aspect. Similarly, one may also explore into the mechanical aspect in an overt system of organicity. To interfuse mechanism and organicism is to see and to utilize a system as both mechanistic and organismic and under relevant conditions.

Those conditions are to be discovered or introduced relative to an understanding of the creative relationship of the two in reality. In general, we should see the mechanical as the static aspect of a system and the organismic as the dynamic aspect of a system. Modern physics has come to see organismic process and network relationship in a structure initially defined by mechanical laws. But modern biology or psychology still tends to formulate mechanical laws or statistical structural relationship in the process reality of biological growth and human psychological development.

Regarding the unity of dualism and non-dualism, we need only point out that if polarities become fused in a creative unity, there will be no dualism nor non-dualism. There will be only a unity-of-polarities way of evaluating, judging and acting. This way of evaluating, judging and acting will not introduce absolute and context-free distinctions of values. The rational is generally regarded as useful and effective, but why the non-rational be not regarded as equally useful and effective under proper conditions? Rational approach or approach based on rationality is worthwhile, but non-rational humanist approach, namely approach based on total human consideration, can be equally worthwhile. In fact, one can see deeply organized human approach as rational in a deeper sense. Hence, as the distinction between the rational and the non-rational or the human breaks down, our concepts of value and ways of evaluation would also become more dynamical and more open as well. Potentiality for discovering and developing better values will take place. This will be the final goal for integrating dualism and non-dualism.

Finally, the unity of absolutism and relativism signifies that any given point of authority and line of rationality is capable of relativing itself to a whole system of interrelations and hence becoming flexible in time. The deductive enforcement of power and control and the inductive rally of support and trust are equally important and can be maintained only relative to each other. This is the feedback principle in conjunction with the principle of human adjustment. Consistent with what has been said earlier, control by way of command can be less efficient than spontaneity of mutual support in a whole system. But a sense of wholeness in a system or a sense of belonging to a whole system must be developed In the first place. No single absolute command or single-time participation from the top authority is sufficient. A continuous engagement of the authority with different levels of organization must be encouraged and maintained. Hence absolutism will be relativized and relativism will be absolutized. In terms of Chinese management paradigm, the law (fa), reason (li) and feelings (qing) must be all taken account of in an organized rational as well a total human fashion. Law/reason/feelings are not simply norms to be conformed to, but are ways of activation, interaction, persuasion and influence in the actual process of making, transmitting and carrying out decisions and policies,

In the above, we have delineated how integration of RM and HM could take place and hence how the five unities could be created. What we have done is to demonstrate in essence how rationality and humanity can be fused and integrated. As rationality is an indigenous part of humanity, and grows out of humanity, we must use rationality to serve the purpose of humanity, not destroying humanity instead. We must also encourage rationality to be nourished from humanity just as humanity must nourish itself from rationality. The inter-animation between rationality and humanity is originally given in human existence, but has been unfortunately artificially or forcedly broken. But this bond of inter-animation must be restored so that a more active and more conscious interaction between the two can be developed. In order to make this possible, one has to see humanity not as static just as one bas to see rationality not as unchanging. Humanity has to be enlarged to comprise the whole mankind, which should cover mankind of the past, of mankind of today, and of mankind of the future. Humanity should not be understood on the level of individual alone. This understanding must elevate to the level of human community, human nation and human world. Even at the level of human individual, there is a dimension of humanity which penetrates to the whole existence and whole rationality of man.

Human being is rooted in a larger system and larger process of reality and is capable of participating in the creative advancement of the larger system and larger process and making his or her contributions worthy of himself or herself. This is expressed by the Chinese philosophical proposition "heaven-and-human person-become-one" (tian-ren-he-yi). In the same token, one can see rationality or reason as having an evolutionary nature. In fact, one must see reason or rationality as evolved in a process of growth and transformation. Classical concept of rationality can no longer conform to our understanding of man and world, even modern concept of rationality which preserve the best part of classical rationality has to face challenge of human need for creativity and becomes transformed into something larger and more dynamical. [21] In light of this larger concept of rationality, it is clear that rationality must be humanized, rather than dehumanized, and that reason must be developed into pluralistic systems which can eventually harmonize with each other in a larger organic unity of whole based on the wholeness of humanity. This is of course not to say that rationality in the most-modern sense may not still contains the best part of modern rationality and the best part of classical rationality as well. The bad elements of rationality, whether modern or classical, must be weeded out in a process of transformation of reason in humanity. With the transformation of reason comes the enlightenment and enlargement of humanity as well.

The interpenetration, mutual transformation and common enrichment relationship between rationality and humanity is what underlies the unities of the five characteristics of RM and HM, and thus make these unities possible. With this understanding, we can now represent the integration of RM and HM as Follows:

Integration of RM and HM achieves humanization of rationality and rationalization of humanity in the following way:

1. Abstractized concretism and concretized abstractism

2. Objectivtzed subjectivism and subjectivized objectivism

3. Mechanized organicism and organicized mechanism

4. Polarized nondualism and unified dualism

5. Absolutized relativism and relativized absolutism

From the discussion above, it is clear that the integrating principle for all these unities is a creative interfusion of polarities into a whole system and a creative understanding of the timely use of such a whole system to a specific situation, in which each polarity or the combination of degrees of both polarities will achieve maximum and appropriate creative power and efficiency. This integrating principle can be thus justified and justly described as the C-Principle for a theory which I have labeled the C-Theory, which stands for the actual integration of rationality and humanity in a theoretical framework as indicated above.

The key concept for the C-Principle and consequently for the C-Theory is the concept of whole system or wholeness of a system resulting from transcendence and integration with its potential efficacious timely application (use) of the whole system or the wholeness of a system. It is clear that it is the wholeness of a system which provides the unity and integration, and it is the timeliness of application of a whole system which provides the relevance and flexibility of practical use. In other words, the C-Theory as a management theory requires the creation of a whole system of polarities end a timely use of such a system. When such timely use of a whole system takes place, then the practice of the C-Theory becomes possible, the C-Theory would therefore provides both an theoretical understanding of the human person and reality, rationality and humanity for management as well as generate a norm or normative guide for practical activities of management. The C- Principle can be formulated as the principle of creating a whole system for timely use as well as the principle of timely use of a whole system.

The concept of a whole system or the wholeness of a system presupposes an understanding of reality of the universe in which human beings are an integral part. This understanding of reality in effect corresponds to a philosophical understanding of the *dao* (the way) in classical Chinese philosophy. Specifically, we see Chinese philosophy in the writings of the Yijing, and Confucius, Laozi and Zhuangzi as providing a conceptual base and understanding of reality from which the whole system concept can be derived. As we have seen, the whole system is in fact a system suggested by the concept of the *dao*. We may say that the *dao* is a whole system in the making, which is infinite in content, creatively transformative and consequently comprises different levels, whereas a whole system is a discovery of the *dao* in a given framework or situation/context. We can therefore describe such a system as based on our understanding of the *dao* too. It is clear that all contrastive polarities can be conceived as the basic polarities of *yin* and *yang* in the *dao*. Whereas the *dao* concept captures the process aspect of the whole system, the term "*taiji*" (the Great Ultimate) from the Xici of the Yijing captures the aspect of the source and structure of generation of the whole system. Hence the whole system concept can be finally adequately represented by our concept of the *dao* and that of the *taiji*. Finally, the more we understand the *dao* and the *taiji*, the more we will understand the whole system and the more we will understand how the whole system is generated or created.

The concept of "timely use" (shizhong) is also derived from the Yijing which is reinforced in the *Analects* and the *Zhongyong*. The basic content of the concept of "timely use" is such that we must see that a decision, a policy and an action be made to fit in a concrete situation in light of our own understanding of the situation as a whole system or as belonging to a whole system. "Timely use" presupposes understanding the whole system in terms of time and transformation in time. It presupposes creative participation of a decision maker in the temporal process of change for the purpose of bringing out potentiality in a whole system and consequently bringing out a new whole system. The C-Principle thus understood can be thoroughly based on the philosophy of time and timeliness in the philosophy of the Yijing. With the C-Principle thus understood, we can also develop the C- Theory in terms of a theory of a whole system based in the philosophy of the Yijing, in terms of a theory of understanding of the whole system for management and decision making and in terms of a theory of the timely use of the whole system. Together with the above theory of integration of RM and the HM, the C- theory has therefore the following component sub-theories plus C-Principle.

1. Theory of integration of RM (rationality) and HM (humanity)
2. Theory of whole systems such as the C-Theory
3. Theory of understanding of whole systems for decision making
4. Theory of timely use of whole systems
5. The "C" principle of timely use of whole systems.

Again, the "C" in the "C" principle and the "C" theory is intended to stand for "creativity" (sheng) and centrality (zhong) in Chinese philosophy and hence is intended to suggest its theoretical foundation and historical roots in the tradition of Chinese philosophy. The "C" also suggests the meaning of change and coordination. Creativity (sheng) makes the understanding of a whole system possible, for a whole system is no less than a system of creativity - creative relating, creative transformation and creative growth. Creativity is found in both rationality and humanity of man. It is as creative product of the universal whole system of the *dao* and the *taiji* in virtue of which humanity and rationality are capable of coming into being. It will be through creative agency and energy of the *dao* and the *taiji*, humanity and rationality will be further creatively transformed. Creativity also means man's creative participation in the formation of a whole system and in the transformation of such a system by way of its timely use. For decision-making and management, creativity means insightful grasp of a whole system and timely use of it toward higher purpose. Hence creativity is presupposed in our conception of a whole system and its timely use.

331

Centrality (zhong) suggests the starting point for creativity, a starting point for creative formation and transformation of a whole system as well as a starting point of a timely creative use of such system and its formation and transforming process. Whereas creativity suggests the existence of dynamical formative power, centrality suggests the existence of a stable structure. In fact, centrality is the creative agency of a whole system which is seen also as maintaining the stability of the system. Centrality is not simply the middle point or half-way house of two polarities, but instead the focal point and the Archimedean point of the polarities in a total well-balanced whole system. Hence centrality means the creative potentiality of a system as well as the point of the correct and timely use of the system. It measures human individual's ability to produce both balance and dynamism (creativity) in a system and for a system. Centrality hence, as the Zhongyong says, is the foundation for harmony and harmonization in a system. For it is only on the basis of centrality that harmony and harmonization of various polarities in a system can be produced and maintained. Centrality can be thus conceived as the condition of creativity for a system, of a system as well as in a system.

For decision-making and management, reaching for centrality in a system is to reach for a point where creativity is possible and timely use become natural. In order to do this, one has to reach for the whole system and its source. Centrality in this sense is ultimately no more than the li-qi (principle together with vitality) and zhi-xing, knowledge in action) in unity or *taiji* in its fulfillment of creative functions. One who reaches centrality in a system occupies the center of the system and is capable of centralizing and centering on the potentialities of the system for timely uses in concrete situations. He who is able to do this not only occupies a position for ultimate decision making and supreme management, but actually embodies the power to create a correct decision and a powerful management. In regard to this Zhuangzi has said aptly: "If one acquires the center in a circle, one is able to respond to infinity". [22] This expresses the profound significance of creativity and centrality in the C-Principle and the C- Theory.

Timely Use of Whole System: An Example for the "C" Principle and the Resulting C–Theory

A good example of the application of the C-Principle and the development of a specific C-Theory can be found in the integration of the X theory and the Y theory on the one hand, and the A theory and the Z theory on the other hand. As has been indicated in the above, the theory which would base management decisions on the assumption of human nature being selfish and bad typifies the thinking of RM, whereas the theory which would base management decisions on the assumption of human nature being trustworthy and good exemplifies the thinking of HM. That the X theory typifies thinking of RM is justified on the ground that all classical rational management theories such as Taylor's and Fayol's all believe that man is an economic animal whose interest in work is reinforced only by economic reward. Maslow of course recognizes different levels of needs of man, yet at the base it is physiological needs which dominate.

Contrast this theory of human nature with Mencius's theory of innate goodness of human nature. According to Mencius, even at the very elementary level of human survival, man can still exhibit moral feelings of self-respect and care for others in spite of threats against one's survival. Here, when we identify the X theory as an example of the RM, it is so identified as a matter of historical and factual observation. Theoretically, one compelling reason for seeing the X theory as belonging to the RM thinking is that the theory lends good reasons far rational control and RM is specified and designed toward rational control. In fact, rationality is seen as a means of control.

Similarly, we also mention the A theory as exemplifying the RM thinking and the Z theory as exemplifying the HM thinking. AS William Ouchi describes, the A theory which is mechanical in organization and linear in command communication is highly rationalistic in management theory and practice, and the Z theory which is based on team work, loose organization and decision by consensus and interaction is highly humanistic for a management theory and a management practice. [23] Given the above understanding of the X theory and the Y theory on the one hand, and the A theory and the Z theory on the other, clearly it would be rational to apply A organization (in the A theory) to the personnel (in the X theory) and to apply Z organization (in the Z theory) to the Y personnel (in the Y theory). This conclusion and only this conclusion would be justified from the point of view of RM, but this conclusion however would be a result of abstract, objective, mechanical, dualistic and absolutistic way of thinking of RM. It fails to take account of the concrete, subjective, organic, non-dualistic totalistic) and relative perspective in evaluating and applying the four theories. If we look into reality of man and human evolution, we can see a variety reasons and of possibilities for the application of the Z and Y theories on the one hand and application of the A and Z theories on the other under various conditions and in various contexts for various purposes and relative to various objectives. Besides, if we look into the potentiality of the human mature as a whole, we will also gain insight into how human nature can be cultivated and transformed relative to different methods of training and control. There is simply no fixed-once-for-all rule for applying one type solution to one type of human nature.

The C-Theory calls for holistic thinking to develop specific goals. The consideration of the whole reality of human nature and human control and transformation also lead to the awakening of the elements in the C-Principle and the C- Theory. A whole theory of man and a whole theory of organization can be developed. More importantly, a whole system of possibilities of applying organization to man under whole human nature assumptions can be developed, and a whole system of the timely use of such a system will also ensue as a result. [24]

In the following diagram, I shall represent the possible uses of the organization theories of A and Z to human nature theories X and Y:

Human nature/ Organization	X	Y
A	AX	AY
Z	ZX	ZY

It is clear that AX and ZY can be rationalistically justified as have been done in the above. But could we also justify ZX and AY? The reply is positive in light of a whole theory of human conditions under which human organizations can apply to human nature. For ZX, we may see the possibility of inducing the bad and selfish into becoming good and trustworthy through use of trust and generosity such as one finds in liberal education. Similarly, for AY, we may see the possibility of disciplining the good and trustworthy into more organized productive force through the use of rational regimentation such as we find in military training. All in all, the four theory combinations not only represent our types of methods or approaches to specific goals, but also represent four types of goals or goal settings for these approaches. These approaches and goals would not be understandable or even thinkable if we do not have a whole system of goals and a whole system of methods and a whole system of the realization of different goals by different methods. Of course, it is due to the comprehensive scope of the whole system that the whole system is capable of incorporating all those whole systems as parts of one whole system. This is precisely the C-Theory interpreted and developed in terms of "X", "Y", "A", "Z" theories. This is an example and an illustration of the function of a whole system and timely use based on the C-Principle and the C-Theory.

We may restate the above example of the C-Theory in terms of the whole system of the Yijing philosophy. We may first identify the X theory as speaking of the yin (dark) side of human beings, and the Y theory as speaking of the yang (bright) side of human beings. We may then identify the A theory as developing the harsh and firm (kang) way of dealing with people and the Z theory as developing the soft and tender (rou) way of dealing with people. Then the above diagram becomes one of the following:

Nature / Way	Yin	Yang
Kang	yin-kang	yang-kang
Rou	yin-rou	yang-rou

From the diagram, it is clear that although *yin-kang* (dark-harsh} and *yang-rou* (bright-soft) harmonize very well, *yin-rou* (dark-soft) and *yang-kang* (bright-harsh) still serve a useful purpose and are needed for certain transformations. Thus in the framework of the whole system of the Yijing, we see natural goodness even coming out in pure *yin* (e.g, the 6-2 line of the *Kun*); one also sees the necessity of hard work in pure *yang* (e.g. the 9-3 line of the *Qian*). The 6-2 line of Kun has the judgment: "Straight, square and large, even not learning, it meets advantages;" the 9-3 line of Qian has the judgment: "The superior man works hard daily and has precautions in the evenings. Even though he is in danger, there is no blame for him." This is because the 6-2 occupies a central position, whereas the 9-3 occupies a non-central position.

Contemporary Western Theories and Future of Management

In contemporary thinking about Management I shall inquire about a couple of theories so that we can speak of the future of management in a bright light. The most distinguished Western contemporary management theory comes from Peter Drucker (1909-2005). It is Drucker who provides a rational micro-economic model for management in view of corporate objectives, needs and growth in social and economic contexts. In this manner he has to a large extent corrected the errors and mistakes of abstract, mechanical rationalism in early Western corporate organization for capitalist gains. What concerns Drucker most is the sustainable development of the corporate entity as a way of social existence with economic ends as supporting devices. Thus he speaks of effectiveness of executive power for achieving achievable ends of a company. He sees actual practice as source of adaptive reform of a company for a changing economy and a changing market. He is thus the first one to speak of networking for development of a company as a growing and yet self-disciplining entity. Apart from all these, Drucker may be regarded a social idealist who would like to have an thriving economy to serve and promote a community of companies each of which supports its own employees and yet also makes contribution to a public larger society which represents values of humanity other than economic profits.

Despite his broad insights and far-sights Drucker 's ideas are used and incorporated by many American companies for corporate re-engineering in the direction of making profits. In other words, he is influential because his views on practice of management do help companies to make money and he was sought after primarily for this reason, not for his idealism. This means that he has not quite changed the style of corporate companies in US with regard to their ardent desire to make money. He influences businesses with his views regarded as usable tools or skills rather as ends and ultimate values. Because of this, one may therefore trace the present serious economic crisis in subsidiary mortgages to earlier irresponsible measures of loans designed for corporate or private interests rather than for social good. We can also see how this drive toward excessive profit can be powerful and effective without any restraint from high ends as we witnessed in the George Soros' s scheme in causing great financial crisis in South East Asia and East Asia in 1997.

We should also mention another management theory formulated in 1990 by Peter Senge (1947—). This is the work known as the book *The Fifth Discipline, the Art and Practice of Learning Organization,* written by Senge for the purpose of promoting and developing "learning organization" for corporate business so that the business may create a force of growth which would meet the changes of the environment and the world. The learning organization would have to transform the business corporation into an effective unity of knowing members who have shared common vision and have learned among each other and yet developed systems thinking among themselves. This is indeed a powerful idea and a concretist-organismic approach to problems of management, in an effort to avoid the high-handed dictatorial style of command of traditional corporation. Senge has the insight into the mechanism of transformation of the corporate workability by promoting individual manager's self-transformation in the first place. Hence he speaks of "personal mastery" which means transcendence of one's bias and ignorance so that one is open to new ways of thinking and new goals and visions about the future. One can thus develop one's "mental models" for achieving a common end which is to be shared as a result of mutual learning. But the mutual learning (dialogic communication and discussion) must be conceived as a teamwork in which all relevant members devoid of prejudices but armed with good will would come to share knowledge and understanding in order to reach for a consensus of individual ideas derived from everyone's mental models.

It is through such a process of exposing and inquiring among members of a corporate community that a body of coherent ideas for reform and for innovation in adapting to new challenges of environment and market could emerge. Senge calls it "systems thinking" which is the "fifth discipline" destined to coordinate the four disciplines mentioned and integrate them into a system which should give rise to and embody an effective business development and growth plan in meeting changes of time. The core idea of Peter Senge's management philosophy is in essence development of a shared system of thinking with end and means derived from mutual learning of the members of a business or a community. Based on Jay Wright Forrester's theory of system dynamics the systems thinking would produce a transforming and adapting force for the transformation of the business for its vitality and competitiveness in the changing world. This is also where leadership in business or in community could reside.

It is clear that Senge's approach to a management theory falls within the scope of the C-Principle because it is designed to transcend and to integrate, to adapt and to renovate. In this manner it is far closer to the HM than Peter Drucker is in reforming the traditional mode of management. For Drucker we need to pay attention to concrete factors of management and be effective on balance of needs and ends without subscribing to a closure of mind. But Drucker has not come to argue for a supervenient and overall principle of organization and learning. In the case of Senge we come to see emergence of a new wave of management based on an open approach to systems thinking which is essentially transcendent and integrative. It is interesting to see that systems thinking could be used as an a priori system of concepts before leaning from and exposure to experience or it could be used as a result of understanding of empirical factors so that we may inductively reach a central or guiding idea or principle for holistic integration and organization. I believe that Senge speaks of the latter when he speaks of systems thinking. But we may not ignore the philosophical or reflective insights based on human self-reflection and wide moral and historical observations so that the systems thinking would become more as a beginning than merely as an ending. It would become a system of free and open circulation in which new information and new responses or decisions from leaders would be always relevant and require integration into a minimum coherent system of organization from which new values could emerge.

The drawback of the *Fifth Discipline* lies in not showing basis for the personal mastery which requires a theory of human mind and a theory of human nature and morality. Without a realistic philosophical basis one could become a master of a practical without understanding or justification which is required for further development and growth. Senge has not stressed enough the feedback-inter-determination between cause and effect or the experiences and ideas in action. This is strictly required for applying C-Principle in concrete context because it is required for seeing decision-making and vision building and action plan as a process initiated by mental insight and carried out by mental insight into unending creative circulation. Nevertheless, the learning organization theory must be seen as implying implicit use of the C-Principle which has its influence through the Confucian philosophy of learning and the Yijing philosophy of change and adaptation to change.

In 2007 international management specialist Gary Hamel published his book *The Future of Management* [25] in which he argues for completely free innovation in management and organization which should free management practices from any prior and early management beliefs. For him management in business is for pursuing continuous innovation with passion. In fact he sees management as a challenge to solving problems and creating values which should motivate business organization in the first place. He has envisioned love, justice, beauty, wisdom, equality, loyalty, honor, joy as motivation and end of business management. This is no doubt a highly romantic vision of management for the future, perhaps a very post-modern future. But it is also important and inspiring to see management as a matter of creative invention and which is motivated by passion and which leads to joy. However one should not see this innovational approach as simply a matter of HM, because the invention of skills and ways of thinking must be derived in one way or another from high technology and new sciences such as internet and biomedical studies. Hence we must see it as a free synthesis of HM and RM despite the impression one may have regarding the style of management as promoted by Hamel. He promotes integration and optimization of values in light of accelerated changes, intensified competition, digitalization of information, and commoditization of knowledge. These conditions actually do come to prevail today, but whether we shall have deregulation, low-cost labors and no ranks for organization as he suggests are always open to question.

How the world of economy and market of demand and supply will change cannot be predicted with certainty and in fact are always subject to vibration and fluctuations. Hence we may still has high cost for labors and tight regulations depending on overall stability of world situations which is not just a matter of economics but a matter of politics and other factors such as religion and culture. Nevertheless Hamel is correct in predicting quickened changes of the world conditions which will have to make quick and strong impact on how we do business and how we manage our businesses. He is further correct in contrasting efficiency in management with effectiveness in management. For him the latter is more important and perhaps to replace the former in future management. But on the other hand, if we apply the C-Principle here as a way of understanding and prediction, it is clear that both efficiency and effectiveness in management are equally important as each tends to a different concern, the concern with open source in efficiency of reaching results and the concern with core competence in a process of managing.

Similarly, we have to observe that corporate business as part of the micro-economic activity in a free society has its objective for making maximum profit as Milton Friedman has insisted. Whether a business motivated for creative challenge based on passion and aiming at thrill and joy of achievement if successful is devoid of profit-making interest is a serious question. [26] The way the society is organized or structured seems to have a built-in tendency and force to pursue its economic end for its survival and sustainability. Hence we must return management to its normal requirements on the ground of reason which is a not a matter of passion or innovation alone. This means we have to apply the C-Principle to make an integration of both freedom and discipline, both reason and feeling (joy), both innovation and renovation based on concrete lessons of experience and knowledge so that our future management would be both a matter of knowledge and a matter of creative self-fulfillment.

C–Theory as Philosophy of Chinese Management Based on C–Principle

In light of the above discussion of changes in management theories in recent West, we wish also to ask what content of management theory could be for from the Chinese philosophical point of view. The reason I draw out Chinese philosophy is because we must have management theory as a matter of philosophical reflection based on the general background and specific tradition of a people. Even we have entered into the globalization era of world management, how to take care of past experience and pursue reform and eventually to create a form of management based on understanding of the debacles and limits of the past is an important question for us to consider seriously. Hence we have to take a look into Chinese philosophy in order to formulate a useful theory of management which can be regarded as the practical concern of use of reason to Chinese philosophy to issues and problems of the real world. With this said, we have still to remember that both West and China face problems of transcendence and integration according to C-Principle because both need to be confronted with the demand for transcendence and integration of RM and HM. It is in this light we see the evolution of management theory from Drucker to Hamel as a matter of realizing the C-Principle. But how self-consciously and self-conscientiously they have used this principle is another question.

Now we may point out how transcending and then integrating differences forms a tradition in the history of Chinese philosophy. In fact we can see how Chinese philosophy in a later period basically presents a creative synthesis of the past since the time of Han. For example, the philosophy of Dong Zongshu (179-104 BCE) is developed from classical Confucianism with input from *Dao*ism and Legalism. Neo-Daoism of the Weijin Period on the other hand is founded from Laozi, Zhuangzi and Zhouyi (as purified of numerology). When we come to the Sui and Tang period from 5th to 10th Century, we see that Chinese Buddhism of Tiantai, Huayan and Chan has been developed from both Indian Buddhist sources and sources from Daoism and Confucianism. No explanation and understanding of Chan or other branches of Chinese Buddhism can be made without reference to concepts of *dao* (the Way), *wu* (emptiness), *you* (being/ reality), *li* (principle), *qi* (material), *xin* (mind-heart) and *xing* (nature). Similarly, for the Neo-Confucianism of the Song and Ming Period one cannot but refer to Daoism and Chinese Buddhism in a full account of Zhu Xi and Wang Yang-ming. As a matter of fact, it is Zhu Xi who has developed an elaborate system of a creative onto-cosmology interpenetrated with rational principles which could apply to Confucianism, Daoism and Chinese Buddhism because it has benefitted from influences from each of them. For Wang Yangming we have Chan Buddhism at its best, which is reflected in his ideas of unity of knowledge and action rooted in the ultimate mind-nature of the human person. We can see that although Zhu Xi and Wang Yangming may represent two wings of Neo-Confucian thinking, their trans-integration (*chaorong*) should be the ultimate philosophical or metaphysical ground and source of the modern learning theory and moral community theory.

When we come to modern and contemporary Chinese philosophy, the dynamic interactions and fusions between different factors from the various sub-traditions of Chinese philosophy in addition to the impact and instilling of Western philosophy in various sub-traditions from classical to the modern and contemporary periods provide a rich repertoire of inspiring philosophical insights which are ready for comprehensive integration, organic systematization, and creative application to contemporary theory of decision-making, leadership and management. It should be noted that throughout these developments and growth, the pristine insights on the onto-cosmological identity and difference between the ultimate reality (heaven and *dao*) and human being as embodied in the philosophy of the Yijing （*Zhouyi*）always remains the perpetual underlying onto-cosmological guiding principle for all forms of the mainstream of Chinese philosophy.

339

   This onto-cosmological guiding principle identifies the ultimate source beyond limitations of all given limited particularities as the fountainhead for creative comprehension and orderly evolution and ceaseless inexhaustible growth and innovation. This principle when abstracted from its onto-cosmological context becomes precisely the content for the methodological principle known as the C-Principle. From this point of view, the various forms of Chinese philosophy at various stages can be thus explained as C-Theories from applying and working of the C-Principle, because they are creative results of creative syntheses of various pre-existing factors in a historical process of development.

   Now we can apply the C-Principle to the formation of Chinese philosophy of management which becomes philosophy of Chinese Management once we identify various essential and defining factors or functions of human action of decision-making, leadership and management. Based on observation and inquiry, we may indeed identify the following factors and functions of management in a concrete context of management formation and operation:

   1.Decision-making for a corporate end or objective

   2.Leadership following decision as a driving force

   3.Trial and development in an open field of competition

   4.Production of products for trial and development

   5.Consolidation of human talents and cultivation of values to share

   6.Feedback as basis for improvement and progress

   7.Self-reflective reform and re-engineering

   Given these corporate functions and foci of action of management, we may apply C-Principle to do the trans-integration of these functions and systematize them into a creative synthetic theory to be known as C Theory of Chinese Decision-making, Leadership and Management which is primarily presented in my book *C Theory: Chinese Philosophy of Management.* [27] Without going into details, this systematic theoretization or theoretical systematization has transformed the above factors and functions into the following components of the theory:

   C1: Creativity 1 with calculation and commitment

   C2: Creativity 2 with constitution and command

   C3: Creativity 3 with competition and cooperation

   C4: Creativity 4 with creation by renovation and creation by innovation

   C5: Creativity 5 with communication and coordination

   C6: Creativity 6 with comprehension and circulation

   C7: Creativity 7 with cessation and ceaselessness

   There are several important considerations for the systematization of this theory:

   A. Each function is considered a creative force with two phases namely the *yin* and the *yang* or the receptive and active or the structural and the processive, based on the *yin-yang* paradigm of the *dao* from the Yizhuan;

   B. The first five functions as five creative forces form a generative order of the five powers (*wuxing*) which are to be derived from the natural sequence of eight trigrams (*bagua*) originating from the *taiji*, the ultimate source of creativity; Hence we have a system of generative order of five creative forces which also contains the balancing and counteractive order of these forces. Hence the C- Theory here has the following format with five creative forces named after the traditional names of earth (*tu*), metal (*jin*),water (*shui*), wood (*mu*) and fire (*ho*).

The system of these forces gives rise to a circulation system (zhouliu) as indicated by C6 and an ultimate creative force of inception (*sheng*) and natural ending (*xi*) as two super-dimensions of moving (*dong)* and resting *(jing)*:

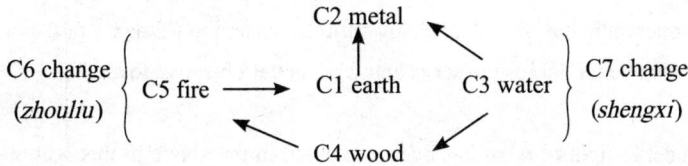

C6 change (*zhouliu*)　{　C5 fire ⟶ C1 earth　C2 metal ↑　C3 water　}　C7 change (*shengxi*)　C4 wood

C.　With this formation of the five forces which represent various ways of possible interaction in a framework of generative order of the five forces which suggest relevant managerial qualities, one can witness five functions of management working in accord with each other which can be checked and reinforced by some measurements such as balanced scorecards:

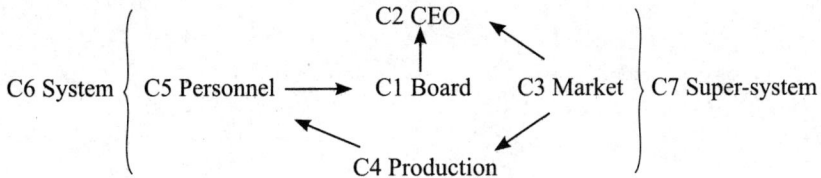

C6 System　{　C5 Personnel ⟶ C1 Board　C2 CEO ↑　C3 Market　}　C7 Super-system　C4 Production

D.　In my book I have explained how the two dimensions of each creative force need to be harmonized in light of the system dynamics of the holistic organic system which is to be both controlled and coordinated with different degrees of integration and interpenetration. It is both an art and an insight in balancing and harmonizing all these forces invested in different managerial positions. The leader as a super-manager is one who can orient the whole system and build or rebuild the whole system with people through mutual learning and cultivating shared vision. Hence this C-Theory as a trans-integrative system could incorporate both Drucker's considerations of needs and ends and Senge's considerations of growth and adjustment by learning. It is because the whole theory and the whole system are conceived as a theory of synergy and a system of interdependent operators.

E.　In my book I have further explained how each creative force could be shaped and specified in a deepening and broadening understanding in accordance with philosophical explanation of their potential development and relevant applications. Thus C1 is associated with the management by Daoist values (*daojia*), the C2 is associated with the management by

341

Legalist values (*fajia*), the C3 is associated with management by Strategist values (*bingjia*), the C4 is associated with management by Moist values *(mojia)*, and finally the C5 is associated with management by Confucian values (*rujia*). For C6 we associate the values of creative circulation of the Yijing whereas for C7 where ultimate insight is needed we associate the values of ultimate decision-making of the Chanxue.

F. With the above interpretation the C-Theory of Chinese Management once deeply learned will become most flexible in use. Because one can use the system to map reality into a body of positions and relations with potential forces for development and growth in order to generate the best results as tested by C1. Of course the system represented here is C1-centered in its operation, but one could easily shift the system to C2 or C3 or C4 or C5 centered, depending on what better purpose to serve and what better objective to attain.

To conclude, in light of what has been explained in the above in this section, one can see how the C- Theory of Chinese Management presents an innovative organic unity of HM and RM with the use of the C-Principle. This system and theory can be said to be both "practical and profound", to use Gary Hamel 's label for an ideal system of management for the future. It is hoped that such a system is a token of management for the future because it is founded on the paradigm of creative change and creative adaptation in a holistic system with built-in momentum for creative transformation and creative innovation.

Annotation

[1] I have initially divided management functions into seven such items rather than the traditional five items. See my article "Seeking a Modernized Chinese Management Model", in *Chungkuo Luntan* (China Forum), Taipei, September 1983.

[2] See Herbert A. Simon, *The Science of the Artificial*, Cambridge: MIT Press, 1969.

[3] Cf. George T. Kline, *Architecture of Systems Problem Solving*, New York: Kluwer Academic Publishers, 1985.

[4] The difference between art and technique is such that whereas technique can be formalized or mechanized and hence automated, at least theoretically speaking, art cannot be formalized or mechanized and hence cannot be automated.

[5] In the Western philosophical tradition such a concept of human nature may not be well defined as one find in Mencius and later in Song Mean Neo-Confucians.

But Plato and Aristotle have no doubt comparable notions of human nature in their concepts of faculty of reason and other mental abilities.

〔6〕 Notice here that RM and HM and their characters are treated as ideal types which may not be fully realized in actuality.

〔7〕 We can express this point by using Max Weber's terminologies: the instrumental rationality finally dominates the purposive rationality and thus becomes its own master, recognizing no restriction of its applicative power.

〔8〕 This fact has been already pointed out by Thomas J. Peters and Robert A. Waterman, Jr, in their book: *In Search of Excellence: Lessons from America's Better Run Companies*, New York, 1983.

〔9〕 See endnote 5.

〔10〕 See Henri Bergson, *Creative Evolution* (French original 1907) tr. Arthur Mitchell, New York: Henry Holt and Company, 1911.

〔11〕 Cf. L. von Bertalanffy, *Modern Theories of Development*, tr. By J.H. Woodger, Oxford, 1934. In fact as gst cannot be considered a full-fledged theory, the gst has been more developed along the line of mathematical models than along the line of substantive biological systems.

〔12〕 Cf. E. Mayo, *The Human Problems of Industrial Civilization*, New York, 1933.

〔13〕 This book since then has been revised and retitled *The C Theory: Theory of Chinese Management*, first published by Xuelin Publishing, Shanghai, 1998; a new edition is published by People's University Press, Beijing, 2006.

〔14〕 See preceding note for information of this revised edition of the book.

〔15〕 Hu's slogan is "to create a harmonious society and pursue a peaceful world". The stress on harmony (*he or hexie*) is a typical Confucian gesture as harmony is always a core value in the Chinese tradition since the time of Confucius and even before Confucius. I myself has advocated thinking toward harmony and thinking along my "dialectics of harmonization" in my writings since 1979. I explicitly advocated such a view in China since 1985 when I was invited as a visiting professor of philosophy at Peking University. In 2002 I published my Chinese book *Creating Harmony* (*Zhuangzao Hexie*) in Shanghai at Chinese Wenyi Publishing Co. My anticipative views on return to a philosophical Confucianism became vindicated by both the economic and political developments in China.

〔16〕 Cf. Tai K .Oh's good paper, "History and Trends", in *Industrial Management*, Oct, 1972, page 15.

〔17〕 It is to be clearly articulated that the connotation of philosophy of Chinese Management is not the same as the connotation of Chinese philosophy of management although in extension a philosophy of Chinese Management could be a Chinese philosophy of Management. This is because a Chinese philosophy of management may not focus on Chinese Management as a characteristic mode and model of management, namely an ideally integrated epitome of HM. In the presence case the C-Theory is specifically a philosophy of Chinese Management with operational applicability while it is a Chinese philosophy of management because Chinese philosophy is obviously the basis for development of such a management theory called theory of Chinese Management.

〔18〕 See my first article on Chinese management in 1979, titled "The Universality and Particularity of a Concept of Management", in *Economic Daily*, Taipei, Taiwan, October 2, 1979.

〔19〕 See D. McGregor, *The Human Side of Enterprise*, New York, 1960.

〔20〕 For understanding in detail the paradigms of the Yijing, see my particle " On Transformation as Harmony, Paradigms from the Philosophy of the I Ching", in *Philosophy of Harmony and Strife*, edited by Shu-hsien Liu and Robert Allinson , Hong Kong: Chinese University

Press of Hong Kong, 1988. 225-248. A revised version appeared in *Journal of Chinese Philosophy*, vol. 16, no. 1, 125-158.

〔21〕This is called "*liangxing*" (parallel action) in Qiwulun (Essay on Equalizing All Things) of Zhuangzi. See an English translation of Zhuangzi by Burton Watson: *Chuang Tzu: Basic Writings*, Columbia University Press, 1964.

〔22〕This has been sometimes titled as "post-modern" rationality.

〔23〕See William Ouchi, *The Theory Z*, Boston: Addison-Wesley, 1081.

〔24〕I could substitute the word "whole" here in this passage for the word "holistic" in order to accentuate the holistic considerations. But I retain the word "whole" for its intuitive and heuristic appeal.

〔25〕Boston: Harvard Business School Press, 2007. Gary Hamel was also invited to give a keynote speech titled "Inventing the Future of Management" at the 2008 International Conference and Annual Meeting of AACSB in Honolulu, Hawaii, USA, April 13-15, 2008. In this lecture he has passionately argued and presented management innovation as an imperative for doing business in the future. In order to maintain the momentum of innovation in management one can see how business schools also have to make innovations and push over limits of management as usual.

〔26〕I have raised this question in the open discussion after Hamel's speech and Hamel has made some answer which seems to me to be an attempt to defend his "over-the –horizon" approach.

〔27〕Confer note xiii. I have written the first edition of the book which was published in 1991 in Taipei, Sanmin Book Company. The second edition of the book was published in 1999 in Shanghai by Xuelin Publishing. The third edition of the book was published in 2006 by the People's University of China Press.

The Three Revelations of Daoism for Modern Management

Kong Ling–hong
(Zhejiang University School of Humanities East West Culture
and Management Center, Hangzhou, China)

Dao Imitates Nature: Wisdom for Management

Dao and Man

The Daoist school of philosophy emphasizes that "Dao models itself after Nature." How can we link the traditional wisdom of the Dao and Nature with modern managerial studies? First we must begin with the Dao. What is the Dao? To put it simply, Dao means Way. Does it only mean Way? We can say, not completely. Because a Way is something that can be see and touch, and humans as rational animals live in a world of meaning and we want to experience the deepest and highest things in the world. For example children, four or five years old are always around their parents asking this and that, so many whys?! Among these questions, children will ask where did everything come from? At least children will ask where did I come from? Some parents are shy, and not knowing how to answer will just tell the child that they picked him up off the street. We know it's not right, so going forward in our investigation, where did we come from? Where did the other living things come from? In response to this question Laozi proposes that "the Dao gives birth to One, One gives birth to Two, Two gives birth to Three, Three gives birth to ten thousand things, ten thousand things with yin at their backs and yang in their embrace and breath between for harmony." This is to say that everything we can see and touch comes from a common source, and this common source is the Dao.

In that case, how does the Dao bring about the creation of all things? First, it produced the original vital breath, the original vital breath can be divided into Yin breath and Yang breath, Yin breath and Yang breath flow together, overlap and intersect, forming a mixed vital breath, or middle vital breath, and this is Three; the Yang vital breath and the Yin vital breath are Two. The Yang vital breath and the Yin vital breath further differentiating, the Yang vital breath becomes little Yang, old Yang, the Yin vital breath little Yin, and old Yin, adding mixed qi, these corresponding to the five elements "metal, wood, water, fire, earth," and these five elements once again intersect and overlap, and in the process form all things. This is the Daoist schools extraordinarily brilliant answer. We should not think it doesn't warrant is careful attention or has no value, it has astonishing similarity to modern western cosmologies Big Bang theory. The Big Bang theory in the same way explains how our universe came into being. It proposes, that the universe was produced from One central point, when the symmetry of this central point is analyzed, this symmetry is Two, the analysis is Three, breaking the original relationship of equilibrium is explosion and expansion, finally forming our present universe. We can say it is astonishingly similar to Laozi's "Three gives birth to everything." The revelation of "Three gives birth to everything" in regards to management, requires us to organize, either enterprise or society to multiply endlessly, eternal and everlasting, from beginning to end preserving exuberance, vitality, the capability of robust development. It actually raises for us a problem/ question in the goal of management, this is the Dao's first layer of meaning.

The Dao's first layer of meaning talks about origin, the primary origin of all things. Next we want to talk about Dao's second layer of meaning, as the most fundamental foundation of all things. To use the philosophic language of ontology Dao is Being. It is the most fundamental foundation of all things, and all things depend on it to come into being, it created all things but also does not act as ruler over them. It is just because Dao created all things and does not rule over them, that all things are sincerely convinced, all in submission of the Dao, that the Dao becomes a ruler in the true sense.

The Dao De Jing says: "the Dao is great, heaven is great, earth is great, humanity is great, humanity is one of the four greats!." In other words, humanity sits together with heaven and earth and has the most spiritual nature of the myriad things, is the highest of the animals, able of grasping "big," is capable of following "big," and has the wisdom capable of solving all problems. This "big," is the fundamental foundation of all things, if you grasp it well and handle matters according to it, how could you be unsuccessful! The summarize this is the "oneness of heaven and humanity." This "oneness of heaven and humanity," to put it simply, the subjective should accord with the objective, the manager and the managed must mutually fit together, the main part and it's object also must mutually fit together.

Dao and Regulation

Dao as thing in itself, if we interpret from the point of view of regulation, Dao is simultaneously still the most fundamental regulation in the change of movement.

The Dao has what sort of characteristics? We can examine this in several different ways. The *Daodejing* states "great means ever-flowing, ever-flowing means far reaching, far-reaching means returning, returning is the movement of the Dao." How do we understand this? Everyone here knows the Marxist law of the negation of negation, "returning is the movement of the Dao" this principal as it turns out is exactly the law of the negation of negation. Marxism's three laws of dialectics: the law of the unity and conflict of opposites, the law of the passage of quantitative changes into qualitative changes, the law of the negation of the negation are Laozi's *Daodejing* already extremely clear, exceptionally complete in their formulation. Moreover, I still want to tell everybody, the Marxism that we see today is not the original Marxism; it's our sinicized Marxism, the result of our Chinese culture our Marxism was exported and turned back. Why say it like this? Because in the late Ming and early Qing, when Christian missionaries entered China, among them there was a German missionary named Powell, and in Chinese he's called Beijing, he sent the Taiji diagram ? of the legendary Daoist sage Chen Tuan as well as some paintings having to do with The Book of Changes by Shao Yang and Zhou Dunyi to the then famous German philosopher Leibniz. Leibniz was amazed to see these, deeply inspired he set upon two tasks: the first was to put it in a mathematical field to develop into a binary number count, and with the improvements of Boolean became Boolean algebra, Boolean algebra is the most fundamental principal and prerequisite of our present computer technology, for example 01, 011, 0011 this type of code, the telegram also uses this as the most fundamental basis. This work should be looked upon as China's fifth great invention, but today most people don't understand this point. Leibniz's second task was to develop it in a philosophical way, to form fundamental dialectics and the fundamental thinking of the three rules. These three rules he passed unto his student Walsh who in turn passed them on to Hegel. What Marx did was to use materialism in place of Hegel's idealism, this turned idealist dialectics into materialist dialectics. Afterwards once again going through the Soviet Union came back to China, then passing through Ai Siji, Mao Zedong and so on to become the Marxism in our textbooks today. So we can say that Marxism was exported and turned back. From the point of view of management, we have to understand the law of circularity, and the law of the negation of negation.

Second is the law of growth, what is growth? It's exactly the weak defeating the strong, using the soft to overcome the hard, constantly expanding, strengthening, but we have to talk about the foundation of this expanding and strengthening. Once more there is something called gain and loss, the dialectics of gain and loss, most people just understand "gain" but don't understand "loss," they don't know how to first lose and then gain. The *Daodejing* contains a lot of dialectics, like "the old man who lost his horse, but it all turned out for the best," this is saying that there was an old man who lost his horse, and his whole family was sorrowful because this horse is the main source of labor for his family. However, the old man to was not in the least worried, and he said that this wasn't necessarily a bad thing. Sure enough, a few days later, the horse came running back with a mare following him and the whole family was so happy, but the old man said this is not necessarily a good thing. Sure enough, a few days later, the old man's son while riding the mare fell off and broke his leg and again the whole family was sorrowful, yet the old man taking things very much from the philosophical perspective said, this is not necessarily a bad thing. Sure enough, not long after the government instituted a draft in which a middle-aged men must go to war. Everyone knows that war is not good, many who went to battle that day did not come back the next, but because the old man's son had broken his leg he escaped the draft, thus possibly saving his life. So no matter gain or loss, we should not be anxious, we have to see it over a long period of time and understand the mutuality of gain and loss.

The third is time. We have already said that "the Dao gives birth to One, One gives birth to Two, Two gives birth to Three, Three gives birth to ten thousand things," in itself embodies a period of time. From this we can see, time is an essential factor of this law. This law is objective, as is time, moreover it is irreversible. In the field of management, we stress a good foundation, to grab the proper opportunity, and to act according to the circumstances. As a manager, we also must consider the problem of retiring after we have achieved our goal.

The fourth is adjustment, this point emphasizes the human element in participation in the movement and change of all living things, handling matters according to out purpose and the objective laws, making harmonious compromises between man and object, understanding the many kinds of laws and advancing by adjusting and utilizing them. We don't emphasize or encourage the wording or action of the so-called "warring with heaven fighting with earth," such as "altering nature," or "transforming society." Indifferent to change, we can only by the premise of following the rules adjust things.

Number five, talking from the subjective aspect of humanity, we have to understand tolerance, the so-called "a little impatience soils great plans," we use the rules, they emphasize we must have time to recuperate, and when opportunity is insufficient you will understand tolerance. In addition, management cannot excessively pursue perfection, we must tolerate the existence of some imperfect details. These are all closely related to management, and are factors that we must touch upon in the process of managing.

Dao and Nature

The Daoist school of philosophy reveres nature. The twenty fifth chapter of the *Daodejing* states "the Dao imitates nature," the fifty first chapter goes a step further stating: "this respect of the Dao, the treasuring of its virtue is something natural, not forced" the sixty fourth chapter requests people to "help all things be natural don't dare to do anything." During the later Han dynasty (25-200) Daoism came into being and continued this idea. During the Eastern Jin dynasty (317-420) the Daoist theoretician Ge Hong in the inner chapters of his *Baopuzi* explicitly affirms: "The natural law is of inaction, to follow the course of nature." This is a huge inspiration to modern day management.

To look from the idea of management, first is nature, Dao is the idea of nature, which is the say that the most fundamental meaning of nature is involuntariness, the premise and deeper meaning of involuntariness is that the object will accord to it's original appearance, and exist according to it's inherent qualities, we must not attempt to alter it, we can attempt to alter ourselves, but we must not rashly and presumptuous wish to change others, or even so much as to want to alter society, because this is nearly impossible. Regarding this matter we only need to take a look, when Mao Zedong began the "Cultural Revolution," his subjective desire was very good, to break bureaucracy, and change the Chinese people, but no matter the Nationalist or the Communist party who one after another held power, what was the result? If we compare our current situation with the situation in the 20's or 30's, or even the earlier state of humanity we might feel very sorrowful. This clear-headed comparison tells us, wanting to change others, even wanting to change society is arrogant. Rather than trying to change things isn't it better to go with the flow? Pushing the boat with the current doesn't require so much strength, even without any strength we can do it, but if you want to change others, or change society, change nature, that's pushing the boat against the current and the result can only be to get half the result with twice the effort or even to toil to no avail. Therefore the fundamental idea of Dao and nature is here, so Joseph Needham, author of *Science and Civilization in China* emphasizes, the wisdom of the Daoism is to go with nature.

In the context of management we must act accordingly. During the Three Kingdoms period (220-280) the philosopher Wangbi said: "The one who imitates nature, in a square imitates a square, in a circle imitates a circle, in nature violates nothing." This is to say not violate the laws of the object, not violate the inherent qualities of the object. So if your a manager, if an employee wants to do something you help her to do it or provide a public forum to allow her to do it; if your a manager, you act has the highest ruler, Laozi stresses "let your mind be the mind of the people." What the common people want to do, you create the conditions to let them do it, help them to do it, this is the most brilliant ruler. Be sure to remember not to rape public opinion, what the common people are originally not willing to do, don't force them to do it, if you think your omnipotent, if you think the army and the police are in your hands, that you can throw all that don't obey you into prison, cut off their heads, how long do you think this kind of management will last? It surely won't do.

In the same way, the manager of some enterprise, the simple way of handling things would be if you listen to me, do a good job, I'll reward you, and if you do a bad job I'll take away your bonus, reduce your wage, make you pack up and hit the road, is management so simple? If one only does things like this then your a really bad manager, and this type of enterprise has no vitality, and in the same way the management of society cannot be done like this. "The Dao imitates nature" is the most basic starting point of management, one Dao and one nature, Dao is the origin the thing in itself, nature is not violating the inherent quality of things.

Advocating the Principal of Not–Doing and Nothing is Left Undone

Nature is not doing: "the Dao does nothing, but nothing is left undone." (*Daodejing*, 37) not doing is one of the important ideas of management. Laozi emphasizes "not doing," "not doing" does not really mean not doing anything, "Wuwei" in a literal meaning is all day eating and sleeping, sleeping and eating, being lazy, but don't forget, the "not doing" that Laozi emphasizes behind has the "nothing is left undone". "Nothing is left undone" means anything done will succeed, if just lying in bed all day, can one succeed? Even idiots know that it can't be like this, in this way it absolutely doesn't mean doing nothing.

What is "doing nothing" then? Wenzi says "the so-called one doing nothing.... does not use personal interest in public affairs or let desire lead one astray, acts according to the rules of a matter and according to his personal capital, he goes with the force of nature." Wenzi goes a step further saying "the so-called one doing nothing does not use his subjective foresight, prejudices, and preconceived ideas and impose them by force on the body of an object, but according to the true face of the object, in an objective and comprehensive way comes to know the object. He does not govern and he does not change the true nature of an object and this is just the principal of going with the tide. So in relation to not doing, we stress staying behind, so Laozi clearly says, being a monarch, being a ruler, the common "do nothing and nothing is left undone," the common people can take care of themselves' I am calm, silent, making no mistakes, the common people on the contrary are safe and sound, living there normal lives; I'm not arousing any type of event, in this way any sort of political movement, is no torment, the common people on the contrary are able to live a prosperous life; I have no desires, the common people lived simply and unadorned.

This for us today is really so essential. We after the political road of 1949, can say that we have completely gone in the opposite direction. Today political movements, tomorrow political movements, there's no end, the rules of the system are more and more, these results lead to the degeneration of our societies morals, lack of integrity, human relationships have no trust to speak of. In the past few years the crackdown on fake or inferior products has been widespread, our medicine and food safety has become a big problem. With our ecological condition it's hard to be optimistic, environmental pollution is serious. If you get on a plane, it doesn't matter if you fly to north America or to Europe, as soon as the airplane goes into the sky you can see that our mainland China is so smoggy, otherwise is just black or yellow, except for outer Mongolia you see only green, or green water, or blue water. Coming back from Europe, you can see the same thing, first is Europe's green and blue, then is outer Mongolia's dried up yellow, then is China's black and yellow where you rarely see green. What does this say? Our ecology is not good, the environmental pollution is really too much, the ground already has little vegetative cover, our water is black, this is a very scary situation. In short, as a ruler, manager, one must have no matters with the people, this is most fundamental.

Moreover, Laozi clearly warns managers "who does is defeated, who executes loses," Not doing and nothing is undone are opposite, if you have violated this principal of handling matters, your undertaking is sure to fail. If your attached to it, you have to actively done things accordingly, this result will definitely be that what you want to get you wont get, and what you do get you'll lose in the future. Therefore sages and smart people don't do, he doesn't do anything, so he can't lose; he isn't attached, he isn't thinking to hold onto his company, and this company won't be lost. By every possible means thinking to hold tightly and not lose, in this way your definitely going to lose. It's like using a fist to hold onto sand, the more you squeeze the more the sand will pour from your hand; if you squeeze the sand just a little bit lighter, the sand will remain in your hand, and this principal is like this very simple. This is the dialectic of not-doing and nothing is undone.

"Not-doing" is ultimately realized in "being not painstaking but noble, not righteous but cultivating oneself, not seeking rank but ruling," this means to not spoil things by excessive enthusiasm, and to not to force oneself to follow so-called morals and ethics, or commending a so-called exemplary person. For example, during the huge earthquake in Sichuan there was a female police officer who saw a little kid without milk so she breastfed the child and we immediately commend her as an exemplary person, and then she gets upgraded to be a deputy commissar in the army and the power of her example is immediately lost, everyone said look at how much benefit she's gained, and what does her example move people to do? To do everything to commend the so-called advanced, the ones who exemplify the spirit of Lei Feng or the "Iron Man" Wang Jinxi etc. to make all sorts of these kind of examples, but how big is the effect of this example education? We examine our own conscience, if it really is very good, why today are there still , as everybody knows, extremely unpleasant situations? Should our propaganda department reconsider this problem?

"Not seeking rank but ruling," means not paying too much attention to fame, not being attached to perusing reputation. In our company or enterprise, we would do a "labor day award," to promote work performance, an workshop to promote the reputation of each work unit, and this is to encourage everyone to be proactive, but realistically speaking what is the effect? Besides giving rise to competition, factions, a lose of harmony, the negative impacts are more than what can be seen at face value.

According to the theory of not-doing, Master Zhuang clearly raises the theory of "no-desire," "no-thinking," "no-reputation," "no-merit," "no-speech," and "no-self."

No-desire, just means to lack subjective, personal desire and in the capacity of a manager it means because your work is managing an enterprise or managing a region, no matter if it is business management or public management, acting as a manager you cannot have selfish considerations and put these selfish considerations into the activity of your management.

No-thinking, this means no personal thinking, one must have the thinking of those one manages to become one's thinking, and in some sort of way this is just democratic thinking, by having the thought of the common people become one's own, having one's employee's thoughts become one's own; this is quite contrary to imposing one's views on others, or thinking that one is an elite, considering that oneself is smarter or more capable than others, you all aren't as good as I am, so you must all listen to me. If you have this sort of thinking, can you manage your employee's? In regards to public management and democracy, this principal is the same as in business management. We have to use everyone's wisdom and work as a team, because if everyone piles up firewood we can make a bigger fire, this is the principal of "not-thinking."

No reputation, this means to not excessively emphasize achievement. The so-called advancement of workers, role-models, advancing units these sort of things must be reduced as much as possible. Spiritual encouragement isn't really something that can't be done, be it can't be overdone and you have to stop while your ahead.

No speech, this means to not have endless paperwork and meetings, being all day busy sending out notifications, having meetings, here make a report, there make a report, here an important speech, there is some leaders address, today giving some important instructions, tomorrow some important instructions, all with no end in sight. Think for a while, that so-called important speech, everyday talking, where are the new ideas, are you capable of having new ideas everyday, are you capable of everyday discovering an important issue? All these so-called important talks are just lies, empty prattle, conventional greetings, rubbish! So, the manager has to emphasize no-speech, silence is golden, and as a manager one must try one's utmost to speak as little as possible and spend more time doing practical things.

No-merit, this means one must not pay excessive attention to so-called merit, contribution, and making a contribution, everyone is naturally clear, having just a little merit that's great, all day making a performance, on the contrary will insight the disgust of others, there is no benefit. Becoming a manager is to be defeated.

"No-self," just means that being a manager, don't go on an ego-trip, don't think your so great, your attitude should be more gentle. Admit that you don't have some many abilities and don't compare yourself as so much smarter than others. People are all more or less the same. From a biological perspective we can analyze that over 95% of people, on the genetic level, from biological composition are all the same. And from the degree of intelligence, over 95% of people have no disparity, and whats left is nearly so small as it could be a neglected percent, really absolutely intelligent people and absolute idiots are actually quite rare, not even 1%. Since this is the case, what qualifications to you have to flaunt in front of others, what qualifications do you have to think that your so important? So great? Therefore, be a little bit mild, and being a manager in today's democratic society, you have to treat those you rule as your equals, and you have to be aware of this tumor in history.

Possessing the above mentioned ideals, you can be capable of clearly understanding that "ruling a large country is like cooking a small fish." Managing a large enterprise or ruling a large country is like cooking a small fish, one cannot flip it too many times. This is the principal of lifting weights as if they were light. We can grasp the fundamentalism of this problem to handle it well. In the so-called "82" principal of managerial studies, which means that if you do a good job of 20% of matters, this is the equivalent of completing the entire work, the left over 80% of matters is no problem, one will surely be capable of handling it well. So, Bill Gates told the youth of America, a successful person it doesn't matter what he's doing, but knowing from beginning to end what he isn't doing. This is the principal of weightlifting as though it were light.

Knowing what to do, this is very difficult, knowing what one isn't doing is relatively easy. Everyone should be clear of what they can and cannot do. At least they should know what they are aren't doing, aren't thinking, if they can't even get this straight, this really is a big problem. A person must clearly know what it is they are doing, how to do it, and if they do it well this is very difficult. But to know what it is that your doing, you must first know what it is you aren't doing, aren't thinking, what you cannot do. Being a manager is just like this, you must know where the borders of your enterprise or institution are, what you can do and what you can't do.

Laozi emphasizes: "if a lord upheld it the world would be his guest," this is to say that in case you can genuinely use this concept of not-doing in management, your enterprise will naturally become more prosperous with each passing day, your country will naturally be able to prosper and develop. This premise is just in believing in your employee's and letting your employee's manage themselves, letting the common people manage themselves, this is the highest level of management and this is from the idea of not-doing. We emphasize that you have to manage less to manage well. Because the Tao was born becoming itself, and all people are equal, we have to believe that everyone is capable of managing themselves well, and to do their work. Then, managing less is managing better, is it or isn't it that we must again must take it to another extreme, is not managing at all the best? No, it's not managing, moreover it's important to grasp the crucial point of management, and what is that?

No matter in business management or social management, the fundamental work is building order and establishing a system. In regards to business, the regulations of the institution must keep up with the times, unceasingly be renewed and amended. Within social and public administration, one must make sure that the laws are strictly observed and the laws must be strictly enforced and lawbreakers must be dealt with. In addition, in the same way regarding establishing rational expectations, our goals, managing a business involves certain goals and public management is the same. Moreover the goals must constitute a system of goals, not merely a target, and a vision of complexity must be used to look upon this problem. We cannot be like business management of the past that stressed the growth of GDP, for the growth of GDP the environment was ignored, the lives of the common people can be unconsidered, laid-off employee's can be unregarded, social welfare can be unregarded, and this just won't do! The Hu Jintao era proposes a scientific development theory, stresses the balance of economy, society, and the all-around progress of culture. This is a a huge improvement. Equally, business administration is just about profit margins, besides economic benefit the most important goal, we also have to consider the social goal like employee happiness and environmental protection, so many factors.

The Unity of Yin/Yang and Complementary Arising

Nature is the opposition and unity of yin/yang. The second chapter of the *Daodejing* says: "the coexistence of have and have-not, the coproduction of hard and easy, the correlation of long and short, the codependence of high and low, the correspondence of note and noise, the coordination of first and last." Yin/Yang these two aspects complement each other. The *Daodejing* in chapter 22 says: "the greatest thing seems incomplete, the fullest things seems empty, the straightest thing seems crooked, the cleverest thing seems clumsy," later Su Dongpo addes "great courage is like cowardice, great wisdom is like stupidity" these two lines. This is the unity of yin/yang and their complementary relationship, the ancients used the Taiji diagram ? to indicate this.

Inside the Taiji is yin, yang, yin and yang are moving and keeping equilibrium, inside yin is yang, inside yang is yin, yin and the extreme point will turn into yang, yang and an extreme point will turn into yin. The natural world originally is the unity of yin and yang, and human society is also like this. The interaction of yin and yang manafests in the three rules of dialectics: the law of the unity and conflict of opposites, the law of the passage of quantitative changes into qualitative changes, the law of the negation of the negation. In the *Daodejing* there is a lot which exponds these principals, and this part everyone is family with, it is very close to Marxist philosophy, so we won't talk about it so much.

What we want to talk about is using the thinking of the Taiji diagram in management. Western enterprises have already incorporated the use of the Taiji diagram in management, and this is called "Taiji Management." So what is Taiji Management? It is to use the good methods in ruling a country but using monstrous methods in war. Extending this to management is the tactic of principal and flexibility. Flexibility cannot depart from principal and this is expressed in the tactics, strategy, art, these all need to carry a flexible approach. For example new products are developed, in an era of intense competition, you have to be on the assembly line, in the laboratory, and then go to the research and development department to test the feasibility of a new product. And this is just like digestion in the stomach, the mouth holds something, the eye is looking at something. In this way as soon as old products hit the marketplace they are reduced from their higher value by about 50%, just like a laboratory product when pushed to the assembly line, only in this way can there be unceasing flexibility, a situation of stable movement. In short, flexibility represents little overcoming big, retreating to advance etc.

Taiji managements second essential point is that you must benefit others to obtain benefits for yourself. According to this, in business management, you want to get money from the consumer, you first have to give him something, and if your product isn't good how can he give you money?

The third essential point of taiji management is that the path of the growth of the company is based on soft overcoming hard. Laozi emphasizes "water conquers the hard, soft conquers the strong." For example a small enterprise when faced with a huge competitor, what can they do? First, don't be afraid. The strategy is first to despise them, to attach importance to them, to win by a surprise move. This is because little companies can be flexible. For example all these Chinese companies want to go develop in America and Europe but what about Africa, now the Chinese government and the Africans get along great, they can make a lot of money.

The forth main point of taiji management is the strategy of doing what is least expected. In management, you have to be good at breaking the normal tendency of thinking, one must have enthusiasm, originality, to act where others are unfamiliar. Laozi says "those who treasure this Way don't try to be full not trying to be full they can hide and stay hidden," and only those with space in their heads, and who aren't stubborn can do the unexpected.

The contributions of Daoist culture to management is very rich, and the revelations it offers to modern management is so much that it can only be restricted by the length of an article, therefore more content must be dealt with in another paper.

East and West: Reflections on Multiculture and Global Civilisation

Flemming Christiansen
(University of Leeds,Leeds,UK)

Some preliminary observations

This essay shall first at some length examine the historical lineages of Multiculture and Global Civilisation in order to identify some of the problems associated with these notions, and then seek to explore possible foundations for a research and policy agenda.

Globalisation

Among the trends in the world, globalisation tends to be seen as a transformer and equaliser, as the very process by which hidebound identities are uprooted and turned into transient belongings and tastes from which people can pick and choose when they, like kids playing with Lego blocks, assemble their selves. It is the process that challenges the nation state and turns nationality from patriotic pride and sentiments into simply a matter of carrying a passport. Citizenship is transformed from a defining status granted by the state into a set of rights enforced and asserted against the state. Globalisation's corporate players and their subsidiaries, be they local or "glocal," generate global, cross-cutting brand loyalties and global cultural products, including the core elements of global cultural infrastructure — the news gathering and production of powerful discourses, setting the agendas of moral and political judgements. The Organisation for Economic Co-operation and Development, the Bretton Woods institutions (World Bank and International Monetary Fund) in association with other international institutions, most prominently but not exclusively the World Trade Organisation, global corporations in financial services, and national governments help coordinate the global economy within the parameters of a liberal economic discourse that, ambiguously, both undermines individual states'autonomy and relies on the strength of individual states to further the expansion of global corporate players and to tie ever larger markets into the global division of labour.

The liberal economic discourse is closely associated with the post-World War Two two-pronged moral mission to on the one hand undo the major colonial empires, and on the other institute international regimes to eradicate genocide and war crimes. It further established a complex maze of ideas that closely linked liberal markets with democratic institutions and the need to nurture, by any means （even political and military intervention）, internationally oriented middle classes in former colonies and weak states in opposition to the "communist camp" of centrally planned economies, summarised as "totalitarian" states, which were purported to form a military opponent. The notion of "totalitarianism" in the discourse closely linked the Axis countries of World War Two （Germany, Japan and Italy） to the Cold War opponents （typically linking Hitler and Stalin as well as the Holocaust and Soviet purges）; the "communist threat" to the "free world" was a moral master narrative that streamlined the ideological association of economic liberalism, democratic institutions, civil society, human rights, internationalism, national self-determination, anti-racism, humanitarian aid and so on into a set of broad international precepts promoted vis-à-vis the communist Other and also setting the parameters for institutional convergence in North America, Western Europe and several other parts of the world.

The high tide of globalisation in the 1990s was furthered by the collapse of the Soviet Union, the technological revolution that drew growing numbers of people into global communication and knowledge development beyond the impositions of the nation states, as well as the boom in global mass travel; an ideological cleavage in the global North transformed the "totalitarian" discourse into one of "clashing civilisations," arguing Judaeo-Christian-Hellenic roots of the "Enlightenment" ideologies that were conveniently construed to coincide with the anti-totalitarian moral master narrative. This ideological pattern set the relatively new post-colonial statehoods of the Middle East （largely perceived as "undemocratic" ） up as an enemy camp, using Islam as a proxy; secularist governments in the region were defined in contrast to religious fundamentalism, allowing in-roads of political and military intervention, in particular as the "terrorist threat" became a rallying point. The strategic importance of this ideological development of globalisation ideology lay in the perceived need to secure supply of oil reserves for the global economy. It is unnecessary here to go into details of specific wars and alliances arising in this scenario; however, very importantly, the construction of China as a "Sinitic" civilisation within this scheme has given a new lease of life to essentially "totalitarian" conceptualisations of China, for example in US, UK and German media coverage and political discussion in the run-up to the Beijing Olympics in 2008, where particular interest groups used the high-profile event to promote their causes. Another ideological development has emerged, in which the global division of labour is promoted and celebrated by reference to the "East Asian miracle," increasingly allowing entry of new fashions and images into global cultural products and making more diverse voices heard. In terms of news coverage, for example, the major Western media agencies, Reuter, CNN, BBC, AFP and so on have been complemented with for example Al-Jazeera, and China's increasingly important global satellite channels CCTV 4 (in Chinese) and 9 (in English). The impact of Chinese and Japanese cultural products increases, not only in their direct global/international presence (e.g. Chinese sixth-generation films, modern art, designs, herbal medicine, and feng-shui), but also in the increasing weight and shifting significance of Chinese and Japanese tropes in Western cultural products (Disney's Mulan, Kung-fu Panda, etc. spring to mind alongside themes in James Bond films), where exoticism and colonialist themes are fading and cultural appreciation is gradually increasing. A similar trend towards global recognition is also afforded Bollywood. Even so, US and European cultural products still tend to depict heroism in orientalist fashion, relegating non-WASPs (White Anglo-Saxon Protestants) to secondary or morally ambivalent roles (even if they now tend to go far beyond past racial stereotypes in sympathy and character description) and superimposing middle class Western value judgements on non-Western characters (Kung-fu Panda was basically modelled on a small-town American adolescent). The global importance, of course, has attuned the Chinese cultural elites and state functionaries to reinterpret and represent China's cultural heritage in ways that have global impact; the Beijing Olympics as an event was able to not only impress in scale and magnificence of architecture and choreographed mass displays, but also to deploy tropes, symbols and images totally fresh to the global cultural "grammar." The omni-presence of well-socialised, helpful and intelligent volunteers of all ages, for example, will be well-nigh impossible to match in the UK Olympics in 2012, although it may well be one point that the UK Olympic Team will try to emulate.

Multiculture

As for multiculturalism, its Enlightenment roots (in Lessing's Nathan der Weise, in the French and American constitutions and by extension in Communist internationalism) are much simpler than its historical manifestations. Among these, the Russian Revolution created the need to accommodate the ethnically, culturally and linguistically very diverse parts of what had been the Czarist empire in the Soviet Union, creating what amounted to a multi-ethnic and multi-cultural statehood that at least at the declarative level provided these nations equal treatment. Yugoslavia's Titoist policies were more ambiguous in their effort to achieve ethnic unity, while recognising differences among the nations. China's policy was to create a level of territorial autonomy to its many nationalities, which were officially recognised. By and large, history, language, culture, and religion played a significant role in the Soviet Union, Yugoslavia and China, where ethnic distinctions were established in immutable essentialist categories with the assertion of positivist scientific classification, enumeration and labelling, and in particular in China a high level of ethno-cultural construction.

In the USA, multiculturalism took root as a way of dealing with the ethnic diversity of the population, and in particular to deal with racial discrimination. As a discourse it has always assumed a quite insignificant role, as social behaviour and official policies alike emphasise assimilation, and the "respect" for diversity as hyphenated residual identities like "Irish-American." By contrast, the UK version of multiculturalism was devised to deal with incoming groups from the colonies who were not native to the British Isles; by, in a benign sense, regarding people of different origins as having different "needs," policy concentrated on services and provisions from the state, some of which presumed ethnic self-organisation (like running language schools in their native languages and provisions through ethnic associations). Thus, in effect, both including people through citizenship, and distinguishing them as culturally separate, the UK on the one hand perpetuated differences, social exclusion, ethnic stereotyping and petty racism, it also created a vibrant sphere of ethnic self-expression and cultural diversity in a cultural context that has become hostile to public expressions of bigotry and racism, and has enabled many of "ethnic background" access to education and careers.

In many countries across the world, cultural and ethnic exclusion have historically formed an institutional framework for division of labour or labour market fragmentation, allowing certain groups to be "naturally" exploited; this very old phenomenon, was a method of labour management in colonies and during the 18th, 19th and early 20th century in global seafaring, and is today seen across the world in informal and ethnic labour markets. These exploitative practices are easily masked behind the benign metaphors of multiculturalism.

No matter how one regards it, multiculture as we know it as an existing reality, is not without its problems, because it shapes categories, entitlements and stereotypes, is prone to create social tensions, exclusion, and is often a vector of economic exploitation.

Towards Global Civilisation?

The challenge is that the forging of a global civilisation demands a global discourse. Globalisation as a dynamic force is highly partisan, arising from the post-World War Two settlement, and defining itself in a complex of flexible and malleable moral and ideological discourses that have been successful in opening the world market to global corporations, successfully including large populations into their costumer base. The power, the content, and the nature of globalisation are still dominated by a relatively small part of the world, and it is in one (or even several) of its guises belligerent and repressive. The discourses on the one hand pay homage to strong states and enlist them for their proliferation of liberal market practices (free mobility of capital, raw materials, energy, and commodities, but not labour), while on the other hand judging and censuring them in patterns habitually used as the justification of aggression.

The main question is thus whether existing globalisation processes can be the foundation of a global civilisation, whether so to say, all parts of the world can have a true and equal stake in the dominant discourse. The increasing cultural engagement across the world bodes well, while realities of fragmented labour markets pull in the other direction. The symbolic use of religion in the "clash of civilisations" discourse and the rise of fundamentalism make shared global cultural values and norms difficult to achieve. On the other hand, the economic rise of East Asia and India shifts the global voice away from the current North American/European monopoly. While this may alter the terms of the globalisation process, it may not help the world much closer to a global civilisation. The existing institutions, dynamics and interests of the globalising process, and their projection into the future do not promise such a development.

The achievement of a global civilisation can only be meaningful if its achievements are globally shared, and if there is common ownership and participation; it needs to form a discourse of collaboration and multiculture in the sense that diversity is a contributive asset for joint progress and interaction across division lines.

The legacies of the present may be auspicious, for the unprecedented interconnectedness, the technological access to cultural resources, and the rise of virtual communities allow truly new forms of interaction that go beyond traditional frameworks and power structures and allow people to unfold their creativity in new ways. The rise of open access publishing, open source software, and creative commons allow people to claim back public resources monopolised by global corporations. Technologies to "save the planet," currently critically exposed to market fluctuations (for example the price of raw oil) may be viable if governed by other rationalities than corporate balance sheets. Skills can, due to new technologies and the better access to training, now be learned more easily in large parts of the world, allowing more people to take proactive control of their own lives and their own interests; the knowledge of foreign languages is increasing, enabling more trans-cultural contacts. The destruction of defining, essentialist identities and the rise of new belongings allows more people freedom and openness, as does the weakening of the nation states; and they may not all fall in the hands of traders enslaving them to become global brand consumers.It may be that the global civilisation arises from the agents of their own fate who are a product of globalisation: People who are seeking meaning and take pleasure in diversity, who work for the common good, and for whom global traders and men of violence and power become increasingly irrelevant.

The most recent financial crisis has probably more than ever revealed the need for a global civilisation that may impose sound practices in the way global resources and the global economy are managed. In the past it was obvious that global economic institutions, state interventions and market activity generated severe risks to industries and businesses; the invention of risk hedging therefore became a potentially stabilising factor that could contribute to global prosperity. We now know that risk hedging has become a major institutional threat to economic growth and stability as large corporations can speculatively manipulate derivatives markets, thereby causing huge economic crises, risks in fact, for ordinary people across the world and unsettling state budgets as governments scramble to redress economic stability. The logic of liberal market ideology should ordain that major financial corporations getting into deficit should perish in bankruptcy proceedings; yet the fall-out from this would be so chaotic that governments through emergency packages underwrite less than prudent corporate behaviour, violating their own commitment to shun moral hazards. The victims are the ordinary people: Those whose careers are broken, those whose livelihoods are at stake, those whose life savings are wiped out, those who are further driven into a corner. The global civilisation, therefore, is one where the moral gaze of people who empower themselves shames global corporations to change "corporate social responsibility" from a despicable hollow slogan into moral stamina and a social commitment that knows no selfinterest-based corporate identities. If we want to talk about global civilisation, we must first identify ways in which the resources of the world become truly global and serve all people.

Emerging Research Agendas

Which research agendas arise from these fractured and fragile moves towards a global civilisation is hard to say. Social science has, as I have already mentioned, been an important part of getting us where we are, for we should not forget that social scientists have been deeply involved in the "colonialist" project, the "liberal democracies versus totalitarianism" project and the "clash of civilisations" project and have helped them along, even if their debates have often been more critical, cautious, varied and circumspect than the political uses they have been put to. As social scientists we are "contaminated" by the role of social sciences in shaping the global inequalities; yet perhaps this is the least of all problems, for we may overcome this by changing our moral opinions and opening our eyes to new perceptions. A major issue is that all we have learned and believe in is rooted in the "enlightenment" : The very essence of what makes us social scientists, the scepticism, the analytical procedures, the quest for objectivity and dispassion, the pursuit of peer-reviewed scientific agendas (some of which later end up in the horror cabinets of the science museum) , and the reductionism all hark back to the enlightenment founders of modern scientific discourse, yes even beyond them, for it is by far not clear whether our roots just go back to Enlightenment philosophers like Hegel, Kant, Leibnitz, Voltaire, Descartes, Hobbes and Payne, whether we need to look at Renaissance humanists like Erasmus, Melanchton, Spinoza, and Valla, or pass the buck back to Augustine, Boethius, Paul and Aristotle (just to mention some of those that may spring to mind) in order to understand where "it all went wrong" in "Western learning." The point is that the theories and methodologies we use were established largely without cognizance of, yes often even with disdain for, other parts of the world and take value judgements, institutional frameworks, practices and historical legacies for granted that have no universal meaning in our complex world. And where the enlightenment scholars could draw on a rich knowledge of China provided by Jesuits like Matteo Ricci, they merely held it up as an idealised contrast to European vice and decadence, not worthy of an understanding in its own right. Core concepts like "civil society," yes even "civility" and "civilisation," even today mean different things to European and Chinese scholars; the term "community" has distinctly different connotations in Europe and China. One way of dealing with this is to go back to the drawing board and redefine, reformulate, and extend our conceptual frameworks and to question the existing ones. This would be a genuine learning process, for once the deeply engrained scientific beliefs come under scrutiny we will need to look at the entire world in a new way.

The outcome could be that European, North American, Chinese, Indian, Brazilian, Egyptian, Russian, Iranian and other scholars actually would end up with a shared social-scientific discourse equally satisfactory to them. This might ultimately mean that Chinese colleagues would not feel that "Western" methods and theories suit "Western countries," and either will have to be heavily reformulated to be useful in the analysis of China, or totally discarded in favour of social science "nativism" (shehui kexue bentuhua).

As some European scholars have pointed out, like for example Ulrich Beck, the very global nature of our world requires us to abandon the nation-state as a unit of analysis. Arguing against the methodological nationalism that makes us blind to the real inequalities and social hierarchies in the world, and the global continuities of social worlds that do not know state borders, he proposes to track the empirical and methodological paths that link up the world and are not yet conceptualised or quantifiable (because national statistics provide data within a frame of methodological nationalism) . This may be a good starting point for a true global revolution in social sciences.

And let me end this essay with the hope that we do not abandon the best of social sciences, but develop it. Revising our ideas we may not just need to revisit Aristotle, Erasmus, Descartes and Kant, but will also have to draw on the great font of knowledge available in other traditions, from Sima Qian until today. In that way, social sciences will truly become able to serve the formation of a global civilisation.

The Research on "Dao–Merchants" Oriented by Dao

Shanhong Qi , Dangzhu Zhang
(School of Management Nankai University, Tianjin, China)
Yanmin Li
(Tianjin Zhongde Career College, Tianjin, China)

The Problem on Merchants' Orientations

The conceptions of merchants in ancient Chinese times are quite different from modern times. In ancient times makers、merchants、sellers were separated: the makers are meant producers, merchants meant those who conducted merchandise circulations, sellers meant those who sold goods in his own stores. The merchants discussed in the paper integrated the above three groups of people including merchants both in station-owned enterprises and private enterprises.

From the historical incidents, we can learn the tendency of social development. After carding the fate veins of Chinese merchants in history, we can find development orientation in great historic coordinate system for thousands of years. The governors in history insisted on the policy of "championing agriculture over commerce", the concrete history period can be divided into 5 stages.

The first stage was Qin Dynasty（?—207 B.C.）, some Jack-of-all-trades such as li Fan、Gong Zi、Gui Ba、Bu-wei Lv appeared in both political and commercial area. At that time the governments in most of countries adjusted their policies to encourage commerce instead of constraining it, and this stage was the source of Chinese commerce. But in the late period of Qin Dynasty both Yang Shang and Fei Han, who advocated "championing agriculture over commerce", originated this policy from then on.

The second stage was from Qin Dynasty to early days of late Qing Dynasty（207 B.C. —1911）which was feudal centralization period lasting thousands of years. In this stage, the governors represented by Cuo Chao、The Emperor of Hanwu settled down dominated regulations of "championing agriculture over commerce", the rank of merchants had been the lowest one in the sequence of four ranks of "scholars、peasants、workers、merchants" for about two thousand of years. Of course, during the stage the government supported the

363

commercial activities transiently, when some scholars also struggled for merchants' unfair situations. For example, in Southern Song Dynasty, Shi Ye suggested that "the country should support commerce, circulate currency" and took opposite opinions on traditional policy of "championing agriculture over commerce". He considered that the government should protect rich people instead of injure them, and support rich people's activities of obtaining wealth. He stressed that: "Rich people are roots of local economy, dependable persons both for authorities and common people." [1]

The third stage is from late Qing Dynasty to the Republic of China (1911—1949). In early Qing Dynasty scholars were reluctant to serve authorities, and in late Qing Dynasty Chinese people were edified by thought of richening China and strengthening troops, reforming unsuitable social functions because the western knowledge was spread to the east, so increasing people went into the rank of merchant spheres, and the situations of merchants had been improved. As a result, he authorities had justified their policies from restraining commerce to promoting commerce and sympathizing merchants. In the stage some famous and brilliant merchants had appeared such as "Governor Merchant" ——Xue-yan Hu、 "Number One Scholar Merchant" ——Qian Zhan、 "Flour King and Vein King" ——Rong brothers、 "Chemical Industry Founder" ——Xu-dong Fan、 "Navy Transportation Founder" —— Zuo-fu Lu、 Xiang-xi Kong、 Zi-wen Song, etc... But in the Republic of China, especially in late period, the authorities taxed the rich merchants heavily even extorting them. It urged the merchants to collude the governors.

The forth stage is from 1949 to 1978, which was early time of People's Republic of China. During this period, under the leadership of union composed by workers and peasants, the government settled the policies of cooperating with private enterprises. Shortly after, the private enterprises were totally owned by government; all social products were under national control; the rank of merchants almost disappeared. At last, during the time of "Cultural Revolution", most of merchants in prior to liberation were badly treated as evils, and the rank of merchants were damaged mortally.

The fifth stage is from 1978 to this year, the government adjusted to reform and open policy: the market economy has made great progress, Chinese merchandise plays more important role in international market, a surprising number of merchants and entrepreneurs have been cultivated, so the situation of merchant rank have taken great changes. They have been not only admired and pursued but also attended by national government. For example, Yi-ren Rong, a core person of second generation for Rong's, has been vice national chairman of People's Republic of China. Ying-dong Huo——a merchant in Hang Kong——become vice chairman of the National Committee of the Chinese People's Political Consultative Conference.

From the above demonstrations, we can draw a conclusion that merchants in every dynasty were not valued effectively. Even though Chinese commerce has been incomparably prosperous today, the status of merchants has been lifted to such a unbelievable stage, but the ends of merchants are still in a embarrassment. Merchants are caring for not just the development strategy of their enterprises、 more profits、 faster expansions, but their private future further, that is their characteristics、 souls、 final destinations in their hearts. Most of merchants are good at intriguing the others, but they can not make a wise plan for themselves; they are good at designing traps for the others, but they also don't know they are in a great trap which takes effects on human beings history. They enjoy themselves、 lose themselves in the great trap, and they don't know how to flee from the trap. So there are two ends for merchants.

The first kind of cases are failure one. For instance, "governor merchant" Xue-yan Hu was robbed of all property by Qing government; "Number One scholar merchant" Qian Zhang bankrupted for lack of capital, "Navy Transportation Founder" Zuo-fu Lv suicided; Kong family、 Song family were reviled by Chinese people for nearly one hundred years for getting disgraceful profits during national crisis. After liberation, some merchants also were arrested by authorities: the master of "The First Village in China" was arrested for crime of harboring a criminal, "Number one Cheat" Qi-zhong Mou was arrested for crime of fraud; Guang-yu Huang who was listed three times in Chinese Forbes rich list also was arrested by law-enforcement authority.

The second kind of cases is successful ones. For instance Li Fan was to be called "saint merchant" because he got much more money three times within 19 years, but he granted all money to his poor friends and relatives. [2] Xi-tai Rong——Rong Yiren's grandfather ever said: "Feed yourself and your family. If you have surplus, you should denote to your relatives and neighbors. If you still have surplus capability, you should try your best to serve society." [3] Rong's family has abided by the teaching, so they broke down the old saying: "If you are rich, your great –grandson will not be rich." Mr. Jia-cheng Li ever said: "A company is just like a big family, every employee will be a member of the family, they should get what they need for their contribution to cooperation, which is to say, the company should appreciate the employees for their hard work." [4] The business philosophy made him to be the richest person in Chinese area, and what is more, he was also respected by people all over the world.

If a boat lost its direction, no matter which orientation the wind will blow, it will block the boat. If merchants also lost their directions, their ends would be just like a boat losing its direction. So where would be the merchants finally oriented?

To Crack Difficult Positions for Merchants in History

Possession、 status、 success of reputation can not disguise merchants'weakness in hearts, apparent strength can not cover the situation that they consider in their deep heart they are "weak group". So they are trying their best to find the ways to save themselves.

The first way is to bribe and pray. Most of merchants got money in illegal ways at the beginning. When they were noticed by law-enforcement authorities they would have to bribe the governors with their illegal money, which would trouble them than ever before. They also would be upset after a great deal of bribes, and then they would pray for safety in the temples, whichcould only make them feel calm transiently instead of solving their problems completely, because if The Buddha protected them as they wished, The buddha must be the biggest bribee. The second way is emigrating abroad. From 2008 to 2009,the numbers of emigrants from China to USA、Australia、Canada has duplicated, and the main body of emigrants had not been the scholars or technologist but rich people, most of whom are merchants escaped from being arrested by Chinese government. [5] Beside this, after they got to the destination abroad, though they would be temporarily safe they lived a suffering life because of language barriers, maladjustments for alien living conditions and the risks of being sent back to China. Some of them returned to China to confess their crimes, since they can not endure such kind of lives. [6] The third way is studying and improving themselves. Many entrepreneurs are studying training skills, study EMBA course, or taking part in president class in the universities. The merchants can improve the personal qualities and capabilities, but they still can not find the final destination for themselves.

The Chinese scholars have the traditions of "To find the final destination and believes for all ranks of people", and the merchants also should be included because they are one kind of people in the country. As requested by the reality, some experts and scholars have done a great deal of research on business conceptions and characteristics connected with Chinese traditional culture to breakthrough the current dilemma faced to merchants to find acorrect orientation for the merchants.

The first thought is the research on "Gentle Merchants". "Gentle Merchants" embraces both governors、scholars and merchants, who are two different parallel spheres. [7] According to the conceptions, in late Qing Dynasty and the Republic of China time, there was a remarkable delegate among the "gentle merchants" named Xue-xi Zhou, but he also was a typical governor who made the most of his post to get unsuitable commercial profits. The succeed Zi-wen Song、Xiang-xi Kong invaded and occupied surprising national wealth by abusing their official privileges. Judged from current Chinese laws, they committed economic crimes, so they would be punished by laws for their illegal joints between governors and merchants. The second thought is research on "Confucian merchants". "Confucian Merchants" are those who do business or managements by conducting or observing confucian social and economic ethics automatically、lastingly、systematically, performing and expressing confucian spirits of concerning social harmony、cultural innovation, for economic matters, expressing that confucianists value human rights, caring for humanity, living a humane life, treat the others fairly." Or "'Confucian merchants'" only pay more attention to confucian social ethnics and economic ethnics in economic affairs." [8] The third research is on "Buddist Merchants".

"Buddist Merchants" are merchants who have buddist believes. They will perceive the origin of heart, realize all objective regulations, they put emphasis on pure peaceful consciousness and magical effects, that is to say they stress on the individual souls awareness practice, life origin, surpassing the greedy request completely. [9] The research on confucian merchants and buddist merchants is refining excellent merchants'operation philosophy and wisdoms into reality, referring to Chinese traditional cultures and administrative experiences, applying for effective directions for entrepreneurs, taking positive effects on directing merchants to abide by business ethics、morality、correct philosophy, offering beneficial assistance to merchants with promoting their capabilities of self-cognition, improving mental models and realms of life. At the same time, the research on Confucian merchants and Buddhist merchants also leads to our considerations: In reality, some entrepreneurs administrated their companies with "Disciple gauge", though they made a lot of progress, but the employees still felt they were restricted and sermoned by moralizations. During the times of lacking believes and cultural basement, more and more merchants looked for nutrition from Buddism, some of them even became buddists, so some merchants were purified by Buddism, but others merchants are misguided by superstitions.

Above all, theproblems faced to research on "Gentry merchants, Confucian merchants, and Buddist merchants", we have to return to Chinese classical culture to probe core elements in essence, instead of dividing the topic into several schools of thought, arising unnecessary arguments from different schools of thought, solve the problems of merchants'final destinations, and settle down a successful system of purifying their souls, cultivating their families, and administrating their enterprises.

The Regression of Merchants: "Dao merchant"

Human beings, including merchants, are both output of nature and society, who are affected by their countries and local cultures. Especially core ideological culture effects are the most important and greatest. Then what is Chinese core ideological culture? Comprehensively speaking, that is "Dao".

Dao

Mr J Yue-lin in ever said "Every cultural area has its own backbone ideology; every ideology has its own highest conception, most fundamental motive power. The highest conception in Chinese ideology seems to be Dao. That is to say, Dao is final destination by practicing Dao、being aware of Dao, obtaining Dao." [10] Confucianists and Taoists supplied a lot of different definitions and illustrations to Dao. But Mr Huai-jin Nan also said'Before Qing and Han Dynasty, Taoism behaved by Lao Zi and Zhuang Zi and so-called confucianism now are not separated from each other, and they are all called "Dao". "Dao" is on behalf of Chinese religiosity and philosophies including living philosophy, political philosophy, military philosophy,

367

economic philosophy and so on. All these philosophy are embraced by "Dao" . [11] Mr Zhebing Gong deduced the theory of Dao-orientation after demonstrating the research on Dao taken by Confucianists, Taoism, Military strategist, Legalists, Mohist school······In detail, it declared the Universe was produced、cultivated by "Dao" . Dao existed in the universe, and the universe was mastered by Dao. [12] Generally speaking, Dao becomes the core of Chinese ideology culture, which is highest realm that every ranks of China are pursuing.

"'Dao'is principle and regulation of universe······ The ontology of 'Dao'is 'Truth'; purposivism of 'Dao'is 'justice'; methodology of 'Dao'is 'intelligence'." [13] Particularly speaking, Dao is projected to he heaven, Heaven Dao would existed; to the earth, Earth Dao would existed, to the human, Human Dao would existed （It is different from humanity）. Human Dao elongated to next level: Kings have King Dao, ministers have Minister Dao, politics have Political Dao, military affairs have military Dao, merchants have commercial Dao. According to this point, under the perspective of the paper, the conception of Dao is that Dao is the origin and operation rules of universe, guiding human to know themselves, the basic principles of conducting the relationship between individuals and the others, even if nature. As to merchants, the effects are directing them to purify their souls, cultivating their families, administrating their enterprises. If the merchants abide by the objective principles, learn people's real minds, they will make more achievements with less efforts.

The Running Rules of Dao

Since Dao is so magic, and then what is Dao's running rules? The paper will illustrate the core three items within it.

The first item is to be both contrary and interdependent. "Yizhuang.Xici" ever mentioned that Dao unifies both Negative part and Positive part. [14] "Dao De Jing" ever demonstrated that Dao was both country and interdependent. [15] "Dao begets one; one begets two; two begets three; hree begets the myriad creatures. The myriad creatures are constructed both Negative and Positive, and the two parts harmoniously co-existed within the creatures." [16] We can see that Dao is changeable and developing. "Dao De Jing" declared that Dao is unity of opposites, syllogistic ideology on positivity, negativity, harmonization. It can be identified by mathematics symbols: that is one, two, three=Negative, Positive, harmonization=positivity, negativity, and cooperation." Its philosophic explanation is dialectics: positivity, negativity, negative of negativity. Let us illustrate the running rules by applying them to some business realm. For instance, everyone wants to make success in business, tries his best to realize the goals, which is the first step; the second step is that he should consider his business on the opposite direction: under what kind of conditions the business maybe fail, how about your business partners'opinions; the third step is cooperation: when strengthening advantage elements, he should weaken or reduce disadvantage elements, and then join all these elements together to make their mutual relationships clear, and finally decide if the business project need to be carried out, and make more plans for taking all kinds of pre-protection measurements. After finishing the pre-three procedures, he still have to degate himself, breakthrough himself, and come near to Dao infinitely.

The second is to be gentle and modest. "Highest excellence is just like water, water can purify and nourish all creatures, but it never contends fame and wealth for itself, Stay at disgusting places, so the quality of water is near to Dao." [17] It never strives for vulgar fame and wealth. It is gentle but strong, brilliant but modest, victorious but humble. For instance, Mr. Li Jiacheng helped poor people with money before he became rich, treated those who are not as successful as him in amaible manners. Nobody was reluctant to get along with him.

The third is to be objective and abiding by natural regulations. Subjective thought and objective thought are unity of opposites. Simon ever mentioned that human beings' rationalities are limited and human beings can not make optimum decisions by their owe rationalities. But persons have to make all kinds of decisions, offer programs, take all kinds of actions concretely, so what shall they do? Dao is the regulations of all creatures. The management actions of human beings are a kind of specific actions interfering exterior environments, so human beings must respect the regulations including natural regulations、 social regulations and humanity regulations. The management on the basis of abiding by regulations is called "Dao—oriented" management. [18] Management thought of "Dao-oriented" identifies comprehensively "to abide by Dao" , "to respect human" , "to attend to regulations" , "to take some actions as regulations" . [19] So we must abide by "Dao" to breakthrough people's and merchants' dilemmas. There is an old saying "Those who adhere to Dao would get more supporters from the others, those who not get less" , which is the most precious rules in Chinese management philosophy during several thousand years. So if the merchants adhere to Dao, he will be success in business; if not, he will fail in business. If he does not abide by Dao from the beginning to the end, he will turn from success to failure; if he obtains Dao finally, he will turn from failure to success.

"Merchants' Dao"

Dao is the regulations for all creatures, and Dao dominates everything but never wants to be a master; Dao is impartial but charitable, and holds everything but never capitalizes on himself. "Merchants' Dao" also is one of the great Dao. Then, what is "Merchants' Dao" ?

"Merchants' Dao" originated from a Korean novel "Merchants' Dao" , Shang-wo Lin —the protagonist of the novel "Merchants' Dao" —was that he regarded properties as commonly as water, treated the others as impartially as a balance. [20] After that, most of scholars、 experts and entrepreneurs gave different demonstrations on " Merchants' Dao" from different angles. Xiao-ping Chu, a delegate among them, recognized that the essence of "Merchants' Dao" was constraining profits by justice, making profits by justice, reminding justice when facing profit, unifying profit with justice, strengthening the others when you became strength, richening the others when you became rich. The basic principles which are actions of obtaining profits should be regulated and directed by rational and just rules, so the businessman can accumulate commercial reputations, the reputations can attract much more commercial opportunities, opportunities can help businessman obtain more profits, and add to prosperities. It will lead to businessman's protecting himself from unnecessary ventures and dangerous temptations, acquiring win-win with all business partners. [21] Mr Feng Chen, the president of Hainan Navy Corporation, pointed to that: "Merchants' Dao" is understandings for local cultures, learning some capabilities of increasing, utilizing, and cultivating wisdoms and methods of accumulating public morals and grounds, getting some supports from others and showing kindness to everyone, denoting wealth to society. [22]

Comprehensively speaking, the above experts are both specific. In brief, Merchant Dao is the reflection of Dao in business realm, the merchants do business by observing Dao, that is "Merchants' Dao". So "Merchants' Dao" also surpasses merchants' subjective willpowers: Merchants should learn the basic characteristics of Dao instead of having been confined by Dao's concrete manifestations. The Paper gives the conception of Merchant Dao: During the process of transactions for merchants, they should observe themselves and environments, learn the truthful alternation of advantages and disadvantages, leave away from Non-Dao, come near to Dao, breakthrough limited individual Dao gradually, get to the situations of observing Dao, and be engage into their trades following Dao.

"Dao—Merchants"

1. The Definition of "Dao—Merchants"

What is the definition of "Dao-Merchants"? Mr Gong Zhebing and Feng-gang Yang ever mentioned "Dao-Merchants", they identified: "There are a lot of merchants and entrepreneurs, whoare conversations to Taoism, surrounding the master in everyone Taoist temple, and they are "Dao-Merchants". [23] Mr Hai-bo Li gave a definition on "Dao-Merchants" — "Dao-Merchants are those who go into business abiding by Taoist spirits and characteristics. [24] The former definition was only on the evidences of being a Taoist; while the latter was only defining "Dao-Merchants" from the Taoism perspectives. Both of them guided management practices with some special school、some special thought、some special sentence of Chinese culture, which maybe leads to school arguments and it appeared that they still could not find core code of business.

Just as the first chapter of "Dao De Jing" identified "All originated from Taoism", [25] if we jump from literal explanations on Taoism, leave away from misunderstandings and dilutions toward Dao, awaken Dao with nonego heart and then we can draw near to the truth of Dao. The paper tries to make a definition on "Dao-Merchants" as following: The merchants, who are converted to Taoist truth with nonego heart, regard business actions as Dao's concrete behaviors, consider and act as spiritual essences of Dao, to be Dao-oriented, are "Dao-Merchants". Particularly speaking, "Dao-Merchants" govern souls by Dao, cultivate family by Dao, manage enterprises by Dao, cherish Dao within hearts, take everything by strategy; heir hearts and bodies, their relationshipswith the others, their relationships with environment are all harmonious. Their administrative thought have Taoist ingredients, absorb all ideologic essences from the other schools, but not constrained by Taoism.

"Dao-Merchants" are not hungry evils who are hungry for commercial private profits, neither are they meant villains who spend a lot of money on buying their lives. When they are awakened, they will be messengers of Dao. For example, Bill. Gates carried out all-out donation, who is the typical delegates of "Dao-Merchants", because in Dao's world, all creatures are equal, every individual is equal to all creatures. Nonego means everyone existed in my heart. Furthermore, a core thought in "Zhuang Zi" is that a person complies with Dao, but he never takes pride of himself, keeps on improving himself modestly.

2. The measurement standards of "Dao–Merchants"

The merchants who are converted to Taoism in name maybe don't comply with Dao anytime, anywhere and everything. On the contrary, the merchants who are not converted to Taoism, maybe comply with Dao. Mr Jia-cheng Li observes some certain investment purpose— "Don't be too optimistic when facing advantageous environment, don't be too pessimistic When facing disadvantageous environment." "To be cautious about risk when expanding business, to keep on expanding business when being cautious about risk." [26] All these sentences declare the operation principles of Dao, uncover the investment principles of Dao-oriented, so Mr Li makes great progress in business. The first standard of "Dao-Merchants" is doing business according to the above Dao-oriented operation principles.

Heaven Dao does good for all creatures, and it never does bad for all creatures. [27] A famous Taoist scholar Xu-tong Zhang living in USA ever mentioned that persons Dao-oriented would make plans and all decisions on the purpose of benefiting all persons. Everyone are winners, this is the most valuable and important principles in Dao-oriented management, so all Dao Merchants should follow Heaven Dao. [28] The second standard is win-win thought, so the fruits of transactions will not hurt both oneself and the others.

Doing business following Dao, holding win-win thought, it would construct the balance standards of "Dao-merchants". As to how to get these standards, the paper tries to explain the characteristics of "Dao-Merchants", focusing on "wealth opinion" to illustrate the essences of "Dao –Merchants" vividly.

The first gap is how to treat wealth. The Confucius ever said: "Wealth and nobility are everyone's intention, you will not hold them if you don't get them by complying with Dao. Poverty and humble positions are everyone's detestation, you can not get rid of them if you don't comply with Dao." [29] "It is shameful for a person to be poor and humble if he lives in a prosperous country; it is shameful for a person to be wealth and noble, if he lives in a impoverished country." [30] It points to that gentlemen should like wealth instead of hating them. They will not worship money when they are poor; they also will not abuse money when they are rich.

The second gap is how to get money. A merchant should have the right attitude toward money, and then he will consider how to get money. But it is not enough, because the others also are hungry for money, so he should consider how to help the others get money. Then the others are willing to cooperate with him, he also can get his profits from it. For example, Mr Jia-cheng Li ever said: "If you want to cooperate with other people, you should share opportunities and profits with them. If you can get 10 percent of stock, it is permitted for you to get 11 percent of stock, but if you only take 9 percent of it, the wealth will be continuously, obtainable for you." This is the so-called "There is a great Dao existed for making money" . [31] So if you want to make money, make more money, you should hold both morality and financial resources. What is morality? Morality is conducting oneself and doing business according to Dao's regulations, and then profits arrive.

The third gap is how to spend money. Next we should know how to spend money because it is more important of spending money than making money. So "Great Dao is both useful for spending money and making money." —to make money and spend money following morality. At first, we should understand that everyone only has the right to use the money instead of possess money, because money does not belong to anyone, it circulates within the society. The second, Mr. Jia-cheng Li ever said: "We can use money, but we can not abuse money." [32] We need art and morality to avoid abusing money. At last, since money never belongs to us, we only can make use of them. How to display maximum functions of money? That is denotation, because money likes moral people. Morality is a check. Money likes those who bring benefits to the others because they are valuations. Money likes those who spend money for the others they will get more money since then.

If a merchant can pass the three gaps, the merchant can "try their best to make money, try their best to save money, try their best to denote money" .

3. The growing procedure of "Dao−merchants"

Since there are a group of "Dao-merchants" who can cultivate their souls, dominate their families, operate their enterprises following Dao, then how can they attain to it? We should refine the growing procedure of "Dao-merchants" from this special group to direct the businessmen. We will illustrate it from the following six practicing steps.

Many small merchants are blinded, deafened by common reputations and profits, because they are exerted a gradual influences by social worse phenomenon. They perpetrate outrages directed by subjective will, which is out of Dao. If they are lucky enough to meet wisdom teacher or some other good chances, they can learn magic principles of Dao. They can be acquainted with Dao. After being acquainted to Dao, they will self-examine themselves to be intelligent than ever before, learning some special commercial reputations which are not understood by common businessmen, which is awakening Dao. After awakening Dao, they will practice the principles in their daily lives and commercial transactions, which is the practicing Dao. Dao not only means words and thoughts but also becomes a useful tool, so the merchants must make great progress by practicing Dao repeatedly. By doing so, the merchants will have Dao in heart; business strategy in hands; they will improve themselves on cultivating souls, dominating families, managing enterprises, which is attaining Dao. After attaining Dao, the merchants should be modest instead of taking pride in himself, holding the ambitions of surpassing himself, which is being combined with Dao. The essence of the sixth step is conforming the merchants with Dao, and then he can live a appropriate Dao–oriented life freely and fortunately from beginning to the end.

Conclusion and Problems to be Further Researched

Above all, the Chinese merchants who cultivate souls、dominate families、manage enterprises must be Dao-Oriented, breakthrough stubborn personality、vain hope、separation by above six steps, give their bodies and hearts, oneself and the others, oneself and the environments a harmonious living places, solve the problems of final destination for their souls, and become a real "Dao-merchants".

Beside this, just because of the differences of backgrounds, is "Dao-merchants" in ancient times different from modern times? What kind of characteristics can be inherited? What kind of characteristics can be improved to fit for the demands of modern society? There are "Dao-merchants" in China, we can induce that there are "Dao-merchants" in Japan, South Korea, North Korea and Southeast Asia which are affected by Chinese culture greatly, too. Then how about western countries? All these questions should be researched further.But the paper will have to omit it due to limited space.

Annotation

〔1〕Jing Zhao,The Selected Classical Works of Chinese Ancient Economics Thoughts(Beijing:Beijing University Press,2002),325-326.

〔2〕Qian Sima,Shi Ji(Historical Records)(Changsha:Yuelu Press,2001),733.

〔3〕De-sheng Rong,*The Desheng Rong*' s Works(Shanghai:Shanghai Ancient Books Press,2002),22.

〔4〕Jia-cheng Li, "Jiacheng Li' s Reflections of Life, " Chinese and Foreign Corporate Culture,2009〔3〕: 77.

〔5〕The Emigration Trend of Chinese Elite Arouses Concerns, Experts derives it to searching of Sense of Security. (http://news.sina.com.cn/c/sd/2010-07-12/114020659590.shtml)

〔6〕The Chinese Top Ten Richest Illegal Emigrators(http://news.xinhuanet.com/politics/2010-07/07/c_12306989.htm)

〔7〕John K. Fairbank and Kwang-ching Liu,The Cambridge History of China volume 10 Late

Ch' ing,1800-1911 Part2(Beijing:China Social Science Press,1985),546.

〔8〕Zhong-ying Cheng,Sang Ma,The revelation of neo-neo-confucianism—The Noumenal World of Zhongying Cheng(Beijing:The Commercial Press,2008),120.

〔9〕Lin Yang, "On cultural Direction of Buddist Merchants," Seeker,no.12 (2004),128.

〔10〕Yue-lin Jin,On Dao.Yuelin Jin Volue.Chinese Modern Academic Classic(Shijiazhuang:Hebei Education Press,1996),18.

〔11〕Huai-jin Nan,TheSelected Works of Huaijin Nan.Volume 2.Different Talks on Laozi(Shanghai:Fudan University Press,2008),7.

〔12〕Zhe-bing Gong, "The Establishment of Dao-Orientation," Philosophical Researches,no.7(2004),34-40.

〔13〕Xu-tong Zhang,Huang&Lao Management——The Wisedom and Successful Strategies in life(Beijing: The East Press,2006),17.

〔14〕Da-jun Liu,Zhongjun Lin,The Interpretation of Zhouyi(Shanghai:Shanghai Ancient Books Press,2006),281.

〔15〕Gu-ying Chen,The Interpretation and Comment on Laozi,(Beijing: Zhonghua Book Company Press,2007),223.

〔16〕Gu-ying Chen,The Interpretation and Comment on Laozi, 232.

〔17〕Gu-ying Chen,The Interpretation and Comment on Laozi,89.

〔18〕Shan-hong Qi,Dao-oriented Management——lysenkoism of Spirit Management and Operational Model(Beijing:China Economy Publish House,2007),73.

〔19〕Shan-hong Qi,Dao-oriented Management——the creed of Chinese Corporate Culture(Beijing:China Economy Publish House,2007),232

〔20〕Ren-hao Chui,Translated by Yi-shen Wang etc.,Merchants' Dao(Beijing:World Knowledge Press,2003),640-641.

〔21〕Xiao-ping Chu, "Merchants' Dao、Merchant Skills and The Short-lived Phenomena of the Private Enterprises, " Wealth and Wisdom, no.3（2006）, 48.

〔22〕Feng Chen, "Whatever is Merchant's Dao, " Sino-foreign Management, no.12（2003）, 89.

〔23〕Zhe-bing Gong, Feng-gang Yang, "The Religion Economic Analysis of Chinese Dao Merchant, " China Entrepreneur 355, no.2（2010）, 53.

〔24〕Hai-bo Li, Dao Merchants（Beijing: China Economy Publish House, 2009）, 25.

〔25〕Guying Chen, The Interpretation and Comment on Laozi,13.

〔26〕Zhi-gang Wang, The Eight Capacities Help Jia-cheng Li's life（Beijing: Jincheng Press, 2003）, 327.

〔27〕Guying Chen, The Interpretation and Comment on Laozi, 361.

〔28〕Xutong Zhang, Huang&Lao Management——The Wisedom and Successful Strategies in life, 84.

〔29〕Huai-jin Nan, TheSelected Works of Huaijin Nan.Volume 1.Different Interpretation on The Analects of Confucius（Shanghai: Fudan University Press, 2008）, 155.

〔30〕Huai-jin Nan, TheSelected Works of Huaijin Nan.Volume 1.Different Interpretation on The Analects of Confucius, 345.

〔31〕Jia-cheng Li, "Jiacheng Li's Reflections of Life, " 77.

〔32〕Zhi-gang Wang, The Eight Capacities Help Jia-cheng Li's life, 333.

China: A Cultural Strategic Approach

Raúl Estrada Lavilla

(University of Cádiz, Cádiz, Spain)

Introduction

Strategic decisions involve a large number of variables and it is extremely difficult to put all those variables together in just one analytic model. When an individual has to make a strategic decision, he considers the current situation and the feasible alternatives available, but he also includes his previous experience in the decision process. He then tries to anticipate the medium and long term implications of each alternative with the aim of maximizing the positive effect of the decision. This paper studies the influence of cultural differences in that strategic decision process. In order to elucidate the real scope of this article, the limits considered for certain variables should first be outlined. Geographic area: People's Republic of China, not only for its unquestionable interest as a growing center of productive activity, but also for its potential market and its remarkable growth rate; company size: small and medium size enterprises (SME's), mainly because they usually have a more diffused organizational culture and also because they normally face stronger difficulties in implementing their original values in new locations. Similarly, it is also important to emphasize that generally speaking, SME's have less capacity to conduct their customized market research as well as less financial ability to absorb the cost overrun induced by the internationalization of the company. Finally, in relation to the specific kinds of decisions and decision makers involved, the study focuses on the importance of communication management among the strategic decision makers.

Additional details about what is out of the scope of the paper are also necessary. The goal of this study is definitely not to explain patterns of behavior observed among Chinese strategic decision makers, nor is it to explain how to do business in China. It does not lie within the scope of this research to create a comprehensive strategic decision making analytic model. It is also out of the scope of this paper to deepen the study of mental processes or linguistic characteristics that form the basis for interpretation of novel situations and communication among individuals. Multiple decision models are available but none of them has explicitly considered the impact of multiculturalism. The main goal of the study is achieved through the generalization of the multi-agent model of analogy by introducing the generalization related with cultural diversity, that is to say, to conclude with a multicultural model. Finally, keeping in mind the priorities of SME's, the importance of cultural management as a key differentiating factor, capable of creating a sustainable competitive advantage is studied.

China Now: A Country of Opportunities

Together with the Sumerian, Egyptian and Indus Valley states, in Eurasia, and the Mesoamerican and Peruvian states, in America, the Yellow River state is considered to be one of the six pristine or primary states. Pristine states are those which arise in a context of interacting pre-state societies, without influence from other states (Lewellen, 1983). Partly as a consequence of this early emergence, China has a long tradition of scientists and entrepreneurs, as well as landmark inventions.

China is located in East Asia and is the fourth biggest country in the world by extension. The Chinese population represents almost 20% of the World population (1,330,044,544 according to the June 2008 estimate of the CIA) and the Han ethnicity represents about 91.5% of the total population in China.

The official language in China, Putong Hua or Mandarin, is the most spoken language in the world, followed by Hindi and Spanish. [1]

Until Mao Zedong founded the People's Republic of China in 1949, China went through several dynasties of Emperors, with the Ming, Qing and Yuan dynasties being the most recent and the Han dynasty probably the most well known. Some conflicts have taken place with China's neighboring countries, and some of them such as territorial conflicts with Bhutan, Vietnam and India have not been solved yet. Nowadays, commercial interests are reducing the intensity of disputes with Japan and Taiwan (which is considered by China as its 23rd province). Hong Kong and Macau have special regimes and the Tibet issue is probably the one with highest awareness outside China. Mao Zedong's successor, DENG Xiaoping was the man responsible for the opening up of the country after 1978 and China is currently a member of the WTO and one of the permanent members of the security council of the UN. China has continuously been achieving more and more economic and geopolitical importance during the past two decades and this trend is likely to continue.

The Chinese economy is the second largest economy in the world at this moment, being the economy of the U.S. the first and the Japanese economy the third. [2] Moreover, the growth rate experienced by the Chinese economy during the past few years is one of the highest in the world. China is also the second largest exporter in the world, with a similar exports amount to that of Germany (first) and that of the USA (third). China's main commercial partners are Japan, Korea, the USA and Germany. The industrial sector represents about half of China's

GDP [3] .Multiple sources consider China as the biggest potential market in the world, with a high probability of surpassing the USA in the coming years.

In spite of all the previous objective and positive signals, studying a few other indicators could be helpful to situate China in relation to the two groups of countries used as a reference. The first group consists of the USA, EU and Japan, and the second group contains countries such as Brazil and India. Some of those indicators consider the level of education of the population and the internet penetration rate.

According to UNESCO Institute for Statistics, in 2007 the rate of adult alphabetization in China was higher than 90%. This rate is a clear indicator of the improvement achieved from the 65% estimated for 1982. Notwithstanding, the real situation varies depending on the specific area and age group considered.

Some sources estimate Chinese people only represent 2 ‰ of the Spanish speaking community and about only 20 Universities have a major in Spanish. Compared to the Chinese population and total number of Universities, those figures are extremely low and although they are rapidly increasing, the number of professionals who can speak Spanish and have some knowledge of Spanish culture （Spain and South America） is so low that it makes them be a scarce and hence, expensive resource.

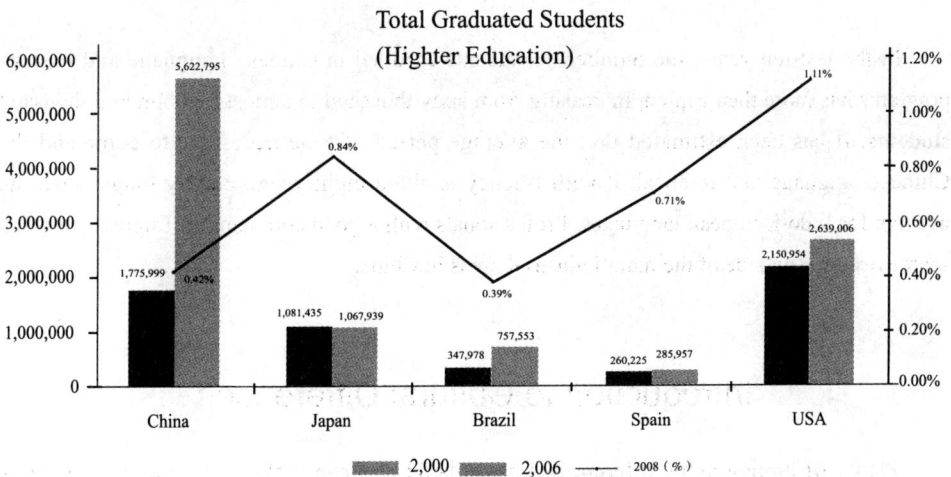

Figure 1. Source: UNESCO Institute for Statistics

As seen in Figure 1, China has experienced a much higher increase in the number of students enrolled in superior education programs than any other country considered. However, if we discount the percentage of students, the difference with the USA, Japan or even Spain, is still large.

In relation to the number of internet users, that is a more accurate predictor of the exposition of the a certain country's population to a global or standard culture, in Figure 2 it can be seen that, according to the UNESCO Institute for Statistics, China has almost 20% of its population connected to the internet [4]. This figure places China on a similar level to that of India or Brazil, but still very far from the 70% of Japan or the even higher rate of the USA.

Internet Users

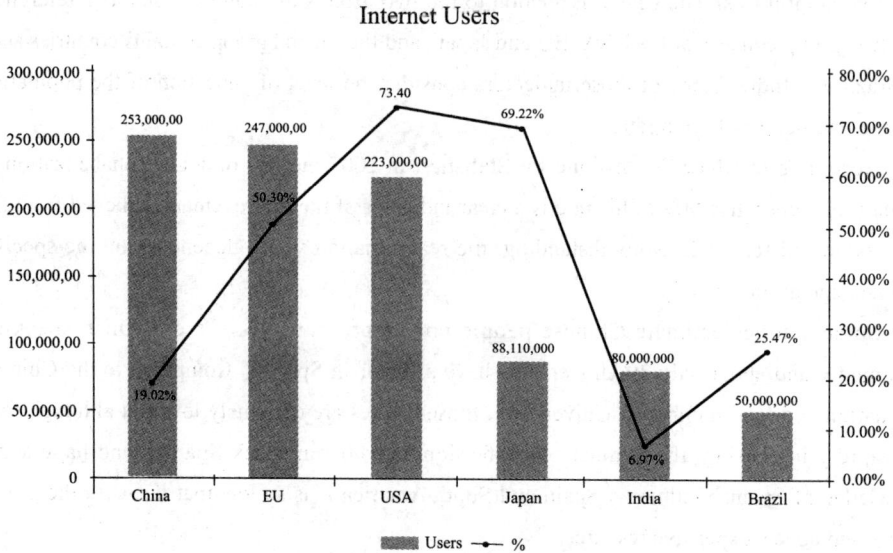

Figure 2. Source: UNESCO Institute for Statistics

In the last ten years, the number of students enrolled in Chinese Language and History programs has more than tripled, increasing from sixty thousand to almost two hundred thousand students. It has been estimated that the average period of time necessary to command the Chinese language and to speak it with fluency is about eight years, clearly longer than the average for Indo-European languages. Professionals with a good command of English are still a scarce resource outside of the main industrial areas in China.

Introduction to Cultural Differences

Plenty of bibliographic references are available to those looking for guides explaining how to do business in almost every country in the world, providing primers on local habits and etiquette. Most of those books contain warnings about the cultural shock that may arise in multiple situations and about the implications too. Business etiquette bibles and case studies are also provided and several companies share their own experience to prevent newcomers from making the same mistakes.

Some manuals show a bilateral comparison and provide very detailed explanations for companies of a certain culture (Llamazares, 2007) while other focus on a specific topic and deeply review the differences between two specific cultures (Written Communication Across

Cultures, Yunxia Zhu, 2005). There are also practical studies performed by bicultural people. These studies usually include highly valuable personal experiences, interviews and comparative points of view about the impact of cultural differences (Ruiz-Tagle, 2008) .

A deeper level is reached within the area of study known as multicultural communication (also cross-cultural communication) , which includes different perspectives ranging from Linguistics, Anthropology, Sociology, Psychology or Philosophy. Some authors, such as Edward T. Hall, Richard D. Lewis or Geert Hofstede, study the different ways in which people from different cultures encode and decode the messages, deal with symbols and the way those symbols are applied to economy and politics. Semiotics [5] is the most specific field of study about the relation between symbols and significances and how people associate both of them together. Very valuable information is provided by semiotics but its content lies out of the scope of this paper.

In multicultural environments, apart from dealing with the presence of different languages, the most important thing is the different cultural background of the decision makers. In the sense that "semiotics tries to explain how a message is created so it can say what it denotes" (Marroquín, 2006) , it seems clear that the aforementioned cultural background difference is crucial since it determines the association between signifier and signified made by people of different cultures.

Cultural differences play an important role at least in two different ways. The first has to do with the external environment and refers to the market itself and more precisely to customer preferences. Generally speaking, this kind of implication has already been interiorized by most companies and they now consider it very carefully when making strategic internationalization decisions. The second role, the one which this article emphasizes on, concerns the internal environment, that is to say, the management not only of the people who participate in the strategic decision process but also of the process itself.

The matter of multicultural team management requires a comprehensive understanding of the situation faced by the team and the optimal solution should include the increase of the common cultural background among the team members. It is a long process of new and conscious enculturation that affects each member asymmetrically. Encyclopedia Britannica defines enculturation as a process of cultural transmission; and for practical purposes, especially considering primitive societies, identifies it with education (Encyclopedia Britannica Online, 2009) . RAE defines enculturation as the process through which a person interiorizes the beliefs, traditions, customs etc. of the society in which he lives.

In human beings, enculturation means providing the necessary conditions so that a young person can interiorize any kind of culture (Bohannan, 1996) Enculturation includes reorganizing, improving with new perspectives, the mental schemes that make up the basis of an individual's ability to interpret the reality around him. The process of new enculturation of human resources requires long periods of time until the first results can be appreciated. In spite of the difficulties inherent to this process, the advantages of reducing the differences and of improving understanding among the members of the group is something widely accepted among the strategic decision makers of global companies.

Velarde denies that a simple group of people with a common language has, by itself, any important advantage or is able to create higher value（Velarde, 2001）. Although his excellent examples of Suajili（Kiswahili）, Chinese and Japanese are very illustrative, it is important to clarify something. Using a common language is not a sufficient condition but is a key factor as Velarde himself accepts later on "Most investigations seem to point to a pattern followed by most countries when they invest abroad; they target other geographically and culturally similar countries. The main explanation for this is the existence, in this case, of the so called Marshallian external economies."（Velarde, 2001）As it is discussed in section 5, overcoming or reducing the impact of cultural differences might be extremely complicated and would very likely induce extra cost. Therefore, correct management of those cultural differences could be considered a key factor in obtaining a competitive advantage. "The fact that managers and staff share a common language, without other additional problems, is an externality, an important element to increase savings and efficiency. That is why Uppsala school's economists emphasize that whoever invests abroad, assuming higher risks than in the domestic market, is usually concerned about reducing those risks and that is the reason why countries with a similar culture or language are often preferred."（Velarde, 2001）The fact that companies tend to choose markets as similar as possible is de facto behavior. However, this study focuses on those cases in which a company chooses a new market such as China, where substantial differences can be observed. Obviously, the company would be interested in minimizing the negative impact of those differences, regardless of the reason why it made that decision.

In general, different levels of similarity can be considered:

• Same country（A）

• Different country; same language （B）

• Different country and language but existence of a common language, the language of one of the countries or a different one that can be used by both parties （C）. The case for some Spanish companies in China

• Different country and language and no possibility of using a third language （D）. The need for interpreters is obvious in these cases and new communication problems arise. Unfortunately, the casefor countless Spanish companies in China.

Communication problems may arise in any level and each level demands a different set of measures. However, levels C and D require the adoption of stronger and more sustained actions.

The main issue faced by multicultural decision-making groups is similar to the problems an anthropologist faces in his field work. The anthropologist, during his study of a human group, different from the one in which he was first enculturated, must solve different kinds of communication problems, especially in the transmission of meanings.

The following aspects should be considered:

- What each individual says
- What each individual means
- What each individual thinks the others said or meant
- Differences between what each individual says and his actual conduct
- Additionally, in level D, a new source of conflict appears due to the presence of interpreters

All these conflictive points could influence the perception and interpretation of new situations. The agreements and conclusions, and especially, the way each individual understands them could also be influenced by those conflictive aspects. Ferrer & Sánchez (1996: 51) say:

"In the correct interpretation of a message, the communicative competence of the receiver is essential, because the receiver has to infer the missing information according to the explicit content of the previous messages, and that way, he gives coherence to what he is listening" . This competence is also crucial between people speaking the same language. Different linguistic practices, especially the ellipsis [6] , used in each language, usually tend to produce a conflict with unstated information and implicit meanings, as well as connotations that dramatically reduce the level of mutual intelligibility.

Assuming the difference between exophoric ellipsis and textual ellipsis (Poblete, 2002) , and focusing on the first one, since it is more closely related to the goal of this paper, because it is more influenced by the previous interaction and by the common culture between sender and receiver, there is a new element to strengthen the hypothesis that any communication process has a high component of unconscious acceptance of tacit meanings. Together with the misunderstandings and confusion that take place during communicative interaction, especially in decision making processes, in which the agents try to make up solutions from the base of different individual perceptions, there is another common problem that often amplifies those pernicious effects, that is to say: ethnocentrism [7] . The widely spread ethnocentrism implies that whenever a conflict between cultures or habits arises, each individual tends to think that his culture or habit is superior to those of others. "Ethnocentrism is a nearly universal syndrome of attitudes and behaviors" (Axelrod, Hammond, 1999) . Many other authors agree about the universality of ethnocentrism. If that is so, the rejection of anything that does not match with the standards interiorized by an individual in his enculturation process is a natural innate human conduct. Without having necessarily to fall into Cultural Relativism [8] , it is true that empathy is one of the prerequisites among the members of a multicultural group. Through empathy, it is possible to improve understanding, reduce rejection and make decisions that are better adapted to the reality of the company's activities.

In a constantly changing environment in which information is not only central but is also gaining more and more importance, the translation, homogenization and adaption of information is an issue that calls for an integrated and comprehensive approach, that takes into consideration cultural differences among the users of the information. It is very common that the users of certain information get it from a source that uses a language different from theirs, and even different from the language of the original sender. Deciding which language or languages will be used to store the information is vital in minimizing the data loss which arises during the encoding and decoding processes. It is important to point out that although the number of people learning Chinese language and culture is rapidly increasing, there is still a certain asymmetry between the likelihood of a Chinese person to study other cultures and the likelihood of a foreigner to study Chinese culture.

Empirical Study of the Importance of Cultural: Differences for Strategic Decision Making

A classic problem affecting multicultural research appeared during the preparation phase of the study. Since cultural differences condition the way people interpret, answer and react to the questionnaire, the research is affected by the object of its study. Every questionnaire containing errors was eliminated but all of them were very useful for the comprehensive understanding of the results.

The final base for the study was a panel including 54 experts with international experience in strategic decision making as well as other disciplines correlated with the aim of the study.

The questionnaire consists of two parts. The first part includes a characterization of the expert. The most important variable in the first part is the country of origin, since it is used to establish the corresponding correlations with subsequent questions. Similarly, this variable can show the variability of the experts, primarily composed by people from Spain and China.

Expeerts Country of Origin

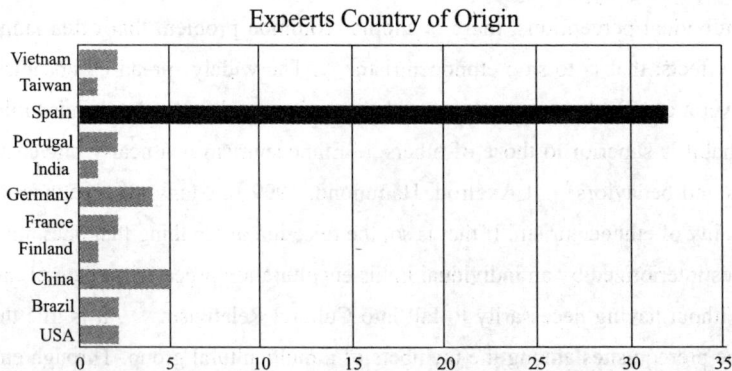

Figure 3. Distribution of panel experts according to their country of origin

The second part of the questionnaire contains three different questions:

First, there is a semi-open question, which evaluates the importance that the expert places on linguistic and cultural differences compared to other key factors when deciding which market to expand its activities to.

Key Factors

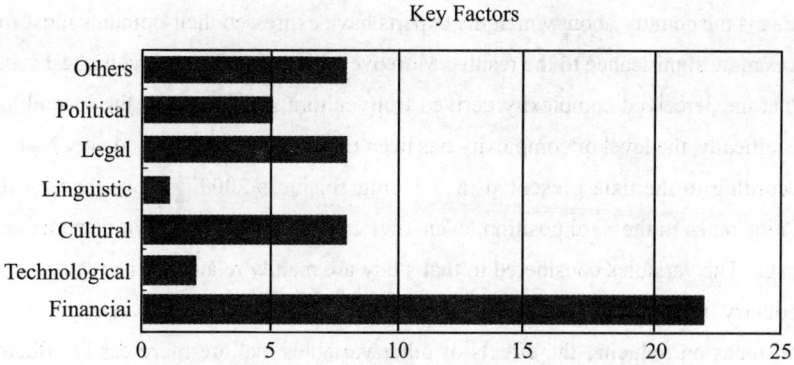

Figure 4. Comparison of the importance of key factors

The most common answer is "financial resources". Linguistic and cultural differences remain in the background. However, as it is discussed later, the necessary resources to solve cultural differences may be extremely expensive if at all available, unless careful planning has previously been made. "Cross-cultural misunderstanding is a much-underestimated cause of trouble" (Hofstede, G.J., Pedersen, P. and Hofstede, G.H., 2002).

In the second question, the expert may freely choose a maximum of five countries that will become five likert elements. Therefore, the maximum number of answers, given the number of experts, could add up to 270. The real value is 227, average of 4.2 per person. In this case, the expert is asked to evaluate the impact of cultural differences for each of the countries he has previously chosen (according to a five points scale). The exact statement could be formulated as follows: the level of misunderstanding between your country of origin and each of the countries you have chosen, caused by communication problems is high.

Apparent Diffculty

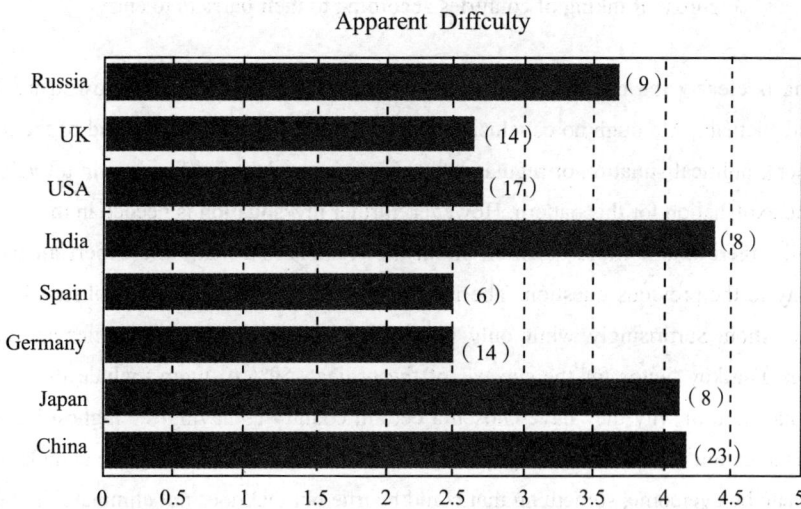

Figure 5. Apparent difficulty. Average. (Number of answers for each country in brackets)

China is the country about which the experts have expressed their opinions most frequently. That gives more significance to the results. Moreover, China has the second highest score, which means that the perceived complexity derived from cultural differences is the second highest, as well. Specifically, the level of complexity has been ranked between high and very high.

According to the data presented in "Doing Business 2009", published by the World Bank, China ranks in the 83rd position, even after countries such as Kenya, Panama or Trinidad and Tobago. The variables considered in that study are mainly related to the regulatory situation of the country, variables that are totally out of the control of the company. That is one more reason to focus on reducing the effects of other variables that are more easily affected by the company's policies.

The third question is a closed question in which the expert is forced to choose, according to his own opinion, the country with highest barriers to entry. This information is compared with the country of origin of each expert, as well as with his answers to the previous question.

Ranking Country's Barriers to Entry

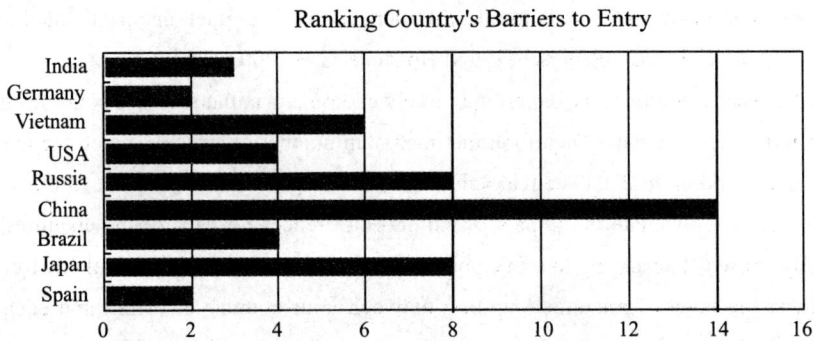

Figure 6. Ranking of countries according to their barriers to entry

China is clearly the country chosen the highest number of times, followed by Japan, Russia and Vietnam. Although no conclusive evidence has been obtained, instead of the level of development, political situation or regulatory environment, cultural differences intuitively seem to offer the explanation for this pattern. However, further investigation is needed in this aspect.

Finally, there is one more question about the reasons that made the expert answer in a certain way to the previous question. The intention of this question is to establish a link with the first question. Surprisingly, while only 17% of the experts consider linguistics and cultural differences as a key factor for the success of the project, 59% of them include these factors in the explanation of why they have chosen a certain country as having the highest barriers to entry. This situation could reflect the general idea that if financial resources are abundant, most problems can be overcome, something that could be true but that does not eliminate the fact that cultural differences need to be considered from the early stages of the project.

Multicultural Strategic Decision Model: A Generalization of the Multi–agent Model

Going deeper into the aforementioned issue of personal experiences and cultural background, it is necessary to mention that the declarative memory of two individuals who have been enculturated in different environments would be affected in different ways. Not only the content of their episodic memory would be different but it would also be different the content of their semantic memory [9]. A double effect is then observed. On one side, agents would disagree about the interpretation of the new situation. On the other side, once the agents have finally agreed about the diagnosis of the situation, they would also probably disagree about what actions need to be carried out. For example, two people may have a different opinion about whether the price of a product is high, but they may also have a different perception of what an increase or decrease in that price would imply.

The starting point of the multicultural model is to accept that associative memory and analogy are the pillars of individual recognition and decision making processes. The main practical implication is the assumption that when an agent faces a novel situation, he will try to interpret it in terms of the information previously stored in his memory through a search process based on association.

The Hopfield neural networks model (Hopfield, 1982) is ideal for the purposes pursued in this article, mainly due to its simplicity, explanatory capacity and how well it meets the hypothesis introduced in the previous paragraph. Based on the Hopfield model, Giovanni M. Gavetti and Massimo Warglien proposed a multi-agent model with some simplifying assumptions and prepared the analytical framework of the model. Similarly, from the results of the model, a few conclusions about the influence of communication process and group structure were obtained. The group structure is reduced to only two possible alternatives: star and point to point structures.

The multi-agent model considers the group as a network of networks. Each node of the network (each individual) has an opinion about whether the feature f_i is present in the situation being recognized. The group has a certain communication structure and if two agents communicate with each other about the presence of a certain feature, the final situation will depend both on the respective initial states and on the intensity of the communication between them. Generalizing for n individuals, the final state for each agent will depend on the weighted sum of all the stimuli received from each member of the group according to the strength of the communication between each pair of agents. If the global stimulus received by a certain individual exceeds a certain threshold, the agent will change his opinion; otherwise, he will remain in his initial state. This is, basically, the explanation of how the multi-agent model works.

For the particular case of one agent and n features that may or may not be present in the considered situation, the equation of the model would be:

$$(1)\ s_i = \text{sgn}(\sum_i w_{ij} s_j)$$

s_i Here, and s_j represent the pair of features ij, and w_{ij} determines the weight of the relation between s_i and s_j Especially relevant is the introduction of γ as a parameter to represent intensity of communication between agents.

This parameter is considered as a characteristic of the group and therefore, equal for each pair of group members. Once the multi-agent model has incorporated the communication effect, the equation of the model would be:

$$(2)\ s_i^k(t+1) = \text{sgn}\left\{\sum_j w_{ij}^k s_j^k(t) + \gamma \sum_{\substack{p=1 \\ p \neq k}}^{n} s_i^p(t)\right\}$$

Gavetti and Warglien study three parameters: a) intensity (impact of the messages to the receiving agent); b) density (quantity of people interacting with each other); c) scope (complete or specialized) of communication.

The main conclusion is that through intergroup communication, it is possible to achieve superior and totally new interpretations of a situation, as opposed to the result that would have been obtained individually.

The generalization to the multicultural model will try to solve some of the simplifying assumptions. As noted at the beginning of this section, when the distinction between episodic memory and semantic memory was made, cultural heritage of each individual is radically different; consequently convergence towards a unique perception is very complicated. Even after getting to an equilibrium point, measures taken in each situation would also be different. Obvious examples are often observed in international summits in which certain groups of countries tend to cluster according to their economic interests and cultural proximity, partly because they share to a greater extent, both the interpretation of the problem and the solutions to deal with it.

It is important to highlight that it is highly unlikely that individuals place the same importance to the same set of issues and give equal weight to each of the questions and interactions between them.

The mathematical foundation of the model guarantees the convergence towards a unique result. This useful property, at an individual level, intuitively implies that when a person faces a novel situation, he will unfailingly reach out to a satisfactory interpretation of that situation in terms of content stored in his memory. This convergence is also guaranteed in the multi-agent model, and implies considering the group as an independent entity capable of interpretation. Especially in multicultural contexts, the interpretation of the group might never be internalized by some of the group members, at least not in the generally accepted way.

One of the problems outlined in section 2, referred to differences between what people say and what they really mean. These differences are particularly important at this point because even once the equilibrium point has been reached; it is common to find out that the interpretation of the agreement varies from agent to agent. Notwithstanding, it seems clear that the positive effects of communication can lead the group to better interpretations, from the decision making point of view, than those that would have been reached individually. Therefore, what is beyond doubt is the importance of communication to reach this new group state. In cases where the languages of the agents are not mutually intelligible, the problem of reliable communication usually gains importance and could ultimately lead to wrong interpretations as a consequence of the distortion of the premises or of the decision making process itself.

By including a coefficient of mutual intelligibility α, called Cultural Intelligibility Coefficient (CIC), which reduces the value of intensity of the communication, a situation much closer to the reality of multicultural environments can be represented. The CIC has a similar mathematical effect to explicitly considering noise in the model. Mathematically, no further reformulation is required since after the introduction of the CIC, which is denoted as α, what would be obtained is a new value of γ, γ' which is equal to the product $\alpha\gamma$.

Conceptually, however, there is a clear difference. The part of the noise due to multiculturalism may now be the object of systematic study and planning. The CIC represents the manageable part of the noise. Therefore, there is a conceptual basis for its consideration. It is also shown mathematically that the quality of the communication is directly proportional to the CIC α, thus the company should obviously try to maximize α. Quantification of α would be of great interest and further research should be done in this sense. In the multi-agent model a common γ is assumed for all members of the group. Similarly, in the multicultural model the starting point would be to consider four theoretical values of α depending on the case according to the classification proposed in Section 2. An average value for the specific considered decision group should then be calculated.

In general $\alpha_A > \alpha_B > \alpha_C > \alpha_D$, where A, B, C and D are the possible situations described in Section 2. A deeper study would involve the calculation of theoretical coefficients for different pairs of individual countries, for example α_{SP-CH} or α_{SP-BR} for the specific cases of Spain, China and Brazil. Having these bilateral coefficients would give a new basis to decide the suitability of choosing a particular country or at least an additional element to estimate the extra costs associated to the expansion to that country.

The CIC varies between zero and one, $0 < \alpha < 1$. Consequently, γ' would range between zero and γ, $0 < \gamma' < \gamma$. The extremes values would never be achieved, especially when time is included as a variable, instead of considering static situations.

The introduction in the model of the CIC has, thus, important implications for all parameters previously listed: intensity, density and scope of communication. In relation to intensity, the influence is direct and is derived from the mathematical and conceptual definition of the CIC. As for the density and the scope, the impact is better understood if we consider the emergence of the figure of the interpreter, who will be more needed the lower the CIC is. On the one hand, the introduction of interpreters is a reasonably common measure to solve communication problems. On the other hand, it should be considered that interpreters are more likely to reduce the scope of the communication since the difficulty of finding a replica of the knowledge of an individual is quite high. Finally, unless a parallel structure of interpreters is created, with the corresponding increase in costs, the selective introduction of interpreters tends to set up a star or group of stars communication structure in which interpreters are the nodes of the communication channels, consequently determining the density of this form of communication.

It is also necessary to consider the fairly common case in which the availability of qualified interpreters is somewhat limited and, whatever the selection, the communication structure will be influenced and to a certain extent the future results will be affected. The decision to increase the CIC could even be considered a pre-strategic decision, since its goal is to improve the basis on which to settle the long-term future decisions.

Maximization of the CIC: Competitive Advantage

Porter（1996: 65）argues that competitive strategy is closely related to the ability to differentiate. Usually, companies seek to do different things from what their competitors do, or to do the same things but differently. Benchmarking becomes a more difficult task when companies achieve that differentiation. Similarly, the greater the variability, the greater the difficulty to manage change and conflict, but the easier it is to achieve differentiation. In multicultural environments, variability is inherent and particularly relevant.

"Mindsets evolve through a process of interaction between a person and the environment. Our current mindsets shape our interpretations of the world around us; in turn, these interpretations affect whether or not our mindsets change or remain unaltered." （Govindarajan and Gupta, 2001）. The environment can present threats or opportunities for the company but in any case, the company must respond to changes by adapting, at least partially, to those changes.

As a first approximation to the importance of the CIC, it is necessary to say that a company that holds a higher CIC than its competitors will get a number of advantages in several different activities. Advertising campaigns, for example, will be more adapted to local realities; human resources management policies will better reflect the peculiarities of both the local and expatriate staff, avoiding conflicts. The company will also find it easier to take advantage of costs advantages in the destination country while using management systems more suitable for the group as a whole, in the case of global companies.

"To gain maximum benefit, the executive team should share its vision and strategy with the whole organization, and with the key outside constituents. By communicating strategy and by linking it to personal goals, the scorecard creates a shared understanding and commitment among all organizational participants." "A prerequisite for implementing strategy is that all employees, senior corporate executives, and the board of directors understand the strategy and the required behavior to achieve the strategic objectives." (Kaplan and Norton, 1996)

Game theory is the conceptual framework for analysis of situations and, as stated in Section 4, the interpretation of these situations that individuals or groups of individuals make is considered to be based on analogy on the basis of associative memory.

Most authors have traditionally considered that communication is a pre-strategic issue. In fact, until recently that approach could have been accepted. The conceptual shift is based on the process of globalization, particularly on the emergence of transnational corporations, the need for differentiation, the fact that consumers have increased their demands, and on the increasing emphasis on corporate social responsibility.

In this sense, the inclusion of cultural management in a company's strategic plan and establishing the maximization of CIC as a company's main goal could provide a sustainable competitive advantage. Following the terminology proposed by Rumelt, isolating mechanisms determine the sustainability of competitive advantage (Rumelt, 1984) and it should be noted that a company engaged in proper cultural management could gain a competitive advantage difficult to identify by its competitors and therefore would strengthen its inimitability.

The shortage of skilled, doubly encultured, or at least bilingual labor is a fact in China, probably as a consequence of the rapidly growing demand of such kind of staff. As noted by Kaplinsky (2005: 53, 66, 234), higher performance is based on scarcity and puts it in relation to the existence of barriers to entry as a means of achieving a sustainable competitive advantage. In this case, imitation is possible, but it generally requires a long period of time, which serves as the basis for a new competitive advantage in the terms pointed out by Porter and Wayland (1995: 90-91), when they state that business objectives must be measured in relation to dynamic parameters such as the company's ability to evolve, innovate and adapt itself to the changing circumstances.

"A firm's ability to earn a rate of profit in excess of its cost of capital depends upon two factors: the attractiveness of the industry in which it is located, and its establishment of competitive advantage over rivals" (Grant, 1991) "The finding that competitive rather than external environments is the primary source of inter-firm profit differentials between firms focuses attention upon the sources of competitive advantage" (Grant, 1991) The superiority in the management of CIC through appropriate planning and implementation by a company, especially when the effort is a determined and sustained one, could be considered a potential source of competitive advantage.

This particular competitive advantage can be obtained in several ways: by incorporating human resources with relatively lower cost, by improving the main KPI of human resource management and also by increasing the individual performance within the decision making group and within the company as a whole. However, the most important effect is undoubtedly the achievement of more accurate （or quicker） strategic decisions, basically through the elimination of distortions caused by communication problems.

Decision making is an iterative process. As formulated in Section 4, consensus over the perception of a particular situation depends both on the initial situation and on the subsequent interaction among the members of the decision group. Therefore, any distortion in the communication can be amplified in the later stages of the process, producing a feedback effect and, consequently, a growing divergence from the initial situation.

The concept of "dynamic strategic fit" introduced by Hiroyuki Itami emphasizes how important it is for the company to pursue not only the use of available resources but also the creation of new ones on the basis of experience （Hiroyuki Itami, 1987）. Maximizing the CIC would be the ideal starting point to enhance the creation of new capabilities.

Organizations can achieve significant synergies simply by establishing an internal communication integrated with corporate strategy and their global policies （Kunsch, 2002）. In the current environment competitiveness is increasingly high. More and better specific training for everyone within the organization is required. Many executives understand that a high level of communication is the key to achieve highest performance （Ulrich, 2003）.

The company size and its financial capacity, along with the availability of other resources allow certain corporations to have identity independence. Very frequently, organizations with a strong positioning in customers'minds in certain market segments are not associated with their countries of origin but have a distinct cultural identity instead. This is not possible in the case of a large amount of smaller companies whose internationalization processes depend on the inclusion in a national or sectoral plan which links them to the image of the country or of a specific region. The study of human communication is within the scope of several disciplines such as anthropology, linguistics, or even philosophy or psychology. However, at this point, the importance of communication should be emphasized since the strategic decision making process requires the transmission of complex concepts, complicating the work of translation and interpretation. In these settings, in order to agree about appropriate measures and actions, open, fluent, and flawless communication is essential for the individuals involved in making decisions.

As already shown, China has a low cultural exposure to the outside world compared to other countries with similar levels of economic development. In any case, it should be noted that the external exposure refers to exposure of a given country to a globalized culture （with a large U.S. or European influence, but not necessarily equivalent to one or the other）. Even though that exposure is low in the case of China, if there is a bilateral comparison, the conclusion drawn could dramatically vary. In the extreme case of a bilateral comparison between the U.S. and China, it could be seen that the U.S. is more exposed （and also has a higher influence） to the global culture than China. However, there is a greater knowledge of the U.S., its language and culture in China than vice versa. That is so in spite of the growing number of students of Chinese and the increasing interest towards China in the U.S.

The knowledge foreigners have about China, its culture, language and customs is still quite limited and vice versa. This intensifies the competition to attract an increasingly scarce resource: talent. Mintzberg's appreciation of the separation between planning and implementation (Mintzberg, 1985) is even more important in a multicultural environment since the differences between decision makers and decision implementers makes it especially necessary to have an excellent interconnection between both processes.

The export of low-cost products that has greatly contributed to the growth of the Chinese economy during recent years has also contributed to the image of poor quality sometimes associated with Chinese products. The reality is that in many cases, the required level of quality is well above the local standard. Therefore, factory operators, supervisors, middle managers and even senior management too often face a particularly difficult problem because they lack the necessary multicultural vision about the destination countries of their goods. It also happens very often that precisely because of such different quality standards, the difficulties for foreign goods to penetrate into Chinese market are quite high, especially in industrial markets, where decision making is more rational.

This asymmetry also has the peculiarity that the greatest problem is precisely the most difficult to solve because the percentage of employees from the host country is usually much higher than that of employees from other countries. The main implication of this circumstance is the difficulty to transmit organizational culture to the group based in the new location.

To solve this asymmetry, an increase in costs could often compensate the benefits of off shoring. For manufacturing companies with large numbers of workers, in which the division of labor is possible, specialization of tasks might be appropriate so that the cultural background of each person has no influence in his job. Minimization of communication needs is achieved due to the simplicity of the specialized tasks and the use of appropriate middle managers. Another widely used option is offshore outsourcing through OEM factories, together with strict quality control. With this second option, in certain cases the potential to generate sustainable competitive advantage is lost trying to avoid the management of a culturally hostile environment. Then, it is important to remember that each organization's situation is different and that the benefits obtained from the maximization of the CIC are different too. Although it might appear otherwise, the previous ideas are not a consequence of ethnocentrism, since they do not imply a higher estimation of a culture over another but merely show the existing differences in terms of clearly differentiated customs and expectations.

Another aspect to consider is that most companies (especially larger ones) are conscious of the importance of mutual understanding and proper cultural management. The two issues that are often overlooked are the true extent and future profits that improvement of the CIC could have. The time required to yield the first results of cultural management will probably be relatively longer. Therefore, it would also be a mistake to downplay the need to begin such planning as soon as possible.

To start measuring the effects of cultural management, a detailed research about the payback of cultural investment should be conducted. Similarly, further research is needed to study the correlation between cultural management and increase in profitability.

Conclusions

Through a novel approach, cultural management is put into focus at the strategic level as a means of gaining a competitive advantage for the company. This competitive advantage in turn has a multiplier effect that enhances the future generation of new capabilities for the company.

This inclusive and conciliatory vision of various disciplines is the basis to improve the proposed approach because multicultural environments are characterized mainly by a high variability and by complex interactions.

Although it implies more simplification, the development of a consistent model based on mathematical formulation gives greater value to this approach. Objective data obtained from the model lessens the diversity of views and interpretations and provides a basis for homogeneous analysis.

Much of the validity of this study is based on the consideration of certain staff profiles as a scarce resource. Therefore, changes in supply and demand of this resource in the coming years will determine the importance of many of these considerations. However, this approach has a clear long term orientation since the situation could only change from impossibility to succeed in a project based on scarcity to superior performance based in the correct management of cultural diversity.

Difficulty of CIC quantification constitutes a handicap and a challenge at the same time. Among the new lines of research, probably the first one should be to estimate the four theoretical coefficients for situations A, B, C and D described in Section 2. Similarly, further research for specific pairs of countries should be done. Finally, it would be possible to conduct ad hoc sectoral or individual researches, including benchmarking.

It is also important to note that CIC is a dynamic parameter and consequently, periodic updates would be necessary. Payback of investment in cultural management is also difficult to measure. The central goal should be to quantify the statistical relationship between CIC management and profitability.

Finally, regardless of the position that China has in any ranking, of the difficulty that its culture represents for foreign companies, or of the emergence of other countries that represent a serious alternative, the potential that China represents for any kind of company is still remarkably large. The most important thing is being able to see the opportunity that China brings to you. Afterwards, correct planning and comprehensive project management, including cultural management, will do the rest.

Annotation

〔1〕 Estimation of Ethnologue for 2005.

〔2〕 GDP, APP, CIA World Factbook.

〔3〕 CIA World Factbook.

〔4〕 Estimations vary depending on the source. Data published by Nielsen, NetRatings and other global Marketing reseatch firms lower China's intemet penetration rate to about 8.5%.

〔5〕 Although the term was first used in the classic Greece by Galeno, Chatles Sanders Peirce is widely considered one of the founders of the founders of this field of study.

〔6〕 RAE,literary device, consisting in omitting from a sentence one or more words that are necessary for the correct grammatical constuction but not for the transmission of the precise meaning.

〔7〕 Episodic memory refers to memory for personal experiences and their temporal relations, while semantic memory is a system for receiving, retaining, and transmitting information about meaning of words, concepts, and classification of concepts(Tulving,1972:401-402).

〔8〕 Franz Boas established the basis of cultural relativism, emphasized empirical study, and shifted the concept of culture to a plural sense, which stressed the diversity of "cultures" . He considered that it was necessary to understand cultures in their own terms and contexts.

〔9〕 Episodic memory refers to memory for personal experiences and their temporal relations, while semantic memory is a system for receiving, retaining, and transmitting information about meaning of words, concepts, and classification of concepts (Tulving, 1972: 401-402).

A Comparison of Manageral Power on Small and Medium Sized Enterprises between Developed and Devloping Country

Joung Yol Lin Tain—Fung Wu Amrita Batchuluun

(Asia University, Taiwan,China)

Introduction

Leadership and managerial power have some differences that leaders achieve goals; managerial power is used to facilitate their achievement. Leaders more concentrate on goal compatibility and more relates to the direction of influence. However the managerial power basis on merely dependency, which managers carry out responsibilities, regulating the activities, and exercise the authority through power（French & Raven 1959; Zaleznik, 1977; Robbins & Judge, 2009）. Considering those differences, the research studies between leadership and managerial power are different. Leadership research concerns more leaders and their decision making, in contrast of it, the research on managerial power focuses on tactics for gaining compliance（Robbins & Judge, 2009）.

The term, "managerial power" is set down in 1959; however started to be explore by academicians 1970s with almost 200 research studies. Power is an essential feature of manager's role（Vecchio, 1995）besides it is an ownership, control of the production, and the knowledge of operations（Weber, 1978）. Power surrounds in everyday life and exists in any organizations that underlie manager's effectiveness, but it does not be used all the time. Managerial power is a skill to influence human behavior to effect on internal and external relationship by formal and informal way（French & Raven, 1959; Arendt, 1970; Gibson, Ivancevich & Donnelly, 2000; Politis, 2005; Wilson & Howcroft, 2005; Drory & Vigoda-Gadot, 2009; Robbins & Judge, 2009）.Informal power comes from personal characteristics of the manager, whereas formal power resides in the position（Vecchio, 1995）. Despite of it, managerial power allows affecting the others, as well as involves a relationship between two or more people（Wagner & Hollenbeck, 1995; Gibson, Ivancevich & Donnelly, 2000）.

In globalized economy SMEs are always in forefront of the country growth and

394

economy development thought managerial power become an essential tool for SMEs in developed and developing countries. SMEs are companies whose headcount or turnover falls below certain limits. In Taiwan, the definition of SMEs is paid-in capital not exceed USD 2, 512, 165.23 – USD 3,139, 894.18; or regular employees not exceed 200 persons （Small and Medium Enterprises Administration of Taiwan, 2010）. In Mongolia, the definition of SMEs is which employ fewer than 199 persons and annual sales income from USD 183, 486.23 to USD 1, 100, 917.41 （Law for SMEs, 2007）. Looking at those definitions of SMEs, the number of employment is similar as employees shall be under 200, but the annual turnover or income generation is quite different, because of economic development of two countries. Taiwan is a developed country; on the contrary Mongolia is a developing country. Nevertheless, over 90 percent of the companies are SMEs either in Mongolia or in Taiwan. Comparative data of SMEs of Taiwan and Mongolia described on Table 1.

Practically, majority part of SMEs in both countries base on family ownership thus managers are mostly being an owner, children, relative or usually promoted within. Even so, many small and medium businesses hire college graduates, as well. To be a good manager at SME, they should be creative, productive an innovative, self-motivated with good communication skills. In general they have to have managerial power to success as an entrepreneur to survive in a more globally competitive business environment.

Table 1. Comparative table of SMEs between Taiwan and Mongol

Item	Taiwan	Mongolia
Total No. of enterprises	1,234,779	35,789
No. of SMEs in service sector	991,262	29,704
No. of SMEs in industrial sector	232,513	795
No. of SMEs in agriculture	11,004	5,290
Total working age people	10,403,000	1,700,000
Employed at SMEs	7,966,000	450,000
Employees of SMEs (by percentage)		
1 – 100	90 %	83 %
101- 200	10 %	17 %
Unemployment rate by 2008	4.14%	2.8%
Total population by 2008	23,063,027	2,750,392

Note: 1 USD = 31.75 NT and 1 USD = 1384.13 MNT

Source: Small and Medium Enterprises Administration of Taiwan, 2010;

National Statistical Office of Mongolia, 2010.

The online interview conducted with managers of SMEs in Taiwan and in Mongolia. These interviewed managers selected base on size of employees under definition of SMEs. The study tries to answer on "What does it mean managerial power?", "How sources of managerial power affect to the manager's performance in both countries? And are there having any differences?" The main implication of this study is to know the managerial strategy within small and medium sized business environment of two different countries furthermore it will be directions to future research on managerial power for SMEs and provide strong support to mitigate managerial action.

Background of small and medium enterprises in Taiwan

Statistically, 98 percent of the enterprises are SMEs that play a vital role to integrate the economy into global perspective (Lin & Zhang, 2005). SMEs in Taiwan suffer various weaknesses and it was very difficult to achieve export growth during 1970s. However, since 1980s SMEs of Taiwan have imported new technology and know-how that accompanied with foreign direct investment, which gave a strong boost to economy of the Taiwan (Myers, 1986; Schive, 1990). Most firms use more legitimacy building strategies to maintain the good relationship and communication with stakeholders, customers and employees to succeed in a business (Tung, 2008). Managers of Taiwan believe that persuasion and exchange are more effective tools for managerial power tactics (Fu, Peng, Kennedy, & Yukl, 2004).

From Small and Medium Enterprises Administration of Taiwan took several actions to strengthen SMEs competitiveness, effective use of country advantages and enhance the production and sales networks (White Paper on SMEs in Taiwan, 2009). During early 1990s, Taiwan was undergone economic transformation, which helped at SMEs to expand their operation to overseas (Cheng & Lin, 2009), to concentrate more on R & D, innovative technology and IT service. Thus, they started to develop own brands and marketing strategy to compete in both local and global markets. In contrast of it, western high brand firms produce their products by SMEs of Taiwan and sell on international market. In this business circle government of Taiwan supports the SMEs (Siu, Lin, Fang & Liu, 2006) to be a vital part of export –oriented industries.

Background of small and medium enterprises in Mongolia

Mongolia transferred to the democratic system in early 1990s, same time it reformed its economic system from planned to market economy. Mongolia locates between Russia and China covers over 1.5 million sq km, with a population of 2,750,392. The country divides into one capital city with 1 million population and 21 provinces. Historically, the economic growth of the country based on agriculture and livestock; nowadays it more concerned by mining industry. Over 90 percent of all enterprises are SMEs and almost 70 percent of them operates in the biggest provinces and sole city of Ulaanbaatar, whereas left 30 percent operates in rural area of Mongolia.

SMEs play a sufficient role in economy of the country, but due to the less experience comparing to other countries, their operations have not been broadened enough. Thus, every year 5,000 SMEs are registered in State Registration Office and over half of them closed back their business within half year. The main activities of SMEs are textile manufacturing; skin, fur, cashmere and wool processing; wood and metal processing; repair industry; meat and agricultural products; and mineral resources exploration.The main issues faces the development of the SMEs are lack of managerial power and weak of professional ability （Ministry of Food and Agriculture of Mongolia, 2010）.

Literature Review

Managerial power is the main study aspects of the managerial theory and practice. The skills of managerial power is useful for decision making process, effects to the systematic problem solving to justify the actions during business actions to achieve an effective implementation at business environment. Nevertheless, it is essential when managers wish to be well developed, strengthen the local competencies, and increase their capital and investment opportunities （Crozier, 1964; McGrath & More, 2001; Andrews, Witt & Kacmar, 2003; Blazejewski & Dorow, 2003; Sensea & Antoni, 2003; Drory & Vigoda-Gadot, 2009; Glazer, Lopez-de-Silanes & Sautner, 2010）. Moreover, manager effectiveness depends on combination of political skill and use of systematic power to achieve effective outcomes at production cycle （Smith, Plowman, Duchon & Quinn, 2009）. Empirical studies and theoretical models show that the managerial power causes positive effect to employee performance, under any circumstances.Especially managerial dimension of credibility within power has positive impacts on control and negotiation （Gent & Weinstein, 1983; Politis, 2005）. Managerial power uses when a decision is independent, resource is insufficient, and there is a different point of view.

Another statement to implement managerial power efficiently is a centrifugal forces model that managers shall use it to increase the quality of idea, knowledge and a communication system. The model constructs free flow information, connectedness and unfocused information seeking （Chien, Hu, Reimers & Lin, 2007）. Relatively, Foucault （1977） defined that power has closely related to with knowledge versus knowledge enclosed with power. Lambert, Larcher & Weigelt （1993） suggested another concept, which is organizational position, information control; personal wealth and nomination of "loyal" individuals are positively link to managerial power. Politis （2003） found managerial power affects on knowledge acquisition that presumed to produce seven factors, such as communication, personal traits, control, organization, negotiation, liberal arts and non-verbal communication. The managerial power is the ability to have quick and accurate decision toward to reach the goal of the business. Successful managers use their power subordinate to take risk and lower the barriers and continuously revitalize the firm activities （Gupta & Cawthon, 1996）. It also provides proactive and efficient management solutions to SMEs, whenever a manager or an owner makes a decision.In this circumstance, power exercised to prevent decision is being taken over the issues, where there may exists conflict of interest thus it solved by political skills (Wilson, 2004; Vigoda & Cohen, 2002).

Internal and external factors of managerial power most likely consider be vast implication of SME performances to pass all technical, political, social, organizational and cultural competencies to be successful in the global business (Cheng & Lin, 2009).Internal factors are behavioral reaction of managers to interpret power to external conditions and act upon them. Power develops from childhood that some managers use their power and get succeed, but some managers avoid to use power and have low success (Wagner & Hollenbeck, 1995). Various internal factors influence to managerial power that Grenville, Nash and Coglianese (2007) emphasized managerial incentives, culture, identity, self-monitoring, personal affiliations, and commitments. Those factors are essential for decision making and quick problem solving. Indeed other internal factors are reputation, position, performance, personal characteristics and allies (Pfeffer, 1992). Summarized internal factors, choose 4 vital factors for SMEs as allies, personal characteristics, reputation and culture for further research. Allies is support of managerial power that involved as backing, commitment, advice, information and protection. With allies, managers can get things done quicker, smoothly and achieve more. Personal characteristics include looks, personality and interpersonal skills (Wexley & Snell, 1987). Reputation affects by impression of others and develops track record of those person, which highly influence to the managerial power. If you have poor start without reputation then you are not able to successfully use your managerial power (Pfeffer, 1992) in the future. Culture is a personality of SMEs (Zaheer, Rehman & Ahmad, 2006).

The external factors are useful to evaluate managerial effectiveness. External factors of managerial power are market orientation, financial resources, information, communication with government or state agencies and key customers. In order to success in a competitive market, managerial power interacts by external factors that customers buy their service and products; financial sources maintain business operation; close communication with government agencies supports sustainable business operation; efficient information flow helps to move a business forward and market orientation helps to understand competitors, customers, and environment (Wagner & Hollenbeck, 1995). The study emphasises the communication with government agencies and market orientation, which are essential factors for managers of SMEs to use their power within their function. According to the fact, managers spend around 80 percent to their time to market orientation (Megginson, L., Scott & Megginson, W., 1991) toward to expand or develop their existing market (Lau, Law, Tse & Wong, 2000).Communication with government agencies is a significant factor for managerial power at SMEs that establishes synergy approach to actively seek out the opportunities and openings (Morrison, 2003).

Hypothesis 1: A) Internal and B) External factors most likely influence to managerial power at SMEs in Taiwan

Hypothesis 2: A) Internal and B) External factors most likely influence to managerial power at SMEs in Mongolia

French and Raven（1959）identified five interpersonal bases of managerial power: coercive, expert, legitimacy, referent and reward. Coercive power considers the ability to mediate the punishment as, if you have negative value, than you have coercive managerial power.Reward power considers ability to mediate rewards as if you gave someone positive value, then you have reward power. Coercive and reward powers come from formal authority and those two words are counterparts with each other, which can be explained. Legitimacy power considers right to prescribe the behavior and is a formal authority to control that have more broader meaning then coercive and reward powers. Referent power considers acknowledgement with another person, while developing out the admiration and desire. Expert power considers special knowledge or expertise and more technological oriented. Referent and expert power are more personal, more informal in nature and come from individual's behavior（Weinstein & Gent, 1983; Vecchio, 1995; Wagner & Hollenbeck, 1995; Robbins & Judge, 2009）.

Expert, referent and reward power positively influence to subordinate the performance, indeed coercive and legitimacy powers had non- significant result to impact on performance（Weinstein & Gent, 1983）. Another finding is both expert and referent power are positively relate to employee satisfaction, commitment and performance, where asreward and legitimate power do not related those outcomes and coercive power has negative relation（Rahim & Buntzman, 1989; Ramaseshan, Yip & Pae, 2006; Robbins & Judge, 2009）. Zhao, Huo, Flynn & Yeung's（2008）study had a result that expert, referent and reward powers are essential to improve producer's normative relationship commitment, while reward and coercive power enhance instrumental relationship with customers and commitment to job（Gibson, Ivancevich & Donnelly, 2000）. In relation to the current study, expert and referent powers are basis under control of a manager, whereas legitimate, reward and coercive powers basis under organization（Stahelski, Frost, & Patch, 1989）.Moreover gender difference exists in managerial power that female managers have higher reflection on expert power than male managers, but they do not have any differences on legitimate, expert, referent and reward power（Gibson, Ivancevich & Donnelly, 2000）. Referent power has more advantage and identity that seeks to maintain relationship with employees and others（Wagner & Hollenbeck, 1995）

Hypothesis 3: A）Coercive power; B）Expert power; C）Legitimacy power; D）Referent power and E）Reward power is most likely influence to managerial power of SMEs in Taiwan

Hypothesis 4: A）Coercive power; B）Expert power; C）Legitimacy power; D）Referent power and E）Reward power is most likely influence to managerial power of SMEs inMongolia

Study does comparative analysis between managerial power at SMEs in Taiwan and Mongolia as drawn in Figure 1.The hypothesis relationship basis on previous research studies on managerial power and practical principles at SMEs. Manager should understand that tendency to use power in small and medium enterprises are more reactive to the changes in environment and it leads to effectiveness, while the failure to use power has negative effect at performance. Meantime, the managerial power is a central point to understand the outcome of the work（Vecchio, 1995; Vigoda, 2000; Abernethya & Vagnoni, 2004; Safarzy ń ska & Van den Bergh, 2010）.

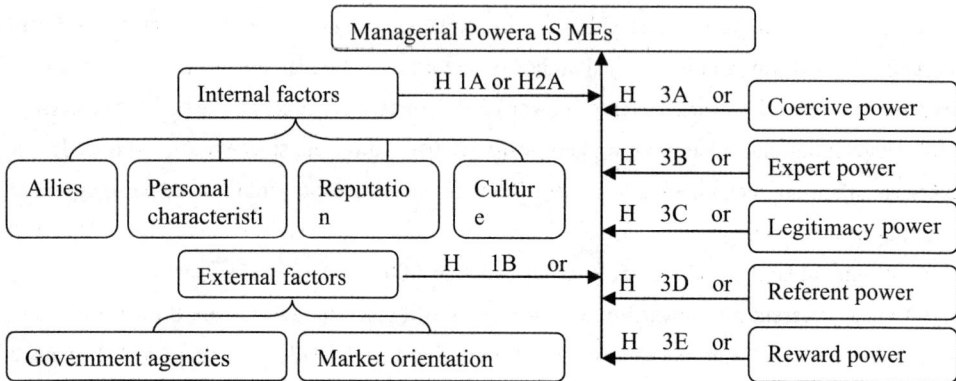

Figure 1. Source of Managerial Power at SME

Methodology

Sample and procedure

At initial stage, the paper uses theoretical approach from literature review, then empirical approach bases on qualitative investigation as online interview. The goal is to understand the behavior of the managers on power from two different countries of Taiwan and Mongolia. Total 16 managers of SMEs were interviewed, 8 managers from each country, respectively. 6 people were male and 10 were female.The managers had chosen according to the SME definition, as less than 200 employees. The total 14 interview questions constructed base by literature review on managerial power and practical approaches at SMEs. The operation of SMEs are various, surveillance system, electrical manufacturing, marketing consulting, business consulting, media agency, food restaurants, plastic industry, cram school, biotechnology, interior design, hotel industry, construction, retail, agricultural, postal service and mining. The paper use methodology of content analysis to describe interview responds.

Data analysis

During our interviews, managers were largely emotional, especially on internal factors for managerial power. Taiwanese managers emphasized that they are mostly to obtain the trust of employees and customers, establish authority for task assignment, resource allocation, communication and coaching, then analyze whole situation by him/ her. However, Mongolian managers stressed that they use their identity to plan, lead and control through all possible ways to reach the goal. At summary, managers agreed that they use their managerial power to effect to the choice of tactics and influence their activities at SMEs as explained on Table 2.

Table 2. Data of interviewers and a comparison of influence of managerial power

| No. | Taiwan | | | | Mongolia | | |
---	Manager	No. of employee	Influence of managerial power	No.	Manager	No.of employee	Influence of managerial power
1	A	40	High	1	I	25	Moderate
2	B	5	High	2	J	3	High
3	C	8	High	3	K	70	High
4	D	50	High	4	L	87	Low
5	E	23	Moderate	5	M	30	Moderate
6	F	110	High	6	N	5	Moderate
7	G	35	High	7	O	42	High
8	H	11	Moderate	8	P	20	Moderate

According to the results from interview, allies is very encouraging factor either for Taiwanese or Mongolian managers that communication and understanding the reasons for the proposed issues will refer the mediation agreement to advance the performance and decision making processes. Their common measures are the ability to load of work, time management, active, responsible and rich of ambition. Personal characteristics are vital factor too to success in small and medium sized business environment as main item is an intuition that to adjust at different situation and to be a winner in any circumstances. Regarding reputation, eleven managers identified that it is highly significant for the performance of SMEs to reach the target goal, but other five managers answered that reputation does not need to be a main factor of managerial power. From interviews a major area that managers of both countries highlighted in very positive terms was culture influence on managerial power. Asian culture tends to have a more consensus oriented, while western culture tends to be more direct and straight forward related to the performance of SMEs. Thus, Hypothesis 1A and 2A accepted that internal factors mostly influenced to managerial power of SMEs in both countries.

Most Taiwanese managers commented that they do not require communicating with government agencies or state officials, yet managerial power shall be needed, if require to communicate. But Mongolian managers said that managerial power is the main aspect to communicate with government agencies. The reason is Mongolian government or state agencies are more bureaucratic thus require more effort for any issue to be solved. Taiwanese and Mongolian managers widely use market orientation approach in most decision making process that higher managerial power allows higher market orientation. Because market orientation is a main aspect of SMEs to know the current and future needs of customers, distribution of knowledge within an firm and responsiveness to it. Therefore we accepted Hypothesis 1B and 2B that external factors most likely influenced to managerial power at SMEs in both countries

We analyzed Hypothesis 3 and 4 using a likert scale from 0 to 3 as described on Table 3. According to the likert scale: 0 is never used; 1 is seldom used; 2 is often used and 3 is always used this power in their performance in SMEs.

Table 3. Comparative table on use of managerial power

Manager	Coercive		Expert		Legitimate		Referent		Reward		Total	
T W/ MN	TW	MN	TW	MN	TW	MN	TW	MN	TW	MN	TW	MN
A / I	0	3	2	0	2	2	2	0	2	2	8	7
B / J	0	0	0	2	0	0	0	2	2	1	2	5
C / K	0	0	0	0	0	0	0	0	2	2	2	2
D / L	0	0	2	0	0	0	2	0	2	2	6	2
E / M	2	2	2	0	2	0	2	0	2	0	10	2
F / N	0	0	0	0	0	0	2	0	2	2	4	2
G / O	0	2	2	0	0	0	2	0	2	0	6	2
H / P	0	0	0	0	0	2	0	0	2	2	2	4
Total	2	7	8	2	4	4	10	2	16	11	40	26

Note: TW - Taiwan; MN - Mongolia

Findings indicate that the strongest tool of a managerial power is reward to have a positive performance while motivating the employees. The reward can be financial and non financial, including some salary bonus, incentives, percentage from profit, dinner, certification, or public recognition. In Taiwan, managers avoid having coercive power, but in Mongolia, managers prefer to have coercive power, which is related to the culture and traditional features. They think that coercive managerial power is high ability to problem solving comparing with managers without using coercive power. Taiwanese most managers use expert and referent power, shared values to influence their staffs. Regarding legitimate power managers in both countries do not use frequently, which only depends on related circumstances; still only two people of each country used this power.The findings accepted Hypothesis 3B, 3D, 3E and 4E that expert power, referent power and reward power most likely influenced to managerial power of SMEs in Taiwan and reward power is most likely influenced to managerial power of SMEs in Mongolia. The findings rejected Hypothesis 3A, 3C, 4A, 4B, 4C and 4D that coercive power and legitimacy power do not influence to managerial power of SMEs in Taiwan and coercive power, expert power, legitimacy power and referent power do not influence to managerial power of SMEs in Mongolia

While summarize the findings, the internal and external factors are highly influences to managerial power managers of both countries. Furthermore, managers of Taiwan frequently use five source of managerial power, especially expert, referent and reward power, but less legitimacy and almost no use of coercive power. The expert and referent powers are the most essential powers for achievements in globalized business environment as Taiwanese managers adopted and succeeded. Unfortunately, Mongolian managers are weak to use managerial power or they use more coercive power, thus they could not been a competitive in the market.

Discussion and Conclusion

This paper attempts to provide a clear strategy to managers of SMEs to have sufficient performance in the future both Taiwan and Mongolia. Results say that managerial power has a positive influence to impact the performance of SMEs. Managers at SMEs are mostly owners of those enterprises; therefore they have to have high responsibility and sensation to managerial power. Management is itself culture to coordinate and communicate between people. Feasible alternatives, coordination, and track reviews are the main factors involved by managerial power. The achievement and success of SMEs depend on managerial power and their initiatives. If managerial power is high in these firms then they will survive in competitive market and will exist in long-run. Five sources of managerial power are used in everyday working environment depends on existing situation without predicting human behavior.

Managerial power in Taiwan is mainly based on ethics of Confucian ideology as 1) Self-respect in business environment; 2) Respect for people older than oneself or in a higher position is fundamental; and 3) It is always proper to be quiet, modest and calm （Gross, 1996）. And they are mainly emphasized by planning, goal setting, assessment and decision-making model, therefore Taiwan's SMEs reached into the leading position in R & D, manufacturing, sales and import and export trade. Nowadays Taiwan's SMEs are competitive with foreign manufacturers, has also actively pursued global layout through efficient managerial power.But it has to state that the production and decision making process is not based on only by sole manager's power; it is linked with joint decision-making. An owner or high powerful managers have more competitive, more satisfied with outcome then low powerful managers, in addition to it, high managerial power more influences on negotiation tactics. Taiwanese managers of small and medium sized enterprises will be powerful when they share their ideas, skills and experiences that to make vital affect on firm's future.In spite of it, managerial power in Mongolia has felt more pressure to improve productivity, evaluate employee performance and consider the government regulations toward to their market orientation.

Two key areas for further research emerged from this study. One is external factors of managerial power. Theoretically there are 5 external factors influence to the managerial power, but we had not studied the customers, financial resource and information. In particular, Van den Bergh and Stagl （2004） stated that managers, who want to be successful in business environment, face with different conflicting interests, such as customers and labor unions, seizing on available information and healthy level of financial resource. Second, as noted above, two countries have different economic growth and development, which influences largely to the managerial power.Thus future research shall better to concern on managerial power of SMEs in two same developed countries or two same developing countries, which will give highly efficient result. Moreover, if we could interview from employees, not managers, than we may have another different result of managerial power from bottom to up.

Implementation

This study has main implication that from managerial power of SMEs, we could learn more issues how to be competitive in global business environment and how managers are able to take an advantage efficiently to use the resources appropriately to be successful in business. Managers of SMEs of Mongolia should learn from managers of Taiwan to be successful in the market. Managerial power within SMEs characterized by strong innovative behavior and leads to enhance the employees'relation in order to maintain the positive performance. Managers of Mongolian SMEs are engaged in employee monitoring, because the culture allows it, indeed managers of Taiwanese SMEs very much against coercive power. However, it can be explained that managers can exercise any powers, but cannot force interpersonal trust for business activities.

Powerful managers allocate required resource, make significant decision and have access to important information; unfortunately powerless managers are lack of resources and information, thus unable to have right decision in right time （Gibson, Ivancevich & Donnelly, 2000）, which is approved by this study.Kapur （2000） mentioned in his book that People, Principles, Power, Leadership and Strategy are linkage between each other for any businesses that this paper tries to analyze one concept of this linkage, power of managers within small and medium sized businesses. At the end of the paper, we would like to say one quote that "Using power is good but in contrast it is evil, but both circumstances depend on purposes for and its use" （Wagner & Hollenbeck, 1995）.

Managing Exploitation and Exploration Paradox:The Role of Bundled Capabilities and Innovation Ambidexterity

Xiner Lin

(Xiner Lin, Tilburg University, The Netherlands)

Introduction

The test of a first-rate intelligence is the ability to hold two opposing ideas in mind at the same time and still retain the ability to function. — *F. Scott Fitzgerald*

Just as juggling paradoxes is the test of a first rate intelligence, so too is it a test of successful companies. It has become clear, that success requires companies to be equally adept at engaging in different types of innovation at the same time. Too much focus on incremental product development and the firm runs the risk of becoming obsolete. But too much focus on radical innovation runs the risk of bankrupting the company before it has the chance to profit from its investment. For many firms, perhaps most, succeeding in the long term means finding the right way to undertake incremental and radical innovation at the same time. But, identifying the "right" way is not a simple task, and indeed, has consumed researchers for quite some time. Researchers who have focused on this task have been drawn to the notion of ambidexterity to help resolve this paradox.

Ambidexterity has traditionally referred to the ability to do two things at the same time (McDonough & Liefer, 1983; Gibson & Birkinshaw, 2004; He & and Wang, 2004; Lubatkin et al., 2006; Simsek, 2009) . But increasingly, researchers have used the notion of ambidexterity to refer to a firm's ability to engage in exploratory activities on the one hand and exploitative activities on the other - two very different activities (Gibson & Birkinshaw, 2004; He & Wong, 2004; Lubatkin et al., 2006; Smith & Tushman, 2005; Tushman & O'Reilly, 1996) . The importance of ambidexterity in the form of exploration and exploitation lies in its potential for improving business performance and sustaining competitive advantage (cf., Gibson & Birkinshaw, 2004; He & Wong, 2004) .

It has been noted however, that these two activities compete for the same pool of scarce resources which has often resulted in firms favoring one at the expense of the other (March,

1991）. Thus, the challenge facing firms, and researchers, is to discover how to leverage the firm's resources and capabilities in ways the will enable them to successfully engage in both types of activities simultaneously. Some researchers suggest that it is possible to balance the pursuit of exploitation and exploration by creating a behavioral context that is characterized by the interaction of stretch, discipline, support, and trust （Gibson & Birkinshaw, 2004）. Beyond the importance of fostering a behavioral context （Gibson & Birkinshaw, 2004）, however, we have little understanding of the specific capabilities that are required to achieve ambidexterity （Adler, Goldoftas, & Levine, 1999; Simsek et al., 2009）. And, as Simsek and his colleagues （2009） point out, we simply do not know what organizations need to do in order to simultaneously attain exploitation and exploration.

Other researchers have also explicitly cited the need for additional research that examines the effects of both behavioral and structural, i.e., informal and formal, capabilities on the combined effects of incremental and radical innovation （He and Wong, 2009）. These researchers note that doing so "may shed additional light on the subtle and complex processes through which organizations achieve and benefit from various combinations of exploration and exploitation."

The Resource Based View of the firm （RBV） may provide a productive avenue for addressing the need to increase our understanding of how companies can achieve ambidexterity through leveraging their resources and capabilities （Kang & Snell, 2009; Simsek et al., 2009）. The RBV literature views the firm as a bundle of resources and capabilities which consist of a firm's tangible and intangible assets that are firm-specific and are developed over time through complex interactions among the firm's resources and capabilities （Barney, 1991; Amit & Schoemaker, 1993）. It has been proposed that the resulting "bundle" of resources and capabilities can be used to generate processes that avoid the need to allocate resources separately for exploitation and exploration, thus reducing the conflict and competition for them （Ray, et al., 2004）.

While there is a wealth of research on capability and business performance, no studies have investigated the relationships among a firm's capabilities, ambidexterity, and business performance. Thus, the purpose of this study is to empirically investigate how resource-based capabilities enable exploitation and exploration to achieve ambidexterity, and how ambidexterity impacts on a company's business performance. By doing so, our study contributes to our understanding of what organizations need to do in order to achieve ambidexterity, as well as greater business performance.

We use RBV theory to investigate how a bundle of resource-based capabilities facilitate the attainment of ambidexterity, i.e., high levels of incremental and radical innovation. To foster ambidexterity, the combination of resources and capabilities that are relied upon need to enable the acquisition, dissemination, integration, and development of knowledge over time （Kogut & Zander, 1992; Teece & Pisano, 1994）. Knowledge is at the core of an organization's ability to generate innovation and the resources and capabilities that are relied on need to assist the organization in facilitating the search for, acquisition of, and sharing of this knowledge. Interorganizational and intraorganizational collaboration are two resources and capabilities that assist organizations in searching for knowledge. These capabilities, which are relatively formal and tangible, enable the organization to create routine and to structure mechanisms for exchanging information and knowledge. A third resource that is informal and intangible is an organization's culture, which encompasses its values and norms of behavior. An organization's culture can provide the impetus to utilize the more formal mechanisms. Indeed, without norms and values that emphasize collaborating internally and externally, these more formal and tangible mechanisms, by themselves, will have a limited effect on fostering the exchange of information and knowledge either within or outside the organization. Thus, we examine the combined effects of three capabilities including, intraorganizational collaboration, interorganizational collaboration, and organization culture, on the ability of a firm to attain a high level of ambidexterity in the form of a combination of incremental and radical innovation.

We also investigate how attaining a high level of incremental and radical innovation combined, impacts on a firm's business performance. Prior ambidexterity research has examined the relationships between different types of ambidexterity and outcomes (Gibson & Birkinshaw, 2004; He & Wong, 2004; Cao et al., 2009; Simsek et al.,2009), while RBV research has investigated the impact of capabilities on business performance (Ray et al., 2004; Teece, 2007; Leonard-Barton, 1992; Eisenhardt & Martine, 2000). But neither has empirically examined the role of ambidexterity in mediating the relationship between a bundle of capabilities and business performance.

In sum, our study seeks to make four important contributions. First, it adds to the dialogue on the antecedents of ambidexterity by exploring the impact of bundling resources and capabilities on a company's ambidextrous performance. Ours is the first study to examine how the combination of tangible and intangible and formal and informal resources and capabilities affect an organization's ability to achieve a combination of high levels of incremental and radical product innovation.

Second, it adds to the dialogue on the role of ambidexterity in facilitating a company's business performance. While prior research has examined ambidexterity's impact on a variety of outcomes, few studies have addressed the question of how achieving simultaneously high levels of incremental and radical product innovation affects a firm's business performance relative to its competitors.

Third, our study contributes to our understanding of ambidexterity as a mediator in the relationship between a company's resources and capabilities and its performance. As a number of scholars have pointed out, the relationship among ambidexterity, its antecedents and outcomes are quite complex and research needs to reflect this complexity. Thus, our research will contribute to a more fine grained understanding of the role that ambidexterity plays in fostering business performance by examining ambidexterity as a mediating variable affecting the relationship between capabilities and performance.

Lastly, we add depth to our insight into the relationships among ambidexterity, firm performance, and its capabilities by investigating these relationships in a non-Western country, Taiwan. Research on ambidexterity has had a tendency to focus on Western countries such as North America or Western Europe（Gibson & Birkinshaw, 2004; Kyriakopoulos & Moorman, 2004; Lubatkin et al., 2006; Prieto et al., 2007）. With few exceptions（cf., He & Wong, 2004; Yang & Atuahene-Gima, 2007）, there is a very limited base of knowledge regarding how bundles of capabilities enhance ambidexterity and performance in non-Western countries. Thus, our study will contribute to our understanding of ambidexterity theory in a non-Western context, Taiwan.

Taiwan presents an interesting context for our study for at least two reasons. First, Taiwan has shown an innovation orientation in many aspects, e.g. the development of high technology products and creative design.[1] Thus, it provides an ideal context for a study that focuses on new product innovation. Second, Taiwan provides a unique context for studying the interplay between capabilities and ambidexterity. Taiwan is a country characterized by Western capitalism mixed with a Confucian orientation, which is manifested in many respects including management practices and individual behaviors thus making it important to study the capabilities - ambidexterity relationship in a variety of cultural contexts.

Theory and Definitions

Resource-based Theory of the Firm and Capability

The resource based view（RBV）of the firm views the firm as a bundle of resources and capabilities that have the potential to provide the firm with a sustainable competitive advantage （Amit & Schoemaker, 1993）. Resources, in this view, are defined as stocks of available factors that are owned or controlled by the firm. These resources are converted into final products or services by using a wide range of other firm assets and bonding mechanisms such as technology, management information systems, incentive systems, and trust between management and labor（Barney, 1991; Amit & Schoemaker, 1993）. Capabilities are distinguished from resources. They reflect a firm's capacity to deploy resources. Thus, in contrast to resources, capabilities are based on developing, carrying, and exchanging information. There is general agreement among organizational capability's scholars that a firm's capabilities are those things that it does particularly well and cannot be readily imitated and substituted by competitors （Eisenhardt & Martin, 2000; Teece & Pisano, 1994）.

Generally, scholars working in this stream agree that capabilities and resources can be formal or informal and tangible or intangible（Ray, Barney & Muhanna, 2004; Nelson &

Winter, 1982; Porter, 1991）. Examples of formal and tangible resources and capabilities include such assets as technology, management information systems, and incentive systems, while examples of informal and intangible resources and capabilities include such assets as values, norms, and trust.

Taking a slightly different approach, Ray, Barney and Muhanna（2004）suggest that the concepts of resources and capabilities can be used interchangeably to refer to the tangible and intangible assets firms use to develop and implement their strategies through impacting on business processes. In contrast to the earlier view of RBV, Ray et al.,（2004）propose that business processes, rather than capabilities or resources, are the routines that a firm develops to perform activities（Nelson & Winter, 1982; Porter, 1991）. And it is these business processes that provide competitive advantage（Ray, et al. 2004）. That is, it is not the resources or capabilities themselves, but rather the application and use of these resources or capabilities that enable the firm to perform the activities they need to perform, which provide advantage （Porter, 1991; Stalk, Evans, & Shulman, 1992）. Further advantage can result from bundling or combining resources and capabilities. This bundling results in unique, and thus competitively advantaged, business processes that can enable firms to act ambidextrously by engaging in both exploration and exploitation activities（Leonard-Barton, 1992）.

Ambidexterity, Exploitation, Exploration, Innovation and Business Performance

The concept of ambidexterity refers to the ability to do two things at the same time （McDonough & Liefer, 1983; Gibson & Birkinshaw, 2004; He & Wang, 2004; Lubatkin et al., 2006; Simsek, 2009）. Researchers who have focused on ambidexterity have taken a variety of viewpoints and defined ambidexterity in a variety of ways resulting in confusion and inconsistencies（Simsek, 2009）. One issue has been the various levels of analysis that researchers have focused on including, a single business unit, diversified organizations with several SBUs, and the realized view, which focuses on either SBUs or more diversified organizations（Simsek, 2009）.

A second issue is the focus on behavioral and structural processes that organizations use to strive toward ambidexterity versus the focus on ambidexterity as an outcome, i.e., the actual attainment of both incremental and discontinuous innovation. As we see below the choice of focus with respect to both issues has implications for the overall perspective of ambidexterity and its role that scholars elect to adopt.

One key debate in this literature has been about the role of exploration and exploitation in fostering organization success. Some argue that to ensure the long term survival of an organization, it is necessary for it to both exploit its existing capabilities, as well as explore new opportunities（March, 1991; Tushman & O'Reilly, 1996）. Exploiting existing capabilities and exploring new capabilities can result in both incremental product innovations that build on existing products, as well as more radical product innovations that are a significant step beyond existing products. A subset of researchers within this group has proposed that ambidexterity can be interpreted as simultaneously pursuing both exploration and exploitation （Beckman, 2006; Jansen et al., 2006; Lavie & Rosenkopf, 2006; Lubatkin et al., 2006）, while another subset has suggested that ambidexterity refers to the sequential pursuit of exploration and exploitation （Duncan, 1976; Burgelman, 2002）.

Still others argue that exploitation and exploration can be viewed as independent activities, thus enabling some organizations, under the right conditions, to focus on exploiting or exploring while still achieving long term survival （Gupta, Smith, & Shalley, 2006）. Gupta et al., （2006）, e.g., suggest that when organizations are seen as part of larger systems, interacting with other organizations with whom interdependencies are created, exploration and exploitation may be achieved at the systems level through having some firms specializing in exploitation and others specializing in exploration.

In our research, we adopt what Simsek （2009） calls the "realized" view of ambidexterity, which suggests that ambidexterity is an organizational level construct that is applicable to a single business unit whose goal is to achieve high levels of both exploitation and exploration simultaneously （Simsek, 2009）. We also adopt the perspective on ambidexterity as an outcome resulting from inputs at the organizational and interorganizational levels. These inputs are in the form of resources and capabilities.

Simultaneously pursuing exploitation and exploration within a single organizational unit is inherently challenging, however, as a consequence of the competition for scarce resources that often leads to conflicts, contradictions, and inconsistencies （Simsek et al., 2009）. In order to handle these competing claims, organizations need to find the right combination of different types of resources and capabilities, i.e., tangible and intangible and formal and informal, （Leonard-Barton, 1992）.

To foster ambidexterity, the combination of resources and capabilities that are relied upon need to enable the integration and development of knowledge over time （Kogut & Zander, 1992; Teece & Pisano, 1994）. Knowledge is at the core of an organization's ability to generate innovation and the resources and capabilities that are relied on need to assist the organization in facilitating the search for, acquisition of, and sharing of this knowledge. Resources and capabilities that are more formal and tangible enable the organization to create routine and to structure mechanisms for exchanging information and knowledge, while resources and capabilities that are informal and intangible, e.g., values and norms of behavior, provide the impetus to utilize these mechanisms. Without norms and values that emphasize collaboration, for example, the more formal and tangible mechanisms, by themselves, will have a limited affect on fostering the exchange of information and knowledge either within or outside the organization.

It is for this reason that the combination or bundling together of resources and capabilities is critical in the creation of business processes that can provide competitive advantage （Ray, et al., 2004; Leonard-Barton, 1992）. While a particular resource or capability may provide some utility, it is when a set of resources and capabilities are bundled together that they provide a combinative effect（Leonard-Barton, 1992）. And it is this combinative effect among these bundled resources and capabilities that enables the simultaneous pursuit of explorative and exploitative activities that lead to simultaneously generating multiple types of innovation including incremental and radical（Gupta, et al., 2006）.Attaining high levels of both incremental and radical innovation simultaneously results in what we define as, "innovation ambidexterity"（IA）

Building on Ray et al.'s（2004）model, we suggest that simultaneously attaining high levels of exploration and exploitation and the accompanying high levels of incremental and radical innovation is likely to lead to greater business performance in terms of revenues, profits and productivity growth relative to competitors（Barney & White, 1998; Barney, 1991; Porter, 1991）. Figure 1 depicts these relationships.

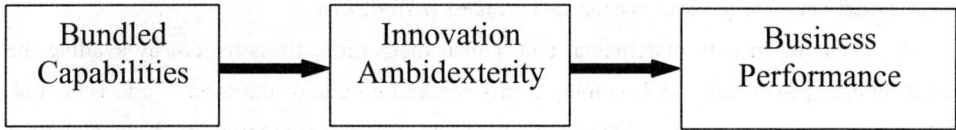

```
┌──────────────┐          ┌──────────────┐          ┌──────────────┐
│   Bundled    │          │  Innovation  │          │   Business   │
│ Capabilities │ ───────▶ │ Ambidexterity│ ───────▶ │ Performance  │
└──────────────┘          └──────────────┘          └──────────────┘
```

Figure 1. Proposed Relationships among Bundled Capabilities, Innovation Ambidexterity & Business Performance

In the following section, we elaborate our hypotheses.

Hypotheses

Innovation Ambidexterity and Business Performance

Prior research suggests that firms capable of achieving ambidexterity are likely to generate outcomes that are not attainable if they emphasize one of these activities at the expense of the other（Tushman & O'Reilly, 1996; Gibson & Birkinshaw, 2004; He & Wong, 2004; Cao et al., 2009）. Indeed, as Colbert（2004）points out, interactions, such as the interaction between incremental and radical innovation, give "rise" to emergent properties that are irreducible because they exist only in relationship.

The outcomes from achieving ambidexterity that have been studied are quite varied. Atuahene-Gima（2005）, e.g., suggests that the interaction of exploiting existing competencies and renewing and replacing them with new competencies is positively related to radical innovation performance, while Prieto et al.（2007）found that competence is positively related to new product development performance in general. Simsek et al.,（2009）found that

411

simultaneously combining exploitation and exploration within a single unit can improve the satisfaction of stakeholders including customers and upper-level managers. Concerning financial performance, Han et al. (2001) suggest that a firm's pursuit of ambidexterity is positively associated with financial performance, measured in terms of market share and return on investment, as compared to firms that only pursue incremental innovation. He and Wong (2004) also found that the ambidexterity achieved by the interaction of exploitation and exploration learning is positively related to self-reported compounded average rate of sales growth over a three year period. Further, Schulze et al., (2008) suggest that ambidexterity has a positive effect on subjective ratings of performance, measured as a latent composite of operational and strategic planning.

These studies suggest that relationships exist between exploitation, exploration, ambidexterity, and various sorts of performance outcomes. Prior research, however, has not investigated the attainment of the combination of incremental and radical innovation, i.e., innovation ambidexterity, on business outcomes. Yet, there are suggestions that innovation ambidexterity may indeed lead to enhanced business performance.

By engaging in both incremental and radical innovation, firms benefit by evading the disadvantages associated with becoming overly focused on one or the other (c.f., Han et al. 2001). However, pursuing radical innovation typically requires much more development time, capital investment, risk-taking, and failure tolerance than does incremental innovation (Amabile, 1997; Farson & Keyes, 2002). Engaging in radical innovation also takes more time as companiesidentify and search for sources of useful knowledge within and outside the organization. It is also relatively more difficult to estimate real-time returns from radical innovation, although there is an expectation that very large profits may result from the commercialization of radical innovations (Levinthal & March, 1993).

Incremental innovations, on the other hand, are built on existing products and exploiting proximate knowledge, information, and feedback from customers, competitors, and markets (Tushman & O'Reilly, 1996). And they are relatively effective in achieving predicted returns in the short term (Raisch & Birkinshaw, 2008). While incremental innovations are typically effective at responding to the needs of customers and markets, they are, at the same time, more easily imitated and substitutable. Thus, it has been argued that organizations that engage solely in incremental innovation risk failing to stay abreast of new knowledge (e.g., new technology and materials) thus generating small returns. Researchers also point out that a narrow knowledge search may lead to highly limited specialized knowledge and know-how that may eventually create rigidity in the organization (Atuahene-Gima, 2005; Leonard-Barton, 1992), as well as technological and knowledge obsolescence (Levinthal & March, 1993).

In contrast, the combination of radical and incremental innovation can provide significant advantage for the organization. On the one hand, radical innovation is more likely to create new markets, generate greater market share, and result in substantially higher returns for the firm in the long term （Cao et al., 2009）. While incremental innovation is more apt to improve and extend the quality and added value of existing products that will satisfy current customers'needs, on the other （Cao et al., 2009）.

This suggests that advantages can be gained from undertaking both types of innovationand that the disadvantages associated with one type can be offset by the other. Thus, when organizations engage in high levels of both incremental and radical innovation it is more likely to result in greater overall business performance than if only one form of innovation is undertaken.

Thus, we propose:

H1. A higher level of innovation ambidexterity will lead to higher business performance in the business unit.

Bundled Capabilities and Innovation Ambidexterity

As noted above, resources and capabilities consist of the tangible and intangible assets that enable the integration and development of knowledge that is critical to an organization's ability to generate innovation over time （Kogut & Zander, 1992; Teece & Pisano, 1994）. And, although prior research has focused on investigating the separate effects of tangible and intangible and formal and informal assets on generating innovations （Lawson, et al., 2009）, we argue below that in order to generate IA, organizations need to bundle assets together in ways that will generate high levels of radical innovation and incremental innovation simultaneously. Indeed, it has been argued that sustainable competitive advantage relies on an organization's ability to "reconfigure" its knowledge（Rosenkopf & Nerkar, 2001）. Kogut and Zander（1992）refer to this as combinative capability, i.e., the ability 'to synthesize and apply current and acquired knowledge."

The sources of the knowledge that are needed to generate innovation can be internal, i.e., inside the organization from other individuals, units, departments, etc., or external, i.e., outside the organization, e.g., universities, other companies, etc. （Jansen, et al. 2006; March and Simon, 1958; Nelson and Winter, 1982; Helfat, 1994; Rosenkopf and Nerkar, 2001; Hull and Covin, 2010）.

Some researchers have found that the innovation activity of companies is closely related to their previous innovation activity, i.e., that it relies primarily on internal sources （March & Simon, 1958; Nelson & Winter, 1982; Helfat, 1994）. But innovative products emerge from variation and from pursuing the untried instead of simply improving the existing ways of doing things （Sethi & Sethi, 2009）. Thus, when collaboration occurs only with others in the organization it may limit the potential for tapping into ideas that are foreign to the firm （cf. Jansen et al., 2006）. If individuals within an organization hold the same basic experiences, values, and capabilities, it makes it difficult to explore fundamentally different knowledge bases and to create opportunities for acquiring new knowledge and capabilities. And, since units operate as part of a single firm, they are more likely to exchange knowledge that is related to what they already know or that is similar to their existing knowledge base. Thus, they are more likely to pursue exploitative innovations （cf. Jansen et al., 2006） and there is less likelihood that radically new ideas will be generated when only intraorganizational collaboration is relied upon. However, such exploitative innovation can lead to useful and important "next generation" products that can add significantly to a company's revenues stream （Benner & Tushman, 2003）.

Other research suggests that external knowledge sourcing through interorganizational collaboration is an important source of learning that can enhance a firm's innovativeness（Allen & Cohen, 1969; Laursen & Salter, 2006; Lorenzoni & Lipparini, 1999; Shan & Song, 1997）. Lorenzoni and Lipparini （1999）, e.g., found that a firm's ability to combine its knowledge with external sources influences its innovativeness, while Rosenkopf and Nerkar （2001） in a study of firms in the optical disk industry found that search beyond organizational boundaries had more impact, as measured by patent citations, than exploration within organizations. Laursen and Salter （2006） also investigated the relationship between external search and innovation performance and found that focusing on a limited number of organizations to search for new knowledge was associated with radical innovation.

The search process, whether it is externally or internally focused, involves acquiring knowledge and begins as an individual activity （Kim, 1993）. But the development of innovations usually requires teams of individuals （Edmondson & Nembhard, 2009）. Thus, organizations need to find ways to bundle or combine resources and capabilities in ways that will facilitate the synthesis, exchange, and application of acquired knowledge across individuals in the company （Kogut & Zander, 1992; Teece & Pisano, 1994）. One resource that is available to companies to accomplish this is social mechanisms such as the culture of the organization （Lawson, et al., 2009）.

An organization's culture （Schein, 1986） reflects the personality of the organization that arises from the assumptions, values, and norms that guide the behavior of its members （Schein, 2004）. In this sense, the culture of the organization influences the way that people in the organization accomplish their work, relate to one another, and solve the problems that confront them on a daily basis （Fayolle, Ulijn, & Degeorge, 2005）. Because an organization's culture represents the values and norms of behavior that are embraced by the members of the organization, it is likely to have a significant and enduring impact on the behavior of people in the organization. Thus, a culture that is competitive may cause individuals to withhold knowledge from each other, whereas a culture that promotes sharing and trust is likely to help the distribution of knowledge and ideas （Hansen, Mors & Løvås, 2005; Lorenzoni & Lipparini, 1999）.

Creating a culture with entrepreneurial spirit where individuals are willing to take risks, trust and respect each other, learn, and search for opportunities may be an effective means of fostering the values, behaviors, and norms that will result in the exchange, synthesis and application of knowledge （Hurley & Hult, 1998）. Innovation requires flexibility, collaboration, and sharing. But these behaviors entail risk and indeed demand that risks be taken. Sethi and Sethi, e.g., found that "teams that are strongly encouraged to take risk focus more on exploration and are expected to question and challenge the existing ways of doing things"（Sethi & Sethi, 2009）. Also, rewarding risk taking behavior has been found to encourage people to look for new ideas, technologies, and approaches that can result in more radical new products （Amabile, 1988; Mason & Mitroff, 1981; Kanter, 1988; Van de Ven, 1986）.

But managing these risk-taking behaviors cannot be accomplished through formal monitoring and control （McDonough & Leifer, 1986）. Instead, facilitating these behaviors requires trust （Rousseau, et al., 1998）. A culture where individuals trust each other emboldens people to take risks in the form of exploring new technologies, trying out new ideas, and sharing untested ideas.

We also argue that it would be incorrect to assume that individuals erect artificial boundaries in their discussions with each other restricting their sharing to only exploitative or exploratory ideas. Practically speaking, it is difficult, if not impossible, to know in advance the outcome of an idea or if it will lead to a major breakthrough or a more modest advance. Thus, we suggest that it is the presence of a culture of sharing that is important to fostering exploitative and exploratory ideas that have the potential to lead to incremental and radical innovations.

By creating an organization culture with this sort of "entrepreneurial mind set," organizations can facilitate the synthesis, exchange, and application of knowledge that has been acquired from internal and external sources.And it is this combination of tangible and intangible and formal and informal assets that enables the organization to generate radical and incremental innovations simultaneously （Lawson, et al., 2009）. In some sense, then, bundled capabilities become a higher order capability that enables organizations to "skillfully escape from the inability of their current capabilities to enhance product innovation" （Danneels, 2002; March, 1991）. Accordingly, bundled capabilities enable the firm to engage in both exploitative and explorative learning, thus leading to higher level of both incremental and radical innovation simultaneously （Collis, 1994; Danneels, 2002; Gibson & Birkinshaw, 2004）. Thus, we propose that:

H2: When used in conjunction with each other three capabilities – intraorganizational collaboration, interorganizational collaboration and an entrepreneurial organization culture will have a positive impact on innovation ambidexterity.

The Mediating Effect of Innovation Ambidexterity

Finally, we argue that innovation ambidexterity mediates the relationship between the bundled capabilities consisting of intra and interorganizational collaboration and entrepreneurial culture and business performance. That is, the combination of collaboration and culture impact on performance through achieving innovation ambidexterity. When the organization has not attained a high level of both incremental and radical innovation, bundled capabilities, by themselves, are likely to have no or less influence on performance. In the view of RBV theory of the firm, it is the application and use of a firm's resources or capabilities that enable the firm to perform the activities it needs to perform, which provide advantage.

Thus, the reason for hypothesizing a mediating effect is that innovation ambidexterity is seen as a business process involving the executing of both incremental and radical innovation. And it is the outcome of the application and use of these resources or capabilities that enable the firm to perform the exploitative and exploratory activities that are needed to produce both incremental and radical innovations, which, in turn, generate greater business performance (Porter, 1991; Stalk, Evans, & Shulman, 1992; Ray et al., 2004). Therefore, we suggest that unless these capabilities are bundled together so as to generate innovation ambidexterity, the bundled capabilities, in and of themselves will have a less positive impact on business performance than will the combined effects of bundled capabilities and innovation ambidexterity.

Organizational capability theorists have indicated that the importance of capabilities to organizations today is much more than it was before because of the relatively open and diverse sources of innovation now available to organizations (Teece, 2000). However, most scholars also acknowledge that resources and capabilities, by themselves, cannot be a source of competitive advantage (Eisenhardt & Martin, 2000; Ray et al., 2004). That is, resources and capabilities can only be a source of competitive advantage if they are used to 'do something;' i.e., if those resources and capabilities are exploited through business processes (Ray et al. 2004). Further, RBV-based logic suggests that in order to realize the full competitive potential of its resources and capabilities, a firm must organize its business processes efficiently and effectively (Barney and Wright, 1998). Thus, Porter (1991) suggests that valuable resources and capabilities allow firms to perform activities, i.e., business processes that are the determinants of business success (cf., Ray et al., 2004).

We have stated above that bundled-capabilities comprise both tangible and intangible resources of a firm that are developed to carry, share and exchange information and knowledge that enables organizations to perform exploitative and exploratory activities. Accordingly, in our study, we propose that bundled capabilities can be employed to facilitate both exploitative and exploratory activities that will lead to IA.RBV views IA as a business process responsible for attaining both incremental and radical innovation leading to greater business performance. In doing so, we reason that firms can have competitive advantages in some business activities and competitive disadvantages in others. Thus, simply examining the separate relationships between one capability and firm performance or one capability and one process can lead to misleading conclusions (Ray et al., 2004). For example, a firm may have resources and capabilities that have the potential for generating competitive advantage but not fully realize this potential as a result of a failure to leverage the individual strengths associated with each one. Similarly, if we claim that bundled capabilities can only foster a process that will result in incremental innovation or radical innovation but not both, we may end up with misleading results.

Additionally, RBV-based logic also suggests that business processes that exploit valuable but common resources can only be a source of competitive parity; business processes that exploit valuable and rare resources can be a source of temporary competitive advantage; and business processes that exploit valuable, rare, and costly-to-imitate resources can be a source of sustained competitive advantage （Barney, 1991）. Thus, while every firm may possess resources and capabilities such as culture, intraorganizational and interorganizational collaboration, not every firm can effectively and efficiently employ its resources and capabilities in ways that will create unique and costly-to-imitate processes （Colbert, 2004）. When the capabilities are bundled together appropriately, however, the bundle creates properties that exist only as a consequence of the individual capabilities being part of the whole. And these properties, in turn, create outcomes that are unavailable in their absence （Colbert, 2004）. Consequently, the joint effect of bundled capabilities through the process of innovation ambidexterity would generate greater business performance （Porter, 1991; Stalk, Evans, & Shulman, 1992; Ray et al., 2004）.

Combining these reasoning, we propose:

H3: Innovation ambidexterity mediates the relationship between bundled capabilities and business performance.

Methodology

Empirical Context

Our empirical setting was the companies listed on the General Chamber of Commerce of Taiwan and operating in chemicals, pharmaceuticals, financial management, mechanical engineering, and electronic engineering sectors. These sectors have been shown to be more innovation oriented than others in recent decades in terms of the number of commercialized products and services. Additionally, Taiwan has shown an innovation orientation in many aspects. For example, Taiwan ranks number one in patents per million people granted between January 1 and December 31, 2007 and Taiwanese companies rank number 16 in the world in terms of R&D spending （see World Economic Forum, Global Competitiveness Report 2008-2009）. Prior research has suggested that this context could provide insights on the innovation processes and effectiveness （cf., Elenkov et al.,2005; Jibu et al., 2007）. Thus, we invited companies in these sectors to participate in our survey within this sampling frame. The sampled companies had to meet two criteria including 1） the importance of innovation to the industry and 2） the importance of innovation to the company. Companies were contacted directly to ascertain their interest in participating once they fit the above criteria in the study.

Following the suggestion of research on ambidexterity that a business unit is a meaningful level at which to examine organizational ambidexterity （Simsek, 2009）, our study was focused on the strategic business unit （SBU） level. A SBU is defined as a profit center responsible for performance in one or more markets with the authority to influence the choice of the business'competitive strategy in its target markets. By focusing on the SBU, the likelihood that each respondent is well acquainted with the strategies, general processes, management, and performance of the SBU is increased （Narver & Slater, 2004）.

Data

To test our hypotheses, we gathered primary data from our sample. Following the suggestions of Podsakoff, MacKenzie, Lee and Podsakoff （2003）, we constructed separate questionnaires to gather data for the independent and dependent variables in order to avoid self report and self evaluation that can result in common method bias. To mitigate the potential problem of self-report bias because the senior managers filled out our questions about both business and innovation performance, we used a combination of prevention and detection methods suggested by Podsakoff et al. （2003）. Prevention methods included collecting data at two different points in time, approximately one year apart （Jansen et al., 2006）. We also asked our company contacts to give the questionnaire in person to the best qualified person to answer. The detection method consisted of conducting a validity check as described in the measurement validation section. As Podsakoff, et al. （2003） suggest, using these methods minimizes self report bias as a concern in our study.

The set of survey questionnaires was distributed via mail, fax, email, or in person. We administered the surveys to senior and middle level managers of 580 SBUs from 558 parent companies. One questionnaire was administered to a senior level manager in each SBU who was asked about the innovation and business performance of the SBU. A different questionnaire was administered to middle level managers who were asked about organization culture, intraorganizational collaboration, and interorganizational collaboration. After the initial survey mailing, we followed up with reminder letters and telephone calls to our company contacts. We received 214 sets of completed surveys by multiple informants including a total of 729 middle managers （1-12 respondents per SBU） and 214 senior managers in 214 SBUs. Thus, we had between 2 and 13 respondents per SBU, and a total of 943 respondents from 214 SBUs. The response rate for this study was 37% （214 SBUs completed out of the 580 SBUs that were initially approached）.

Following Kanuk and Berenson （1975）, we further assessed potential non-response bias by looking for differences between early and late respondents. We recorded the order of responses to the survey and found it to be non-significantly correlated with SBU industry （$r = 0.05$, $p = 0.32$） or SBU size （$r = 0.01$, $p = 0.47$）. We further compared performance differences on the early versus late-responding SBUs and also found it to be non-significantly correlated with responding SBU's revenue （$r = 0.02$, $p = 0.42$）, suggesting that the concern regarding non-response bias is minimal （Combs & Ketchen, 1999）.

As shown in Table 1, the size of the SBUs in terms of the number of employee in our
sample ranged from 45 employees to over 3,000. The mean size equaled 1,037. Average age of
the SBUs in the sample was 17 years. One hundred and ninety SBUs （89%） were privately
owned. Twenty eight percent of the SBUs in the sample are in the business of producing
consumer products, 36% produce industrial products, 22% produce consumer services, and 8%
produce industrial services. Sixty-six of the SBUs in our sample had revenues of 1 to 4.9 billion
Taiwanese dollars （US$30 million to US$1.5 billion）, thirty-five SBUs had revenues of 500-
999 million Taiwanese dollars （US$15-30 million） and thirty-four SBUs had revenues of 10
billion Taiwanese dollars and above （US$3 billion）. [2]

Table 1 Sample Profile

Characteristics		Number	Percent
SBU size	50 employees andbelow	76	35.9%
	51-500 employees	84	40.8%
	501-1000 employees	12	5.8%
	1001 and above ⋯	34	13.8%
	Missing data	8	3.7%
Ownership	Public owned	21	9.8%
	Private owned	190	88.8%
	Missing data	3	1.4%
Business Product	Consumer products	60	28.1%
	Consumer services	46	21.5%
	Industrial products	78	36.4%
	Industrial services	17	7.9%
	Industrial services	13	6.1%
Industry	Chemicals	9	4.2%
	Pharmaceuticals	25	11.6%
	Financial management	17	7.9%
	Mechanical engineering	26	12.1%
	Electronic engineering	89	41.5%
	Others	30	14.0%
	Missing data	12	5.6%
Revenues	Less than10 million	14	6.5%
	10-99 million	23	10.7%
	100-250 million	9	4.2%
	251-499 million	13	6.1%
	500-999 million	35	16.4%
	1-4.9 billion	66	30.8%
	5-9.9 billion	14	6.5%
	10 billion & above	34	15.9%
	Missing data	6	2.8%
SBU average age (years)		17	
N		214	

Note: 1) Missing data means no answer from respondent. 2) The currency in Taiwan is new Taiwan dollars. Conversion based on an exchange rate 1 US$ = 33 NTD. 3) Pharmaceuticals industry includes pharmaceuticals, health care and food industry. Mechanical engineering industry includes aerospace, car, and industrial equipments industry. Electronic engineering industry includes electronics, entertainment and telecommunication industry. Others include non-durable goods, services, construction and so on.

Measures

Our instruments were originally constructed in English and were then translated into Chinese and back-translated into English to ensure the accuracy of the meaning of the questions. We also used a mixture of positive and negative questions in order to minimize response bias. The questionnaires were then pre-tested using a sample of managers in Taiwan. All constructs in this study were measured on a seven-point Likert type scale.

Dependent Variable

Business Performance. Raisch & Birkinshaw (2009) suggest that studies that use one-dimensional indicators of firm performance "run the risk of producing biased estimations of organizational ambidexterity's contributions to the firm's overall success." With this in mind, we have included a set of measures that provide a broader perspective on firm performance. Specifically, we measured our dependent variable by using three items that required senior management respondents to reflect on performance relative to their competitors along three dimensions, revenues, profits, and productivity (He & Wang, 2004; Cao et al., 2009; Wakelin, 2001) . Appendix 1 contains these items. Respondents were asked to indicate on a 7-point Likert scale where they felt their SBU belonged on each of these dimensions. Responses could range from much lower to much higher (cf., Gibson & Birkinshaw, 2004) . We conducted common factor analyses on these items. Principal Components extraction with an Equamax rotation method (Eigenvalue > 1) resulted in one factor. The Cronbach alpha was 0.82.

Mediating Variable

Innovation Ambidexterity. We define innovation ambidexterity as attaining high levels of both incremental and radical innovation simultaneously. Because there was no existing measure of ambidexterity exactly reflecting our research purpose, we developed a six item measure that reflected the combination of incremental and radical product innovation performance. The measures for each type of innovation performance were adapted from the work of Atuahene-Gima (2005) and Cooper & Kleinschmidt (2000) . (Appendix 1 contains these items) . Because senior managers are in the best position to provide responses to our questions concerning innovation performance, we asked these managers to look backwards over the past 3 years and provide their perceptions of innovation performance. We felt it was important to use a 3 year time period because of the lag effects that are likely to exist between a firm's innovativeness and its actual impact on innovation performance.

In order to operationalize the combined concept of innovation ambidexterity, we followed the approach of He and Wong (2004) and Cao et al., (2009). We began by assessing the reliability of the items used to measure incremental product and radical product innovation. The Cronbach alpha for the items measuring incremental product innovation was 0.78. These items were combined into a single factor. The Cronbach alpha for the items measuring radical product innovation was 0.77. These items were combined into a single factor. We then multiplied the scores from these two factors to assess the reliability for our overall measure of innovation ambidexterity. The overall Cronbach's α for innovation ambidexterity was 0.82. We mean-centered the incremental product and radical product innovation scales before obtaining their product to mitigate the potential for multicollinearity (Cao et al., 2009; He and Wang, 2004).

Independent Variables

Bundled Capabilities. We asked middle managers to assess the resource-based capabilities of the firm. Our measure of resource-based capabilities was drawn from the work of O'Reilly, Chatman, & Caldwell (1991), Tsai (2002) and Faems, Van Looy & Debackere (2005) and consisted of eleven questions in total (Appendix 1 contains these items). Because O'Reilly, Chatman, & Caldwell (1991)'s measure of organization culture was broader in scope than required for the purposes of this study, we used a subset of their items consisting of five items representing organizational culture. Our measure of intraorganizational collaboration was drawn from the work of Tsai (2002) and consisted of three questions. The measure of interorganizational collaboration was adapted from the work of Faems, Van Looy & Debackere (2005) and consisted of three questions.

To determine the number of items which contribute to common variance actually needed to describe resource-based capabilities, we conducted common factor analyses on these items. Principal Components extraction with an Equamax rotation method (Eigenvalue > 1) resulted in three factors, which paralleled the original three dimensions of resource-based capabilities. One factor consisted of five items representing organizational culture. Cronbach's α was 0.91. One factor consisted of three items representing intraorganizational collaboration. Cronbach's α was 0.90. The other factor consisted of three items representing interorganizational collaboration. Cronbach's α was 0.90. In order to operationalize the combined concept of bundled capabilities, we then multiplied the scores from these three factors to assess the reliability for our overall measure of bundled capability. The overall Cronbach's α for bundled capabilities was 0.92. We mean-centered the organizational culture, intraorganizational collaboration and interorganizational collaboration scales before obtaining their product to mitigate the potential for multicollinearity (Cao et al., 2009; He & Wang, 2004).

Control Variables

We included SBU size (i.e., the number of employee) and industry as control variables because prior studies have documented their positive relationship with organizational innovation (cf., Elenkov et al., 2005; Jung et al., 2008). Industries may differ in technological opportunities and innovation types in terms of incremental and radical innovation. We controlled for the industry idiosyncratic effects by including dummy variables of different one-digit codes. Our sample distributed across six sectors: 1 (Chemicals), 2 (Pharmaceuticals), 3 (Financial management), 4 (Mechanical engineering), 5 (Electronic engineering) and 6 (others). Thus, we constructed five industry dummy variables: 2, 3, 4, 5 and 6.

Aggregation

Because the theory and hypotheses of the study require an SBU level of analysis, we aggregated respondent's individual scores on each variable and computed the sampled strategic business unit mean responses for each question (Keller, 1986). After aggregation, we justified the aggregation of SBU-level variables by calculating an inter-rater agreement score (γwg) for each variable, and then used intra-class correlation (ICC) to examine the degree of agreement among respondents on each measure (cf., James et al., 1984; Goodman et al., 1990). Average inter-rater agreement score (γwg) was. 70 for organizational culture, 72 for intraorganizational collaboration, and.73 for interorganizational collaboration, which were well above the cut-off value of 0.70. The ICC (1) and ICC (2) values, were.62 and.91 for organizational culture,.63 and.90 for intraorganizational collaboration, and.75 and.90 for interorganizational collaboration were obtained. All ICC values are greater than or equal to.60 indicating acceptable reliability (Schneider, White, & Paul, 1998). Accordingly, aggregation was justified for these variables, and provided substantial support for the scales.

Measurement Validation

Following Anderson and Gerbing's (1988) suggestion, we performed a multistage process to further assess convergent and discriminant validity of resource-based capabilities and innovation ambidexterity through exploratory and confirmatory factor analysis. Exploratory factor analysis clearly replicated the five-factor model and did not reveal any evidence of a single underlying construct. Next, we used confirmatory factor analysis on all items pertaining to resource-based capability and innovation ambidexterity. This analysis yielded a measurement model that fitted the data adequately (χ^2=18.30, p<0.05, χ^2/ DF= 2.29, CFI=0.98, NFI=0.96, RMSEA=0.06). Item loadings were as proposed ($>=0.6$) and significant (p < 0.01), providing evidence for convergent and discriminant validity. As noted in the measures subsection, all scales have reliabilities that Cronbach's coefficient alpha were greater than 0.70.

Analytical Procedures

Multiple regression analyses were performed to test the hypotheses. We used SPSS Macros to estimate the mediating effect. The approach combines the Sobel test（1982）and bootstrapping method by calculating standard errors to obtaining confidence intervals. While using Baron and Kenny's（1986）4-step criteria informally judges whether or not mediation is occurring, the Sobel test and bootstrapping methods proposed by MacKinnon and Dwyer （1993）is a formal statistically based assessment for mediation. We report the results of the Sobel test to provide powerful estimation for the mediating effect.

Firstly, we included the two control variables（i.e., SBU industry and SBU size）and innovation ambidexterity（i.e., the combination of incremental and radical innovation）to examine the direct effect on business performance. Secondly, we included the two control variables and bundled capabilities which are organizational culture, intra and interorganizational collaboration to examine the direct effect on innovation ambidexterity. Then, we examined the mediating effect of innovation ambidexterity on the relationship of the bundled capabilities and business performance.

Results

The means, standard deviations, and pairwise correlations for the variables in this study are listed in the Table 2. Since significant correlations were found among a number of the variables, we further investigated potential multicollinearity using variance inflation factors（VIFs）. The maximum VIF obtained in any of the models for substantive variables was substantially below the rule-of-thumb cutoff of 2 for regression models（O'Brien, 2007）. Therefore, multicollinearity was not considered an important issue for these results.

Table 2. Descriptive Statistics and Correlation Matrix

Correlation[a]						Mean	Std. Dev.
	SBU industry	SBU size	Bundled Capabilities	Innovation ambidexterity	Business performance		
SBU industry	-					12.97	21.40
SBU size	-0.06					1037	3197
Bundled Capabilities	0.06	-0.01	-			115.63	59.92
Innovation ambidexterity	0.09	-0.01	0.34**	-		19.18	11.55
Business performance	14*	0.01	0.33**	0.49**	-	4.23	1.34

[a]Listwise deletion, N=214

* Correlation is significant at the 0.05 level （2-tailed）

** Correlation is significant at the 0.01 level （2-tailed）.

Table 3 summarizes the results for direct effects of innovation ambidexterity on business performance, and bundled capabilities on innovation ambidexterity. Hypothesis 1, which predicted that innovation ambidexterity is positively related to business performance, was supported （β=0.33, p<0.05）. Hypothesis 2, which predicted that the interaction of bundled capabilities are positively related to innovation ambidexterity （β=0.48, p<0.05）, was supported as well.

Table 3. Regression Results of Direct Effects

	Innovation Ambidexterity			Business Performance								
	Beta	t	p	Beta	t	p	Beta	t	p	Beta	t	p
SBU Industry	0.08	1.19	0.24	0.10	1.43	0.16	0.08	1.19	0.24	0.08	1.13	0.26
SBU Size	0.002	0.03	0.97	0.02	0.31	0.76	0.01	0.12	0.91	0.01	0.18	0.86
Bundled Capabilities	0.33	5.01	0.00**	0.33	4.59	0.00				0.18	2.57	0.01
Innovation Ambidexterity							0.48	7.10	0.00**	0.41	5.71	0.00
R	0.35			0.35			0.49			0.52		
R2	0.12			0.13			0.24			0.27		
F	9.12			8.01			17.93			15.30		
p	0.000			0.000			0.000			0.000		
N	204			204			204			204		
Remarks	Standardized regression coefficients are shown here.											
	* p<0.1, ** p< 0.05, *** p< 0.01, **** p<0.001, Listwise deletion											

We used the Sobel test and bootstrapping approach （bootstrapped to N=500） to test the mediating effect of innovation ambidexterity on the relationship between bundled capabilities and business performance （H3）. According to Sobel （1982）, for either partial or complete mediation to be established, the reduction in variance explained by the independent variable must be significant. Our results found a significant reduction in variance （our result Z=3.938, p<0.05）. Accordingly, we can conclude that innovation ambidexterity mediated the relationship between bundled capabilities and business performance, providing support for Hypothesis 3 （Table 4）.

Table 4. Results of Sobel Tests and Bootstrapping for Mediating

Mediator Variable Model					
Step	Predictor	Coeff	s.e.	t	p
1	YX	0.007	0.002	4.676	0.000***

2	MX	0.068	0.013	5.255	0.000***
3	YM, X	0.048	0.008	6.056	0.000***
4	YX, M	0.004	0.002	2.537	0.012**
Results of Using Normal Distribution					
Total	Value	s.e.	LL 95 CI	UL 95 CI	Z
Indirect Effect	0.003	0.001	0.002	0.005	3.938**

Y=business performance, X=bundled capabilities, M=innovation ambidexterity

* $p<0.1$, ** $p< 0.05$, *** $p<0.01$, **** $p<0.001$

Discussion And Conclusions

As Simsek and his colleagues (2009) have pointed out, prior research has not provided answers to the question of what organizations need to do in order to simultaneously attain exploitation and exploration. Put differently, we have not been able to suggest to managers the specific levers that they can pull to generate incremental and radical innovation simultaneously. Our study, which was intended to help answer this question, suggests that one set of levers that may be important are the firm's tangible and intangible resources and capabilities.

Scholars have also explicitly cited the need for additional research that examines the effects of both behavioral and structural, i.e., informal and formal, capabilities on the combined effects of incremental and radical innovation (He and Wong, 2004). These researchers note that doing so "may shed additional light on the subtle and complex processes through which organizations achieve and benefit from various combinations of exploration and exploitation." Our results provide some intriguing insights into how firms may be able to foster higher firm performance using innovation ambidexterity to do so.

Managing the paradoxes that crop up in organizations has been a source of fascination, as well as consternation, for management researchers for many years (March, 1991). Our results lend support to the notion that bundling a firm's resources and capabilities may be one way of effectively managing at least one of the paradoxes of organization life – how to foster exploitation and exploration activities simultaneously. By bundling the two capabilities that facilitate internal and external collaboration with a third capability - an entrepreneurial culture, organizations are apparently able to overcome the barricades that so often arise in the sharing of knowledge. Doing so seemingly has the follow on effect of stimulating both exploration and exploitative activities simultaneously and subsequently, the generation of incremental and radical innovation.

Further, when capabilities are bundled together appropriately, the bundle creates properties that exist only as a consequence of the individual capabilities being part of the whole. And these properties, in turn, create outcomes that are unavailable in their absence (Colbert, 2004).

In this sense, then, these bundles represent a means for organizations to create a sustained competitive advantage.

This finding has potentially important implications for managers. It suggests relatively specifically "the levers" they need to pull in order to overcome the conflicts and competition that arise in developing two different types of innovations. Building an entrepreneurial culture appears to have an impact on developing not only radical new products, but also on incremental ones. Knowledge is not inherently or "naturally" divided according to its utility in discovering breakthrough ideas versus line extensions and often where an idea will lead is not knowable in advance. But what is known is that sharing those ideas increases the likelihood that the idea will grow and blossom into an innovation of some sort of.

Clearly more work is needed to understand more thoroughly what is going on here. How does an entrepreneurial culture influence the circulation of ideas and knowledge coming from both external as well as internal sources? What is the process by which this takes place? What does it look like? These are questions that require qualitative inquiry.

Our findings also provide additional insight into the debate about the value of achieving high levels of incremental and radical innovation, versus a balance between the two, and achieving both simultaneously versus sequentially. Within the context of Taiwanese SBUs it appears that achieving simultaneously high levels of both types of innovation has a significant impact on a firm's performance. In short, high on both is better than balanced, and simultaneous is better than sequential. The implications of this finding are profound. It suggests that those firms that are able to achieve high levels of both incremental and radical innovation by effectively bundle the appropriate set of capabilities will have a substantial competitive advantage, while those firms that are less capable of doing so will find themselves at distinct competitive disadvantage.

It will be interesting and important for future research to investigate the ease with which the bundling process takes place and over what time period so that we may obtain a sense of the sustainability of this advantage. It will also be important to identify other bundles that may also provide advantage. While we believe we have identified one important bundle, it is unlikely to be the only important one.

This research has also been an attempt to take a peek inside the black box of relationships among a firm's capabilities, innovation ambidexterity, and performance. We've done so by examining the possibility that innovation ambidexterity plays a mediating role between capabilities and performance. Our results suggest that it does. It is innovation ambidexterity and not the firm's capabilities themselves that have the most direct and significant impact on business performance. From a managerial perspective, affecting business performance requires first identifying and developing very specific sets of capabilities that will result in innovation ambidexterity. Our findings also suggest that it is important that this set of capabilities enable the organization to acquire information from sources that are both internal and external to the firm.

Further, within this set is needed the capability to motivate individuals to share the acquired knowledge. This may be induced through a variety of means including fostering mutual trust, risk taking and the like.

It is also important to point out that our results may be contextually derived. Our sample is of SBUs in innovation focused Taiwanese industries. This raises the general question of their generalizability to larger organizations, as well as ones in other industries and countries. Taiwan is an emerging economy with deep ties culturally and historically to mainland China. As such, it is influenced by the Confucian tradition and Chinese way of thinking. It is thus interesting to speculate on whether what we found in Taiwanese firms could be expected to hold for firms in more developed economies, Western countries, as well as companies in China.Research relating to country culture indicates that Taiwan is group versus individual oriented. That is it values collective action over individual action. Does this group orientation have an impact on an organization's ability to bundle the three capabilities we have examined or on the ability to create an entrepreneurial culture that promotes risk taking and sharing across the organization? These are questions that require additional research.

Implications for Research

Support for our first hypothesis, which proposed that there would be a positive relationship between a higher level of innovation ambidexterity and greater business performance, lends support to prior research on managing apparent paradoxes such as managing exploitative and exploratory activities（Lewis, 2000）, as well as prior research on managing ambidexterity（Gibson & Birkinshaw, 2004; Gupta et al., 2006）. Based on what we have found, it appears that greater business performance results from managing ambidextrously, i.e., from "harvesting" investment in current products through exploitative activities, while at the same time creating a sustainable market position for the future through exploratory activities.

In addition, support for our second hypothesis that bundled capabilities would lead to higher innovation ambidexterity suggests that a bundle of capabilities provides a significant advantage over a collection of capabilities, even when those capabilities are complementary（Gupta et al., 2006）. Apparently, it is the result of the bundling process that provides the ability to effectively foster multiple and conflicting activities simultaneously. Thus, while earlier studies have suggested that ambidexterity arises from valuable resources and core capabilities（Eisenhardt & Martin, 2000; Teece et al., 1997）, this study advances our knowledge of the relationship among resources, capabilities and innovation ambidexterity by suggesting that generating higher innovation ambidexterity requires that all three capabilities work together for a synergistic effect. While learning, exchanging and acquiring knowledge begins as an individual activity（Kim, 1993）, the development of innovations requires the involvement of teams of individuals in the organization（Edmondson & Nembhard, 2009）. One means of facilitating the synthesis, exchange, and application of acquired knowledge across individuals in the company appears to be through the bundling or combining of these resources and capabilities (Kogut & Zander, 1992; Teece & Pisano, 1994). The idea of bundled capabilities is in line with the notion of higher-level capabilities (cf., Collis, 1994; Danneels, 2002; Gibson & Birkinshaw, 2004). Prior research has proposed that such bundling enables organizations to "skillfully escape from the inability of their current capabilities to enhance product innovation" (Danneels, 2002; March, 1991), thus suggesting that innovation ambidexterity is a higher level capability that goes beyond the separate capabilities of collaboration and culture.

Finally, we hypothesized that innovation ambidexterity mediates the relationship between the firm's bundled-capabilities and subsequent business performance (H3). We found strong evidence that innovation ambidexterity, i.e., the attainment of incremental and radical innovation, mediates the relationship between bundled-capabilities and firm performance. The results also provide support for the suggestion that bundled-capabilities, in and of themselves, have less impact on business performance than does the joint effect of bundled-capabilities and innovation ambidexterity (R $=0.34$ versus 0.52, respectively, Table 3). Our findings suggest that bundled-capabilities and innovation ambidexterity work in conjunction with each other. Thus, in seeking to create greater business performance organizations need to employ capabilities that allow both exploitative and exploratory activities for incremental and radical innovation leading to greater business performance. As Ray et al., (2004) suggest, business performance requires a firm to not only employ its specific capabilities, but also require an effective process (i.e., innovation ambidexterity) to optimize the potential of the capabilities. In other words, failing to take into account the role of either capabilities or ambidexterity may present a distorted picture of how capabilities enable an organization's ambidexterity to generate greater business performance.

Limitations and Future Research

While this study is limited as a consequence of our having investigated only a few dimensions of capabilities and indicators of business performance, it makes a strong argument for the importance of taking a "fine grained" approach in order to understand more deeply and accurately how resources and capabilities of an organization influence ambidexterity and business performance that organizations need to generate. Such an approach entails investigating multiple dimensions of capabilities, innovation, and different indicators of business performance, within the same study. For example, an important extension of our study would be to more systematically examine a broader array of capabilities and contextual factors in an effort to understand how they help create innovation ambidexterity. Also, future research investigating an even greater array of industries, varying even more than those in our sample in terms of business environment, would be another important extension of our study. We believe that by taking a more "fine grained" approach future research could help to clarify the interrelationship between capabilities and innovation ambidexterity, as well as the relationship between capabilities and business performance.

Additionally, in order to determine whether this finding holds in other contexts, it is important to replicate this study in other industries and in the other countries, including developed and emerging economies.

Annotation

〔1〕Taiwan ranks at the top 1 in utility patents. Number of utility patents（i.e., patents for invention） per million people granted between January 1 and December 31, 2007. In addition, Taiwanese companies rank number 16 in terms of R&D spending.Source: World Economic Forum, Global Competitiveness Report 2008-2009, Section XII: Innovation, Executive opinion survey 2007, 2008, available at: www.weforum.org, accessed October 12, 2008.

〔2〕Conversion based on an exchange rate 1 US$ = 33 NTD.

An Investigation of the Role of Cultural Capital in Human Resources Development

Hamid Nakhaie Zahra Esmailzadeh
(Islamic Azad University bardsir BranchE , Tehran, Iran)

Introduction

Today, one of the make concerns of any organization is to employ and maintain efficient human resources who can help achieve the organization goals. This is impossible unless we pay enough attention to such factors as culture organization, society, economy, etc. Which affect human resources?

One such factor which can have an impact on human resources is cultural. Culture may be defined as human – specific behavior, which along with physical tools is an integral part of human behavior. (Salehi Amiri, 2008:15) . However, there are other factors relating to culture which can play a significant role in the development of human recourses. One such factor is cultural capital. In this article, an attempt is made to define culture, cultural capital, human resources, and some other related terminology. Mean wile, we will delve into the importance and the impact of cultural capital on human resources development so that we can make giant strides in human resources.

Culture Capital

Culture

Cultural (in French culture, in German cultur) is derived from the Latin word colure denoting a wide range of meanings including, inhabit, cultivate, guard (Pahlvan, 2004:3) . culture may be defined as human – specific Behavior, which along with. physical tools is an integral part of human behavior (Salehi Amiri, 2008:15) . Due to the general and specific definitions proposed for culture, there is a variety of cultural definitions. gidenz maintains," culture refers to the values a community members share, the norms they adhere to, and the goods they produce." (Gidnnz, 1998:57) . Bruise cone defines cultural as acquired,

430

ideological, behavioral characteristics shared by the members of a specificcommunity （Rad, 2003:50）.however, the most comprehensive definition of cultural is provided by Taylor who believes," cultural is a complex whole including beliefs, arts, crafts, techniques, ethics, laws, traditions, habits, behaviors, and rules which an individual acquires fromthe community of which he is a member and to which he owes some responsibilities. （Ibid :29）

Types of capital

According to bordeo, there are three kinds of capital :

1. Economic capital

Economic capital includes physical and financial assets as well as all financial resources lending themselves to ownership. （Fazeli, 2004:37）. Still stones defines economic capital as the monetary income and other financial assets and resources whose institutional manifestation may be found in property right. Examples are money and physical entities used to produce goods or services. Bordio believes that the meaning and appreciation of capital originate from economy field. He also believes that economic capital or physical wealth in fact refers to this from of capital and to any from of capital which is capable of turning into physical goods. （Hiler and Rekezby, 2002）.

2.Cultural capital

Discussions and analyses of theories and laws concerning capitalism lead to the emergence of cultural capital as different from with economic capital. （Rooholamini, 1987:33）. According to Border cultural capital refers to the knowledge and skills acquired by social activists through learning about cultural areas. Cultural capital often concerns prestige, status, and the contents of resources such as the arts of rhetoric's assuring other, convincing others, aesthetic preferences, and culture concepts （Hiler and Rokzby, 2002）. According to him, commonalities in life style bring about particular habits which are not only feasible but also dynamic and active. Scientific studies show that culture requirements are the results and products of education. There is a close relationship between cultural activities and preferences on the one hand and education level on the other. Three forms of cultural capital are proposed by Bordio:

1）Personal and bodily capital

Personal and bodily capital is achieved through the individual's effort, experience, and intelligence. These kinds of capital （including memory and experiential, behavioral skills） are lost when the individual dies. They can not be transmitted to others.

2）Objective cultural capital

Cultural inhe ritances like artistic masterpieces, technology, and scientific laws in the forms of books, documents and objects are owned by individuals and/or families. This type of cultural capital cannot be transmitted to others. And because of its exclusive use, availability, and peripheral benefits which it provides, it bears some educational impacts on its proprietors/ proprietresses.

3) Institutional, regulatory capital

This cultural capital, supported by social Regulations and achievement of titles such as university degrees and profession licenses and permits, provides people with positions. it cannot be transferred to other, and its achievement presupposes specific requirements （Roholamini, 1987:34）.

Cultural capital, according to Bordio, includes the individual's consistent inclinations accumulated within him/ her through the socialization process. It encompasses goods, skills, and different types of legitimate knowledge. Bordio also considers education a symbol of cultural capital which has a significant role to play in Bordio's thoughts. Consumption sociology and lifestyle are based on this type of capital.

Rites defines cultural capital as a set of symbols, habits, manners, language styles, school and university degrees, tastes, and lifestyles which is informally common and widespread among humans. calinz believes that cultural capital consists of resources like previously stored conversations in the memory, language style, different sorts of knowledge and skills, exclusive decision making rights, and respect right. （Ritrez, 2001:725）.

3.Social capital

According to Zenoomka and Kolman social capital refers to relation choices in political, social, cultural, and economic dimensions for a social issue in the interactional network of the society. （Chalabi, 1997:38）. A social issue occupier's relation choices can function as a potential capital which turn into power, wealth, influence and knowledge resources. By social rank we mean the quantity and quantity of the availability of the four aforementioned resources to the social issue. （Chalabi, 1997:38）. generally, emotional relationship choices of social position form the dominant aspectof social capital. Therefore, the individual who holds a higher rank is more influential and respectable. As a result, he can make a greater number of other people do what he wishes through assigning them some responsibilities. （Chalabi, 1997:38）. Hoary believes that authority relations, trust relations, and coordinated allocation of rights which establish norms come into being when individuals try to make best use of their personal resources, and they should not be considered as parts of social structures. They can be regard as resources for individuals. Lori uses social capital to describe these resources. He maintains that social capital is a collection of resources within family relationship and social organization, which prove useful for the cognitive and/ or social growth of children or teenagers. These resources differ from individual to individual and may play a significant role in the development of their human capital （Heidarizadeh, 2009） authority, trust relations, and norms form different kinds of social capital. Lori found the concept of social capital beneficial for the identification of social resources and introduced it to economy to develop human capital

（Kolman, 1999:459）. Kolman believes that the relationship among people creates a form of capital called social capital. Social capital inventory is a potential resource which helps the individual and the family achieves their interests （Boisjoly & Duncan & Hofferth, 1995:609）. kolman classifies social capital into two types : inside- the – home social capital and outside – home social capital. Inside – the – home social capital refers to the amount of time parents spend with their children. Outside – the – home relationship are considered within a larger society. There are more powerful norms to help family members than those to help others, （Ibid: 610）. This capital, under specific circumstances turns into economic capital.

Cultural disparity

Pier bordio and jan cloud pastern, conducting a study on lack of equality on cultural capital, conclude that cultural disparity can be identified only through cultural activities and behavior possible for individuals and groups. Cultural capital symbols and facilities include attending theatres, operas, and cinemas, reading newspapers and magazines, having a camera, etc. （Heidarizadeh, 2009）.

Based on the research bordure carried out on European museums visitorsin 1966, he says interest in arts and the quality of attachment to works of art are closely related on individual's social class, position, and family facilities. When a worker attends a painting exhibition, he often needs a guide to explain painting, styles, and other details to him/ her. But this is not true with an educated person he concludes that individual's and group's interest and enthusiasm results from a resource and heritage preserved as a private and family capital. social assets such as spouse selection group, old friends and class mates group, contemporary group, and the like are among the items that from cultural capital. The cultural investment of the government in the effort it makes to teach theories and techniques in schools and universities, like economic investment, is considered as part of the country's investment and savings which are accessible neither to the producer nor to the consumer. （Roholamini, 1987:35）.

Some other communities devote certain privileges to those who occupy sensitive social positions. these privileges must be distributed in proportion to different positions, their significance, and the skills required for their fulfillment. Positions and their proportionate salary and rewards lead to social stratification. （Ritrez, 1996）.

Development

The term development means a gradual growth towards becoming more advanced, more powerful, and even larger. （axford dictionary,2001）development aims at improving the status quo and moving in the desirable direction towards welfare development is an effort to bring about a balance not yet realized in different parts of social and man's life. （Mirzaamini, 2009:2）

Brookfield believes that development must be defined on the basis of advancement towards welfare goals such as poverty removal, in reductions unemployment, and disunity. (Qadiri, 2009:2) .the late DR Azimi defines development as the reconstruction of the according to Shari'ati development means setting an assumed goal and trying to drive the individual and the society to wards that future goal. (Rad, 2004:183) from the above definitions it may be concluded that development is a comprehensive process which is not restricted to a certain aspect of our life but embraces its every aspect and helps as move towards a better, more prosperous lifestyle. (Nakhaie, 2009:2)

Human Resources Development

Human resources

People are considered the main asset of societies, and development aims at providing them with better living conditions and more security. Attending to the challenges faced by human presupposes putting people at the center of development. Hence, economic growth is considered not as an end but a means to an increase in life opportunities.

Human resources management

Human resources management focuses on policies, measures, and systems which affect employees'behavior, performance, and thinking. Human resources management refers to a strategic stance on employing, developing, managing, and motivating an organization's key resources : people working in or for the organization (Armstrong, 1993) . Human resources management is a process involving four procedures: employing, developing, motivating, and keeping human resources. (Dsenzu and Robinz, 1988) . Human resources management is the management of an organization's staff (Scarplo and Lenwinka, 1988) .

Any organization's success, in fact, depends on the effective combination and blend of financial resources, information, supplies, instruments and human resources in such a way that the achievement of long- term and short- term objectives is guaranteed.

Today's organizations complexity has given rise to such areas of specialization as finance management, production management, sales management, marketing management and human resources managementthe last of which involves planning, organizing, leading, and supervising all employment procedures : training, improving, preserving, assessing, communicating with motivating, and particularly organizing human resources with the cooperation and advice from other managers (Abtahi, 2008) . Human resources management philosophy can be determined with regard to the development and status of human resources development in the world today. This philosophy is based upon a soirées of continuous activities which first coordinates the organization and human resources in setting common goals and then guarantees their achievement. In fact, one may claim that human resources management is based on two principles. The first principle states that the achievement of an organization's goals depends on fulfillment of human resources needs the second p that the principle says gratification of human resources neds results from the achievement of the organization's goals. Based on this idea, an organization and its employees depend on each other, and human resources managers facilitate the aforementioned goals achievement by filing the gap between managers and the staff. (Philip, 1984) .

Human resources managers are accountable not only to an organization's staff but also to managers with higher ranks in the organization so that they can convey highrank managers, orders to the staff and in turn the staff's demands to highrank managershence filling the gap between the two. Therefore, human resources managers must be able to communicate with employees of any rank and enhance a humane relationship among them. Human resources management is not a profession whose required skills for success can be achieved by passing a few credits in this area pr participating in a few specialized training coerces. The inexperienced and those who consider human resources management issues as a utopia and thus cannot apply them should not be assigned human resources management responsibilities (Verder, 1989) . Human resources management is, in fact, the humane dimension of management, so it is regarded as the most decisive factor in qualitative and quantitative promotion of production and supplying services by an organization. Human resources managers are those who are responsible for executing following up and human resources affairs regarding the accomplishment of the objectives of both an organization and its staff. Hence, human resources management is concerned with humans – this is one of the attractions of the job and gives it a sublime value. Accordingly, the importance and value of human resources management in the world today make it one of the vital aspects of an organization and increase its responsibilities and duties proportionately.

Human resources development

Today, workforce is regarded as an asset which can reproduce.

The first report of development program by the United Nations in 1990 defines human resources development as "the process of widening human choice domain" in 1997 this definition was amended as, "human resources development is a process which help people live a better life, thus providing them with better options" . (Mashayekh, 2003)

The human resources development operational definition proposed by Walton is the one used in this article. He considers human resources as "all human activities done in a specific time period to bring about changes in the behavior of employees" (Saebi: 2003:136) . The main strategic resource of any organization or society is its human resources. In the long run, successful societies are those which manage to properly and principally develop their own human resources, enhance the required knowledge and skill in them, and help them become hardworking, faithful employees. (Mirsepasi, 1378)

A university is a center for gathering of the people eager to acquire knowledge and skills, a place for training human resources, a place for renewing social interactions and conveying technology, the thinking brain of the society, and in sum, a cradle of social renewal and development.

Training and preparing efficient, effective, and skillful workforce who can fulfill a societies needs in different areas are the most fundamental means of communication between higher education centers (universities and colleges) and societies. Also, production and presentation of regional knowledge to solve the current and vital problems of the societies in which universities and colleges exist are the main functions of higher educations.

The new interpretation of human resources development states that human resources of any organization should be qualified so that they comply with the organization standards, are sympathetic, faithful, and knowledgeable, devote all their capabilities, energy, expertise, and thoughts to accomplish the organization's missions. They also constantly produce new intellectual and qualitative standards for the organization. Generally, human resources development consists of the following:

1) Creation of scientific awareness and staffsknowledge promotion;

2) Development of scientific and balanced behavior in employees;

3) Bringing about added value as staff quality;

4) Staff capabilities promotion;

5) Job skills development;

6) Updating staff information;

7) The ability to scientifically solve problems;

8) Accomplishing things correctly;

9) Making decisions rationally;

10) The coordinated character growth of employees;

11) The ability to combine data to make new wholes. (mobarakabadi, 2007:183)

Realization of the above items presupposes a change in human resources awareness, attitude, and behavior. Training and improving workforce make this change possible because training plays a significant role in generating and increasing knowledge, skills, attitude improvement, and performance of workforce. It is the basic axis of human resources development. Therefore, higher educations play a special role in the achievement of development goals. This is the way the index ofhuman resources development improves, helping the country move toward constant development based on knowledge and its indices (knowledge —based development).

Efficient workforce is the valuable asset of a country. In fact, knowledge capital is more important than production capital. Developing countries, human capital exceeds their physical capital. Statistics show that human capital plays the most important role in generating wealth— 67 percent in developed countries while natural resources comprise only 33 present. It is human capital which is capable of supporting great social movement in the twenty–first century. Stable development is human–centered. With regard to its vast domain and abundant capabilities, human capital has swiftly turned into the most important debate and challenge of the recent decades. Human is the axis of development—hence deserving. sanitation, security, culture, education, knowledge, and communication (and accordingly information) development.

Therefore, knowledge is considered as not only the developments and education system's main pillar but also the path to the achievement of national knowledge. So a society achieves its goal through human resources development. In fact, human's social life foundation is set by education, and we live as we have been trained to. Thus, no matter how we interpret development, its achievement should be shouldered by responsible people. In the word today, a society's education system plays the most significant role in generating and training workforce since its very responsibility presupposes so. With regard to its current pervasive form and role, an education system is one of the institutions which—through fulfilling its responsibilities – are considered the main investors in the process of human resources development. Elsewhere, development is defined as, " the fundamental revolution in cultural belies as well as social, political, and economic institutions to create and to adapt to new development, and promote human's educationaland economical capabilities " . Reaching a status like thisforemost requires a revolution in culture and values. International studies show that stable and comprehensive development results from workforce development. Hence, investment in human development plays a main and central role in and is the prerequisite to any success and continuation of development.

The importance and status of human resources within an organization

According to most today's economic, social, and managagerial theoretician's professional human resources as a competitive advantage can help an organization. This is why they are considered as the organization's strategic factor. Since human resources are considered the main strategic factor of any organization, their strategic management is not only justifiable but necessary also. (Mirsepasi, 1383:2)

One of the man concerns of any organization in human resources section is to employ keep the required workforce through workforce planning. Henry fivel is among the scholars who identified this organization requirement. For the first time, it was he who proposed "staff profession stability " and the organization's responsibility towards it. Today, organizations have to make plans for the capable intelligent people that hold the key positions within the organization.

In fact one of the most important missions of an organization is its human resources planning. Human resources planning, like any other planning, is a means to an end. Here the end is to employ workforce who can handle all the activities needed to achieve the organizations objectives. (Cole, 1988:127) Generally speaking, human resources planning means predicting human resources requirements for the organization and making plans to fulfill those requirements. (Toosi, 2002:54)

437

Human resources planning has also been defined as the regular and constant analyses of an organization requirement in change and transition conditions, which are suitable for the organization's improvement, and which lead to the effectiveness of the organization's long-term plans. (Armstrong, 1996:405). Still Vetter says efficient and enough human resources are attemted to be found in the right place and due time through planning-hence fulfilling both the organization's and the staff's interests. (Velter, 1967:13).

Planning and organization human resources are important because they pave the way for the achievement of a number of important goals. The main purpose of human resources planning is to determine human resources requirements through targeting most benefits for both the employees and the organization. Human resources planning may lead to a reduction of expenses arising from being absent from work and abandoning the job by the employee as well as his/her low level of efficiency.

Serious environmental and organizational changes make human planning even more important. The following are a number of such changes:

1) Considering human recourses expenses as investment rather than expense.

2) An ever-increasing change in technology which makes it more likely for the managerial and professional skills to become obsolete and worn out.

3) Dominance of systemic outlook within the organization and establishment of a relationship between the organization plans and human resources planning.

4) A change in human resources management – focusing on policy making and future rather than on every day routines.

One of the concerns of today's organizations is to train managers' substitutes – looking for and training future generation managers. If we believe in globalization and global competition, we have to train managers of global caliber.

Being avail of capable managers is one of the greatest competitive advantages of organizations. Because they can lead organizations to achievement growth and stability. Organizations are always faced with such problems as employee' job abandonment, transfer, retirement and the like which leads to a lack of efficient managers for some positions. This usually causes serious problems for the organization. If so, management and plans for training substitutes may be put forward and pursued by an organization's human resources section.

Cultural capital and human resources development

As mentioned before, cultural includes all aspects of human life. Though cultural capital is only part of human capital, it affects all other kinds of capital. According to Bordio there are three kinds of capital: bodily and individual capital, objective cultural capital, and institutional regulatory capital.

1. Bodily and individual capital and its impact on human resources development

This type of cultural capital includes efforts, experiences, and intelligence of the individual, which is preserved through its transmission from person to person – hence an increase in human resources knowledge and a step forward in human resources development. The results are twofold: first, this transmission saves the capital, and second, this capital greatly affects human resources development.

2. Objective cultural capital

Properties such as works of art, technology, and written scientific laws possessed by individuals and capable of being transferred to others form objective cultural capital. Objective preservation of such capital leads to knowledge increase in human resources and fostering motivation of workforce. This type of capital, compared with bodily individual capital, is easier to preserve – hence an advantage.

3. Institutional regulatory capital

This capital generates human resources' creativity and motivation since when it is institutionalized' it leads efficient use of work force and its stability. Such capital includes legitimate goods skills, knowledge, or university degrees which make human resources grow. Human resources use this capital as a torch on their path to development.

Conclusion

In general terms, one can say that cultural capital is a set of relationships, knowledge, information and advantages which one employs to obtain or maintain a social position. In the world today, knowledge-based capital plays a more important role than monetary competitions rely on human resources' skills and expertise.

Cultural capital is a manageable phenomenon. Defined so, it can be reconstructed or formed based on the organization's specific areas policies.

This is made possible when an organization's top managers and policy makers are provided with correct information about the current cultural capital of the organization so that they can use this information to lead and develop human resources.

Identify and Remove the Invisible Barriers: Cross–cultural Issues in International Business Communications

Robert Guang Tian
(Medaille College , Buffalo, USA)

Introduction

Communication is one of the most important functions to master in order for any business to succeed in today's increasingly competitive markets, particularly for firms doing business internationally. Communication strategies play an increasingly important role in determining a firm's profitability.Recent findings in business research demonstrate that to relate effectively to people from diverse international cultures one must have knowledge and show respect and appreciation for diversity（Samovar, Porter & McDaniel, 2008）.However, from time to time top managers in companies working internationally neglect the significance of the invisible barriers, namely cultural differences, that exists in business communication.This article will demonstrate that international business should incorporate sound intercultural communication efforts in order to achieve its objectives.

It has been widely recognized that cultural factors play an important role in business, functioning as invisible barriers for business communications. Even as the world is becoming globalized, many nations have increasingly voiced their claim to "a right to culture" in international businesses. It is inevitable that national culture will be a critical factor affecting economic development, demographic behaviour, and general business policies around the world. Such claims at the macro level will be important for making trade policy, protecting intellectual property rights, and creating resources for national benefits. At the micro level these claims could be invisible barriers for firms working in or wanting to enter international markets. For example, the last summit of francophone nations in the 20th century called for a "cultural exception" in GATT/WTO rules governing trade of goods.

In those nations these claims will affect public policy on international trade rules. They also might initiate worldwide cultural protectionism for trans-national trading. As the voice of

440

cultural rights increases, firms doing business internationally will face other challenges from other dimensions of culture.From a management perspective, it is important for companies to realize that markets today are worldwide and cross-cultural. Being aware of and sensitive to cultural differences is a major factor for success in the world marketplace. Failure to put a marketing strategy in a cross-cultural context of the countries where a company is doing business will work to the detriment of brands and business relationships (Emery & Tian, 2003; Tian, 2000).

If globalization is an inevitable process, then cross-culturalization will also be inevitable. On the one hand, the world is becoming more homogeneous, and distinctions between national markets are fading and, for some products, disappearing altogether. This means that business communication is now a world-encompassing discipline. On the other hand, the cultural differences between nations, regions, and ethnic groups, far from being extinguished, are becoming stronger. Among many factors, this trend is foremost a result of the segmenting of audiences that new communication technologies allows.This means that global/international business communication, a cross-cultural process, requires well informed and shrewd managers who can critically engage cultural differences nationally, locally, and ethnically in order to win in global markets.

International business communication is the communication process that crosses national boundaries for business purposes. It is widely agreed that communication among people from the same culture is often difficult. Accordingly the communication between people from different cultures of language, values, customers, and ways of thinking, will be far more difficult, as such a degree of miscommunication being almost inevitable (Ferraro, 2002). Business communication literature focused on advertising supports the hypothesis that advertising content differs between countries. International advertising research has confirmed differences in advertising content between countries.The premise upon which these studies predicated is that advertisements, in part, reflect individual countries'social systems (Culter and Javalgi, 1992; Emery and Tian, 2003; McLeod and Kunita, 1994; Mueller, 1992; Ramaprasad and Hasegawa, 1992; Tse, Belk and Zhou, 1989; Zandpour, Chang and Catalano, 1992).

Cultural identity is an individual's sense of self derived from formal or informal membership in groups that transmit and inculcate knowledge, beliefs, values, attitudes, traditions, and ways of life. According to Daphne Jameson, cultural identity changes over time and evokes emotions. It is intertwined with power and privilege, affected by close relationships, and negotiated through communication. It is suggested that to complement past emphasis on understanding other cultures, the field of intercultural business communication needs a stronger focus on understanding oneself. For Jameson a broad conception of cultural identity should not privilege nationality but instead should balance components related to vocation, class, geography, philosophy, language, and the social aspects of biology. The model of cultural identity suggested by Jameson highlights components directly related to business world, such as economic class and professional affiliation, and demonstrates how culture not only connects people but also defines them as unique individuals. This model can expand research and enrich teaching in intercultural business communication (Jameson, 2007).

Values, norms, and characteristics embedded in advertising messages appear in various cultures to a greater or lesser degree (Emery and Tian, 2003; Mueller, 1993). Therefore understanding the importance of cultural values in advertising has great practical value in business communication. Determining differences in cultural values should guide the formulation of international business communication strategies (Munson and McIntyre, 1979). Ignoring the cultural meaning embedded in advertising could lead to a misinterpretation of the firm's intended message (McCracken, 1987). Such miscommunication is responsible for main businesses failing in international markets.

This paper examines cross-cultural business communication issues in "borderless" markets where national boundaries are no longer the only criterion to consider when making international marketing, economic planning, and business decisions. Consequently, understanding political and non-political borders is important for "culture bound" products and industries and those requiring local adaptation. It probes the implications of cultural values in international business practice by discovering the invisible barriers of cross-cultural issues in business communications. It will analyze several key cross-cultural matters in international business communication imperatives from an anthropological perspective. It examines several strategies of cross-cultural communication in today's world marketplace. Based on this examination, the authors construct a framework for firms to use to break through the invisible cultural business communication barriers.

An Examination of Cultural Impact on Business

The globalization of the economic world had made it important for marketing mangers to understand how to do business in different cultures. The ability of marketers and consumers to communicate cross-culturally is critical for success. Business communication is a two way interactive process. Marketers deliver information to the market in which they interact. They gather and collect, interpret, and put the information they gather from the markets to use. Failure to do either may lead to loss of possible business opportunities and optimal profitability of an existing one. The observation of a young professional businessman in China supports this point (Tian, 2000). In the late 1980's and the 1990s the Japanese made color TV sets dominated the imported TV set market in China. In the early 1980s Japanese and European TV manufacturers made comprehensive studies of the Chinese market. Based on their research, the European marketers decided not to market their products in China. They concluded that, given the low GDP per capita in China, it was unlikely that the Chinese people would be willing to buy luxuries like color TV sets. The Japanese TV set marketers decided otherwise, based on their research and observations that the Chinese have a cultural tradition of savings being handed down from generation to generation. In addition, the Chinese save money for future consumption, unlike western culture where increasingly people spend future money for present consumption. Almost every family in China had been saving for two to three years to realize their dream of owning a color TV set. Moreover, their research revealed that although Chinese companies manufactured color TV sets, Chinese consumers had more confidence in imported products. Accordingly, the Japanese marketers concluded that the Chinese families would buy high quality Japanese color TV sets. As a result, the Japanese color TV marketers profited greatly in China because they understood a facet of Chinese culture that their European competitors did not.

In an intriguing study, Sheer and Chen（2003）examine the extent to which Chinese and Western international business negotiators note the influence of cultural and professional preferences on the process and outcomes of their interactions. The results of the investigation showed some rather significant differences between Chinese and Western negotiators'expectations and strategies. For instance, Westerners put more emphasis on adaptation than did Chinese negotiators.Such examples are endless. For instance, Martin（1999）reports that to succeed in the Persian Gulf most American franchisers have had to make some adaptability and flexibility in their franchises. They have had to be culturally sensitive, making sure that their operations and policy are adapted to the culture and reasonably flexible in incorporating appropriate cultural codes. The impact of culture on business is obvious. To study this impact we need to study culture itself first. Marketing scholars define culture as that which gives people a sense of who they are, of belonging, of how they should behave, and of what they should be doing. It provides a learned, shared, and interrelated set of symbols, codes, and values that direct and justify human behavior（Harris and Moran, 1987）.In marketing and consumer behavior research the concept of culture has been minimal; commonly, marketers and consumers ignore the depth and importance of the concept and its place in analyzing human behavior（Douglas & Craig, 1995; Griffith & Ryans, 1995）.

The continuum of culture runs from tradition-based to modern-based. This classification incorporates the related dimensions of economic and cultural boundedness. African, Asian, and Middle Eastern societies are categorized as tradition-based, being centralized, cooperative, agrarian, pre-industrialized systems. Economically, modern-based cultures are characterized as market-driven, competitive, post-industrialized economic systems. The United States, Canada, and other Western societies are examples of modern-based cultures.

Regarding cultural boundedness, tradition-based cultures emphasize their history, traditions, and established conventions. By contrast, modern-based cultures have weaker ties to their history and traditions. Conventions are ever-shifting（Bandyopadhyay & Robicheaux, 1993; Harris & Moran, 1987）.The cultural boundedness of tradition-based societies produces market systems that differ markedly from modern cultures'market systems. Samiee suggests that economic and social factors influence the development and adaptation, of marketing institutions Samiee（1993）.

Understanding cultural boundedness of business （i.e., the degree of willingness of a culture to relinquish its traditional methods and adopt new ones） is imperative for successful international business communication and for marketing to ethnic populations domestically （Reese, 1998）.Research conducted by one of the authors （Tian, 1987） in a minority region in China （a tradition-based culture） demonstrates that culture influences consumer behavior in the area of product distribution.He noted that the cultural orientation of the ethnic group consumers helped establish and maintain, through vendor loyalty, plenty of small retailers supported by inefficient, multi-tired distribution networks. This makes the Chinese state-owned retail business and foreign commercial institutions less profitable than they could be.

Similarly, Griffith and Ryans report that cultural overtones in marketing operations derive, to some extent, from consumer preferences. They suggest that "the cultural characteristics of a target market will be responsive to certain culturally bound channel structures, such as local stores, or bazaars…" （1995, p. 62） It will be difficult for marketers from Western countries to understand the market system in developing countries.For instance, Griffith （1998） reports that U.S. marketers were hard-pressed to understand the French government's decision to restrict retail store size and protect local mom-and-pop retailers, especially considering the success of supermarkets there. He suggests that the government's decision to forego the economic efficiencies of distribution obtained by large-scale retail distribution systems is in part cultural in nature. Unless perceived and understood, profound differences in attitudes, expectations, and unworded messages will frustrate firms'effort to do business with China, a huge and developing market, and elsewhere in tradition-based cultures （Emery and Tian, 2003）.

It can be argued that government intervention as in the case of France is intended to protect its society's culture within the existing market system or structure （Griffith & Ryans 1995）. However, in spite of some conflicts, there are societies in which traditional market bazaars and modern, efficient supermarkets co-exist, as in some areas of China. This harmony is achieved only when the two systems become interdependent and supplementary （Tian, 1988）. Accordingly, the authors argue that although cultural factors impact marketing, their affects can be minimized when marketers are aware of and sensitive to cultural differences.

Cross-cultural business communication is business communication among consumers or customers whose culture differs from that of the marketer's own culture in at least one fundamental aspect of culture such as language, religion, social norms and values, education, and life style. Cross-cultural business communication demands that firms be aware of and sensitive to the cultural differences. To respect the right to culture by the consumers in various cultures and marketplaces, marketers should understand that their customers have a right to their cultures. If the marketers want to succeed in cross-cultural marketing they must work in a way that respects the consumer's values and the right to their culture. For example, for Western marketers to communicate in a business setting, it is important for them to respect the Chinese government's claim for guoqin, which means that they must "consider the special situation or character of China" (Yang, 1994). Business communication is not an independent behavior, but related to all other business or market behaviors. From the anthropological perspective, all market behaviors are culture-bound.Buying and selling take place within the culture (Hamilton, 1987).

Therefore, in order to match marketing with consumer preferences, purchasing behavior, and product-use patterns, marketers benefit from understanding the market's cultural environment. Business firms should not focus on cultural differences only to adjust business communication programs to make them acceptable to consumers. It is to suggest that firms should also identify cultural similarities, in order to identify opportunities and modify standard marketing strategies based on business communication theory informed with cultural information. To skillfully work with these cultural similarities and differences in the worldwide marketplaces is an important marketing task for businesses.

International Business Communication

Cross-cultural business communication requires that firms discover if markets are viable by including the study of the culture in which the company is going to do business in its marketing planning. To do this the firms should identify cultural factors that can be employed to support business communication in proposed markets. To succeed the business uses already existing factors and creates new ones that suit the situation. Classic anthropological theory claims that while all human behaviors, including market behaviors, take place within a cultural context, people are able to influence and even change, through their behaviors, the cultural context within which their behaviors take place (Hall, 1976; Hamilton, 1987; Harris & Moran, 1987).

Accordingly, culture influences business communication and business communication influences culture. Firms can be agents of changes within a culture. The interactions between business communication and culture can be examined from three perspectives. First, culture defines acceptable purchasing and product-use behavior for consumers and business. Based on their analysis of data they collected in Denmark, Great Britain, France, and Germany, Brunso and Grunet found that cross-cultural factors impact people's shopping for food (Brunso & Grunet, 1998). Using business gift as an example, in cultures where a business gift is expected such as in Japan, a host who is not presented with a gift will be insulted. An important feature of business communication will work to the detriment of the company seeking business, in other cultures offering a business gift could be interpreted as a bribe, inappropriate, and would offend the recipient (Arunthanes et. al., 1994).

Secondly, in anthropological theory culture is at the center of all social interactions. It is to be expected that the impact of culture on business communication would be easier to identify than on any other business variable. Advertising, for instance, is strongly influenced by the language, which is one of the key elements of culture. Moreover, advertising budget and structure are based on buying habits and consumption style. These, in turn, are influenced by values and norms, on the media available, and the state of the material culture. Theorists including Albers-Miller (1996), Hofstede (1991), Pollay and Gallagher (1990) claim that culture affects the kind of roles and the choice of themes depicted in advertising. These are related to underlying cultural values and norms; thus, every element of culture influences each facet of business communication.

Thirdly, business communication also influences culture, contributing to cultural borrowing and change. As more markets become global and the marketing mix is standardized, the rate of cultural change will increase. Cultural changes in contemporary China illustrate this point. For instance, it was widely believed that gender identity may affect consumption behavior. However, a study of masculinity appeal by Emery and Tian (2003) demonstrated that American respondents and Chinese respondents act the same. A possible explanation for this could be that the gender status in Chinese traditional culture has changed. Business communications by Western firms could partly account for such a cultural change. Therefore, American marketers may succeed using the same masculine appeals to the Chinese youth market that they do in the U.S.

Nonetheless, cultures tend to change slowly, and specific products many meet with protracted resistance. Therefore, the primary task for firms is to locate similarities in various markets and strategically make them available for entering into new cross-cultural markets. In cross-cultural communication marketers need to continually adjust their behaviors and marketing programs to suit target markets. However, when entering foreign markets, firms frequently fall into the trap of the "self-reference" criterion which means their business representatives might be unconsciously applying one's own cultural experiences and values to business communication in another culture. Even more dangerous than self-reference criterion is ethnocentrism, the belief that one's own culture is superior to any other, which will ruin efforts at business communication.

Based on his wide experience, Gesteland (1996) identified four paired cultural models that require special attention when doing business in diverse cultural settings. These four paired cultural models are: 1) Deal-focused vs. relationship-focused cultures; 2) Formal vs. informal business cultures; 3) Rigid-time vs. fluid-time cultures; 4) Expressive vs. reserved cultures. In relationship-focused cultures, firms do not do business with strangers. In such cultures it is important to develop good contacts with the right people. It takes time to develop a personal relationship. This is important before entering into business discussions. These features are predominant in most of Asia, Africa, Middle East, and Latin America. In deal-focused cultures, the emphasis is on getting down to business right away, even with strangers. Rapport between the parties develops during discussions. By contrast, in Germany, Great Britain, Australia, New Zealand, and North America a written agreement is considered most important and constitutes a bond.

Regarding formal vs. informal business cultures, in formal cultures, mainly in Europe, most of Asia, Middle East, and Latin America, societies are hierarchical, status conscious, and follow strict protocols. In informal cultures such as the USA, Australia, and to some extent in Canada, Denmark, Norway, and New Zealand, societies are egalitarian, open, and value individual competence more than connections and status.

Gesteland also classified the cultures according to their concept of time. In a monochronic culture, time is important. Discussions follow agreed upon agendas and move rapidly in linear fashion.Countries having this orientation to time are mainly in North America, West Europe, and North East Asia. In polychronic cultures, business discussions tend to follow their own logic rather than a fixed outline. In these cultures, relationships are more valued than deadlines. For business firms planning to negotiate in a polychronic culture, it is wise to build a substantial margin of time into agendas.Polychronic cultures are mostly in Africa, Southeast Asia, Middle East and Latin America.

Although what Gesteland suggests is useful and practical, it is good to be aware of the danger of stereotyping people from other cultures.Anthropological theory suggests that it is unwise and short-sighted to project our own behavior onto substantially different cultures （Giovannini & Rosansky, 1990; Hall, 1976; Hamilton, 1987）. People in different cultures have different market values and behaviors.For example, through long observation it has been found that consuming and buying patterns and other social/economic behaviors of Chinese immigrants living in Canada are completely different from the patterns of people living in China. Therefore, business firms need to have different market communication strategies for each group （Tian, 1999）. In some cases the firms know that cultures are different, but do not know how they differ. Research is the way to find out and to know what levers to use in moving buyers/consumers. We assert that the anthropological approach is an especially effective way to carry out cross-cultural marketing research （Tian, 2000a; Weise, 1999）.

From Theory to Practice:The Implications of Cross–cultural Communication

In the 1950s, anthropologist Edward T. Hall was beginning a career that would be highly influential in business in terms of cross-cultural communication. From 1950 to 1955 Hall served as director of the U.S. State Department's "Point Four" training program, which was a training program designed to teach technicians who would be working outside North America. Hall clearly understood the significance of the cultural influence on communication effectiveness. Hall built a career in the cross-cultural communication field and eventually wrote several seminal works well in business, in anthropology, in communication, and in many other fields (Jordan, 2003).

Hall's practice and influence in the fields of cross-cultural communication and intercultural training has been monumental. He clearly understood that errors in cross-cultural communication could destroy a business deal or a peace agreement. In his first book, The Silent Language, he explained culture as communication and communication as involving much more than just language.Communication included nonverbal characteristics and had to be understood in cultural context (Hall, 1981). In later books he explored the culturally different ways of conceiving space and time, as well as the implications in business practice. Hall's practice in and theoretical contributions to the business communication generated great impact and international value in terms of cross-cultural factors. Many other anthropologists, such as Gray Ferraro among others, have continued Hall's work on communication in international settings (Ferraro, 2002).

The most famous cross-cultural business communication researcher Geert Hofstede (1991) has created a global model for the purpose of helping business professionals to distinguish the culture differences for individual countries. This most cited cross-cultural communication model is commonly called the four-dimension of culture model, which contains power distance, uncertainty avoidance, individualism-collectivism, and masculinity. Moreover, many researchers such as Redpath and Nielsen1 (1997), Rhodes, Emery and Tian et.al. (2004), among others, have added one more dimension to Hofstede model called Confucian dynamism with the special intention for differentiating Chinese from Western cultural values.

In a previous study, Emery and Tian (2003) demonstrated that the significance of cross-cultural differences in advertising, one of many important business communication formats, has become even clearer as we continue to move toward a globalized marketplace. It is important that marketing personnel should not let old stereotypes drive their advertising strategies; this is particularly important in the Asian market, especially after China became formal member of the WTO. The findings indicate that heuristics such as Hofstede's cultural dimensions are too broad to capture the detailed differences required in launching an effective advertising campaign. While Emery and Tian's findings do not provide unequivocal recommendations for developing advertising, they do provide some general information for marketing practitioners seeking to do business in China. For example, one should consider the seven appeals (i.e., effectiveness, safety, tamed, durable, natural, nurturance and assurance, in descending order of importance). Conversely, those ten appeals (i.e., casual, distinctiveness, community, status, adventure, dear, family, untamed, magic and popular, in descending order of least important) should be avoided. It is strongly suggested to any marker to consider market segmentation and to consult with an expert in Chinese consumer behavior before developing ads for their market.

In business practice it is necessary to be aware of the difference in terms of communication, especially when conducting a business negotiation which is another kind of important business communication format. A recent study by Chang （2003） has concluded that in Chinese society, people emphasize "zero-sum game" in most of their business competitive activities. It is suggested that a successful negotiation should create a "win-win" situation. As Thompson （2001） noted a true win-win negotiation is that any agreement reached by negotiators should cover most interests from both sides. However, it is very difficult, if not impossible, to improve one party's outcome while simultaneously not hurting the other party's outcome. As such, honesty could be the first step toward a better agreement with the Chinese business community. To be honest about one's intentions, goals and interests can help both to build trust and a positive bargaining zone. Respecting their culture and being patient to wait for their responses will be the second step toward a successful negotiation. Conversely, an extra service or a practical favor will need to be provided in order to show friendship and sincerity.

These two recent studies suggest that in the real business world firms by studying Hofstede culture model, accepting the culture differences and practicing those skills in their business communication practice will help them to gain the expected or better outcomes. Apparently, there are many factors that affect international business but a fundamental precondition of any successful international business enterprise is effective communication, which more or less involves business persons' awareness of other cultures. As such, cross-cultural problems definitely provide more challenges and opportunities to the business firms in the 21st Century, although they might not be totally new in the business communication area. There are many unsolved problems or issues that need to be solved and discussed by the scholars and marketing professionals in theory and in practice as well to render a better understanding in the this field.In the theoretic area, the following themes and issues need to probe and discuss:

1） Culture impacts of markets: International versus domestic business communication;

2） The standardization versus adaptation in cross-cultural communication;

3） Cross-cultural dimensions of business communication research;

4） Cross-cultural aspects of business communication mix （advertising, promotion, sales, public relations, trade shows, and commercials）;

5） Cross-cultural aspects of business communication in service sector;

6） Cross-cultural communication implications of the aftermarket;

7） Cross-cultural business communication education and professional training.

The seven topics or themes listed above can be viewed as some guidelines for further theoretical studies for marketing scholars. More themes and topics could be developed as the theoretical discussions goes on. As marketing professionals we need to clearly know that although the basic marketing principles will remain valid, there will be new challenges to marketing in the 21st Century. The impact of cross-cultural factors on marketing is one of such new issues, demanding serious studies. In terms of marketing practice, we will suggest the following points as guidelines for marketers to minimize the possible cross-cultural marketing mistakes:

1) Be sensitive to do's and don'ts. Develop cultural empathy in terms of business communication;

2) Recognize, understand, and respect another's culture and difference;

3) Be culturally neutral and realize that different is not necessarily better or worse;

4) Never assume transferability of a concept from one culture to another. For instance, if local businesspeople in developing countries indicate that they do not like Americans, they may not mean that they do like you, or do not want to buy American goods. It simply means they are expected to say certain things in public, but that they may operate differently in private;

5) Get cultural informants inform your decision-making.Cultural informants could be local businesspeople or very well trained anthropologists. As claimed above, anthropological approach is among the best to the cross-cultural marketing. One of the authors has made many studies on this topic; interested persons may consult with us individually.

In fact, although the anthropological approaches to marketing are by no means entirely new to the business world they are becoming more popular and are perceived to be more reliable by business leaders and marketers. How to apply anthropological approaches into cross-cultural business communication practice is the topic that should be looked at beyond anthropology per se but the whole business communication theoretic areas. The potential of anthropological approaches to cross-cultural business communication are unlimited and yet still need to be dug by the anthropologists and business communication professionals alike.

Global Business: A Big Cultural Blender, Tasty or Not?

Tain–Fung Wu Celia Chang

(Asia University,Taiwan， China)

Introduction

The world today is moving toward one big global market. Successful companies must become giant blenders that can smoothly unify and integrate their people into effective high performance teams. When Western companies merge Asian companies and vice versa, cultural differences can cause disabling conflicts and misunderstandings. The outcome can be a bitter tasting brew instead of a super tasty smoothie. This paper, through a case study, examines how a Western company's strategy to build a successful super conglomerate was hindered by cultural differences and conflicts between the Asian and Western styles of management. It focuses on an equity fund company that acquired an Asian bank, intending a quick turn-around sale after significantly increasing the bank's profitability after a few years. Due to the acquiring company's lack of understanding of the environment in which they were entering, several problems occurred that interfered with the successful completion of their objective.

This paper, using a specific Private Equity （PE） fund case study, examines the postacquisition conflicts raised from the organizational restructuring of a Taiwanese financial institution by a Western Private Equity Fund. It offers examples of how practices and procedures that may have been effective in one part of the world turned out to be impractical elsewhere. Building on these findings, it develops recommendations for how to effect smooth postacquisition integration of business organizations after undergoing a multinational transaction.

Some of the information in this case study is very sensitive and could have a negative impact on people and institutions that are still actively engaged in Taiwan's financial sector. For this reason, the names of all the people and institutions involved in this study have been changed to protect their personal and professional privacy. Also, times and dates have been obfuscated so that they cannot be easily traced to the actual events.

Background

In 2006, Taiwanese banks were hit hard by a devastating consumer credit crunch that resulted in a tsunami of bad debts and rapidly deteriorating financial positions. Market liquidity tightened and depositors quickly lost confidence. The Financial Restructuring Fund (FRF), a public vehicle under Central Deposit Insurance Corp (CDIC), established to bail out troubled banks, took over five undercapitalized banks in 2006 and 2007 (Lin, 2007). A byproduct of this action was that the Taiwanese government became more enthusiastic towards an open-door policy for foreign investment and encouraged foreign institutions to take part in the financial consolidation (Banking Bureau Speech, 2004). Global lenders and private equity funds such as Citigroup and Carlyle Group responded quickly, aggressively merging and acquiring beleaguered Taiwanese banks as soon as opportunities arose. They took particular advantage of targets where smaller and undercapitalized banks had serious liquidity problems.

The first overseas takeover of a Taiwanese bank took place in September 2006 when Standard Chartered bought Hsinchu International Bank for NT$40.5 billion (Chen and Lee, 2007). This was followed by Citigroup's NT$14.1 billion buyout of Bank of Overseas Chinese in April 2007 (Asia Money, 2008). Over the next 10 months, three more major takeovers occurred: ABN Amro Holding NV agreed to takeover failed Taitung Business Bank (CDIC paid ABN NT $6.9 billion) in June 2007 (Asia Money, 2008), HSBC took over the failed Chinese Bank from a government auction (CDIC paid HSBC NT $47.5 billion) in Dec 2007 (Peng, 2007), and Singapores DBS took the ailing Bowa Bank off the governments hands (CDIC paid DBS NT $44.5 billion) in Feb 2008 (Asia Money, 2008).

Besides the global financial institutions, Private Equity (PE) funds also sought occasions to benefit from the developments in Taiwan: Buy-out house Carlyle snapped up 37% of the money-losing Ta Chong Bank for NT$21.5billion in July 2007 (Asia Money, 2008). In August 2007, Cosmos Bank, which narrowly avoided nationalization, saw SAC Capital/ GE alliance take an 80% stake in it for NT$ 29.7 billion (Asia Money, 2008). Furthermore, Longreach Group agreed to pay NT$23 billion for a 51% stake in Taiwan's unprofitable EnTie Commercial Bank in Nov 2007 (Chan and Lee, 2007).

The motives of these global institutions and PE funds were not altruistic. For both groups, the goals were to take advantage of the situation to turn a quick profit. Following the PE funds' business models, the acquisitions would be restored to stable positions and then quickly sold off a few years later. The growing trend of foreign suitors seeking a springboard into China and the Chinese corporate world for both business and political reasons served as a resource for resale to potential buyers: By taking over solvent Taiwanese banks, they would have more efficient avenues available for financial transactions.

All of these enterprises have to date not been successful. While the global recession certainly is in part to blame for the failure of many of these banks to be re-sold, there is evidence of issues and internal conflicts that also contributed towards making these banks unattractive to prospective long-term interests.

Hue Bank （pseudo name） was one of sixteen new private banks approved by Taiwan's Ministry of Finance in 1991 after the financial liberalization in the establishment of Financial Institutions （Conference of Banking Supervisors, 1998）. Due to the rapid influx of new financial institutions during this period, Taiwan's financial sector quickly became saturated and overloaded. The keen competition for a limited pool of customers, combined with the Asian financial crisis of 1997, caused banking industry assets to deteriorate at an excessive rate while, at the same time, profitability declined because revenue from loan and deposit interest differences dropped （Khor, 1999）. Accordingly, to protect distressed banks from bankruptcy, the Taiwan government passed the "Financial Institution Merger Law" in 2000 to encourage consolidation （Chiu, 2000）.

Hue Bank, with low brand awareness and generic product offerings, had difficulty weathering this storm. In an effort to overcome some of its difficulties, it transformed into a niche unsecured consumer finance bank. Although assets had peaked at around US $8 billion, with the market credit crunch in 2005, the bank's outstanding loans quickly shrank to US $2 billion by the middle of 2006. A majority of the reduction was written off. （Author Interview）.

Hue Bank went into a serious financial crisis, which worried the depositors and the regulators. CDIC moved into the bank to monitor the daily operation and reassure depositors. During this troubled time, Rainbow Group, a foreign PE fund, decided to buy out the bank and restructure it as future investment.

Table 1shows a timeline of the major events that took place over the course of case study starting from when CDIC entered the picture:

Table 1 Major events during the course of the Hue Bank Case Study （Author Interview）

Time	Major Events
One month prior to Start	CDIC entered to monitor Hue Bank's daily operation to protect it from bankruptcy
Start	PE fund Rainbow made an offer to acquire Hue Bank, with the government's support. Mr. White, the PE fund Rainbow's key negotiator, was assigned to be the chairman after the acquisition. A global consulting firm was contracted to work on the restructuring project
5 months	PE fund Rainbow completed the acquisition process and officially took over the bank. The bank's Labor Union leveraged an English speaking legislator and the media to finalize the Early Retirement Plan (ERP) with Mr. White after back and forth negotiation. Over three hundred bank employees took the package and left the bank in early 2008

8-10 months	A new CEO and key business managers were recruited. The new management team was asked to execute the Phase II Early Retirement Plan (ERP) and headcount was further reduced by more than four hundred

In the first ten months that Rainbow owned the bank, two rounds of staff reductions took place resulting in net losses of personnel numbering over 700. The reductions were a great success from the perspective of cost reduction: operating costs due to personnel dropped by nearly NT$ 600 million, about 20% of what it had been before. Unfortunately, revenue also dropped over the same period by nearly NT$ 2 billion, or roughly 20% (Author Interview). In terms of percent change, it was a wash, but in terms of net gains or losses, the problem was getting more severe. The global economy certainly played a role in contributing to the bank's woes, but another significant contributor was staff morale which both reduced operating efficiency and also drove customers away.

The Case

Mr. White, a former-senior bank executive, was a member of Rainbow Group. His job was to indentify investment opportunities in financial services businesses worldwide that would interest the PE fund. He was a key figure in bringing Hue Bank to Rainbow's attention. Upon learning that Hue Bank might be a potential target for acquisition, White engaged an international consulting firm to investigate the bank more thoroughly. Their task was to learn all about the bank's current affairs including, but not limited to, details about products and services, customer base, operating procedures, and staff demographics. As part of the investigation, the consultants were granted meetings with several officials of the bank and allowed to observe day to day operations. When they completed the job, Mr. White received a detailed report of their findings, which the Rainbow Group used to determine whether the bank presented the opportunity they were seeking.

After the acquisition, Mr. White was appointed to be Hue Bank's Chairman. His first decision as chairman was to quickly reduce expenses by cutting staff. Due to Mr. White's unfamiliarity with Taiwanese laws and regulations, he hired an attorney from a global legal firm to assist in the negotiations with the labor union regarding terms for the reduction in force. Mr. White's view was that compliance with the law was the top priority in developing the program, followed by pragmatism for the company, and finally emotional cost to the staff. This was contradictory to traditional Taiwanese practices which tended to place a high value on personal impact and legality last.

The negotiations became highly charged and confrontational. For both sides there was distrust combined with a "win-lose" mentality. Further complications, due to language barriers, exacerbated the already tense process. Employees that corresponded to the lower echelon of workers and had little to no English language skills were most concerned with job security. They actively fought for the union representative to protect their own interests. Eventually, they convinced an English speaking member of the Taiwanese Legislation to join in the negotiation.

Union members also took matters into their own hands, actively seeking media attention to raise public awareness of their cause. Their goal was that, through public pressure, the supervisory regulator would act on their behalf to limit what the foreign investors could do about their jobs. In fact, the government was actually supportive of PE Rainbow since their intervention had saved the government from taking over another ailing bank making this effort largely ineffective.

The end result of this long and painful process was the Early Retirement Plan （ERP）. In a concession to the labor union, instead of reducing staff through layoffs, employees could voluntarily apply for separation. Candidates were qualified by a formula where an employee's age, when added to the number of years of service with the company, was equal to or greater than 50. Those opting for ERP would receive compensation in the amount of two-months' pay for every year of service. For example, an employee who was 40 years old with 15 years of service would receive payment equal to 30 months at his current monthly salary.

Over 300 people accepted the package. Unfortunately, to Mr. White's chagrin, they consisted largely of the people Rainbow Group most wanted to retain — high quality workers who felt secure in their jobs and reasonably expected land on their feet, finding equivalent or better positions elsewhere. To management, many of the employees who stayed were perceived as a load on the Bank – people management was hoping would apply for ERP.

Three months later, Mr. Hwang, a Taiwanese national who had been educated in the United States and was the former president of the USA branch of Green Bank （a top tier Taiwan bank that had overseas branches）, was appointed to be President and Chief Executive Officer of Hue Bank. It was hoped that the fact that Mr. Hwang was Chinese would alleviate some of the intercultural and language problems that were causing friction. Reporting to Mr. White, Hwang was responsible for overseeing the bank's overall business. While Mr. Hwang was fluent in the Chinese language, his education and professional experience was entirely Western. As a result, while language barriers were reduced, many of the cultural barriers remained firmly in place.

Upon joining, Mr. Hwang made it a point to regularly visit all the branches in the country, freely giving orders and instructions with a strong emphasis on strict and unquestioned obedience. He frequently quoted Green Bank practices as gospel law without regard to differences at Hue Bank. He either ignored or did not recognize significant deficiencies and contrasts that made many of his initiatives impractical, and in some cases, impossible.

Mr. White, along with The Rainbow Group Board, requested a further headcount reduction to reverse the ongoing financial losses the institution was incurring. Phase II ERP was announced one month later, targeting a reduction of a little over 400 employees. Learning from the previous experience, this time everyone in the company was eligible to apply but the management team reserved the right to accept or decline an application.

The existing HR department head was among those who chose ERP in this round. This, along with an unclear policy regarding how applications were accepted or rejected, created a wave of paranoia throughout the company. Rumors began circulating and people began assuming that a blacklist was being kept in the higher echelons of the bank and wondered whether they were on it.

Recognizing how this rumor was further disrupting day-to-day operations, Hwang held a meeting with the branch managers of the largest 15 branches. His objective was to ease the rumors, and address other concerns in face-to-face communication. The following is an account of that meeting:

President Hwang started with a long and authoritative speech, talking about how the bank was going to be very different: Moving forward, it would be performance driven. He suggested that those present should evaluate whether they had the capability to handle the new challenges or opt for the ERP package. He went on to explain that the criteria for the bank's decision to accept an application for ERP would be primarily based on three indicators: past performance, post acquisition performance, and demonstrated crisis management ability during the recent bank difficulties. He also mentioned that responsibility, leadership, and staff feedback would factor into these decisions.

Following this announcement, Mr. Hwang opened the floor for a Q&A session where topics other than the ERP were also free for discussion.

Manager Bai started things off, stating concerns about manpower. He commented that his branch now had a serious manpower shortage issue, particularly on the counter teller side. The workload was heavy and he was prohibited from replacing any tellers who resigned. He was worried that, since the existing staff was already overloaded, any increase in workload would only encourage more at his branch to apply for ERP. He went on to request Mr. Hwang to authorize internal transfers for people who had prior teller experience to alleviate the burden.

President Hwang responded that "smart managers" needed to be able to allocate their people to adjust for any circumstances and that, if they (the managers) could not allocate people under the present conditions, what would happen if there was an additional 20% cut in head count? His view was that a manager's first thoughts each day should be prioritizing the customers and the workload for that day. Experienced staffs should identify and take care of the most important customers and do important work, leaving lower priority customers and tasks to part timers."

Manager Lan had some ideas about manpower and services. Addressing manpower support, he proposed establishing three regional centers to cover North, Central, and South Taiwan and provide needed support to branches in their regions. In an effort to reduce workload and improve profit margins, he suggested reviewing whether it was necessary to continue the safety deposit box business and the tax collection counter service. He pointed out that both were extremely time consuming ventures and offered virtually no profit.

President Hwang ignored the suggestion about regional centers but agreed that most banks were not providing the safety deposit box service because they were money losing ventures. He pointed out that, at his previous bank, only the most important customers were offered such services. His position was that Hue Bank should follow the same model, considering the customer's contribution and deposit balance before offering safety deposit box services.

Turning back to ERP, Manager Hong asked for clarification: What were the standards by which ERP qualification was measured? Were they applicable to the Wealth Management sales people?"

President Hwang responded that everyone in the company was eligible. He continued that the goal for this phase was to target bottom 25% of all the current employees based upon measurable performance at their assigned positions. The objective was to retain the good performers moving forward. He reiterated what he said earlier that these steps had been applied with success at his previous bank and should therefore work at Hue bank, suggesting that in the future, all staff salaries, incentives, and bonuses would be tightly tied to the job assignment, associated responsibility, and performance.

He finished by adding one more point that he thought would be very inviting to the other managers: Another benefit from this action would be that average annual salaries would likely go up. Citing a similar move at Green Bank he pointed out that salaries there were now in the 90th percentile for the industry. He expected the concept of weeding out poor performers for personal gain to appeal to the managers' greed. This was counter to Chinese culture, which tends to put community ahead of self（Ma, 2006）.

When the meeting concluded, all the participating managers were still not satisfied. They felt the meeting was more of a forum for President Hwang to reassert his views rather than to let their voices be heard. Many were offended by the perceived confrontational tone President Hwang had taken towards some of their thoughts. As a group, they uniformly felt that President Hwang had not shown them the respect commensurate with their positions and unanimously agreed to apply for the phase II ERP. In their views, if nothing else, this would be the perfect way to find out whether the company considered them as part of the bottom 25% or not. Furthermore, they saw applying for ERP as an opportunity: If the bank asked them to stay, they could leverage that information to seek favorable terms in the form of protections and incentives.

Because of the number of Hue Bank branches and large territory, the newly hired HR head decided to consolidate the application process. In his opinion, the only way to fairly handle ERP applications would be to have the same people to review them all. Employees were instructed to mail their requests to a centralized address for consideration.

Although one of the objectives of the meeting was to reduce the rumor mongering, the opposite actually happened. Employees were calling each other for information all the time now. Members of one branch would be calling friends at other branches for information. Everyone was distracted and service deteriorated. Sales dropped significantly; some applicants were more interested in reducing their performance so that they could improve their chances of having their ERP application accepted. On the very first day that applications could be submitted, the HR department received over 700 applications, representing 25% of the total workforce.

Issues from the Case

Short-term profit taking vs. long-term loyalty

The Private Equity Funds already had a bad reputation in the Taiwanese market. They had previously been involved in several hostile take over cases and the press referred to them as the "Vultures" or "Barbarians" funds (Chan, 2007). Rainbow Group was no exception; their only priority was to improve Hue Bank's bottom line to make it attractive for buyers. Their business model was based on buying a company at a low price and quickly turning it around for sale at a profit. They were not interested in long-term commitments or building stability; as long as they did enough to attract the next buyer, they were satisfied.

Since one very quick way to improve the bottom line is reducing operating costs, reducing headcount and replacing management is often the first step after taking on a company. In the West, where job instability and lay offs had already become somewhat commonplace, this practice was somewhat familiar. But in Asia, the concept of lifetime employment in a single firm was still the standard. The mentality of employees was that as long as you worked hard, the company would take the responsibility of taking care of you until you voluntarily resigned or retired. Even if a company was sold, it was expected that the new owners would remain loyal to the existing work force. Most workers could not even imagine, let alone accept an environment where their employer would abandon them or require them to prove their worth and re-build "loyalty".

Due Diligence

Rainbow Group knew exactly what they were getting when they purchased Hue Bank. Their preliminary exploration had produced a wealth of information about the bank's customers, policies, procedures, strengths, and vulnerabilities. Yet, when the time came to implement changes at the bank, no consideration was given to any of these discoveries. All the new policies that were enacted came from sources and organizations that, prior to the acquisition, had no direct relationship with Hue Bank.

The infrastructure was simply not prepared for some of the drastic changes being proposed.

From a cultural standpoint, it was difficult for employees to understand and adopt. More significantly, systems that were firmly established in other companies to address activities similar to those proposed by the new owners simply did not exist at Hue Bank. In addition to implementing new policies, the systems themselves had to be built from scratch as well.

Prioritizing Legality, Pragmatism and Empathy

Mr. White always consulted with the global law firm's attorney to ensure the legality of his plans. Sometimes, he even sought a second opinion to ensure that he did not violate the law or the government regulations. As long as he felt he was on solid legal ground, he was tough and confrontational during negotiations. There was little room for meeting of the minds or compromise; his position was that he made an offer, gave a deadline, and expected it to be implemented.

When Mr. Hwang entered the picture, he believed that he understood the local legal and regulatory environment sufficiently, to dispense with outside legal counsel. In a money saving effort, he avoided consulting with external lawyers unless Mr. White insisted. He handled conflict much the same way as Mr. White. He was straightforward and confined discussion to the matter at hand, making no effort to build a rapport with his people (Oetzel & Ting-Toomey, 2003).

On the other side of the table, the bank's labor union representatives and employees approached the conflict and negotiation very differently. The negotiations were carrying a heavy emotional toll on them (Ma & Jaeger, 2005). They were frightened and under a lot of stress. They expected their counterparts to recognize this and, at the very least, show some empathy. They were also uncomfortable with direct confrontation as it was not a culturally accepted custom in Taiwan (Ma, 2006). This made it even harder to push back against ideas Mr. White and Mr. Hwang endorsed. To make their views known, they leveraged the press to get public's attention and used a powerful government legislator to pressure the Taiwan Government to support their position and intervene if necessary.

Conflict of Interest

When implementing the ERP I, Mr. White invited the bank's senior vice presidents and the HR manager to be part of the personnel committee. During confidential meetings, they discussed the Q&A sessions and possible tactics for addressing the growing issues coming from union and the employee resentment at what was happening. However, many of these people had friends in the general workforce. Immediately following these meetings, information leaked out throughout the company about what was discussed.

To make matters worse, those same senior vice presidents and the HR manager had worries of their own about job uncertainty. They all qualified for the ERP plan and were seriously considering it for themselves. In fact, several of them opted into it once it was implemented.

With this biased position, they used their inside information to manipulate the labor union's negotiations.

Communication barriers

Several issues contributed to breakdowns in effective communication. Mr. White could not speak Chinese and many of the labor side negotiators did not speak English. To address this issue, a translation team was engaged to make sure that all written communication was produced in both English and Chinese. Additionally, Mr. White had a full-time translator who accompanied him on all company business. However, not everybody on the translating team and Mr. White's translator was on the same page. As a result, even in translation, mixed messages were being sent.

Additionally, the staff members became worried about hidden agendas and some even formed their own rumors about the proposed size of coming reductions, black lists, and multiple phases of reductions. Quickly the rumors rampant throughout the company and were very difficult to control. The distrust that started as a management vs. staff issue expanded to a point where even staff members were suspicious of each other.

The overhauled management team

When the takeover occurred, a new team of mid and high level managers was bought in. All the new managers came from foreign banks or from well-run top tier local banks. Their previous institutions all had well built infrastructures, a solid talent pool, and sophisticated technology systems in place. They approached their new jobs under the same assumptions. Without taking time and effort to recognize and understand the huge gaps between their old companies and Hue Bank, the new management team rushed their new policies into place expecting immediate results. They showed no sympathy or patience for the daily management problems such as manpower shortages, lower skill sets, and different operating practices.

The customers

Mr. White and the Rainbow Group did not think customers would be an issue. In fact, if anything, they expected customers to be excited about the takeover because it ensured that their money would be safe. They did not understand that Taiwan had its own agency in place to protect their money much like the United States has the FDIC. In fact, most of the customers were not even aware of the ownership change until three months after the takeover when they received a letter from the bank.

The new owners made another mistake with the letter: It was sent in both English and Chinese but the English language version preceded the Chinese version. This was troubling for two reasons. First, it only served to emphasize that the bank had been taken over by foreigners, which was disconcerting to a largely patriotic public. Second, by presenting the news in English first, many customers felt the bank did not respect their national identity; they felt belittled.

Ultimately the customers believed the bank was losing its local flavor, one of its biggest selling points prior to the takeover.

The problems did not stop there. They extended right into customer service. Prior to the acquisition, customers felt that counter service was fast and friendly. Tellers formed strong relationships with those customers who came to the branches often. After the acquisition, particularly after ERP II, reductions in force and internal transfers of the most service oriented tellers to the sales force caused counter service to slow down and become much less friendly. The new and unpleasant branch experience motivated many customers to transfer their accounts elsewhere.

Managerial Implications

Understand the culture of the country you are entering

Cultural differences between two workforces when combining companies are a common cause of post-M&A conflicts (Soderberg & Vaara, 2003). Employees of each company tend to operate with different frames of reference, leading to misunderstanding and poor M&A performance. This was borne out in the Hue Bank takeover and further complicated by other preconceived ideas that the Taiwanese had about the new owners even before the takeover occurred.

The incoming senior managers, for the M&A, came from a variety of different countries, each with their own unique experiences and cultural identities. The language barrier was difficult enough with managers from non-Chinese speaking countries working with an entirely Chinese staff and mixed Western and Chinese management. Even managers who were native Chinese speakers had problems with each other though coming from all over Asia, including Taiwan, China, Hong Kong, and Singapore, each with their own cultural identities.

With this in mind, an important first step in forming a management team should be building cultural understanding and sensitivity (Miles, 2003). Activities such as formal classes, cultural training, and inter-group cultural mirroring are shown to be effective in bridging cultural differences (Schweiger and Goulet, 2005). With this understanding, diverse groups can become more comfortable with each other and become more receptive to each other's views.

Use information obtained during due diligence to inform decisions moving forward

While the objective of Rainbow Group was to bring about a quick turn around for Hue Bank, the shock of all the changes did quite the opposite. Push back and unexpected obstacles ended up slowing the process down and also hampered forward progress. If the management team had taken time prior to implementing change to consider information about the company

461

that they already had, they could also have estimated the feasibility of their proposals. They could also have anticipated how the bank, its employees, and its systems would respond and tweaked the initiatives accordingly.

Companies should build into their timeline a period for planning changes to an acquired company based upon information collected about the company prior to acquisition. If time is of the essence, this planning stage can be commenced while negotiations for the sale are also taking place.

Take time to build trust, and plan thoroughly for the restructuring

People tend to fear change even under the most secure circumstances. In a period of stress, change becomes even more terrifying. By taking time to set employees'minds at ease, management can preset ideas of change more gently. While the staff may still not welcome the idea, the fact that they are comfortable with management may make them more receptive to responding and cooperating (Putnam, 2004).

In any takeover, there is a significant element of fear in the minds of employees of the company due to their uncertainty of what will happen. According to the United States Surgeon General, the fear of losing a job or economic hardship is one of the most significant causes of stress and mental breakdown in adults (Surgeon General). This, combined with a new management comprising people who look and behave completely different from ways in which they are accustomed only serves to increase the fears and worries that occur in the workforce. By taking the time to understand the culture of the acquired company, and also making an effort to allow the employees to understand the acquiring culture, management can actively take measures to set employees at ease and build an element of trust that will be useful when bringing about changes in policy (Schweiger & Goulet, 2005). Even when unpleasant policies need to be implemented, the developed trust can serve to make employees more receptive to working with management to make it as painless as possible.

Instead of rushing for immediate results, management should take time to get to know and encourage employees to believe that their efforts will represent a worthwhile investment for the future.

Include members of the acquired organization in top level decisions

Incoming management cannot possibly immediately understand all the inner workings of a new company no matter how well they might understand the industry. Each company has its own unique systems and idiosyncrasies that must be considered when making changes. Senior members of the acquired institution would be in a position to identify potential risks to policy changes and also propose solutions for anticipating and addressing them before trouble arrives. Therefore, identifying and getting a commitment of cooperation from the proper senior members of the acquired organization should be done at the early stage, even before the acquisition deal is done, if possible (Chua & Goh, 2009).

Open and frequent communications are a must

Due to poor communication practices, rumors ran rampant throughout the company. At Hue bank, closed-door meetings, combined with the already existing fear and iron-handed approach to management prompted widespread gossip about what was happening. Not only that, but public opinion was affected through unintended leaks to the press and unwanted appeals to government intervention. All of this could have been minimized if adequate communication channels where put in place to address employee concerns during the takeover.

By disseminating information through regularly scheduled "town hall" meetings, sending out company email for announcements, and maintaining a company newsletter, management could have, at the very least, limited complications arising from factually incorrect stories in the press. It would also have opened the door for management to get a better understanding of what was going on inside the company itself. In a best case scenario, these open channels would have enabled management to respond to concerns directly.

Use formal language as much as possible

Language barriers complicated matters during this process. There were many different stakeholders and each had one or more sets of translators to help interpret what the other side was trying to say. Also Rainbow Group and new management tended to use English first when communicating with staff and customers and then translate to Chinese. This upset many people at the bank as they felt belittled and undervalued. It also opened the door to additional misunderstandings as one translation might not exactly match that of another. By keeping language straight forward and direct, less opportunity for individual interpretation arises and better understanding is possible.

Also, every effort should have been made for the new management to present things in the acquired company's language. It not only validates the people with whom management is interacting, but it also makes the message much more understandable and transparent to shareholders and other stakeholders.

Conclusion

Globalization and emerging markets continue to be among the fastest growing trends for corporate expansion. With that in mind, there will inevitably be an increasing number of foreign company investments in overseas ventures. For these companies to be successful, it is essential that the foreign investors have a solid understanding of their undertakings. By entering a new market with their eyes open and focused on the relationships they are forming, they can create a recipe for a wonderful tasting smoothie that everyone can enjoy. The foundation will be set for more efficient and smooth transitions as well long-term success.

Anthropological Approach in Business Education

Xuehua Lan
(School of Administration Lishui College,Zhejiang, China)
Robert Guang Tian
(Medaille College,Buffalo, USA)

Introduction

Both pubic and private organizations seek employees and researchers who understand the cultural context of business.Due to the resulting transformations in the way research is conducted, business professors may need to adjust their courses in order to reflect shifts in the practitioner world where qualitative methods, such as those of anthropology, are gaining importance and prestige（Emery, Kramer, Tian, 2001; Tian, 2001）.Although anthropology has made significant contributions in business practice（Jordan, 2003）, the theories and methods of this qualitative social science have not been as widely phased into business education as they could and should have been（Tian, 2002）. To help remedy this situation, the present paper explores how anthropology can be more fully integrated into business education.In specific, this paper（1）reviews the relations between business education and anthropology,（2）discusses how anthropological practices have been successfully used in consumer behavior research, and（3）explores possible applications to business education.The goal is to introduce the concepts of anthropology in a user-friendly way to provide perspectives that can be employed in the classroom.

Anthropology: What Is It?

Anthropology is a social science that studies the social environment in which people live and the impact of this social environment upon feelings, attitudes, behaviour, etc. Although often dismissed as an "ivory tower" discipline, anthropology has much to contribute to the study of contemporary problems, such as urban life, ethnic conflicts, and postmodernism (Armansyah 2003). Although it may appear to be a discipline and methodology only recently employed by business researches, in reality anthropology has a long history within business research.The classic anthropological methods of research such as ethnography, observation, interviewing, etc., furthermore, have proved to be appropriate for business research (Jordan, 2003; Walle, 2002, 2000).

The "naturalistic method" that has risen to prominence in consumer research in recent years is clearly indebted to anthropological methods (Belk, Sherry, Wallendorf, 1989).The basic strategies of this approach are to engage in participant observation and to observe and interpret what people actually do in a real-life environment. This naturalistic method demands that researchers interpret behaviour from the informant's perspective, not with reference to the feelings or opinions of the investigator.As a result of this informant-centred focus, researchers are able to more effectively perceive what motivates consumers and impacts their responses.While the results of the qualitative, naturalistic methods have been widely applauded, the naturalistic techniques employed by Belk, Sherry, and Wallendorf are reflective of the ethnographic method of anthropology.

Related to this is the work in what Hirschman (1986) has called "Humanistic" marketing research that, like anthropological methods, is based upon qualitative methods of research and analysis.Thus, the current vogue of anthropology in marketing and consumer research can be viewed a part of a larger qualitative and humanistic research agenda for the field. In this context, Ethnography is a process of describing a culture in subjective ways that stem from the feelings of informants who are functioning members of the group being investigated. Anthropologists have long argued among themselves regarding the appropriateness of basing research upon the feeling of the subjects being investigated.In the 1960s, these differences led to a heated debate between advocates of humanistic research and those who favoured scientific rigor.

Anthropology also provides useful methods for analyzing particular cultures. Harris and Moran (1987) focus on the fact that culture provides people with a sense of who they are, gives them a feeling of belonging, establishes rules of how to behave, and offers rankings of what goals are important, etc.Culture provides a learned, shared, and interrelated set of symbols, codes, values, knowledge, etc. that justify and motivate human behavior.In recent years, those with international experience have written any number of guides of foreign countries that help those in international business to understand diverse cultures in order to be more effective within that context.

Anthropology uses the concept of culture to describe and analyze human behavior, values, choices, preferences, practices, beliefs, attitudes, etc.. In classical anthropological theory, culture is an underlying dimension of all societies and all social life.All human behavior takes place within a cultural context.Indeed, it is culture that makes social life and economic cooperation possible and meaningful.The concept of culture, therefore, is invaluable for those who seek to understand consumption （Costa, 1995;Harris & Moran, 1987）.

Since the 1930s cultural anthropologists have conducted a vast amount of research in industrial and corporate settings, focusing largely on corporate cultures in the United States. The human relations school of organizational research of the 1930s and 1940s, for example, produced a number of ethnographies that demonstrate how informal cultural patterns, cohort groups, etc., influence organizations. More recent studies of corporate cultures have shown how specific configurations of values within organizations can contribute to their success or failure. Anthropology has made a significant contribution to this research agenda. The use of anthropology and qualitative anthropological methods is increasing in business studies. With their traditional emphasis upon participant observation, business anthropologists are in a position to gather information on grassroots corporate culture （Baba and Batteau,2003;Jordan, 2003）.

The Xerox Corporation used an anthropologist to help the company devise more effective training programs for their service technicians. The anthropologist assigned to the project, received training as a technician and personally went on service calls in order to understand what happened when technicians interfaced with clients. This research revealed that teaching people how to use the copying machine was an important task because a large number of service calls were not required from a mechanical standpoint.People simply did not know how to operate the machine. That insight, gained through firsthand participant observation, encouraged Xerox to emphasize customer relations when training technicians （Baba and Batteau, 2003）.

Some Recent Examples

The current interest in Business anthropology got its start in early 1980s when applied-anthropologists Suchman and Orr investigated how people interact with technology. Since then, a wide number of anthropologists have worked within the business world, often adopting titles such as "knowledge liaison," "ethnographer" and "evaluator." In recent years, anthropologists have become more involved in strategic and tactical projects involving consumer research.In such work, anthropologists often evaluate technological products before their release （Walsh, 2001）.

In practice, business anthropologists study almost everything from marketing strategies to corporate culture, to business development. For instance Dr. Victor Barac, an anthropologist at University of Toronto has worked with Mutual of Omaha Insurance to update its advertising strategies and with the Canadian film industry in a project that entailed visiting theatres observing everything from snack buying patterns to which posters drew people's attention, and interviewing patrons about their attitudes and experiences （Mulroney, 2002）.

Baba and Batteau, among others, are anthropologists who have successfully integrated anthropology with business education by offering business anthropology courses at Wayne State University (Baba and Batteau, 2003). They indicate that research has shown that failures in the international business settings frequently result from an inability to understand and adapt to foreign ways of thinking and acting. The world, furthermore, is changing quickly and decision makers need to understand these developments and their implications. Utilizing anthropologists and anthropological methods are important avenues for addressing these issues. While an understanding of the cultural context of domestic business is invaluable, the importance of culture is even more vital within the international sphere because the magnitude of the cultural differences is vastly greater than in domestic situations and, as a result, the potential for misunderstanding or inappropriate actions/decisions is multiplied. When studying both domestic and foreign societies, anthropologists are especially skilled in finding and explaining patterns of behavior that impact strategies and tactics (Bennett, 1954). This focus can be used to improve business operations (Baba and Batteau, 2003).

Since the 1980s anthropology's influence within business schools has grown. Given the increased role of business anthropology, it needs to be more fully introduced in business education. Anthropologists in business schools have played an important role in the development of consumer studies within business education. For example, Saltman and McCracken at Harvard, Sherry at Northwestern, Arnould at the University of Nebraska/Lincoln, Olsen at State University of New York-Old Westbury, and Costa at the University of Utah, are examples of anthropologists who have impacted the business education community. On the other hand, business faculty like Hill and Kaufman-Scarborough, who received their training from business schools, have embraced the ethnographic method and employed it in their business research (Jordan, 2003).

Structural and Poststurctural

Historically, anthropology emphasized a social structural approach. As such, it envisioned cultures as unique patterns of thought, sentiment, and action. Individuals were believed to become a part of their culture though a process of socialization that created patterned ways of thinking that tended to be covert. Such perceptions have been commonplace within business and consumer research. Thus, the method envisions something that is usually perceived as "national character": a pattern of perspectives and responses that the majority of the people in a society embrace in relatively unconscious ways. Whenever, writers speak in terms of, for example, "American" vs. "Japanese" culture, they are employing a variant of this national character model. Applied on a micro level, the "corporate culture" construct applies these techniques to distinct organizations.

For many years, the social structural approach was the state of the art of the social sciences, but in the 1960s, this paradigm fell from vogue. Walle （2002） documents that current advances in the structural model are returning it to useful service. Even without this rehabilitation, however, the method has remained current because of the fact that the existence of social structures is self-evident （even if they are not as powerful or universal as scholars once thought.） In the 20th century, the phenomenological school of philosophy arose as a major tool for viewing mankind's conscious thought and its impact upon action, emotion, and world-view. While the structural method emphasizes that the socialization process solidified cultural patterns into covert and unconscious patterns of thought, phenomenology deals with conscious thought and focuses upon the individual, not the group.

This rise of this philosophical school led to the establishment of existentialism, poststructuralism and postmodernism.These methods reject a sense of cultural unity, so prevalent among social structuralists, and replace it with the view of a fragmented world.The result is a model that is designed to deal with the individual and it has been adapted to model the responses of circumscribed groups and how they are distinct from the mainstream （if a mainstream exists at all.） Poststrucuralism and postmodernism have emerged as popular methodologies among marketing researchers due to the importance of dealing with distinct groups （specific target markets）. While social strucutralism and poststructuralism/postmodernism are distinct, both are able to benefit from the use of the ethnographic method.Thus, although a difference in the philosophic underpinnings of various researchers is noted, these distinctions do not result in one group rejecting ethnography while other embraces it.Indeed, the goal of both groups is to employ methods that are appropriate for studying mankind by eliminating the distortions and blind spots of purely scientific analysis.

Consumer Behavior and Anthropology

From an anthropological perspective, marketing and consumption are crucial forces that are impacted by culture; "Anthropologists view consumer behaviour in a cultural, historical, and global context." （Jordan, 2003） Richins （2000） indicates that consumer research should be viewed as a social science. Consumption is important to economic performance; is connected to personal health and well-being; and many pressing social problems are related to consumer behavior （such as tobacco use, alcoholic abuse, etc. that can have devastating impacts on individuals and families）.In his view, consumption and its impacts are ubiquitous and powerful, it impacts virtually every aspect of life.

Koprowskj （1999） indicates subcultures that are of interest to business exist everywhere from online chat rooms to convenience stores, etc.Contemporary business anthropologists are conducting fieldwork with video cameras, tape recorders, and pagers. In the process, these researchers track the buying rituals of consumers and, in doing so, they help decision makers develop culturally sensitive marketing strategies.Robinson and his colleagues use anthropological methods to observe and conceptualize the consumption process in order to aid in the designing of new products.Instead of asking people questions, these researchers watch how people actually behave.By doing so, they have aided in the development of new over-the-counter cold medicines, helped create a new station wagon for a major carmaker; led backpack maker JanSport to design a completely new way of displaying its products in sporting goods stores; and assisted Frito-Lay in better segmenting its markets.

According to Mulroney （2002）, one of the most obvious applications for using anthropology within business research is the study of consumer behavior in retail business. Newman （1993）, a business anthropologist, has examined the effects of economic decline on consumption patterns, lifestyle, and family relationships.Anthropologist Paco Underhill （2000） discusses consumer behavior within the context of retailing in his book Why We Buy: The Science of Shopping. There, he explores why consumers go into a store for one item and end up buying something else, what kind of store atmosphere is most effective for influencing shopping behavior, etc.McCracken （1990）, in his Culture and Consumption: New Approaches to the Symbolic Character of Consumer Goods and Activities, demonstrates how the consumption process has meanings that resonate from culture. For McCracken, consumption is broadly defined to include the processes by which consumer goods and services are created, bought, and used.According to McCracken, the relationship between culture and consumption is profoundly interrelated within three contexts: history, theory, and practice.

Bierck （2001） indicates that quantitative analysis might not help decision makers to truly understand consumers, while qualitative and observational research often provides revealing insights.McFarland （2001） observes that when the consumer reaction to a new product needs to be determined, companies traditionally turn to the qualitative focus group. Ethnographic market research, however, is increasingly being used in such circumstances. Such research tactics can provide an inside look at cultural trends, attitudes, and lifestyles that influence consumer decisions.

Consumer anthropologists do not look merely for "opinions" or answers to questions; instead they seek to understand how a product might mesh within the consumer's daily life. For instance, Whirlpool recently asked an in-house anthropologist to conduct a study for a line of luxury bathtubs. The strategy was to tap into the actual feelings of a sample of informants, no some kind of statistical analysis; this is a task where anthropology excels.In conducting the investigation, qualitative, open-ended interviews were combined with the actual observation of consumers using the product.

Using a sample of 15 families from four different markets, the methodology involved in-home interviews and filming participants bathing （they were wearing bathing suits.） informants were asked open-ended questions such as "When you think of your tub, what images come to mind?" and participants were instructed to create a journal that included photographs they took or found in magazines. What emerged was a consumer picture of bathing. "Those leanings—the emotional, cultural, symbolic meanings—are quite powerful." They also validated Whirlpool's working concept for the luxury tub. As with a focus group, the categories and feelings deemed important by the informants were emphasized.And since the research took place within the context of the informants homes, it was extremely effective in triggering appropriate and revealing responses.

According to McFarland (2001), the real power of ethnography lies at the front end of product development. The principle methodology for consumer anthropologists is inductive rather than deductive. As one anthropologist observed, "Part of the idea of going into peoples' homes…is that you're discovering from them what the meaningful categories are." Toothpaste marketing, for example, used to emphasize cavities and whitening teeth. But ethnographic research found that the concerns of consumers have changed. People are increasingly concerned with gums, their tongue—the whole mouth when they are putting the toothbrush in their mouth; it's not just cavities that they're interested in anymore. Brands of toothpaste, such as Colgate Total, which purports to "continue to work even after you stop brushing," are designed to appeal to this broader concept of dental care. Just as Lacayo (2001) indicated: "consumer anthropology takes the time to really understand …how and why consumers use products."

In the field of consumer behavior, qualitative researchers often employ anthropological or anthropologically inspired techniques (such as the naturalistic method of Belk, Sherry, Wallendorf 1989, etc.) in order to study consumers actually living their lives and making decisions regarding the purchase and consumption of products. Marketing involves targeting an audience for a product and then selling it. Working within this process, anthropologists are often responsible for finding out how specific items are purchased, valued, and consumed as well as what feelings particular people have regarding certain products and their use. By recording in great detail how people live and how products fit into their lives, anthropologists often gain useful information that could not be easily gained from a formal interview. As a result, an increasing number of anthropologists are being hired by industry (Walsh, 2001).

Implictions for Business Education

Business educators must integrate state of the art techniques into their courses. Since anthropology/methods inspired by anthropology are increasingly being used in business and consumer research, marketing professors need to integrate appropriate discussions of it into their classes.Without doubt, anthropologists are bringing unique and invaluable methods to the business world especially in the fields of marketing.

The role of anthropology in business is growing much faster than was anticipated only a few years ago.These developments require that anthropology be given a higher profile within classes.Business schools are often depicted as being overly quantitative (Gremler, et. al. 2000) and qualitative methods, such as ethnography, are being touted as an antidote for such limitations. Indeed, a major thrust of consumer research during the last 20 years has been to employ more naturalistic methods of research.Other consumer researchers emphasize the humanistic approach and the qualitative methods its employs.An anthropological approach to business education fits in well with these initiatives and is particularly well suitable for courses concerned with consumer behavior (Tian, 2001).

The application of an anthropological approach to business education is not new, but it does seem to be enjoying a renaissance.Indeed, anthropologists are teaching business courses at Harvard Business School, the Kellogg School of Management at Northwestern University, The University of Nebraska, the University of Utah, etc.On the other hand, anthropology departments (such as at Wayne State University and Oregon State University) are teaching business anthropology courses.Due to the wide application of anthropology in business and the increased demanding for business anthropologists, more and more business education institutes are looking for anthropology professors with business experience to help train "practicing anthropologists" (Walsh, 2001).

Due to these developments, it is necessary for business educators to integrate a fuller discussion of anthropology into their courses.It is recommended that courses in business anthropology be introduced into business schools. More anthropological content to specific courses is also needed to reflect the changing methods of the practitioner world. Introducing ethnographic skills in the classroom is an important first step because most anthropological work in business involves some kind of ethnographic methodology.Human behavior should be studied from a social and cultural context which has been widely accepted and business educators need to adjust accordingly.

At the same time, students need to understand that business researchers often take shortcuts that do not occur within more scholarly anthropological ethnographies.Streamlining research in this way can be acceptable if doing do leads to useful and cost-effective information for decision makers.Paying attention to the constraints of time and money, of course, occurs in all business research and are not limited to the application of qualitative methods, such as those of anthropology.

Before sending students out to do a participant-observation project, they need formal training in the methods of anthropology. Instructors should join with the students in field-work exercises or, at a minimum, be readily available to provide advice.Instruction should also have an ethical component.Regarding the client, fieldworkers need to do their work with care and precision in order to give them their money's worth.It is also important to emphasize that researchers have ethical obligations to their informants.Because these can be confusing and conflicting issues, instructors and students will benefit from reviewing formal codes of ethics, such as that of the American Anthropological Association (AAA), the Society for Applied Anthropology (SfAA), and the National Association for the Practice of Anthropology (NAPA). Codes of ethics establish valuable sets of criteria and guidelines for avoiding inappropriate behavior and for acting in a consistent manner.

Various concepts and methods make anthropologically inspired research a valuable contribution.Anthropology, for example is designed to examine issues such as the influence of family, kinship, gender, and friendship on consumer behavior as well as how broad cultural patterns impacts consumer response.Students need to be aware of the unique contribution that anthropology is poised to make. In consumer behavior, anthropology has long provided a range of tools for understanding both the process of acquiring and consuming products and for dealing with the symbolic role of the consumption process.

Students should be reminded that without proper analysis, data will never become useful information that can aid in the decision making process. Students need to be instructed on how to effectively present the findings of their research.This can be particularly important to those who are presenting the findings of qualitative research because they are often not as highly valued as their quantitative alternatives.Students need to understand that while anthropological analysis begins with empirical observation, critical analysis must follow.

In conclusion, today, anthropology has gained a larger role within practitioner research of business, in general, and consumer research, in specific.As a result, anthropological methods increasingly need to be dealt with in greater detail in college courses, such as consumer behavior and marketing research. Although qualitative methods, such as humanistic and qualitative social scientific techniques, have long been taught within business schools, the current shift towards anthropology is destined to give these tools a higher profile.As a result of this growing trend, consumer behavior and marketing research instructors increasingly need to develop their courses around qualitative methods, such as those of anthropology and ethnography.It is hoped that this paper provides valuable resources as this process progresses.

Facilitating Chinese Small & Medium Enterprise Participation in the Global Economy: Minimizing the Language & Culture Gap

Daniel Hartung   Yong Cao Edward Forrest
(University of Alaska Anchorage,Alaska,USA)
Zhengping Shen
(Xuzhou Normal University,Jiangsu,China)

Introduction

Small and medium enterprises are important business sector component in most countries. In the APEC, small and medium enterprises （SMEs） account for around 90 percent of all businesses; and employ as much as 60 percent of the work force.Globally, SMEs represent more than 98% of all businesses worldwide.In China, SMEs account for 60% of GDP, about 50% of tax revenues and 68% of exports. According to statistics from China Daily in 2008, 99% of China's SMEs offered 75% of new jobs.Although 68% products exported from China were produced by PRC SMEs, most of them are only responsible for production function without full engagement in the global market.

This paper will address constraints that language and culture create for the People's Republic of China （PRC） Small and Medium Enterprises （SMEs） participation in Global markets. More specifically, the focus will be on the strategies that can reduce, minimize, or eliminate these impediments to small and medium enterprise's profitable participation in the global market.

Historical Review

China's economic reform started in 1978, its total export revenue was only 20.6 billion dollars during that year.Since then, China has achieved rapid increase in export.Currently, China is ranked as number one country in terms of export revenue with a total value of 1.2 trillion dollars in 2009.

China's opening door policy facilitates the development of SMEs.Privatization of State-

Owned Enterprises, economic reforms and more business entrepreneur have dramatically affected the growth of SMEs. At the end of September 2009, China had 10.3 million registered enterprises, of which SMEs accounted for approximately 99 percent.Currently, SMEs are the backbone of China's economy and they contribute significantly towards production, innovation and the represent a major source of employment.

The definition of a SME in China is based on three factors: the number of employees, the value of asset and sales revenue. The detailed definition of SMEs is listed at table 1.In average, the SMEs which are more engaged in global market tend to have a larger size than the firms which focus only in domestic market.

Table 1. Definition of SMEs in China

Category	Industries	Employment	Assets	Revenue
Small	Industry	< 300	< ¥ 40million	< ¥ 30million
	Construction	< 600	< ¥ 30million	< ¥ 30million
	Wholesale	< 100		< ¥ 30million
	Retail	< 100		< ¥ 10million
	Transport	< 500		< ¥ 30million
	Post	< 400		< ¥ 30million
	Hotel &	< 400		< ¥ 30million
	restaurant			
Medium	Industry	300-2000	¥ 40million-	¥ 30million-300million
	Construction	600-3000	400million	¥ 30million-300million
	Wholesale	100-200	¥ 40million-	¥ 30million-300million
	Retail	100-500	400million	¥ 10million-150million
	Transport	500-3000		¥ 30million-300million
	Post	400-1000		¥ 30million-300million
	Hotel &	400-800		¥ 30million-300million
	restaurant			

Source: SME promotion law of China, 2003.

Globalization has opened the doors for all firms in the world.Getting access to the global markets is an essential step for many SMEs to maintain their competitiveness and further development. There are three trends necessitating that PRC SMEs consider their global marketing efforts. First, realization of the vital role of the SMEs in significantly increasing the nation's exports and global market revenues; Second, exports and other forms of international sales are now being extolled as necessary ingredients in the survival and growth of SMEs; And finally, global markets are greatly expanding and SMEs are increasingly venturing abroad. These developments suggest a need to devote more consideration and strategic effort to international markets. Accordingly, in 2010 the Chinese government announced intentions to enhance support to SMEs with preferential tax policy and easier channels to raise funds, which are essential for them to enhance their capabilities to compete in the global market.

Since joining the World Trade Organization （WTO） in 2001, Chinese companies have faced tougher competition in their home market. This has forced --and encouraged-- Chinese businesses to "modernize" their business practices and forge more links within the global market. Albeit, PRC SMEs face constraints to quick and successful entry to international markets; As they contemplate and begin to enter foreign markets PRC SMEs they not only have the disadvantage of being a latecomer to long established markets, but also have unique language and cultural constraints.

Without solutions to cope with these disadvantages, PRC SMEs have little chance to compete with well entrenched and experienced competitors. Nevertheless, entry into global markets provides opportunities for latecomers since they can make use of free-rider effects and other market/marketing opportunities. In short, what advantages and disadvantages PRC SMEs have and what strategies they employed to utilize advantages and surmount such disadvantages will determine their success or failure.

Enticements for PRC SMEs to international markets are driven by economic benefits resulting from participation within wider markets and potential increased sales. In general, it is in the interest of SMEs to seek marketing/sales on a global scale; however, with different levels of productivity and limited competitive market resources, not all SMEs can, nor should, compete globally. In general, firms that compete globally will tend to have a unique knowledge set since successful export will be accompanied by an increase in learning the foreign markets with different language and culture.SMEs have to develop and leverage resources, or more specifically, the allocation of various resources to gain entry into and participate within new markets so as to enhance their overall competitive capabilities.

Entering and prospering in new markets is always a challenge. Language, consumer preferences and business practices can be radically different than domestic norms. SMEs often lack the resources to hire in-house or on-the-ground staff with relevant expertise. Even bringing in outside consulting support is difficult and/or inherently prohibitive. These barriers often keep many PRC SMEs from entering the global market markets. At present, less than ten percent of PRC SMEs export, and a majority of these companies sell in only one other country, without full capturing the opportunities and full participation the global market.

In sum, Chinese SMEs have experienced rapid development on the domestic front and their contributions to national economic growth have been increasing, but continued growth is dependent on international market development. In this context, while the PRC's SMEs barriers to international expansion are similar to any enterprise, insufficient knowledge of the Language and insufficient knowledge of social and market Culture in foreign market prove pivotal.

Language Barrier

Language reflects expressions of perceptions, conceptions, desires, actions, time, attitude to action, structure and procedures for commerce, and how these are used in business activities. Certainly language knowledge is important for international business practitioners. Language barrier affects the enterprise's capacity to interpret other cultures and therefore other markets. Working knowledge of the foreign language is a common issue among SMEs, which leads to their inability to entry or participate within global commerce.

Table 1: Top Fifteen Languages – Spoken in the World

Rank	Language	Family	Speakers (million)	Geographic Locations
1	Mandarin	Sino-Tibetan	1151	China, Malaysia, Taiwan
2	English	Indo-European	1000	USA, UK, Australia, Canada, New Zealand
3	Spanish	Indo-European	500	Mexico, Central and South America, Spain
4	Hindi	Indo-European	490	North and Central India
5	Russian	Indo-European	277	Russia, Central Asia
6	Arabic	Afro-Asiatic	255	Middle East, Arabia, North Africa
7	Portuguese	Indo-European	240	Brazil, Portugal, Southern Africa
8	Bengali	Indo-European	215	Bangladesh, Eastern India
9	French	Indo-European	200	France, Canada, West Africa, Central Africa
10	Malay, Indonesian	Malayo-Polynesian	175	Indonesia, Malaysia, Singapore
11	German	Indo-European	166	Germany, Austria, Central Europe
12	Japanese	Altaic	132	Japan
13	Persian	Indo-European	110	Iran, Afghanistan, Central Asia
14	Urdu	Indo-European	104	Pakistan, India
15	Punjabi	Indo-European	103	Pakistan, India

Source: http://www.krysstal.com/spoken.html

While Chinese mandarin is ranked as the number one spoken language in the world it is also one of the most geographically confined （limited primarily to a small set of countries/regions, such as Mainland China, Malaysia, Singapore and Taiwan）.English is the second most spoken language in the world but carries with it a very wide and diverse geographic range across Europe, North America, Africa and Oceania. Spanish is the third most spoken language with a geographic range of Spain, United States, and most countries in Latin America.

From business perspective, working language which is also called procedural language is the key for business transactions.Working language is a language that is given a unique legal status in a supra-national company, society, state or other body or organization as its primary mean of communication. It is primarily the language of the daily correspondence and conversation, since the organization usually has members with various differing language backgrounds.

Table 2: Working Languages Used by Major International Organizations

The Global Organization	Working Language Used by the Organization
The United Nations	Six official and working languages: Arabic, Chinese, English, French, Russian and Spanish. German also enjoys special status as a "documentary language"
The World Trade Organization	Three working languages: English, French and Spanish
The International Criminal Court	Two working languages: English and French
The International Labor Organization	Three working languages: English, French and Spanish
The International Telecommunications Union	Three working languages: English, French and Spanish
The European Commission	Three working languages: English, French and German
The Free Trade Area of the Americas	Three working languages: English, French and Spanish
NATO	Two working languages:: English and French

Source: wikipedia /Working language

Currently, the dominant working languages used by the international organizations are English and French, and Spanish.Even though the Chinese language is used as an official language in the United Nation, it is rarely used in other international organizations.The official languages of the World Trade Organization are English, French and Spanish.In the case of business contracts, disputes and matters of arbitration, fluency in English, French and/or Spanish is requisite.

Because of differences in values, thought processes, and language structure, it is not possible to meaningfully translate "word-for-word" from one language to another. Neither technical accuracy nor perfect translation is sufficient when considering the knowledge that SMEs will need. Communications cannot always be directly translated（even with the help of on-line technology）, and must certainly be conveyed in a more effective and comprehensive process. It is important to really understand how a language is used by the people in any given market or country. Many times, stakeholders must keep "unspoken meanings/understandings" and assumptions in mind as well.Therefore, the language component in international marketing involves both the obvious and nuanced. Without proper and sufficient command of the language, SMEs are prevented from accessing the global markets.

The Cultural Barrier

From Social anthropological perspective, Tylor（1871）defined culture as a learned complex of knowledge, belief, art, morals, law, and custom.Currently, culture has both meaning of symbols and values as well as the organization of society.Hofstede （2001） argue that culture is the collective programming of the mind which distinguishes the members of one category of people from another, in which the determinants include religion, political philosophy, economic philosophy, education, language and social structure.

From a firm's perspective, culture can be generally classified into two categories which require a business firm use different skill sets and resources to deal with.The first is market culture which involves the commercial functions in transferring goods from producer to consumer.The core of market culture is competitive advantage and market superiority, characterized by a strong external positioning on competition, differentiation and customer-oriented values （Deshpande, Farley, and Webster 1993）.The second category is Social culture which refers to the beliefs and traditions within a particular society.Each target foreign market has a unique combination of market and social culture which is the core of business environment, characterized by its own regulatory, administrative, policy and cultural characteristics.Some of these target markets have a more significant difference from the Chinese culture and these target market tend to be more formidable challenge to the Chinese SMEs.In this sense, the language and culture in these target market have higher constraints with more complexity and high risks, particularly for those SMEs ill-prepared.

The regulatory system within the social culture is one of the most difficult parts prevent Chinese firms to fully participate the global market.The contextual meaning of language is the second most difficult part, which requires PRC SMEs to be sensitive towards how language and culture interact.

Strategies

SMEs in the PRC are under pressure to innovate, to upgrade their operations and practices to support and accommodate global marketing.Access to global markets can offer a host of business opportunities, such as new niche markets; possibilities to exploit economies of scale, broader marketing scope, volume and technological advantages.SMEs have three primary venues to enter and participate within global markets. They can enter the global markets through niche markets, through strategic networks, or through a e-commerce for market entry.These three venues will allow PRC SMEs to minimize the negative impacts of language and culture barriers when they enter the global market.

Niche Market Strategy: The niche market Strategy is based upon the SMEs becoming the supplier of specialized niche products or process. The niche strategy may work best for SMEs who either easily finds markets for their products; or as the market seeks out the businesses to supply the market demand.In this strategy the SME finds a market that is willing to work with it to overcome it's limitation of language and culture; by assisting or providing what the SME does not have. The market partners can work with SME to build and obtain sufficient core competencies overtime. This most likely is the easiest and least expensive route for PRC SMEs which can produce what the market needs/wants, but do not have sufficient core competencies to enter global markets on their own.

Strategic Networking: The requirements that an SME has for language and culture can be obtained/provided by Strategic networks. Within strategic networking the SME studies/follows/ co-opt businesses practices that have already proved successful in entered the market. This can provide the SME the means to obtain competencies and/or marketing solutions; either by copying them or by gaining inspiration/insight into the initial beginnings of innovation.Strategic networking by SMEs may provide the knowledge or cooperative network to minimize or overcome constraints, provide required resource, meet/exceed market conditions; whereby they obtain advantages that allow them to competitively enter the global market. As the SMEs core competencies matures, the focus shifts away from the market entry levels, towards increasing the level of language and culture to continued development and leveraging of their market share, establishing new relationships with other networks clusters, and consolidating/strengthening relationships with the functional agents （mechanisms that support/facilitate function）. Strategic networking seeks to form alliances in order to overcome constraints of Language and Culture and help the SME（s）access to global markets. There is evidence that cooperation among SMEs that share business interests such as: market constraints, exporting resources, and infrastructure requirements, allowing firms to access resources that are beyond the reach of individual small enterprises. This strategy allows SMEs to interact with institutions in their surrounding environment. Also, working within these strategic networks can give some SMEs greater specialization; allowing them to concentrate on their core businesses, and leverage outside cluster resources.

E-commerce: One final strategy that SMEs can leverage to close their market entry GAPs is the internet. The internet not only provides information that SMEs can utilize to close the GAP on the two criteria of language and culture; but also provides a market mechanism that PRC SMEs can utilize in the global market business strategy.

E-commerce contributed the growth of China's small and medium-sized enterprises. Based on a report from Xinhua News:

"The small scale of e-commerce will reach 1.99 trillion Yuan, a growth of about 20% year-on-year. Among the increase, domestic trade and foreign trade size are respectively 1.13 trillion Yuanhe and 0.86 trillion Yuan, respectively equivalent 6% and 8.9% of domestic total sales of commodities and total exports of 2008. Besides, the small and medium-sized enterprises create new increasing jobs, beyond 13 million directly through e-commerce, which is equivalent of 11.7% of new adding jobs in towns in 2008. As long as every increase 1% of the small and medium-sized enterprises that use e-commerce, it will bring 40 thousand new jobs".

SMEs can acquire complete information quickly through e-commerce, greatly reducing the search costs and improving the efficiency of overcoming/minimizing the market entry GAP to reduce and improve their international market competitiveness. The use of the internet to participate within Ecommerce may reduce the requirement for PRC SMEs of the criteria of language and culture.Existing ecommerce companies inside China can effectively reduce the cost and time a SME would require to acquire market entry.There are three models commonly available to SMEs: one for e-commerce adoption inside SMEs, one for Business to Business （B2B） e-commerce and the other one for Business to Customer （B2C） e-commerce development.E-commerce companies provide technical conditions and greatly leverage market environment to integrate the firm with the global market.

Gap Analysis

In business and economics, gap analysis is a tool that helps compare actual performance with potential performance.The core of gap analysis is to measure the difference between the two scale: Where are we now? And, where are we required to be? In our case, the gaps have three different meanings.The first gap is related to the difference between the firm's existing status （in terms of sales, market share, or profit） and the market potential which the firm should attain.The second gap is related to the difference between the firm's existing language and cultural knowledge set and the required language and cultural knowledge set if the firm aims to reach its market potential.Figure 1 illustrates the different levels of sufficiency in language and cultural knowledge set that six hypothetical SMEs （Companies A, B, C, D, E & F） have.The difference between their current status of expertise and the required level of expertise, represents the GAP which is the corresponding level of constraint.

Flgure 1.Gap Analysis for prc SME's partitpation in Global Markets

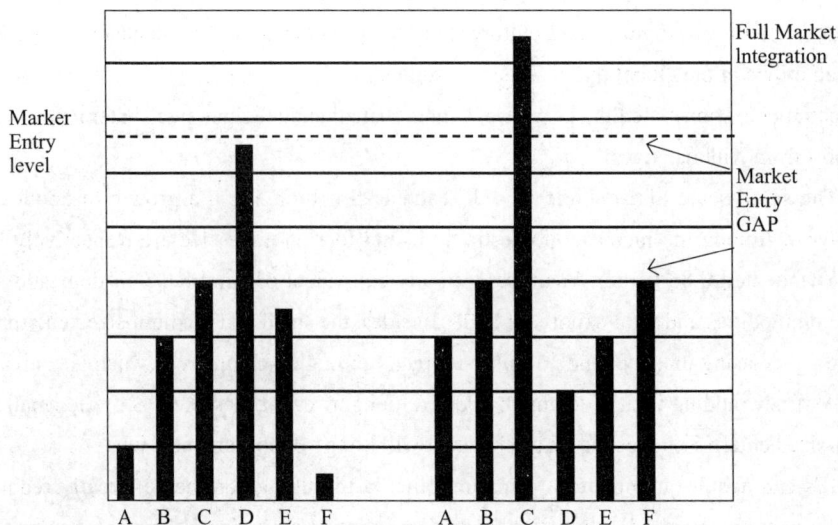

480

Company A does not reach Market Entry Level for Language even with strategic network and outside resources; but can achieve market entry level for culture by receiving a assistance from strategic networks and additional assistance from Outsourcing. These aspects denote the importance, and the degree of difficulty, to obtain sufficient mastery of Language compared to acquiring mastery for Culture （Market）. Company A will be severely handicapped to enter the market with a limited command of the language of intended market. This situation does not in-itself prevent the SME from attempting to market to global markets; however, this condition does prevent this type of SMEs from even considering global marketing.

Company B is shown as achieving market entry level for language （with the assistance of strategic networks and external resources and/or outsourcing）, and achieving market entry level for Culture （both achieved through strategic networks, with further assistance from external and outsourced resources （to further strengthen market entry）.This scenario denotes the importance of strategic networking and external/outsourced resources for SMEs endeavoring to enter global markets. Company B will be somewhat handicapped to enter the market with a limited command of the language of intended market. This scenario does not in-itself prevent the SME from attempting to market to global markets.Consideration of time and money to achieve market entry levels are also a major consideration （and inherent constraint） for SMEs.

Company C is shown as reaching but not exceeding market entry level for language, and achieving market entry level for culture.Company C receives a little assistance from strategic networks and additional assistance from Outsourcing, towards reaching the market entry level for language.Company C has market entry level for culture and further leverage strategic networks and external/Outsources to strengthen Market Entry, and can effectively utilize strategic networks and external/outsourced to reach market entry level. Consideration of time and money to achieve market entry levels is a major consideration （and inherent constraint） for Company C.

Company D is shown as achieving Market Entry Level for Language （with the assistance of Strategic Networks and external resources and/or outsourcing）, not reaching Market Entry Level for Culture （knowledge of the market）. These aspects denote the importance, and the degree of difficulty, to obtain sufficient knowledge and sufficient mastery of Culture （the intended foreign market）, and will be severely handicapped to enter the market with a limited knowledge and command of the intended market. This situation does not in-itself prevent the SME from attempting to market to global markets; however, this condition does prevent many SMEs from even considering global marketing.Consideration of time and money to achieve Market Entry Levels are a major consideration （and inherent constraint） for all the SMEs.

Company E can achieve market entry level for language with the assistance of strategic networks to achieve market entry level, and further utilizing external resources and/or outsourcing to firm their language skills and abilities. Company E has achieved market entry level for culture through strategic networks, with further assistance from external and outsourced resources to further strengthen Market Entry.Company E has the best overall status for Market Entry than the other companies shown. To achieve this status Company E depends on strategic networks, with further assistance from external and outsourced resources. This denotes the value of these strategies for SMEs to enter and compete in global markets. Similar to other SMEs, Company E's expenditures of time and money to achieve market entry levels is required to be factored into their marketing decision.

Company F is shown as not achieving market entry level for language （even with the assistance of Strategic Networks and external resources and/or outsourcing）, achieving market entry level for culture （with major assistance from strategic networks and external resources and/or outsourcing）. Company F is the most handicapped for entering global markets. It presently has the lowest existing levels for Language competences. The amount of time and money required to position Company F for market entry may not be proportional to the expected rate of return.

SMEs can work to close the GAP by using tactical approaches. A process can be performed by first identifying the degree of the constraint, and then assisting in planning to close the GAP.

Conclusion

Globalization has increased awareness concerning the value of entering and participating within global markets. At the same time this opportunity puts tremendous pressure on SMEs to increase their level of adaptability, innovation, and entrepreneurial skills. Decisions on foreign market selection and entry-mode choice can significantly affect a SME's performance. In general, globalization and increased international commerce should make it easier for PRC SMEs to participate within wider international markets.

PRC SMEs should gradually cultivate and improve their core competencies by constantly strengthening the construction of their anti-risk capabilities, cultivating and gathering high-quality talents, strengthening the construction of their knowledge base, establishing the organizational systems that are helpful for the development of the SMEs, as well as fostering their own unique corporate culture, so that Chinese SMEs can gain the competitive edge in the intense market competitions and continue to grow and develop.

Overall, the criteria of language and culture present major constraints for all SMEs. These can be overcome by strategies that develop and build upon the SME's core competencies to enable them to reach market entry levels. Three possible strategies that can be beneficial for SMEs are:

Internal development of core competencies

Leveraging Strategic Networks

Utilizing and strategic leveraging of Outside/external resources

The internet also provides opportunities for SMEs to reduce their market entry GAP; and also provides SMEs a market mechanism to Global Market.

Language and culture are fundamental constraints effectively preventing many PRC SMEs from entering and participating in global markets.Language may be said to be the primary constraint.Without mastery of the language SMEs are severely handicapped from entering and effectively participating within Global markets. To achieve sufficient mastery of the language usually requires time and financial resources which represent sufficient constraints that many SMEs are prevented from considering the investment of time and money that would be required to sufficiently overcome this constraint. Knowledge of the market （Culture） is of course the next major constraint, followed by how to get the product/service to market and to consumers. When a business is deciding whether to keep their trading on a local level or whether the organisation should contemplate moving their products and services to new markets on a global level, there are many factors which will influence their decisions.

There is little doubt that PRC SMEs will gradually enter and compete within Global markets. They need to strategically evaluate what their needs are, strategically plan to reduce their present market entry GAP.They need to strategically leverage their present core competencies'; and acquire the skills and mastery of those competencies they presently lack.

One final strategy that SMEs can leverage to close their market entry GAPs is the internet. The internet not only provides information that SMEs can utilize to close the GAP on the criteria of language and culture; but also provides a market mechanism that PRC SMEs can utilize in the global market business strategy.

Discourse of Globalization: Organizational Change in China Travel Service

Jin Linghui
(East Sea Vocational College,Shanghai,China)
Wu Zongjie
(Zhejiang University, Zhejiang,China)

Introduction

Under the impact of globalization, Chinese travel agencies have undergone rapid transformation in their organizational structure during the past two decades. Central to the change has been the 'corporatization'and privatization of the "danwei" , or state-owned enterprises, which was once an enclosed, multifunctional and self-sufficient entity, controlling the political behaviors of its members and maintaining their life-hood ranging from housing, car fleets, dining services, barbers to kindergartens, and clinics. Controlled by the bureaucracy and operated with state subsidiaries for decades, many travel agencies lacked the capability to acclimatize to external changes or innovate to survive. The majority of travel agencies have not yet adapted to the demands of the market economy due to the long-term influences of the traditional centralized system. Redundancies, stagnation and obsolescence of operations are causing firms to go out of business, generating new problems of unemployment and welfare. The decentralization of government's management decisions improved firm productivity. However, relative to the rest of the economy, those state enterprises suffered slow growth and declining profits. In part, this was because state enterprises, unlike their non-state competitors, were obliged to provide job security and a range of social services including housing, retirement and health care.

The transformations of travel agencies and their structural readjustments have reached a critical stage, filled with deeply rooted philosophical contradictions and management problem. Most researchers focus on the identifying successful strategies for transformation from management perspective. My study is not based on traditional organizational behavior/ theory, researchers in management field view communication as a thing and the essence of communication as being located in the transmission and the channel. But my study attempts to demonstrate the relevance of language to the organizational processes, that is, in the meaning and meaning making process. Just as Lillie Chouliariki and Norman Fairclough （1999）elaborate on the instrumental nature of discourse: "It is an important characteristic of the economic, social and cultural changes of late modernity that they exist as discourses as well as processes that are taking place outside discourse, and that the processes that are taking place outside discourse are substantively shaped by these discourses. （p. 4）" In other words, discourse is the medium through which economic, social, and cultural processes transpire. It is problematic, however, when the ideologies manifest in discourse are opaque, when unjust discourses proliferate uncontested, and when discursive alternatives are not considered. In these circumstances, it is of paramount importance for critical researchers to reveal and confront such ideological-discursive practices through critical discourse analytical research.

Data Collection & Methodology

I conduct my study based on the in-depth interview with my former colleagues in one of my former company （China Travel Service）, using ethnographic approach. Most of the interviews were taken during the break hour or after work. Sometimes I talked with them through MSN, which was an efficient way for us to communicate with. The data mainly consists of the scripts of the conversations between my former colleagues and also the stories which are buried in my memory. After the interview, I find that it is hard to know the government policy through their conversations. Therefore I read a lot of tourism yearbooks to gather the written texts. Thus, the transcripts of interview with my former colleagues are used as "primary" data, while the governmental reports from Chinese Tourism Yearbooks（1990—2007）as "secondary" data.

This research focuses on the discursive construction of CTS identity during its transformation from 'corporatization'and quasi-privatization. Through the global and local interaction, how does the organization change?What are the pervasive discoursal hybridity in interaction between tourism business, government, employees and consumers?

Survey of China Travel Service

Established in 1961, China Travel Service （CTS） was one of the first tour operators of new China. For the first three decades, its business was treated as a form of special political activity for visiting overseas Chinese residents and for foreigners with special permission to visit the country. Since 1984, China has experienced the transformation from a planned economy toward market economy. CTS's asset structure and business scope have gone through major changes with corresponding readjustments in its strategy, or organizational structure and management system.

From 1961 to 2010, CTS experienced four stages of development, and in the first stage, the agency's main business focused on overseas Chinese, Chinese with foreign nationalities, Chinese from Hongkong, Macao and Taiwan. In the second stage, it mainly provides ticket-order service. In the third stage, it provides compatriots & foreign inbound tour, outbound tour, domestic tour. In the Fourth Stage （1999—2010）, brand tour and individual tour emerged. The company organization changed from Shiye-danwei, State-owned enterprise, to private enterprise. （See Table 1 ）

Table 1

	1961—1978 Establishment Stage	1979—1985 Growth Stage	1986—1998 Expansion Stage	1999—2010 Integrated Stage
Corporate Name	Overseas Chinese Travel Service	China Travel Service	China Travel Service Group	Tour Company
Corporate Structure	Non-Productive Unit (shiye danwei)	Non-Productive Unit (shiye danwei) → State-owned Enterprise(1984)	State-owned Enterprise	State-owned Enterprise → Private Enterprise (2001)
Corporate Strategy	Booking Service Only	Booking Service Compatriots Inbound Tour Foreign Inbound Tour	Compatriots & Foreign Inbound Tour; Outbound Tour; Domestic Tour	Compatriots & Foreign Inbound Tour; Outbound Tour; Brand Tour Individual Tour

Historical Analysis of Communicative Genre in CTS

The dissemination and re-contextualization of the strategies and discourses of the 'market economy' in China Travel Service is closely connected to the process of economic transformation. Tourism in the mainland China has experienced rapid growth since 1978, and most efforts may be credited to the Chinese government because almost all aspects of tourism development have been addressed through a variety of government policy initiatives and measures. Therefore, it is necessary to identify the communication between government and CTS so that past development of Chinese Travel Service can be systematically analyzed.

I will analyze the different approaches of communication adopted through the data analysis in each period, namely establishment stage （1961—1978）, growth stage （1979—1985）, expansion stage （1986—1998）, and integrated stage （1999—2010）.

1.Establishment Stage （1961—1978）

Prior to 1978, China Travel Service （CTS） was funded and operated by the central government only. Tourism was taken as part of foreign affairs. Followed is the interview with tour guide in CTS.

Excerpt 1: Providing service to foreign delegations

"*CTS was originally Overseas Travel Agency and belonged to Shiye-Danwei. The Overseas Hotel was also its subsidiary. The majority customers were from Hongkong and Maocao. The agency' responsibilities were to receive the foreign delegations or VIP guests. Exchanges of goodwill for government delegations made up the lion's share of these activities rather than real self-paid tours. So tourism pricing was controlled by the government and merely covered by the operating costs. All the tour guides were cadres and were named as receptionist for foreign affairs. The tour guides' activity was political-oriented. To keep the image of the country, no tips were allowed. The tour guides' salary consisted of basic pay, subsidiary and bonus. The sum was relatively high compared with other industry, therefore being a tour guide was an appealing job for the majority.*"

—— Interview with tour guide

From the data we know China Travel Service was set up to facilitate the journeys of overseas Chinese returning to meet their families or relatives and friends. Tourism prices were fixed by the government and the government was ignorant of demand fluctuations occurring in the different tourist seasons. The major purpose of developing tourism was originally to win sympathy and understanding from the international community, to nurture friendships and to show the superiority of socialism. Mode of bureaucratic governance becomes the dominant communicative genre. Due to the centralization and state dominance, the leaders of the agencies have no options to make the decisions, and CTS was only a branch office of the government. In this period, the communication between government and CTS is totally top-down.

2.Growth Stage （1979—1985）

The second stage was initiated and encouraged by Deng Xiaoping, and international tourism started to develop. CTS as the Non-Productive Unit （shi-ye dan-wei）, was considered as a window to China's reform and open-door policies. [1]

Excerpt 2: Historical Data of CTS from 1980 to 1990

In 1981, new municipal government was established in Wenzhou. China Travel Service shared its reception room with Wenzhou Harbor Office. Wenzhou Overseas Hotel, Wenzhou China Travel Service, Wenzhou China International Service, Wenzhou Yandan- Mountain Management Administration and Wenzhou Jinshan Hotel were subject to the leadership of foreign affair office. In 1985, these three Travel agencies became the subsidiaries of the general tourism company. In 1990, the general tourism company was restructured into management affair bureau.

—Adapted from http:www.wzfao.gov.cn

Excerpt 3: Change of higher authorities

"*I started working in this travel agency in 1982, and at that time, it was non-productive unit. It had no reception room to the customers, and the only office room was borrowed from the overseas hotel. All 13 staff members were government cadres. Seven of them were business executive, and three of them were office staff. Originally the company was named as Overseas Chinese Travel Agency as the subsidiary of foreign affair office from 1980 to 1984. In 1985, Foreign Affair Office was replaced by the Management Authority Bureau.*

——Interpretation of CTS' company organization by tour guide

From excerpt 2 and 3, the transit of its managerial power is revealed. From 1980 to 1984, the company was only a reception for foreign office affair. Managers in CTS had not real authority to operate the business. The real subject here is the government office. As it was still a non-productive unit (the so-called Shiye Danwei), all the operation cost was mainly covered by the government. Doubtlessly to say, no marketing strategy was used. The management mechanism was still Chinese mother-in-law relationship with the government. Later as this centralized policy restricted promotion of market growth and subsequently marketing promotion was decentralized to local offices in 1980.

Decentralization was modified by the State Council in 1984 and all regional branch offices had authority to contact and sell to foreign tour operators and to notify the visa-issuing authorities, but their sale plans were still subject to the approval of CITS [2]. In 1984, adoption of corporate management was first initiated by Deng Xiaoping. But the management mechanism was still Chinese mother-in-law relationship with the government. In 1986, it was separated from administrative bodies, with autonomy in relation to authority of personnel, and finance and operation being granted to a certain degree from higher administration. Through the transit of the network of travel agency, it reveals the managerial power changes from political to economic in the growth stage. (See table 2)

Table 2

Transition of Discourse	Network	Managerial Power
Overseas Chinese Travel Agency (1979—1984)	Foreign Affair Office (1978—1984)	Mr. Li (Assigned by Foreign Affair Office)
China Travel Service (1985—1998)	Management Authority Bureau (1984—1986)	Mr. Zhang (Assigned by Personnel Bureau)
China Travel Service Group (1998—2001)	Overseas Office (1987—2000)	Mr. Ye (Assigned by Overseas Office)
China Tour Co., Ltd. (2001—2010)	Tourism Bureau (2000—2010)	Ms. Chen (Assigned by Tourism Bureau)

Also in 1984, the State Council decided that travel agencies could be owned collectively as well as privately. CNTA's [3] regulations classified all agencies into three categories, in which CTS was leveled as category two. Category one travel agencies were allowed to negotiate directly with foreign tour operators while the other two were restricted to ground operations. In a word, the decentralization policy stimulated the business growth. Due to the unclear delineation among three categories of travel agencies and with less control over their establishments, the communication between government and CTS is disordered.

3.Expansion Stage（1986—1998）（Mixed Communication）

Based on the problem occurred in the pre-reform period, interfering regulation was readopted to coordinate the market. CNTA issued rules to regulate all travel agencies. The rules covered matters relating to operating conditions, approval procedures, and punishments for rule violations. This however, did not change the unfair practices and competition created by the use of administrative methods. CNTA issued a "Ban on Receiving Commission in Tourism" in 1987 and "Provisional Regulations on Administration of Tourist Guides" in 1988, thereby regulating all tourist guides over matters pertaining to their qualifications and responsibilities. Service quality in CTS has been improved but only to a limited extent since the "iron rice bowl" concept was still deeply rooted in the minds of tourism employees.

When China first opened to tourists abroad, "China Fever" and the ease of travel restrictions led to huge numbers of tourist arrivals. This situation of a seller's market combined with emphasis on increasing tourism capacities, caused the Chinese government to do little market promotion. From 1986 to 1990, CNTA's promotional budget was only US$1.4 million per year, and this included the operating cost of its overseas offices. [4] However, when the receiving capacities increased and the growth of tourists'arrivals slowed from 1986 to 1988, and in 1989 the total visitor arrivals decreased sharply by 23% percent, Chinese authorities gradually understood the importance of market promotion. So did the members in the CTS.

Excerpt 4: New Product Line for National Tourism

From 1980 to 1984, that was pre-reform period, the majority tourists were overseas Chinese. Few people join the national tour package.It was until 1984 that the national tour started. Our company was the earliest one to start national tour package, compared with other CTS in Zhejiang. Since we had few overseas package tour, we decided to explore the national market, which was puzzled by other competitors. The profit margin of overseas package group was higher than domestic market. It is proved the new product line gives the vitality of its business.

Excerpt 5: Business Expansion

New office room was chosen in 6th floor in Jinyuan Building Renming Rd., in the centre of the city. At that time, the 26th –storey building was the highest office building in the TT-city. The number of staff members in 1998 expanded almost ten times as that in 1980. The organizational structure includes General Managers Office, Financial Depart, Sales Depart., Inbound Tour Depart., Outbound Tour Depart., Domestic Tour Depart., Tour Guides Depart., Tickets-booking Depart., Advertising Depart., Marketing Depart.. It had also three branch reception office in Renming Rd, Xialupu Rd, Huangcheng Rd. Besides, the agency managed to get loans from the State to build the Ouchang Hotel.

In this stage, as the result of the business flourish of the tourism industry, many new travel agencies arose. As old timer of the business, CTS expand its range （See Excerpt 5）. The rising number of employees and branch offices shows its progress in operation performance

On the one hand, tourism pricing, which was previously set by the government, was decentralized to local travel agencies. In 1992, tourism business was given the right to stipulate their own prices based on international tourism market demand. By 1994, all tourism enterprises had entered into a market economy environment. In the mean time, "Provisional Regulations on Quality Service Guarantee Funds of Travel Agencies" were issued by CNTA in 1995, requiring all travel agencies to deposit a sum of cash with CNTA as a guarantee of quality service. These deposits would be used as indemnities when service was not up to standard. [5]

On the other hand, government policy of its privilege for CTS to run the international outbound tourism CTS injected CTS' business. CTS was the first one to send tour group to Hongkong-Macao among competitors in Zhejiang Province. Soon it started the South-East Asian outbound tour （Singapore-Malaysia-Thailand）, but the number of the tourists was still restricted with the government quotations. Therefore, the marketized communication was mixed with the state interference.

4.IntegratedStage （1999—2007） （Networked Communication ）

In 2001, CTS had been restructured into a private enterprise under the jurisdiction of tourism bureau. By now it has become an independent entity with excellent brand of CTS.

Excerpt 6

After the restructuring, we lost all the fixed assets. The branches and the hotels played important roles as a supplementary for enterprise profits. The profits from hotel operations are taken as additional bonus. Now everything is contributed to the state, so are the assets. The name of the enterprise is changed from China Travel Service Group to China Tour Limited Company. The corporate culture is changed along with the shift of the ownership. ···To our customers, the corporate brand is the same. It is acknowledged by the outsiders and insiders in terms of our service, but it is really high pressure for us. Now everything starts from down to earth. What is left for us is corporate brand only."

From Excerpt 6, "We lost all the fixed assets" and "Now everything starts from down to earth." reflect the members'pity for the loss of the assets. The division of the state assets from the company breaks off the company's financial dependence over the state. The take-over of the state property rights results in its decline in monopoly and dominance in tourism business. What has changed in today's tourism market is that there are no more supplementary profits. Tourism profits today are based on the sign value instead of use value in the past. So when CTS loses the stable business line to keep with, it is hard for them to find other ways to make the profits.

The company organization has been restructured into a private enterprise. Out went much of the "baggage" —c ar fleet, hotel, foreign trade company, and advertising companies. (Table 3)

Table 3

Before Restructure	After Restructure
General Manager Office	General Manager Office
Finance Depart.	Finance Depart.
Outbound Depart.	Outbound Depart.
Inbound Depart.	Inbound Depart.
National Depart.	National Depart.
Marketing Depart.	Taiwan Region Depart.
Tour guides Depart.	Individual Tour Depart.
Advertising Depart.	
Car fleet	
Other subsidaries: Hotel, Foreign trade company, Free-tax shop	

The relationship between CTS and government has entered into a new stage. The government has again declined its control over the travel agencies, and at this time its task is to create a fair and networked market for all the participants. The state pays much attention to the tourism development which is defined as the tourism industry by the central government. [6] The 1yuan=6yuan equation [7] is proposed by the state to focus on exploring the tourism market. CTS as the leading firm, makes a great contribution to jointly cooperate with the government in a network community. The Internet and especially the World Wide Web have changed the communication to many-to-many communication, which means that all the information concerning the government is not necessarily under the administrative functions. Much of the information published about government has been designed, published and disseminated on the web without the influence of the administration. There is a networked, audience-driven, media driven, and horizontal flow of information between government and tourism business. (Table 4)

Table 4 Communication between Government and Business (CTS)

	1961—1978	1979—1985	1986—1998	1999—2010
Communication (G2B)	Top-down	Disordered	Mixed	Networked

Changing Discourse in CTS

Discourse as a political practice establishes, sustains and changes power relations, and collective entities (communities, groups) between which power relations obtain. Discourse as an ideological practice constitutes, naturalizes, sustains and changes significations of the world from diverse positions in power relations. [8] In our context, power relation between government and CTS changes from centralized, decentralized, regulated, to re-decentralized. As society developed and communicational needs became diversified, the fundamental genres evolved to meet those needs. The administrative genre evolved into diplomatic, legal, personal, and business genres. The shifts of the naming of organization structure such as "administrative office", "State-owned Enterprise", "Group Company", "Stock Limited Company", reflect the government's relationship with CTS from direct control to indirect governance.

After 1992, communication between government and travel agencies turned to be market-driven, as a result of the increasing market competition. In the growth stage of CTS, the government power flow came to be confused, disordered and even broken down, after the government separated its function from the agencies and decentralized its role only as governor. The interest-based economy discourses were dominant, as a result of government's emphasis on economy. Later in the expansion stage, the government acted as a role to regulate the tourism market for the establishment of contemporary enterprise with the managerial discourse and promotional discourse in dominance. The national identity of CTS tourism was gradually re-scaled by the product identity or consumer identity as a result of the decline of the government political discourse and the rise of the marketization of government promotional discourse.

In the 21st century, the globalization of the tourism market sees the tremendous change of the government function and its relationship with the CTS. The government re-decentralizes its power in the e-culture, and its communication flow is networked and consumer-driven.

The power of their relationship transforms from centralized, decentralized, regulated and re-decentralized. The political discourse, economical discourse, managerial discourse and glocalization discourse has been shifted during its restructuring process.

Table 5 Discourse and Power

	1961—1978	1979—1985	1986—1998	1999—2010
Power	Centralized	Decentralized	Regulated	Re-decentralized
Discourse	Political	Economic	Managerial	Glocalization

Textual analysis of tourism report

Through the historical account of CTS, its growth has been accompanied by China's reform and open-door process, and the transition of the name, the organization, and managerial power of the company left a vivid mark for its history. Next I will make a textual analysis of government report in the National Tourism Meeting in 1990 and in 2006.

From the premier Li Peng's speech in 1990, the tourism is regarded as foreign affairs to promote friendship. The political discourse is emphasized in the term of "socialist country", "foreign affairs" in Excerpt 7.

Excerpt 7

"*Tourism is considered to be diplomatic activities by the people. It is important from its economic, political, diplomatic perspectives and serves as a bridge to promote friendship. Ours is a socialist country, and we expect to increase foreign exchanges from the tourism industry.*" (*Adapted from the speech by Premier Lipeng in the national tourism conference in 1990.*)

As the socialist country, the administratively planned system is a typical feature of Chinese economy. The discourse of planned targets reflects its deep-rooted planned economy system, as cited in Excerpt 8.

Excerpt 8

"*By the end of last year, we realized the inflow of foreign exchanges for 1.8 billion US dollars, outlaying the expectation of 1.3 billion US dollars.* ···*We should be optimistic in the hard time, take all the advantages we have and do our work better. Hopefully you can try your best to fulfill the task of 2 billion US dollars this year. If things are getting better, try to get 2.2 billion, getting a recovery of the level in 1988.*" (*Adapted from the speech by Premier Lipeng in the national tourism conference in 1990.*)

Excerpt 8 shows the discursive practice of the tourism business planning between the national government and tourism bureau. The number of planned targets shows interest-based discourse for foreign currency in tourism administration. The national governments play active roles in both strategic and operational decision-making process of tourism business, and are also the major producers of power and regulation. The communication flow is top-down approach from the government to the travel agencies. The national government gets involved in planning the tour artifacts catalogue. (See Example 3)

Excerpt 9

"*I hope that the State Tourism Bureau and other departments concerned will discuss the catalogues for tourist artifacts, and add the item varieties. If it is well done, we will meet*

*overseas tourists' demand, improve the capability of getting more foreign exchanges and appeal
to foreign tourists as well."*

*"While tourism bureau further improve the macro-management over the tourism, the
local government agencies should enhance their leaderships, utilizing the activities of the
central government as well as local governments in the full scale, which is the key element for
the success of Chinese Tourism in the past decade." (Adapted from the speech by Premier Wu
Xueqian in the national tourism conference in 1990.)*

From Excerpt 9, the discourse of government leadership is emphasized in the tourism
market in the early 1990s, both nationally and locally. The management discourse of the
government's control over tourism industry is a key element to its development. Being active
social agents, the governments are both decision-makers and problem-solvers. Here "discuss
with tourism bureau and the other departments concerned", means travel agencies are
administrated by different administrative offices. For instance, CTS is subordinated to overseas
department, CITS [9] to tourism bureau. The power flow is the top-down flow of policy or
regulation. In tourism business, the power flow [10] starts with the national government or
national tourism bureau, and is delivered via different administrative sectors. The communicative
genres between tourism bureau and enterprise are often delayed by the indirect approach, and
some information might even fail to deliver. Thus the leadership of local force should also be
highly emphasized.

In a word, the speeches are given by Premier Li Peng and Premier Wu Xueqian, on behalf
of the Chinese government for the tourism business policy. A typical Chinese communist
political discourse is explicitly presented with government dominance over planned economy.
The subject of the speech represents the traditional government role in tourism business; while
the object of the speech is for international tourists only, the domestic customers are excluded.
In comparison with the 1990 speech, next I will make analysis of the speech by Premier Wuyi in
2006, [11] and I want to understand who is the agent of the discourse, and to whom it is oriented,
and what outcome is anticipated.

Excerpt 10

*"President Hu Jintao asserts that to expand domestic demand is the long-term strategy
for our economy and the basic element to keep the better and stable development next year. ···
Premier Wen Jiabao also emphasizes the development of the new hotspots of consumption, such
as that of culture, body care, and tourism." (Adapted from the speech by Premier Wuyi in the
national tourism conference in 2006.)*

Here the example carrying new discourse (e. g. expand domestic demand, new hotspot in
consumption of the culture and tourism) gives logic (warrant) why tourism is so important.

This warrant implies an external change force, which is irreversible and must be won. Who is the real agent of the discourse? What is the hidden voice in the speech? The speech is delivered by the Chinese leaders, on behalf of the government for the promotion of tourism industry. The speaking person's name is essentially a marker of the text. But if we look at the hidden version of the system, an implicit subject （agent） is simultaneously in articulation, representing an 'absent'and inanimate subject for a neo-liberal discourse. This is represented by the phrases that imply a global anonymous change agent such as 'expand domestic demand, new hotspot in consumption, public service, credit record'. Thus the discourse articulated by the top leader contains the neo-liberal discourse recontextualized in a governmental genre. It circulates in the powerful nodes of the global network. The global discourse enters the Chinese political sphere, and is embedded into the existing Communist discourse （neo-Marxist discourse） . [12]

Also, the neo-liberal discourse is explicitly presented in the emphasis on the discourse of customer-friendly consumption. Consumers become the active agents, who should be well informed in the tourism market and the governments make known the information of the Credit Record of the travel agencies to the public in the following examples.

Excerpt 11

"I agree that we should make known the information of the Credit Record of the travel agencies to the public. The consumers have the privilege to choose the excellent entrepreneurs, therefore we punish the dishonest ones so as to accelerate the market development."

"We should improve the tourism administration's public service in the process of transition of government functions. The government should improve the protection and management of tourism resource exploration, and emphasize its service function over tourism enterprise and tourists, also its regulation for tourism quality." （*Adapted from the speech by Premier Wuyi in the national tourism conference in 2006.* ）

Here the consumers are included in the object （listener） of the speech. They are defined as the targets of the market, while in the former speech, they are neglected. The practice of credit record is also driven by the global force. The rise of consumer discourse shifts the government's role from market dominator to a market regulator. Voices of the speech in 2006 are full of service discourse such as *"improve the protection and management of tourism resource exploration"* , *"emphasize its service function"* *"public service"* . The government role converts its management function to the service function. The consumers become the main force to accelerate the marketization, and change their role not only as customers but also as participants or monitors for the tourism market. From a linguistic perspective, discourse represents a sphere of people, and draws the boundaries of a particular community through the 'given resources of a social language that is unitary only in the abstract' [13] A particular social language or discourse represents a linguistic consciousness of a community of practice. In the former 1990 speech, the communities are marked by the domestic Chinese society, while the latter 2006 speech, the global networked community.

From the above analysis, we know the government power flow was dominantly top-down during the pre-reform period. The institutional voice was that of a traditional Chinese government, with centralized dominance over the agencies. As the tourism policy aimed to appeal the international tourists and increase foreign exchange, the targets of the tourism market mainly consisted of the international tourists not the domestic ones. The tourism identity projected in 1990's speech was distant settled, and there was no attempt to project a specific product identity for the potential domestic consumers. Previously, the tourism represented the national identity and was in favor of the promotion for peace and friendship as revealed in 1990's speech. In the meantime, the discourses of planned economy was dominant as "report", "plan", "quotation" repeatedly used. At that time, the government acted as the decision-maker as shown in Excerpt 8 to operate the tourism market. The marketing strategy was government-driven. The government was claiming authority over the identity of tourism business, as well as elsewhere over the tourism conditions and the production of tourist artifacts (like Speech by Premier Wu in 1990) . The phrase such as "make all the efforts" is used, in which the obligational meanings were implied.

The speaking person's name is essentially a marker of the text. But if we look at the hidden version of the system, an implicit subject (agent) is simultaneously in articulation, representing an 'absent'and inanimate subject for a neo-liberal discourse. This is represented by the phrases that imply a global anonymous change agent such as 'expand domestic demand, new hotspot in consumption, public service, credit record'. Thus the discourse articulated by the top leader contains the neo-liberal discourse recontextualized in a governmental genre. It circulates in the powerful nodes of the global network. The global discourse enters the Chinese political sphere, and is embedded into the existing Communist discourse (neo-Marxist discourse) . [14]

Also, the neo-liberal discourse is explicitly presented in the emphasis on the discourse of customer-friendly consumption. Consumers become the active agents, who should be well informed in the tourism market and the governments make known the information of the Credit Record of the travel agencies to the public.

In contrast, in the 2006's speech, it is characterized by interpersonal meanings in accordance with its complex inter-discursive mix, and its most salient interpersonal meanings are drawn from the promotional elements in that mix. Here the speech is actively constructing a product (consumer) identity. Not only is a product identity for the potential tourists set up in the text (e.g. "2006 Tourism for Countryside in China" , "2006 Tourism in Russia" , "2008 Beijing Olympic Games" , "2010 Shanghai World Expo") , but also it is actively constructed in parts of the text which are the qualities of a successful tourism business (e.g. "credit record of tourism business") . There are also a number of points which might be made about the vocabulary of these speeches, but I shall just make two points. First, the role of tourism served as foreign affairs for the reputation of socialist country, promote the friendship and the emphasis of the socialist country accords with the national identity of tourism business in the first speech. The second speech uses a vocabulary and collocation of tourism management ("the new hotspots of consumption", "accelerate the market development", "improve the tourism administration's public service", "emphasize its service function"), as well as a vocabulary of customer-friendly service. From the perspective of discursive practice, the appropriation of these discourses is part of the process of constructing a new corporate identity for the tourism business.

The speeches given by Premier Li Peng and Premier Wu Xueqian are on behalf of the Chinese government for the tourism business policy. A typical Chinese communist political discourse is explicitly presented with government dominance over planned economy. The subject of the speech represents the traditional government role in tourism business; while the object of the speech is for international tourists only, the domestic customers are excluded. The discourse of government leadership is emphasized in the tourism market in the early 1990s, both nationally and locally. The management discourse of the government's control over tourism industry is a key element to its development. Being active social agents, the governments are both decision-makers and problem-solvers. Here "…discuss with tourism bureau and the other departments concerned", means travel agencies are administrated by different administrative offices. For instance, CTS is subordinated to overseas department, China International Travel Service to tourism bureau. The power flow is the top-down flow of policy or regulation. In tourism business, the power flow starts with the national government or national tourism bureau, and is delivered via different administrative sectors. The communicative genres between tourism bureau and enterprise are often delayed by the indirect approach, and some information might even fail to deliver.

Conclusion

In our context, the community of CTS is constituted by managers, business staff, customers, and government officials. The restructuring does not change the way they work. Rather it reshapes their self-identity in terms of awareness of responsibilities and social positions.

As to the government relation with the business, before restructuring, the catalogues of the tourism products are discussed and examined by the government, as mentioned in the previous textual analysis. What kind of rules regulated their actions? The operation of travel agency must follow the steps of the government officials' requirement. The role of being the general manager in the travel agency stands for the honor or high status. The background of each general manager reveals their typical relationship with the government just as explained in the previous paragraph.

The Dan-wei takes on a wide range of political, judicial, civil, and social functions. The Dan-wei not only provides members of society with economic rewards for their work; it provides its members with a complete social guarantee and welfare services. Because of this, the Dan-wei has become the principal source of identity for urban resident. For those outstanding university graduates in 1980's, being a tour guide is among the popularities. Every year, government officials want to recommend their relatives and friends to come to our company by underhand means. Travel agent is constructed as policy implementer under its higher authorities. The mediating instruments show responsibility for the government. As a result, the outcome (object) of the agency is to provide service. The community within tourism business is boundary blurred.

Table 6

	The dominant organization before reconstruction (Collectionism)	The emerging organization (Integrationism)
Subject (Identity)	Travel agent as policy implementer	Travel agent as business operator
Mediating instruments	Responsibility, for the government	Market control
Object—Outcome	Guest—service	Guest's profit space—money
Community	Boundary-blurred community Sprawling	Boundary-sharp community Travel agent insulated from each other

After restructuring, travel agent runs as independent business operator. The relationship between the manager and staff members is clearly defined as employer and employees. To earn more profits is the key goal for travel agent. All the business operations are managed by the market control rather than government control. As a separate operator, the travel agent negotiate with the business partners, among them who might be their former colleagues in the car fleet department, advertising department, tour guide department, hotel etc. Travel agent is insulated from each other. Sharp-boundary community arises among the present stakeholders of tourism business.

The changing discourses and genres shape and reshape CTS identity through global and local interaction. Political discourse, economical discourse, managerial discourse and glocalization discourse has been overlapped during its restructuring process. The appropriation of these discourses is part of the process of constructing a new consumer identity for the tourism business. The hegemony of various types of global discourse is not solid or stable but involves a process of re-negotiation within local contexts.

Annotation

〔1〕One may say typically Chinese form of work organization is the unit or danwei, which was specifically designed by the Chinese post-1949 government. From 1949 to 1979, over 80 per cent of the urban labour force was organised in work units （Li and Wang 1996）,and even in 1998, when reform measures had already sharply reduced the number of danweis, 60 per cent of the urban labour force were still employed in work units.

〔2〕Zhang,Hanqin Q., et al （2005）Tourism and hotel development in China. Haworth Press. p.96-97.

〔3〕CNTA: China National Tourism Administration.

〔4〕Bailey（1987）: cited in Zhang, Hanqin Q., et al （2005）Tourism and hotel development in China. Haworth Press. p101.

〔5〕Zhang,Hanqin Q., et al (2005) Tourism and hotel development in China Haworth Press. pp. 102-107

〔6〕1991 年在《关于国民经济和社会发展十年规划和第八个五年计划纲要》中首次把旅游业归属为"产业"的范围。"旅游产业"的表述（1996、1997）"九五"、"十五" 10 年间的国务院政府工作报告中开始频繁出现"旅游产业"的表述（2000、2001、2004、2005 年）。资料来源：国家旅游局（2007-04-27）

〔7〕1 yuan = 6 yuan: 1 yuan profit made by travel agency means 6 yuan profits earned in other related industries.

〔8〕Fairclough, N.（1992）Discourse and Social Change. Cambridge: Polity Press. p67.

〔9〕CITS: China International Travel Service

〔10〕Lie R.（2003）Spaces of Intercultural Communication： An Interdisciplinary Introduction to Communication, Culture and Globalizaing /Localizing Identities. New Jersey: Hampton Press.pp. 101-114.

〔11〕http://www.gov.cn/ldhd/2006-01/24/content_169995.htm

〔12〕Wu, Zongjie （2005）Teachers'Knowing in Curriculum Change, pp.318-325.

〔13〕Bakhin（1981）:p356 cited in Wu, Zongjie （2005）Teachers'Knowing in Curriculum Change, pp.322-330.

〔14〕Wu, Zongjie （2005）Teachers'Knowing in Curriculum Change, pp.318-325.

Dislocation and Loss : The Cultural Reflection of the Performance–related Pay Reform in the Public Institutions

Wang Xiao–lu

(University of Economics and Business,China)

The wage reform of institutions in China has been planned and designed, performance appraisal system is implemented in large scale, but the effects of the current implementation is not satisfactory. mainly in the fear of the "formalization of performance appraisal" and the question of the phenomenon that "the power of performance –related pay" . Actually, the reason is that we "copy " and "borrow" the mature Western theory of performance management systems blindly, draw lessons from successful experiences of the Western excellent enterprises, but ignore the foundational assumptions of the management for the performance – related pay system and the culture support corresponding to this appraisal system. Performance –related pay system as a new appraisal and distribution system of our institutions the main purpose is to mobilize the intellectuals `enthusiasm and creativity, who are the main body of the power of knowledge production, and to improve the creative ability of our country. Therefore, this reform should not only pay attention to the design of the assessment criteria and all the aspects of the facts and technical aspects, but to thebehavior of Chinese intellectuals ` thoughts values, especially the characteristics of deep-rooted culture Shi. So, as for the cultural differences between East and West, it is of great theoretical and practical significance to analyze and reflect the dislocation and loss on the performance-related pay reform in institutions.

First, performance appraisal is a thinking way of atomism, mechanism, and positivism. It just stresses the analysis, simpleness, distinction and comparativeness, but neglects the wholeness, relationship, collaboration and vagueness.

Wage is the income of individual and assessment also only relates to individual. Behind the design concept, there is an assumption that even in the context of social division of labor and cooperation, the working process and results of each person as opposed to other people have clear boundaries, and can accurately distinguish others` or their own labor and also can win recognition. Does this assumption make sense ? Under the private ownership, it is possible for the clear labor boundary and ownership of property to the simple individual labor. But to establish the quantitative relationship correspondently between the team work and individual work is obviously more difficult because a whole thing is not the simple addition of parts. Just like the fire-fighting, operating room, chorus, subject groups are orderly associations. Scientific research is also a systematic engineering, and the result of the scientific research comes from the professional researchers and technicians of different fields for division of labor or cooperation. In addition, the meeting which fails to reach any agreement, the ineffective treatment, the theoretical results which has not been understood, the teaching which has nothing to do with the examination, and so on, how can we appraise them, if they are comparable, and can we carry out a quantitative analysis ? It is comparable for the volume or the duration to the same work, but it is hard to judge the quality of the work. Therefore, "reductive mold of thinking is just to decompose the world as small as possible and as simple as possible. You try to find the solutions to a range of issues which are ideal in some sort to you, then you depart from the real world just for this, and restrict the problem to the condition you can find the point. " Performance appraisal is just a reductive mold of thinking that : regards the complex, creative and team-complemented work process as simple, clear, linear. It provides a predictable, and regarded as a standard. Such mold of thinking can be called the reductive theory or atomism.The most obvious feature of this theory is the fascination with the supremacy worship of mechanism and positivism. The foundation of atomism thinking mold can not main to the team but to the individual. Because the wage is different from the incentive and the incentive can be related to the team. However, wage only can obviously show the income for the individual. In contemporary management theory, the team or the learning organization are the smallest unit of labor or work; instead of the separate, closed, self-sufficient way of atomistic thinking mold to analyze the individual. Considering from the way of thinking, the current reductionism which has the analytic, mechanical, positive characteristics is the typical thinking mould in modern Western philosophy field, it ignores the existence of entire, relation, fuzziness and non-existence of the comparatives. In Marx theory of labor value, he points out that the value of the goods is not decided by the concrete labor, and as for the methodology, different qualities of concrete labor are not comparable, but only decided by the abstract work. Comparing the things which are incomparable, and using the inadequate standards or standards related only on the surface to appraisal the staffs could not get the entire, objective and fair ruling. Contemporary systematic science and complicated science have proven that the theory which based on this thinking mold has inevitable limitations.

Second, performance appraisal is a biological evolution mold featured with free competition, it focuses on law ofjungle, but ignores the tradition of "coexistence and cooperation" .

Since the Darwin theory of evolution was established, the concept of competition became an important basic view of the world in science field, and even in the whole world. The same is true in the field of management science. Making of the theories of management is based on the concept of competition. Carnegie claims that "no matter the concept of the world in the social life, the competition law has been established, no one can avoid it, can not find out other law to replace it either. Although these laws are cruel to someone sometimes, but in terms of race, they are much better. Because they can ensure the survival of the fittest." This statement clearly expresses the competition concept of the West for the evolution of species, and show they have used this concept in the business management. Rockefeller also said: "The development of large enterprises is just the concrete embodiment of the principle of survival of the fittest, which is the law of nature, and also the will of God. " There is an assumption on the competition thinking mold that : using different methods to solve the same things, then the survival of the fittest is inevitable. If they are different matters, the methods are incomparable, and the competition is meaningless, then the complementary relations and cooperation would become the essential relations. In what sense the general institutions working relations are competition relations ? The competition of position, post title, opportunity and honor are competition relations, but thy are not working relations. In the highly market-oriented enterprises or business field, we regard the full competition and utilitarianism as the guiding ideology of management theory with its necessity and rationality "The competition in management in the West, it not only exists in the external, such as the competition between the enterprises, but also has infiltrated to the inner of the enterprises, provoking and encouraging the competitionfor the people to hold the self-interest and hostile attitude. " Is this kind of value which features the biometric individualism in line with China's national condition ?In all fields of social life in China, if people pursue the excellence by self-serving and hostile attitude, they would be regarded as unfriendly. In Chinese society, the attitude of self-serving and hostile don't have the culture soil of survival. On the contrary, the attitude of self-serving and hostile are the "time-bombs" which can undermine the union of the organization and deteriorate the interpersonal relationship in the group, so it is also the most corrosive, infectious "evil God of Plague " ,and brings the fatal damage to Chinese culture. Chinese intellectuals have the Chinese political culture of Shi tradition. The ancient Shi means the class between the official and the ordinary people. As of today it means all walks of life between the official and the civilian of farmer, worker and businessman. Such as the professors, experts scholars, writers, journalists, and the person in medical field, educational field, technologic field,literature and art field, business field and other various types of intellectuals, the intellectuals who have no position in the government belong to the group of Shi, they are the main body of the persons in the institutions in Chinese society. Chinese society. Chinese social culture is a culture of coexistence and cooperation, a moral culture. It emphasizes the coexistence which contains the individuality. This kind of culture is deeply rooted in the soul of the intellectuals then concretized and materialized in the intellectuals actions It is so different from the West concept of survival culture of the concept of the survival culture of the concept of the survival of the fittest. As a result,the rationality of competition in the Chinese culture has been greatly restricted, and even the legalist school which a school of thought in the

Spring and Autumn Period of China, though the competition is the basis for the evil nature of human beings. The Confucianism defines the "gentleman" and the "villain" as the opposite value of personality types, the class of Shi fixed grid into the "gentleman" . There are only two options for the intellectuals with "coexistence" or "cooperation" . If they can`t coexist and don`t want to cooperate either, they only have the option to be "hidden" , or "recluses" . Under the pressure of either the coexistence or "cooperation" , intellectuals didn`t develop to a "selfish" ," utilitarian" competition culture. When individuals can not be fully revealed, they only choose to regard lightly with each other. This concept which in the narrow soul of the scholars makes the person of Shi class difficult to be coexistent with each each other. So on the one hand the competition is inadequate and has the defect of the state of "frogs" and "cooperation" which combine with the fear of competition, would inevitably lead the culture to stifle the competition, then the culture condition of "pinching the pick of the bunch " ,came out such as "jealous the intellectual and skillful person " , "gun will shoot the bird which the head is out of the bunch " and "the elegant tree will blow firstly by the wind" . Under the culture condition of "pink the pick ofthe bunch " , Chinese people are afraid of becoming famous with the fear of the disclosure of their treasure.Most of them think that it is appropriate to agree with the crowd. It`s good to be moderate and satisfied for the contentment, trying to be brave as fierceness, and regarding these as their philosophy of life. Under the culture condition of coexistence and cooperation, the performance appraisal would go to the "formalization of performance appraisal" which is inevitable. It has become the norm in the appraisal of the public institutions that the "outstanding quote " turns out to be a "taking turns sitting form " , limiting the times of getting reward for the "outstanding individual " . But most of the people just put this feeling of for the unfairness in their mind without speaking out, only keeping silent. As for the wide extent this appraisal method can mobilize the enthusiasm of the majority, we should adopt a cautious attitude with prudence.

Third, the performance appraisal repeats the "X" theory and ignores the responsibility and the sense of mission of Chinese intellectuals.

Performance appraisal is the further application of the "X" theory of the Western management theory. Its features are as follows: firstly, the need for performance appraisal is that the staff who are appraisaled do not have the agreement with the institution `s mandate and objectives. It is also lacking the awareness and initiative to complete the work and don`t believe that people have the ability of self-management. Secondly, the appraisal has the assumption that they can get the complete information of the staffs` work process and achievement. If we don`t supervise the process, the result will be unpredictable. So the comprehensive and complete information can not be achieved. Thirdly, there is no trust relationship in the appraisal process but the conflict of interest. Fourthly, the appraisal links with income. It becomes a performance-related pay appraisal. From these four points, we can easily see that the performance appraisal regarding the staffs in the institution as the "economic man hypothesis" repeat the "X" theory 's basic concept.

Extending the "economic man hypothesis" to the Chinese public intellectuals, there will be a serious misuse." Economic man hypothesis " can't reflect the duty of the Chinese intellectual and the status and role of the intellectuals. From the perspective of the spirit, the intellectuals have always been the conscience of the society, the "backbone" of the nation, and the main body of the support an inheritance for the value of the society. As for the mobility of the classes of the society, either in the past or at present, " excellent individual should be one of the Shi" is the channel for the Chinese intellectuals to take a part in the politics, giving advice to the government, then getting the right to manage the politics, and making the group of intellectuals always overlap with the social bureaucracy. The class of intellectual which the majority was made by direct "entrance" to the core and upper of the social management group. So the intellectuals have the double identity for the "Shi" and the "official" . Such duplication of roles can make the intellectuals have the consciousness and self-discipline to maintain the organizational norms, and have high responsibility and sense of mission to the mission of the organization and the achievement of the objectives. So the traditional Shi stresses the strength of character and conduct. Despite their economic status in the client but they are extremely self-esteem, and never eating handout food, and bend their waists for five dou of rice. They value the reputation and moral integrity, valuing the righteousness not the benefit, money and treasure as their highest pursuit. Confucius says that poverty-stricken can not move their will, wealth can not make them obscene and be incorruptible to the force. They yearn for the meritorious service, make virtues, stand an example on the speech, and main to be an immortal man ;they love their country, regard their country as their home, and advocate "the whole world are mutual " , "Shi should die for their confidants " , they can contribute themselves to their country. If people treat me as the Shi, I will replay for the action as a Shi, their credo is that : to be a real man, stress the justice and be regardless of the benefit, stress the loyalty and regardless of the success or failure, stress the all ages and regardless theeternal life" . Therefore, the traditional culture of Shi of China, shapes the differences of the behavior and value of the intellectuals.

"Cultural man hypothesis " is applicable to the management of the staffs in the institutions. Chinese intellectuals, they always are affected by the potential function from the cultural stereotypes which come from their deep thought, and restrict their attitude and behavior. So, with different assumption of economic man, Chinese individuals have clear values, compliance with ethical consciousness and regard the ideal personality, sense of honor, sense of mission as the prerequisite for being the man. The dislocation of the assumption of the human being nature makes the appraisal go out of the scope of its applicability, and lead s the appraisal to be formal so it can not achieve the desired results.

Fourth, the rationalism form of the performance appraisal covers the inequivalent status between the assessers and the assesses.

The western management theories, presented as a titular with science and rationalism, puts the reasonable and legitimate cloak on the powerful politics. Michael·Peilei Man an economist of U.S. maintains that the Western economics is a kind of science rather than a kind of ideology. " Economists claim that it is scientific because its ideology is based on the theoretical basis of strict precision, but the basis of theory is an unrealistic assumption. This pretended circumspection ismerely posing as a non-strict victims of eccentric behavior. Economics provided an ideological defense ··· it makes the economic activities have enormous damage to human and the environment. " Michael·Peilei Man`s criticism on the economics, is suitable to evaluate the performance of the West tradition of management theory. Simon believes that the Western tradition of management theory are built on the basis of unlimited rationality. Unlimited rationality is a exaggerated rationalism, that only the professional or highly specialized managers can ensure that their knowledge without the "pollution" can make a "not-interested " or "impartial" judge. Only this kind of expert or manager can develop strategies, making scientific decisions and judgment. Such decisions or judgments are the privileges to the expert and elite. No matter how detailed the indicators and the mathematical form are the performance appraisal can not hide its essence of the ideology or the nature of the will to power.

Marxism wage theory suggests that condition in the labor commodity, piece-wage as the form of wage makes the illusion that the wage is the total remuneration to the staffs, covering up the essence of the wage that the wage is the currency of the labor value. The Western management performance appraisal pays nothing more than the refined or complicated capitalism piece-wage. Performance appraisal is to make the staffs as the cost rather than resources. Performance pay is essentially a means of cost management with regarding performance appraisal as a means of punishment and regarding the wages and benefits as the measures and methods for saving costs and reducing the operating costs. Performance appraisal is a task-centered "rigid" management, created from the crisis of confidence in the wage labor. Performance pay has not changed the nature of labor which is a commodity. Marx believes that the labor is just as the other commodities which do not depend on use value. Wage level is the result of labor game, and the use value which is created by the labor has nothing to the wage level. China`s current wage level is generally low, mainly because workers have no bargaining power The essence of the wage in the market economy and the private enterprise decided by themselves, wage levels of their enterprises determined by supply and demand. It's reasonable in some sense. However, the wages of government agencies and institutions neither constrained by the market mechanism nor the pressure of cost accounting and have no connection with labor efficiency and effectiveness. All levels of government`s high administrative and low efficiency have no connection with their wages. The unfair social distribution of income in current social life is the result for the loss of the staffs'political status and organ, in essence.

It is not that the performance appraisal and performance-related pay can't be used as reference, but the key is that they should not be dislocated. On the basis of the socialistic public ownership, public administrative department can not become such organ of authority as manipulation for wage levels, controlling employees'treatment and depriving people from all professions and trades of their rights to talk about income and distribution, which is the deepest problem in wage reform. But to public institutional monopoly existing in Chinese society, quality of service is incommensurable,, and no matter how we weigh those appraising ways, its authenticity and objectivity are hard to be determined, and the management thoughts in performance appraisal are usually contradictory and not clear enough for directing actions. As a result, operators could make various misinterpretations in practice, and whoever in charge of appraising in institutions can determine the distribution of salaries. Because things like designs of performance appraisal indicators,weighing of appraising ways can always embody commanding officers'minds, their likes and dislikes. Furthermore, the system of performance appraisal, being changed arbitrarily, is not solemn, and can't keep its continuity and consistency in policy. This kind of official standardized distributing trend is arguable and this is one common problem in wage reform in institutions nowadays. At present, the advocation of non-administration by institutions of higher education gets great echo. The reason is related to a large proportion for administrative appraisal and supervisor's appraisal. Appraisal has become a game in which powers and relationship chains are valued.

Nowadays, culture is not only an industry but also an important constituent part. The intellectual's creativity epitomizes a country's soft power. The intellectuals in institutional organizations, who are the spreader and creators for culture and knowledge, should be treated as a kind of resource, a renewable resource., and should be respected and protected. The aim for appraisal is to develop and renew its ability. So we should have a new thought about the appraisal aimed at the intellectuals in institutional organization. We should establish an indicator system that is helpful for increasing sense of responsibilities and missions, not the one that is benefit-oriented and profit-oriented. Subjects should establish a appraising system that features self management and self-assessment instead of being managed and assessed by supervisors. Instead of a appraising way of reporting and examination, a face to face appraising way which is timely, meticulous, and equal should be established. Instead of forming a non-relationship of personality featuring a standardized, programmed and quantized index, emphasis should be laid to emotion stimulating and relationship of personality. The adoption of enterprises'appraisingm anagement systems which aimed at reducing cost to the new field of resource conservation will only end up running in the opposite way. With its lack of standards and changes performance appraisal is hard to be quantized. All of those are restrictions which are unavoidable. The stimulation to public institution intellectual requires us to draw a clear distinction line between stimulating factors and maintaining factors.

The shaping and improving of team spirits, team missions and team images are the real stimulating factors, while material conditions and treatments are the maintaining factors. So given the uniqueness of the intellectuals, a person- centered and soft management must be established, putting self-management and the improvement of our sense of responsibility and mission in the first place, and improving our service capacity and service levels, which are just our ultimate goals.

Generally speaking, when any management system is designed, it should follow certain thinking mold and specific idea of values. The effectiveness of implementation is decided by whether the idea of values is consistent with organization cultures. The major duty of institutionalorganizations'is to provide the society with the services in education, medical care, scientific research, arts, entertainments, sports and etc. They are clearly different from enterprises in terms of work's content and nature for their work is mostly brainwork and is about professional technology belonging to complex and innovative work. They are more focused on quality instead of quantity and most of their work can't be described in numbers. With a long course of the cumulation of innovative work and the unpredictability for innovative achievement, it is hard to make a thorough and just assessment using a partial and short-termed criteria. Meanwhile, brainwork is usually intangible, short of a fixed process and procedure. An overstandardized work process with a overclear criteria may block innovative thinking and operation, which is not conducive to the development of creativity. Therefore, when applied in public services in which there is no competition, the restriction for performance appraisal will be more evident and obvious. Nevertheless the personnel department can still improve every chain and detail factually and technically from criteria designing to appraisal implementing. As a new testing and distributing system in our country, performance appraisal, if copied simply, won't work effectively as we expected.

The Third Culture Building Model in Globalization of the Theme Park Industry

Yu Chao

(Tourism College of Zhejiang, Hangzhou,China)

Introduction

Purpose of the Project

American businesses make assumptions about transferability of their business, management, marketing, economic and structural models of organizing that frequently fail to take into consideration culture differences.When it comes to theme park industry operation, this problem becomes more obvious. The American theme park operators want to keep their original style, which is the soul of the business, so some of them just simply move everything from America to other countries.

When the leading company in the industry, the Disney Corporation opened its fourth theme park overseas in Hong Kong on September 12, 2005, as a former cast member of the Walt Disney World （WDW）, the researcher felt excited and eager to share her understanding and research of the magic with others. And in November 2009, Shanghai Disneyland program was approved by China's central government. In addition to Disney, another leading theme park operator, Universal Studios has shown great interest in opening its first park in China soon. And its first park in Southeast Asia opened in Singapore on March 18, 2010.When these theme park operators begin competition in the World's largest market, it will be necessary for them to understand the target market, as well as the cultural differences. The more they know about the local market and respect the cultural differences, the more successful they will be.

The results of the project would be helpful for the future development of the theme park industry around the world, and also, it could be applicable for other companies during their globalization process. Unfortunately, however, most research has failed to consider the impact of national culture as a determinant soil from which specific organizational subcultures emerge and operate, so it is necessary to conduct such research on the cultural issues, and that is the purpose of this exploratory case study.

Background of Theme Park Industry in the United State

As further background, Braun （1998） reviewed some major trends and issues for the U.S. theme park industry. Perhaps some of these will suggest where the industry is headed. First, the U.S. theme park industry is a mature industry and is no longer experiencing high growth in terms of new development. In a mature industry, there are several typical signs - one of which is consolidation of control. This can be seen in the U.S. as major companies are acquiring individual parks and chains of parks. There are now major corporate owners in the industry consolidating control: Disney, Time Warner （Six Flags）, Universal Studios, Anheuser-Busch （Sea World）, and Paramount （Kings Entertainment）. The following Table 1 shows the major theme park operators in the United States. Table 1U.S. Major Theme Park Operators and their Parks

Table 1　U.S. Major Theme Park Operators and their Parks

Operators	Description
Anheuser-Busch	The St. Louis-based company is the world's largest brewer. The company's theme parks include Busch Gardens and SeaWorld.
Cedar Fair LP	The company's theme parks include: Cedar Point (Ohio), Dorney Park & Wildwater Kingdom (Pennsylvania), Knott's Berry Farm (California), Michigan's Adventure, Valleyfair (Minnesota), and Worlds of Fun (Missouri). Cedar Fair also owns a handful of water parks and hotels, several restaurants, a marina, and an RV park. It also operates Camp Snoopy, an indoor amusement park at the Mall of America.
Disney	Disney is the largest theme park operator in the world. Based in Burbank, California, The Walt Disney Company is the second-largest media and entertainment conglomerate in the world with operations encompassing movies, broadcasting, the Internet, and theme parks.
Six Flags	Oklahoma City-based Six Flags (formerly Premier Parks) is the #2 theme park operator in the world (behind Walt Disney). Its locations include traditional theme parks offering roller coasters and thrill rides and water parks providing aquatic recreation. Most of the company's parks operate under the Six Flags banner, and all feature additional entertainment and games.
Universal	Universal's theme park properties include Universal Studios Florida, Islands of Adventure the world's most technologically advanced theme park, Wet 'n Wild- a water park adjacent to the Universal Orlando property, Universal Studios Japan in Osaka, and Port Aventura- Spain's largest theme park located in Barcelona.
Viacom	Viacom's Paramount Parks is one of the largest theme park companies in the world and entertains approximately 13 million visitors annually at its five North American theme parks and interactive attraction "Star Trek: The Experience at the Las Vegas Hilton."

These major corporations control the dominant share of attendance and revenues in the industry. Re-investment is, of course, a key factor in the operation of a park.Many U.S. park operators are looking beyond the U.S. border for future growth markets, including looking at Europe and Asia.In Asia, theme parks are considered the magic pill. Japan has Disney World and the Tokyo Disney Sea Park.Disney has just opened the park in Hong Kong in 2005, and the company is building more parks in Mainland China and South Korea in the near future. Certainly Disney has been most active, but other major park operators are also looking for opportunities throughout the world, as fewer new opportunities are available for major theme park development in the U.S. Universal Studios countered by inaugurating a themed playground in Osaka in 2001 and by embarking on three feasibility studies in China. Another satisfied investor is Six Flags. The operator recently expanded to Mexico and Europe where it runs the six sites of the former Walibi Parks and Movie world, an erstwhile Warner Bros. property in Germany. It soon added a Spanish Movie World to its portfolio. Non-US operations already account for 15 percent of its sales.

Literature Review

Cultural Communication

Over the last decade a large amount of organizational communication research has focused on the assessment and development of corporate culture. (Hofstede, 1991) . A cultural approach has helped us understand how organizations function as distinct social systems (Frost et al., 1991) . Research has also addressed the question of the impact of national culture on interactions. Unfortunately, however, most research has failed to consider the impact of national culture as a determinant soil from which specific organizational subcultures emerge and operate.

Largely due to advancements in communication technology, the physical distance between countries is diminishing and the range of the marketplace has been extended from local to international populations (Angur et al., 1994; Jandt, 1995; Samovar and Porter, 1995) . American business leaders often assume that physical distance is the only gulf that needs to be bridged in international commerce (Tillis, 1993) . The conclusion of this assumption is that once the bridge has been built through the use of communication technology, everything else should be business as usual. As Adler (1986) suggested, international business must be approached as a more complicated endeavor.

With the increase of intercultural contacts both in business and elsewhere, the impact of culture on communication processes has become an important challenge and responsibility for researchers.Casmir and Asuncion-Lande (1990) suggested that "intercultural communication is currently more involved in describing and defining specific instances than in the development of any general theory."

Culture

Some have attempted to explain culture in terms of its characteristics. Kluckhohn (1951) said,

Culture consists of patterned ways of thinking, feeling and reacting, acquired and

*transmitted mainly by symbols, constituting the distinctive achievements of human groups
including their embodiments in artifacts.*

Kroeber and Parsons （1958） defined culture in a similar way by saying,

*Culture is transmitted and created content and patterns of values, ideas, and other
symbolically meaningful systems as factors in the shaping of human behavior and the
artifacts produced through behavior.*

Both definitions highlight an active process of culture by referring to the transmission of
symbols through specified means.

Carey's （1989） definition, on the other hand emphasizes interaction by arguing that
culture is "never a one way process." Casmire and Asuncion-Lande （1990） also focus on
interaction in their definition of culture as "the product or result of interaction, not merely the
result of available parts whose use may have been constrained by earlier settings." Accordingly,
these interactions occur not only on interpersonal, group, organizational and societal level but on
an intercultural level as well. In this sense, a new level of interaction occurs when individuals,
groups, organizations and societies cross cultural borders. Culture is powerful within its borders
as an "organizer of life." （Douglas, 1990） Yet, in today's global environment the very
function of culture that allows human organization and growth often prevents understanding and
increases difficulty in interactions. According to Adler（1986）and Kroeber and Parsons（1958）,
culture is tightly connected to the communication behavior of individuals and groups through a
process of values, producing attitudes that in turn produce behaviors. Smith （1966） argued
that communication and culture are, in fact, inseparable along the lines of this argument.

This connection is particularly obvious in our attempts to understand communication.
No adequate communication model, theory or system is developed in a "social, intellectual,
or cultural vacuum." （Casmir, 1999） Instead, such explanatory systems are both created
and creating communication behaviors and must, therefore, be clearly related to specific social
and physical settings （Casmir, 1999; Samovar and Porter, 1995）. Only then can resulting
explanatory systems and communication behaviors act as the basis from which effective,
intercultural business and strategies emerge.

American Business Model/Assumptions

Yet American business management tends to assume that they have the best business
schools, the best business people and subsequently the best business procedures. （Moran and
Harris, 1982）. These assumptions have led to specific behaviors in international business that
is increasingly recognized as being American in nature. Hofstede （1991） points to several
examples of the subsequent failure of organizations including Chrysler UK and Imperial
Typewriters. Additional examples of American business, which initially failed in international
endeavors due to similar assumptions, include TNT, Cartoontown Network Europe, Apple
France and Chevron. （Baritault, 1993）

While American business tactics may be functional and lucrative within their own sociocultural setting, they are not easily transferred across national borders. Cushman and King （1994） discuss the differences in the strategies of two organizations （one American and one western European） pointing to evidence that suggests that cultural settings not only determine much of behavior, but also require varying avenues for success within the diverse environments. This makes it difficult, if not impossible to successfully transport unchanged business procedures from one sociocultural environment to another.

Some theorists （Silverman, 1970; Weick, 1969） have challenged scientific management and bureaucratic approaches to organizing, but overall these models are still pervasive in the USA （Deetz, 1992）. Deetz argues that as rationalism in American business replaced traditional practice and values "the codification of procedures offers protection to workers as well as stability and control to managers." The tendency to codify organizational procedures leads to stagnant organizational structure understanding of culture, suggesting that information is transferred from generation to generation, would logically conclude the same capacity for success in transferring models from nation to nation. Incidentally, this conception of culture is also connected to attitudes of communication developed from simplistic sender-receiver models that see both communication and culture as transferable, and the receiver of communication and participant in culture as passively receptive. （Carey, 1989）.

American business's tendency to assume the transferability of culturally loaded business models includes the codification and protection of organizational procedures. This all results in an approach to overseas business interactions that can easily become domineering and rigid. Such tendencies are illustrated in the communication and business infiltration assumptions and tactics included in the initial establishment of Euro Disney in Paris, France, and the recent Disney's property in Hong Kong, China.

Euro Disney

In 1985, Disney Corporation officials individually approached the French, Spanish and English governments with a proposal for building their first European them park （Rudolf, 1991）. Initially, Disney created what one of the Disney's investment bankers` called "a false competition" among Spain, England and France. （Packman and Casmir, 1999） It was clear that Disney intended from the beginning to plant its roots in the soil of Marne-La-Valllee near Paris, France.The bargaining chip that made the competition so important to the European government was an estimated 30,000 jobs that a Disney Park would create as wells as, then necessary, assistance with the overall economic improvement for France. （Rudolf, 1991）

During its first year of operation, Euro Disney became the most popular tourist attraction in Europe with 11 million visitors. （Packman and Casmir, 1999）. While that news sounds good, Disney had expected over 12 million guests and a 10 percent greater expenditure by those guests. Europeans were spending less and leaving sooner than was projected by the Disney Corporation's market experts （Giltin, 1994）. By the end of Disney's first year the corporation was losing over

US $1 million a day, and it was US$1 billion in the red （Echikson, 1993）.

As an emergency response, a team of American experts was hired to assess and solve the problem. One team member stated, "Our first major challenge was convincing Disney CEO, Michael Eisner that there was a problem. He thought that it would "iron itself out." Over the course of the next two years the company was completely restructured and renamed. During the initial years of Euro Disney, Euro-Disneyland and Disneyland, Paris, European skepticism thus was confirmed, resulting in a significant loss of both money and reputation. （Williams, 1994; Giltin, 1994）

The Third Culture Building Model

Evidence suggests that the theme park industry has entered an ongoing process of the third culture building. Third culture building is a model exploring processes, and it can be described as that process,

> ···which results when culturally different or divergent contributions by individuals from different backgrounds produce a new structure, pattern, organization, value system, symbolic activity and behavior pattern which is accepted and welcome by all of those who contributed to its development. （Casmir, 1999）

The new culture is much more than a mere additive process involving two cultures. It is a third culture which has characteristics all its own. Back to the Disneyland Paris case, both the original Euro Disney and the surrounding environment of France, and on a greater scale, Europe, have resulted in the Disneyland Paris of today. Middleton （1997） made an interesting statement on his difficulty making sense of the culture that is between America and France.

Once you are inside, the first thing that strikes you about Disneyland Paris is that you are no longer in France, because nowhere in France could be so clean. I wasn't in France, I wasn't in Europe, and I wasn't even really in the U.S.

The Americans visiting Disneyland Paris have been reported to say that they are disappointed because the experience does not measure up to American parks （Mcnulty, 1997）. The problem does not only happen to the parks in Europe. Asian people who visited the American parks in the U.S. before usually think the one in their own country is not satisfactory, and it might explain why there are so many guests from Japan willing to travel thousands of miles to visit WDW and Disneyland in CA, even if they have Disneyland Tokyo at home.

In sight of this, it seems that cultural sensitivity is not the simple answer many thought it was. Making it seem less European/Asian and more American is not the panacea. This is a key distinction between third culture building and cultural sensitivity. The third culture building involves mutual learning, a cooperative dialogue and building experience rather than a one-sided attempt to simply assimilate （Packman and Casmir, 1999）.

In conclusion, those researches on culture communication and culture all proved that cultural issues play important role in international business, and the theme park industry operators should be careful about American business assumptions and try to learn from the Euro

Disney experience.Also, third culture building model should be the future focal point of theme park industry's international expansion.

Discussion and Conclusion

Conclusion

As mentioned in the Literature Review part, the third culture building involves mutual learning, a cooperative dialogue and building experience rather than a one-sided attempt to simply assimilate.In summary, Disney's primary mistake made in Europe included its assumption that culturally loaded business models were readily transferable, resulting in the low guest satisfaction and employee satisfaction. In the newest Disney property in Hong Kong, though the Corporation has some kind learned from the lesson from the Euro Disney, and they have made several changes in order to catering the local culture. Some of the changes include more Chinese restaurants and more shows instead of rides, etc; however, people expect a more harmonious combination of American and Chinese culture.

The third culture building suggests that it is necessary for both of the different cultures to take part in the process of both contributing cultural norms and values, in order for the relationship to successfully result in the development of a new culture where dialogue can freely exist and which is seem as beneficial to all of those involved. This model cannot only be used in the theme park industry, but also beneficial for international expansion of other corporations and organizations. Such a third culture allows participants to lay new foundations for ongoing successful communications that emerge as they continue to interact in increasingly global environments.

Recommendations

Marketing— Educating the public

Mutual learning is a critical part of third culture building.Theme park industry's overall marketing strategy can be a little bit textbook, from the successful story of Disney: they had to educate the audience first, and they had to teach more about the core Disney stories because there just wasn't the depth of knowledge and understanding that is prevalent in Japan or in the U.S. or Western Europe. So their marketing campaigns really focused on teaching about the stories, building awareness and trying to create excitement and intent to visit.To educate guests in China, they worked on a deal with TVB who, in the Hong Kong markets, is a dominant television station. And up in the Guangdong region they have a very significant portion of the viewership. They set up the Magical World of Disneyland along the format of the Wonderful World of Disney – like the old shows where Walt actually did the introduction. Also, an English language learning institute called Disney English has been established to teach Chinese children English in a Disney way. During the teaching process, Disney cartoons, books and songs are used a lot. Disney English has now opened several training classes in Shanghai and Beijing, and become popular among young parents.

Similar for Universal Co., the theme and contents of the shows and rides in Universal Studio are all from the movies produced by the company. Imagine if a guest is not familiar with the story of the movie, the happiness he/she can get from the visit would be very limited, and this directly affects the motivation.

Therefore, teaching about the stories, building awareness and trying to create excitement and intent to visit are the sole of the marketing strategy for theme park industry. This point seems more important when the park is opened in the area where local people are curious and exploring American culture.

Management

Though more American-style theme parks can bring more fun to tourists who want to explore American culture through visiting the park, business models cannot be transferable that easily. The management team should show more concern about the employees' needs, and does some research on the local labor market to better satisfy employee needs.

As one of the findings from the interview with Hong Kong Disneyland cast members, the company does response to the employees' comments and needs well enough, and this is already one of the biggest complaints. For example, salary and benefits are big concerns for many employees and potential employees. Local workers usually expect higher incomes and more benefits if they work at international companies. If the expectations are not met, the employee satisfaction would be low, and the turnover rate would become high.

Some theme park companies send cast members to another theme park to train in their roles before opening a brand new park, and it is a good idea. However, they rarely send managers and supervisors to America to get trained. In China and many other Asian countries, managers usually have much more power than entry-level employees, and those employees who have had training in another country can hardly use what they have learned, if their managers or supervisors aren't familiar with that training. Therefore, the companies should also send professionals in the key positions to the United States to get trained.

On the Philosophical Foundation of Daoist's Management from the Aspect of "Dao–Ontology"

Po–Tung Chang

(Renmin University of China,China,)

Preface

In the early China Chunqiu period [春秋時代], Tiandao [天道] is viewed as the law of Tian[天]. However, Lao Zi considers that there is something more original than Tian, he names it as the dao[道]. Tian begins after the dao. Lao Zi's theory would be represented simply in the conception of the dao-ontology, which could be the first proposition in disclosing the question of "what is the origin of the cosmos and human beings?" as well as answer it. Lao Zi asserts that the core function of the dao aims at displaying and endowing the common origin and root for all creatures. Zhang Dai Nian explains, "Lao Zi is the first person who notices the question of origin. Before him, people keep in brief that the father of all creatures is Tian, and Tian gives birth to all creatures. Until Lao Zi, he pays attention to the origin of Tian and proposes that the dao prior to Tian is Tian's origin. The dao exists before Tian and Di[地] as the mother of all creatures." [1] As to the relations between human beings and Tian, in his words, Lao Zi describes, "The dao is great; Tian is great; Di is great; and the sage is also great. In the universe there are four objects supreme in themselves, the sage is one of them. Human beings behave with the law of Di; Di executes with the law of Tian; Tian moves with the law of the dao. The dao prevails with the law of nature[ziran 自然]." (*Daodejing*, Chapter 25)

Lao Zi's declaration of the "Four Greats" is treated the nature, Tian, Di and human beings as a whole, which obviously confirms human beings occupy and own a unique place in the universe. In the sense human beings are capable of observation by birth on the internal conscious and the external environment, with which human beings could aspire and elevate the imagination, innovation, and execution for the sake of continuous existence and developing prospect.

Daoist's management philosophy consists of three major statements, namely (1) the dao as the highest managerial horizon, (2) the nature as the core managerial value, and (3) the

516

inaction as managerial principle and means. "Dao-ontology" is the conception which places the focus on the significant assumptions of Daoist's managerial thoughts, including to claim "the dao as the origin", "the nature as the substance", and "the inaction as the function". In this article, we would like to discourse the significant conception of "Dao-ontology" in Lao Zi's theory, especially in the domain of management. Hence, we would attribute why and how we could treat the managerial activities as a whole, namely by integrating the managerial environment, organizational operation, and the managerial targets in the managerial process, to the understanding and recognition of human beings on the function of "Dao-ontology". For the purpose of analytical and dialectical realization of "Dao-ontology", we would get into three aspects relative to the conception of "Dao-ontology", i.e., the dao, the nature, and the inaction, by displaying and discussing the meaning and implication of each concept and the relations among one another we could demonstrate and reconstruct a concrete theoretical foundation for Daoist's management philosophy.

"The dao that could be depicted is not the enduring and unchanging dao."

The conception of dao indeed plays a significant role in the continuous development of the Chinese culture. Jin Yue Lin writes, "The most superior concept in Chinese thoughts is the dao. What so-called learning dao, executing dao, and achieving dao, all aims at viewing the dao as the ultimate purpose of human beings. No doubt, in the common thoughts and feelings of people, the dao is treated as the most original motivation." [2] In the wise book of Daodejing, we look Lao Zi to describe the definition of the dao in a quite abstract manner, "The dao that can be depicted is not the enduring and unchanging dao. The name that can be nominated is not the enduring and unchanging name." (Daodejing, Chapter 1) As to Lao Zi's interpretation of the dao, Wang Bi writes down his understanding, "what the dao can be depicted and what name can be nominated, which depicts and nominates a specific object according to its certain form, are not what it is by nature; hence, the dao can not be depicted, as well as the name can not be nominated." [3] In that case, what is the dao? How could people understand and appreciate it from daily experience?

There was something undefined and complete, coming into the existence before Tian and Di. How silent and formless, it stands alone and undergoes no change, reaching everywhere without encountering danger. It might be regarded as the mother of all creatures. I do not know how it is nominated, and I give it the designation of the dao. Besides, it could be named as the wide, the gone, and the back. (Daodejing, Chapter 25)

According to Zhuang Zi, successor of Lao Zi's thoughta, he gives us a further explanation of the dao as:

The dao with emotion and sincerity does nothing and has no certain form. It might be handed down, but could not be taken. It might be achieved, but could not be observed. The dao starts and roots in itself for a long time before the existence of Tian and Di. It is superior to the mysterious existences of spirits and ghosts and gives birth to Tian and Di. The dao places itself above Taiji[太极], but not higher enough; below Liuji[六极], but not deeper enough; before Tian and Di, but not longer enough; senior than the ancient age, but not older enough. （ *Zhuang Zi*, Dazongshi[大宗师]）

"The dao with emotion and sincerity does nothing and has no certain form" , which explains the essences of dao, could benefit people to realize "what the dao is" in an abstract but momentous breakthrough. In the Qiwulun[齐物论]of *Zhuang Zi*, we note the similar description of the dao as:

As if there were someone in judge, but we have no idea what makes it so. It might behave as keeping promise in itself, but we could not recognize what causes that. Thus, the dao is depicted as with emotion and without form.

We suppose that the dao could be observed by human beings with the similar sharing from the source of Tian. Hence, the dao exists certainly, which is embodied in the mind and reason of human beings. In the sense, the dao displays itself through the activities of all creatures, which is driven in accordance with the law of the nature, hence we claim that the dao functions in itself and for itself. As to the key essences of dao, *Huai Nan Zi* in Bingluexun[兵略训]points out, "Any object exists in certain form and the rule of development, but we cannot find anyone in the dao. The dao appears no signs and functions without any track and trend." In that case, the dao is beyond human beings'capability to trace, for there are no signs and tracks. Since the dao is soinvisible and untouchable, how could it be possible for human beings understand and appreciate by experience?

The dao creates one （ law ） ; one creates two （ tian and di ） ; two creates three （ qi[气] ） ; three creates all creatures. All creatures are endowed with yin[阴] and tend to embrace yang[阳]. The functions of qi lie in enhancing the achievement of harmony. （ Daodejing, Chapter 42 ）

As to Lao Zi's proposition of "the dao creates one " , Liu Xiao Gan explains that Lao Zi does not mean to discuss the process of creating all creatures, but to theoretically and abstractly verify the cosmos rooted in the same origin which all creatures are endowed by birth. [4] In the similar interpretation, Lin An Wu claims that the dao is a natural substance as whole unity among tian, di, human beings, I and all creatures, without precise discrimination one another. The proposition of "the dao creates one" unfolds the process of dao's variations from disappearance, appearance, separation, placement, and insistence. The dao with the essences of origin, integration, mutuality and position turns into purpose-oriented substance （ or object ） finally, so that the dao could be sensed. [5]

Liu and Lin's opinions contribute a lot in illustrating the interactive relations between the dao and all creatures from the integrated aspects of the dao's functions, namely as processes in the systemic development. In this regard we can avoid the difficult on defining the dao by language to nominate one specific object instead of another. However, the dao is not the xingershang[形而上] concept, it has to take advantage of somewhat concrete formality to embody what it is for the sake of displaying all creatures especially human beings the meaning and significance of dao. In other words, the dao should be named and realized by obvious object. That is why Heshanggong[河上公] assumes the origin of the dao is the physical matter qi, which could generate and shape all creatures by the interactions of yin and yang. In the sense, the answer for "what is the one created by the dao?" would be the qi and nothing else.

In the past, what are those who secure one: the tian secures one to shine; the di secures one to quiet; the spirits secure one to act; the valleys secure one to accommodate; all creatures secure one to live; the rulers secure one to govern. (*Daodejing*, Chapter 39)

One is noted as the dao itself, which all creatures are endowed by birth as the immanent, original, spiritual and substantial source for continuous existence and prosperous development. After the competition of production, the dao functions as the creative motivation in all creatures as well as in the process of pursuing growth and perfection for the existence of all creatures. In reference to Lao Zi's words, the conception of the dao is full of humanity, namely the dao is treated as the dynamic unity of spiritual motivation and substantial source existing in human beings in the process of securing and fulfilling the ultimate ends. [6]

The dao is invisible and signified with no name. (*Daodejing*, Chapter 14)

The great dao reveals and prevails everywhere, no matter which direction left or right is chosen. (*Daodejing*, Chapter 34)

What we look at and see nothing is so called yi[夷]; what we listen to and hear nothing is so called xi[希]; what we fight on and touch nothing is so called wei[微]. The three situations mentioned above cannot be addressed explicitly, hence we compose them as a unity. The unity is not bright enough when observed from the top, as well as not dark enough when observed from the bottom. The unity is impossible to nominate a name for it, because it is turning back to nothing in a cycle. The unity viewed as the form without certain forms, as the being without specific objects, could be described as huanghu[恍惚]. We encounter it but we cannot realize where it comes from; and when we follow it but we cannot expect to where it is heading. (*Daodejing*, Chapter 14)

As to the proposition of "the dao is the original source of all creatures", Zhuang Zi gives a further interpretation as follows:

The tian cannot help but being higher; the di cannot help but being wider; the sun and the moon cannot help but being in circulation. All creatures cannot help but being prosperous, is the dao functioning for all of these? (*Zhuang Zi*, Zhi Bei You)

In the sense the dao implants the common source in the tian, di, the sun and the moon, and all creatures. In other words, the dao embodies itself in all creatures and displays itself when all creatures employ the inherent motivation in the multiple, dynamic, integral, and creative process of completing themselves as the end not the means. As to human beings who exist between the tian and di, how could they realize and appreciate the dao's functions? Quan Zi illustrates that human beings could understand and recognize the dao but only though the interior abilities of observation and reflection to look, feel, and judge the outer world. In additions, by consideration and practice back and forth in the daily life, human beings could understand and fulfill and verify the united dao from two aspects, namely the spiritual creativity and the substantial existence.

The dao, human beings cannot describe explicitly what it is; cannot see it witheyes; and cannot hear it with ears. Thus, human beings cultivate and behave themselves in accordance with the guide of dao. Abiding by the dao, human beings live and die. In additons, human beings do things successful because of the dao; as well as do things failed due to the lack of dao. (*Guan Zi*, Nei Ye)

Han Fai as theoretician of Fajia[法家] introduces the conception of dao into the practice of the regulation of law, who claims that the rulers who intend to govern the country in good order should integrate three elements as a whole, namely, fa[法] as behavior standards; shu[术] as managerial measures; shi[势] as nature born strength. Han Fai addresses his opinions in details on the chapters jielao[解老] and yulao[喻老] in which he displays why and how people appreciate the dao and behave themselves in proper accordance with the dao.

The dao is the essential source implanted in all creatures as what they are, and as well as the law of all rules. The law is the rules shaping individual creatures; the dao is the formality functioning for all creatures. Hence, "The dao is same as the law." (*Han Fai Zi*, Jielao)

From the aspect of creation, "all creatures originate from the dao", and they achieve diverse and individual forms for themselves, but all creatures do not have their own immanent essence or inner nature （benxing[本性]） under the dao bestows one in them. Hence, the ultimate and original nature of all creatures is named the natural character of the dao, namely daoxing[道性], which human beings understand and realize as "the dao creates and integrates the nature of all creatures into the one" [道通为一]. In the regards the dao achieves its substance through the existence and development of all creatures.

In conclusion of the mentioned propositions and discourses, we can illustrate and unfold the core essences of the dao in reference of the conception of "Dao-ontology" as follows:

1. The dao is the ultimate origin of all creatures.

2. The dao is the substance of self-fulfillment.

3. The dao is the dynamic, dialectical, integral process by inaction.

4. The dao is the unity of all men's observation, recognition, reflection, and behavior for the purposes of wellbeing and moral life.

So far we have conceived and unfolded the meaning and significance of dao in four aspects, which are full of the deeper implications of ontology, either spiritual or substantial. Human beings as the most respectable creature in the world are bestowed by the dao the inner creative ability and motivation, with which they could participate and experience in the daily life to pursue a dynamic balanceable living status. In other words, with the understanding and recognition of the function of dao, all men could employ the abilities of observation and reflection to enrich the horizon of mind. At the same time, all men should start to grow the inherent nature into certain standards in reference of the moral aspect of dao for the judgement of external behaviors. Without a doubt, the dao is what it is by nature, and as well as the very immanent nature of human beings, which would guide and motivate all men to live effectiveness and work efficiency, to manage good of our life, and to create life values for ourselves. In the sense, the dao could be treated and realized as the highest and superior management philosophy in two levels: (1) in the level of tain, the dao displays the original foundations of Daoist's management as nature (ziran), inaction (wuwei), and uselessness (wuyong[无用]); (2) in the level of human beings, the dao displays the functions of management as man-made, nothing undone (wubuwei[无不为]), and nothing useless (wubuyong[无不用]). As to the statement of "the tian and human beings are integrated together as a unity", or "the management by inaction", which is originated and achieve the support from the light of "Dao-ontology", and when the managers understand the dao and practice the dao, they could create and fulfill a supreme horizon of management.

"The Dao Ruled by the Nature as What It Is"

In Lao Zi's theory, the dao is functioning as assistance for human beings to realize their place in the cosmos and to recognize how they could keep relationships with other objects, namely the other person, external things, invisible ghosts, supreme gods, individual spirits, the tian and the di, by means of the employment of nature (ziran) and inaction (wuwei). In the sense, we can declaim that the dao is the whole meaning of our existence and the values for judging all objects. [7] Accordingly the conception of the dao is viewed as the natural rule and principle for human beings to understand and interpret the external world. Lao Zi asserts that human beings could realizes the meaning and significance of the dao functioning in all creatures by observation and reflection, which is based on the conscious practice and experience of the outer world, not on the theoretical measure of the causal efficacy; namely, we are trying to find an answer for the question "why and how all creatures should exist and develop?", not only to simply reply the question of "what cause all creatures to exist?"

Hu Shi comments that the largest contribution of Lao Zi lies in creating and introducing the conception of the dao as the original source and substance transcending over all creatures. The functions of the dao are not driven by will, but by the nature (ziran). The meaning of zi by word is by self, and ran is defined as self so. In other words, the functions of the dao are the functions of all creatures by themselves, that is why Lao Zi claims "the dao does not act by nature ". On the other hand, all creatures become what they are due to the dao; hence, Lao Zi also asserts the dao could enhance "nothing undo" .[8]

In Hu's article, he mentions the ultimate origin of the dao, and the relations between the nature and the inaction. Hu considers the dao acts as it self so, and "self so" is the essence of the nature; namely all creatures grow and develop as themselves so, which is rooted and displayed by the functions of dao as the inaction by itself naturally. Besides, due to the functions of dao, we understand and realize that the dao could enhance nothing undo. According to Hu's definition, the nature is the rules for the existence and development of all creatures, and the creative motivation of the dao as well. In additions, we might unfold the implications of the nature from diverse aspects in accordance with the texts of Daodejing. As to the inaction, Hu simply draws our attention to the relations among the dao and all creatures, but he does not give a further explanation how the inaction of the dao functions on all creatures. To Daoist and those who analyze and appreciate Lao Zi's wisdoms in texts, Hu's major contribution obviously lies in the emphasis on the three core concepts, namely the dao, the nature, and the inaction.

"Human beings abide by the law of the di; the di abides by the law of the tian; the tian abides by the law of the dao; the dao abides by the law of the nature as what it is." (Daodejing, Chapter 25) In this statement, Lai Zi intents to address human beings as subjective substance who can think and act by the inherent abilities of observation and reflection. With the ration and volition, human beings can understand and create the meaning of life by peacefully and gradually integrating the relations of multi-interaction among men, the di, the tian, and the nature. In other words, Lao Zi deeply concerns the question "how human beings keep the body and mind mutually in peace?" To consider and solve the antinomy of the body and mind, Lao Zi introduces the concept of "the dao of human" as the rule for cultivating and behaving oneself, which is originated from the dao of tian. In the sense, what would be the rule for the dao to follow? Or, by what rule the dao obey for its unique and unchanged movement? Lao Zi has his own answer for the question, namely "the dao abides by the law of nature as what it is."

In the texts of Daodejing, we can list out the nature as significant concept being mentioned five times, such as:

1. Chapter 17: "the ruler keeps his words and try to speak the less the better, when things get done, the masses consider and say 'We made it by the nature.'"

2. Chapter 23: " (the ruler) hardly mentions the nature."

3. Chapter 25: "human beings abide by the law of the di; the di abides by the law of the tian; the tian abides by the law of the dao; the dao abides by the law of the nature as what it is."

4. Chapter 51: "the dao is honorable, and the de[德] is valuable, they cannot be achieved by order, they usually behave and practice as what them are by the nature."

5. Chapter 64: "the dao plays an assistant role for the natural development of all creatures, and does not dare to act for its own sake."

The statement of "we made it by the nature", Wang Bi interprets the relations between the ruler and the masses with assumption as: "(the ruler) doing things in accordance with the inaction, teaching lessons in accordance with silence, and not chasing after the tangible goods; hence, when things get done successfully, the masses have no idea who made it and why it happened." (*Lao Zi Zhu*, Chapter 17) In other words, the ruler does not manage the country by doing everything, instead he chooses to behave with the guidance of inaction, silence, and invisibility. The masses are influenced day by day and enjoy things done; besides, they would consider things to turn into good in accordance with the nature and do not ask why.

The statement of "(the ruler) hardly mentions the nature", regarding to Wang Bi's explanation, "the dao's message smells light and unconscious, could be looked but invisible, could be listened but deaf; however, the characters of the light and hard to hear message come from the nature." (*Lao Zi Zhu*, Chapter 23) "fewer message" (xiyan[希 言]) is identified as natural information full of meaning but sound flat and ordinary. xi means fewer or less; yan is the orders or regulations by the ruler. xiyan by its definition means hardly talk or even no talk just like the nature, which could enlighten the ruler to command less than what it needs and to do things quietly without drawing the masses' attention. [9]

As to "the dao abides by the law of the nature as what it is", Wang Bi asserts, "the dao does not betray the nature and achieves the ultimate essence as what it is. What so-called abiding by the nature means like that the square abides by the rule of square; the round abides by the rule of round. The nature, extreme and supreme, can not be named. The wisdom is inferior to naïve; the formality is inferior to spirit; the spirit is inferior to invisibility; the normality is inferior to abnormality. Hence, objects tend to abide by one another in an integrated system." (*Lao Zi Zhu*, Chapter 25) We can expend Wang's claim in two aspects: (1) the nature poses itself above or equal to the dao, and symbolize the wide and self-fulfilled horizon. The dao is prevailing between the tian and di, following the original and creative motivation of the nature; namely its various developments are displayed and involved in verifying and exposing of the inherent essence of the nature; (2) the nature with its own rules could accommodate the interior motivations and outer adoptions of all creatures; in other words, it looks like square when in need, and being round when it is called for round. Thus, the dao is the unity of original substance and spiritual motivation for all creatures, rooted in the nature as what it is. In the sense, the nature achieves the highest position as core value in Lao Zi's thinking system.

Through the statement of "the dao is honorable, and the de is valuable, they cannot be achieved by order, they usually behave and practice as what them are by the nature", Lao Zi emphasizes that the dao as the original source could generate and nourish all creatures, which is described as the functions of the dao and the de, so-called "the dao generates all creatures", and "the de nourishes all beings" as well. According to the essences of all creatures, the dao simply guides and assists to the existence and development of all creatures without the intention to occupy and control; hence, the dao can display the utilized values, which Lao Zi put it as "generate but not occupy; do but not depend; grow but not control, so called the deeper de" .

As to the statement of "the dao plays an assistant role for the natural development of all creatures, and does not dare to act for its own sake", Lao Zi introduces the concept of the sage as the ideal personality, who dedicates himself to create and pursue the values of life in accordance with the rule of the tian and the essence on self, namely, by taking fours steps to cultivate himself as follows:

1. Step one: by "desire nothing" （buyu[不欲]）to prevent the interior motivation from chasing for sensual demands which would drive the mind crazy, and to cultivate and develop the humble personality in oneself.

2. Step two: by "cherish nothing" （bugui[不贵]）to prevent the mind from being controlled by the external material comforts, and to display and fulfill the values of human existence.

3. Step three: by "learn nothing" （buxue[不学]）to prevent the inherent human essence from being misled by the common knowledge, and to employ and nourish the ability of independent thinking.

4. Step four: by "do nothing wrong" （buguo[不过]）to prevent wrongdoing from being proud and arrogant, and to enhance and keep the mind in peace.

In all, we conceive that the concept of the nature similar to the dao in Lao Zi's theory could be viewed as the unity from four aspects, namely the original motivation, the existent substance, the dynamic development, and the perfect purpose. We can realize the further meanings of the nature under a couple of diverse contexts; namely, "being original", "being itself", "being usual" and "being in developing".[10] If we apply the four types of the nature for the managerial practice, obviously they could inspire the managers to appreciate and execute the rulers of management as what they are naturally:

1. Management by the nature is initiated by "being original", which makes the managers to reflect the essence and purpose of management and the meaning as well.

2. Management by the nature exists in "being itself", which makes the managers as independent subjects who own the ability to judge and choose with the free will. In additions, the managers can practice the functions of management to make mission-oriented relations among the managerial objects.

3. Management by the nature develops dynamically as "being usual", which makes the managers to maintain the dynamic balance among ideas, visions, missions, models, and goals in the process of managing practice.

4. Management by the nature fulfills perfect purpose as "being in developing", which makes the managers to display the ability for the innovation of managerial development and create the human nature-oriented values.

"Inaction but Making Nothing UnDo"

The statement of "the dao prevails with the inaction but making nothing undo, if the ruler keeps it in mind, he would make all creatures cultivated and developed by themselves." (*Daodejing*, Chapter 37) , argues that the concept of inaction is viewed as the means and measures of the dao, as well as the regular existent situation of the dao. All creatures abide by the natural and creative motivation of the dao implanted in them to generate, grow, mature, and degenerate, which also is the result of the satisfaction of interior human desires. In other words, the dao seems to do nothing, but all creatures complete by themselves, so-called "nothing undo". Zhang Dai Nian claims, "the inaction as the natural motivation intents to do nothing, though it looks like actually action on the surface. The inaction can make nothing undo due to doing nothing." [11] The dao generates all creatures, which is a fact, but the dao acts by the nature without obvious self-oriented will and purpose. In the sense, the dao assists in generating all creatures based on their own natural motivation and essence, and acts nothing improper. Only the inaction makes all creatures being themselves, and leads to self-development and self-cultivation without reluctance.

As to "all creatures are generated from the you[有], the you is generated from the wu[无]" (*Daodejing*, Chapter 37) , Feng You Lan explains that the dao is equal to the we, and Daoist's thoughts can be classified into two categories: the you and the wu. In the sense, the relations between the you and the wu could be addressed and displayed as the following three statements:

1. the first statement is full of the deeper color of original religion "The spirit of valley is immortal, so calls the female mystery (xuanpin [玄 牝]) . The gate of female mystery is the origin of the tian and the di." (*Daodejing*, Chapter 6) Original religion explains the process of generating all creature by means of human experience. The pin symbolizes the female reproductive organs; the xuanpin means the generative ability of the female. "The spirit of valley" is viewed as the wu generates the you and accommodates all differences, hence so-called "immortal". How comes the dao as "looks like the wu but can generates the you" ? Lao Zi makes an example of "the space between the tian and the di exists like the fan (tuoyao[橐 钥]) , which is void but not empty, motive but productive." (*Daodejing*, Chapter 5) "The tuoyao" is the fan for stirring the wind, and its middle is empty, the you means as the wu, but could generate endless you, hence so-called "the you is generated from the wu."

2. the second statement based on the interpretation of "the you is generated from the wu" , introduces two major concepts, namely the you and the wu, and unfold a multi-aspect analysis beyond the causal efficacy.

3. the third statement dedicates to explain the we as anonymity (wuming [无名]). "Anonymity is the very beginning of the tian and the di; the name is the mother of all creatures." (*Daodejing*, Chapter 1) As to the substance of the dao, we can not describe explicitly the situation of "the

whole as one", what all we can assert is that the dao is not specific and nominated something. In the sense, if the dao have a name by definition, then it would become one of the objects. "There is something undefined and integrated, exists before the tian and the di." (*Daodejing*, Chapter 25) Lao Zi treats the dao as something integrating the formality of invisibility, the object of intangibility, the wu of the you, the you of the wu, and the origin of all creatures. For the purpose of our understanding and recognition, the dao can not help to have a name but hidden with anonymity. The relations among the dao, the wu, and the you are beyond what texts could express. [12]

The dao or the wu is the object of intangibility, which can be viewed as abstract concept for all objects, so called the you. When we describe it as not this, or that thing, we actually conceive it as this or that thing. In the sense, the you is not embodied as a thing; hence, the you could become the wu. The you and the wu are recognized as the same object bearing a different name. As to the relation of the same object bearing with a different name, how can we realize and interpret? Feng You Lan discourses as:

The you is the name which could involve all names due to its comprehensives, therefore it has to be the most abstract, but simultaneously it extends to all creatures and gets involved the common essence of all creatures. The more large the extension, the more litter the inclusion. The dissimilar sections of all creatures should be eliminated. In other words, the you as the name for displaying the trait extended in the largest extent and involved in the littlest extent is defined as existent substance itself. All creatures bear in one common trait, namely embodied existence, so called the you. If there is one object without the existent substance, we do not need to mention it. But, there is no object which exists without any trait. Thus, the extreme abstract the you becomes the we, which is stated as "the same object bearing with a different name". [13]

According to Ren Ji Yu's analysis, he explains, "Lao Zi's 'wu' is not the nil described from the process of understanding. The wu is not the negative existence, but full of the implications for predicting the consequence of actions." [14] Chen Gu Ying states, "The you and the wu are the two aspects of the dao, mutually signifying the dao ("sharing the same origin with different name"). It would be a question to bother us "which one comes after the other", but the statement of "the you is generated from the wu" implied the causal efficacy has brought about various interpretations in Lao Zi school." [15]

Liu Xiao Gan cites Pang Pu's research, explaining that the wu evolving from the concept to the word has come over three phases: (1) the "wang[亡]" to symbolize the wu indicates the disappearance or absence of the you; (2) the "wu[舞]" viewed as the wu, implies the object displaying like nothing but existing with something; and (3) the "wu[无]" expresses the absolute nil or empty. By human understanding and observation, Lao Zi's wu is an steady law of behavior, not the situation from the you to the wu, or from the wu to the you either. In other words, it cannot apply to the first definition of "wang[亡]". The wu in the concept of the inaction is not the absolute nil, because the inaction can make something happen, and the result is tangible and sensible, with which could reach the horizon of nothing undo. Therefore, we might claim that Lao Zi's wu in the light of the inaction complies with the definition of the "wu[舞]".[16]

In Wang Bang Xiong's research, Daoists explain the wu from the aspect of the inaction, and define the you as nothing undo. The inaction is understood as the means and procedures in reference of the wu as the supreme horizon. In the sense, human beings can utilize the means of the inaction to display the horizon of the wu, as well as practice the wu of the inaction to fulfill the you of nothing undo. The you of nothing undo implies the tian and the di turning into what they are, all creatures turning into what they are, and human beings turning into what they are; namely, all objects exist and develop for and by themselves, so-called the you.[17]

In witness of Zhou dynasty becoming anarchism, and human beings driven by the interior material desires, which causes their life to fall down anxiously, Lao Zi consider how to lease the human mind confined by the common etiquette and to bring human beings back to the value-oriented motivation with which could rebuild and bestow existent meanings to life. What is the answer to the question of Lao Zi's concern above? Mou Zong San simply give an answer: return to the nature and keep the status of mind of the inaction.

The inaction can be simplified and extracted to the wu. The wu, as a verb, denies any object dependent, fake, artificial outside formality, with which the wu could display a horizon of the inaction, as a more superior gradation than the wu. In the sense, the wu is not an ontological concept, but a practical concept. Specifically the meaning of the wu to human beings is a question of how to lead our life, not of a philosophical explanation.[18]

The we does not imply an ontology, but it can be viewed as an ontology only when the wu displays the ultimate wisdom and motivation for all creatures. The ontology of the wu is not what the ontology identified by the West, but what so-called practical ontology displaying the essence for fulfillment.[19]

In comparison of the statements from Feng, Liu, Wang, and Mou, we can draw the conclusion about the implications of the wu and the you as follows:

1.Feng describes the wu and the you as the symbol to signify the substantial entityof the dao; the wu represents the substance of the dao, and when the dao displays its functions on all creatures, so-called the you. In short, the dao as the united concept consisting of the wu as the original substance and the you as the creative function.

2.Liu considers the wu as "the object displaying like nothing but existing with something", the inaction can create the supreme horizon of nothing undo. The wu really embodies in the form of the you, even though it can not be recognized.

3.Wang claims that the wu is the horizon displayed by the functions of the inaction. In contrast, the you is the result of nothing undo; the wu is signifying the essence of the dao for all creatures, which makes all creatures moral, just right in themselves.

Three scholars'points above basically are similar in large and different in minor. In other words, they all consider the wu as the substance of the dao, and the you as the functions of the dao. Feng and Wang state that the inaction and nothing undo can generate the horizon of the wu and the you respectively. As to the different aspect, Liu views the wu and the you as a continuous integrity in the dialectical process, the wu is the you, so the you is the wu as well. In other words, the wu by definition is not nil or empty, it involves the dynamic essence in development of the dao, the wu can generate the you, and the you will return to the wu eventually.

According to Mou, human beings are assumed as the subject of practice, and the wu is the spiritual horizon through human appreciation from experiences. In other words, human beings perform the wisdom of the inaction in life, which makes the wu turn into the you and fulfill the existent value of substance. Mou explains the wu through human subjective experience, which is different from Feng, Liu, and Wang's opinion treating the wu as the objective reality. Therefore, We classify Mou's statement as the theory of subjective horizon, and the others as the theory of objective reality. Whatever the former or the latter, the wu has to be displayed and fulfilled when human beings observe and understand the interior motivation and creativity of the dao.

The nature is the essence of the dao, so called the substance of the dao as well. The inaction is the functions of the dao on human beings, and all men can reflect and understand the inaction of the dao for a better application in daily life.

Those who good at travelling leave no traces from wheels or footsteps. Those who good at speech find no fault to be blamed. Those who good at calculation need no bolts. Those who good at shut without bars make open impossible. Those who good at bind without strings make untie impossible. (*Daodejing*, Chapter 27)

Indeed, those who good at something can enhance the advantages of objects in accordance with the law of the nature. Wang Bi claims, "execute with the nature, no creation and no initiation, make objects develop as what they are without the tracks of production." (*Lao Zi Zhu*. Chapter 27) Nothing undo of the inaction fulfills the values of the nature, so-called "do nothing but by the nature." (*Zhuang Zi*, Shan Xing) The trait of the dao lies in the nature and the inaction, so-called "make nothing undo with the inaction is the functions of the tian." (*Zhuang Zi*, Tian Di) As for how to understand and manage the relations between the tian and human beings? Zhuang Zi notes:

Oxen and horses have four feet by nature, which is called the tian; when the horse head is haltered and the ox nose is pierced, which is called the ren[人]. Hence it is said, "Do not extinguish the natural formality by man-made behaviors, do not extinguish the bestowed destiny by individual desires, do not lose the life for the achievement of fame. Keep these reminders in mind and do not lose, which is called the return to the nature." (*Zhuang Zi*, Giu Shiu)

The rules of the tian defer to the nature, traits, and formality of all creatures, making nothing undo with the inaction, not destroying the natural arrangement by human behaviors, and not desiring for the fame at cost of hurting life, so called returning to human nature. Zhuang

Zi considers human beings suffer a lot and can not live peacefully and prosperously due to the inclination of "all men chase for benefits in life". In the regard, human beings turn into self-exposure (zijian [自见]), self-righteous (zishi [自是]), self-proud (zifa [自伐]), and self-arrogant (zijin [自矜]) for the sake of pursuing wealth and reputation by themselves. Obviously, it would invite the unexpected disasters on human beings, when all men compete with one another for fulfilling personal desires. "All men chase for benefits in life, but find it hard to keep not hurt themselves in competition, hence, said, 'Allow me to escape from being blamed.'" (*Zhuang Zi*, Tian Xia)

In conclusion of the functions of the inaction from two aspects, namely the objective experience and the subjective recognition of human beings as we note in the texts of Lao Zi, we simply classify the meaning and significance of the inaction as follows:

1. the inaction for the cultivation of virtues and morals on human beings

"The dao prevails with the inaction but making nothing undo, if the ruler keeps it in mind, he would make all creatures cultivated and developed by themselves." (*Daodejing*, Chapter 37)

"Those who possess the supreme virtues practice with the inaction but do not mean to do things on purpose." (*Daodejing*, Chapter38)

"The more you learn something the more you secure knowledge; the more you understand the dao the more you reduce the individual desires. The desires are reduced day by day to the extent of the inaction. The inaction makes nothing undo. To conquer the world with doing nothing, we can not control the world, when we do something on purposes. (*Daodejing*, Chapter 48)

2. the inaction for the management of the country and the masses

"The sage's management emphasizes on releasing the minds, fulfilling the bellies, weakening the wills, and strengthening the bones. He makes the masses innocent and undesired and contains the wise persons dare not to do something for their own benefits. Do the inaction and make nothing undo." (*Daodejing*, Chapter 3)

"The empty you is involved into the wu, which reminds me of the benefits from the inaction. The persuasions without preach and the benefits of the inaction are seldom advised and learned by the masses." (*Daodejing*, Chapter 43)

"I practice the inaction so that the masse could cultivate themselves; I keep the mind peaceful so that the masses could rectify themselves; I do nothing but the masses richen themselves; I bear no desires but the masses simplify themselves." (*Daodejing*, Chapter 57)

According to the mentioned discourses, we can properly point out the acceptable definition of the wu as "the natural motivation intents to do nothing, though it looks like actually action on the surface." From the aspect of human subjective opinion, the inaction is keeping silent, inherited from the tian, and recognized from the moral trait of the dao. Ge Rong Jin states that the "making nothing undo" can be interpreted as the natural actions of doing something based on the values of the wu, which is the very interior motivation of human creative ability. In additions, from the aspect of the dao, the inaction and making nothing undo are viewed as a dialectical integrity and unity. [20]

Conclusion

Lao Zi's "Dao-ontology" believes in human reason, with which all men can set themselves free from the control of personalized and god-like tian. Human beings can integrate the self thoughts, attitudes, and behaviors into the same value-oriented direction by means of understanding and appreciating the implications of the dao which displays the multiple, open, entire, dynamic, and natural traits for the dialectical development. In the regard, all men can practice the potentiality within them and contribute to the good of society, effectively and efficiently. In other words, from the dialectical and integrated aspect of the nature and the inaction, the ultimate values of the dao could be displayed and verified in the managerial activities.

By the inspiration of Lao Zi's managerial theory, the managers could explore the interior motivation to cultivate and upgrade their personalities, as well as create the values and meanings of life through self-management and self-fulfillment when they dedicate themselves in the tasks and missions assigned by the organization. On the other hand, the managers can continue to amend and practice the managerial models and tools back and forth, spontaneously encourage team members to cooperate; it seems doing the inaction but making nothing undo. In the daily managerial activities, the managers realize, practice, and create the values and meanings of managerial works for individual as follows: (1) to confirm the pursuit of values in management; (2) to cultivate the ideal personality; (3) to create the meaningful life in management. Besides, the managers can observe and appreciate the wisdom of managerial dao on the organization as follows: (1) to set the reasonable, legal, and pursuable objects for management; (2) to practice the managerial model based on human nature; (3) to create the superior horizon of self-fulfillment and self-management.

Lao Zi's dao occupies a core position in the Chinese management philosophy, which is the value-oriented managerial practice to create and fulfill the values of the nature through the spiritual inspiration and substantial practice from the inaction. Obviously, the dao is involved and prevailing in the entire process of managerial activities, that is, including the managerial subject's thoughts, concepts, motivations, also the outside behaviors of management. When the managers understand, recognize, and appreciate the dao of management, they could cultivate and display the superior managerial wisdom, create and maintain the continuous development of the managerial system.

Annotation

〔1〕Zhang Dai Nian, The Outline of Chinese Philosophy, 17.

〔2〕Jin Yue Lin, On the Dao, 16.

〔3〕Lou Yu Lie, The Amendment and Translation for Wang Bi's Collections, 1.

〔4〕Liu Xiao Gan, Lao Zi in Then and Now: Five Comparisons and Comments, 439.

〔5〕Lin An Wu, "Arguments As to Daodejing 'the dao, one, two, three, and all Creatures'",
Dong Hwa Journal of Chinese Studies, no.7（2008）:15-6.

〔6〕According to Chung-ying Cheng's discourse of benti[本体], the dao is originated from
ben and human beings are endowed the ben, namely xing[性] by birth. The conception of benti
consists of four aspects, namely source, system, process, and end. Cheng asserts two key points of
benti, "it is objectively speaking the source of development of reality as we recognize or embody
as the given system or body of experience which reflect out understanding of the world at large.
Second, benti is not separate from human experience in two aspects, human observation of the world
as an organic system of interrelatedness, human reflection on oneself as the center of relating and
understanding and therefore as the source of understanding the source of the universe." As the unity
of soul and body, human beings by means of observation and reflection have to assist to grow the
ben into the ti by itself, with which human beings could enhance the internal motivation to create an
external moral and prosperous life, as well as adjust the briefs, attitudes, and behaviors on themselves.
See Chung-ying Cheng's keynote speech: "On Construing and Constructing Benti-Metaphysics
（Benti-Xingshangxue 本体形上学）by Creatively Interpreting Chinese Tradition in Light of Western
Metaphysics" in 16th Conference of the International Society for Chinese Philosophy—2009 Towards
the World: Philosophical Dialogue and Cultural Conversation, hold at Fu Jen Catholic University,
Taipei, Taiwan, 2009. July8-11.

〔7〕Yuan Bao xin, The Interpretations and Reconstructions of Lao Zi's Philosophy, 102.

〔8〕Hu Shi, The History of China Ancient Philosophy, 52.

〔9〕Chen Gu Ying, The New Interpretations and Comments for Lao Zi, 139.

〔10〕In reference to Liu Xiao Gan's analysis, the implications of the nature could be interpreted
as "being original", "being itself", "being usual" and "being in developing". Liu Xiao Gan,
Lao Zi:New Examination of the Ear and New Interpretation of the Thoughts, 89-90.

〔11〕Zhang Dai Nian, The Outline of Chinese Philosophy, 284.

〔12〕Hu Dao Jing, On Lao Zi from Ten Scholars, 94-5.

〔13〕Ibid., 96.

〔14〕Ren Ji Yu, "The Milestone of the History of Chinese Philosophy: Lao Zi's Wu." Chen
Gu Ying, ed. Daoist Culture Studies No. 14, 119.

〔15〕Chen Gu Ying, "On the statements of Lao Zi 's Ren and Zhong in from Guo Dian
Version." Chen Gu Ying, ed. Daoist Culture Studies No. 17, 79.

〔16〕Liu Xiao Gan, Lao Zi: New Examination of the Ear and New Interpretation of the
Thoughts, 107-8. Cites Pang Pu, "On the Wu", Chinese Studies Center of Shenzhen University, ed.
Chinese Culture and Chinese Philosophy, 62-74.

〔17〕Wang Bang Xiong, Lao Zi's Philosophy, preface, 17.

〔18〕Mou Zong San, Nineteen Lectures on Chinese Philosophy, 91.

〔19〕Ibid., 93.

〔20〕Ge Rong Jin, The Introduction to the Chinese Management Philosophy, 357

The Influences of Eastern and Western Cultures over the Leadership Models of High School Principals

Tain—Fung Wu Pei—Chuan Lu Chih—Jung Tai Hung—Yi Chu
(Asia University,Taiwan,China)
Wei—Sung Yen
(Dalin Elementary School,Taiwan,China)

Introduction

With the changes of the environment and globalization, high schools have three responsibilities: education, knowledge innovation and delivery, as well as social service. By now the high schools also have to elevate their competitiveness. How can the principals elevate the effectiveness and efficiency of the high schools with the best leadership models? (Lashway, 2002) How can the principals strengthen and dignify their leadership models to improve their competitiveness? How can they link academic, research, service and administration units to become a learning organization so as to deal with the drastic changes and challenges, and lead the high schools to seek for excellence? The west have researched this issue for nearly 100 years. At the beginning, the researches were done for employee management. The researches tried to set some criteria over the leadership models through analyzing the models and fully understand the content of leadership models. They tried to use these criteria on their selection and training.

The content for selecting the principals could be judged from "characteristic point" or "behavior point". (Blasé, 1993 ; Jensen, 1998; Yukl, 2002; George, 2004) From the "characteristic point", leaders are inherent by birth. Therefore a lot of psychological scales and appraisal tools about a person's strong and weak points are developed to discover the special characteristics and properties. These characteristics and properties can be used to select a suitable candidate for principal, but they can not be used on the education or training of becoming a principal. Leadership models cannot be definitely defined or standardized.If we only accept, or completely copy the western leadership processes ortheories, we cannot explain the eastern style of leadership models. The leadership models of the eastern high school principals, under the influences of western cultures, are consistent to some theoretical features in some ways. With different influences from the eastern or western cultures for the principals, the study tries to research on the different leadership models and the most suitable leading moments of them. It also tries to elevate the competitiveness of the schools.

Literature Review

Leadership

The definitions or viewpoints for leadership differ from the subjective interests to research directions. (Fiedler, 1967 ; Bass, 1985;Burns, 1978 ;Youngs & Kings, 2001) The study defines leadership as a process for the leaders to use their influences, skills, or suitable timing to affect, to stimulate their organizations and members, so as to reach their personal or organizational objectives and visions. The western society is used to dividing complicated conceptions into different but essential factors for further study. But the eastern society is used to researching the topic in a general idea, ie., to form a full scope of vision. As to leadership models, the western theories emphasize on individual behavior analysis, while the eastern theories emphasize on the relationship between individuals and the group. Such kind of relationship is compact and interactive. The keypoints for the organizational operation emphasize on stability and harmony. (Jermier, 1978 ; Conley & Goldman, 1994) The eastern society originates from. Confucianism, which forms the main stream of value and cultures. Culture and family are the sources of leadership thinking models. (Bolman & Deal, 1991; Sichel, 1993; Whitaker & Moses, 1994; Lashwy, 1996)

Western Leadership Theories

The western scholars or experts have many researches and discoveries on leadership. But different research channels will lead to different theories. Many books about leadership show that some certain scholars try to develop the researches on leadership into systematic coordination (House, Wright, & Aditya, 1997; Peng, Peterson, & Shyi, 1994) . Although there is no unanimous support or summary over the evolution of leadership researches, when integrating these theories, we can divide them into four theories: characteristic theory, behavior theory, situational leading theory, and traditional theory (also called neo-leadership theory) .

(Redding, 1990; Bryman,1992; Yukl, 1998; Hoy & Miskle, 2003) .Leading characteristic theory was popular duing 1930s and 1950s.In this period, the researches emphasized on personal characteristics of the leaders. The theory regarded that leadership is inherent, not acquired. It took for granted that the leaders were congenital to be leaders, not cultivated through education. Although some qualities could be acquired through learning, but the differences on learning capacities are inherent. In another way, not to mention if the leadership qualities are closely relative, such leadership characteristics help people to succeed in some situations, but not in other situations. (Stogdill, 1974; Stonich, 1984).During the 1950s and 1960s, since some characteristic researches can not meet the satisfaction and recognition, the research on leadership shifted to the practical behavior of the leaders. Behavior Theory regarded that the main feature for leadership is not on characteristics, but on behavior of the leaders. There were numerous of researches issued. Among them, two models were most influential: (1) A qualitative method, which intended to make leadership researches more scientific. (2) Two decisive factors were pointed out. The first factor was initiating structure, and the second one was consideration. The two factors were regarded as of high consistent reliability and validity. (Lewin, Lippitt & White, 1943; Hemphill & Coons, 1945; Halpin & Winer, 1957; Reddin, 1970). Researchers started to work on leadership models from complicated situational factors after the 1960s. An excellent leader must consider about many situational factors, and flexibly use their influence of leadership. The most representative researches are as follows: (1) Fiedler's theory of the adaptability in tactics: He thought that the adaptation to circumstances is important in fulfilling the organizational objectives. Fiedler designed a scale for "least preferred coworker, LPC" as a distinguishing tool for different leading styles. The one with high LPC score is a "relationship-oriented" leadership, while the one with low LPC score is a "mission-oriented" leadership. Different situations include: relationship between leaders and subordinates, mission structures···, etc. The leaders can judge from different situations to decide whether they use relationship-oriented leadership or mission-oriented leadership. When the leaders find that they stand at both ends of advantageous and disadvantageous situations, they had better take mission-oriented leadership model. It would be helpful to get better effects. On the contray, when the leaders find that they stand at the middle part of advantageous and disadvantageous situations, they had better take relationship-oriented leadership model. It would be helpful to get better achievements. (2) House's path-goal theory: House established the theory which was based on a leadership research of Ohio State University. It was a combination of care-behavior theory, motive-anticipation theory, and other situational factors. House thought that the leadership behavior have strong influences on the motives of subordinates, work achievements, and work satisfaction. Because different leadership models have different influences towards paths or goals, the leaders have to follow the situations at that moment to choose a suitable leadership model. (3) Situational Leadership Theory: Hersey and Blanchard proposed their "Life Cycle Theory" in 1977, which was later named as "Situational Leadership Theory". The theory indicates that a good leadership model have close, undivided relationship with the followers'motives and objectives. It would be helpful for the group members to grow and be more mature through suitable leadership models. The biggest contribution of this theory is on definite definitions over the characteristics of the subordinates. The theory can also show the transformational strategies and skills of leadership models. It insists that the leaders should be more flexible. They should use different models to treat different subordinates. They should try to increase the capabilities, confidence, and willingness of the subordinates to make better the situations.The recent leadership-related theories can match the conceptions of ordinary people. They no longer emphasize on complicated theories. The neo-leadership theory include 3 theories: Transformational leadership theory, charismatic leadership theory, and leader-member exchange leadership theory, LMX. ﹙Hoy & Miskel, 1987;Bass, 1990 ; Yukl,1994﹚

﹙1﹚ Transformational Leadership Theory: The leaders inspire their subordinates to put the organizational benefits over private benefits. The leaders and subordinates keep solid, and special influences. They can use the leaders'personal power to match the situational factors, and to project the organizational vision, motivate the subordinates to refresh, to change, and to cultivate their abilities to face the changes. These factors will help the organizations to move forward regardless of the fast-changing external environments. ﹙Burns, 1978﹚

﹙2﹚ Charismatic Leadership Theory: The leaders mix the organizational objectives, missions, and systems into personal charisma. This approach will make the members think that the leaders stand for the organizations. Then they would like to make more effort because they like the charisma of the leaders. Therefore they will feel more satisfactory on their work. ﹙Bass, 1985﹚

﹙3﹚ Leader-member Exchange Leadership Theory, LMX: The theory points out some processes that the leaders use their power to exchange with their subordinates. ﹙Dansereau, Haga & Graen, 1975﹚. The leaders are confined with time and energy limits. So they will follow some conditions, such as capability and skills, trustability, resonsibility-taking conditions to separate their subordinates into "in-group" and "out-group" members and then to proceed with different actions and organizational behavior. ﹙Dansereau,et al., 1975; Silin, 1976; Graen & Scandura, 1987;Redding, 1990; Fang Ho-Ping, 1995; Westwood, 1997﹚ They discovered that the leaders take different actions towards the in-group and out-group members. When the leaders take actions with the in-group members, they will give more resources to them. They will possibly overpass the contracted influences or supports, and also give them relatively more responsibilities. In this theory, the leaders and the subordinates have more positive interactions, such as mutual support, mutual trust, rsepect and likings, more frequent interactions, stronger empathy over destiny, stronger mutual influences and more extra- contractual behavior.

Eastern Leadership Theory: Paternalistic Leadership

Paternalistic Leadership has different leadership style with the western leadership theories, especially on authoritarian strength andmoral standards, for the two leadership models have very clear characteristics. Farh & Cheng ﹙2000﹚ defined paternalistic leadership as a rule of man. The features of such behavior can be seen in three points: authoritarian dicipline, benevolent and morally clean leadership. Paternalistic Leadership include 3 main factors: authoritarianism leadership, benevolent leadership, and moral leadership. ﹙Farh & Cheng, 2000﹚ According to the related Paternalistic Leadership research and cultural differences, the three main factors of Paternalistic Leadership are authoritarianism leadership, benevolent leadership, and moral leadership. All of them are originated from traditional eastern culture, which can be seen in leaders of many overseas oriental enterprise organizations. From many researches we can find the three essences have very closed corelations to certain degrees. (Silin, 1976; Redding, 1990; Farh & Cheng, 2000)

(1) Authoritarianism Leadership: Authoritarianism leadership emphasizes on private authority and his control or domination over his subordinates. The behavior shown outside include: autocracy, devaluation over the subordinates, and the tendency to teach. Many researchers have gradually developed an overall and systematic analysis over eastern leadership beahavior models. But in the east, the researches on Paternalistic Leadership model are still very few. The related researches focusing on traditional filial piety, and paternalistic power are still less than those of the west. (Cheng, 1995)

(2) Benevolent leadership: Benevolent leadership can be divided in two: (a) Individual care: At this point, the subordinates request the leaders to be lenient and care about their personal issues and their family. (b) Respect and pride: At this point, the subordinates request the leaders not to despise or scorn them publicly. Also when the subordinates make mistakes, they wish the leaders to tolerate or even forgive them. And the subordinates will pay back or return with gratitude. (Farh & Cheng, 2000)

Benevolent leadership is not confined to the field of jobs. It is expanded to personal issues of the subordinates, including family affairs, instant aids, consultation or help on friendship or marriage. Benevolent leadership is a long-term tendency. It is an obligation, not a short-term exchange. When the subordinates make big mistakes, the leaders will give him instructions and admonishments. Also the leaders will try to protect the subordinates from public criticism or exposition, and then fall into serious work crisis. The leaders won't appeal to regulations or lawsuits. (Cheng, 1995) Then the suboudinates will pay back with respect, obedience and loyalty.

(3) Moral leadership: In order to lead smoothly, the leaders should behave with higher moral standards and education to win the respect from subordinates. They will behave more open-mindedly, unselfishly and do not abuse to their authority. They do things personally and apparently are the examples of the organization. Moral cultivation is critical over the success or failure of the eastern leadership model.

The leaders' benevolence or authority must be kept or supported through high moral standards. (Cheng, 1995) They won't capture their personal profits through authority. They work as an example. They make the subordinates feel a heartfelt admiration orbe completely convinced to obey or follow the leaders. (Sergiovanni,1992; Heslep, 1997)

Research Method

Research Framework

Farh & Cheng（2000）summarized the related information and researches to define Paternalistic Leadership to be "a sort of paternal authority with clear and strong authority, willing to take care of and consider about the requirements of the subordinates, and moral behavior." According to this, a measurement scale on Paternalistic Leadership was developed.（Cheng, Chou, Huang, Wu & Farh, 2004）

The study will focus and cross match on the eastern leadership models: authoritarian leadership, benevolence leadership, moral leadership; and on the western leadership models: transformational leadership, charismatic leadership, leader-member exchange leadership. The study will work on the influences and different leadership models of the high school principals. It will focus and cross match on the outlines of the principals interviews to understand the influences of the eastern and western cultures over high school principals.

Research Samples

The study make advanced interviews with four public high school principals and two private high school principals, with six in total. These targets work in the education field for from 10 to 15 years, with ages from 45-55, school staff members over 100 people, and the time of school establishment over 10 years. The study tries to research on the different leadership models, and the differences of the leadership models under the eastern and western cultures respectively. The study will discuss on the differences and similarities between pragmatic experiences and literature viewpoints.

Expert Interview

The study used "important-issue-experience" approach to deal with interviews, collect information, and desigh the outline of the interview. The study listed twelve questions asked during the interviews. Are the leadership models often used in school leadership affected by his native culture? Paternalistic Leadership models are: authoritarian leadership, benevolence leadership, moral leadership. What is the order or timing for the leadership model most often used? Is this leadership model often used in school influenced by western culture? The western leadership models are: transformational leadership, charismatic leadership, leader-member exchange leadership. Which leadership model is most often used? What is the order or timing for the leadership model often used in school leadership? The eighteen leadership theories widely noticed are: Self leadership, culture leadership, deviation leadership, fire-line leadership, service leadership, surplus value leadership, paternalistic leadership, fuzzy leadership, fifth-level leadership, innovation leadership, moral leadership, teaching leadership, curriculum leadership, authority-given leadership, transformational leadership, value competition leadership, spiritual leadership, charismatic leadership. Which leadership model is most often used? What is the order for the leadership model often used in school leadership? Is this leadership model often used in school influenced by the differences between the eastern and western cultures? Which culture inluences more between the two?

Data Preparation and Discuss

Redding（1990）found that in the eastern organizations, the subordinates wouldn't openly oppose to the management or strategies, and showed high obedience. Westwood and Chan（1992）mentioned that eastern power and leadership conceptions were totally different from those of the western systematic leadership. In the western culture which emphasizes on individualism, the person who can stand out at his performance is the leader. But the eastern society believes in collectivism. This indicates the differences between eastern and western cultures. Even if a leader uses the same leadership model to lead different subordinates, it will not necessarily end with the same results. Not to mention that under different cultural backgrounds, the leadership model must be adjusted with situations of different moments. The study interviewed four public high school principals and two private high school principals, six in total to sum up the leadership models between eastern and western cultures. It ended up with three reponses for the leadership models: reverence and obedience, gratitude and paying back, agreement and assimilation. These are positive reflections. Among them, benevolence leadership has the strongest effect for gratitude and paying back. Benevolence and moral leadership have the strongest effect for agreement and assimilation, while moral leadership has the best effect for reverence and obedience.

Table 1. Influences of Eastern Culture over the Leadership Models of the Principals

Item	Principal A1	Principal A2	Principal A3	Principal A4	Principal B1	Principal B2
Is the leadership model influenced by native culture	Yes	Yes	Yes	Yes	Yes	Yes

Order of the 3 leadership models of eastern cuture	Moral Benevolence Authoritarian	Moral Benevolence Authoritarian	Moral Benevolece Authoritarian	Benevolence Moral Authoritarian	Moral Authoritarian Benevolence	Authoritarian Moral Benevolence
Timing for using authoritarian leadership	1.When opinions at a deadlock 2. When meet disputable issues	Students' right for education and fairness of work for employees	1.Clear regulations 2. Sudden cases 3.Urgent decisions	To obey the seniors or more authoritative members to ease the tensions	Related student safety issues	1. Fulfill the mission 2.Accomplish the important goals
Timing for using benevolence leadership	1.The staffs making mistakes, not affecting the end 2. The staffs in sickness, or in hospital	1.Trial administrative work, 2.Labor right ralated	Different opinions over school affairs, using listening, communication to solve dispute	Facing an authoritarian leader to make administrative decisions	1.Different opinions between staffs 2.Dispute between teachers and students	Give orders or misssion to subordinates
Timing for using moral leadership	1.Showing personal cultivation 3.Setting examples	Requsting the staffs' attitude and work quality, through moral admonition	Interactions between teachers and students	Bean example, not selfish. Be fair to staffs.	Be responsible. Be honest.	Keeping personal professional ethics

A: public high school principal,B: private high school principal

Table 2. Influences of West Culture over the Leadership Models of the Principals

Item	Principal A1	Principal A2	Principal A3	Principal A4	Principal B1	Principal B2
Leadership model being Influenced by western culture	(Y)	(Y)	(Y)	(Y)	(Y)	(Y)
Order of the three leadership models of western culture	Transformational LMX Charismatic	Transformational Charismatic LMX	Transformational LMX Charismatic	Charismatic LMX Transformational	Charismatic Transformational LMX	LMX Transformational Charismatic
Timing for using transformational leadership	1.Emphasize achievements 2.Inspire mutual understanding	1.Inspire teachers to attend contests 2.Instruct students for competitions	School development vision planning	Assist staffs to understand the goal of general developments, Inspire staffs to reach the goal	Inspire staffs	Inspire the teachers for further learning
The 18 leadership models which are most closedly paid attention recently	Moral leadership, Curriculum leadership, service leadership, transformation leadership, innovation leadership	Paternalistic leadership, Moral leadership, Service leadership, Instruction leadership, Curriculum leadership, Charisma leadership	Diviational leadership, Moral leadership, Transformation leadership, Service leadership,	Charismatic leadership, Paternalistic leadership, Fire-line leadership	Curriculum leadership, innovation leadership, Moral leadership, Curriculum leadership, Paternalistic leadership,	Power-given leadership, innovation leadership service leadership, individual leadership, Paternalistic leadership, Curriculum leadership,
Will the high school leadership models influence by the different cutures between the east and the west.	1. Be more influenced by eastern culture.. 2. As the teachers can respect one another, communication between teachers and	1. Be more influenced by western culture.. 2. The democracy consciousness of the teachers and manual workers make them seek for fair, just, and open job arrangements	1. Be more influenced by eastern culture. 2. The confinement of educational environments	1. Be more influenced by western culture. 2. Because the western culture and theories can meet the present situations and analyze them.	1. Be more influenced by eastern culture. 2. Because of the present environments have changed.	1. Be more influenced by eastern culture. 2. Because we eave empathy towards one another.

A: public high school principal,B: private high school principal

The Relationship among Authoritarian, Moral, and Benevolence Leadership

After personal interviews, the study finds that paternalistic leadership model which is mingled with eastern culture and family moral conceptions is more influential to the principals. Because of the differences between the east and the west, the eastern culture mingled with family moral conceptions. If the leaders apply them into their leadership, a theory totally different western paternalistic leadership model will be set up. Why don't the west set up a paternalistic leadership model just like the east? The reason is cultural differences. (Farh & Cheng, 2000) Comparing with the western society advocating equal staff relationship, the distance of authority between the eastern staff members is far more. The supervisors are high above, while the subordinates are low beneath. There are different leadership models between the east and the west. Many researches on eastern high school organizational behavior use emic approach to link the eastern organization models, and behavior with the eastern culture. (Cheng, 1995) This approach can probe into the management models. One of the conclusions of the researches is that most of the organizations in the eastern society are controlled by family members. Walder (1986) pointed out that the leaders of the eastern society had bright characteristics, which often showed authoritative family leader discipline. Such discipline can also be seen in other non-family enterprises and government organizations, as well as in schools. The paternalistic leadership model gradually be taken for eastern leadership model. From a broad point of view, paternalistic leadership model can be divided into three models. The three models may have related linkages to certain degrees.

（1）Benevolence and moral leadership may be positive leadership models. The two leadership models both originated from Confucianism. But their starting point and the meanings are different. Benevolence leadership model is erected on parallel and benevolent role relationship. Moral leadership model is built up on gentleman-like, wise-man-like to win recognitions from the subordinates. In the eastern societies, the leaders show their friendliness and benevolence leadership is based on his duty and obligation. Even if the leaders perform badly, and they cannot meet the regulations as a leader, the subordinates still should accomplish their obligation and fulfill their jobs. Therefore when there are no obligatory regulations, as the leaders show their benevolence leadership, the subordinates will be easily moved and turn into moral leadership.

（2）Moral leadership and authoritarian leadership may have negative relationship. Authoritarian leadership emphasizes on obedience of the subordinates, while moral leadership emphasizes on the leaders' regulations, which will build up examples for the subordinates. For the leaders, moral leadership can strengthen the rationality of authority. When the leaders get identifications from their subordinates, they may let down their behavior as authoritarians.

Sometimes the subordinates recognize moral leadership. This will knock down their feelings towards authoritarian leadership. Therefore moral leadership and authoritarian leadership are with low negative correlation.

(3) Benevolence leadership and authoritarian leadership may have negative correlation.

In the eastern leadership models, it's very difficult to show both behavior existed at a time. In the organizations, the leaders and deputies often play the roles of benevolence leadership and authoritarian leadership. In the Chinese families, the fathers and mothers play their roles quite appropriately. This suggests that benevolence leadership and authoritarian leadership may exist negative correlation.

The Relationship among Transformational, Charismatic, and LMX Leadership

The western society is used to dividing complicated conceptions. The keypoints for the organizational operation emphasize on stability and harmony. (Jermier, 1978 ; Conley & Goldman, 1994). In the western culture which emphasizes on individualism, the person who can stand out at his performance is the leader. From a broad point of view, Western leadership model can be divided into three models. The three models may have related linkages to certain degrees.

(1) Charismatic and Transformation leadership may be positive leadership models. The leaders mix the organizational objectives, missions, and systems into personal charisma. This approach will make the members think that the leaders stand for the organizations. Then they would like to make more effort because they like the charisma of the leaders. Therefore they will feel more satisfactory on their work. The members take the subordinates feel a heartfelt admiration or be completely convinced to obey or follow the leaders.

(2) Transformation and LMX leadership may be positive leadership models. The leaders inspire their subordinates to put the organizational benefits over private benefits. The leaders and subordinates keep solid, and special influences. They can use the leaders'personal power to match the situational factors, and to project the organizational vision, motivate the subordinates to refresh, to change, and to cultivate their abilities to face the changes. These factors will help the organizations to move forward regardless of the fast-changing external environments. That needs leader and member identification each other.

(3) LMX and Charismatic leadership may be positive leadership models. The LMX points out some processes that the leaders use their power to exchange with their subordinates. The leaders and the subordinates have more positive interactions, such as mutual support, mutual trust, rsepect and likings, more frequent interactions, stronger empathy over destiny, stronger mutual influences and more extra- contractual behavior.

The comparison of Eastern and Western Cultures over the Leadership

（1）Take of angle Be more influenced by eastern culture: As the teachers can respect one another, communication between teachers and administration staffs, The confinement of educational environments, Because of the present environments have changed, Because we eave empathy towards one another.

（2）Take of angle Be more influenced by west culture: The democracy consciousness of the teachers and manual workers make them seek for fair, just, and open job arrangements, Because the western culture and theories can meet the present situations and analyze them.

Conclusion and Suggestions

The eastern and western leadership differences existed earlier than those of a modern society. And then three existed leadership behavior. （Hagen, 1962 & Rostow, 1960）The eastern culture emphasizes on accomodation to the outer world conditions. The individuals are willing to change to mee the requirements of the external organizations or environments. The western culture emphasizes on personal control or change of the external world. A man's determination will conquer nature regardless of natural confinements. The eastern leadership models can meet the high school principals' leadership requirements. Facing the turbulent changing world, they have to adjust themselves according to the real situations.

Conclusion

（1）The leadership models of the high schools are in general influenced by native culture.

（2）The leadership models of the high schools are also influenced by western culture.

（3）The leadership models of public and private high schools have obvious discrimination.

（4）The timing for all leadership models can be adjusted according to different situations. This is quite active.

（5）Generally speaking, the leadership models are more influenced by eastern culture.

Suggestions

（1）Suggestions on the principals' practical leadership.

1）Tolerate different ideas and embrace both eastern and western culture to aquire the best essences.

2）Temporarily unload the present models to get more scopes for active operations.

3）Take part in further education and training to elevate oneself over personal leadership ability and charisma.

（2）Suggestions to Educational Administrative Organizations.

1）Draw up more serious and workable measures to choose good, capable, and charismatic principals.

2）Put the leadership theories and practical execution courses into the training courses.

3）Absorb and refresh leadership abilities through further education in foreign countries.

（3）Suggestions to Further Researchers.

1）On research method:According to the interviews in this study, individual interviewis the chief research method. If we can use questionaires or case study approaches, the research will be more perfect.

2）On objects of study:As limited by time and space, the objects of study are confined a lot. The further researches had better adjust their research approaches to increase the objects of study to all high schools of the country.

3）On contents of study: The study should add more literature review references over eastern culture influences. The study should increase the quantity of earlier data about the eastern culture, while it should increase the quantity of contemporary documents about the western culture. If the study can put on more practical analyses, the content would be more complete.

Cross–Cultural Personality and Values: A Case Study of Mongolian Vs Taiwanese Doctors and Nurses

Tain–Fung Wu Munkh–Ulzii Batmunkh Alex S. R. Lai
(Asia University, Taiwan, China)

Introduction

According to the recent anthropological studies on psychology, the emerging global environment diversity of human psychology is playing an increasingly important role in organizational management. Organizations are trying to boost their competitive advantage by utilizing outsourcing of cross-cultural teams. From another side the consequences of globalization are increased the needs for people from different cultural backgrounds to work with each other (Marrewijk, 2010; Walle, 2010).

So far, a number of studies have been considered on investigation of the cross-cultural impact of personality and values (Butcher et al., 1998; Katigbak, Church, Guanzon-Lapeña, Carlota & del Pilar, 2002; Paunonen et al., 1996; Low & Shi, 2002; McCrae, 2009). Human behaviors are tightly interrelated to each other within particular context, and they are connected to other deeply held personality and values. In other words, the trouble level is high for mismanaging cultural differences. Ignoring or mishandling differences can cause an inability to retain and motivate employees, misreading the potential of international co-operation, which consequently leads to failure to build sustainable sources of competitive advantage. Without foreseen the cultural differences can render, otherwise successful managers and organizations will be frustrated when working across cultures. When culture differences are successfully managed in accordance to team member personalities, it can lead to innovative business practices, faster and better learning within the organization, and sustainability of sources of competitive advantage (Hoecklin, 1996).

The effective way of managing the culture differences is called cultural intelligence. Studies highlight that cultural intelligence has become the one of the hot topics in cultural anthropology, in aspect of management and organizational behavior. Those studies define that cultural intelligence is the capability to interact with people from different cultural backgrounds (Lillis & Tian, 2010; Tomas & Inkson, 2004) .

Same dimensions can be found in every culture, intercultural comparisons and correlations. In recent years studies have addressed questions such as: Whether the North Asians more extraverted than the south-east Asian? Whether overall scores related to features of culture, to economic indicators such as per capital gross domestic product, or to health-related variables such as smoking or HIV infection prevalence? (Antonio & Robert, 2006) . In the era of increasing globalization, attention has been given to the impact of organizational culture and personality of employees on firms` strategy that merge-cross national boundaries (Pratt, J., Mohrweis, L. C., & Beaulieu, P., 1993) . Due to the accelerating expansion of international relations, (Iqbal, Melcher & Elmallah, 1997) in the field of trade, humanity, and politics, as well the globalizations process within social and ecological framework, studies have been turned attention to the cross-cultural aspect of comparison of in culture differences versa value difference.

Generally, the term of culture consists of factors of traditional values, beliefs, ideas, customs, skills, arts, and language of specific group in a given period. Thus, cross-cultural studies are concentrated in the difference of those factors in relation to laws, economic and political frameworks. Respectfully, there is no postulate that the complex whole of culture should not be affected by history, economics and politics (Geertz, 1973; Lillis & Tian, 2009; Lillis & Tian, 2010; Charles & Tian, 2003) . This statement, in fact, shows the problem of culture in cross-cultural studies. Because culture is a complex system, cross-cultural studies need a systems approach. One of the main researchers posits that:

Cross-cultural studies presuppose a systems approach, by which I mean that any element of the total system called "culture" should be eligible for analysis, regardless of the discipline that usually deals with such elements. At the level of cultures, these are phenomena on all levels: individuals, groups, organizations, or society as a whole may be relevant (Hofstede, 1980) .

Two decades from now on, organizations were concerned only with personality because their primary concern was to pinpoint individuals to specific task. However, that phenomenon still exists, there modern firms tend to more concern in adjustment issues to changing environment. Since managers today are less interested in an employee`s ability to perform a specific job than with the flexibility of adaption to meet changing situations and commitment, managers are more inclining to expand to include how well the individual`s personality and values match the organizational goal and strategy (Robbins & Judge, 2009) .

Koltko-Rivera (2006) , and Lillis and Tian (2010) argue that from their own everyday life experience, human face with the "Them Vs us" survival instinct. It is a basic ground of who and what we are. In order to overbear that, we need to discover the differences and accepting of these differences. But the basic needs of humanity are not so different after all. We all need food, shelter, love, kindness, something to believe in and finally, acceptance （Maskow, 1968; Salicr, 2009; Duncan & Blugis, 2010）.

In several studies used synergy of the Hofstede's culture dimension and Big-Five approaches （Pratt et al., 1993）. Then, values often underlie and explain attitudes, behaviors, and perceptions. Hofstede's culture dimensions have been enormously influenced on assessing culture differences （Vitell, Nwachukwu & Barnes, 1993）. The cultural dimensions have been implicated in a wide variety of contexts, across most of the behavioral science disciplines. In instance, in the fields of management and marketing, it has been used to examine topics such as cross-cultural differences in attitudes and behaviors （Alden, Dana, Wayne, Hoye & Chol, 1993）, organizational identification and employee turnover intentions, and to compare stereotypes across different cultures （Soutar, Grainger & Hedges, 1999）.As well, it used in studies of advertising （McCarty & Hattwick, 1992; Gregory & Munch 1997）, global brand strategies, and in ethical decision making. For example, while the United States, and western countries appear to be low in power distance, as individualistic, Asian countries such as Japan, Korea, and Singapore, as well Taiwan are belong to the high power distanced and low individualistic group. But in generally they have a high masculinity level （Chee, Chow, Graeme, Harrison, Jill & Anne, 2002）.

Through studies that examined culture dimensions, it is also notable that number of researches addressed on exploring the personality across cultures. The Big Five model has been found as the most reliable dimension to measure personality and job performance. Disputes about which structure was best continued for decades, but toward the end of the last century it became clear to most personality psychologists that most of personality types could be described in terms of dimensions of Big Five. The term of Big Five, which is included dimensions of Neuroticism, Extraversion, Openness to Experience, Agreeableness, and Conscientiousness is known as the Big Five Model （McCrae & John, 1992）. According to McCrae and Costa （1990）, personality dimensions are defined as individual differences in tendencies to show consistent patterns of thoughts, feelings, and actions. They are familiar to laypersons, who use a huge vocabulary of trait descriptive adjectives such as nervous, enthusiastic, original, accommodating, and careful to describe themselves and others.

In this study we compared the culture and personalities differences of Taiwanese and Mongolian healthcare institutions as the representative population of the north and southeast Asia. Although, those they are typical Asian countries, according to the historical pages, geographical location, and national identity issues must have a potential gap in perception of culture and personality. As studies of management and geopolitical science discuss that, basing on the collective identities of cultural differences have being developed terms third-world and forth-world, which were originally used as first world to refer to western world, second world identifies the communist or post communist countries, while third world historically referred to various nations that gained their independence after World War ll and are former African and

Asian colonies of the European powers (Fanon, 1952; Battiste & James, 2002; Smith, 1999).

From the history, the Mongolians used to maintain nomadic type of life since over a thousand years ago (Baabar, 2000). Due to the geographical aspects, the country has been located far beyond from the sea. The country has being experienced with a very rigid weather condition under four-seasons during the years, which challenged the nation to survive biologically and economically through the centuries (see Monthly Bulletin of Statistics, National Statistical Office of Mongolia, 2010, for complete data).

The Twentieth Century introduced to Mongolia urban culture and fetched prosperity under the seventy years of regime of the Soviet Union until 1990s. After at all, these set of factors contributed the nation to be cultured as a mixture of nomadic with western oriented lifestyle (Baabar, 2000), while Taiwan appears totally different in history, geography and weather aspect. Through the Taiwanese people, it is noticeable that many features of culture have common sides with Chinese culture and tradition. It can be explained that the reflection of geo-political view Taiwan could be predominantly Confucian-Chinese population (Chong, 2008). In spite of that, according to the political and social structure, Taiwan is fully democratic country with Pan American oriented culture, since the second half of the Twentieth Century (Bor, 2000).

If look back to the history, 2 percent of Taiwan population consisted of aboriginal people, 98 percent is Han people, who immigrated from Mainland China. The interesting thing is that, because of the political problem a hundreds of rich and lord people of Mongolia immigrated and settled in Taiwan, at the beginning of 20th Century. Accordingly, they were appointed to the administration work in Taiwan Government soon after settlement. Therefore, authors interest in whether there was any cultural identity between the majority and minority of Taiwan population. And, it raises a question why the minority of population was appointed to the administration positions in short period of time. (Bor, 2000; Baabar, 2000).

Studies of organizational anthropology research revealed that when people faced by relationship that they do not understand, they usually interpret it to others as "abnormal", "weird" or "wrong". Much efforts and works dedicated to the field of culture and organizational anthropology studies around the world, specially in the United States and European countries, as well other 56 nations (Kevin & Black, 1993; Schmitt, Allik, McCrae, & Benet-Martínez, 2007; Lillis & Tian, 2010). So, far almost no international study was held towards to measure the culture issues in Mongolia. Again, this is consequence of the second and third world's affect. Thus, most of people of the world, they do not know about Mongolia. Only the perception about Mongolia of them is spread through Chinggis's conquest, who remained still the golden leader of not only Mongolia but also of the World (Jackson, 2000; Bor, 2003).

From around of the sixteenth Century to the beginning of twentieth Century, the Qing Chinese rule became more oppressive in Mongolia. The increasingly corrupted rulers exacted high taxes, exploited the peasants, and brutally punished the slightest offence or resistance.

At this time the Mongolian nationalists, seeing the advance of the Bolshevik (Russian communist) army, called on them for help, and together they recaptured Ulaanbaatar. Afterwards, China reluctantly recognized Mongolia's independence since 1917, which the Russian revolution weakened Mongolia's strong neighbor in south. With the military and political support from communist Russia, the newly formed Mongolian government took over the power regime, and in 1924 Mongolia became the world's second communist country, which established planned economy, mostly dependant from Moscow until 1990s (Jackson, 2000; Bor, 2000; Munkhdalai, Zhang & Huiping, 2007).

Today, Mongolia has population of about 3 million people, with territory of 1.6 million square kilometer. According to the new geopolitical and economical aspects the country is located between Russia and China, which makes it very important region that connects the economic and trade interaction from Europe to Asia. Besides, that the country is plenty of energy and mineral resources such as coal, uranium, oil, gas, and gold, as well copper at least for over eighty years. Thus, the international community, further whole world takes attention to the country as one of the main energy and economic resources in the near future (see Monthly Bulletin of Statistics, National Statistical Office of Mongolia, 2010; Mongolia Country Economic Memorandum, World Bank, 2007; Quarterly Report, World Bank, 2008 for complete data).

Consequently, the authors attained to propositions that the geographical location of Mongolia, landlocked far from the oceans, made the outsiders almost impossible reach to the unknown world. If they would choose the land path to come, they had to overcome over the deserts and steps, which last hundreds of miles. Second, the harsh weather makes the foreigners difficult to survive in step country. Third, the years of communist governance made the door to Mongolia close for the rest of the world. Forth, after entering to the market economy since 1990s till now, the culture, personality, and behavior of people of Mongolia have being changed much. And, the globalization played enormous role in that. But the root of nomadic culture and tradition remained as the same.

Finally, nowadays the relationship between Mongolia and Taiwan just started from 2000 by developing its scope in some fields such as education, trade and economy, health. The quantity of student study in Taiwan from Mongolia has being increased significantly recently. However, after the present presidential governance of Taiwan, the bilateral relation of Taiwan and Mainland China has been improved, there is still notable gap in political world. That is the main barrier in developing the mutual collaboration in all fields between Mongolia and Taiwan. Like this, authors believe that to develop trade and economic, as well humanitarian co-operation will be fruitful to expanding bilateral relationship of two countries. And, identifying the culture difference and similarities is crucial in prospering the present achievements established between two countries (Bor, 2000).

Therefore, authors have reached to conclusion that, which serves as reason of choosing

Mongolia as one of target population for this study versus Taiwan, the population, and its culture is very fresh and very interesting for academic research. Authors are confident that the results of the study will benefit much for the development of management, culture, and anthropological studies toward Asia. Thus, the main purpose of the paper is to explore the difference and unique sided of the Mongolian and Taiwanese cultures that semi-westernized, in terms of value and personality aspects vice versa.

In examining the culture difference, studies usually make the sample population from managers of business industries rather than public institutions. Present paper put forward public sector as the sample population of the study. It can be explained that studies focus on choosing population that expected to have more dynamic characteristics in the social life. Otherwise, case population would be better enough as much it maintains as close and effective interaction with the society （John & Srivasta, 1999）. Purposively, this paper postulates several reasons to in preferring its population as related furthermore.

One of the active social components that always stand in front line is healthcare staffs. According to the practice, however healthcare staffs such as doctors and nurses, have responsibility to serve for the public welfare, they are diverged from country to country due to the social security, orientation of education obtained, and national culture versus globalization. First, social security of healthcare staffs, relatively, very poor in Mongolia than other the standard provision internationally. Average salary for doctors and nurses in Mongolian hospitals ranges between 150 to USD300 per month, while Taiwanese average salary for doctors and nurses is 1,000 to USD4,500 Because of the meager payment of healthcare system, which identical for several countries of the world, make always complain the staffs of hospital for insufficient resources and social treatment. In case to attend international meetings doctors could not afford their expense, otherwise foreign counterparts usually pay for their travel and living expenses （Toby, Bonnie, Jackie, Roland & Brenda, 2003; Ogoh, 1986; Tsung, 2010）. Surprisingly, they never strike for low payment. Even though, they are paid extremely low, the healthcare institutions work normally.

Secondly, the western oriented education has been dominated in the healthcare systems of both countries practically. Assuming that, most of the healthcare staffs specialized in western medicine no matter country or culture. There are hundreds of students graduating annually to be doctor, few of whom specialized in traditional medicine. Finally, due to the globalization process classification of the patients has being changed from monotype to multi-type. During the second half of the last the Century the gross weight of foreign patients served in hospitals were much less than today. Definitely, it is related to tremendously increase of international travel, trade, as well as studies in abroad （Bernhard, 2009）. Therefore, the paper posits the assumption that, besides cultural impact, the social welfare, educational orientation, and globalization process also influence to the personality and values differently.Moreover, members of healthcare institutions are rarely partaken in studies such as cross-culture difference before （Elisabeth

& Lise 2001; Sabine Goethals, Chris Gastmans & Bernadette, 2010) . Hence that, doctors and nurses appears one of the subjects who deal with the public ditto (Richard & Soldenhoff, 1962) . Consequently, we chose doctors and nurses of healthcare institutions both from Taiwan and Mongolia as the sample population to this study.

Literature

Personality

Definition of personality was established by Gordon Allport nearly seventy years ago. As he asserted, personality is the dynamic organization within the individual of those psychophysical systems that determine his unique adjustment to his environment (Robbins & Judge, 2009) . Researchers argued towards which structure was best continued for decades. Recently, it becomes clear that most dimensions could be described in terms of the following five factors (Oliver & Sanjay, 1999) : openness, conscientiousness, extroversion, agreeableness. neuroticism.

Individuals, who are high scored in openness, are generally open to experience, intellectually curious, appreciative of art, and sensitive to beauty. They tend to be, compared to closed people, more creative and more aware of their feelings. People with low scores on openness tend to have less conventional, and more in conservative interests.

Conscientiousness is a tendency to show self-discipline, act dutifully, and aim for achievement. The trait shows a preference for planned rather than spontaneous behavior. It influences the way in which we control, regulate, and direct our impulses (Joshua et al., 2003) . Conscientiousness includes the factor known as need for achievement.

Extroversion is characterized by positive emotions, urgency, and the tendency to seek out stimulation and the company of others. Extroverts enjoy being with people, and are often perceived as full of energy. Whereas, the introverts are lack in social exuberance. They tend to seem quiet, low-key, deliberate, and less involved in the social world.

People who belong to Agreeableness are generally considerable, friendly, generous, helpful, and willing to compromise their interests with others (Joshua et al., 2003) . Agreeable people also have an optimistic view of human nature. They believe people are basically honest, decent, and trustworthy. While disagreeable individuals unconcerned with others' well-being, and are less likely to extend themselves for other people.

Neuroticism is the tendency to experience negative emotions, such as anger, anxiety, or depression. Those who score high in neuroticism are emotionally reactive and vulnerable to stress. They are more likely to interpret ordinary situations as threatening, and minor frustrations as hopelessly difficult. These problems in emotional regulation can diminish the ability of a person scoring high on neuroticism to think clearly, make decisions. At the other end of the scale, individuals who score low in neuroticism are less easily upset and are less emotionally reactive. They tend to be calm, emotionally stable, and free from persistent negative feelings.

Values

According to the anthropological and management studies culture is the integrated system of socially acquired values, beliefs and rules of society. Cultural distinctions make the societies different from one another. Earlier definitions of culture established late of 19th Century (Tylor, 1974). Also, Kroeber and Kluckhohn (1952) identified 164 different concepts of the word. Anthropological studies, the nature of culture is consisted of diverse of elements, such as norms, customs, mores, conventions, language, religion and soon. Each of these plays a substantial role in determining the nature and values of a particular culture. The cultural anthropology, look beyond to perceive how and why peoples of the world differ in disparate ways as well as, how and why peoples of the world share certain similarities (Lillis & Tian, 2010).

Therefore, it is assumed as a complex web of norms, values, assumptions, attitudes, and beliefs that are characteristic of a particular group, implying that one way of acting is preferable to another (Kuchinke, 1999). In such, cultural differences are an important consideration in understanding human behavior. After analyzing the data from morethan 40 countries, Hofstede (1980) concludes that these mental programs denote the existence off our underlying value dimensions a long which these countries could be positioned in to cultureareas. Consequently, he identified five dimensions of culture such as power distance, individualism, masculinity, collectivism, uncertainty avoidance, long-term orientation, which provide broad variability explanations for differences between cultures (Low & Shi, 2002).

Regarding to cultural perceptions of both study populations, in this study utilized the three dimensions such as power distance, individualism, and masculinity. Power distance has been defined as the extent to which the less powerful members of organizations and institutions accept and expect that power is distributed unequally. This represents inequality but defined from below, not from above. It suggests that a society's level of inequality is endorsed by the followers as much as by the leaders. Power distance index scores were higher for East European, Latin, Asian and African countries and lower for Germanic and English-speaking Western countries (Hofstede, 2009).

Individualism is found within cultures in which the ties between individuals are loose. Its opposite, collectivism, where cultures in which people from birth onwards are integrated into strong, cohesive in-groups, often extended families that continue protecting them in exchange for unquestioning loyalty. Individualism prevails in developed and Western countries, while collectivism prevails in less developed and Eastern countries; Japan takes a middle position on this dimension (Hofstede, 2009).

Masculinity versus its opposite, femininity, again as a national, not as an individual characteristic, refers to the distribution of values between the genders which is another fundamental issue for any society, to which a range of solutions are found. According to the previous studies masculinity is high in Japan, in German speaking countries, and in some Latin countries like Italy and Mexico. It is low in Nordic countries and in the Netherlands. Hofstede's value-based cultural dimensions are helpful help in identifying both differences and similarities between cultures（Anastasia, Shana & Leonardo, 2008）.

The Relationship Between Personality and Values

Relatively few studies have attempted to relate personality and values empirically. Recently, studies on both personality and personal values, has paid considerable attention on the structure and bases of these constructs. However, few studies have attempted to integrate these advances, either theoretically or empirically, perhaps because they tend to represent discrete streams of research. So far most studies have been focused on environmental rather than endogenous influences on values（Knafo & Schwartz, 2001）. But a number of scholars in each tradition have still acknowledged the relationship between personality and values. Rokeach（1973）viewed personality as antecedent to values, which, while stable, can be reprioritized on the basis of experience and social expectations.

In studies of McCrae and Costa（2001）brought genetics, physiological differences, personality, values, and environmental context together in their Big Five theory of the person（Costa, Terracciano & McCrae, 2001）. The three core components of the person are basic tendencies, characteristics adaptations, and self concept. Biological bases, external influences, and objective biography are conceptualized as adjoining systems that interact with personality via dynamic processes. In this framework, personal values are prototypical characteristic adaptations, acquired skills, habits, attitudes and relationships that result from the interaction of individual and environment; they are the concrete manifestations of basic tendencies（McCrae & Costa, 1996）. Personality and specifically the five high-level domains are endogenous basic temperaments, unaffected by the environment.

Agreeable to the researchers' conclusion personality is endogenous basic temperaments, and based on at least five trends of evidence such as the remarkable stability of personalityacross adulthood, the cross-cultural universality of trait structure, theories of bi-ophysiological and neurological bases of dimension confirmed in findings of strong heritability, identification of the same five-factor structure of personality in chimpanzees, and findings of surprisingly weak parental influence on traits（McCrae & Allik, 2002）. Thus, in this emerging understanding, values lie at the interface of the environment and endogenous basic temperaments manifested in personality.

Cross–Cultural Study of Personality and Values

According to Berry（1997）, cross-cultural living entails such a transition, where the new context may differ from the previous one physically, politically, socially, and culturally and the newly arrived individual finds himself in a different role. Therefore, he suffers psychological instability, which is sometimes so hard as to be termed culture shock (Oberg, 1960).

Hopefully, personality concepts are important in every human being, and it would clearly be of great interest to compare personality dimensions across cultures. Whether same dimensions are cross-nations? Are they similarly structured? These urging questions have been asked frequently by anthropologists and cross-cultural psychologists. But recently, researches were severely hindered by the lack of an agreed-upon taxonomy of dimensions. It is obviously impossible to conduct cross-cultural studies of each of the 4,000 traits identified by Allport and Odbert (Robbins & Judge, 2009).

Methods of studying cross-cultural differences were discovered by American and western scholars. They have been used samples of western population mostly, through analyses of English-language dimensions names. (Goldberg, 1992). Hence, it is logical to ask if it is strictly an American structure, how it characterizes human beings everywhere. The instrument has been translated into more than 40 languages, and studies of its factor structure have been conducted in more than 30 cultures (McCrae & Allik, 2002). The reason of using the same instrument in each case is to find more factors would most probably indicate that those factors were truly absent in that group. In this sense, the Big Five is a universal model, and therefore can be utilized in cross-cultural studies. But it does not necessarily mean that there are no any additional personality factors specific to individual cultures (Cheung & Leung, 1998).

Method

Sample

In the analysis of the cross-cultural study of personality and values of doctors and nurse of the Mongolian and Taiwanese healthcare institutions was used purposive quota sampling method, which was consequently driven through on in-depth interviews with totally selected 18 interviewees, which is consisted of 6 doctors and 3 nurses from each side. From population were contacted initially by email and telephone calls, all were willing to participate to the interview.

Individual Depth Interview

The interviews were conducted by the authors themselves to cover topics more rigorously and probe points in more depth than might otherwise have been possible. Interviews were conducted in two different ways for each side. Interviews for participants from Taiwan side were held at a special place that selected near their work, but from the Mongolian side held via telephone calls. Interviewees chose time that would be quiet suitable for their job schedule. Each interview typically lasted 1/3-1/2h, were taped, and subsequently transcribed. Totally 18 interviews were conducted with both sides. Interviewees were encouraged to elaborate on what they felt were some of the defining features of their job experience. The authors expressed an interest in the day-to-day practices of managing their job and the personal experiences of the doctors and nurses.

Research Instrument

In order to provide non-bias within instrument development, eliminate question variability, and establish the variability of reality of answers, we constructed structured interview. Despite the cross-culture model have been generalizes across over 50 cultures historically, there still should be noticed faith, politics and other cultural features, such as language differences （Paunonen, 1996）. The original value and personality dimension module was established in English （McCrae, 2009; Stephanie & Church, 1999）. Most of hospital`s staffs of Taiwan speak in English, but staffs of Mongolian hospitals seldom. Due to that, in this study were used two sets of questions, which one is in English, another is translated into Mongolian language. Consequently, made back translation in preparing questions for Mongolian side （Hofstede, 1980; Low & Shi, 2002）. Studies suggest that in analyzing interview data should be avoided from bias in interpreting the notes （Creswell, 1998）.

In interpreting the data studies used coding by translating detail feedbacks of note. Therefore, to make understandable the interview results for readers, the authors used the following coding approach to translate the results from manuscript, such as A+, A, B+, B,C+, C, D （Weston et al., 2001）. From to the corresponding interview transcript to the paper was found much expression of intermediate or enthusiastically approving degree by interviewees. The present data corresponding to this paper have some within points. Thus, we used transferring degree （＋） where the interview note has within or exceeding point to the meaning range of the basic codes.

Table 1. Letter codes for translation of results of interview note.

Code	Definition	Key words or phrases code definition from transcripts
A+	Positive. Any comment indicating evaluation of any aspect of the receiving and expressing which is explicitly stated as very positive	Key words: good, well, okay, very sure, I do my best; Positive descriptors: relaxed, happy, motivated;
A	Positive. Any comment indicating evaluation of any aspect of the receiving and expressing which is explicitly stated as positive	Key words: good, well, okay, yes, sure; Positive descriptors: relaxed, happy;
B+	Positive. Any comment indicating evaluation of any aspect of the receiving and expressing which is explicitly stated as positive but not fully.	Key words: good, well, okay, yes, but, I am not sure, almost; Positive descriptors: relaxed, happy, moody;
B	Moderate. Any comment indicating evaluation of any aspect of the receiving and expressing which is explicitly stated as still moderate but somewhat inclined to negative.	Key words: sometimes, so so, not sure but, not always, sometimes; Positive descriptors: Thinking, moody;

C+	Moderate. Any comment indicating evaluation of any aspect of the receiving and expressing which is explicitly stated as nor positive neither negative.	Key words: sometimes, so so, not sure but, not always, sometimes, no, never, how come, almost no; Positive descriptors: Thinking, moody, shaking head, unhappy;
C	Negative. Any comment indicating evaluation of any negative aspect of the receiving and expressing which is explicitly stated as negative	Key words: bad, terrible, no, never, how come; Negative descriptors: Thinking, shaking head, unhappy;
D	Neutral. Neutral comments that are neither positive nor negative.	Key words: I do not know, I do not care, I am not sure; Negative descriptors: Thinking, laughing,

Note. (A+) refers to very positive, (A) refers to positive, (B+) refers to still positive but not fully; (B) refers to moderate; (C+) refers to still moderate but not fully; (C) refers to negative; (D) refers to neutral status.

Results and Discussion

Descriptive Statistics

The total data in this study collected from 18 persons, who were 3 nurses, 6 doctors from the each country. All nurses were aged below 30, whereas doctors were aged above 40.

1.Mongolian

From Mongolian side were participated 3 nurses and 6 doctors. Two of nurses were female, and one was male. All of them have majored in nursing. Their monthly salary was from 150 to USD200. The 1 of doctors was male. 5 of them have master degree in medical science, while another who had doctoral degree. They were paid from 220 to USD280 monthly.

2.Taiwan

From Taiwan side were interviewed 3 nurses and 6 doctors. All of the nurses interviewed in this study were women. Two of them had master degree in medical field, and were paid USD1,000 monthly, while another had bachelor degree, and paid USD950. Totally 6 doctors were interviewed in this study, one of whom was woman. 1 of them had doctoral degree in medical science, while other 5 had master degree. Interestingly, their wage was notably different. As lowest of them paid USD1,740 per month, while the highest salary was USD10,580.

Table 2. Integrated value of personality and values of doctors and nurses
of Mongolia and Taiwan

	Nurse1		Nurse2		Nurse3		Doctor1		Doctor2		Doctor3		Doctor4		Doctor5		Doctor6	
No.	M	T	M	T	M	T	M	T	M	T	M	T	M	T	M	T	M	T
	GL	W	GL	W	GL	W	GL	W	GL	W	GL	W	GL	W	GL	W	GL	W
Q1	A	B+	B+	A	B+	A	A+	A+	A+	B+	A+	A+	B+	A+	A	A	A	A+
Q2	C+	B	C	C	C+	C	C	C+	C+	C	C+	C	B	C	C+	C	C+	C
Q3	A	A	A	B+	B	A+	C+	C	A	A+	B	A+	A	C+	B	A	A	C
Q4	A	C	B	C	A	A	B+	C	C	C	B	C	C	B+	C	C	C	C
Q5	A	B	B	B+	B+	C	A	A	A+	C	A+	A+	A	B	B+	A+	B+	A
Q6	A	B	B	C+	B+	A	B+	C	B+	A	B	B	C+	B+	A	A	A	A
Q7	A	C+	B+	B+	C	C	C	A+	C	A+	B+	C	B+	C	C+	C+	C	C
Q8	B+	C	D	C+	B+	A	B+	A	C	C	A	A+	B+	B	C	C	B+	C
Q9	A	C	A	A	C	C	C	A+	C	A	B	B+	C	C	B	B+	C+	C
Q10	C	A	A	B	A	C+	B	A	B	A+	B	B	C	C	C+	A	B	A
Q11	A	A	A	C	A	C	C	A	C+	A	B+	A	A	C	B+	C	B+	A
Q12	C	A	C	C	B	C	C	C	C	C	B+	B+	C	C	C	C	A	C
Q13	C	A	A	A	C+	A	C	A	A	C	C	B	C	C	A	C	A	C
Q14	A	D	A	A	A	C	A	A	A	A	A	C	A	C	A	A	A	A
Q15	C	B+	D	D	C	A	D	A	D	A	A	D	A	A	D	A	A	A

Note. Questions for structured interview coded as Q1-Q15

+ denotes for degree that exceeds the meaning range of code.

Personality Part

1.Agreeableness

Table 2 suggests that generally doctors and nurses of both countries have same positive personality towards agreeableness dimension. According to the results, 4 of the Taiwanese doctors who are males, as well a female nurse appeared very agreeable to their job, while only 3 female doctors emerged as very agreeable. This phenomenon can be explained due to the suitable working environment, high payment, or loyal tendency to the job no matter the environment and social security（Ogoh, 1986; Tsung, 2010）. Only 1 female doctor of Taiwan and 1 male nurse from Mongolia appeared almost as contradictory to agreeableness. They spoke about the reason that their rather concern to job and less pay attention to outside.

2.Conscientiousness

Theories assert that people who are belong to conscientiousness dimension are responsible, dependable, well organized. They do not engage to risky behaviors（Joshua, 2003）.From the results in Table 2, it asserts that most of the doctors and nurses from Taiwan and Mongolia are positive to conscientiousness. According to the 22 responses of doctors （8 males and 4 females doctors from Taiwan; 4 male and 6 female doctors from Mongolia） and 7 responses from nurses （4 females Taiwanese; 1 male and 2 females Mongolian）, result indicates that they are very loyal to conscientiousness. 4 of Taiwanese interviewees （3 female nurses, 1 female doctor）, and 7 of the Mongolians （1 male and 2 females nurses, and 3 females and 1 male doctors） were moderate response. Finally, according to the data based on 11 responses, which comprises 7 doctors （2 males and 3 females doctors from Taiwan; 2 males doctors from Mongolia）, and 4 from nurses （2 males and 2 females nurses from each countries） showed responses against conscientiousness.

3.Openness

The results of the Table 2 show that majority of interviewees from both countries appear positive to this dimension. It can be explained that staffs in service line usually become sociable due to the job experience. According to the 8 responses of doctors （3 males and 1 female doctors from Taiwan; 4 females from Mongolia） and 4 responses from nurses （2 females Taiwanese; 1 male and female Mongolian）, result indicates that they are just loyal to openness. Two of Taiwanese interviewees （1 female nurses, 1 male doctor）, and 1 female of the Mongolian doctor had moderate response. Finally, according to the data based on 4 responses, which comprises from 2 doctors （1 male doctor from each side）, and 2 females nurse from each countries showed responses against openness. Recent to the studies people high in openness usually have range of interest and fascinating in novelty. But extremely open people commonly appear creative are creative, curious （Joshua et al., 2003）.

4.Neuroticism

People who are experience in neuroticism usually tend to have negative emotions, such as anger, anxiety, or depression. Those who score high in neuroticism are emotionally reactive and vulnerable to stress. These problems in emotional regulation can diminish the ability of a person scoring high on neuroticism to think clearly, make decisions, and cope effectively with stress （Robbins & Judge, 2009）. According to the 18 responses of doctors （7 male and 2 female from Taiwan; 3 males and 6 females from Mongolia） and 9 responses from nurses （2 male and 1 female from Taiwan; 2 males and 4 females from Mongolian）, result indicates that they do not experience in neuroticism.Otherwise appear emotionally stable. Whereas, 10 responses of doctors （3 males and 1 female from Taiwan; 1 male and 5 females from Mongolia）, and 9 responses of nurses （3 females from Taiwan; 1 male and 5 females from Mongolia） shown experience in neuroticism. But 4 （3 males and 1 female） responses of Taiwanese doctors showed that they are very experienced in emotionally instability. Only a female nurse from Mongolia expressed neutral status.

5.Extraversion

Table 2 shows that 3 doctors （2 males and 1 female） from Taiwan, and 3 responses from nurses （1 female Taiwanese, 1 male and 1 female Mongolian） appear extraverts. Otherwise, they like where the action is. Whereas, 3 responses of doctors （1 male from Taiwan; 1 male and 1 female from Mongolia）, and 2 responses of nurses （1 female from both sides） showed that they are not extraverts. In other words, they like to be quite and, are not involve to activities often. Only a doctor from Taiwan expressed much in extraversion. Finally, 5 doctors （1 male from Taiwan; 4 females from Mongolia） and a female nurse from Taiwan expressed that they are moderate to extraversion. From the result we can see a picture that Taiwanese commonly extraverts. They do like sociably active than the Mongolian. Specially, Taiwanese male doctors are more extraverts than females, but the Mongolians still same according to gender ratio however less than Taiwanese.

Value

1.Power Distance

Studies defined that power distance is extension to which a society accept that power in institutions and organizations is distributed unequally （Ana, Minoo, & Aviv, 2006）. We can see from the Table 2, it asserts that most of the doctors and nurses from Mongolia have being experienced in power distance than Taiwanese. From 11 responses of doctors （3 males and 2 females from Taiwan; 1 male 5 females from Mongolia） and 5 responses from nurses （2 females Taiwanese; 1 male and 2 females Mongolian）, result suggested that they more experience in power distance environment. According to the data based on 13 responses from doctors （6 males and 1 female from Taiwan; 1 male and 5 females from Mongolia）, and 6 from nurses （4 females from Taiwan; 2 females from Mongolia） expressed they do not feel power distance. One male nurse from Mongolia was moderate, as experiences sometimes with power distance. From these results we can conclude that the Mongolians participants, specially, women feel more power distance than Taiwanese, whereas Taiwanese men much less experience power distance.

2.Individualism

As indicated in Table 2, 15 doctors （5 males and 1 female from Taiwan; 1 male and 8 females from Mongolia）, and 8 responses from nurses （4 females from Taiwan; 2 males and 2 females from Mongolia） were experienced in individualism. Whereas, 8 responses of doctors （4 males and 1 female from Taiwan; 1 male and 2 females from Mongolia）, and 3 responses of nurses （1 female from Taiwan; 1 male and 1 female from Mongolia） showed that they are not individualistic. Only a male doctor from Taiwan expressed moderate feeling towards this dimension. Theories suggest that individualism is the degree to which people prefer to act as individualistic rather than as team （Ana, Minoo, & Aviv, 2006）. Basing on the results from the Table 2, we can assume that Taiwanese more like to work as a team, while Mongolian

559

have individualistic manner in work. Specially the present study shows that Mongolian women doctors were more individualistic, while Taiwanese male doctors appeared comparatively more than women.

3.Masculinity

Recent studies assert that masculinity is a national culture attribute that describes the extent to which the culture favors male domination roles of achievement, power, and control （Low & Shi, 2002）. Data results affirm that majority of interviewees from both countries prefer masculinity. According to their explanation man seem to be easier to communicate than woman. From 8 responses of doctors （3 males and 2 females from Taiwan; 3 females from Mongolia） and 2 females nurses from Taiwan, can be seeing more preferable man in communication than women. And only 2 nurses （1 male and 1 female） from Mongolia coded negatively in tendency of communication with men. Eventually, 1 male doctor and 1 female nurse from Taiwan, as well as, 3 female doctors and 1 female nurse from Mongolia noted neutral response. But after deliberate interview, it is revealed that sex nothing to do with communication for them.

According to the result it is supposed that most of the doctors of both countries prefer male supervisor in communication as to be emerged as easier in understanding each other in working environment. Interestingly, that most of the Mongolians who preferred male were female doctors, while majority of Taiwanese doctors appeared male.

Conclusion, Managerial Implications, and Suggestions for Future Studies

In concluding, we find that there are differences in personality and values between doctors and nurses of Mongolia and Taiwan caused by distinct factors. In exploring the cross-cultural differences we perceived that personality and values not only influenced by tradition, culture, and nationality, but also strongly impacted to social security, working environment, and satisfaction from life and job （Hofstede, 2001）.

Personality

According to the result of this study it concludes that generally doctors and nurses of both countries appear agreeable. It does not mean that personality and values of those people are same. Rather, it can be explained for Taiwan side, in accordance to the high satisfaction from suitable working environment, high payment, or high motivation （Elizabeth & Adelina, 2006） toward to the job performance （Ogoh, 1986; Tsung, 2010）. On the other hand, those things favored to Taiwanese doctors and nurses do not have for the Mongolian healthcare staffs. For the question that asks why do healthcare staffs of Mongolia are so agreeable, results from the interviews suggest that they are agreeable to their work. The reason is that in spite of lack of social security, they get satisfaction and motivation when patients getting feel better, or their recommended ways treatment would be successful （from interview with doctors and nurses of Mongolia）.

This study finds the difference of conscientiousness between doctor and nurses of both countries. Joshua et al. （2003） argues that people who are high scored in conscientiousness dimension are responsible, dependable, well organized, and they less involved to risky behaviors. From the results of the paper can be seeing Taiwanese doctors and nurses are more conscientiousness than Mongolian. But Mongolian doctors still find to belong to this dimension. Specially, male doctors and female nurses emerged high in this dimension. Therefore, it can be concluded that first, Taiwanese management philosophy more punctual and strict than Mongolian management, where still works some influence from Russia, as well traditional Buddhism. Second, gender characteristics encountered in occupational area. According to the result male doctors and female nurses are more conscientiousness. Third, we suppose the payment impacts on differences between two countries, which cause to more conscientiousness in Taiwanese participants. Therefore, we conclude that there are big differences caused by management culture, payment distinction, and gender, as well occupational attributes.

According to the openness dimension, representatives of both countries scored equally positive. Only difference detected in gender that Taiwanese men were supposed high in openness, while Mongolian women were scored high. From one side it can be explained that staffs in service line usually are sociable due to the job requirement and experience （Oliver & Sanjay, 1999）. On the other hand, difference emerges between gender. It is truly related to culture difference issues. Therefore, it is concluded that according to Mongolian culture men prefer philosophy "less talk, do more" （Baabar, 2000）. It does not mean that Taiwanese male doctors are less do and more talk. Usually, the Mongolian men are less talkative. From another side, we can conclude that the social development process impacts to personalities differently （Steven, Emma & Ara, 2008）. It means that Taiwan is a country with high social development comparatively to Mongolia. Generally, it seemed that Taiwanese people already learnt in communication skills. According to population size and social development Mongolia is in the earlier stage of development. Thus, we conclude that culture and social development difference impacts differently to personalities. There is found no impact of payment.

Studies discover that those who score high in neuroticism are emotionally reactive and stressful （Hofstede, 2001; Eunmi, 2003）. In dimension of neuroticism found significant difference between both countries. Results states that the Mongolian interviewees were evaluated high in neuroticism, while the Taiwanese much less than them. However, most of them were female doctors who aged above 40 from Mongolia, whereas most of high evaluated participants in neuroticism from Taiwan were male doctors, who aged above 40. Therefore, it can be concluded that, the persons who are more sociable more easily experienced in neuroticism. Second, there is noticeable that those who are high in this dimension were above 40 years. Third, most of them were doctors. Therefore, we conclude that this result happened according to culture difference reflected to gender characteristics, age, and occupational attribute （Eunmi,2003; Elizabeth & Adelina, 2006）.

From the previous results we understand that Taiwanese male respondents were mostly agreeable, sociable, and conscientiousness. In examining this dimension we found that Taiwanese participants, particularly doctors, are more extraverts than the Mongolians. Further, we observed that male doctors from both countries are extravert than females. Consequently, we conclude that Taiwanese doctors have high motivation in doing job. The main reasons that cause motivation are high payment and management culture characteristics. Second, the common thing happened concerning the gender aspect that male doctors are more inclined in leadership and social dominance （Robbins & Judge, 2009）.

Value

According to the results most of the doctors and nurses from Mongolia have being experienced in power distance rather than Taiwanese. Particularly, the Mongolian female participants have being with the experienced power distance much. Supposedly, this is common phenomenon in Mongolian society that women usually take charge for their family （Baabar, 2000）. From one side, besides few population of Mongolia comparatively to territorial capacity, majority of the population are female in Mongolia. Because of that massive social impact of women bring more stress and pressure to women either from life and working environment. On the other hand, again the social security and low payment problems that cause to low level of life, which cause to dissatisfaction. Third, there is still existed bureaucrat management system,] established during the communist period in Mongolia. Therefore, we conclude that power distance experienced high in Mongolia because of the social and life pressure for women, low payment, and uncomfortable management system.

Recent studies suggest that eastern cultures appear more collectivistic, whereas western, specially the American high scored in individualism （Ana, Minoo & Aviv, 2006）. As we postulated earlier in our study an assumption that Mongolia is half westernized Asian country （Bor, 2000）. Results of this paper approved it. Basing on the results we admit that Taiwanese participants more like to work as a team, while Mongolian have individualistic manner in work. Specially, the present study shows that Mongolian women doctors were more individualistic, while Taiwanese male doctors appeared comparatively higher than their women. Thus, our conclusion asserts that the shaped distinction to Mongolia caused by monopolized and centralized management system reigned over 70 years during communist period, which made people executives but not initiative.plus traditional nomadic culture （Baabar, 2000; Bor, 2000）. While, the contradicted results from Taiwan addressed to the typical Asian collectivistic culture （Chee et al., 2002）.

Finally, we are concluding masculinity dimension. Researchers assert that masculinity high in countries such as Japan, Korea in Asia （Low & Shi, 2002; Anastasia et al., 2008; Kuchinke, 1999）. Participants of both country expressed preference in communicating with male than woman in working environment. Moreover, majority of participants from Mongolia noted that nothing to do sex in communication with supervisors, while few of Taiwanese responded as same. According to the results the author concludes that in management field, mostly man is preferable than woman for both countries. Lastly, there are still people in both sides, who do not care gender in communication. According to their explanation they prefer communication way rather gender.

In summary, we conclude that besides personality and values there are several factors, which cause to be distinguished the participant of both countries. According to the result of our study the gender could differentiate either the aspects towards dimensions and cultures of both countries. Another significant factor is payment. It can be the one of the main factors of differentiation between two countries. Because of the level of income the value, consequently personality facets differed. Occupation and age appear as the emerging factors for participant of both countries. As discussed before doctors were different in some aspect of personality and values. Specially, neuroticism and extraversion considered as one of the dimensions affected by occupation. In addition, more secondary factors observed during this study, such as nomadic lifestyle, affects from Soviet Union, gender inequality, and social pressure, as well as Asian culture. Except the last factor, all were related to Mongolia, which made the Mongolian society and individuals to experience stressfulness, big power distance oriented management impact, and individualism （Baabar, 2000）. Researchers argue that Taiwanese management philosophy is mix of 3 components （Chee et al., 2002; Chong, 2008; Low & Shi, 2002）. Asian culture reflects on management philosophy of Taiwan. However, Taiwan adopted democratic rules mainly from the United States after decades of being under the Japanese rules, the basic management philosophy is still Confusion of China. Thus, Taiwanese management culture can be said as complex culture system of American and Japanese based on Confusion philosophy from China.

Managerial Implications

In addition to the conclusion the authors are sharing some managerial implication with the readers, and authors do hope that it would be useful for the practical world. As mentioned in our paper the co-operation between Taiwan and Mongolia has been developed in business, as well in humanitarian fields since 2000. In management science the management issues are divided into two general categories of eastern or team work philosophy, and western as individual or leadership category. Both of them have either advantages and disadvantages. For the case of this study, we should note that Taiwanese prefer to work as a team, and this kind of management way is more suitable for them. But the Mongolians are more individualistic. Thus, the firm or organizations should be careful in establishing the project team members and leader. According to the gender issues should not be worried. Because both sides prefer have same intension towards the gender aspect. Otherwise, they prefer man than woman in dealing with the management problems. But, maybe this can cause some trouble in balancing the gender consistency issues. Once, a problem can e caused in leadership issues. Study result shows the power distance in the Mongolian team was high, which makes them nervous, while Taiwanese less suffer by this problem. Authors suppose that this is horrible for management, specially in making decision. Thus, project leader and members should find an appropriate, or mixed way in communication with the Mongolians. Otherwise, can be cause to misunderstanding, or some other barriers in managing of project.

As result of our study, we can see that Taiwanese project team members have being facilitated with convenient working environment, and benefited with good insurance policy, and high payment. But the Mongolian side, however has poor environment and low salary, their productivity is and motivation as same as the opposite side. Therefore, we imply that the Mongolians are reliable and loyal to they job as same as Taiwan side. It is also observed that the Mongolian management is flexible. Otherwise, the Taiwan team members were too punctual. They think that a problem has to be solved by only definite ways. But the Mongolian look another ways of solving the problem. We think it is the consequence of nomadic culture of survival. But we should highlight the ability of punctuality of Taiwan side as good habit.

Finally, both sides should be noticed that Taiwanese men are more open that the Mongolians. Corporations should take it into their attention that in negotiation could happen the Mongolian side is less talking. So, this is not really means that the Mongolian side is reluctant in concluding agreement. Instead, the opposite side should be more initiative.

Limitations and Suggestions for the Future Studies

Our study has several limitations. First, due to financial insufficiency in present study used telephone call interview method phone. Therefore, we suggest for future studies to use quantitative method to obtain more deliberate data for comprehensive study. According to distance between two countries our study chose sample population from 1 hospital of each country. Thus, future studies kindly advised to select more wide range of population. Third, the sample population of this paper consisted of 2 sub-groups: nurse and doctor. Consequently, it suggested to make more classification in sample population for future studies.

Challenges of Cross–Cultural Communication Competence in Lithuania

Nijole Petkeviciute Monika Didzgalvyte

(Vytautas Magnus University ,Kaunas, Lithuania)

Challenges of Cross–Cultural Communication Competence in Lithuania

Nowadays our society lives in a period when everything happens very fast and continually. We all want to improve ourselves and also many wants to be the best in the environment that we contact with. But all the world changes and don't stay in a certain constant place. That's why we have to try to adjust to its changes and cope with the challenges it gives.

The relations between many people, firms and organizations are developing all over the world. In addition we meet with different cultures more frequently. So there is a big importance not only to know how we should act in a particular situation related with intercultural matters, but also to know what influences our intercultural communication. Knowing this it is much easier to improve ourselves, not only doing no mistakes which create negative matters, but also achieving the best result.

We can hear phrases: "intercultural communication" , "intercultural competence" , "intercultural communication competence" and much more others related with this area. The latter competence means the competence to communicate, to behave effectively, appropriately with people from other cultural groups and to handle the psychological demands and dynamic outcomes that result from such interchanges. But also it is always important to learn and improve intercultural competence which allows us easier to communicate in an intercultural communication. In a Figure 1 we can see intercultural competence learning spiral which shows us that the process of intercultural competence acquisition is continual and dynamic. We move through diverse dimensions in an upward spiral while we are developing and enriching ourselves.

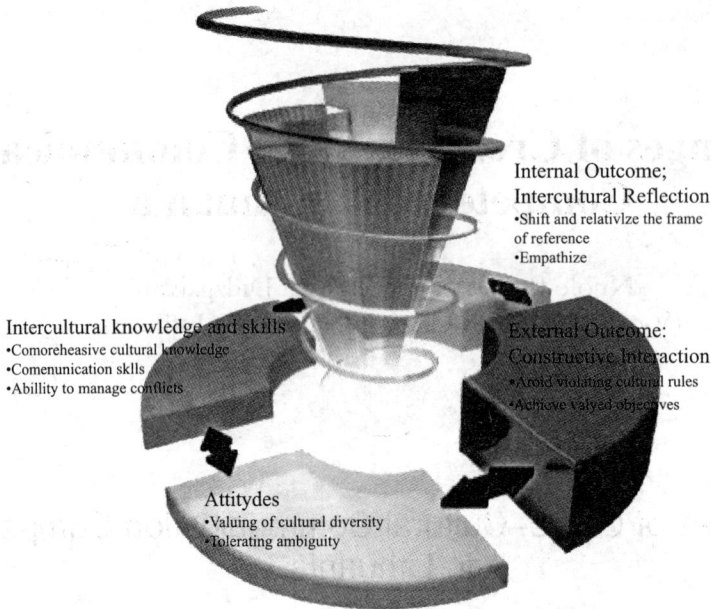

Internal Outcome;
Intercultural Reflection
•Shift and relativlze the frame
of reference
•Empathize

Intercultural knowledge and skills
•Comoreheasive cultural knowledge
•Comenunication sklls
•Abillity to manage conflicts

External Outcome:
Constructive Interaction
•Aroid violating cultural rules
•Achieve valyed objectives

Attitydes
•Valuing of cultural diversity
•Tolerating ambiguity

Figure 1. The Intercultural Competence Learning Spiral

Source: D. K. Deardorff（2006）

Nowadays there is a growing importance of global companies, expatriates and other mobile workers all over the world. This raises a new challenge to career management in intercultural area which is, particularly, important in today's dynamic business environment, in which companies cannot offer individuals jobs and careers for life the responsibility to manage careers no longer rests with the organization（Dickmann and Harris, 2005）. Those who want to have a great competence of intercultural communication and to use it for their desired career development in global or foreign companies and maybe in other intercultural areas, should understand the frameworks of competence and to use them appropriately.

Cross-Cultural Communication Competence

Communication between members of different cultural groups can be challenging in many ways and there could be a difference in values, orientations to life, beliefs, attitudes to time, communicative conventions and styles, and so on. When people engage in cross-cultural interaction, they face with some challenges, so in order to control them it's necessary for them to master these skills, which are sophisticated in managing "cultural complexity". One of the most important topics arise here, it is successful communication and interaction of different cultures. The focal point is directed at the conceptual frameworks that have been proposed, drawing on the research and theorizing that are important in a number of different academic fields.

It has been attempted to conceptualize cross-cultural communication competence by many experts in psychology, communication and international business/management studies, foreign language education but the description is not exactly determined.

Introduction: terminology and definitions

Because of the plethora of terms, they are used with little semantic rigour. And sometimes it happens that one term is used to refer to different conceptualizations or the same conceptualization is associated with different terms. In the book there is used the term "cross-cultural communication competence" （CCCC）, which is used to refer to the competence to communicate （verbally and non-verbally）, to behave effectively, appropriately with people from other cultural groups and to handle the psychological demands and dynamic outcomes that result from such interchanges.

Cross-cultural communication competence terms vary depending on the authors and their perception to the terms related with this one.

（1）Thomas in the year 2003 emphasized that intercultural competence shows itself in the ability to recognize, respect, value and use productively – in oneself and others – cultural conditions and determinants in perceiving, judging, feeling and acting with the aim of creating mutual adaptation, tolerance of incompatibilities and a development towards synergistic orientation patterns with respect to interpreting and shaping the world.

（2）Cui and van den Berg （1991） intercultural effectiveness defined as the general assessment of a sojourner's ability to communicate interculturally in an effective way. His integrative approach to intercultural effectiveness was combined of the existing perspectives – interpersonal skills, social interaction and cultural empathy and personality traits.

（3）According to Kim and Korzenny （1991） intercultural communication competence can be defined as the overall internal capability of a person to manage his cultural differences and unfamiliarity, intergroup posture and the accompanying experience of stress – which are the key challenging features of intercultural communication. Also it means that it is related not with a specific culture but as the cognitive, affective and operational adaptability of the person's internal system in all intercultural communication contexts. Chen and Starosta （1996） defined intercultural communication competence as the ability which means that competent person knows not only how to make an effective and appropriate interaction with people and environment, but also it is associated with their own communication goals which can be reached with respect and affirmation to the multilevel cultural identities of those with whom they interact.

（4）As Ting-Toomey （1999） has mentioned, transcultural communication competence （TCC） refers to a process of transformation connecting intercultural knowledge with competent practice. Culture-specific and ethnic-specific knowledge, in conjunction with this transcultural communication competence approach, will yield a wealth of interaction skills that permit people to cross cultural boundaries flexibly and adaptively.

（5）Intercultural action competence, which is regarded as the result of the interaction of the individual and the situation （Thomas, 1995）.

Although there is not the only one definition of cross-cultural communication competence （CCC）, we see that there are some concepts which are related with it. Also it is quite strong reason for scholars to take surveys to try to identify how it could be defined as and try to reach consistency in this field.

A very large proportion of work on intercultural interaction has been carried out by social psychologists, and by US-based scholars of communication studies. Here will be reported on their contribution to book's authors understanding of CCC.

Numerous definitions of the term cross-cultural communication competence – CCC have mentioned the ability to interact effectively and appropriately, thus picking up on Spitzberg's （1988） general definition in which he tells, that the competent communication is interaction that is perceived as effective in fulfilling certain rewarding objectives in a way that is also appropriate to the context in which the interaction occurs.

The criterion of appropriateness draws attention to the importance of context and capacity that people have to be contextually flexible in their behaviour. In that case Kim （1991） explains that: cross-cultural communication competence must be anchored within a person as his or her capacity to manage the varied contexts of the intercultural encounter regardless of the specific cultures involved.

There is one more important issue that appropriateness criterion also draws attention to. Because of assessments always entail subjective judgments by the participants concerned, there is no absolute criterion of appropriateness. Although self- report data and/or observation data generated by an outsider are vital for assessing CCC, they are insufficient on their own. They need to be complemented. Hammer （1989） on this point explains that competence judgments from significant others. There could be included, for example, the host country national who is a sojourner's boss in a multinational organization; the host country national with whom the tourist- sojourner typically interacts on a regular basis; and teachers or dormitory counselors of foreign-student sojourners.

A lack of the appropriateness criterion as commonly conceptualized is that it is often interpreted as the creation of cultural appropriateness with respect to the other interactant （s）, rather than as communicative appropriateness with respect to the communication situation in which the interactants find themselves. There is often an implicit assumption that the communication of the parties must be modified, primarily to take account of cultural differences between the communicants, for instance, in communication style. The other implicit assumption is that the other interactant is a prototypical member of the other or 'host'culture towards whose culturally based expectations the first interactant has to adjust, rather than a person possessing intercultural experience and/or competence also able to adjust in order to create interactional appropriateness. The appropriateness criterion does not recognize that interaction also needs to be modified to take account ofthe possibly problematic nature of the communication situation and therefore intercatants need to create communicative appropriateness by employing some communication skills, which are usually expressed in language. This type of appropriateness here implies the ability, for instance, to negotiate meaning, create understanding and repair misunderstanding.

The effectiveness criterion draws attention to the complex layers involved in successfully conveying meaning and achieving not only transactional, but relational goals too. It hints at the complex negotiation and co-construction of meaning that take place during the dynamics of interaction, and the crucial importance of understanding and managing these processes.

Authors Ting-Toomey and Chung （2005） propose two additional important criteria, adaptability and creativity. Also they argue that the overall goal is behavioral flexibility.

The criteria of communication appropriateness, effectiveness, adaptability and creativity can serve as evaluative yardstick of weather an intercultural communicator has been perceived as behaving flexibly or inflexibly in communication episode. A dynamic and competent intercultural communicator is one who manages multiple meanings in the communication exchange process – appropriately, effectively, adaptively and creatively.

（1） Communication adaptability related with our ability to change our interaction behaviours and goals to meet the specific needs of the situation.

（2） Communication creativity is explained as the ability to produce something inventive through an imaginative lens and flexible skills. （Ting-Toomey and Chung, 2005）

Psychologists and communication scholars in their empirical studies focused their attention on identifying what is the nature of cross-cultural communication competence. Dinges and Baldwin （1996） in an overview table list the purpose, design, method, subjects and results of 22 studies which were published from 1985 to 1993 year. Other articles which are review-type or which contain a review, attempt to undertake similar, more or less comprehensive summaries.

Research Report: Study in Intercultural Communication Problems

LT case: there was done a research in 2008 in Lithuania about understanding of CCC of leaders.Respondents: executives from 18 companies working in multicultural teams. This research showed that the majority of executives easily （52 %） and very easily （43 %） are adapted to work in multicultural teams （Figure 2）.

How did you adjust to intercultural team?

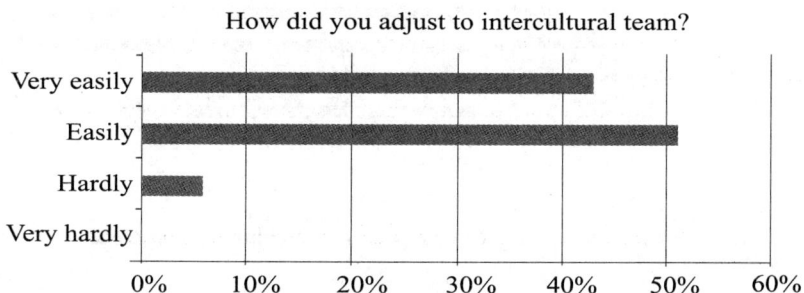

Figure 2. Indicators of adaptation to the multicultural team （%）

Respondents also pointed out cross-cultural differences faced while working in multicultural teams （Figure 3）. They mentioned that some problems were confronted very often: "Taboo" topics （40 %）, Procedures and rules （45 %）, Planning and time management style （40 %）, Perception of status （40%）. Other problems were met often: Procedures and rules （20%）, Informal communication（27 %）, Body language（20 %）, Language problems（20 %）（Figure 3）.

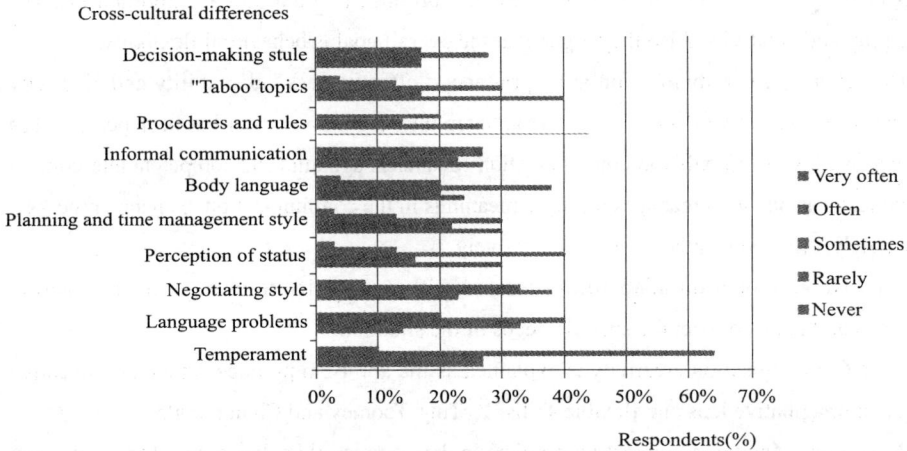

Cross-cultural differences

Figure 3. Occurrence of problems in multicultural teams

Evaluation of Lithuanian leaders'intercultural competence of the individual factors （in 10-point scale） showed up that competence is not sufficient to ensure effective cross-cultural communication （Figure 4）.

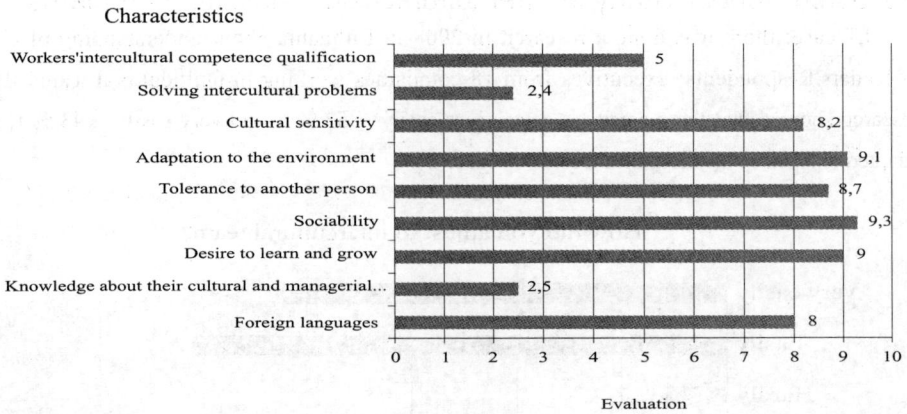

Characteristics

Figure 4. Evaluation of Lithuanian leaders'intercultural competence

Some different lists of empirically derived factors yield a somewhat diffuse but intuitively plausible picture of the components of intercultural interaction competence. Open-mindedness, non-judgementalness, empathy, tolerance for ambiguity, flexibility in thinking and behaviour, self-awareness, knowledge of one's own and other cultures, resilience to stress and communication or message skills are among components which are identified as playing an important role in the creation of appropriateness and effectiveness in cross-cultural communication.

Spiritual Dimension in Cross–Cultural Communication

There is prevailing opinion that cultural differences increase the barriers to communication and coordination as it becomes more difficult to build consensus.

One key to the effective cross-cultural communication is knowledge that refers to the capability to identify and understand the differences. We would like to draw attention to the other, and perhaps more effective, - to understand commonality, the same needs and values of human nature, regardless nationality, traditions, religion, gender, etc. The latter key deals with spirituality. Spirituality gives consolidated and coeducational basis, whilst religion - doesn't. Thus, there is a need for managers as well as all individuals in multinational environment to develop a right spiritual attitude which gives exceptional value to being in present and the development of personality.

Therefore, in Lithuania, we face a range of challenges for cross-cultural competence development. Such as: "taboo" topics, procedures and rules, planning and time management style, perception of status.

. Conclusions

Cross-cultural Communication Competence faced with a range of challenges and needs to master sophisticated skills in managing cultural complexity.

There were proposed large number of conceptual frameworks by experts in psychology, communication studies, international business/management studies and foreign language education and all they have attempted to conceptualize cross-cultural communication competence（CCC）.

Open-mindedness, non-judgementalness, empathy, tolerance for ambiguity, flexibility in thinking and behaviour, self-awareness, knowledge of one's own and other cultures, resilience to stress and communication or message skills are among components which are identified as playing an important role in the creation of appropriateness and effectiveness in cross-cultural communication.

There was done a pilot research in Lithuania in 2008 about understanding of CCC of leaders.It showed that the majority of executives easily and very easily are adapted to work in multicultural teams. Respondents pointed out cross-cultural differences faced while working in multicultural teams. Some problems were confronted very often: "taboo" topics, procedures and rules, planning and time management style, perception of status. Other problems were mentioned as met often: procedures and rules, informal communication, body language, language problems.

The Cross–Cultural Adjustment Affects the Foreign Teachers' Teaching Effectiveness in Taiwan

Tain–Fung Wu Chun–Yu Chien Xing–Jian Cao
(Asia University,Taiwan,China)
Wan–Tran Huang
(Chung–Chou Institute of Technology,Taiwan,China)

Introduction

Background of the study

Nowadays, technical and social economies have changed very fast. The way to promote in the international, familiar with English is essential. It is not a good way to learn English by closing the door to study English alone. It is better to learn English from others, especially with foreigners, because foreign teachers can enrich students'education by exposing them to other cultures（Bazar, 2010）. The public elementary schools in Taipei have taught English from the first grade to the sixth grade since the year of 2000. Most of parents, school authorities, and scholars have taught that hiring foreigners to teach English "is required". Because the environment competition is intention and the trend to have fewer children, parents are willing to invest and cultivate their children, particularly raising children's English abilities.

It is not only parents spending lots of money for their children to learn English in crams schools, the Ministry of Education in the Republic of China（Taiwan）also announced that students were taught English from schools in the grades of fifth and sixth. However, 74 of 150 schools implement English teaching from the first and second grades in Taipei. In addition, the Ministry of Education in Taiwan promotes the program of hiring foreign teachers to teach students in schools and expects this program can help students to gain the first-hand knowledge, have appreciation, understand the English language, and participate countries would get benefit from the collaborative relationship（the Ministry of Education, 2010）. After three years of planning, the government introduced five Canadian qualified native English speakers as English teachers on October 24, 2004 arrived in Taiwan to assist English teaching in countryside. The original plan was to introduce 30 foreign teachers to Taiwan, but because of the problem of treatment and unknown the environment in Taiwan, most of the foreign teachers hesitated and maintained to wait （Huang, 2004）.

Culture is an integrated pattern of human knowledge, belief, and behavior. It also depends on the capacity for symbolic thought and social learning. An institution, an organization, or a group shares attitudes, values, goals, and practices （wiki, 2010）. People from different countries have their own attitudes, values, and practices. When the foreign teachers arrived in Taiwan, they needed to take Chinese courses for three weeks. Many years ago, there is no contention the relationship between language and culture. Because not paying attention on the component of culture, the linkage between language and culture is ignored. Since English is an important instrument in human communication and the concept of "global village", English is a tool in the international communities. However, if teachers have confront with teaching or learning English, students would have difficulties on learning English. Therefore, obliging to get involved in intercultural communication cannot be omitted. If teachers and students cannot understand the culture, they would misunderstanding or confuse what the English native speakers say （Chen, 2007）. To learn English well, reestablishing of school organization and culture is the best prediction ability on teachers' teaching effectiveness （Cheng, 2004）.

Building English villages

South Korean government has aimed to improve people's English ability and spent tons of money to build up the biggest English village in the world. The foreign teachers, the luxurious campus, and situational classrooms contain in the English villages, and the English villages create environments for students to learn English and encourage students to speak English. Therefore, creating an environment for learning English and encourage students to speak English became an important agenda. In the English villages, the students would not be bored and the ways of learning English are not only reading and writing-oriented. Students will not reduce their interest in learning English. On the other hand, most of English learning in Taiwan mainly focuses on vocabulary, grammar, and reading, and students do not have good opportunities and have difficulty to speak English out. The government of Taiwan takes a notice of this, and the government employees traveled to South Korea to learn the experiences of building successful English villages. When they returned back to Taiwan, eleven counties built English villages, and the total has reached as high as 39.

The advantages to take native-speaking English teachers' classes

Learning English from schools is not enough for many parents because they are afraid their children lose in the starting point; they send their kids to bilingual kindergartens or to cram schools to study English. University of Cambridge ESOL Examinations reported that the students from 7 to 12 year-old performance above the world standard. The professor of the department of Children English Education in National Taipei University of Education thinks that the phrases that foreigners use have their own cultural background, which can develop students' inspirations of the ideas and only "the instinct respond" for the foreign teachers, which is the local teachers cannot actually handle. In addition, the foreign teachers' pronunciation and the tone are correct and the rhythm of the speech is different that help the students to adjust the English environment and help kids to learn English easily.

The Ministry of Education in the Republic of China (Taiwan) has trained talented people in order to create an English teaching and learning environment, and the authority widely recruiting full-time and part-time foreign teachers in Taiwan's educational system. In addition, no-Chinese teaching style, makes students to use English naturally and improve their listening, speaking, reading, and writing efficiency and the pronunciation is also accurate, is different from the traditional one. Also, the students would be influenced by the no-Chinese environment, encouraged to speak English up naturally when they meet the foreigners. Third, the intuition and lively teaching methods would make the students to spell the words fast and correctly, memorize the vocabulary words easily and speed up the reading. The traditional teaching styles, which are forcing students to memorize vocabulary words and phases and not be able to talk with foreigners, do not have these advantages. In Taiwan, no-Chinese teaching is the tendency, and how to control teachers' teaching qualities and the diversifications of the teaching should be depending on the teaching practices.

Hiring foreign teachers to teach English in elementary and middle high schools is very popular, but some foreign teachers' emotion affects their teaching qualities because of the family matters or homesick and even initiates the depression after they arrive at foreign countries (Lin, 2010). Native-speaking English teachers are generally hired by the Bureau of Education, and then assign to different schools to teach, but they go back to their countries easily because of their marriages, the birth, and their children's education (Peng, 2010). Therefore, they only stay in Taiwan for a short time. To solve this problem, schools authorities would hire the foreign teachers who adapt the local lives; this could avoid the problem of homesick in foreign teachers and also save the housing and airplane ticket expenses (Peng, 2010).

Protesting about hiring foreign teachers

Not all of the Educational officials and parents agree to native-speaking English teachers teach in schools and in cram schools. iddle high schools. However, the culture and the custom differences, the qualities of the foreign teachers are different.

Literature review

This research discuss cross-cultural adjustment, culture shock, and teaching effectiveness through the literature review and in-depth interview the full-time foreign English teachers to understand if cross-cultural adjustment affects their teaching effectiveness in Taiwan.

Cross-culture adjustment-Culture shock

The term, culture shock, was introduced for the first time in 1958 and is the feelings of surprised, disorientation, uncertainty, confusion, etc when foreigners have to operate within a different and unknown culture (Wiki, 2010). They do not know what to do, how to do the things, and what is appropriate or inappropriate in a new environment. The feelings of the culture shock, is the physical and emotional discomfort for the foreigners, general happen in the first few weeks of coming to new countries where everything is different, not only in languages but also the usages of the ATM machines or telephones from the original ones.

Three phases of Culture shock are honeymoon phase, negotiation phase, and adjustment phase, but not everyone has through these phases in the new country. During the honeymoon phase, things between the old and the new culture are seen in wonderful and new ways, full of discoveries and observations. The negotiation phase usually happens after a week, the individuals feel frustration and anger between the old and new culture and the sense of excitement is giving away. The mood swing cause without any reasons and depression is common. The phase of adjustment is usually after 6 to 12 months. The foreigners have accustomed to the new culture and they have developed their new lives. They do not feel the new countries and culture new anymore because they start to dealing with the problem-solving and accept the new culture with the positive way and adapt the new culture (Wiki, 2010).

The process of cultural adjustment contains the feeling of excitement and eagerness, the expatriates are excited to leave their own countries and look forward to the new counties, the expatriates feel the new cultures are terrible, the expatriates adjust the new environment and become more familiar with the new culture, and everything is fine for the expatriates. When the foreigners have gone through this process, they adapt the new cultures and have embraced the new cultures as their own. A challenge for cross-cultural is expatriates need to suit the local needs while they still retain their own cultures.

Teaching effectiveness

Teaching is most effective and gets response from the needs of the learners. Teachers should make every effort to teach their students. When students are ready to learn, teachers need to give the information and the things that they request. The dimensions of effective teaching for professional development need to contain several elements, classroom management, lesson depth and clarity, instructional variety, student success, student engagement, teacher's task orientation, and learning climate (Borich, 2010).

Economists are trained to think in the terms of their self-interests and incentives (Arnold, 2008), and more self-interested will response better to incentive than other people (Marwell and Ames 1981). Teachers, who are in the environment in which rewards are distributed effects the evaluation, get reward from their teaching jobs; they would spend more time on teaching and improve their teaching effectiveness, figure 1.

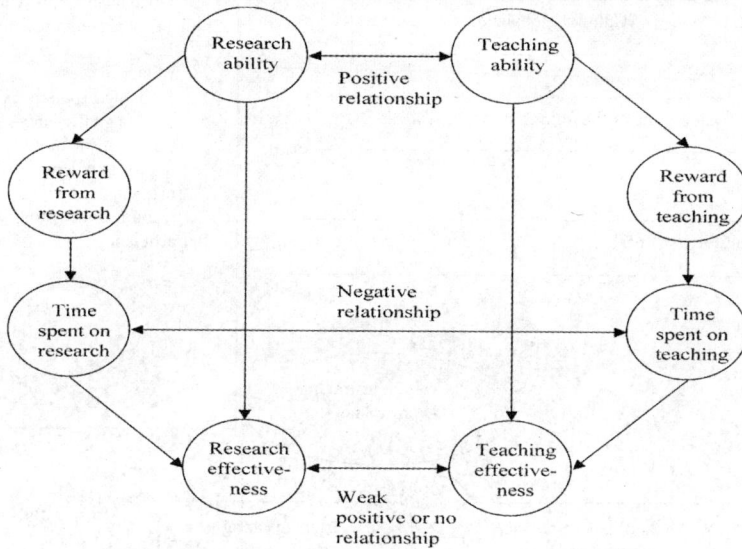

Figure 1. Marsh's （1984） compensatory model.

Source: Arnold, I, J, M. （2008）. *Course Level and the Relationship between Research Productivity and Teaching Effectiveness*. Journal of Economic Education, 39 （4）, 309.

Methodology

The ideas of cultural globalization influence the education in learning English and increasing the tendency of learning English in Taiwan. After 2004, foreign teachers were introduced to teach English in Taiwan. At that time, Taiwan English teachers were against the plan, but the foreign teachers become popular and most of the organizations want to hire foreign English teachers.

The advantages of learning English from the foreign teachers are the tones of the native-speaking English teachers pronounce are perfectly and correctly. They have western faces, which is the good way to attract parents and students to learn English in schools and cram schools. Because of teaching experience, the students can learn English efficiency and improving students' listening, speaking, reading, and writing skills. Since parents and the government have thought the advantages to hire English teachers to teach in schools or cram schools, the culture shock that the foreign teachers have cannot be ignored. If the foreign teachers can adjust the new environment, they continue to stay in the new country and no influences on their teaching effectiveness. On the other hand, if the foreign teachers cannot adapt the new environment, they would plan go back to their home countries, figure 2.

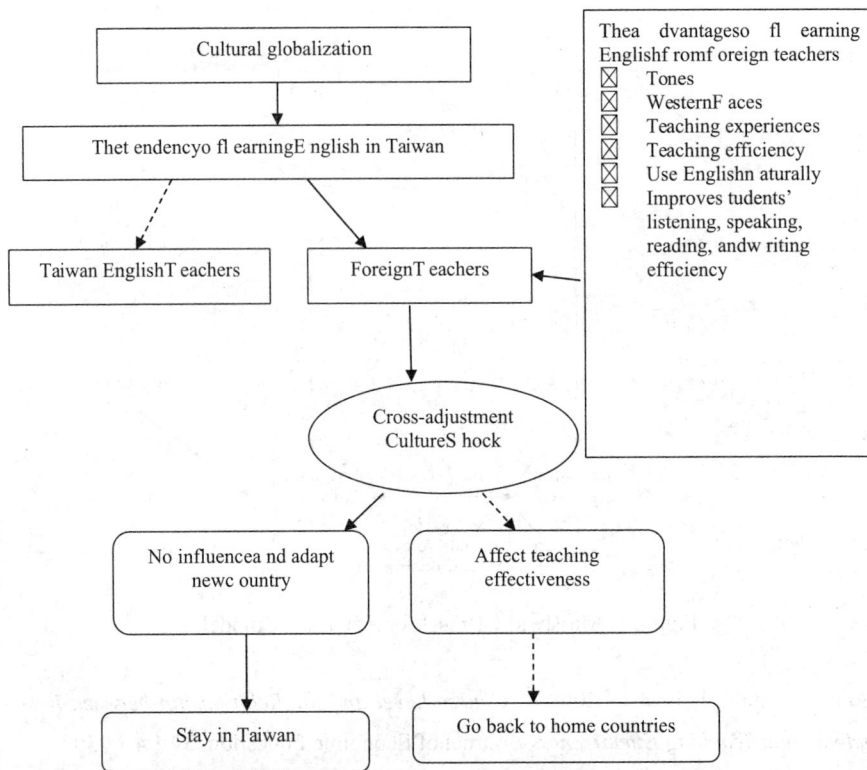

Figure 2 Research Framework

This research used in-depth interview to interview five foreign teachers. Miller and Crabtree（1992）pointed out that the ways to get data for the qualitative research are observation, recording, and interviewing. Malhotra（1993）thought that the in-depth interview is nonstructural, direct to contact with interviewees. It is used to explore the facts and clarify the subjects' that interviewers concern.

Result and Discussion

The researchers interviewed five foreign English teachers. They are from Mongolian, South Africa, Canada, and the United States of America. The purpose of selecting these foreign teachers is they teach English in different reasons and they adapt the new custom well right now. The researchers expect to find out if the foreign teachers would affect their teaching abilities by culture shock in Taiwan.

The first foreign English teacher, Amy, is from Mongolian. She is 32 years old and has master degree. She has been an English teacher at cram school for six months and an English teacher assistant at university for four months. She chooses teaching as a part-time job in Taiwan is because during the time she has attended the PH D program in Taiwan, she needs to earn some money for her spending. She does not really like the teaching job because teach kids requires more patient and to be calm, and which is the biggest challenge for her. On the other hand, the advantage of teaching for her is learning with her students and from the book at the same time. Some of the material she had never known before.

She thinks her school and cram systems are good because going to cram school seems a good way for kids to learn English, and she has just considered having the same kind of cram school in Mongolia. On the other hand, Taiwan is not a good place to learn English because people do not speak in English or rarely use English on the streets, in the stores, or even in everywhere. She has great relationships with her supervisors, colleagues, and students. She adapts the current work requirement and takes responsibility on her work. However, she does not know any methods and approaches in teaching English, she just follows that lessons that school and cram school ask for. The important things to teach well in the class are to motivate her students and teaching skills of the teacher. Therefore, she does not evaluate her current performance at work. She thinks to do the evaluation is her supervisors, not by her.

Amy is an Asian and she adapts the new environment, but the ones she has culture shock are "food" and "climate". Food and climate are difficult for her to adapt because the weather in summer is hotter and winter is colder in Taiwan than in Mongolia. She said,

> *"In Mongolia, the temperature in summer is like the weather in spring in Taiwan. We feel comfortable in summer. Even though the temperature in Mongolia is below zero; sometimes the temperature is minus twenty or minus thirty degree, like the news said that the temperature in last winter is minus forty degree, but we do not feel cold in Mongolia because the heaters are used in Mongolia, so I do not feel cold in my country. Also, we eat lots of meat in my country, so we have energy to survive in freeze weather."*

Ernest, 44, is from South Africa, originally from Nigeria. He got married with a Taiwanese woman who is a kindergarten teacher. He is a legitimate residence and has three children. He is a child loving person and likes to play with kids when he is free. The thing he loves to do is to teach Chinese kids the best way of speaking English if he has opportunity.

He finished his college in 1984 and entered to a university in 1986. After he had taken courses for three years, he dropped out due to some circumstances although he did well at school. He was majoring in Business Administration and English language. Later he joined business in 1988, and the most of time he was deal with automobiles, such as motorcycle spare parts and car spare parts. Before he was invited by a company in Taiwan, he had worked in that field for four years. In 2002, he works as an English translator in Xin-Yi Road Taipei, Taiwan. He had worked there for one year and six months before the company decided reducing some staff and moving to China.

After quitting for being an English translator, he started to teach kids English. He is a submissive worker to his employer and the school in general. Now, he has taught in two cram schools in Nantou. He is confidence in letting kids to open their mouths up to practice speaking English. In his opinion, taking kids out to have some exercise is part of education. Besides teaching kids, he is good enough for adult teaching. Now, he has been teaching for almost four years in Taiwan. He thinks the teaching methods in teaching English are different. The methods that use in teaching classes with textbooks and teaching conversation classes should be different. Also, the way to teach kids and teens are also different.

The reasons that he chose teaching job are because he wants to correct his pervious mistakes from others dangling into it and also learning and seeing the different views and ways of understanding from different point of views. Therefore, he likes his teaching job, and he loves to stay with kids. However, he also faces the difficulty on teaching English. The biggest challenge for him in teaching English is the constant reputation of sentences and words caused by students unable to memorize and the standing in it for length period. As for his cram school system, he does not care much about school proprietors but he cares much for his students. He does not only feel the systems in his cram schools are good, but for the environment to learning English in Taiwan he has positive idea. He thinks Taiwan is a good environment to learn English because there are many people learn English in Taiwan and the government and schools try their best to create the environment that full of English.

He has been Taiwan for eight years, and he gets along well with his students. However, he had culture shock when he arrived in Taiwan. The way to survive the culture shock was to deal with the new culture and adapt the climate, food, transportation, medical care. Now he thinks he adapts most, but not perfectly, of the values, work attitude, and customs in Taiwan.

Wade is 35 from Canada. He graduated from ECE Cariboo College and took the TOFEL test before. He worked at Harmony English and Art, Melody Book Service, and Owner Happy Tree English School. He has taught English in Taiwan for eight years. The reason he chose the teaching job is to help a friend. Although the purpose for choosing this job at the beginning was not loving the teaching job, he loves this job most of time. During the teaching time, the biggest challenge for her is to keep students interested for all the time. He has taught English in Taiwan for eight years, he has good relationship with his supervisors and colleagues, and the relationship between him and his students is like friends. However, he does not like his school system. He has taught English in a private high school for a year; he does not like the school system and even thinks the school system "is a joke". In his opinion, some places in Taiwan are good environment to learn English but not everywhere. In Taiwan, people do not speak English in their daily lives, and the parents take their kids to cram schools to learn English and expect their kids can open their mouths to speak English. However, after their kids go home after schools or cram schools, the family members do not speak English, and there is no one can have English conversation with them at home. Therefore, the kids improve their English skills is slow.

For a long time ago, Wade had culture shock, but he does not have the feeling of culture shock anymore. After he arrived to Taiwan for several months later, he had a culture shock a bit. He said, "To adapt the climate, food, and transportation, medical care in Taiwan is to have an open mind. If not, the foreigners will not be happy." After the longer days of work, he can communicate with Taiwanese by using Chinese, and he adapts the values, work attitude, and customs in Taiwan. He even thinks that customs are an education in a different culture. As for adapting the current work requirements and responsibilities, he said, "Yes, you must or have them adapt to you."

Kate is an English teacher who has taught in high school. She has a Bachelor of Art in Commercial Photography degree. She has been Taiwan for four years. However, she did not choose Taiwan to teach at first, she was an English teacher in Korea. She taught elementary school in Korea for a year, but she did not enjoy the work environment in Korea. She loves to live in Asia and wants to stay in a country that pays wages comparable to Korea but with a more relaxed environment. Therefore, she decided to relocate to Taiwan to teach English.

She has never had culture shock in Taiwan because she has been traveling since she was 14 years old and has been living abroad for the past 5 years. The reason she left the previous school in Korea because she was asked to work more than 50 hours a week and required to do "busy work" that was not in her contract. After she left Korea, she chose Taiwan to teach students English.After she has taught English in Taiwan, she knows the teaching methods. However, most of time she just follows that lessons that school asks for. She treats her students as friends, too, and she has good relationships with her colleagues. Four years past, she loves to teach in Taiwan and plan to stay in Taiwan to teach for the next two or three years. She thinks the transition to Taiwan was very easy.

Sam, 33, from the United States, has a Bachelor of Art degree. He has been in Taiwan for three years. Now he is teaching in a high school and a cram school. He teaches in Taiwan because he loves teaching job. He wants to teach students to speak English properly. After three years teaching, he thinks it is not easy to teach high school students because they have their own opinions on learning their school lessons. In addition, the school system does not good for students to learn English because proving no-Chinese listening and speaking classes for only twice a week are not enough. Most of students do not understand what the native English teachers say, they lose their patient on learning English and sometimes native English teachers and students have arguments. Since students haven't used English in their daily lives, they have difficulty to learn English in no-Chinese environment. Because students do not pay more attention on learning English in his class, sometimes he frustrated about it. He does not really have culture shock; he loves to live in Asia. He adapts the custom, climate, value, food, and transportation. After he has been here for three years, he can communicate with others. Even not in Chinese, he understood what people said most of time.

Five of foreign teachers were interviewed. Three of the interviewees have taught English in high schools and other two have taught in cram schools. The time they have stayed in Taiwan are varies, the longest is 8 years, but the shortest is only 9 months. The two interviewees are from the United States, other three interviewees are from Canada, South Africa, and Mongolian. Three of them are males and two are female. The average age is 37; the ages are among 32 to 44. The reasons they choose the teaching work in Taiwan are to earn money, to help a friend, and to understand different points of view from different students and adults, and love the teaching job. Even they have different ideas about teaching methods or approaches in teaching English, they just follow by textbooks that they use in school or cram schools. Even thought their teaching ideas are different from they have expected, they are not affected their love on teaching in Taiwan.

Amy and Kate do not have culture shock after they arrive in Taiwan. Amy adapts the environment because the customs between Taiwan and Mongolian are similar. However, not all of the foreign English teachers who are from western had culture shock after they arrived in Taiwan a few weeks later. Kate adapts the new country because she is an independent person and she loves Taiwan and expects to live and teach English in Taiwan for next two or three years. Both of them do not affect their teaching quality by culture shock. Any adjustment for them in the new country is not needed. They just follow the lesson plan that schools ask for on their teaching. Sometimes they are disappointed that their students who do not learn well on English, it is not because of they have culture shock. It is because of their students not have enthusiastic at learning English. Therefore, they need to create new methods to keep them interesting on learning English.

On the other hand, for the foreign English teacher went through the feeling of culture shock, they tried their best to adapt the current work requirements and took responsibilities on their jobs. At that time, they wanted to go back to their home countries, but after a few months later, they adapt the new environment. During the time they have culture shock; the way to solve the problem was making new friends and talking with their friends. The foreign teacher, Ernest, even got married with Taiwanese woman and has three children now. Because they love teaching, they paid more attention on what they did at that time. They satisfy their current performance at work because they get along well with their students and most of them also have good relationships with their bosses and colleagues.

The government of Taiwan and parents pay lots of money to create no-Chinese environment and even build English villages. Most of the foreign English teachers think Taiwan is not really a good environment to learn English because learning English for a few hours in schools and in cram schools per week are not enough. The students do not really have no-Chinese environment at home or other places to learn English. For example, most of time when they go shopping, visit other places, or their working places, people always speak Chinese. In addition, the biggest challenge they have in their teaching jobs is to keep students interested for lengthy periods on the lessons and the difficulty to help students to memorize the words and sentences; foreign teachers need more patients and be calm.

During the time in Taiwan, four of the foreign teachers adapt the climate, food, transportation, medical care because they have been here for a long time and they get used to them. However, the climate and food are difficult for Amy. She thinks the weather in summer is too hot and winter is too cold in Taiwan because people do not use heating in Taiwan. They also adapt the values, work attitude, and customs in Taiwan. Even they had culture shock before; they were not affected by it. The foreign teacher, Ernest, said that, "Have an open mind. If not, you will not be happy". Now, they adapt the new culture in Taiwan, and they like the food, transportation, climate, medical care, values, work attitude, and customs in Taiwan. However, the languages are different from the foreign teachers', most of time they do not understand what people say in Chinese. Especially, when they go to the markets or some places, they usually get miscommunication.

Conclusion

In order to have the connection with international, creating English learning environment and repel foreign teachers for kids not be afraid to speak English and improving their verbal skills. When the Ministry of Education introduced the plan of hiring 1,000 foreign teachers to teach in Taiwan, many teachers thought the government fawned on foreign power and were against the plan because they might lose their jobs. In 2004, the Ministry of Education was criticized after announcing "The 1,000 Basic English Vocabulary Words" that elementary and middle high school students had to memory. The experts thought that only learning 1,000 words in nine years was too little and the students' English skills might drop. Introducing foreign teachers is not only helpful for our country but also can have the connection with international. "Global Village" is the tendency that we cannot ignore.

When the foreign teachers arrives to Taiwan, they have culture shock because of the lifestyles are totally different from their own countries. However, they get used to it and even get along with students and their supervisors well. The reasons they stay in Taiwan to teach are different, but they adapt the food, transportation, climate, medical care, values, work attitude, and customs in Taiwan. In addition, the culture shock does not affect their teaching effectiveness. Since hiring foreign English teachers can help students to speak English naturally and improving their English skills, there is no reasons that forbidding having foreign English teachers to teach students in schools and cram schools.

The limitation in this research is most of the foreign teachers do not want to do the interview, and the researchers did not have chance to interview the foreign teachers, who just arrived to Taiwan, have the feeling of culture shock. For the foreign teachers in this research adapt the culture in Taiwan and they do not have culture shock at the time they were interviewed. Since they do not have the feeling of culture shock, the teaching effectiveness is affected by the culture shock is not found. The further research in this field should include the ways how the foreign teachers adapt the new culture and what do they do to overcome the culture shock. It is not easy to live in foreign countries and adapt other cultures. When the foreign teachers are willing to live in the new countries, they must love their teaching job very much and they are happy with what they do.

Brief Study on Application of Nonverbal Communication by Tour Guides

Jie Wu

(Jie Wu, Tourism College of Zhejiang,Hangzhou,China)

Intercultural Communication

Social and Historic Background of the Study of Intercultural Communication

During the final half decade of the twentieth century, the whole world was under great changes, which transformed it into a global village forecast by Marshall McLuhan in the 1960s. To be specific, there were four major events: improvement in transportation technology, development in communication technology, globalization of the economy and new immigration patterns. All these changes produced huge transformation in patterns of communication and interaction between people from different cultures. As the world is "shrinking", the influence of cultural diversity on human communication has become greater than ever before. Living in such a global village, people realized that differences are inevitable and "All people have the right to be equal and equal right to be different" (Israel Prime Minister) . It became urgent and necessary for people to cultivate sufficient intercultural awareness and understanding of communication.

A History of the Study of Intercultural Communication

1.Research in the U.S. and the Western World

With the global phenomenon involving transportation, communication, an international economy and migration was taking place, the United States, as a country of immigrants and co-cultures, became the birthplace of the study of intercultural communication. After the World War II, the U.S. gradually became the leader in economic and political affairs in the world. However, government officers, businessmen and other American citizens working overseas often had difficulties communicating with people from other cultures. The Foreign Service

Institute (FSI) was therefore established to solve this problem. Later, FSI hired Edward T. Hall and other prominent anthropologists and linguists (including Ray Birdwhistell and George Trager) to develop "predeparture" courses for overseas workers. They formed new ways of studying culture and communication, which accelerated development of the field of intercultural communication.

In 1951, American scholar Edward T. Hall put forward the term "intercultural communication" for the first time. Later in 1959, his representative work "The Silent Language" was published, in which Hall thoroughly discussed relation among time, space and communication, and also gave some suggestions about how to study culture theoretically. To some extent, its publication is considered the birth of study of intercultural communication, and paved the way for its later development.

The period from the beginning of the 1960s to the end of the 1970s witnessed rapid development in the field of intercultural communication. Hall continued his study of in other books, such as "The Hidden Dimension " (1966) and "Beyond Culture " (1976). His influence in this field is far-reaching. In the 1960s, there were two classic works which reflected continuous efforts made by other scholars. They were Oliver's "Culture and Communication" (1962) and Smith's "Communication and Culture" (1966) The former focused on Asian philosophy and communication behaviors, especially from a rhetorical perspective. While the latter one was a collection of essays on human communication covering thirteen types of communication studies. The year of 1970 has unique meaning in the history of the study of intercultural communication. In that year that it was acknowledged as a branch of communication studies by the International Communication Association. The topic of the first annual conference was "Intercultural Communication and International Communication" . After that, intercultural communication was studied as a college course in universities all over the U.S.. Later in 1973, Indiana University awarded the first doctoral degree in intercultural communication. Besides books mentioned above, Samovar and Porters "Intercultural Communication: A Reader" (1973), Blake and Newmark's "The Handbook of Intercultural Communication" (1979), and "The International Journal of Intercultural Relations" which began publication in 1977 also greatly influenced research in this field.

From the beginning of the 1980s, study of intercultural communication began to move from disarray to a more coherent focus. Based on previous research, scholars who received formal academic training in intercultural communication in the late 1960s and the early 1970s began to make their contribution in research and teaching. The focus was switched from contrast and analysis of diversity of communication in different cultures to the process of intercultural communication. It was later developed into dynamic intercultural communication theory by scholars like William B. Gudykunst and Tiny Toomey. There were 5volumes which advanced an agenda for the study of intercultural communication: Gundykunst's "Intercultural Communication Theory: Current Perspectives" (1983), Gundykunst and Kim's "Methods of intercultural communication Research" （1984）, Kincaid's "Communication Theory: Eastern and Western Perspectives" （1987）, Kim and Gundykunst's "Theories in Intercultural Communication" （1988）, and Asante and Gudykunst's "Handbook of International and Intercultural Communication" （1989）. Theory building and methodological refinement accelerated growth of intercultural communication study. It was no longer local research confined in the U.S., but had attracted worldwide attention. The International and Intercultural Communication Annual and its volumes, to some extent, helped to determine direction of the study. There were another two major professional associations for communication study: the Speech Communication Association （SCA） and the Intercultural Communication Association （ICA）. Both of them have a division promoting research in the field. Besides, journals sponsored by these organizations also made significant contributions to development of study of intercultural communication.

2. Research in China

The study of intercultural communication in China began in the 1980s. It was introduced by scholars in the field of foreign language teaching. The focus at that time was diversity of intercultural communication in language teaching and relation between language and culture. In 1980, Xu Guozhang published "Culturally – loaded Words and English Language Teaching" in Modern Foreign Languages, which marked the birth of study of intercultural communication in China. The decade of the 1980s was crucial to research of intercultural communication in China. On the one hand, scholars who had studied overseas brought back new theories and methodologies. On the other hand, domestic scholars expanded and explored the research under the social and academic background in China, and applied the fruits for pragmatic purposes. Since the middle of the 1990s, several influential works on intercultural communication have been published, such as Hu wenzhong's "文化与交际" （1994）, Guan Shijie's "跨文化交流学" （1995）, Lin Dajing's "跨文化交际学研究" （1996）, Jia Yuxin's "跨文化交际学" （1997） and Hu Wenzhong's "跨文化交际学概论" （1999）. Since then, the study of intercultural communication has become an independent discipline in China. The content of study mainly includes five aspects, namely, relation between language and communication, nonverbal communication, comparison of customs in China and Western countries, comparison of management mode in China and Western countries, and study of national character of the Chinese. In 1995, the China's First International Symposium on Intercultural Communication was held in Harbin, in which the Intercultural Communication Association in China was set up. It has since then made it easier for Chinese scholars to obtain the latest theoretical fruits produced overseas, and at the same time made their achievement in this field acknowledged to the world.

Looking back on the decades of study of intercultural communication in China, there are still some problems waiting to be solved. First, the academic research is mainly based on current theories proposed by western scholars. Chinese scholars haven't created something special for this country. As Hu Wenzhong criticizes "Scholars in China has made some achievement in intercultural communication theories and methodological research, but generally speaking, works on this field are far from enough". Besides, there is an obvious short of research on dynamic and diverse process of communication. Therefore, it's urgent for domestic scholars to spend more energy and time exploring and expanding study of intercultural communication under the special cultural and social background in China.

Three Approaches to Study of Intercultural Communication

Based on different fundamental assumptions about human nature, human behaviors and the nature of knowledge, scholars mainly use three contemporary approaches to study intercultural communication. They are social science (or functionalist) approach, the interpretive approach and the critical approach. Each of them provides a unique way of understanding the relationship between culture and communication, while being different in assumptions about human behaviors, conceptualization of culture and communication, research goals and preferred methodologies.

Each approach has its strengths and limitations. The Social Science Approach, based on research in psychology and sociology, was most popular in the 1980s. It has been useful in identifying how communication varies from group to group, and defining some of the psychological and sociological variables in the communication process. However, since human communication is usually more creative than predicable, and that reality is both external and constructed by humans, it becomes almost impossible for people to identify all the variables that affect communication, or predict exactly why some intercultural interactions are successful while others are not. Another limitation is that sometimes, researchers may not really understand the cultural groups they're studying. So some of the methods used in this approach are not be culturally sensitive.

The Interpretive Approach is prominent in the late 1980s among communicative scholars. Being different from the Social Science Approach, it focuses on comprehending communication patterns from the inside of the a particular cultural community or context. Researchers try to describe patterns or rules that individuals follow in particular contexts, rather than universal generalization. Whereas, the limitations are also obvious. First, there are few interpretivist studies of intercultural communication, especially those about what happens when two group come in contact with each other. Besides, researchers are usually outsiders to the communities. That means they may not represent accurately the communication patterns the way members of it perceive.

The last one is Critical Approach. Critical scholars emphasize importance of studying macrocontexts, such as political and social structures, in which communication occurs. Unlike social science and interpretive scholars, the are interested in historical context of communication. Generally speaking, there are three limitations of this approach. First, it ignores face-to-face intercultural interaction. Second, it doesn't allow for much empirical data. Besides, since it studies culture and communication in domestic settings and the reality that it's hard to understand the role of power in intercultural interaction, critical studies rarely focus on intercultural contexts.

Nonverbal Communication

Definition and Significance of Nonverbal Communication

Successful interaction in intercultural settings requires not only the understanding of verbal messages but of nonverbal ones as well. Adapting to cultures is not merely using the right verbal language and following procedures in the cultural system. As the way people interpret nonverbal behaviors varies culturally, we also need to modify nonverbal behaviors to manage the perceptions interpreted by another person. In other words, in communication "we may base our judgment on an evaluation of tone, intonation, emphasis, facial expressions, gestures and hand movements, distance, and eye contact, in short, nonverbal signals, or the silent language."

But what is nonverbal communication? Mark Knapp's words may give us some hints. "Generally, when people refer to nonverbal behavior they are talking about the signal (s) to which meaning will be attributed — not the process of attributing meaning. ⋯ The term nonverbal is commonly used to describe all human communication events that transcend spoken or written words. At the same time we should realize that these nonverbal events and behaviors can be interpreted through verbal symbols. " All intentional and unintentional stimuli between communication parties, other than the spoken words, are considered to be nonverbal communication. More specifically, nonverbal communication involves those humanly and environmentally generated stimuli in a communication setting that convey potential nonlinguistic message values to the interactants.

Generally speaking, without the company of nonverbal signals in communication, human words would be like a boring, inhuman and meaningless monotone recording. Nonverbal communication is so significant mainly for three reasons. First, nonverbal behaviors "account for much of the meaning" we drive from conversations. To be specific, that refers to affective content, in other words, our feeling about another person and the conversation we've just made. Mehrabian indicated that 93% of meaning in a conversation was conveyed nonverbally — 38% through the voice and 55% through the face.Second, it spontaneously reflects the subconsciousness. That is to say, with nonverbal behaviors we may "leak" our true feelings without even realizing it. It is assumed that nonverbal behaviors are spontaneous and hard to manipulate, so we tend to believe it, even if it contradict the verbal responses. The last reason is that nonverbal communication is always present whether we realize it or not. Sometimes, even silence could "speak" for us.

History of research of Nonverbal Communication

1.Research in the U.S. and the Western World

The using of nonverbal signals can be traced back to the beginning of human civilization, and is much earlier than that of verbal communication. Our ancestors used hand movements and gestures to communicate with each other. But the history of study in this field is no more than decades of years. In 1872, Charles Darlwin claimed in his book "The Expression of the Emotions in Animals and Man" that there was something biologically inherited in the way of showing emotions by facial expressions. From then on, people began to realize the functions of facial expressions and tried to find rules of using them. In the first half of the last century, in Western countries, body movements were defined as personal behaviors studied by psychologists, and rarely related to systematic study of communication models. Only a few anthropologists, such as Franz Boas and Edward Sapir, managed to find something encouraging for succeeding studies by defining body movements as communication codes representing certain cultural models. Besides, D. Efron discussed the ethical and cultural diversity of body movements in the 1940s. however, it was not until the 1950s that intercultural communication was widely acknowledged and studied systematically as a prominent part of the newly-born discipline — Intercultural Communication. American anthropologist R. Birdwhistell made thorough and detailed analysis of body language for the first time in his book "Introduction to Kinesics" (1952). In the same book he created the term "kinesics" based on the Greek word "kineo" (means "move" in English), which was defined as "systematic study of the way human beings communicate through body and hands movements".

The Foreign Service Institute in the U.S. has played an essential role in the history of study in this field. It emphasized importance of nonverbal communication and encouraged scholars to apply frameworks in studying nonverbal aspects of communication. Edward T. Hall pioneered the systematic study of culture and communication with his books "The Silent Language" (1959) and "The Hidden Dimension" (1966), which greatly influenced the new field of study. In "The Silent Language" he introduces the notion of proxemics, which is the study of how people use personal space to communicate. He made a further elaboration about it in "The Hidden Dimension" by defining four personal distance zones based on his observation of Americans in the northeastern part of the U.S.. He believed that people interacted at intimate, personal, social and public zones depending on the contexts. He pointed out that "each cultural group has its own set of rules for personal space and that representing these cultural differences is critical to smooth communication". During the following decades, scholars from all over the world enriched the research from various and more detailed perspectives. One of them that are worth mentioning is Roger Axtell. He spent 28 years traveling and studying in different countries to gain a great amount of first-hand materials on body language. It took him 10 years to investigate the way people use body language for communication, and record his findings in his representative work "Gestures: The Do's and Taboos of Body Language around the World" (1991). In the book, he lists more than two hundred kinds of hand movements which are commonly used in various countries. His research greatly enriched the database of nonverbal codes. With over sixty years'development, nonverbal communication has become a prominent part of intercultural communication, and its fruits have been applied to various areas such as language teaching, crosscontinental business, governmental affairs and so on.

2.Research in China

Compared with the western world, study of nonverbal communication has a relatively shorter history in China. It didn't gain enough attention until the 1980s. in the burgeoning period, schoolars like Bi Jiwan and Yang Ping introduced western theories and academic achievements through translating and elaborating related works. Leger Brosnahan's "中国和英语国家非语言交际对比" (translated by Bi Jiwan in 1996), Yang Ping's "非语言交际述评" (1994) and Bi Jiwan's "跨文化非语言交际" (2001) are three of the most influential works published during that period. In the recent years, the study of nonverbal communication in China is increasingly combined with language teaching and business communication, and the focus has switched from theoretical research to the pragmatic value. To list some works published in recent decades, there are He Jinran's "目光，手势，空间和时间的无声交流—谈跨文化商务沟通中的非语言交际" (2007), Chen Li's "体态语与负语用迁移—从课堂上打框子说起" (2008) and Yin Xiaoqin's "非语言交际与英语教学" (2009).

The Functions of Nonverbal Communication

Generally speaking, nonverbal communication serves five functions: repetition, emphasis, contradiction, regulation and replacement. First, it can repeat a verbal message. when you are giving directions, you can use the index finger to point in the direction to repeat the message you've just given. Second, it can complement, or in other words, emphasize feelings or emotions conveyed by verbal messages through adding extra information to the expressions. For example, when you make promise, looking into others'eyes shows your sincerity and double confirms the verbal message. Third, nonverbal messages can also contradict verbal ones. Suppose you say: "The party is great.", but with a frown and maybe even teasing expression when uttering the words. In this case, you're giving a nonverbal message totally opposite to the verbal one. Fourth, nonverbal communication can regulate communication, that means we can use nonverbal messages to tell someone to do or not to do something. Sometimes, with head nods, we encourage others to say something, while posing your hands as "T" can stop others'talking. The last function of nonverbal communication is replacement. It can substitute verbal messages in certain settings. For example, when meeting a friend that you haven't seen for years, a warmly hug speaks louder than cliché like "I'm glad to see you".

The Characteristics of Nonverbal Communication

We send and receive nonverbal messages every day because nonverbal communication exists no matter we speak or not. It is a silent language. Besides, it has another three characteristics. First, it's less systematized than verbal communication. There are no dictionaries or formal sets of rules to provide a systematic list of meaning of nonverbal code system in different cultures. Actually, it's too complicated for scholars to devise a set of rules to govern it.

Unlike verbal communication, nonverbal communication is dominated by ambiguity. The interpretation of certain nonverbal behavior will be influenced by factors such as context of the communication, relationship between the interactants, mood of the sender or receiver and so on. The meaning is not fixed, and all the factors should be considered.

What makes it difficult to have a good command of nonverbal communication is the fact that it is culture-bound. On the one hand, certain nonverbal behaviors can be used interculturally and interracially. For example, it's universally acknowledged that laughing shows joy and crying means sadness. On the other hand, a lot of nonverbal cues are not universal. The same cue may carry various meanings across cultures. For instance, patting a kid's head shows friendliness in China, but it's rude and even forbidden in Thailand.

The Categories of Nonverbal Communication

Unlike written or spoken words, nonverbal communication is multi-channeled. elements of nonverbal messages include hand gestures, eye contact, interpersonal space, vocal signs, silence and so on. Generally speaking, these elements can be classified into four categories: kinesics, proxemics, paralanguage and chronemics.

1. Kinesics

"Kinesics", also known as "body language", is a word created by Edward T. Hall in "The Silent Language" in 1959. It's the study of body movements and activities in human communication. According to Paul Ekman and Wallace Friesen, kinesics can be classified into the following five categories: 1) Emblems. Kinesic cues that have direct verbal counterparts and can substitute for words and have precise verbal meanings; 2) Illustrators. Nonverbal messages that are directly tied to speech and used to describe, reinforce or supplement what is said verbally; 3) Regulators. Nonverbal messages used to influence or control others' behaviors; 4) Affect displays. Bodily or facial expressions that convey our feelings or emotions; 5) Adaptors. Body movements that usually occur when people are in anxious situations.

Facial expressions, eye contact, hand gestures and touch are four of the most common body activities. Of course, there's no single type of behaviors that exists in isolation. Specific body movement can be correctly interpreted only when the person's total behaviors have been taken into account.

2. Proxemics

Proxemics refers to the study of how human beings and animals use space in the communication process. The first scholar who studied it systematically is Edward T. Hall. Based on his findings, the study of proxemics includes three aspects of space: 1) Fixed feature space. The dimension, in particular, of architecture, varies markedly from culture to culture. The only way to move the fixed-feature-space is to destroy the structure; 2) Semifixed space. It refers to the arrangement of movable objects, such as furniture, that we don't move unless a special need arises; 3) Personal or informal space. This is distance between interactants in communication, which "directly affects the way we communicate with others". (Hall, 1966) He further classified it into four discernible distances: intimate (from 0 to 18 inches), personal (from 1 to 1.5 feet), social (from 4 to 12 feet) and public (beyond 12 feet).

3. Paralanguage

Paralanguage refers to the study of voice and the use of vocal signs in communication. According to Trager (1958), paralinguistic cues can be classified into four categories: 1) Voice qualities. They are recognizable characteristics of voice that are separated from the actual messages, including pitch range, quality of articulations, rhythm, resonance and pace; 2) Vocal characterizers, which are nonverbal voices that reveal our physical and emotional state; 3) Vocal qualifiers. They are variations of voice that convey people's emotions and personality, including the manner in which a word or phrase is uttered — the change of volume, pitch and the speech rate used in communication; 4) Segregates are voice noises that seem to serve no function but to interfere with the flow of speech, for example, "um", "eh", and "I mean" uttered in the process of conversation.

4. Chronemics

Chronemics is the study of how we use time in communication. It includes the way people use it, structure it, interpret it and understand its passage. Hall studied the North American conception of time and concluded three categories: formal time, technical time and informal time. There are two ways to study concept of time, which were proposed by Hall, Kluckhohn and Strodbeck.

The first one is to examine time from its monochronic and polychronic features. According to Hall, monochronic-time-oriented cultures tend to treat time as something fixed in nature. It's just like air which no one can escape from. While polychronic-time-oriented cultures believe that time is a less tangible medium in which many things can be done simultaneously. In these cultures, personal interaction and relationship development are far more important than making appointments or meeting the deadline.

The other way is to look at time or a continuum connecting to it into the past, the present and the future.Past-oriented cultures emphasize tradition and history. People evaluate daily or business plans based on the degree to which their plan fit with customs and traditions. As Adler said: "When charge is necessary, it should be justified by the past experience. " The present-oriented cultures consider the present as the only precious moment. In contrast, future-oriented cultures emphasize planning to achieve goals. "Changes and innovations are encouraged in those cultures and are evaluated in terms of future economic pay offs."

Modern Tourism and Intercultural communication

As the result of increasing international interaction, we now have more opportunities to travel abroad and meeting people from different cultures. Modern tourism is featured by its multi-cultural characteristic. In fact, it's more than sightseeing or enjoying exotic foods, but also a kind of interaction between different cultures and sub-cultures. Tourists from all over the world, bearing their own cultural background and educational level, travel to somewhere new to them, and get relaxed both mentally and physically. But to some extent, what they've gotten is more they realize. Because they've also experienced a brand new culture in person. In other words, they take part in the interaction between culture of their own and that in the tourism destination. During the process of tour, the two parties of interaction are tourists and tour guides. They communicate both verbally and nonverbally. Whether the tourists enjoy the trip and how well they deal with the possible cultural diversity is decided not only by what tour guides say but also what they do. Therefore, nonverbal communication plays an important role in this typical intercultural communication experience. There comes the questions: "Have they realized the importance of nonverbal communication?" and "Are they interpreting and applying it in the right way? "

Nonverbal Communication Applied by Tour Guides

To find answers to these questions, I read a great amount of relative materials and influential works in this field. Besides, I interviewed twenty students who major in Tourism English, Tourism Japanese and Tourism Management. They are or have been working in major travel agencies in Zhejiang province. All of them have rich experience of communicating with foreign guests. For the purpose of the study, I'm only interested in their intercultural communication experience with tourists from Japan and the U.S. Here are the results of the interviews.

These twenty tour guides claim that language itself is not always enough for effective communication. Sometimes, to keep conversation going, attract attention, emphasize what they say or supplement message they want to send, they need to apply nonverbal communication on purpose. But more often, nonverbal behaviors such as silence are used without being realized. The problem is nonverbal communication does not always produce the effect they want. Instead, they may cause confusion or even misunderstanding. According to analysis of the interviews, the most frequently applied or influential, but yet confusing nonverbal behaviors used by tour guides are silence, eye contact, proxemics and chronemics. Through analyzing cases given by the tour guides I interviewed, I will try to elaborate cultural diversity in these four aspect among the U. S., Japan and China. And thus, to provide some suggestions for correction and improvement.

Silence

Case 1. Miss Xu had an unpleasant experience about silence. During her practice, there was an elderly American lady, Mr. Sweby, who had a strong accent and talked very fast. He liked to ask questions about details which are sometimes beyond what Miss Xu had learnt. Having difficulty following him and answering the questions, there were a couple of times that she didn't know what to say. So she did nothing but smiled embarrassingly. That made Mr. Swiby feel confused and almost insulted.

Case 2. Miss Lou notices that tourists from America and Japan（except kids and teenagers）act totally differently when enjoying the beauty of scenic spots like the West Lake in sunset. Americans tend to ask questions and are keen on exchanging impressions about the view. While Japanese would listen to tour guide's introduction attentively and then enjoy the landscape quietly.

To explain differences in nonverbal behaviors in terms of cultural variations, Anderson（1994）distinguished several dimensions of culture. One of them is high / low context. His research indicates that people from high-context cultures tend to be more reliant on and turn into nonverbal communication, and expect to have more nonverbal codes in communication. In other words, they are comparatively good at perceiving nonverbal behaviors. Besides, they usually expect their low-context communication counterparts to comprehends environmental cues and subtle messages sent by nonverbal behaviors that are not recognizable in the latter one's culture.

As for response to silence, there is a great diversity between people from high-context and low-context cultures. In countries of low-context cultures, such as America, ideas are encoded explicitly into words. Since silence is very ambiguous, its interpretation is more complicated than that of words. So it is not highly valued and is often indicated that actively worded communication has failed, especially in developing relationships. Usually, to people from these cultures, silence equals obstacles in communication. Generally speaking, they are not comfortable with it, and sometimes interpret it as something negative, such as despisal or indifference. That explains Mr. Swiby's negative attitude toward Miss Xu's silence. Whereas, there are some exceptions. According to Keith Basso's study of rules that govern silence by Western Apache in Arizona, there are five contexts in which silence is appropriate: meeting strangers, courtship, seeing friends after a long absence, being with people who are grieving and getting cussed out. In other situations, silence may not be a pleasant choice in communicating with people from low-context cultures.

Many Asian countries, such as Japan and China, share a different attitude to silence. In these countries, silence is not empty. Instead, it's an import part of conversation. It can be interpreted to be something positive as respect, obedience or agreement. When being asked question that are too difficult or private to answer, silence with a smile is a polite way to say "Sorry, I have nothing to say.", or "I need some time to think". Besides, as a typical example of high-context culture, the Japanese culture believes that silence is preferable to conversation, while speech distracts people from true understanding. They are comfortable with silence in conversation and don't hurry to fill it with speech. Actually, in their opinions, silence is a very useful tool for communication.

Different attitudes toward silence could be a serious stumbling block in the process of interaction between people from low-context and high-context cultures. Leger Brosnahan claimed that "The Chinese like to keep silent or answer your questions with silence, and this makes people form English-speaking countries feel greatly insulted." note 11 To people from low-context cultures, such as Americans, long-turn or unexpected silence brings about negative feelings. Therefore, when working with them, tour guides are supposed to prepare enough topics or background information about places they will visit. It's necessary for them to make interaction going smoothly without unnecessary or embarrassing silence. On the other hand, as for tourists from high-context cultures, such as the Japanese, silence is acceptable and sometimes preferable. It's important for tour guides to know when to stop talking, and give them personal space to enjoy the silent moments.

Eye Contact

Case 3. Mr. Chen was once sued by a Japanese tourist for the reason that he always "stared at" others in the process of conversation. In Japanese culture such behavior is considered rude and unpleasant.

Oculesics is the study of eye behaviors, such as eye contact in human communication. Eyes are universally considered "the windows of soul". Eye contact reflects our personality and also transmits messages to the countparts of the communication. The interpretation of eye contact can affect aspects of communication like perception of social poise, anxiety, submission, confidence and credibility. However, rules that govern this nonverbal behavior are culturally different, and this could be a major source of misunderstanding and ineffective intercultural communication.

In Northern European and American countries, eye contact shows openness, trustworthiness and integrity, and is also a sign of honesty. While avoid looking at others in their eyes indicates that the speaker has something to hide. Someone that doesn't make eye contact is considered shifty and make the listener suspicious, which will arise the latter one's defense. As a result, bad impression will be left and the communication may become unpleasant. To mostof Americans, maintaining eye contact communicates that one is paying attention and showing respect. Therefore, eye contact is essential for successful interaction with Americans.

On the other hand, the Japanese don't feel comfortable with direct eye contact, and want to avoid it. In fact, direct eye contact is a taboo in Japanese culture, and is considered a kind of invasion of other's privacy. Such cultural norm can be traced back to Samurai era. He made strict codes of behaviors regarding who could look at whom and how long one could look. All these rules have been carried into the modern society. Generally speaking, for the Japanese, direct eye contact during communication could be rude and uncomfortable.

Besides the amount of eye contact, the way of using it also diverses culturally. When speaking, most Americans look away from their listeners most of the time, maybe only look at them every ten or fifteen seconds. On the other hand, the listener would look at the speaker's eyes or other part of his face to show concentration on the conversation. When the speaker finishes his words, he will look directly at the listener as a sign of completion of his turn. But in China, the way is just opposite. The speaker rivets the listener with sustained, unbroken eye contact. But a listener doesn't make eye contact or look at the speaker's face consistently.

Therefore, to avoid unease caused by improper choice of amount and pattern of eye contact, tour guides are supposed to be awarded of cultural difference in this aspect of nonverbal communication, and regulate their behaviors with right rules.

Proxemics

Case 4. Miss Lou notices that when lining in a queue, Americans tend to keep certain distance between themselves and people around. They may stand there playing cell phones with the space between them is enough for another person. Actually, to some local people, they are standing too far apart to be like in the same queue. However, it's not unusual for Chinese people to be in a very crowded place and still seem to be used it, which is astonishing for Americans.

How close can we get to people? How distant should we be? Answers to these questions vary from culture to culture. What feels right for us may be totally offensive to people from a different culture. The systematical study of how human beings and animals use space in communication process is called proxemics. It was firstly conducted by Edward T. Hall. As I've mentioned in the previous part, Hall defined three kinds of spaces, and the one involved in this case is personal / informal space. An individual's unconsciously structuring the microspace immediately surrounding the physical body. For example, North Americans feel comfortable with an arm's length apart in interactions, while Chinese people can stand being almost "sticking together" in a line for train tickets. Besides culture, the size of personal space is also influenced by relationship between interacters, gender, age, social status and level of authority.

In his research, Hall distinguished contact cultures from noncontact cultures. To be specific, contact cultures refer to societies in which people stand closer together, engage in more direct eye contact, use face-to-face body orientations more often while talking, touch more frequently and speak in louder voices. Whereas, people from noncontact cultures generally perform in the opposite way. According to Hall's observation, American culture belongs to the latter category. Americans are territorial, and have a strong tendency to establish areas that they consider to be their own. Less space in interaction could be invasion of their privacy. Besides, American culture is featured by individualism, which greatly affects the use of space. Actually, "extreme emphasis on owning space is based on individualism" Being similar to America, Japan is a country from noncontact culture. Basically, they tend to avoid physical touch, especially form strangers, and want to keep enough distance with others in the process of communication. But the truth is that Japan is a crowded country, where space is costly. They have to endure crowded environment in public, especially on subways and commuter trains. Yet, with such crowdness, polite Japanese try to avoid accidental touch and guard against any sign of spatial intimacy. It's important to remember that any violation of spatial patterns is experienced personally. They try hard to create a private sphere, which is more of a creation of mind than an actual entity. In a word, Americans connect privacy with physical space, while Japanese people relate it to mental space.

Being a country even more crowded than Japan, it's quite difficult for the Chinese to possess great private space. Leger Brosnahan uses 'togetherness" and "apartness" to describe cultural difference between China and English-speaking countries. With a great number of examples of togetherness, he manages to show the noncontact cultural features of Chinese culture. Comparatively, Lin Dajin, a famous domestic scholar in this field, made a more keen observation and analyzes this nonverbal behavior more thoroughly. In the book "跨文化交际研究" (1996), he claims that Chinese people are "noncontact" when interacting with strangers or in normal transactions in daily life. But they are "contact" when being with acquaintances or people of the same gender. The same as the Japanese, when they are in the crowded public places where physical contact is almost inevitable, they have to get used to frequent "contact" with people around even that is against their will.

Being the nonverbal communication tool that humans control and use most often, personal space can facilitate or impede effective communication across cultures. To make American and Japanese tourists feel at ease in interaction, It's essential for tour guides to bear in mind that they are from noncontact culture, make sure to leave enough personal space and avoid unnecessary physical touch.

Chronemics

Case 5. An American tourist Jane suffered from severe stomachache after having some sea food. So Miss Zhang, the tour guide, accompanied her to the local hospital. It shocked Jane that there were so many people in the doctor's office, including patients and friends or relatives with them. All of them are waiting in the same room. When it was her turn, the doctor was interrupted twice to check another two patients' laboratory sheets and explain the results to them. Such situation is quite usual in China, so Miss Zhang felt OK with it. But to Jane, it was totally intolerable. Later on the way back to hotel, she told Miss Zhang this was something that would never happen in America.

The study of how we use time in communication is called chronemics. It includes concepts of time and rules that govern its use. According to Hall's research, they how people understand and use time is greatly influenced by culture. In "The Hidden Dimension", he distinguished between monochronic and polychronic time orientation. People from developed industrial countries, such as America, usually have monochronic concept of time. They believe "Time is money". To them, time is just like a commodity, which can be gained, spent, wasted and saved. It is lineal, segmented and manageable. People from such culture tend to do or pay attention to one thing at a time and follow precise scheduling.

On the other hand, the Chinese culture is more polychronic-time-oriented. Being different from Americans, we may be not so used to emphasizing scheduling by separating time into discrete and fixed segments. Instead, we treat it as a less tangible medium in which many things can be done simultaneously. In other words, we prefer operating with several people, ideas or projects at the same time. Besides, personal interaction and relationship development are, to some extent, more important than making appointments or meeting the deadline.

The Japanese time system combines both monochronic-time and polychronic-time orientations. In their dealing with foreigners and use of technology, they are quite monochronic; in every other way, especially in interpersonal relations, they are polychronic.

As Victor summarized in "International Business Communication" (Victor, D.A. 1992, NY: Harper Collins), there were at least three pairs of different characteristics between monochronic and polychronic time orientations, which I have listed in the following chart.

Form 1. Differences between Monochronic and Polychronic –time-oriented cultures

Monochronic – time – orientation	Polychronic – time – orientation
People handle one task at a time	People handle many tasks simultaneously
Time is tangible and inflexible	Time is fluid and flexible
Organizational tasks are measured by activities per hour or minute	Organizational tasks are measured as part of overall organizational goal
Appointment time is rigid	Appointment time is flexible
Present schedules dominate interpersonal relations	Interpersonal relations supersede present schedules
Breaks and personal time dominate personal ties	Personal ties dominate breaks and personal time

Misunderstanding or conflicts may occur between people from monochronic and polychronic oriented cultures. To avoid embarrassment caused by it, tour guides should be awarded of the rules and taboos in using of time. There are three suggestions for them. The first one is to be on time. Being late or early for an appointment are both considered impolite. Secondly, it's necessary to make a precise schedule beforehand, and try to follow it during the trip. If there's some changes, inform and communicate with group members immediately. The last one is to focus on the interaction. Do not try to deal with different things or solve several problems at the same time.

Suggestions for Tour Guides in Using Nonverbal Communication

Based on results of interviews and the survey, plus my own observation. I find some problems existing in tour guides' applying of nonverbal communication. To improve their ability in this aspect, we need to enhance teaching and training of nonverbal communication strategies in school education and further study after graduation. Here are some suggestions:

Firstly, for junior students, a solid foundation is necessary. Nonverbal communication should be added to the teaching schedule, and be emphasized as an important and basic communication skill for an excellent tour guide. Teachers are supposed to enhance cultural introduction in class, and make students familiar with customs and value in major original tourism countries, such as the U. S. and Japan.

Secondly, for senior students, practicing in real intercultural contexts can be effective in reinforcing what has been taught in the junior year. Through role-playing, scene simulation and other in-class activities, they will get the chance to transform theoretical knowledge into practical skills that can be applied in daily life.

Thirdly, most of available textbooks and training materials for tour guides do have chapters for nonverbal communication. But the content only includes facial expressions, hand gestures and make-up, while proxemics and silence which are of essential and frequent application in intercultural communication have been ignored. To make education and training theoretical and pragmatic, more attention should be paid to textbook editing by adding chapters about different categories of nonverbal communication and rules governing their use.

The last but not the least, education of nonverbal communication should be continuous and even lifelong study activity, which doesn't end with graduation. It's necessary for travel agencies and tourism bureau to be supportive on this issue. They are supposed to provide adequate training materials, regularly organize lectures or salons for exchange of touring experience and the skill of applying nonverbal communication.

Conclusion

To improve ability of applying nonverbal communication in intercultural communication, Richard's five-step-model is recommended.

1. Assess learning needs. Examine our degree of awareness of nonverbal behaviors in specific culture, decide what related nonverbal behaviors are the most important to learn and which areas should be the focus of our learning.

2. Observe similar situations. Compare and contrast daily life events in selected cultures. For example, how does ways of eye contact differ in American, Japanese and Chinese culture?

3. Use appropriate resources. Expand our knowledge of possible meaning of certain nonverbal communication behaviors in specific cultures and evaluate our observation.

4. Reach tentative conclusions. Based on the needs assessment and information gathered in the previous steps, the next thing to do is to make a set of tentative conclusions regarding our discoveries.

5. To ensure the usefulness of learning, the last step to take is reevaluating the whole process and conclusions.

Silence, eye contact, proxemics and chronemics are the most frequently used, yet tricky and confusing nonverbal communication strategies to tour guides. To be effective nonverbally in intercultural communication with tourists from the U.S. and Japan, there are at four rules for themto bear in mind: 1. Be flexible. Avoid long and unexpected silence when staying with Americans, and prepare enough relevant materials and topics beforehand. Other the other hand, they should know when to be quiet in front of Japanese tourists; 2. Keep proper eye contact with American tourists to show attention and sincere, and avoid direct eye contact with Japanese tourists to show respect and politeness; 3. Don't stand or sit too close to tourists from these two countries. Leave them at least on-arm-distant personal space. Whereas, the distance could be shorter after they get acquainted or become friends with the tourists; 4. Be aware of rules and taboos in use of time. Focus on single task and follow the precisely made schedule.

A Comparative Study of Overseas Chinese Students View of Christianity and American Christian's View of Christianity in China

Jianping Yang
(Zhejiang University,Hangzhou,China)

Christianity was introduced into China since the third century. Over the history, it has experienced ups and downs. It flourished in China during the Tang Dynasty for 210 yeas and was banned by the emperor in 845. During the Yuan Dynasty, it was again brought into China by foreign missionaries, but failed to survive the end of it. Ming Dynasty again witnessed the prosperity of Christianity, and it even influenced the imperial family. It lasted for several decades but was banned again in the Qing Dynasty when Emperor Kangxi illegalized the spread of Christianity due to the "controversy of rite." Things began to change after the Opium War. China's gate was forced open and Christianity was brought into China along with guns and colonists. Therefore, for a very long period of time Christianity in China has always been regarded as a foreign religion and has always been related with expressions like "imperialism" or "cultural invasion". With all that, and with the overall resistance against Christianity in the May 4th movement, it has been really hard for Christianity to find a standing position among Chinese intellectuals.

After China adopted the policy of "opening to the outside world", Christianity began to experience a revival in China. Many Chinese go abroad to study and many foreigners come to China to work. Among them are missionaries who also bring Christianity to China. These overseas students, when they arrive in a foreign country, begin to learn about Christianity and its influence in people's life. Some of them become Christians after some study. How do these students view Christianity? Are their views still influenced by the stereotype of Christianity in China? How do they view Christians and their values or life-style? And what are the missionaries'view of Christianity in China? Is there a gap between their understandings? With these questions, I carried out a survey among the overseas Chinese students and American Christians who have been to China.

The study among American Christians is mainly done through formal and informal interviews. Some are personal and some through the internet. This part of the study didn't turn out many responses because of people's reluctance to participate. But it may give us a glimpse of American Christian's understanding of Christianity in China.

The survey among Chinese overseas students is carried out in the form of questionnaires. Most of the Chinese students are on campus college students from a university in southern USA. Totally 100 questionnaires were distributed, with 67 responses received. Among the respondents, 17% are below 20, 83% are between 20 and 30 years old. In terms of the educational level, 3% are in high school, 62% are at college level and 35% are graduate students.

31% of the respondents have stayed in USA for less than 3 months, 12% of them have spent less than a year in the USA, the rest 56% have stayed more than one year in the USA. So about one third of the students are freshmen, have just arrived in the USA, and are still adjusting to the new culture. The rest of them are more familiar with American culture.

Questions in the survey are mainly focused on four topics: experience with Christianity, expectations of the development of Christianity in China, their values and their understanding of Christian values, and their attitude toward some doctrines.

In terms of experience with Christianity, 35% of the respondents said they had contact with Christianity before they came to America. The rest of them said they had never had any experience with Christianity before. Christianity is one of the major religions in China, but the number of Christians is not very large. According to a survey carried out by professors from East China Normal University, the number of Christians in China is about 40 million, which is about 3% of the total population. But with the increasing influence of Western culture in China, these students may have learned about Christianity by learning Western culture. Professor Huiling Yang once did a survey among over 6000 Chinese college students about their perspective toward Christianity. According to her survey, 50% of the students said they became interested in Christianity through the study of Western culture, art and philosophy.

Most of the students I surveyed are required to attend bible study at school and are also taking or have taken part in small group bible studies at local people's houses. Some questions in the survey are about the students'experiences of Bible study, their impression of Christianity in America and their attitude toward Christians.

According to the survey, 90% of the respondents had taken part in Bible studies. 54% said the reason why they engaged in Bible studies is to "understand the native culture"; 42% said they wanted to "know more about Christianity"; 40% said they wanted to "improve English proficiency"; only 6% said they wanted to "become Christians". This is an item in which respondent can make several choices, so the total percentage is more than 100%. According to my observation, students are most interested in Bible studies when they first came to USA. As time goes by, most will drop off.

When asked what impresses them most about Christianity in the USA, students gave the following responses:

What impresses you most about Christianity when you first encounter it in the USA?

The number of Christians	23%
The educational level of the Christians	5%
Christian's attitude toward life	39%
Christian's conservative way of living	24%
Christian's values	53%

The respondents can select more than one checkbox for this question, so the percentages add up to more than 100%. From the above table, we can see that over half of the respondents are impressed by Christian's values. When asked what Christian values they can identify with, 46% of the respondents choose "Personal accomplishment is not an accumulation of how much one achieves, but justice, fairness and joy in the holy spirit", which is followed by "Work is a tribute to life and is the source of happiness." About 35% of the students choose this answer. Below are their responses:

Among the following Christian values, what can you identify with?

A person's value is decided by God, not other people's judgment	11%
The mission of work is to find one's niche, fulfill one's responsibility and complete God's arrangement	25%
Work is a tribute to life and is the source of happiness.	35%
All the glory and success a person achieves ought to be attributed to God	11%
Personal accomplishment is not an accumulation of how much one achieves, but justice, fairness and joy in the holy spirit.	46%
The value of life is to glorify God and benefit others	19%
Love God, love your neighbor	19%
Love and pray for your enemies	14%
Every effort we make in this life should be a pursuit for an eternal life	6%
Not sure	13%

Although half of the students responded that they are impressed by the Christian values, they can't identify with most of them. The value fewest people agree with is "the pursuit for eternal life", only 6% of the respondents checked this item. Most of the Chinese students are born in the 1980's. They grow up in a spiritual environment that is dominated by communist materialism and believe in no God and no afterlife. The idea of afterlife is usually related with superstition. The traditional Chinese philosophy doesn't support the idea of eternal life either. When Confucius was asked by his students what life will be like after death, he gave an evasive answer: "We don't know where we are from, how do we know where we will go after death?" The Chinese philosophy of life is more focused on the present life. It is more pragmatic and cares more about one's achievement in this world.

The values listed in this item include values of success, values of work and values of life. It shows that the values that have the highest percentage of identification are "Personal accomplishment is not an accumulation of how much one achieves, but justice, fairness and joy in the holy spirit" (46%) and "Work is a tribute to life and is the source of happiness" (35%). This result is different from that of a parallel survey among American Christians. Most respondents in that survey feel that "Love God, love your neighbor" is the value that is most embraced by the Chinese. "Love", which is the core of Christian values, is not well understood by the Chinese students.

Chinese people have strong work ethics, and most of them feel that their value is measured by the degree of their success. In an informal interview with an American student who had been studying the Bible with Chinese students, I asked him what differences he had noticed between Chinese and American students in terms of their values. He told me it was the view toward success. One of the questions a student asked when they were studying Christianity is "Can one be a Christian and at the same time be successful?"When given a positive answer, he said: "That's good, because I want to be successful." So in his understanding, success is given precedence over religious belief. This is the case with many Chinese students.

Before his conversion to Christianity, a Chinese father said: "We have 'this religion,'which is a very humanistic approach to relationships, including the idea that good work is rewarded with abundance and blessings." Even after their conversion, a lot of Chinese still act under the influence of Confucianism. For example, filial piety is still a part of many Chinese Christians'religious identity. One Chinese Christian student told me that she wanted to be successful because she wanted her parents to be proud of her. The desire of being a credit to the family is much stronger among the Chinese. Becoming a Christian doesn't affect it much.

In terms of their attitude toward Christianity, 86% of the respondents said they respect the Christian's belief and 8% of them said they can identify with it. In another question about their personal belief, 63% of the respondents said they "don't believe in Christianity but are interested in it." 21% expressed that they "don't believe and showed no interest in Christianity." 15% are believers and 1 person said Christianity is repulsive.

When asked about the reasons why they don't believe in Christianity, the students gave the following responses:

I am an atheist	53%
I believe in science. Christianity is superstition and is against science	35%
I'm very content with the state I'm in now. I have no spiritual need for Christianity.	20%
I am very busy. Believing in Christianity will take too much of my time.	5%

I am afraid of being controlled or constrained afte r I became a Christian.	10%
I can't accept the idea of sin.	8%
Other	5%

As for those who believe in Christianity or are interested in Christianity, what interests them most is "the application of Christianity in real life". 57% of the respondents chose this item. Other choices that have a high percentage are "the philosophy of Christianity" (45%); "Bible" (37%); and "Community service offered by Christians" (31%). The table below shows their choices:

The philosophy of Christianity	45%
The application of Christianity in real life	57%
Community service offered by Christians	31%
Bible study groups	24%
Christian worshiping ceremonies	14%
Christian art, like architecture, music, painting etc.	25%
The Bible	37%

In another question that is targeted for all respondents, "What do you think is the most attractive aspect of Christianity?", 62% of the respondents said they felt the most attractive aspect is "Christians friendliness and their love for each other". That is followed by "Christianity can help improve moral standard" (48%), "Christianity can help reduce the feeling of emptiness" (37%), and "Christianity as a means of learning Western culture" (34%). See the table below for the responses:

Jesus'charisma and his teachings	26%
Christian's friendliness and their love for each other	62%
Christianity can help improve moral standard	48%
Christianity can reduce the feeling of emptiness	37%
Christianity as a means of learning Western culture	34%
The teachings of the scriptures	9%

It is interesting to notice that 37% of the respondents said they are interested in the Bible, while only 9% of the respondents are attracted to the teaching of the scriptures. In the parallel survey among American Christians, I find they feel the same way that Christian's attitude toward life is the most attractive aspect of Christianity, but another attraction of Christianity according to that survey is "Christianity as a means of learning Western culture." However, not many

Chinese respondents chose this item. When they started learning Christianity, this is one of their motivations. Because when asked what prompts them to go to Bible studies, 58% of the respondents chose "to know more about the local culture." As a whole, what impresses them more is not Christianity being a means of getting to know the Western culture, but Christian's attitude toward life and their love for each other.

Another concern of this survey is the students' view of the development of Christianity in China. The students' opinions are required about the demand for faith, the applicability of Christianity in China and the developing tendency of Christianity in China. According to the survey, 81% of the respondents expressed that there is a demand for faith in contemporary China. Below are the responses for other questions:

Is Christianity and its culture applicable in contemporary China?

Yes.	12%
After some reformation, yes.	48%
No.	24%
Don't know	16%

Why do you think Christianity is applicable in China?

	Number of Respondent	Percentage
It can help reduce the feeling of unfairness caused by the disparity in income and by other social injustices	22	47%
It can enrich cultural content and promote communication between the East and the West.	17	36%
It encourages the establishment of right values	25	53%
It contributes to social stability and the improvement of morals.	24	51%
Not sure	5	11%

Why do you think Christianity is not applicable in China?

	Number of respondents	Percentage
Some of the teachings are against the Chinese law.	9	38%
The rituals of Christianity does not conform with the demand of modern culture	6	25%
It may cause social instability	6	25%
Christianity is superstition. China's cultural development requires more scientific values.	5	21%
Some Christian values like self-sacrifice and devotion are not very helpful in one's effort of adjusting to the fierce competition of the modern society.	7	29%

607

In you opinion, what will Christianity's development be like in China?

It will remain its present situation	15%
It will be assimilated by Chinese culture	27%
It will remain its individuality as a foreign culture and bring a new dimension to Chinese culture	30%
It will introduce a new value system into China	23%
It will fall into a decline and disappear gradually	5%

The survey shows there is a general recognition of "crisis of faith" in China among the students. 60% of the respondents feel that Christianity is applicable in China, though some of them think it needs some reformation to suit the culture. They are more focused on the positive role Christianity may play in adjusting people's mindset, establishing the right values and improving the moral level than on its role in enhancing the communication between China and the West. They are also positive about the development of Christianity in China though opinions vary as to how it will relate to Chinese culture.

From the table above we can notice that only 27% of the students felt Christianity should be assimilate into Chinese culture. Interestingly, the other survey among American missionaries shows that 7 out of 10 believed that Christianity should be assimilated by Chinese culture and become part of it. It seems the students are more open to a diversified culture than Westerners expect.

In a question about the values they can identify with, the students gave the following responses:

Which ones of the following values do you identify with?

The fulfillment one's aim in life depends on individual design and effort.	81%
A pragmatic attitude toward one's work is the basis and guarantee of a happy life.	37%
A person's value is decided by the wealth he creates.	8%
Success in career takes priority among my pursuits in life.	10%
Fairness, freedom and equality are my pursuits in life.	31%
Personal interest should submit to the collective interest	10%

Almost all the students I surveyed were born after 1980. They belong to what is called the post-80's generation in China. This generation was born after China carried out the family planning policy, therefore most of them are the single child in their family. It is characterized as a generation that is more self-centered than the older generation and more varied in their values. They are more tolerant of different beliefs and different ideologies than the older generation. No longer constrained by the old Confucian or socialist value systems, they began to seek other spiritual pursuits and develop their own value systems. Traditional values which used to be cherished by their parents' generation like the priority of collective interest and the pursuit of a successful career are giving way to more individualized ethics. This is a generation that cares more about the fulfillment of personal values and a generation that believes more in themselves. Even when they become Christians, this "self-reliance" remains to be one of their basic values. Among the ten Christian students, 8 of them also selected "individual design and effort" as the way to realize one's ambition.

The same tendency of individualism is also shown in what they consider to be the most unacceptable teaching of Christianity. 51% of the respondent felt it is "Christians should live for the lord." That is followed by "God created man" (27%); "Eternal life" (24%); "Jesus' resurrection" (24%); God's selection(22%); and Evidence of God's existence(20%). 5 out of 10 Christian respondents also chose this item.

To see how differently Chinese overseas students view Christianity from American Christians, I surveyed their opinions on three Chinese theological interpretations. The first one is "God loves not only those who believed in him, but also those who have never heard about him and who have not accepted him. The righteous acts of these people can also be regarded as manifestations of God's glory." 77% of the Chinese students agree with it. 27% of them agree with it completely and 50% of them agree partly. 5 out of the ten American missionaries also agreed with it, 3 of them said they agree partly. One of the respondent who agreed partly said: "Of course God loves everyone and wants that none should perish but He, at the same time, wants that all should come to repentance. Certainly, any good any one does can bring glory to God but one's own righteousness can never equal God's goodness. Thus, naturally, from a humanistic standpoint, any degree of good will make the world or any given part of it a better place but in the end you'll either have come to God through Christ or not--eternity far out weighs a few years on earth."

In an informal interview with a Chinese student, she told me why she agrees with the statement completely. "My parents aren't Christians, but they are very kind and generous people and they do many good things also. There are many people like them in China. When the earthquake attacked, so many people donated money to the victims. Some of them went all the way to Sichuan to help. These people aren't Christians but I believe God can see what they are doing and these deeds will please Him as well." Here again, Chinese Christian's view of Christianity takes more of a humanistic approach, the idea of eternity is not as deep-rooted in their mind as in that of American Christians.

The second statement is "When God gives people revelation in the Bible, He reveals the truth in a language that makes sense to people at that time and in that circumstance. God is revealing Himself continuously and He is not ignoring the changes that occurred in His audience. He reveals the truth according to the acceptability of His audience. Therefore, Christians today should continuously seek God's revelation in the present time."

73% of the Chinese respondents agree with this statement. 22% of them completely agree and 51% of them basically agree. American Christians' opinions are more split on this statement. 2 out of 10 agree with it; 3 partly agree and 3 disagree. One Christian who agrees partly with the statement said: "A balance should be struck between interpreting the Bible according to the time it was first received and according to God's knowledge of its message being continued through the ages. One should also be cautious when deciding to attribute new ways of thinking to the Holy Spirit. Human beings are too easily inclined to interpret scripture in ways that suit their worldly needs, or ways that justify their failings. Too easily, people look for ways to read the Bible that perpetuate their comfort or security, or their own prejudiced ideas of justice or morality. The idea I have taught multiple times as that the questions should always continue; never allow yourself to become complacent in your understanding, and never allow yourself to stop thinking and follow the ways of another without careful deliberation."

Some Chinese scholars hold the view that Chinese people's pragmatic attitude toward life is deeply affected by Confucianism. Therefore, to establish itself in China, it is necessary for Christianity to find more common ground with Chinese values of patriotism and commitment to hard working. (See Huiling Yang) I also surveyed American Christians' as well as the Chinese students' opinion on this idea.

If Christianity can find more common ground with Chinese values of patriotism and commitment to hard working, it will become more acceptable to Chinese.

Agree	18%	4
Partly agree	29%	3
Disagree	9%	2
Not sure	9%	1

One American Christian who agrees with the statement said: "I think that there are many wonderful Chinese values and the American way of life is not always right. Westerners have taken Christianity and make it fit their way of doing things, whether that is right or wrong. So I feel that taking Christianity and adapting it to the positive ways of Chinese life will be very beneficial."

One who disagrees with it said: "Hard work is good, but the purpose of that work is what is in question. Most of my Chinese students had no answer for the purpose of their work or the purpose of making money. It all dwindles into pointlessness in a materialistic culture. I believe Christianity and patriotism are at odds with each other. Christians are meant to be loyal to the nations that care for them, but beyond the confines of nationalism. Why should I so blindly favor one group of people over another? Pride in one's country is understandable, but may it never be a source of condescension towards anyone else. Governments are as temporary as any other mechanism created by mankind. We respect them while they are here, we work with them as best we can, but our allegiance is to something higher."

How do American Christians see the differences between Chinese and Christian values? It is acknowledged by all respondents that there are conflicting views in morality or ethics. Two of them mentioned the idea of "face". One said: "In the Chinese culture, it is acceptable to save face by covering up reality with falsehood. These seemingly 'white lies'can become extremely problematic and go against the Christian values of honesty and truth." Other disagreements are Chinese "guanxi", which "gives advantage to those who dote on those in higher positions", "revealing dressing", which goes against the Christian value of modesty, and the Christian idea of "turning the other cheek", which is hard to understand for the Chinese. One respondent also said: "Chinese culture puts trust in the government and education instead of God."

As to what similar values Chinese people have to Christians, the respondents mentioned the respect for family and older people, loyalty to friends, self-effacement, appreciation for the unexplained aspects of the universe, and respect for ancient texts. One respondent said: "I have discovered that no matter where you go people like to do good and on some level are religious, even though it is not what we may think of as religious." This willingness of doing good is also recognized by another respondent as "the group mindset of always wanting to help the underdog." The belief in the Tao and the similar idea expressed in the first chapter of John are also mentioned. The idea expressed by Tao is closer to the original Greek word Logos, which means a logical force that holds everything together.

Due to limitations of personal ability, this survey is far from complete enough to show the Chinese students perspective of Christianity and American Christian's perspective of Christianity in China. But it may give us a glimpse of oversees Chinese students'attitude toward Christianity, their understanding of it, their values and how these values affect their beliefs. The survey among American Christians also shows us that although there are differences in beliefs, there is also common ground on which Chinese people's beliefs and Christian values agree with each other. Most of the American Christians I have interviewed had been to China and are familiar with Chinese culture, so they are more aware of the cultural differences and as we can see, respect these differences. Religious differences can cause misunderstanding, but if there is more cultural exchange and more communication between both sides, if both sides hold an open attitude toward the differences and focus more on the common ground, disagreements will become negligible. Now that China is more and more open to the outside world economically, it is more and more affected by Western values as well. Knowing Christian values will help the country to know better about Western culture and sure will promote its effective communication with the West. I hope my effort in doing this research can contribute in some way to the enhancement of understanding between the two cultures.

Research of Organizational Culture of Christian Churches in Eastern and Central Europe

Maria Ershova

(Georg–August University Göttingen,German)

Introduction

Universities, theaters and churches are special types of organization according to various scholars. (de Geus, 2002), (Cameron & Quinn, 2006), (Caulkin, 1995), (Bolman & Deal, 2008) (Pushnykh & Chemeris, 2006). Their specifics is that the results of their activity depend not only on formal features of the system of management (organizational and legal form, structure, financial system, etc.), but mostly on values, on which different approaches to management are based. Thus, these organizations are value-based organizations, the senses of existence of which are self-development by re-thinking and integration of social experience and knowledge based on values and interests of individuals and organization. Opposite to the values-based organizations are target-based organizations, the sense of existence of which is to production of goods and services by transformation of material, energy, information, directed on achievement of organizational goals (Pushnykh & Agranovich, 2009).

Churches fully embody the idea of values-based organization. The following features characterize church as values-based organization:

(1) Less specialization of production processes (a bishop and a priest do basically the same work)

(2) Few levels in hierarchy (spiritual hierarchy is maximum 3 levels)

(3) Low dependence of structural divisions (dioceses and church districts are independent of each other);

(4) Limited transparency of activity

(5) No explicit quantitative criteria of employee activity estimation;

(6) No explicit system of stimulation and punishment.

(7) There are two hierarchies, the professional (i.e. spiritual) one and the administrative one.

These features have some peculiarities in churches management. First of all, management of churches has to be not only management of actions, but mostly management of senses (values) (Pushnykh & Agranovich, 2009). This is where the management of organizational culture plays utmost important role. The managing bodies develop not necessarily the decisions, but more recommendations. The management itself represents not information transfer up-down, but the collegial decision-making bodies and taking of coordinated decisions, based on the creative approach of the performers.

In practice, church leaders cannot always balance values- and goal-based approaches. However, the application of goal-based approach is limited. That is why the values-based approach, and most importantly, organizational culture management are of great importance. This paper describes the research of organizational culture made for churches in Europe within the support of the International Visegrad Fund and the Erasmus Mundus Triple I program.

Theoretical framework

Being complex, the concept of organizational culture has been taken from anthropology and applied in management studies and organizational sciences, resulting in different useful implications. There is no consensus in exact definition of the term and there exist many perspectives on what the term indicates.

In his classic book "Organizational Culture and Leadership" one of the foremost experts in the area, Edgar Schein (Schein, 1992), offers the following formal definition of organizational culture: A pattern of shared basic assumptions that the group learned as it solved its problems of external adaptation and internal integration, that has worked well enough to be considered valid and, therefore, to be taught to new members as the correct way to perceive, think, and feel in relation to those problems.

A useful from the organizational culture research point of view is another Schein's finding - he divides organizational culture into three levels:

(1) Artifacts: these "artifacts" are at the surface, those aspects (such as dress) which can be easily discerned, yet are hard to understand;

(2) Espoused Values: beneath artifacts are "espoused values" which are conscious strategies, goals and philosophies

(3) Basic Assumptions and Values: the core, or essence, of culture is represented by the basic underlying assumptions and values, which are difficult to discern because they exist at a largely unconscious level. Yet they provide the key to understanding why things happen the way they do. These basic assumptions form around deeper dimensions of human existence such as the nature of humans, human relationships and activity, reality and truth.

Other classics in the field, Cameron and Quinn, (Cameron & Quinn, 2006) offer a categorization of organizational effectiveness perspectives and associated types of organizations. The categorization consists of two dimensions. One dimension differentiates flexibility, discretion, and dynamism from stability, order, and control; the other dimension differentiates internal orientation, integration, and unity from external orientation, differentiation, and rivalry. Cameron and Quinn call this framework the Competing Values Framework. The dimensions define four culture types that represent opposite or competing values on the diagonals Figure 1. Competing values framework of organizational culture. (Cameron & Quinn, 2006)

	Stability/Control	Flexibility/Discretion
Internal Focus/Integration	Hierarchy	Clan
External Focus/Differentiation	Market	Adhocracy

Figure 1. Competing values framework of organizational culture.
Source: Cameron & Quinn, 2006.

For example, the hierarchy culture combines control and internal focus while the adhocracy culture combines flexibility and external focus. Some organizations may develop a dominant cultural style falling in one of the four quadrants. However, often, all four cultures coexist. (Cameron & Quinn, 2006)

The adhocracy culture is entrepreneurial and creative, where individual initiative and freedom are encouraged. The primary characteristics of the hierarchy culture are a focus on internal stability and control, where success is defined in terms of dependable delivery, smooth scheduling, and low cost. Organizations with a clan culture focus on flexibility, concern for people, and sensitivity to customers. These tend to be workplaces that function like an extended family, where leaders are considered parent figures and the organization places a premium on teamwork, participation, and consensus. The primary focus of the market culture is on external positioning where the major concern is with getting the job done. People tend to be competitive and goal-oriented and success is defined in terms of market share and penetration.

These two approaches (Schein's and Cameron and Quinn's) were taken as a basis for the research presented.

Research

Methodology of research

(1) *Organizational Culture Assessment Instrument* (*OCAI*) *questionnaire*. The Research was done with the means of the OCAI questionnaire, which is a widespread and well-approved method of organizational culture assessment, created by Cameron and Quinn (Cameron

& Quinn, 2006）. The questionnaire proved its reliability and validity in thousands of research projects done in organizations of different industries, profit and non-profit organizations. The organizational culture assessment has 8 questions, each for the situation now, and the desired situation for the organization. This allows seeing where the organization would like to move.

The OCAI questionnaire adopted for church reality was given to leading management including figures in the Roman Catholic Church and the Evangelic-Lutheran Church of Hanover:

Roman Catholic Church archbishop, vicar general, vicar for priests, chief financial executive, public relationship manager, manager for European projects and all deans.

Evangelic-Lutheran Church of Hanover: bishop, president, synod, church office, regional superintendents and superintendents.

（2）Interviews with top-and middle management employees and volunteer co-workers. In order to interpret the data, the personal interviews were made.

（3）*Observations of internal environment.* In order to see, how the values and culture are implemented in practice.

Objects of research.

1.Roman Catholic Church in Czech Republic and Slovakia

The dioceses of the Roman Catholic Church of Czech Republic and Slovakia are both divided into Church districts, all headed by bishops. The Churches are represented by Bishop Conferences, which is a collegial leading organ of the Churches on the level of country. There is spiritual hierarchy, consisting of pope on the overall church universal level, bishop, and pastor. The administrative hierarchy consists of ordained pastors, who were assigned to perform the goal-based activities, while the spiritual employees can concentrate on the values-based management.

2.Evangelic−Lutheran Church of Hanover

The Evangelic-Lutheran Church of Hanover is situated in Germany in Lower Saxony, though real geographical distribution of evangelical churches in Germany is more connected to historical distribution of counties and kingdoms, than to the modern Federal States distribution. There are 6 church regions, which are headed by spiritual leaders, regional superintendents. Each region is divided into church district, headed by superintendents（they are also called deans in catholic understanding and some other protestant churches）, who are mostly administrative leaders. These church districts are divided into parishes, headed by priests, who are mostly spiritual leaders. The main difference in management from the Catholic Church is that the church is governed by several collegial organs, which include the members of parishes.

Results

Overall organisational culture profile of the Roman Catholic Church

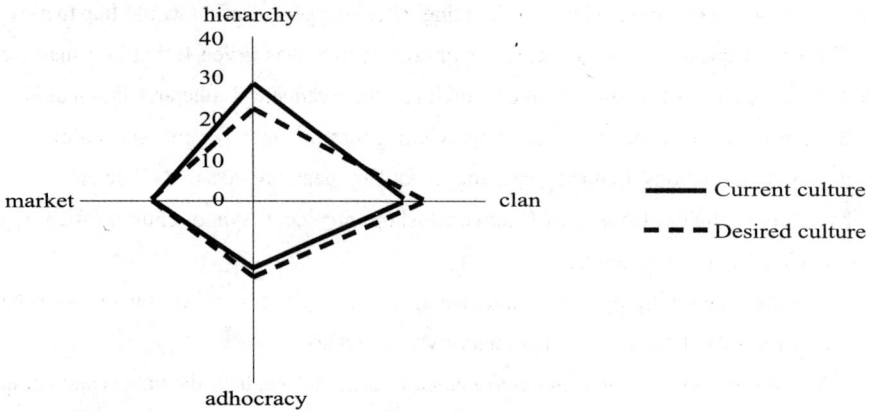

Figure 2. Organizational culture profile of the Roman Catholic Church.

Source: Author's own

Ocerall organisational culture profile of the Evangelic-lutheran chur ch of Hanover

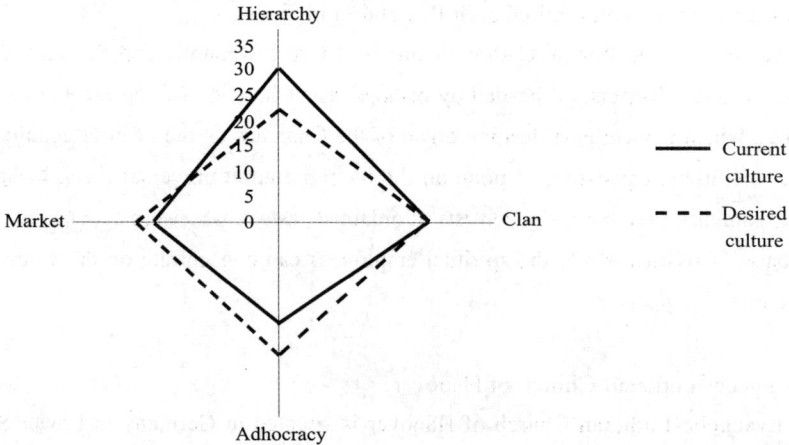

Figure 3. Organizational culture profile of the Evangelic-Lutheran Church of Hanover.

Source: Author's own

The overall organizational culture profile is presented on the Figures 2 and 3. Dominant cultures for both are Hierarchy and Clan, which means that organisations emphasises internal focus and integration. Adhocracy and Market are not so strong, which means that organisation focuses less on external aspects. The difference of the Hierarchy culture and Clan culture is that organisation is directed on preserving the stability, and Clan – that it emphasises flexibility and discretion.

As in churches the hierarchy and clan cultures are predominant, it will be interesting to describe, how exactly are they observable.

1.Hierarchy culture in church.

The culture of hierarchy means in church to stick to the legal regulation （canon law）, procedures and rules of the organisation. In general, a church, dominated by the culture of hierarchy is the stable, old institution, which has enough of members, does not need and want to win new members. Its main concern is stability and continuation of what has been achieved.

The relation to the environment is that the environment is stable and predictable, and therefore organisation can just concentrate on smoothly-running procedures, and provide customers with efficient services and products. It means dependable and smooth-running financial system.

Moreover, the culture of the hierarchy in church comes from the historical background and the fact, that the church was the part of the state for most of its existence.

A leader, who emphasises the culture of hierarchy, is an effective coordinator, organiser. He or she is well organised him/herself, efficient, logical and structured. Deans, cardinals in the Roman Catholic church and superintednents and lawyers in the Evangelic-Lutheran Church of Hanover represent such kind of leaders.

The danger of this culture is big resistance to change, the slip into the full concentration on itself, on the small details of procedures and legislation, and loss of the contact with environment.

2.Clan culture in church.

Clan culture plays in the ELCH a very important role and is implemented in the following. First of all, the typical feature is that the "clients" are seen as the members of organisation, and not just external environment. They are encouraged to participate in organisational life, and to contibute to the organisation. Another feature is the emphasis of the development of employees and clients. This is also spiritual factor, the strive for constant development. Priests and pastors not only provide with personal development the "clients", but also follow the way of personal enhancement.

Moreover, church puts great emphasis on personal relationships on knowing each other better, on building a friendly and welcoming place to work. The friendly, even family atmosphere in church is certainly contributing to the high commitment of the employees. It is appreciated in employees, to be committed, and pastors often make more, than they just have to. Church also provides its employees with the life-long job security, it gives houses to the pastor families and quite favourable conditions to live.

Another feature, characterising clan culture, is the educational system. Only the fact, that church educated its future enployees on its own already implies a big part of the clan culture.

Here we find the concern on development of employees, internal focus and diversity.

Finally, the fact, that there is no official or explicit system of motivation and punishment, refers to the culture of clan too. This system is mostly implicit and resides in relationships. Relationships is what stimulates and punishes in church. Disadvantage is that when there are no personal friendly relations between employees, this implicit system stops working.

Discussion

Church always has to balance between the two aspects: spirituality（values）and management（goals）. Different churches solve this problem differently. The Roman Catholic Church is especially interesting example, as it is the largest church in the world, it is very international（presented in most of the countries in the world）and exist the longest in the world. It balances between unity and diversity both in spirituality and administration. At the same time, it also an interesting example of adaptability and consistency.

In church both values-based and goal-based leadership and balance between them are essential to the long-term existence. Values-based leadership, which is the spiritual leadership, is necessary to sustain focus on the mission of the organization in the face of environmental changes and to inspire and motivate people and maintain their trust, confidence, and commitment. Goal-based or administrative leadership is necessary to ensure that the necessary resources to achieve the mission are effectively utilized and to sustain the trust and commitment of the people who supply them.

The OCAI showed us, that there is balance in church between the values- and goals-based leadership in church. The key concerns of spiritual leaders are fully values-based, i.e. about the vision, the "big picture"：thinking about how the environment is changing, about how to change and adapt to it, and about shaping an appropriate strategy. Spiritual leaders also define the mission and values of the organization and although both spiritual and administrative leaders shape the culture, it is the spiritual leaders'task to be understand it consciously, to transfer it to other members of organization, to stick to the core of the culture and to make sure, that all members are integrated into the culture. Mission and values in the religious sense are timeless for church leaders, but cultures adapt to changes in the human condition and are not necessarily identical in all geographic regions at all times. Administrative leaders are primarily concerned with goal-based realities, like operations'effectiveness and efficiency, and with setting specific objectives for the units that report to them.

Spiritual leaders shape the overall priorities for church and work with the administrative ones to translate them into principles for action（and eventually into specific objectives for operating units）. Both administrative and spiritual leaders work through people, but spiritual leaders tend to be more concerned with inspiration, motivation, trust, and confidence, while administrative ones need to continually deal with more workaday problems, such as hiring and firing, quality control, skill levels, deployment, and performance measurement. However, there is always an administrative component to a spiritual leader's job and a spiritual component to an administrative leader's job.

Conclusion

This paper described the research of organizational culture of such special type of organization, as church. Church is a very good example of values-oriented organization, the management of which is based on spiritual leadership. However, nowadays the environment requires churches to also introduce the goal-based leadership, in order to survive. Thus, the management of churches is standing in a very important question of how to balance those two types. If church looses the balance and is too much values-based, it will not be able to be in the form of organization any more, and loose the resources necessary for existence. If it is too much goal-based, it will lose its essence of existence: the faith. Organizational culture is the instrument, which can help churches to balance effectively these values- and goal-based approaches and continue its successful existence.

Acknowledgments: this paper is done with the support of the International Visegrad Fund and the Erasmus Mundus Triple I program. Moreover, the highest appreciation to Dr. Pushnykh for his diverse perspectives and fruitful exchange of ideas.

Intellectual Property's Strong Hold on Sustainability

James Felton Keith

(Michigan State University,Michigan,USA)

Management in its historical language sense requires some designed coercion. As it is known in English, it is derived from Italian and Latin roots, maneggiare and manus respectively: meaning to handle or hand. Over the past two hundred thousand years human kind has acknowledged the intellectual zeal of few men and women as unique and therefore required good handling of other human beings as for resourceful purposes. For reasons beyond our current observation some humans have been able to discover, develop, and deploy solutions to problems at a higher rate than their age, geographic, and physical peers. To this point there has been no comprehensive scientific study that answers the question: Why··· regarding the intellectual abilities of the few.

The 21st century yields plenty of handling strategies specific to product, industry, cultural background, and geographic location to yield relatively （to the past） compelling potential for creating technological progress – technology in the context of product and service developments to human kind's enduring problems.

When thinking specifically of the relationship between eastern and western management cultures, all of the low-hanging fruit from our differences seems to stem from our political and social ideologies. The play of state welfare versus market allocation, and the protectionist actions by every national government to protect its citizen's best interest – these topics have and will take years of intellectual's stark contrasts to fulfill our appetite for debate. I however, don't regard any of these on-going explorations as being our most pressing issues with respect to progressive 21st century growth.

The most pressing area of exploration and opportunity are the areas that eastern and western cultures （and political regimes and socio-business ideologies） share like ideals, specifically: Intellectual Property. Regardless of the enforcement of intellectual property laws across borders or the lack of economic strategy transparencies, intellectual property continues to be a phenomenon specific to the individual instead of the society and protected by tax seekers (government entities) and rent seekers (non-government entities) alike. One should be compelled to ask: Why is the intellectual property argument relevant and further, significant?

In the ideal liberalization of ideas an individual or institution would have to lower the barriers for idea generators to participate, well. Access to information and freedom to design are examples of, lower barriers. This is important, and I'm comfortable writing that all of the economic development that the world has witnessed has been a direct result of liberalizations of sorts. Even while referencing the brutal enforcement of the feudal and then colonial ages and eventually the liberation of colonized regions during the last two centuries and finally the result of globalization that we've come to know as the information age; ideas have been generated at an exponentially growing rate because of our distribution of the most successful technologies available, to as many global citizens as the markets can bare. Human kind is integrating its ability to produce solutions to problems.

But how can the lowering of barriers affect eastern and western management culture?

Opportunities lie with whichever nation/state is progressive enough to realize that the more they innovate the more relevance their companies and individuals will have in the near future. We're in an age of such rapid development and distribution that it is difficult to state that sustaining anything, even dominance in culture, is possible in the far future. So we should focus on the near future.

The kinds of progressive actions that should be taken after realizing the aforementioned would be comprehensive approach to intellectual property reform. Eastern nations are primed to be a leader in intellectual property reform: Defining what it is and who has access to it. Because of the west's perceived neglect by the east's intellectual property enforcement, the east has the socio-political space to take more radical (relative to the west's understanding of intellectual property) measures in ensuring that their technological revolutions in the 21st century are of a more open source brand and engagement; potentially catapulting their intellectual and technological contributions far beyond that of the west and further interconnecting the known world.

An excerpt from Integrationalism: Essays on the rationale of abundance

Intellectual property can't be exercised in perpetuity, as change is constant. Further, it shouldn't be protected longer than a nanosecond. Intellectual property represents aims to protect some intangible property or idea that has the potential to generate wealth in the future. In a world of collusion (fiscal and other), the legal privilege to prosecute an infringement on property by some other entity is a cornerstone. Protectionist practices are inherent by the institutions that have been created worldwide. Every cultural antecedent points to some ownership based class system. Based on this documented fact (in national constitutions), there will always be a valid political argument for conservative values. Regardless of nation's ideological or ethnic entitlement charters, there is language provided by the founding document authors to protect and indemnify their tribes throughout societal existence. Further, no

participating society under a protectionist government can ever truly be progressive. So, what of
development?

In the Integrationalism texts I made the case that the distribution of ideas are what propels
human potential; hence, incentivizing individuals to participate enthusiastically without
management's coercion. Consider the innovators works based on a lifetime of analysis, engaging
diverse and adverse situations of her/his day. Also, consider the innovators off-spring that
benefits from his/her creator's relative success, and in turn, has a less productive perspective.
Should the off-spring be entitled to generational wealth after the original innovator has ceased
to upgrade and further innovate? Perhaps. However, existing intellectual property should
not increase barriers for innovators with new discovery, development, and most importantly
deployment methods; as barriers stifle potential.

Explicit definition of Integrationalism

Integrationalism is the mortal stance, political philosophy, ideology, or social outlook that
stresses the worth of the group. Integrationalists promote the exercise of the individual's goals
and desires while acknowledging group dependence. Integrationalists acknowledge an infinite-
loop of external interference upon one's own interests and uses group designation to incentivize
the individual to create value for the group through self-actualization and technological
innovations of sorts.

While Integrationalism allows for the acknowledgment of intellectual property, and I
personally think that it should exist （and be acknowledged） as long as human kind does;
it is damaging for post discovery innovators to be subject to political, economic, and socio-
cultural penalties for developing and deploying existing intellectual property – as intellectual
property is dynamic and changes with every use of its consumer constituencies. A seemingly
silly but relevant example: if a four iron golf club designed by some legal entity is re-marketed
and distributed as a walking cane, naturally the design is identical except for the 180 degree
shift in usage, or rather, deployment. The difficult question is: should the distributor of the later
innovation be prosecuted by the original? I saw this scenario play out in real time at the shops
in Durban, South Africa. The re-distributor not only sold clubs, as is, but he also copied and
carved an almost identical club out of a soft wood, to be sold, upside down, of course. The more
relevant question in the context of Integrationalism would be: is the prosecution of worthwhile
benefit to the end consumer? No. Lastly, how could human kind eliminate the protectionist
incentives that ownership provides?

At current day the world is at a cross roads where the wealthiest nations of the past five
centuries are at odds with the rapidly developing world's re-distribution of its perceived existing
intellectual property. As I read the exiting works on intellectual property and the rhetoric that is
conveyed through speech I am a bit shocked that no one is acknowledging the change in supply-
chain of intellectual property. During the ages of colonization by the west and even the imperial
command of the far east, all administrative tasks were distributed based on the economic

understanding that resources of sorts were scarce and that their needed to exist an elite group to live a more stable and high quality brand of live, so to produce relatively progressive intellectual property for the advancement of the species, nation, gender, race, theology, fellowship, covenant, family, and so on⋯ The supply-chain of the world's resources was designed to function like a body. Although the human body does not physically operate in a fashion of hording and heightened demand except for in times of crisis and sustained physical damage, our primitive understanding in pre 21th century times was that prime resources needed to be designated for the command center: the head. So, the power structure designed the world's supply-chain accordingly. Resources were extracted from everywhere and reserved for the command center(s).

Currently the known world is divided well by the people who pursue intellectual property and the people who don't know any better. I'm reminded of a quote by James Dunwoody Brownson De Bow in the 1853 C.E. of his review on the social issues intrinsic to the flourishing industrial age.

The idea of intellectual property was too refined for their age. The labors of intellect were egarded as unprofitable and as contributing nothing to the sum total of national wealth. These notions are happily exploded, and the world has discovered that the man who writes a poem – as for example, Milton; invents a theorem – as for example, Newton; or teaches a new mode of investigation – as for example, Bacon, are quite as good, and altogether as useful, as those who raise crops of cotton, corn, and sugar, make wagons, or build bridges.

The quote resonates with the speech that I hear outside of the intellectual fraternities that are law, economics, and philosophy. In 2010 C.E. America, one can get a doctorate university degree in just about any subject from sociology, to education, to even engineering through the internet's means of engagement. It's awesome considering that few of these options were available when I started by college career at the very turn of the century in 1999 C.E. Three disciplines remain allusive from the intellectual spectrum of engagement. I'm sure that there are more, but the three that stand out most prominently in the power structure of understanding are: Economics, Philosophy, and Law. I asked myself why. Then I asked a few colleagues and friends of mine in the field of economic and philosophy and law: Why? While in the empire state of which life seems normal, high speed transportation, high speed communication, abundance of energy/food and information⋯..I asked why. The simple answer, as they always are, was that "we can't simply give away the keys to the kingdom". I got this answer in variations from the generationally privileged, to the boo-strap success-storied oppressed, to the token immigrants anointed to be the spokesmen for integration, as well as the self-proclaimed feministas of Manhattan. I was surprised to say the least. 1）that they understood protectionism 2）that they were so very protectionistic.

While a few million or so anointed intellectual juggernauts justify the protection of wide-spread philosophical engagement and their own egotistical acknowledgment of their unique ability to reason well, the other few billion people on the planet are disincentivized to discover, develop, and distribute ideas and innovations. I've vaguely gauged the number of anointed intellectuals based on the number of tertiary educators in the world and the number of active patent owners active in 2007 per the World Intellectual Property Organization's 2009 report. A few million is accurate when considering these statistics. This type of protectionism is inherent to the culture that scarcity builds. They incentivize collusion by individuals (and further institutions) to create collusive barriers on sets of information based on adoption of a set of some general cultural normative. For instance the underpinning cultural normative would be political and/or economic doctrine subscription. I'm fondly reminded of the now famous quote by cocaine/alcohol addict and informally-trained economist, Larry Kudlow.

"free market capitalism is the best path to prosperity".

This coming from an entrepreneur who learned the supply-side economics sound bites well throughout his time working and studying in Rochester NY, New Haven CT, and Princeton NJ – only to leave academia with a type of collusive social ideology that the Ronald Regan Administration and now fallen Bear Sterns could use to manipulate the "freeness" of market potential. Kudlow is a good example of the kinds of social sentiment that stifle the collective intellectual potential of the human species because of the ideological need to manipulate freedoms to be at the discretion of a few indoctrinated scholars (and in his case non-degreed socialites).

I state this not to target my Manhattan friends or Kudlow as the root of all demise, but to point out disconnects between our group and the people who still think like the quote from James Dunwoody Brownson De Bow in the mid 19th century. The working class man/woman still regard the idea generation community as spending lots of time and money on intangible and poorly used things. To some extent they are correct, but what they don't have the economic, philosophical, or legal savvy to recognize is that there are many failures in exploration of intangible things to yield some useful or tangible product/service. The working class is stuck in a phase of perpetual reality, where they simply don't have the time to explore anything beyond their most immediate problems; this, stifling their potential. They've come to identify value with how they address their most immediate problems, usually through some physical work. As the efficient technology of the information age sets in, and disrupts the supply of livelihood allocation to the working class, the political rhetoric of the day suggests that society is less valuable if they don't make things like Brownson De Bow's quote "cotton, corn, and sugar, make wagons, or build bridges". Under our current economic paradigm it is understandable that unemployed people want to return to back breaking labor as it is how they identify their societal and further self worth.

Distribution

Intellectual property is a valuable as its distributor, not its initiator. New Ideas are built on expertise and experience or rather the exchange of the two as they change over time.

Progressive Intellectual Theorem

$$\frac{|(\Delta E_1) + (\Delta E_2)|}{t} = \alpha$$

By taking the absolute value （‖） of the sum （+） of the change in expertise （$\Delta E1$） and the change in experience （$\Delta E2$） all divided by some timeframe （t）, we get a return that is of enough substance that it may yield us some equitable return （α） or as we've come to call it, intellectual property. This is a very simple measure of how property of sorts has come to be our own.

The internet and concepts like open-source and wikis and creative commons have started to change the thoughts on the status quo of how we value products and services in a market environment, regardless of if the market environment is influenced by democratic or authoritarian political values. I'm regularly intrigued by the language to represent the efforts at creative commons dot org. They read "Creative Commons is a nonprofit corporation dedicated to making it easier for people to share and build upon the work of others, consistent with the rules of copyright". The difficulty in creating a society that truly benefits from its collective engagement based on existing rules of copyrights is that participants are disincentivized to participate in areas of intellectual property where some owners （or originators deemed by a state） may prohibit further manipulation and distribution of intellectual property. Of course, there are some socio-cultural aspects that need to be explored well when pursuing an agenda to abolish the defense and penalization of intellectual property infringement. Concepts like elitism and competition and protectionism all come into play when exploring how, why, and who would be in favor of further enforcement of intellectual property laws. I continue to research these issues; however, those phenomena as they exist should be explored in another text.

The world intellectual property organization, per its website, has goals to balance the evolution of the international normative framework for intellectual property provision of premier global intellectual property services, facilitating the se of intellectual property for development, and remain a world reference source for intellectual property information and analysis, as well as a slew of other objectives. While the latter is most sensible, and having a reference point for all intellectual property to analyze activity qualitatively and quantitatively is a god idea, the ideal of a non community ownership is archaic and further will unlikely be relinquished by the intellectual elites as we existed at the end of the 20th century.

Consider the privileges of second life a spawn of the creativity of Linden Lab in California. The virtual reality space created a virtual secondary life where people are interacting, creating, and of course, owning things. But the intellectual property laws that come into play for the participants are philosophically challenging as businesses and actors make efforts to market consumer constituents in the virtual space. Consumer goods and services are transferred in real world, or rather, physical currency. The ideal of virtual is one that starts to blur well when the interaction can be tagged to a registered business entity generating tangible assets from its series of computer code. I've always been a fan of the fashion industries loose laws on patented material. Trademarks are unique and honored with little prosecution by most western courts of law, but the specific styles are not. I could create a t-short with a bow on it, and every other designer could create it the next day and distribute it in every city from Switzerland to Swaziland. But, if I were to create a shit with a bow in second life, it would actually be a computer code that projects an image in the virtual domain. Technically someone could own the rights to a clothing style in a virtual domain. This matters because EBAY.com is selling virtual products right now, as I type. In a future world if markets were to exist as they do today, it would be necessary to distinguish what could be owned and where to avoid the virtual translation of everything being controlled by the first programmer on the scene. In a time where Just-in-Time manufacturing can be commanded at the click of a button by virtual regulations they clear lines between what is exclusively in the virtual domain and what is in the real-world could also grey. Second life uses the language of "real world" when referencing their enforcement of the digital millennium copyright act which is also aligned with two of the world intellectual property organization's 1996 treaties.

When thinking of synergies and encumbrances in eastern and western management cultures it is prudent to suggest that western intellectuals and institutions will deliver the majority of ideas and innovations on how to distribute knowledge, because of the strong hold that they have on the production and ownership of intellectual property today. Because of the established intellectual frame works in western culture that pervade the affluent world, we all (anyone that has access to reading this material) have the incentive to protect our ability to will our intellectual zeal in a direction that benefits ourselves far beyond others. Ironically, our intellectual zeal is a direct result of our interaction with others.

If intellectual property incentivizes protectionism, how could human kind eliminate the protectionist incentives that ownership provides? In order to answer the last question it is important to explore how copyrights and patents and intellectual property in general are protected. Intellectual property is not protected through any government entity. They are only acknowledged as unique and recognized by the issuer of the document. The acknowledgement leaves intellectual property potential subject to interpretation, to be presented, defended, and disputed by legal practitioners of sorts. Attorneys are so valuable because they protect the very power that exists within any ownership society. They are the gate keeps to society's crown jewels.

Competitive Imbalances

The most resolute strategy to eliminate competitive protectionism from a macro (large-scale) standpoint is by passing legislation that makes the prosecution of those thought to (by owners) have infringed on existing intellectual property distribution potential, illegal, per a given societal legal structure. A micro (small-scale) solution to accompany the aforementioned is to protect ones right to further develop and deploy existing intellectual property in order to benefit new (and potentially existing) consumer constituencies. An alternative solution to the domestic cultivation of non protectionist incentive is to render an illegal acknowledgement of intellectual property between nations; more, freeing the development and deployment potential of interpretations on intellectual property in any location except the originators native land. Still the latter option may pose some unique geo-political problems, as consumer constituencies cross borders to engage the type of quality products and services that are desired. Still it's a step in the right direction.

One could easily question the dominance of the largest owners (companies) on the planet and consider them to be resilient in their superiority. They very well may be resilient and provide a higher quality of products and services and lower prices, which is precisely what consumers want. Consider the engineering growth potential if oil companies didn't own the intellectual property to some of their peer industries most valuable research and development opportunities. Reference battery patents per the auto industry, or alternative energy subsidiaries – their ownership suppresses our intellectual diversity, yielding a preselected group of thinkers deemed relevant by a few people (at current day). Most solutions to problems are not very complicated if the objective is to solve the problem, but considering the existing politics in ownership, it is necessary to consider how any mutually beneficial strategy can be implemented, so that no one feels that their ability to participate in the future development of human kind is diluted. Consider the compensation structure of British Petroleum (BP) during the greatest oil spill in history after May 2010 C.E. According to international media, the company wasn't able to generate feasible error proofing or combative solutions to their oil spill with internal staff. The United State 's public broadcasting service used news television to generate ten million interactive vies and retain hundreds of video solutions within a matter of hours. BP engineers processed those solutions at no compensation rate above catering to the international water supply. Whether the solution ideas catered to professional fixes, money savings solutions or conveying the angst of the public, people should be compensated for their ideas. Regardless of its use, because idea generation and moreover innovations present an exponential type of growth: meaning that solutions to be implemented spawn from previous solutions or solution fragments. When I mention compensation, I am not referencing some monetary value persay. Perhaps a the scaling down of the protectionist uses of intellectual property currently owned by an entity that has to tap the public knowledge pool so heavily is in order, or some derivative of the two. Regardless, the objective should be to protect the idea generating assets on the planet, and those are exclusively human kinds. At this point we are the only beings with the ability to think critically and philosophically about current issues.

Since the days of Kings and Queens (some still exist) and land allocations we've been living in a societal elitism that resurfaces in a harmful and shameful way throughout the world. Land allocation and access to historical knowledge cannot be under ownership of individuals in an age that requires pervasive cooperation between individuals with threatening technological power. As land policy experts and economists try and design an effective way to acknowledge that there isn't job and livelihood growth coming to the developed world, we regularly hear phrases like "entrepreneurial communities" and "distributing abundance" and "sustainable development" when referencing a new model of wealth discovery, development, and deployment. It makes one wonder, what we would exist like if less compensation is inevitable for those with no equity (intellectual property) – but it is in fact prudent to suggest that ownership yields protectionist sentiments and further stifles the sustainability that we actually seek in our rapidly integrating global society.

Sustainable Development

The term sustainability is used carelessly in the political rhetoric of today, as cultures and technologies are dynamic, and further can't yield sustainability of any sort. I think that if we are to produce any type of resilience, the domestic and global culture will have to become as dynamic as our cultural and technological extensions. Too often people regard technology as other than human, when it is in fact an extension of our human ability. I don't think that there are any politically or economically progressive or protectionist mechanisms available that we can implement to sustain societal quality of life.

Sustainable development is coined around the world by authors and scholars in agreement that it involves a synergetic existence of 1) Socio-cultural 2) Environmental 3) Economic solutions. To be redundant: we live in a dynamic world of innovations – cultural and technological changes. There is no rigid fix for something that changes. The three part attack on sustainability is more frequently referenced when considering a civic development, but has started to trickle over in to the socio-cultural rhetoric of our missions to seek longevity in our quality of life.

Having worked on private and public economic development initiatives, I find that we commonly lack comprehensive solutions to problems because we lack a comprehensive understanding of our problems. In engineering it's called root-causing the problem. When thinking of what we are trying to sustain, more than a specific part of the environment or a cultural comfort or an economic regime, I think that our ultimate goal is to sustain our quality of life during times of omnipresent change. In order to meet the last statement with adequate action we must ensure that our societal normative is constantly under scrutiny. The typical understanding of sustainable development lacks a technological region that should ideally consume the other three in their entirety.

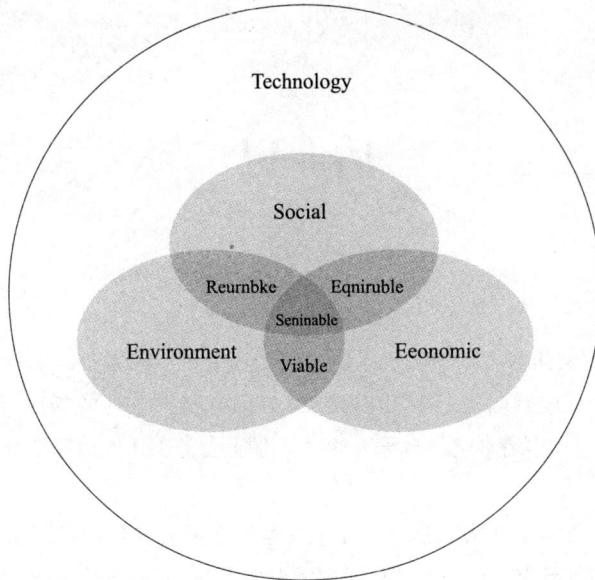

In order to actually sustain our quality of life we need to be agile from an operational and ideological standpoint in all of the PEST (political, economic, socio-cultural, and technological) areas, not just from an environmental standpoint or social standpoint or other. Human interaction with the environment is a direct result of our understanding of where we can afford to be progressives and where we can afford to be protectionists – and since ownership of equity is an incentive of protectionist actions we will continue to limit our PEST abilities as a direct result of our ownership classes desire to indemnify themselves for our collective being. Because of these phenomena our societies in the east and the west are not sustainable. While technicians and economists of sorts are devising solutions to prolong some of the problem management that ail our modern societies, they can't actually remedy society's lack of agility. Sustainable development should be defined as – a set of technological initiatives to produce an astute societal awareness of the social, economic, and environmental realities. We must be agile enough to take action as societies change due to cultural and technological factors.

Conclusion

Eastern management culture should not be looking to build synergies with the ownership culture of the 20th century's western dominance. They should be looking to forge new open source and regenerative management strategies that are highly scrutinized by human resources and technological resources alike, as quantifying (even qualitative) efforts and pin-pointing weaknesses and strengths in trends of labor and creation are crucial to creating the agility that any society will need in order to actually sustain its quality of life. Loosening of intellectual property laws and treaties is the first political step to creating an agile society with the incentives to stay engaged and learn well.

后　记

　　2010 年东西方文化与管理国际学术研讨会经过近一年的筹备，于 6 月 18 日至 20 日成功召开。这次会议收到回执 166 份，论文 101 篇，摘要 31 篇。实际录用论文 83 篇，摘要 25 篇，其中境外学者（包括台湾）32 人，加上会务工作人员和部分企业界的代表，参会总人数为 174 人。

　　本次会议由浙江大学主办，浙江大学人文学院东西方文化与管理研究中心、浙江大学外国语言文化与国际交流学院跨文化研究所合作承办，浙江大学文化型企业家俱乐部、中国国际贸易促进委员会杭州分会协办。会议建立了专用会议网站。会议筹办的时间短，但引起了广泛的社会影响。国家图书馆来函要求提供会议资料供收藏保存。作为一个有广泛影响的学术平台，维普资讯网站与会议组委会签订了合作协议，他们为本次会议制作了专用的展览区，有助于提高会议的学术影响。英国剑桥学术出版社来函希望出版本次会议有关的英文学术著作。

　　对文化与管理的关系，历来在管理学中没有得到重视。本次会议的一些学者从不同角度探讨了文化与管理的关系。

　　现代意义上的管理学源自西方，但管理的智慧则是中国传统文化中的一份金矿。本次会议的相当一部分学者以严谨的学术态度研究了儒家、周易、道家、道教、佛教、兵家、法家、风水等诸子百家的管理智慧，从不同角度比较了东西方文化在管理方面的同异，并分析了这些管理智慧对现代管理所具有的多方面的启发性意义。

　　在跨文化问题研究与探索的议题下，学者们认识到了中西方文化之间的差异，致力于探讨中西方文化交流的可能性及实现途径，这是研究国际化管理的基础性工作或者说是国际化管理工作的前提。

　　在全球化的背景下，文化管理已进入了跨文化管理的新阶段，本次会议的一些学者从宏观和微观等各个层面指出了跨文化商务管理中所面临的问题并提出解决方案，还有几位学者以具体案例来探讨不同管理方式对全球管理工作的启示意义。

　　经过本次会议的研讨，我们得到四点共识：第一，管理的发展，在此之前已经实现了从经验管理到科学管理的转型，现在，正在发生着从科学管理到文化管理的转型，在全球化的背景下，文化管理在国际化管理实务中具体表现为跨文化管理。第二，管理的核心是人而不是物，源自西方的管理学把重心放在物上而建立的管理学是有严重的弊端和不足的，我们要重视管理中的人的因素的研究，用人文管理弥补科学管理的不足。第三，本次会议提交的论文涉及管理哲学、管理伦理学、管理心理学、商业人类学、管理社会学等领域，管理不只是管理学一个学科研究的对象，而是一个多学科交叉、综合研究的复杂对象。只有改变观念，打破学科界限，管理的学术研究才能得到真正的发展。第四，管理不只是进行理论研究，更重要的是进行有良好实效的管理实践。理论与实践相结合，在管理研究中显得尤其重要。基于这样的考虑，本次会议邀请了近五十名企业家出席，他们在管理实践中积累的丰富经验也为本次会议增添了光彩。

本次会议得到浙江大学各级领导、浙江大学人文学院、浙江大学教育基金会、浙江大学社会科学研究院等有关部门的支持和浙江大学文化型企业家俱乐部的参与，得到了中国国际贸易促进委员会杭州分会的大力支持。本次会议筹办过程中，吴宗杰、陈大柔、付政、杨建萍、韩松涛等老师、陈后杰等中心工作人员，高佳燕、王巧玲、赵明娟等研究生利用业余时间做了大量的会务工作，有了他们的辛勤劳动，才有了本次会议的成功召开。此外，吴永明、姜金栋、段红丽等朋友也给予了很大的帮助。谨此，向上述单位和个人表示衷心的感谢！

会后，天下浙商等网络媒体报道了本次会议。会议综述发表如下：《创造性发展"中国本土管理学"》（《社会科学报》2010 年 7 月 1 日第四版）、《文化管理与管理的多科学研究——2010 年东西方文化与管理国际学术研讨会会议综述》（《浙江工商大学学报》2010 年第 5 期，第 94—97 页）。《东西方文化与管理》（《国际学术动态》2011 年第 2 期，第 1—4 页）。本次会议的会议手册、论文摘要集被国家图书馆收藏（捐赠证书号：No. z1201090033）。这些说明，本次会议是一次高规格、高质量、有广泛学术影响的盛会。

现在呈现在诸位面前的，就是从参会论文中精选出来的部分中英文论文。受出版经费的制约，我们无法把全部参会论文收录，对那些没有收入本论文集的论文作者，我们致以真诚的歉意。由于多方面的原因，论文集的出版多有延迟，对此我们也向各位作者致以真诚的歉意。希望有更多的学者和管理工作者参与进来，共同把东西方文化融合起来用于管理的学术研究和务实践履中并取得好的成效！

孔令宏

浙江大学人文学院东西方文化与管理研究中心

2013 年 10 月 30 日

附 录：

浙江大学人文学院东西方文化与管理
研究中心简介

浙江大学人文学院东西方文化与管理研究中心于 2008 年 10 月 7 日经批准成立。

一、宗旨与研究方向

当代管理已经从经验管理、科学管理，迈入了文化管理，尤其是全球化背景下的跨文化管理的新阶段。

中国当前的管理缺乏对人的思维与决策方式、核心价值取向、行为模式和赖以塑造人的文化内涵的民族文化传统及其意识形态的深刻考量。正因为中国当前的管理没有考虑到这些要素，往往导致西方式管理在中国水土不服，食洋不化，流于形式主义；中国式管理则空泛求速，食古不化，流于主观主义。随着部分中国企业走出国门在海外建立工厂或分公司，跨文化管理的需求变得越来越紧迫。如何使东、西方文化和管理能够在中国本土及世界各地实现水乳交融式的融合，是一个极具学术价值和现实意义的重要课题。

管理哲学日益为人们所认识重视 ，管理已成为一个多学科交叉研究的综合性学科。

中国企业管理和公共管理面临严峻考验，如何变革和创新已成当务之急。

国学是中国管理哲学核心价值体系的优秀基因，它与西方先进科学与文化的融合应是解决当代管理问题的突破口 。

作为一个跨学科的学术研究机构，本中心以东西方文化与管理为研究对象，以推动浙江大学人文、管理和经济等学科的交叉融合与发展为宗旨，致力于把西方文化与东方文化相结合，注重人文管理的哲理、体系与方法的研究及其在管理中的运用，并以探索具有东亚特色的价值体系及其现代化转化为目的，研究与指导管理理论及实践的中国本土化、跨国公司在中国的管理实践和中国企业跨国发展的管理实践，同时注重管理人员的管理素质的研究与培养。

研究方向主要是：西方文化与管理、东方文化与管理、跨文化管理、公共组织与企业文化管理、文化管理与文化产业发展、管理者综合素质提升，等等。

中心以浙江大学中国思想文化研究所的教授为主体研究人员，依托浙江大学人文学院，组合浙江大学管理学院、公共管理学院、经济学院、法学院等相关学科的研究人员，接受浙江大学人文学院和社会科学研究院的领导。

中心的目标：深入开展人文管理的研究、教学和学科建设活动，推进国际合作与交流，努力促进中国文化的复兴，为向世界提供具有全球意义的地方知识贡献力量，使中心成为全球人文管理研究的重要机构。

二、中心的组织结构

中心设立主任两名，名誉主任为成中英（浙江大学兼职教授，美国夏威夷大学哲学系教授，国际中国哲学会创会会长），执行主任为孔令宏（浙江大学哲学系教授），副主任为陈大柔（浙江大学公共管理学院教授），秘书长为韩松涛（浙江大学图书馆副研究馆员）。

中心设立学术委员会，设主任一名，副主任两名。聘请国内外知名学者加盟指导。

中心聘请一批校外顾问和特约研究员，包括一批有一定理论素养，有丰富实践经验的企业家和政界人物。

中心设立理事会，在学术研究上建立以中心主管，首席专家负责的课题管理制度，在服务社会方面建立以中心主管、项目经理负责的项目管理制度。

三、中心的日常工作

1. 编辑出版《东西方文化与管理》丛刊，每年两辑。
2. 每三年举办一次东西方文化与管理国际学术研讨会。
3. 出版"西方文化与管理丛书"、"东文文化与管理丛书"、"企业人文管理丛书"、"公共人文管理丛书"。
4. 举办东西方文化与管理研究生班、课程进修班和人文管理 MBA、EMBA、DBA、EDBA 并举办其它高层次专题性研究培训班，为社会和各界培养人文管理复合型人才。
5. 面向社会定期或不定期地举行人文管理学术论坛或相关的学术活动，开展人文管理和企业管理界、公共管理界的联谊活动。
6. 与国内外高校、研究所展开合作研究，与国内外高校或相关机构合作进行教育培训或联谊活动等。
7. 为企业界和公共管理部门提供管理诊断和决策咨询。

附：中心主任简介

成中英教授：1935 年生于南京，哈佛大学哲学博士，美籍华人学者，"第三代新儒家"的代表人物之一。世界著名哲学家、管理哲学家，现代新儒家代表人物。二十世纪七十年代曾为台湾大学哲学系教授兼主任，自 1983 年起，执教于美国夏威夷大学哲学系，同时兼任耶鲁大学、纽约市立大学、牛津大学、北京大学、清华大学、中国人民大学、武汉大学等多所大学的客座教授。他致力于中国哲学走向世界并作出巨大贡献，是《中国哲学季刊》的创立者和主编、国际中国哲学学会、国际易经学会、中国哲学高级研究中心、远东高级研究学院等国际性学术组织的创立者和主席，是"中华文化复兴委员会"常务理事，国际本体阐释学学会主席，国际中国哲学学会名誉主席，国际中国管理与现代伦理文教基金会的奠基人，*Journal of Chinese Philosophy* 主编。首倡在中国成立国际儒学联合会。首次将 EMBA 学位体系引入中国。研究领域：中西哲学比较、儒家哲学、本体诠释学、管理伦理与哲学。 代表性学术著作：《C 理论：中国管理哲学》、《文化、伦理与管理》、《儒家哲学论》、《本题与诠释》、《中国文化的新定位》、《成中英自选集》、《中西哲学精神》、《知识与价值》、《易学本体论》、《美国哲学归纳法理论研究》、《戴震原善研究》、《中国哲学与中国文化》、《科学真理与人类价值》、《知识与价值：对和谐、真理与正义的探讨》、《中国哲学的现代化与世界化》、《世纪之交的抉择——论中西哲学的会通与融合》、《合外内之道：儒家哲学论》、《周易策略与经营管理》等。此外有学术论文三百五十余篇。

孔令宏教授：1969 年生，为我国中国哲学专业第一个博士后研究人员。浙江大学哲学系教授，博士生导师。山东大学、南昌大学兼职教授。获得 2000 年中国博士后学术大会优秀论文一等奖、河北省第七届哲学社会科学优秀成果奖、浙江省哲学社会科学优秀成果奖、浙江省高校科研成果一等奖、1990—1992 年度云南省青年哲学社会科学优秀成果奖等多项奖励。目前已在国内外学术刊物上公开发表论文一百三十余篇，出版个人专著七部，分别是：《道教新探》、《宋代理学与道家、道教》、《从道家到道教》、《宋明道教思想研究》、《朱熹哲学与道家道教》、《儒道关系视野中的朱熹哲学》、《中国道教史话》，合编合著作有《江西道教史》、《浙江道教史》、《民国杭州道教》、《丹经之祖——张伯端传》等八部。曾经到美国、加拿大、瑞典、丹麦、挪威、芬兰、法国、德国、比利时、荷兰、意大利、奥地利等二十余个国家和中国香港、台湾等地区进行学术访问，在哈佛大学、耶鲁大学等二十余所世界著名大学进行三十余次学术演讲，多次在复旦大学、上海外国语大学、浙江大学等高校用英语为外国学者授课，筹办并成功召开了高规格、高质量、有广泛学术影响的首届葛洪与中国文化国际学术研讨会、天台山暨浙江区域道教国际学术研讨会、道家文化国际学术研讨会、2010 年东西方文化与管理国际学术研讨会。

陈大柔教授：主持过国家社会科学基金、浙江省重大招标课题等科研项目的研究；在"中国大百科全书出版社"、"商务印书馆"等出版十余部著作，其中一部被评审为浙大人文社科学术精品专著；研究成果获第三届全国图书"金钥匙"奖等数项全国性奖。研究领域：科教创新与管理、管理心理与领导艺术、地方政府与电子政务、企业文化与品牌战略、科学与艺术审美创造。

附：

中心办公地址：浙江大学西溪校区行政主楼 510 室（杭州市天目山路 148 号）

邮政编码：310028

电话：0571-88276110

Fax：0571-88273350

Email：ewcmzju@hotmail.com　ewcmzju@gmail.com

网站：http://www.ch.zju.edu.cn/ewcm/